B. Röhrle

Soziale Netzwerke und soziale Unterstützung

Bernd Röhrle

Soziale Netzwerke und soziale Unterstützung

BELTZ

PsychologieVerlagsUnion

Anschrift des Autors:
Dr. habil. Bernd Röhrle
Philipps-Universität Marburg
Fachbereich Psychologie
Gutenbergstr. 18
35037 Marburg

Lektorat: Gerhard Tinger

Wissenschaftlicher Beirat der Psychologie Verlags Union:
Prof. Dr. Dieter Frey, Institut für Psychologie, Sozialpsychologische Abteilung,
 Universität München, Leopoldstr. 13, 80802 München
Prof. Dr. Ernst-D. Lantermann, Universität Kassel, GH, FB3, Psychologie,
 Holländische Str. 36, 34127 Kassel
Prof. Dr. Rainer K. Silbereisen, Fachbereich Psychologie, Justus-Liebig-Universität,
 Otto-Behaghel-Str. 10, 35394 Gießen
Prof. Dr. Bernd Weidenmann, Universität der Bundeswehr München, Fakultät für
 Sozialwissenschaften, Werner-Heisenberg-Weg 39, 85579 Neubiberg

ISBN 3-621-27192-9

Die Deutsche Bibliothek – CIP-Einheitsaufnahme
Röhrle, Bernd: Soziale Netzwerke und soziale Unterstützung / Bernd Röhrle. –
Weinheim : Psychologie-Verl.-Union, 1994
  Zugl.: Heidelberg, Univ., Habil.-Schr., 1994
  ISBN 3-621-27192-9

Alle Rechte, insbesondere das Recht der Vervielfältigung und Verbreitung sowie der
Übersetzung, vorbehalten. Kein Teil des Werkes darf in irgendeiner Form (durch Photokopie, Mikrofilm oder ein anderes Verfahren) ohne schriftliche Genehmigung des Verlages reproduziert oder unter Verwendung elektronischer Systeme verarbeitet, vervielfältigt oder verbreitet werden. Soweit im Text Warennamen aufgeführt sind, so ist dies ohne Hinweis auf bestehende Patente, Gebrauchsmuster oder Warenzeichen geschehen. Das Fehlen eines solchen Vermerks bedeutet nicht, daß solche Namen ohne weiteres von jedermann benutzt werden dürfen.

Umschlagsgestaltung: Dieter Vollendorf, München
Herstellung: Goldener Schnitt, Sinzheim
Satz, Druck und Bindung: Druckhaus „Thomas Müntzer" GmbH, Bad Langensalza
Printed in Germany
© Psychologie Verlags Union 1994
ISBN 3-621-27192-9

Geleitwort

Was hält denn eigentlich eine Gesellschaft zusammen? Was ist ihr „Kitt"? Die Psychologie tut sich mit dieser Frage ziemlich schwer bzw. stellt sich diese Frage gar nicht erst. Aber diese Frage ist historisch immer wieder gestellt worden und sie hat gegenwärtig einen hohen Rang. Denn gerade in einer soziokulturellen Periode, die als einen ihrer zentralen Wert die Selbstverwirklichung sieht, wird es zunehmend auch zum Problem, was denn die vielen sich autonom verstehende Subjekte überhaupt noch miteinander zu schaffen haben. Besorgte Zeitgenossen fürchten, daß die „Solidaritätspotentiale", die soziale Verantwortung für das Gemeinwesen und das Engagement für kommunale Projekte von der „Egoismusfalle" verschluckt werden könnten. Die in der Philosophie und den Sozialwissenschaften gegenwärtig geführte „Kommunitarismus"-Debatte dreht sich um genau diese Fragen.

Gesellschaftlicher Wandel hat schon immer höchst unterschiedliche Deutungen erfahren. Je nach Erkenntnisinteresse wird entweder das vor allem thematisiert, was verloren zu gehen droht oder das, was sich durch Veränderungen an neuen Möglichkeiten auftut. Gegenwärtig befinden wir uns genau in einer solchen Phase. Gesellschaftliche Umbrüche produzieren Gewinner- und Verlierergruppen. Die Identifikationen mit der einen oder der anderen Haltung – oft genug ohne bewußte Parteinahme – führt zu sozialwissenschaftlichen Deutungen, die entweder in melancholischer Stimmung das Verlorene betrauern oder euphorisch die gewonnenen neuen Optionen feiern. Die aktuelle sozialwissenschaftliche Debatte um die Folgen und die Reichweite gesellschaftlicher Individualisierungsprozesse liefert hierfür ein gutes Beispiel.

All' diese Fragen sollten auch die Psychologie bewegen, denn sie ist von ihnen zentral betroffen. Und sie könnte als empirische Wissenschaft eine wichtige Funktion in der „Erdung" dieser Fragen übernehmen. Die Erforschung von Struktur und Funktion sozialer Netzwerke, in die sich die Psychologie einzubeziehen beginnt, kann realitätsbezogene und -gesättigte

Antworten auf die großen Fragen der „Kommunitarismus"-Debatte geben. Denn was sind soziale Netzwerke anderes, als der soziale Kitt oder der Baustoff solidarischer Lebenswelten. Mit der vorliegenden Arbeit zeigt Bernd Röhrle in eindrucksvoller Weise, wo die psychologische Netzwerkforschung steht und wohin sie sich weiter entwickeln sollte.

Bernd Röhrle agiert in der Rolle des nüchternen Empirikers, der mit harten Daten die kühnen sozialwissenschaftlichen Gegenwartsdiagnosen auf den Boden der Tatsachen holt und ihren interpretatorischen Überschuß im sozialwissenschaftlichen Reagenzglas verdampfen läßt. Sein empirisches Revier ist die in den vergangenen Jahren enorm angewachsene Forschung zu Struktur und Funktion persönlicher sozialer Netzwerke und vor allem zu ihrer Rolle als Quelle sozialer Unterstützung. In diesem Revier kennt sich Bernd Röhrle ungeheuer souverän aus. Er liefert eine bislang einzigartige Synopse des Forschungsstandes. Dabei ist er weit mehr als ein bloßer Buchhalter des angesammelten Wissens. Mit Hilfe von Meta-Analysen kann er nicht nur unsere Wissensmöglichkeiten präzise differenzieren und bilanzieren. Der Psychologie zeigt diese Arbeit auch einen wichtigen Weg auf, die eigene Blindheit für die sozial-kommunikative Reproduktion von Subjektivität zu überwinden. In der bewußten Wahrnehmung und Erforschung von alltäglichen sozialen Netzen ist die Basis für die Überwindung eines „ego-zentrierten Individualismus" gelegt und es besteht die Chance für die Produktion und Erprobung „kommunitärer Individualität" gegeben.

München, im Herbst 1993 *Heiner Keupp*

Vorwort

Viele Publikationen zum Thema „Soziale Netzwerke und Unterstützung" erinnern durch Leitworte an den kulturellen Gehalt dieses Forschungsgebietes. Die historische Tiefe dieser kulturellen Bedeutung wird durch Zitate aus der Bibel und antiken Schriften belegt. Das erste Buch Mose (2, 18) wird zum Beispiel von Sommer (1989; S. 5) zitiert: *„Und Gott der Herr sprach: Es ist nicht gut, daß der Mensch allein sei, ich will ihm eine Hilfe schaffen als sein Gegenüber".* Nestmann (1988, S. 21) verweist auf ein Zitat von Aristoteles (384–322 v. Chr.; Eudämonistische Ethik; Buch VII, Kap. I) in dem es heißt: *„Außerdem aber gilt uns der Freund als eines der größten Güter, umgekehrt Freundlosigkeit und Einsamkeit als schlimmstes Übel".*

Aktuellere kulturelle Einstimmungen in das Forschungsgebiet reichen von trivialen Gesangstiteln der Beatles wie *„I get by with a little help from my friends"* (Lennon & McCartney, zit. in Scharzer & Leppin, 1989a, S. 1) bis hin zu Zitaten der Weltliteratur eines Camus, der in einer Aufklärungsschrifts des Staates California (1981, S. 10, o.g.A.) mit dem Titel „Friends can be good medicine" wie folgt zu Wort kommt: *„Don't walk in front of me, I may not follow. Don't walk behind me, I may not lead. Walk beside me and just be my friend".*

Diese fast an eine Rekonstruktion der abendländischen Geschichte und Kultur erinnernde Zitatensammlung läßt nur noch wenig Raum für Hinweise auf weitere kulturelle Bedeutungsdimensionen des Forschungsgebietes. So könnte etwa ein Zitat von Konfuzius (551–478 v.Chr.) aus dem Werk „Lun-yü" (IX, 29) geignet sein, die transkulturelle Verknüpfung der Thematik zu offenbaren: *„Der Meister sagte: Es gibt einige, mit denen man zwar gemeinsam lernen, aber nicht auf dem Wege fortschreiten kann; mit anderen kann man zwar gemeinsam auf dem Wege fortschreiten, aber man kann mit ihnen nicht zusammenarbeiten; und wieder andere, denen man zwar zur Seite stehen, mit denen man sich aber nicht verständigen kann"* (vgl. Konfuzius, 1989, S. 24).

Ehrlicherweise muß gesagt werden, daß der Zugang zur Thematik der vorliegenden Schrift weniger bedeutungsschwanger war, als es diese Zitatensammlung vorzugeben scheint. Eine Vielzahl von Erfahrungen und persönlichen Interessen dürften meine Wahl in bezug auf dieses Forschungsgebiet beinflußt haben. Völlig ungeordnet seien erwähnt: Anregungen von Studenten, der Umgang mit Patienten in extra-therapeutischen Settings, Lebensgeschichten unbekannter Personen in den Eisenbahnabteilen zwischen Wohn- und Arbeitsort, die sozialen Freiheiten und Mehrbelastungen durch solche örtlich bedingten Dissoziationen meines eigenen sozialen Netzwerks, die Suche nach psychologischen Themen auch jenseits von individuellem Erleben und Verhalten, die Hoffnung auf neue sozialpolitische Wege aus wohlfahrtsstaatlichen Krisen, u. a. m..

Trotz der Bedeutungsschwere des Forschungsgebietes wurde der Umgang mit dem Thema „Soziale Netzwerke und Unterstützung" zunächst ein eher bescheidenes Unterfangen. Von der Zahl der bearbeitbaren Publikationen her betrachtet, war dieses Unternehmen zwar groß angelegt, doch stand der theoretische Gehalt und der konzeptionelle Reichtum der vielen Befunde dazu oft in keinem rechten Verhältnis. Vielfach war er auch nur schwer erkennbar. Deshalb wollte ich zunächst untersuchen, auf welche Weise theoretisch mit dem Gegenstand „Soziale Netzwerke" und den ursprünglich geprägten Begriffen der Netzwerkforschung in verschiedenen Teilgebieten der Psychologie umgegangen wird. In einem zweiten Schritt suchte und sytematisierte ich – auch auf empirischem Wege – Möglichkeiten, eine psychologisch gehaltvollere Perspektive und in Ansätzen auch transindividuelle psychologische Sicht von sozialen Netzwerken zu entwickeln. Die Ergebnisse sind zweifellos vorläufig und noch unvollständig.

In jedem Fall macht die vorliegende Schrift deutlich, daß es viele Möglichkeiten gibt, soziale Beziehungen sowohl zu pflegen als auch zu belasten. Für intimere Formen von sozialen Verknüpfungen dürfte wohl eine solche Schrift anzufertigen, eher zur Gruppe der belastenden sozialen Handlungen gehören. Ob Vorworte geeignet sind, entsprechende Reparaturarbeiten zu leisten, diese Frage mag man mit Recht in Zweifel ziehen. Bleibt zu hoffen, daß wenigstens dieses Vorwort in den Zwischenbereichen formeller und informeller sozialer Beziehungen etwas zur Pflege sozialemotionaler Belange beiträgt. Vorworte können auch ein Versuch sein, übermäßig belastete oder auch vernachlässigte Personen im sozialen Netzwerk zu besänftigen. Hierfür ist der Hinweis wahrscheinlich nicht ausreichend, daß eine solche Schrift ohne das Wohlwollen und die Unterstützung verschiedener Bezugspersonen, gar nicht hätte zustande kommen können. Selbst Andeutungen, daß hiermit in keiner Weise ein Ritual zur Pflege privater und beruflicher sozialer Verkehrskreise vollzogen werden soll, sind kein Mittel, um den Dank an all jene glaubhaft zu machen, die mit Geduld, Ratschlägen und Verständnis zur Entwicklung dieser Schrift beigetragen haben. Die Ambivalenz auch solcher Vorworte einmal außer acht lassend, sei schlicht all jenen gedankt, die mir bei der Anfertigung dieser Schrift, wissentlich und unwissentlich, beigestanden haben. Den notwendigen sozialen Rückhalt und Geduld haben mir meine Frau Inge und meine Tochter Julia geboten, obgleich die Belastungen durch mich sicherlich oft das Maß des Erlaubten überschritten haben. Auch allen Freunden und Freundinnen sei gelobt, daß ihre Rücksichtnahmen wahrgenommen und tiefe Schuldgefühle hinterlassen haben. Fachliche und motivationale Unterstützung durch Diskussionen und Anregungen von Kolleginnen und Kollegen waren mir eine wesentliche Hilfe. Wenigstens zu danken habe ich in diesem Zusammenhang meinen ehemaligen Kolleginnen und Kollegen, Frau A. Kämmerer, den Herren R. Bastine, P. Fiedler, D. Kommer und J. Schröter (alle Heidelberg), H. Keupp (München). Ganz besonderen Dank verdienen die Herren C. F. Graumann (Heidelberg) & G. Sommer (Marburg), die sich kritisch mit dem Entwurf dieser Schrift auseinandergesetzt haben. Nicht zuletzt habe ich allen zu danken, die mir vielerlei technische Hilfen zukommen ließen. Dazu gehören u.a. meine Mutter, L. Röhrle, und die vielen Mitarbeiterinnen, wie Frau Hausner (Heideberg), Frau Dittmann, Frau Kirchner, Frau Weskamm und Frau Wessels (alle Marburg).

Es ist beruhigend zu wissen, daß neben einem solchen Vorwort, das in seiner Art schon fast an eine besondere Art von Netzwerkanalyse erinnert, auch noch andere soziale Handlungen zur Verfügung stehen, um sich dankbar zu erweisen und um verloren gegangene soziale Gleichgewichte wieder herzustellen.

Bernd Röhrle

Inhalt

Geleitwort V

Vorwort VII

1. Einleitung 1

2. Zur Rezeption des Netzwerkkonzepts in der Psychologie. ... 9
2.1. Ursprünge und Entwicklungslinien 9
2.2. Merkmale, meta-theoretischer Gehalt und Bedeutungsvarianten sozialer Netzwerke. 15
2.3. Soziale Netzwerke in der Psychologie: Interessen und Rezeptionsvarianten 24

3. Psychologische Bedeutungsgehalte von Merkmalen sozialer Netzwerke. 30
3.1. Soziale Netzwerke und sozialpsychologische Phänomene   30
3.2. Soziale Netzwerke im Kontext der Entwicklungspsychologie   41
3.3. Soziale Netzwerke im Rahmen der klinischen Psychologie   51
3.3.1. Zur Pathogenität sozialer Netzwerke. 52
3.3.2. Netzwerkorientierte Interventionen 56

4. Zur Salutogenität sozialer Netzwerke 71
4.1. Soziale Unterstützung: Erste Annahmen und Modelle. ... 73
4.2. Psychologische und strukturalistische Aspekte der sozialen Unterstützung 77
4.3. Differentielle Effekte der sozialen Unterstützung 88
4.4. Die stressorspezifische Wirkung der sozialen Unterstützung   96

4.5.	Effekte sozialer Unterstützung unter dem Aspekt modelltheoretischer Differenzierungen	103
4.6.	Theoretisch bedeutsame Effekte und Zusammenhänge sozialer Unterstützung	111
4.6.1.	Zur Befriedigung sozialer Bedürfnisse	112
4.6.2.	Die Bedeutung sozialer Unterstützung für das Immunsystem	117
4.6.3.	Der sozial-interaktive Bezug	123
4.6.4.	Soziale Unterstützung als soziale Streßbewältigung	129
4.7.	Zum Gesamtertrag der sozialen Unterstützungsforschung	145
5.	*Meta-analytische Betrachtungen zu Aspekten der sozialen Unterstützung*	148
6.	*Persönlichkeit und soziale Netzwerke*	160
6.1.	Persönlichkeitsmerkmale und soziale Netzwerke als unabhängige Ressourcen psychischer Gesundheit	162
6.2.	Zusammenhänge zwischen Persönlichkeitsmerkmalen und sozialen Netzwerken	165
6.3.	Zur Bedeutung netzwerkspezifischer Dispositionen	180
6.4.	Kontextuell bedeutsame Personmerkmale: Alter, Geschlecht und Schichtzugehörigkeit	192
7.	*Soziale Netzwerke im Kontext umweltpsychologischer Betrachtungen*	203
7.1.	Soziale Netzwerke als Bestandteile von Umwelt	207
7.2.	Soziale Netzwerke und Umwelt	214
7.3.	Umweltbelastung und soziale Unterstützung	224
8.	*Handlungstheoretische und kognitive Analyse sozialer Netzwerke*	227
8.1.	Ansätze und rahmentheoretische Überlegungen	232
8.1.1.	Soziale Netzwerke als Handlungsgegenstände	234
8.1.2.	Wissensbestände über Merkmale sozialer Netzwerke	243
8.1.3.	Bedingungen und Varianten der Kognition sozialer Netzwerke: Klinisch-psychologische Aspekte	251
8.2.	Klinisch-psychologische Untersuchungen zu Kognitionen von Merkmalen sozialer Netzwerke	257

8.2.1.	Intentionale Bedeutungsgehalte von Kognitionen zu Merkmalen sozialer Netzwerke	257
8.2.2.	Episodisches, deklaratives und explanatives Wissen zur sozialen Unterstützung	269
9.	*Konvergenzen und Perspektiven*	287
10.	*Anhang*	294
10.1	In der Meta-Analyse genutzte Studien	294
10.2.	Fragebogen zur Erfassung individueller und sozialer Formen der Bewältigung von Prüfungsstreß	298
10.3.	Netzwerkorientierungsfragebogen (NOF): Items und Tabellen	300
10.3.1.	Items des Netzwerkorientierungsfragebogen (NOF)	300
10.3.2.	Tabellen zum Netzwerkorientierungsfragebogen (NOF)	302
11.	*Literatur*	306

1. Einleitung

Soziale Netzwerke haben in den Sozialwissenschaften seit einigen Jahren Hochkonjunktur. Soziologie, Anthropologie, Kommunikationswissenschaften, Politologie, Sozialmedizin und nicht zuletzt auch die Psychologie befassen sich in unzähligen Arbeiten mit dem, was man zunächst als das *Gesamt an sozialen Beziehungen zwischen einer definierten Menge von Personen, Rollen oder Organisationen* zu bezeichnen hat.[1] Im Bereich der Psychologie sind in den letzten zehn Jahren so viele Publikationen zu diesem Thema erschienen, daß man geradezu von einer Inflation sprechen kann.[2] Von einem wachsenden Interesse an sozialen Netzwerken zeugt

---

[1] Genauere Definitionen des Begriffs „Soziales Netzwerk" finden sich in Kapitel 2 und 4.

[2] Die Breite der Literatur zu sozialen Netzwerken wird in Bibliographien von Barkas (1985), Biegel, McCardle und Mendelson (1985), von Bruhn, Philips, Levine und Mendes de Leon (1987) und von Laireiter, Baumann, Ganitzer, Keule, Pfingstmann und Schwarzenbacher (1989), dokumentiert. Sie zeigt sich auch in zahlreichen Monographien, Übersichtsarbeiten und Sammelwerken, von denen nur einige neuere und bedeutsamere zitiert seien: Albrecht und Adelman (1987), Angermeyer und Klusmann (1989b), Baumann (1987), Cohen und Syme (1985), Ganster und Victor (1988), Freeman, Romney und White (1989); Hobfoll (1986), House, Umberson und Landis (1988), Kadushin (1989), Kardorff und Stark (1989), Keupp und Röhrle (1987), Knipscheer & Antonucci (1990), Laireiter (1993a), Lentjes und Jonker (1985), Milardo (1988), Nestmann (1988), Sarason, Sarason und Pierce (1990a), Sarason und Sarason (1985), Schenk (1984), Schwarzer und Leppin (1989), Schweizer (1989); Veiel und Baumann (1993a), Wellman und Berkowitz (1989), Winnebust, Buunk und Marcelissen (1988), Wortman und Dunkel-Schetter (1987), Yoder, Jonker und Leaper (1985).

Sonderhefte sind in folgenden Fachzeitschriften erschienen: Journal of Applied Social Science, 1991; Journal of Health and Social Behavior, 1990; Journal of Social and Clinical Psychology, 1990; Journal of Social and Personal Relationship, 1990; Journal of Social Issues, 1985; Zeitschrift für Klinische Psychologie, 1987.

Über Zuwachsraten berichten Angermeyer und Klusmann (1989), Filipp (1990) und House (1987). Z.B. weist Filipp (1990), für den Bereich der Psychologie nach, daß zwischen 1978 und 1988 im Sinne eines relativen Anteils zum Gesamt an psychologi-

auch die zunehmende Institutionalisierung der entsprechenden Forschung in Fachgesellschaften, Fachzeitschriften und Symposien der letzten Zeit.[3] Viele und zugleich sehr unterschiedliche Interessen werden mit dieser enormen Expansion verknüpft. Dabei werden vorwissenschaftliche und wissenschaftliche Begründungen für die Beschäftigung mit sozialen Netzwerken vorgebracht.

So wird vermutet, daß das *vorwissenschaftliche* Interesse durch eine „intuitiv nachvollziehbare Attraktivität" des Konzeptes und durch die „in lebendiger Selbsterfahrung" nachvollziehbare Phänomenalität seines Gegenstandes genährt wird (Angermeyer & Klusman, 1989a, S. 8). Befragungen haben ergeben, daß soziale Beziehungen und informelle Hilfen in der Tat zu den wichtigsten Dingen im Leben gezählt werden (Berscheid & Peplau, 1983). Dementsprechend lassen sich auch Wissenschaftler von der Bedeutung sozialer Netzwerke anmuten, wenn sie Familien, Freundschaftsbeziehungen, Arbeitskollegen, Nachbarschaften und Bekannte poetisch mit dem „Wind" vergleichen, „der den Flug der Vögel trägt" (Vaux, 1988a, S. 1; übers. v. Verf.).

Aber auch der „Zeitgeist" und globale gesellschaftliche Veränderungen werden mit dem Aufblühen der Netzwerkforschung verbunden. In den Siebziger Jahren wurde das Interesse an sozialen Beziehungen auch jenseits von primären und sekundären Gruppen neu geweckt, als man soziale Desintegrationsprozesse als Folge der Kapitalisierung, Technologisierung, Bürokratisierung und Urbanisierung ausgemacht hatte. Man erinnerte sich an ältere, zivilisationstheoretische und sozialökologische Forschungsarbeiten und brachte diese sozialen Desintegrationsprozesse sowohl mit Phänomen, wie Vereinsamung, Identitätskrisen usw., aber auch mit neuen individuellen und subkulturellen Orientierungsmöglichkeiten in Verbindung (Keupp, 1987, 1990; Park & Burgess, 1925; Simmel, 1908, 1950; Thomas & Znaniecki, 1920). Zahlreiche Verknüpfungen im Bereich der technischen Kommunikation haben den Begriff in sehr verschiedenen gesellschaftlichen Feldern zu mehr als einer tragfähigen Metapher werden las-

---

schen Arbeiten eine Steigerung von 0, 02% auf 1, 44% zu verzeichnen war. Eine eigene Literaturrecherche mit Hilfe von PSYCLIT erbrachte für den Zeitraum von 1981 bis 1991 insgesamt 3053 Titel zum Thema „Soziale Unterstützung und Netzwerke"; eine eigene Bibliographie umfaßt bislang 4007 Titel.

[3] Die wichtigste Fachgesellschaft zur Förderung der Netzwerkforschung stellt das „International Network for Social Network Analysis (ISNA)" dar. Die Zeitschriften „Connections" und „Social Network" sind die zentralen Publikationsorgane. Insbesondere das „American Journal for Community Psychology" informiert über Entwicklungen im klinisch-psychologischen Bereich. Verschiedene deutschsprachige Symposien sind dokumentiert in Baumann (1987), Kardorff, Stark, Rohner und Wiedemann (1990) und in Röhrle und Stark (1985).

sen. Die Krise des Wohlfahrtsstaates, das heißt damit auch die Wachstumsgrenzen formeller Hilfen und sozialer Dienstleistungen, haben das sozialpolitische Interesse an den salutogenen Kräften informeller Hilfen in sozialen Netzwerken geradezu maßlos gesteigert (vgl. z. B. Kardorff, 1989).[4]

Die *wissenschaftlichen* Begründungen, sich zunehmend mit sozialen Netzwerken zu beschäftigen, werden von Baumann (1987) damit in Zusammenhang gebracht, daß sich die wissenschaftlichen Probleme im Umgang mit diesem Konzept erheblich vervielfältigt haben. Bei genauer Betrachtungsweise zeigen sich aber innerhalb der Psychologie, trotz dieser Diversifikation der wissenschaftlichen Problemstellungen, bestimmte Interessen- und Arbeitsschwerpunkte. Einerseits ist erkennbar, daß psychologische Untersuchungsgegenstände kontextualisiert und mehr in sozialen Zusammenhängen untersucht werden. Andererseits wird deutlich, daß herkömmliche psychologische Denkweisen bzw. Theorien ihren Geltungsbereich, und damit stark individualisierende Sichtweisen, auf den Bereich sozialer Netzwerke ausdehnen wollen. Über die psychologische Bedeutung von makrosozialen Bedingungen, wie z. B. sozialen Schichtungen, wurden hinreichend Kenntnisse gewonnen. Ebenso kann auf eine breite Erfahrung im Umgang mit mikrosozialen Bedingungen, wie z. B. mit Partnerschaften oder Kleingruppen, zurückgeblickt werden. Nun interessieren vor allem solche soziale Gefüge, welche die Lücke zwischen mikro- und makrosozialen Gebilden zu schließen versprechen.

Soziale Netzwerke gelten als Systeme, denen genau diese Eigenschaft zugesprochen wird (Berger & Neuhaus, 1977). Durch solche Interessen am *Gegenstandsbereich* „soziales Netzwerk" mußte auch jene *Begriffswelt* für die Psychologie attraktiv werden, die vor allem in der Sozialanthropologie und in der Soziologie für diesen Gegenstandsbereich entwickelt wurde. Mit dieser Begriffswelt verband man eine Vielzahl von psychologischen Konzepten, Theorien und Untersuchungsansätzen, vielfach ohne auf mögliche Unvereinbarkeiten zu achten. Diese Unachtsamkeit und die ungeheure Vielfalt an fachlichen und theoretischen Bezügen innerhalb der Netzwerkforschung erklärt allein schon die oft beklagte theoretische Unschärfe dieser Forschungsdomaine (vgl. z. B. Blöschl, 1987a, b).[5]

---

[4] Weitere Hinweise zu sozialpolitischen Hintergründen der Netzwerkforschung finden sich bei Berger und Neuhaus (1977), Keupp (1987, 1988), Röhrle (1988a) und bei Wortman und Dunkel-Schetter (1987).
[5] Zur theoretischen Unschärfe der klinisch-psychologischen Netzwerkforschung äußern sich weitere Autoren (z. B. Gottlieb, 1983a; Heller & Swindle, 1983; House, Umberson & Landis, 1988; Leppin, 1990; Sarason, Sarason & Pierce, 1990; Thoits, 1982; Turner, 1981; Vaux, Burda & Stewart, 1986).

Die vorliegende Schrift will einigen Gründen für diese beklagte konzeptionelle und theoretische Unschärfe nachgehen. Dabei werden zunächst die ursprünglichen sozial-anthropologischen und soziologischen Bedeutungsfelder des Konzepts des sozialen Netzwerks vorzuführen sein. Sie stellen sich zunächst als fachlich, theoretisch und methodisch höchst heterogen dar. Dennoch finden diese Bedeutungsfelder auf einer meta-theoretischen Ebene ein verbindendes Moment. Nachdem im *zweiten Kapitel* auf die Eigenart des Netzwerkbegriffs hingewiesen ist, kann der Frage nachgegangen werden, auf welche Weise dieser Begriff in der Psychologie aufgenommen und genutzt wird. Die verschiedenen *Rezeptionsformen* werden in den folgenden Kapiteln verdeutlicht und zum Teil auch mit eigenen Forschungsarbeiten veranschaulicht. Dabei wird dem Gebiet der Klinischen Psychologie besonderes Augenmerk verliehen. Dies geschieht deshalb, weil der Autor primär auf diesem Feld tätig ist und sich die Zahl der klinisch orientierten Untersuchungen im Bereich der psychologischen Netzwerkforschung als besonders groß darstellt.

Im *dritten Kapitel* wird erkennbar, daß ein nur geringer psychologischer Bedeutungsgehalt von Aussagen zur Wirkung sozialer Netzwerke erlangt wird, wenn traditionelle Netzwerkbegrifflichkeiten unreflektiert *übernommen* werden. Dies wird sowohl bei der Analyse von Zusammenhängen dieser Begrifflichkeiten mit sozial-psychologischen als auch mit entwicklungspsychologischen Phänomenen offensichtlich. Im gleichen Ausmaß ist dies für den Bereich von klinisch-psychologischen Forschungsarbeiten vorführbar, die Korrelate und Ursachen von psychischen Störungen und auch entsprechende Interventionsmöglichkeiten in Merkmalen sozialer Netzwerke gesucht haben. Dies wird in eigenen Forschungsarbeiten verdeutlicht, in denen die Merkmale sozialer Netzwerke von Witwen in Selbsthilfegruppen oder von Patienten einer therapeutischen Gemeinschaft untersucht wurden.

Die Probleme einer weitgehend unreflektierten Rezeption des Netzwerkkonzepts werden nicht unbedingt weniger, wenn man sich im Kontext der Psychologie *selektiv* nur mit einem Merkmal genauer befaßt. Im *vierten Kapitel* wird vorgeführt, wie *inflationär begriffliche* bzw. *modell-theoretische Differenzierungen* sich gestalten und wieviele inkonsistente Ergebnissen produziert werden, wenn man sich nur mit den salutogenen Potentialen informeller Hilfen in sozialen Netzwerken beschäftigt. Zu solchen Differenzierungen gehört u. a., daß zwischen verschiedenen Arten und Quellen der informellen Hilfe bzw. sozialen Unterstützung oder auch zwischen Anlässen und Effektarten unterschieden wird. Außerdem werden mannigfaltige logische und zeitliche Ordnungsmuster des Zusammenhangs zwischen sozialer Unterstützung, Stressoren, Streßreaktionen und diversen Befindlichkeiten untersucht.

Der entscheidende Gewinn an Wissen, den solche Differenzierungen bringen, besteht zunächst darin, daß *soziale Unterstützung als kein einheitliches und in sich abgeschlossenes Konzept* anzusehen ist und daß die Wirkung informeller Hilfen von einer Vielzahl von Bedingungen abhängt. Zu den Erkenntnissen gehört z. B. die Einsicht, daß die Wirkung sozialer Unterstützung von den Eigenschaften eines Stressors mitbestimmt wird. Dies kann auch anhand von eigenen Untersuchungen nachvollziehbar gemacht werden, wenn etwa der Stressor „Arbeitslosigkeit", u. a. in den Verlust der Zeitstruktur oder in finanzielle Beeinträchtigungen differenziert wird und verschiedene Arten der informellen Hilfe auf der Grundlage solcher Differenzierungen ganz unterschiedliche Bedeutungen einnehmen.

Die Inflation der konzeptuellen Differenzierungen bei der Untersuchung informeller Hilfen kann nur durch die Wahl eines jeweils *theoretisch eindeutiger formulierten Rahmens* eingedämmt werden. Dieser Rahmen wird auf unterschiedliche Weise gesucht. Zum einen ist erkennbar, daß die Bedeutung informeller Hilfen dadurch konzeptionell unmißverständlicher überprüft wird, daß man mehr auf solche Effekte achtet, die in den ersten Überlegungen zur Wirkung sozialer Unterstützung angenommen, die jedoch so gut wie nie überprüft wurden. Bei diesen ersten Überlegungen spielen vor allem Annahmen eine Rolle, welche den Einfluß informeller Hilfen mit der Befriedigung sozialer Bedürfnisse und der Stabilisierung von Immunsystemen verknüpfen. Zum zweiten zeigt sich, daß soziale Unterstützungen zunehmend wieder in sozial-interaktiven Bezügen und auch mehr im Kontext der herkömmlichen Netzwerkforschung untersucht werden. Dazu gehört auch, daß Modelle der individuellen Streßbewältigung zu Modellen der kollektiven Verarbeitung von Belastungen umformuliert werden. Dabei wird hervorgehoben, daß informelle Hilfen nicht (nur) als passive Konsumtionshandlungen begriffen, sondern auch als kollektiv oder individuell mobilisierte Ressourcen aufgefaßt werden können. Anhand einer eigenen Studie zur Verarbeitung von Prüfungsstreß wird im Kontext dieser Überlegungen der Frage nachgegangen, von welchen Faktoren die Wahl sozialer und individueller Bewältigungsstrategien abhängt.

Die Befunde zu den verschiedenen konzeptuellen Differenzierungen von sozialer Unterstützung werden sich insgesamt auch deshalb als wenig tragfähig ausweisen lassen, weil sie inkonsistent sind und da sie sich vor allem selektiv bzw. nur deskriptiv auf verschiedene Studien stützen. *Meta-analytische Bewertungen* einschlägiger Befunde zur Wirkung informeller Hilfen sind ein möglicher Ausweg aus dieser Misere. Im *fünften Kapitel* zeigt eine erste Meta-Analyse, wie wichtig u.a. die Unterscheidung zwischen einem subjektiv-wertenden und objektiv-quantitativen Aspekt der sozialen Unterstützung theoretisch und empirisch ist (Schwarzer & Leppin, 1989a). In einer weiteren, eigenen Meta-Analyse wird die Effektivität unterschiedlich gefaßter subjektiver Wertungen von informellen Hilfen überprüft. Dabei wird aufgezeigt, daß sich durch entsprechende Operationalisierungen keine großen Unterschiede in Hinsicht auf die jeweils aufgeklärte Varianz nachweisen lassen. Dieses Ergebnis wird so gewertet, daß neue, auch methodisch andersartige Zugänge gesucht werden müssen, um die Bewertungsgrundlagen von sozialer Unterstützung rekonstruieren und die sie bestimmenden psychologischen Größen erheben zu können.

Im *sechsten Kapitel* wird diskutiert, welche Erkenntnisse zu gewinnen sind, wenn Merkmale sozialer Netzwerke in den Zusammenhang von *Personeigenschaften* gebracht oder wenn sie gar zu entsprechenden psychologischen Größen umdefiniert werden. Die Art und Weise, wie Personeigenschaften ausgewählt werden, um sie als Moderatorvariablen im Wirkgefüge von Merkmalen sozialer Netzwerke und individuellen Befindlichkeiten untersuchen zu können, ist weitgehend willkürlich. Diese Beliebigkeit trägt dazu bei, daß zum einen die beklagte begriffliche Inflation nur noch weiter beschleunigt wird und zum zweiten, daß sich extreme Formen einer individualistisch anmutenden *Psychologisierung* traditioneller Netzwerkbegrifflichkeiten entwickeln können (z. B. werden soziale Unterstützungen als Dispositionen aufgefaßt). Nur durch die Untersuchung von konzeptionell möglichst eng gebundenen Dispositionen, wie z. B. soziale Fertigkeiten oder auch Bindungsschemata kann diese Willkürlichkeit eingeschränkt werden. Dabei wird untersucht und diskutiert, ob es wegen dieses inflationären Umgangs mit Persönlichkeitsmerkmalen in der sozialen Unterstützungs- und Netzwerkforschung sogar Sinn macht, so etwas wie *"Netzwerkorientierungen"* anzunehmen. Darunter wird die Bereitschaft und Fähigkeit verstanden, soziale Netzwerke aufzubauen, zu pflegen und zu nutzen. Wie komplex sich Netzwerkorientierungen darstellen und auch welche Bedeutung sie im Zusammenhang mit der Häufigkeit und der Qualität sozialer Kontakte z. B. bei Strafgefangenen besitzen, darüber wird in einer eigenen Untersuchung berichtet werden können.

Wenn im *siebten Kapitel* das Variablengefüge von Merkmalen sozialer Netzwerke und individuellen Befindlichkeiten durch *umweltpsychologische Betrachtungsweisen* erweitert wird, dann kann, im Gegensatz zur individualisierenden Sicht persönlichkeitspsychologischer Zugänge zu Merkmalen sozialer Netzwerke, das Interesse an einer *kontextualisierten* psychologischen Forschung erkennbar werden. Umweltpsychologische Betrachtungsweisen konfigurieren soziale Netzwerke u.a. zu Bestandteilen von Umwelt, die als individuelle Wissensbestände aber auch als transindividuelle Einheiten analysierbar werden. Für Betrachtungsweisen dieser Art sind soziale Netzwerke auch Variablen, die Einfluß auf andere Arten von

Umwelt besitzen und zugleich auch in bestimmter Weise von diesen abhängen. Durch diese umweltpsychologische Perspektive werden soziale Netzwerke insgesamt nicht nur (re-)kontextualisiert, sondern es werden zugleich sehr verschiedene Möglichkeiten sichtbar, wie das Verhältnis von Individuen, sozialen Netzwerken und anderen Arten von Umwelt bestimmt werden kann.

Mit dem im *achten Kapitel* entwickelten Vorschlag, soziale Netzwerke unter einer *handlungs- und kognitionstheoretischen Perspektive* zu betrachten, wird eine dieser Möglichkeiten aufgegriffen. In einem ersten Schritt dient diese Möglichkeit dazu, die Beliebigkeit der psychologischen Bedeutungsgehalte, die Merkmalen sozialer Netzwerke zugewiesen werden, dadurch zu reduzieren, indem nach dem subjektiv faßbaren Sinn dieser Merkmale gefragt wird. Dabei werden soziale Netzwerke als subjektiv wahrgenommene Handlungsgrundlagen aufgefaßt. Es wird angenommen, daß soziale Netzwerke für Individuen kognitiv geordnete und damit sinnstiftende Einheiten und Ereignisse darstellen. Auf diese Weise werden sie auch zu potentiell aktivier- und nutzbaren Handlungsfeldern. Informell zu helfen und soziale Unterstützungen wahrzunehmen und zu pflegen, wird dabei als ein Spezialfall sozial-interaktiver Handlungen angesehen. Die Effekte solcher Herstellungs- und Konsumtionshandlungen können unterschiedlich attribuiert werden. Vielfältige Handlungsziele definieren die Ordnung und propositionalen Gehalte von kognizierten Merkmalen sozialer Netzwerke. Sie werden mit grundlegenden Bedürfnissen, wie z. B. nach Orientierung, Bindung und Identität in Verbindung gebracht. Eine besondere Rolle spielen aber Ziele, welche die Pflege von Merkmalen sozialer Netzwerke im Auge haben. Ganz in der Tradition der handlungs- und kognitionstheoretischen Forschung muß dabei die Eigenart der Prozesse der individuellen Informationsverarbeitung und des sozialen Handelns erkannt werden. Die Analyse der Inhalte und Baumuster der hierfür notwendigen kognizierten Handlungsgrundlagen ist als eine zentrale Voraussetzung anzusehen und führt zurück zu einer genaueren psychologischen Sicht sozialer Netzwerke (Röhrle, 1981). Davon ausgehend, daß diese individuellen Handlungsgrundlagen auch kollektive Bedeutungsgehalte besitzen, soll diese Analyse auch erste Einblicke in transindivuelle Wissensbestände zu Merkmalen sozialer Netzwerke bieten.

Die für die individuelle Bewertung und Wahrnehmung von Merkmalen sozialer Netzwerke relevanten Handlungsgrundlagen werden bislang mit Hilfe von einfachen Einschätzungen rekonstruiert (z. B. als Ausmaß an Zufriedenheit mit bestimmten Formen der sozialen Unterstützung oder mit der Größe sozialer Netzwerke). In eigenen Untersuchungen wird nicht nur aufgezeigt, daß solche Bewertungen durch irrationale Kognitionen verzerrt sein können, sondern es wird verdeutlicht, welche Kognitionen solchen Einschätzungen zugrunde liegen. Dabei werden unterschiedliche Zugänge vorgeführt, um propositionale Gehalte und formale Charakteristika der Kognitionen zu verschiedenen Merkmalen sozialer Netzwerke zu rekonstruieren. Es wird auch der Frage nachgegangen, welche klinisch-psychologische Bedeutsamkeit sie dabei besitzen. Ein Untersuchungergebnis besteht darin, daß sich die propositionalen Gehalte verschiedener Merkmale sozialer Netzwerke bei depressiven Patienten insbesondere durch eine passive Handlungsorientierung und durch Ziele auszeichnen, die mit der Herstellung von Imtimität und dem Erhalt emotionalen Rückhalts zu tun haben. Im Rahmen einer weiteren Studie wird u.a. vorgeführt, daß Depressive ihre Projekte zur Herstellung und Pflege sozialer Beziehungen als vergleichsweise schwierig bzw. belastend erleben und daß sie ungünstiger bewertet und mit geringerem Engagement verfolgt werden. Bei der Rekonstruktion von Prototypen sozial unterstützender Episoden zeigt sich, daß depressive Patienten typische Ereignisse, die ihnen sozialen Rückhalt geben, in sich ähnlicher erinnern als eine Vergleichsgruppe von nicht Depressiven. In zwei weiteren Vergleichsstudien wird darüber berichtet, daß mehr oder weniger zur Depressivität neigende Personen, bei denen personale Konstrukte zu persönlich bedeutsamen sozialen Beziehungen erhoben wurden, sich nur in Hinsicht auf den Bedeutungsgehalt, nicht aber inbezug auf formale Merkmale dieser Konstrukte unterscheiden. Außerdem wird darüber informiert, daß die subjektiven Theorien von sozialer Unterstützung bei depressiven Patienten emotional negativ getönter ausfallen als bei einer Vergleichsgruppe.

Im *neunten Kapitel* schließt die vorliegende Arbeit mit einem Resümee und mit dem Blick auf weitere Möglichkeiten, den sozialen und individuellen Bedeutungsgehalt von Merkmalen sozialer Netzwerke in der perspektive einer sozialen Handlungstheorie zu rekonstruieren. Es wird darauf verwiesen, daß eine entsprechende Rekonstruktion sozialer Netzwerke nicht Ersatz, sondern notwendige perspektivische Ergänzung und auch Analogie zur soziologisch-strukturalistischen Sicht von meso-sozialen Systemen darstellt.

2. Zur Rezeption des Netzwerkkonzepts in der Psychologie

Die Schwierigkeiten, die sich im Schnittfeld verschiedener Disziplinen für die Psychologie gerade dann ergeben, wenn sie sich mit sozialen Gegenständen beschäftigt, sind nicht neu. Auf dem Hintergrund verschiedener Abgrenzungsversuche hin zur Soziologie und Kulturanthropologie ist die Sozialpsychologie seit langem mit den Problemen vertraut, die entstehen, wenn soziale Gegenstände in individuellen Kategorien gefaßt werden (vgl. Graumann, 1969). Befaßt man sich mit sozialen Netzwerken, so knüpft man unmittelbar, und vielleicht sogar verstärkt, an diesen Problemen an. Bei genauer Betrachtung hinterläßt jedoch die Art und Weise, wie man in der Psychologie mit dem Netzwerkbegriff umgeht, den Eindruck, daß auf diesen Erfahrungshintergrund nicht zurückgegriffen wird und die damit verbundenen erkenntnistheoretischen Probleme nicht reflektiert werden.[1] Der jeweils notwendige Perspektivwechsel vom Standpunkt verschiedener Disziplinen bzw. wissenschaftlicher Paradigmen wird dabei insgesamt zu wenig vollzogen (vgl. Duck, 1990).

Im folgenden werden zunächst die Ursprünge des Konzepts des sozialen Netzwerks vorgestellt und die wichtigsten Begriffe und theoretischen Orientierungen eingeführt. Darauf aufbauend lassen sich die Rezeptionsformen des Netzwerkbegriffs in der Psychologie präsentieren. Diese unterschiedlichen Rezeptionsformen reichen von Methoden, welche die Netzwerkbegrifflichkeiten naiv übernehmen bis hin zu Vorgehensweisen, die ursprünglich soziologische oder sozialanthropologisch gefaßte Aspekte von sozialen Netzwerken extrem individualisieren (vgl. Röhrle, 1989a).

2.1. Ursprünge und Entwicklungslinien

Die Ursprünge des Konzepts des sozialen Netzwerks sind primär auf Bemühungen von Sozialanthropologen zurückzuführen, die neue theoretische und methodische Zugänge zur Analyse von Kulturen entwickeln woll-

---

[1] Eine ausführlichere Übersicht zu netzwerkorientierten Forschungsarbeiten in der Psychologie wird von Röhrle (1987a, b) und Vaux (1988a) angeboten.

ten.² Sie hatten zunehmend die überkommene struktur-funktionalistische Auffassung in Zweifel gezogen, nach der man die Eigenarten einer Kultur und des Alltagslebens über die kategoriale Analyse von normativen Orientierungen (Recht, Moral, Ethik), Organisationen (z. B. Ausbildungseinrichtungen) und Institutionen (z. B. Familie) erkennen kann. Im Unterschied dazu sollten sich diese Eigenarten vielmehr in informellen Beziehungsgefügen zeigen. Die struktur-funktionalistische Tradition in der Sozialanthropologie hatte hierfür zwar die Metapher des Netzwerkes schon genutzt, sich jedoch noch zu wenig um die sozialen Felder zwischen verschiedenen gesellschaftlichen Einrichtungen gekümmert (vgl. Radcliffe-Brown, 1940). Der soziale Zwischenbereich informeller sozialer Beziehungen wurde nach Wellman (1988) deshalb so wichtig, weil im Gefolge des Zweiten Weltkrieges die bislang von Sozialanthropologen untersuchten sozialen Einrichtungen durch weitere Urbanisierungen, Kapitalisierungen, durch Migration usw., erheblichen Veränderungen ausgesetzt waren.

Nachdem das Konzept des sozialen Netzwerks zunächst als Metapher in Anspruch genommen wurde, nutzten es Barnes (1954), Bott (1957) und Young und Willmott (1962) als analytisches Instrument, um den Aufbau sozialer Gefüge nachvollziehen zu können. Barnes (1954) stellte fest, daß sich das soziale Leben einer norwegischen Gemeinde als Muster von interaktiven Beziehungen darstellen ließ. Es diente der gegenseitigen Unterstützung, Unterhaltung, aber auch der Zuweisung von Arbeitsplätzen. Bott (1957) und Young und Willmott (1962) interessierten sich für die Verbindungen in Freundschafts- und Verwandschaftssystemen. Bott (1957) rekonstruierte die Rollenbeziehungen der Geschlechter in Abhängigkeit vom Einfluß sozialer Netzwerke. Sie erkannte, daß die Art und Weise, wie Rollen erfüllt wurden und wie frei der jeweilige Rollenträger dabei blieb, davon abhing, wie eng verknüpft die sozialen Netzwerke der untersuchten Personen waren und wieviel informelle Hilfe sie erhielten. Interessant ist für die späteren Darstellungen, daß Bott den Einfluß von sozialen Netzwerken auf Rollenbeziehungen auch schon durch andere kontextuelle und personale Faktoren mitbedingt sah. Dazu zählte sie Institutionen, ökologische Bedingungen, aber auch demographische Merkmale, wie z. B. die berufliche Position und den Bildungsgrad.

Gefolgt und ergänzt wurden diese ersten netzwerkanalytischen Untersuchungen durch eine Vielzahl von Fallstudien, etwa zur Organsation des sozialen Lebens in der Arbeitswelt, zur Stabilität von Stammesstrukturen

---

² Neuere Übersichten zum historischen Hintergrund der Netzwerk- und Unterstützungsforschung bieten House, Umberson und Landis (1988), Keul (1993), Milardo (1988), Nestmann (1988), Rogers (1987), Vaux (1988a), Wellman (1988) und Ziegler (1987).

unter dem Einfluß der Migration und zum Aufbau partizipativer, freiwilliger Assoziationen (vgl. Mitchell, 1969). Andere Netzwerkanalytiker interessierten sich u. a. für Machtstrukturen, Cliquenbildung, Informationsaustausch bzw. -diffussion, Einstellungswandel und für politische Prozesse (vgl. insgesamt Berkowitz, 1988; Schenk, 1984).

Schon Barnes (1972) vertrat die Ansicht, daß das Konzept des sozialen Netzwerks *keine Theorie* sozialer Strukturen darstelle (vgl. auch Granovetter, 1979; Keul, 1993; Mitchell, 1974). Es verkörpert vielmehr eine Art von *Instrumentarium* zur Analyse sozialer Strukturen oder allenfalls eine theoretische Orientierung. Dabei soll die Analyse sozialer Netzwerke helfen, Gesetzmäßigkeiten im Sinne einer Tiefenstruktur sozialer Realität induktiv zu erkennen[3]. Theoretischen Rückhalt erhält das Konzept des sozialen Netzwerks durch psychologische und allgemeine sozialwissenschaftliche Theorien, die spezielle strukturelle Aspekte der Netzwerkanalyse auch innerhalb meta-theoretischer Überlegungen schon vorbedacht haben. So wurde die Entwicklung des Konzepts des sozialen Netzwerks in der Sozialanthropologie durch die Denkweisen eines Lévi-Strauss (1969) oder auch eines Piaget (1971) geprägt. Bei der Entwicklung des Konzepts des sozialen Netzwerks spielte Simmels (1908) formale Soziologie eine ebenso große Rolle wie Parsons' (1937) umfassende Theorie sozialer Systeme und Webers (1922) soziologische Handlungstheorie. Diese Theorien sprachen schon der Struktur und den relationalen Eigenschaften in Gesellschaften eine eigenständige, von Individuen unabhängige, sogenannte emergente Qualität zu (vgl. Schenk, 1984, S. 114). Als man auf die Graphentheorie zurückgreifen konnte, erweiterten sich die Möglichkeiten erheblich, soziale Gefüge mit Hilfe von Merkmalen sozialer Netzwerke zu rekonstruieren (vgl. z. B. Harary, Norman & Cartwright, 1965).

Neben Lewins (1951) Topologie und den Erkenntnissen aus der experimentellen Untersuchung von Kommunikationsstrukturen in Gruppen (z. B. Bavelas, 1950)[4] sind im Schnittfeld von Psychologie, Sozialanthro-

---

[3] Berkowitz (1988, S. 7) spricht von analogen Modellen sozialer Phänomenen, die isomorphen oder homomorphen Abbildungen gleichkommen.

[4] Die Analyse von Cliquen und anderen Teilstrukturen von sozialen Netzwerken ist ohne den gedanklichen Einfluß der Kleingruppenforschung nicht denkbar. Sie untersuchte nicht nur verschiedene quantitative bzw. qualitative Merkmale von Gruppen, wie die Größe oder affektiv bedeutsame Beziehungsarten, sondern überprüfte auch die Effektivität verschiedenartiger Kommunikationsnetze. Noch heute sind die konzeptuellen Schnittfelder zwischen Netzwerk- und Gruppenanalyse wahrnehmbar (vgl. Mackensen, 1985). Ein deutlicher Übergang von der Kleingruppenforschung zur Analyse sozialer Netzwerke war die Rekonstruktion sog. „kleiner Welten", welche den Kommunikationsfluß im natürlichen sozialen Feld zwischen sich nicht unmittelbar bekannten Personen untersuchte (Travers & Milgram, 1969).

pologie und Soziologie wenigstens drei theoretische Positionen und Zugänge zu sozialen Strukturen für die Entwicklung des Konzepts des sozialen Netzwerks bis heute sehr gewichtig geblieben (vgl. Berkowitz, 1982; Feger, 1981; Knoke & Kuklinski, 1982; Pappi, 1987; Schenk, 1984; Scott, 1991; Whitten & Wolfe, 1974):

1. Die Analyse von *sozialen Präferenzen* (Beliebtheitswahlen) unter Berücksichtigung kognitiv stimmiger – ausbalancierter – Beziehungsmuster (Festinger, 1949; Heider, 1958, 1979; Moreno, 1934; Newcomb, 1961).
2. Die Analyse der Ordnungsfiguren und Grundlagen von *Kommunikations-* und *Austauschprozessen:* Soziale Netzwerke als geregelte Märkte des Austauschs von Ressourcen und Informationen (Blau, 1964; Homans, 1961; Thibaut & Kelley, 1959).
3. Die Analyse sozialer Netzwerke als ein, auch im symbolisch-interaktionistischen Verständnis, *sinnstiftendes*, kollektiv hergestelltes und gepflegtes Gefüge (Albrecht & Adelman, 1987b; Fine & Kleinman, 1983; Siegrist, 1987).

Verschiedene *soziometrische* und *balancetheoretische Konzeptionen* haben sozialen Netzwerken insgesamt die Bedeutung von Systemen verliehen, die in sich strukturell bedingte Spannungen vermeiden wollen. Diese Sicht vermittelte eine Vielzahl von Möglichkeiten, um bestimmte Verdichtungen und Ähnlichkeiten im Aufbau von Teilen sozialer Netzwerke untersuchen zu können.[5]

Sowohl Hildegard Hetzers (1926) Untersuchungen zum Einfluß der sozialen Umwelt auf pubertierende Mädchen als auch die *Soziometrie* Morenos (1934) sind als Ursprünge der Netzwerkforschung erwähnt worden (vgl. Bien, 1984). Moreno wollte die Position der einzelnen Person in einem sozialen System durch die Konfiguration von Beliebtheitswahlen rekonstruieren. Darin schloß sich eine Vielzahl von Versuchen auch in der Netzwerkforschung an, das „Soziodynamische Gesetz der statistisch signifikanten Ungleichverteilung von Beliebtheitswahlen" in einem sozialen Gefüge nachzuweisen.

Für die Entwicklung der Netzwerkforschung war Heiders (1958, 1979) gestaltpsychologisch geprägtes *„Balancemodell"* ähnlich bedeutsam. Dieses Modell geht davon aus, daß zwischen zwei Personen und einem (sozialen) Handlungsgegenstand dann Gleichgewicht vorliegt, wenn alle Relationen positiv oder zwei negativ und eine positiv sind. Beliebtheitswah-

---

[5] Vergleiche insgesamt Bien (1984), Cartwright und Harary (1956, 1979), Davis und Leinhardt (1972), Holland und Leinhardt (1979), White, Borman und Breiger (1976), Winship und Mandel (1983) und Wu (1983).

len, die zur Transitivität neigen, sind durch Kriterien, wie z. B. Nähe, Kausalität, Ähnlichkeit usw., austauschbar. Nach der Auffassung Heiders sind derartige, auf Gleichgewicht beruhende Zustände, in der kognitiven Struktur einer Person zu suchen. Folgenreich war, daß man solche kognitiven Stimmigkeiten auch auf die quasi-objektiven Ordnungsmuster sozialer Netzwerke übertragen hat.

Newcomb (1961) bezog sich auf Heiders Überlegungen und nutzte derartige intrapsychisch bedeutsame Gesetzmäßigkeiten, um die Ordnung sozialer Beziehungen zu rekonstruieren. Nach Newcomb (1961) hängt die Antwort auf die Frage, ob soziale Beziehungen abgebrochen oder weitergeführt werden, auch davon ab, wie ausgewogen sich die Verhältnisse zwischen Interaktanten und einem Interaktionsobjekt gestalten. Die Auffassung Newcombs von interpersonellen Gleichgewichten haben Cartwright und Harary (1956, 1979) aufgegriffen, aber auf größere soziale Systeme übertragen. Dadurch, daß diese Autoren von unterschiedlichen Graden des Gleichgewichts in sozialen Systemen ausgehen, dürfen entsprechende soziale Systeme auch asymmetrische, negative und vom Inhalt her vielfältige Beziehungen besitzen. Den Grad des Gleichgewichts der Verbindungen in sozialen Strukturen legen sie dadurch fest, daß sie Zyklen von Verknüpfungen verfolgen. Dabei gehen sie diesen Verknüpfungen nach, indem sie von je einem sozialen Netzwerkelement ausgehen und indem sie zugleich versuchen, den Weg zum Ausgangspunkt zurückzufinden. Ein Gleichgewichtszustand liegt ihrer Ansicht nach dann vor, wenn das Produkt der positiven bzw. negativen Beziehungslinien in einem entsprechenden Zyklus positiv ist (d. h. wenn alle positiv sind oder eine gerade Anzahl negativer Beziehungen vorhanden ist). Da in großen sozialen Systemen vollständige Zyklen kaum noch zu verfolgen sind, werden Untergruppen gebildet, die jeweils in sich positive und zu anderen negative Beziehungen besitzen.

Um relativ einfache Beziehungsmuster (symmetrische, asymmetrische, Nullwahlen) auf ihre Gruppierbarkeit in einem sozialen Netzwerk untersuchen zu können, gingen Davis und Leinhardt (1972) von Triaden aus. Die Methode von Davis und Leinhardt zerlegt Mengen von Elementen (Personen) in einem sozialen Netzwerk so, daß sie jeweils über symmetrische Beziehungen und zugleich über Null-Wahlen zu Elementen anderer Teilmengen verfügen. Außerdem werden diese Teilmengen sozialer Beziehungen so geordnet, daß Rangfolgen in Abhängigkeit von der Zahl gleichzeitig vorhandener asymmetrischer Beziehungen gebildet werden können. Die Methode von Davis und Leinhardt und auch die von Folgemodellen erlauben die Zahl transitiver bzw. intransitiver Triaden in einem sozialen Netzwerk zufallsstatistisch abzusichern. Dabei wird aber davon ausgegangen, daß alle triadischen Beziehungen in einem sozialen Netzwerk vergleichbar und auch stabil sind. Die zum Teil auch empirisch bestätigte Kernannahme der Davis-Leinhardt-Modelle besteht insgesamt darin, daß soziometrisch bestimmbare Beziehungen in einem sozialen Netzwerk zur Transitivität neigen.

Trotz erheblicher Unterschiede, insbesondere in Hinsicht auf die Nähe zu psychologischen Prozessen oder zu emergenten strukturellen Eigenschaften sozialer Systeme, haben Austauschtheorien, wie die von Homans (1961), Thibaut und Kelley (1959) und Blau (1964), die Entwicklung der Netzwerkforschung stark beeinflußt. Austauschtheorien gehen davon aus, daß sich der Aufbau sozialer Netzwerke darüber bestimmt, welche Kosten und welcher Nutzen soziale Interaktionen oder soziale Beziehungen erbringen. Um die Stabilität optimaler Kosten-Nutzen-Verhältnisse zu gewährleisten, figurieren sich soziale Netzwerke zu quasi-stabilen Systemen. Die Webmuster dieser Systeme definieren den Umfluß von Ressourcen zwischen den Elementen eines sozialen Netzwerks. Die austauschtheoretisch geprägte Analyse sozialer Netzwerke macht den Zyklus von Ressourcen wie in einer Flußlandschaft abbildbar (vgl. hierzu auch Hage & Harary 1983, S. 11; Zachary, 1984). Die Begrenzungen und die Verdichtungen der Ressourcenzyklen sind Ausgangspunkt für die Analyse von Teilsystemen von sozialen Netzwerken.

Die Stabilität der Beziehungen zwischen Personen wird bei den frühen Austauschtheorien zunächst auf stabile Kosten-Nutzen-Verhältnisse bei der konkreten sozialen Interaktion und dem Austausch von Gütern zurückgeführt (Homans, 1961). Bei Thibaut und Kelley (1959) werden z. B. soziale Relationen als *erwartbare* Konfigurationen von Kosten und Nutzen in definierten sozial-interaktiven Situationen rekonstruiert. Die Autoren nehmen zudem an, daß soziale Beziehungen nur dann stabil sind, wenn sich für alle Mitglieder einer Dyade oder auch Triade, alternative soziale Beziehungen, bezogen auf ein Vergleichsniveau, nicht als nützlicher erweisen. Wie nützlich Beziehungen sind, wird damit durch die Attraktivität des jeweils anderen definiert.[6] Diese Idee wurde auch auf große soziale Systeme und soziale Netzwerke übertragen (vgl. Blau, 1964). Für Blau (1964) werden soziale Strukturen nicht nur durch institutionalisierte Werte und Normen aufrechterhalten, sondern auch durch Regeln, die alltäglichen und zugleich nutzenorientierten Interaktionen zu Grunde liegen. Es wird ange-

---

[6] Nach Scheiblechner (1971) bestimmt sich die Struktur sozialer Beziehungen aus der gegenseitigen Attraktivität von Interaktanten, der Bereitschaft eines jeden, definierte Interaktionen zu initiieren und der Attraktivität dieser Verhaltensweisen für den jeweiligen Empfänger (vgl. Elsas, 1990; Iacobucci & Hopkins, 1991).

nommen, daß vor allem Reziprozitätsregeln gepflegt werden müssen, um verläßliche soziale Verkehrsformen halten zu können.
Wenn man nicht nur die Austauschbeziehungen zwischen unmittelbar beteiligten Personen untersucht, sondern generalisierte Austauschverhältnisse in sozialen Systemen, dann besteht die Möglichkeit, auch komplexe, horizontal und vertikal organisierte Beziehungsmuster zu rekonstruieren (vgl. Cook, 1982; Feger & Auhagen, 1987; Willer & Andersen, 1981). Muster von Attraktivitäten zwischen Elementen eines sozialen Netzwerks differenzieren dieses Gefüge horizontal in Cliquen und Subkulturen. Werden bestimmte Austauschhandlungen bevorzugt und werden diese nur von wenigen Mitgliedern eines sozialen Netzwerks angeboten, so resultieren daraus monopolartige und machtbesetzte Positionen.

Symbolisch-interaktionistische Auffassungen von sozialen Netzwerken begreifen diese als eine kollektiv bedeutsame und hergestellte Form der sozialen Realität. Für sie ist die Analyse sozialer Strukturen solange bedeutungslos, wie versäumt wird, den kulturell bedeutsamen symbolischen Gehalt dieser Strukturen zu erheben. Soziale Netzwerke sind diesem Ansatz gemäß sozial ausgehandelte, dynamische Gebilde, die sich auch strukturell durch die Zuweisung neuer Bedeutungen ändern können. Über unterschiedliche Arten der Selbstdarstellung und der sozialen Beeinflussung werden soziale Distanzen und Grade der interpersonellen Abhängigkeit definiert (vgl. Piontkowski, 1976). Das durch solche Handlungen geprägte soziale Leben wird als ein fortwährendes Geschehen von „Planungen, Kämpfen und Entscheidungen" aufgefaßt (Cohen, 1969, S. 223). Nach Fine und Kleinman (1983) wird soziales Handeln dieser Art erst verständlich, wenn kulturell geprägte kognitive Repräsentationen von Merkmalen oder Teilen von sozialen Netzwerken rekonstruiert werden.

2.2. Merkmale, meta-theoretischer Gehalt und Bedeutungsvarianten sozialer Netzwerke

Um den Aufbau sozialer Netzwerke zu rekonstruieren, wurden anfangs nur wenige Merkmale genutzt. Dabei war die Liste möglicher Merkmale sozialer Netzwerke von Anfang an kein in sich geschlossenes Instrumentarium. Vielmehr entwickelte sich diese Liste allmählich zu einem umfangreichen, je nach Interesse genutzten Fundus (Boissevain, 1974; Mitchell, 1969). Die Art der untersuchten Elemente in sozialen Netzwerken war dabei fast genau so vielfältig wie die Formen von Beziehungen zwischen ihnen. Als Elemente sozialer Netzwerke kommen einzelne Personen oder aber auch soziale Einheiten wie z. B. Gruppen, Organisationen oder auch Nationen in

Frage. Für die Vielzahl der Merkmale, welche die Beziehungen zwischen diesen Elementen charakterisieren, wurden Ordnungssysteme vorgeschlagen. Systematisierungsgesichtspunkte, die bei der Entwicklung der Liste von Merkmalen und Instrumenten zur Analyse sozialer Netzwerke erkennbar wurden, lassen zwar bestimmte Schwerpunkte erkennen, sie geben aber nur eine bedingt vollständige Ordnung vor (vgl. z. B. Schenk, 1984).[7] Folgende Merkmalsgruppierungen bieten sich an:

1. Relationale Merkmale,
2. kollektiv bzw. individuell bedeutsame funktionale Merkmale und
3. Merkmale der Morphologie (vgl. Tabelle 1).

Tabelle 1. *Merkmale sozialer Netzwerke*

I. Relationale Merkmale
A. *Starke vs. schwache Bindungen* (Intimität, Intensität)
B. *Kontakthäufigkeit*
C. *Latente vs. aktualisierte Beziehungen*
D. *Dauer* (Stabilität)
E. *Multiplexe vs. uniplexe Beziehungen* (Vielartigkeit der Beziehungsinhalte; z. B. diverse Rollenbeziehungen)
F. *Egozentriertheit vs. Altruismus*
G. *Reziprozität*
H. *Homogenität*
I. *Grad der an Bedingungen geknüpften Zugänglichkeit*

II. Kollektiv und individuell bedeutsame funktionale Merkmale
A. *Soziale Unterstützung* (Sicherheit, Rückhalt usw.)
B. *Soziale Kontrolle* (Normorientierung, Übermittlung von Werten)

III. Merkmale der Morphologie
A. *Größe* (Zahl der Elemente; z. B. Personen, Organisationen, Nationen)
B. *Dichte* (Zahl der möglichen zu den tatsächlich vorhandenen Beziehungen)
C. *Erreichbarkeit* (Möglichkeiten zur Herstellung von direkten und indirekten sozialen Beziehungen zwischen undefinierten oder definierten Mengen von Verknüpfungspunkten [Pfaden])
D. *Zentralität* (Grad der sozialen Integration)
E. *Cluster/Cliquen* (Zahl der partiell oder total abgrenzbaren, in sich dichten Netzwerkteile)
F. *Sektoren/Zonen* (Familie, Verwandte, Freunde usw.)

---

[7] Weitere Übersichten zu Merkmalen sozialer Netzwerke finden sich bei Albrecht und Adelman (1987a), Baker und Schumm (1992), Barnes (1972), Boissevain, (1989), Hall und Wellman (1985), Israel (1982), Knoke und Kuklinski (1982), Lentjes und Jonker (1985), Leppin (1985), Mitchell und Trickett (1980a), Milardo (1986, 1992), Moos (1985) und Wasserman und Iaccobucci (1990).

Die Analyse *einzelner sozialer Beziehungen* (relationale Merkmale) bezieht sich auf formale Eigenschaften, die zum Teil aber eng mit der Qualität und möglichen *Bewertungsprozessen* durch Mitglieder eines sozialen Netzwerkes zusammenhängen. Dies gilt insbesondere für soziale Beziehungen, deren *Intensität* oder *Intimität* einzuschätzen ist. Eine besondere Charakterisierung sozialer Beziehungen in diesem Sinne hat Granovetter (1973) vorgenommen, indem er zwischen *schwachen* und *starken Verbindungen* unterschied. Die Stärke solcher Verbindungen bestimmt sich aus dem Aufwand, mit dem soziale Beziehungen gepflegt werden, dem Grad des emotionalen Engagements oder gegenseitigen Vertrauens und aus dem Ausmaß an wechselseitigen Unterstützungen (vgl. Granovetter, 1982).

Andere relationale Merkmale betonen mehr die *Verhaltensnähe* oder andere *objektivierbare* Kennzeichen von sozialen Beziehungen. Am deutlichsten tritt dies bei der „*Kontakthäufigkeit*" zutage. Diese Verhaltensnähe zeigt sich aber auch in der Unterscheidung von *latenten* und *aktualisierten* sozialen Beziehungen. So zeichnen sich latente soziale Beziehungen in sozialen Netzwerken durch eine äußerst geringe Kontaktdichte aus. Sie gelten aber als aktivierbare soziale Einheiten. Sie sind insbesondere für Befindlichkeiten, wie z. B. Geborgenheitsgefühle, sehr bedeutsam. Die *Dauer* und *Stabilität* ist ebenfalls als eine weitgehend objektivierbare Eigenschaft sozialer Beziehungen anzusehen.

Stärker geprägt *von austausch- und balancetheoretischen* Überlegungen sind die übrigen unter I. angeführten Merkmale. Sie heben auf mögliche Funktionalitäten sozialer Beziehungen ab und verknüpfen sie dabei zugleich mit normativen Eigenschaften von sozialen Netzwerken. *Multiplexe* soziale Beziehungen können durch relativ festgefügte Rollenvorgaben definiert sein (z. B. Rolle des Vaters und Vorgesetzten gegenüber dem Sohn). Es wird angenommen, daß gesellschaftliche Differenzierungs- und auch Urbanisierungsprozesse soziale Beziehungen zunehmend uniplex gestalten (z. B. Fischer, 1982; Schenk, 1984). Je mehr eine soziale Beziehung dem jeweiligen Empfänger nutzt, um so *egozentrierter* ist diese Beziehung. In der Regel sind solche Beziehungen, wie z. B. zwischen Eltern und Kindern, wenig *reziprok* angelegt, d. h. sie beruhen nicht auf Gegenseitigkeit. Sie dienen aber dem Erhalt eines Teils des sozialen Netzwerks. Die Ähnlichkeit und *Homogenität,* etwa von Einstellungen in einem solchen Gebilde, kann dabei eine vergleichbare Bedeutung besitzen. Die *Zugänglichkeit* zu solchen sozialen Beziehungen mag hier, z. B. durch das Kriterium der verwandtschaftlichen Bande, sehr gering sein.

Das Verhältnis der relationalen Merkmale sozialer Netzwerke untereinander gilt als nicht durchwegs geklärt. So wird ein enger Zusammenhang zwischen der Kontakthäufigkeit und der Intimität der Kontakte in Frage gestellt. Dagegen wird eine enge Verbindung der Dauer und der Intensität von sozialen Beziehungen angenommen (vgl. Schenk, 1984; S. 70ff.).

Die *funktionalen Merkmale* kennzeichnen soziale Netzwerke als sich selbsterhaltende bzw. -regulierende Systeme. Kommunikative Prozesse und soziale Handlungen im Sinne von sozialen Unterstützungen und *sozialen Kontrollen* gelten dabei als die wichtigsten regulativen Merkmale von sozialen Netzwerken. Soziale Unterstützungen pflegen soziale Beziehungen und helfen einzelnen Mitglieder eines sozialen Netzwerks dabei, ihr Leben zu meistern. Informelle Hilfen sind aber auch immer für das soziale Netzwerk als solchem dienlich, solange das einzelne Mitglied als sein Träger fungiert und solange Reziprozitätsregeln gelten[8]. Im Vergleich zur sozialen Unterstützung findet das Merkmal der sozialen Kontrolle in Netzwerken wenig Beachtung. Dies ist verwunderlich, da gerade dieses Merkmal zur Stabilität sozialer Gefüge beitragen dürfte. Es sorgt dafür, daß Vorgaben und Restriktionen beachtet und Abweichungen sanktioniert werden.

Die Inhalte dieser funktionalen Merkmale werden in kommunikativen bzw. im Rahmen von sozial-interaktiven Prozessen transportiert. Schenk (1984) unterscheidet in Anlehnung an andere Netzwerkanalytiker dabei zwischen Informationen bzw. Kommunikationen und dem Austausch bzw. der Transaktion. Die dritte Gruppe sozial-interaktiver Inhalte wird als Normen, Werte und Attitüden bestimmt.

Im Gegensatz zur Charakterisierung einzelner sozialer Beziehungen werden *strukturelle Merkmale* sozialer Netzwerke genutzt, um die Morphologie des jeweils gesamten sozialen Gefüges zu beschreiben. Die Struktur sozialer Netzwerke wird dabei als Gesamtordnung aus den formalen Charakteristika einzelner Verbindungen rekonstruiert. In der Regel werden entsprechende Maße dadurch festgelegt, daß die relative Zahl der vorhandenen Verbindungen zu den potentiell möglichen erhoben wird. Eine andere Möglichkeit besteht darin, Werte in Relation zu extremen Ausprägungsgraden oder zu bestimmten Durchschnittswerten zu bilden.[9] Zu den wichtigsten strukturellen Merkmalen gehören die Größe, Dichte, Erreichbarkeit und Zentralität sozialer Netzwerke. Teilgestalten sozialer Netzwerke werden bestimmt, indem Cluster bzw. Cliquen identifiziert oder Sektoren festgelegt werden.

Die *Größe* sozialer Netzwerke wird durch die Zahl der Elemente (Personen) definiert, die jeweils anhand von bestimmten Kriterien benannt werden . Diese Kriterien sind höchst unterschiedlich. In personalen Netz-

---

[8] Über genauere Definitionen zur sozialen Unterstützung informiert Kapitel 4.
[9] Auf einzelne Quantifizierungsprobleme der Merkmale gehen u.a. Schenk (1984) und Ziegler (1987) ein.

werken geschieht dies meist durch die Angabe derjenigen Personen, die als wichtig erachtet, oder zu denen regelmäßig Kontakt gepflegt wird (vgl. Killworth, Johnson, Bernard, Shelley & McCarty, 1990).

Die *Dichte* eines sozialen Netzwerks leitet sich aus der Zahl der Verbindungen in einem sozialen Netzwerk zur Menge der jeweils möglichen ab. Damit ist eine rein quantitative innere Verbundenheit gemeint, die nichts darüber aussagt, wie eng und intensiv dieses soziale Beziehungsmuster ist. Die Maßzahl, um die Dichte zu bestimmen, hängt von der Größe eines sozialen Netzwerks ab.

Die *Erreichbarkeit* in sozialen Netzwerken wird je nach Fragestellung sehr unterschiedlich definiert. In der Regel wird damit festgelegt, wie schnell und unmittelbar Mitglieder eines sozialen Netzwerkes eine Zielperson (Element) erreichen können. Erhoben wird dabei entweder die absolute Zahl der auch über indirekte Kontakte erreichbaren Elemente (Personen) eines sozialen Netzwerkes oder die Zahl der jeweils kürzesten Verbindungen. Insbesondere im Kontext ökologischer Fragestellungen wird die Erreichbarkeit von Netzwerkmitgliedern teilweise auch über die räumliche Distanz definiert (vgl. Fischer, 1982). Sind Personen in einem sozialen Netzwerk gut erreichbar, so wird ihnen meist eine wichtige, mit Macht ausgestattete Position zugewiesen.

Die *Zentralität* einer Position in einem sozialen Netzwerk wird zunächst aus dem Verhältnis der Zahl definierter sozialer Beziehungen einer Person abgeleitet. Die potentielle kommunikative Aktivität einer Person wird aus dem Verhältnis der Zahl der direkten zur Menge der indirekten sozialen Kontakte gewonnen. Wie stark Kommunikationen in sozialen Netzwerken kontrolliert werden, kann aus der Summe der Positionen abgeleitet werden, die Beziehungen zwischen Paaren in sozialen Netzwerken unterbrechen. Die Zentralität einer Person wird auch aus der Zahl gefolgert, die sich aus den indirekten, über Pfade verlaufenden Verknüpfungen ergibt. Dies ist möglich, indem das Verhältnis der Summe der kürzesten Distanzen zur Gesamtzahl aller Distanzen der Elemente eines sozialen Netzwerks bestimmt wird (sog. Bavelas-Index). Wie „zentralistisch" sich soziale Netzwerke insgesamt gestalten, wird nicht aus der Summe einzelner Zentralitätsmaße gewonnen, sondern aus dem Verhältnis der einzelnen Werte zum Maximalwert im sozialen Netzwerk (Berkowitz, 1988; Bonacich, 1991; Freeman, 1979).

Cluster und *Cliquen* werden über Verdichtungen von definierten sozialen Beziehungen in sozialen Netzwerken entdeckt. Von Clustern wird gesprochen, wenn Netzwerkteile über eine vergleichbar große Dichte verfügen. Cliquen sollten dagegen eine Dichte von 100% aufweisen. *Sektoren* oder *Zonen* in sozialen Netzwerken beschreiben entweder normativ definierte Untereinheiten oder bilden eine bestimmte Art der Rekonstruktion ausgesuchter Teile von sozialen Netzwerken ab. Verwandtschaften sind ein Beispiel für normativ festgelegte Teile von sozialen Netzwerken. Untersucht man die unmittelbaren und mittelbaren Beziehungen von bestimmten Personen, so ergeben sich Zonen erster bis n-ter Art.[10]

Einige dieser Merkmale lassen sich nur für bestimmte *Typen* von sozialen Netzwerken bestimmen. So ist zwischen *totalen* und *partialen* sozialen Netzwerke zu unterscheiden. Totale soziale Netzwerke bestehen aus allen denkbaren sozialen Beziehungen eines gegebenen sozialen Untersuchungsgegenstandes (z. B. Verbindungen von Personen, Gruppen, Institutionen). Partiale soziale Netzwerke beziehen sich nur auf einen bestimmten Typus sozialer Beziehungen. Mit Wolfe (1970) lassen sich folgende Teilklassen partialer sozialer Netzwerke unterscheiden:

a) personale, auf persönlichen Beziehungen beruhende,
b) an bestimmte Personkategorien oder Sektoren von sozialen Netzwerken gebundene (z. B. Freundschaften) oder mit sozialen Positionen und Rollen in Beziehung stehende,
c) mit definierten Zielen zusammenhängende (z. B. Verbreitung einer Information), und
d) durch Inhalte bestimmte soziale Beziehungsgefüge (z. B. Unterstützungssysteme).

Wird die Zahl der Elemente in sozialen Netzwerken festgelegt, so spricht man von *finiten* sozialen Netzwerken, läßt man sie offen, so spricht man von *infiniten*. Zeitlich begrenzt erhobene soziale Netzwerke stellen einen Kompromiß zwischen diesen Typen dar.[11]

Einige dieser begrifflichen Bestimmungen sind zentral, will man das Konzept des sozialen Netzwerks von dem der *Gruppe* unterscheiden. Diese Unterscheidung ist nicht ganz einfach, da sich auch das Konzept der Gruppe strukturell und funktional definiert. Aussagen zum inneren Aufbau und seine systemerhaltenden Funktionen sind der begrifflichen Kern beider Konzepte. Mackensen (1985) geht soweit, davon zu sprechen, daß soziale Netzwerke auch Gruppenstrukturen abbilden. Bestimmte Teile von sozialen Netzwerken sind insbesondere dann als Gruppen auffaßbar, wenn sie sich über Kriterien der unmittelbaren Zugehörigkeit von sozialen Elementen zu Sektoren formieren (z. B. primäre Gruppen).

---

[10] Die in der Tabelle 1 aufgeführten Merkmale sozialer Netzwerke sind ergänzbar (vgl. Knoke & Kuklinski, 1982).
[11] Pool und Kochen (1978) haben z. B. die Zahl der Bekanntschaften erhoben, die Individuen innerhalb von 100 Tagen pflegten; sie variierte zwischen 78 und 1043.

Insgesamt jedoch ist das Konzept des sozialen Netzwerks umfassender angelegt. Es beschränkt sich nicht auf soziale Einheiten, deren Struktur sich in Gebilden findet, die in der Regel Außengrenzen ziehen und die vor allem auf intensiven und intimen sozialen Beziehungen einzelner Personen beruhen. Zwischen den Mitgliedern von Gruppen herrschen direkte Kontakte vor und die Zugehörigkeit ist eindeutig definiert. Demgegenüber stellen soziale Netzwerke Gebilde dar, die auf indirekten Beziehungsmuster beruhen, deren Elemente sich nicht zu kennen brauchen und deren Grenzen, zumindest im Falle von infiniten sozialen Netzwerken, als völlig offen zu gelten haben. Zugehörigkeiten zu sozialen Netzwerken werden durch Personmerkmale oder Äquivalenzen in der Position einzelner Elemente in diesen Gefügen definiert, ohne daß diese gemeinsamen Moment bekannt und systemerhaltend zu sein brauchen. Darüberhinaus können die Elemente sozialer Netzwerke selbst Gruppen darstellen.

Die Möglichkeiten zu Analyse sozialer Netzwerke, die sich aus den Typisierungen sozialer Netzwerke und ihren Merkmalslisten ergeben haben, sind insgesamt mannigfaltig. Diese Mannigfaltigkeit verknüpft sich mit einer Vielzahl unterschiedlicher Interessen an sozialen Netzwerken und bestimmt zugleich die Nähe bzw. Ferne zu konkreten sozialen Phänomenen. Die Spannweite der unterschiedlichen Interessen reicht von der Konstruktion und Überprüfung formaler Modelle sozialer Phänomene mit geringem Realitätsanspruch (soziale Systeme als idealtypische Konfigurationen, wie z. B. die Klassengesellschaft), über die Analyse sozialer Netzwerke in Hinsicht auf Rollendifferenzierungen (vgl. Bott, 1957), bis hin zur Untersuchung des Einflusses entsprechender Systeme auf konkrete soziale Interaktionen, wie z. B. auf den Streit von Personen (vgl. Kapferer, 1969). In Abhängigkeit von den untersuchten sozialen Einheiten wandelte sich die Bedeutung des Konzepts des sozialen Netzwerks dabei erheblich.[12]

Trotz dieser Vielfalt an Interessen an sozialen Netzwerken, läßt sich ein allgemeiner gedanklicher Hintergrund erkennen. Dieser Hintergrund gibt

---

[12] Der mit diesen Typisierungen und Merkmalslisten verbundene methodische Zugang zur Analyse sozialer Netzwerke wurde z. B. bereitwillig von Organisationssoziologen (z. B. Coleman, 1958), Epidemiologen und Kommunikationswissenschaftlern (z. B. Coleman, Katz & Menzel, 1966, Rogers & Kincaid, 1981) aufgenommen. Übersichten zu verschiedenen Anwendungsgebieten der Netzwerkanalyse (Analysen von Organisationen, sozialer Eliten, politischer Prozesse, Innovationsdiffusion usw.) bieten unter anderem Burt und Minor (1983), Knoke und Kuklinski (1982), Marsden und Lin (1982), Schenk (1984), Wellman und Berkowitz (1988).

Nach Granovetter (1990) spielte, in Analogie zu den Bestrebungen der Sozialanthropologen, dabei auch die Bereitschaft vieler Soziologen eine Rolle, gegen die Vorstellung einer zu abstrakten und übersozialisierten Sicht sozialen Lebens, wie sie Durkheim, Weber und Parsons geprägt hatten, zu rebellieren.

den meta-theoretischen Gehalt des Konzepts des sozialen Netzwerks ab. Er ist als *strukturalistisch* zu bezeichnen (vgl. Schenk, 1984, S. 162ff.). Nach Berkowitz (1988) und auch Wellman (1988) ist dieser Gehalt zum Kern eines wissenschaftlichen Paradigmas avanciert.[13] Dabei wird den Baumustern von sozialen Netzwerken, wie sie sich aus den Ordnungen relationaler Eigenschaften ergeben, die Bedeutung emergenter Systemeigenschaften zugewiesen. Damit mißt dieses Paradigma den formalen Merkmalen von sozialen Strukturen mehr Bedeutung bei als den Inhalten und Qualitäten einzelner sozialer Beziehungen. Kollektive und individuelle normative Orientierungen und andere kategoriale Übereinstimmungen verlieren damit ihre Relevanz zugunsten einer Sichtweise, welche die Muster der Beziehungen von definierten Elementen (Personen, Objekte, Ereignisse) in den Mittelpunkt rücken (vgl. Mitchell, 1969). Die Untersuchung individueller normativer Orientierungen wird aus dieser Sicht gar der Psychologie als Aufgabe zugewiesen (Wellman, 1988, S. 33ff.). Beim Austausch von Ressourcen zwischen Individuen interessiert nur die „Geographie der Wege", und, bis auf einige Ausnahmen, kaum noch die soziale Handlung mit je spezifischen Funktionen und individuellen Auswirkungen. Wenn Strukturen sozialer Netzwerke zu untersuchen sind, dann werden funktionale Merkmale mehr als abhängige Variablen und kaum im Sinne von immanten Ordnungsprinzipien behandelt. Vielfach werden Kontexte sozialer Netzwerke ausgeblendet oder als Resultante der Strukturen sozialer Netzwerke angesehen (Berkowitz, 1988). Das bezieht sich sowohl auf größere gesellschaftliche Kontexte, kulturelle Einrichtungen, ökologische Rahmenbedingungen, als auch auf verschiedene Arten von Gruppen. Darüberhinaus versteht sich die Rekonstruktion sozialer Realität als komplementär zu möglichen historischen Betrachtungsweisen. Damit interessiert auch mehr die Stabilität und weniger die Dynamik sozialer Netzwerke; auch dann, wenn Veränderungen untersucht werden (vgl. z. B. Bien, 1984; Burt, 1975; Collani, 1987).

Die unterschiedlichen Konzeptionen von sozialen Netzwerken lassen sich auch auf andere Weise gedanklich vereinheitlichen. Dies ist über die Wahl der jeweiligen Analyseeinheiten oder durch die Zuordnung der Konzeptionen zu unterschiedlichen Disziplinen möglich (vgl. Berkowitz, 1982, 1988; Schenk, 1984; Ziegler, 1987). In Hinsicht auf die unterschiedlichen Einheiten der Netzwerkanalyse wird zwischen einem *relationalen* und einem *positionalen* Ansatz unterschieden. Im relationalen Ansatz interes-

---

[13] Vgl. hierzu insgesamt Berkowitz (1982), Blau (1982), Glucksman (1974), Streck (1985) und Wellman (1988).

siert die Systematik von Transaktionen, Machtgefügen, Ressourcenzyklen usw.. Untersucht wird die Gestalt in Form logischer (z. B. transitiver) Ordnungen der jeweils definierten Linien zwischen den Elementen eines Netzwerkes (als Pfade, Verdichtungen, Brücken, Zentren, schwache versus starke Verbindungen usw.). Im positionalen Ansatz werden Teilgebilde sozialer Gefüge im Sinne von strukturellen Äquivalenzen analysiert, die sich aus den Außenbeziehungen definierter Teilmengen herleiten lassen und die sich über den Vergleich von Positionen und Rollensets der Elemente eines sozialen Netzwerks ergeben. Dabei spielt es keine Rolle, ob bestimmte Positionsinhaber, die miteinander verglichen werden, überhaupt in einer Beziehung zueinander stehen (vgl. Burt, 1982; Everett, 1985). Im wesentlichen lassen sich zwei Arten der Rekonstruktion struktureller Äquivalenzen unterscheiden: In der Analyse von Blockmodellen werden Beziehungen zwischen Elementen binär codiert und aggregiert. Topologische Modelle berechnen soziale Distanzen im Euklidischen Raum.

Berkowitz (1982, 1988) dichotomisiert die unterschiedlichen Bedeutungsvarianten des Konzepts des sozialen Netzwerks in eine *soziologistische* und *psychologistische* Betrachtungsweise sozialer Netzwerke.[14] Für einen soziologistischen Zugang ist seiner Ansicht nach das Verhalten oder Erleben von einzelnen Personen höchstens dann interessant, wenn es in Abhängigkeit von der Struktur sozialer Netzwerke untersucht wird. Soziale Beziehungen zwischen je konkreten Personen werden nur als Ausgangsdatum für die strukturelle Rekonstruktion eines sozialen Netzwerkes genutzt. Demgegenüber sind nach Berkowitz (1982) psychologistische Zugänge gerade noch dafür geeignet, soziale Strukturen als Summe einzelner, wenngleich stabiler sozialer Handlungsmuster darzustellen. Burts (1982) strukturelle Handlungstheorie bewegt sich zwischen diesen Extremen. Zwar interessiert sich Burt (1982) auch für den Vergleich positionaler Strukturen in sozialen Gefügen, jedoch betrachtet er zugleich soziales Handeln als Folge von Entscheidungsprozessen, die auch die möglichen Folgen für andere Teile des sozialen Netzwerks berücksichtigen. Soziale Handlungen dieser Art können so auch die Struktur sozialer Netzwerke mitgestalten. Damit kann man die Auffassung von Franz (1986) verbinden, wonach sich individuelle Formen der Pflege sozialer Netzwerke zu kollektiven Strategien zusammenfügen.

---

[14] Erinnert man sich daran, welchen Einfluß psychologische Theorien auf die Entwicklung der Netzwerkforschung genommen haben, so ist die von Berkowitz gemachte Typisierung als überzogen zu bezeichnen.

2.3. Soziale Netzwerke in der Psychologie: Interessen und Rezeptionsvarianten

Bedenkt man, daß sich verschiedene Teilgebiete der Psychologie fast ausschließlich mit individuellem Geschehen und mit intrapsychischen Strukturen befassen, so stellt sich die Frage, welches *Interesse* in diesen Teilgebieten am strukturalistischen Bedeutungsgehalt von sozialen Netzwerken herrschen könnte. Die Motive, die sich mit diesen Interessen verbinden, sind recht vielfältig. Doch lassen sie sich m.E. mit zwei grundsätzlich unterschiedlichen, wenngleich idealtypischen Forschungsstrategien in Zusammenhang bringen (vgl. hierzu Herrmann, 1976).

Die erste Forschungsstrategie versucht den *Geltungsbereich* erprobter psychologischer Theorien ohne einen Perspektivwechsel auf soziale Netzwerke auszuweiten. Bei den Anstrengungen, den Gegenstand „Soziales Netzwerk" und seine Begriffswelt mit Denkweisen zu verbinden, die nach wie vor das Individuum in den Mittelpunkt stellen, lassen sich mehrere, nicht immer klar voneinander trennbare Teilstrategien erkennen. Eine erste nutzt den Begriff des sozialen Netzwerks nur als *Metapher* oder *Etikett*. Eine zweite individuenorientierte Teilstrategie besteht darin, eine mehr oder weniger breite Palette von Merkmalen sozialer Netzwerke als Fundus psychologisch umdeutbarer Variablen in Anspruch zu nehmen. Gleichzeitig *übernimmt* und erhält man scheinbar den ursprünglichen Bedeutungsgehalt der verschiedenen Merkmale sozialer Netzwerke. Ein Spezialfall dieser Art der *selektiven Rezeption* des Netzwerkkonzepts liegt vor, wenn nur ein Merkmal sozialer Netzwerke und zwar das der sozialen Unterstützung ausgewählt wird, um damit herkömmliche Variablengefüge *anzureichern*.

Im Rahmen der zweiten, grundsätzlich unterschiedlichen Forschungstrategie, werden auf Individuen hin zentrierte Sichtweisen aufgegeben oder wenigstens relativiert. Dabei will man neue, auch empirisch und theoretisch begründbare Erklärungsmuster für bislang untersuchte psychologische Phänomene aufspüren. Dies geschieht einmal dadurch, daß theoretische Aussagen, die für einzelne Personen entwickelt wurden, auf soziale Netzwerke übertragen und konzeptionell erweitert werden. Zum anderen werden auf Individuen hin orientierte Perspektiven durch den Versuch relativiert, psychologische Forschungsgegenstände zu *kontextualisieren*, d. h. mehr im Rahmen von Umweltbezügen zu untersuchen. Dabei werden herkömmliche Zugänge dadurch in ihrem Geltungsbereich begrenzt, daß soziale Sichtweisen mit individualisierenden Perspektiven in Einklang gebracht werden.

Durch all jene, welche strukturelle und relationale Merkmale zur Analyse von personalen Netzwerken fast wahllos verwandten, um sie als

Bedingungen für individuelles Erleben und Verhalten zu nutzen, wird der Eindruck erzeugt, daß dadurch eine innige Verbindung zum meta-theoretischen Gehalt der Netzwerkforschung gehalten wird und zugleich unmittelbar psychologisch bedeutsame Variablen gewonnen sind. Eine solche naive *Übernahme der Netzwerkbegriffe* zeigt sich z. B. dann, wenn bei der Untersuchung psychisch kranker Personen eine Art von Netzwerkpathologie entwickelt wird. Das gilt auch für die Entwicklung von Interventionen, die als netzwerkorientierte Verfahren bezeichnet wurden. Bei genauer Betrachtung verliert aber der meta theoretische Gehalt des Konzepts des sozialen Netzwerks an Bedeutung, wenn einzelne Merkmale zu individuell bedeutsamen Kategorien in Zusammenhang gebracht werden. Wenn z. B. die geringe Größe oder große Dichte sozialer Netzwerke als mögliche Ursachen für bestimmte psychische Störungen gelten sollen, so geht zumindest die Intention weitgehend verloren, den Aufbau transindividueller sozialer Einheiten analysieren zu wollen.[15] Gleichzeitig kann nur mit einer Reihe von Zusatzannahmen der für Individuen relevante, psychologische Bedeutungsgehalt entsprechender Netzwerkmerkmale deutlich gemacht werden (vgl. Kapitel 3; Röhrle, 1987a, b).[16]

Ähnlich verwirrend, wie die gerade dargestellte Art der Rezeption des Netzwerkbegriff, sind all jene Zugänge, die sich deshalb als Bestandteil der Netzwerkforschung verstehen, weil sie sich mit sozialen Einheiten, wie Familien, Freundschaftsbeziehungen oder Selbsthilfegruppen befassen. Dabei wird aber das Konzept des sozialen Netzwerks allenfalls als *Metapher* gebraucht, d. h. daß keine analytischen Instrumente der Netzwerkforschung genutzt werden. Bei dieser Art der Rezeption des Netzwerkkonzepts wird deutlich, daß zwischen Gegenstand und begrifflicher Bestimmung nicht hinreichend unterschieden wird.

Eine deutliche Form der *Psychologisierung* i. S. einer reduktionistischen Individualisierung des Bedeutungsgehalts des Netzwerkkonzepts bringen jene Ansätze, die sich *selektiv* mit funktionalen Merkmalen von sozialen

---

[15] Eine Ausnahme stellen jene Zugänge dar, welche die Entstehung psychischer Störungen mit der Zuweisung der Krankenrolle in sozialen Netzwerken in Zusammenhang bringen. Sie nutzen dabei das Wissen über den Aufbau kommunikativer Strukturen und beschreiben kollektiv bedeutsame normative Funktionen (vgl. Röhrle, 1987a, b). Zu erwähnen sind auch jene, die über die Verteilungsstruktur kommunikativer Netze Gesundheitsverhalten verändern oder die Zusammenarbeit zwischen psychosozialen Einrichtungen verbessern wollen (vgl. Burgess, Nelson & Walhaus, 1974; Keys & Frank, 1988; Morrisey, 1982; Tausig, 1987). Übersichten zur Bedeutung sozialer Netzwerke für die Diffusion von Informationen nicht nur für solche Bereiche bieten Rogers und Kincaid (1981) bzw. Schenk (1984).

[16] So wird z. B. die Größe sozialer Netzwerke mit der Zahl möglicher Feed-Backs in Zusammenhang gebracht (vgl. Kapitel 3).

Netzwerken beschäftigen. Wie wenig sich diese Art des Umgangs mit den Netzwerkbegrifflichkeiten zurechtfindet, zeigt sich vor allem in den enormen begrifflichen und definitorische Anstrengungen, um dem funktional gedachten Konzept der sozialen Unterstützung eine klarere theoretische Grundlage und brauchbare Operationalisierungen zu verleihen. Dabei werden dem Begriff der sozialen Unterstützung zunächst verschiedene Aspekte abgewonnen, indem viele Arten und Effekte informeller Hilfen unterschieden werden. Sie führen teilweise zu den strukturalistischen Hintergründen zurück, da auch sozial-interaktive Berachtungsweisen aufgenommen oder andere Merkmale sozialer Netzwerke in vergleichbarer Weise im Verbund psychologischer Variablen genutzt werden. Außerdem werden informelle Hilfen in den Zusammenhang von Stressoren, Streßreaktionen und psychischen Erkrankungen gebracht, wobei sie in einfache, psychologisch-theoretisch weitgehend sinnfreie Wirkmodellen eingebaut werden. Diese Modelle beschreiben formale Ursache-Wirkungs-Zusammenhänge oder auch zeitlich mögliche Abfolgen der genannten Variablen.

Der Mangel an theoretischer Verankerung, vor allem aber auch die Dürftigkeit des psychologisch-theoretischen Bedeutungsgehaltes der Netzwerkbegriffe wird durch eine inflationär wirkenden Zahl von Hinweisen auf psychologische Theorien kompensiert. Die Wirkung sozialer Netzwerke bzw. sozialer Unterstützung wird dabei meist post-hoc mit der Befriedigung sozialer Bedürfnisse, mit dem Zusammenspiel individueller Formen der Streßbewältigungen oder mit der Beeinflussung „sozialer Immunsysteme" in Zusammenhang gebracht (Cassel, 1974; Cobb, 1976). Auch andere psychologische Theorien werden bemüht. Sie haben alle nur entfernt mit den gedanklichen Hintergründen der Netzwerkforschung zu tun. Erwähnt werden u.a. psychoanalytische Bindungstheorien (z. B. Bowlby, 1969), frühe bedürfnistheoretische Konzeptionen von Murray (1938) oder Maslow (1954), die „Affiliationstheorie" Schachters (1959) und die Theorie der „Social Facilitation" von Zajonc (1965). Teilweise wird der strukturalistische Gehalt des Konzepts des sozialen Netzwerks bewußt vernachlässigt, weil man ihn als zu formalistisch und zu reduktionistisch empfand (vgl. Leavy, 1983; Turner, Frankel & Levin, 1983).

Die expliziteste Form der *Psychologisierung* des Netzwerkkonzepts findet sich beim Versuch, die Inanspruchnahme und Pflege sozialer Netzwerke von bestimmten Persönlichkeitsmerkmalen abhängig zu sehen. Dabei werden mehr oder weniger an die Begrifflichkeiten des Netzwerkkonzepts gebundene Dispositionen angenommen (z. B. Extraversion oder sog. Netzwerkorientierungen). Extreme Formen der Psychologisierung von Netzwerkbegriffen finden sich z. B. bei Sarason, Pierce und Sarason,

(1990a), die soziale Unterstützungen unmittelbar mit einer Disposition gleichsetzen.

Reduktionismen, wie diese persönlichkeitspsychologischen Rekonstruktionen von Merkmalen sozialer Netzwerke sind schwer verständlich, wenn man sich an die Kritik erinnert, die vor allem der *Sozialpsychologie* vorwarf, daß sie kulturelle, gesellschaftliche (politökonomische) und historische Hintergründe von psychologischen Gegenständen aus dem Blickfeld verloren habe. Es wurde bedauert, daß eine überbetont individualisierende Sicht von sozialen Phänomenen auch in anderen Gebieten der Psychologie vorherrsche (vgl. Bien, 1986; Graumann, 1979, 1988; Ring, 1967; Steiner, 1986). Um dieser Kritik begegnen zu können, bieten sich im Umgang mit dem Konzept des sozialen Netzwerks zwei unterschiedliche Teilstrategien an.

Eine erste versucht eine nicht mehr individuenzentrierte, soziale Perspektive dadurch zu erlangen, daß weiterhin transindividuelle Ordnungsmuster mit Hilfe individuell bedeutsamer Erklärungsprinzipien in sozialen Netzwerken gesucht werden. Man beteiligt sich also weiterhin an der Fortentwicklung der netzwerkanalytischen Zugänge (vgl. z. B. Feger, 1981; Feger & Auhagen, 1987). Im Vordergrund entsprechender Forschungen stehen dabei Versuche, durch psychologisch relevante Differenzierungen von Beliebtheitswahlen, zu reliablen und validen Aussagen über die innere Ordnung sozialer Netzwerke zu gelangen. Dabei soll zugleich auch der Einfluß personspezifischer Urteilstendenzen kontrolliert werden können (vgl. Bien, 1984; Bien, Marbach & Neyer, 1991; Feger & Droge, 1984). Außerdem wird zu den methodischen Möglichkeiten beigetragen, die Veränderungen und Cluster von sozialen Netzwerken fassen (Collani, 1987; Iacobucci & Hopkins, 1991).

Diese Art des Umgangs mit dem Konzept des sozialen Netzwerks innerhalb der Psychologie ist nicht weit verbreitet. Dies mag aber nicht allein daran liegen, daß weiterhin das Paradigma einer individualistisch orientierten Psychologie vorherrscht und daß in den Gefilden der Soziologie nicht gewildert werden soll. Möglicherweise hat es auch damit zu tun, daß so ein bestimmter Mangel dieses Zugangs zu umgehen ist. Werden nämlich individuell bedeutsame Erklärungsprinzipien auf soziale Netzwerke übertragen, so hypostasiert man sie zu emergenten Interpretationsfiguren, die von Seiten der Soziologie in einigen Fällen zugleich als reduktionistisch bezeichnet wurden (vgl. z. B. Blau, 1964). Die Gefahr solcher Hypostasierungen ist darin zu sehen, daß soziale Netzwerke gewissermaßen „beseelt" werden.[17] Die strukturelle Analyse sozialer Netzwerke wird auf diese Weise durch psychologische Bedeutungsreste geprägt, die an die Funktion

---

[17] Vgl. hierzu Lebons (1895) Auffassung von einer Psychologie der Massen.

von Verstärkern, an die Rolle von Sentimentbeziehungen und das Bedürfnis nach Überschaubarkeit erinnern.

Um die möglichen Probleme der Hypostasierung individuell bedeutsamer Erklärungsprinzipien zu umgehen, läßt eine zweite Teilstrategie unterschiedliche Perspektiven zu, wobei auch zwischen diesen Perspektiven meta-sprachlich vermittelt wird. Wir finden diese Vorgehensweise vor allem in jenen Bereichen der Psychologie, die ihren Forschungsgegenstand unter einer umweltpsychologischen Perspektive beleuchten. Hierbei werden soziale Netzwerke als eine besondere Art von *Umwelt* dargestellt, wobei sowohl eine individuell als auch kollektiv orientierte und zugleich strukturalistische Sicht beibehalten wird. Dies ist vor allem deshalb möglich, weil Umwelt als ein System aufgefaßt wird, das über sehr verschiedene Ordnungsprinzipien verfügt. Der Zugang zu diesem System wird letztlich nur über unterschiedliche, auch ontologisch bedeutsame Perspektiven als möglich angesehen.

In diesem gedanklichen Kontext wird danach gefragt, wie sich subjektiv oder objektiv faßbare soziale und physikalische Umweltbestandteile, mit unterschiedlicher Größenordnung und Stabilität, zueinander, aber auch inbezug auf Individuen, verhalten. Dabei werden sehr unterschiedliche relationale Betrachtungsweisen von (sozialer) Umwelt als möglich erkannt (z. B. strukturelle oder auch funktionale Ordnungen). Eine dieser relationalen Betrachtungsweisen ist die (kollektive) Kognition von (sozialen) Phänomenen. Wiederum ein Spezialfall davon besteht in der Wahrnehmung bzw. Kognition sozialer Netzwerke.[18] Da bei der Analyse der Baumuster von sozial-kognitiven Repräsentationen aber auch strukturalistische Sprachformen genutzt werden, findet sich zugleich im Verhältnis zur traditionellen Netzwerkanalyse ein gemeinsames meta-theoretisches Mo-ment. Durch die ontologisch bedeutsame Unterscheidung einer subjektiven und objektiven Umwelt werden soziale Netzwerke sowohl im quasi-objektiven bzw. kollektiv bedeutsamen als auch im subjektiven Sinne erkennbar. Durch diesen Perspektivwechsel schließen sich auch strukturalistische und funktionalistische Zugänge zu sozialen Netzwerken nicht mehr aus.[19] Damit kann insgesamt auch zwischen psychologischen, soziologischen und sozialanthropologischen Denkweisen vermittelt werden (Röhrle, 1986). Darüberhinaus ist festzustellen, daß mit einem solchen

---

[18] Diese Sicht von sozialen Netzwerken wurde von symbolisch-interaktionistischen Positionen vorbereitet.

[19] Es gibt allerdings auch umweltpsychologische Rezeptionen des Konzepts des sozialen Netzwerks, die ihren Gegenstand weitgehend individualisieren und die strukturalistische Betrachtung völlig verlieren (vgl. Hall & Wellman, 1985). Dies ist insbesondere dann der Fall, wenn soziale Netzwerke, oder auch nur einzelne Merkmale zu Reizen degradiert und einfache funktionalistische Transaktionsformen angenommen werden (z. B. Überstimulation).

Zugang soziale Netzwerke wieder stärker kontextualisiert betrachtet werden können. Dadurch, daß Umwelt typisiert und geordnet wird, erhalten auch wieder ökologische, sozio-ökonomische und auch institutionelle Faktoren die Bedeutung, welche sie in den Anfängen der Entwicklung des Konzepts des sozialen Netzwerks besaßen.

Bei den Versuchen, psychologische Forschungsgegenstände im Rahmen der Netzwerkforschung zu kontextualisieren und stärker in soziale Zusammenhänge zu stellen, sind insgesamt zwei Schwerpunkte erkennbar. Der erste Schwerpunkt hypostasiert bestimmte, für Individuen relevante psychologische Erklärungsprinzipien zu Aussagen, welche die Statik sozialer Netzwerke definieren. Ein möglicher Wechsel der Perspektiven von einer individuellen zu einer sozialen Betrachtung sozialer Netzwerke wird durch diese Hypostasierung dabei weitgehend aufgegeben. Dagegen wird dieser Perspektivwechsel im zweiten Fall durch kognitive und umweltpsychologische Betrachtungen sozialer Netzwerke beibehalten.

Zusammenfassend betrachtet, besitzen alle Arten der Rezeption des Netzwerkkonzepts ihre spezifischen Probleme. Die Hypostasierung psychologischer Gesetzmäßigkeiten verführt dazu, soziale Netzwerke als „beseelte Größen" aufzufassen und die Bedeutung individueller psychologischer Kategorien zu vernachlässigen. Die verschiedenen Formen, Merkmale sozialer Netzwerke wieder in den Kontext individuell bedeutsamer psychologischer Kategorien zu bringen, führt zu allerhand Anomalien, vor allem zu einem Verlust sozio-strukturalistischer, aber auch zu einem Defizit an psychologischen Bedeutungsgehalten. Der kontinuierliche und flukturierende Perspektivwechsel zwischen einer individuellen und sozialen Sicht mag auf den ersten Blick noch am adäquatesten erscheinen. Er löst jedoch letztlich das erkenntnistheoretische Problem des Umgangs mit einem multi-aspektiven, aber vereinheitlichten Forschungsgegenstand nicht.

Insgesamt bleibt festzuhalten, daß mit dem Konzept des sozialen Netzwerks keine Theorie sozialer Systeme eingeführt wurde, jedoch ein offenes Instrumentarium zur Analyse sozialer Gefüge als jeweils Ganzes. Es hilft Teile dieser Gefüge zu beschreiben, definiert Art und Qualitäten einzelner Beziehungen und will dabei die systemerhaltenden Funktionen einzelner Merkmale fassen. Der meta-theoretischer Gehalt dieses Instrumenatrium is als strukturalistisch und zugleich als transindividuell zu bezeichnen. Seine problemgeschichtlichen Wurzeln sind vielfältig mit sozialanthropologischen, soziologischen und sozialpsychologischen Fragen zur inneren Struktur von Gruppen, kulturellen Einrichtungen und Austausch- bzw. Kommunikationssystemen verknüpft. Diese eigenartige fachliche Verflochtenheit dieses Konzepts bringt für die Beantwortung von psychologischen Fragestellungen sowohl Vorteile als auch Probleme. Von diesen ist im nächsten Kapitel die Rede.

3. Psychologische Bedeutungsgehalte von Merkmalen sozialer Netzwerke

Auf die Möglichkeit psychologische Phänomene in den Zusammenhang mit Merkmalen sozialer Netzwerke zu bringen, haben schon die ersten netzwerkanalytischen Forschungsarbeiten hingewiesen (vgl. z. B. Bott, 1957; Hammer, 1963–1964; Kapferer, 1969). In verschiedenen Teilgebieten der Psychologie wird bei der Suche nach sozial bedeutsamen Variablen auf diese Vorerfahrungen zurückgegriffen. Sowohl in der Sozialpsychologie als auch in der Entwicklungs- und Persönlichkeitspsychologie werden dabei Merkmale sozialer Netzwerke meist zu unabhängigen, psychologisch bedeutsamen Variablen deklariert[1]. Charakteristika sozialer Netzwerke aber werden vor allem in der Klinischen bzw. Gemeindepsychologie in Anspruch genommen, um die Entstehung, Prävention und Behandlung psychischer Störungen in einen breiteren sozialen Kontext zu bringen.

Die Forschungsstrategie, verschiedene Merkmale sozialer Netzwerke zu psychologisch bedeutsamen Größen zu machen oder auch das Netzwerkkonzept metaphorisch zu nutzen, erweist sich, wie die folgenden Ausführungen zeigen werden, nur als bedingt fruchtbar. Die ursprüngliche Intention, soziale Gefüge im transindividuellen Sinne zu rekonstruieren, geht verloren. Gleichzeitig bleiben viele psychologische Erklärungsprinzipien möglicher Einflußnahmen durch Merkmale sozialer Netzwerke im Ungefähren und im Bereich von Vermutungen.

3.1. Soziale Netzwerke und sozialpsychologische Phänomene

Im Bereich der *Sozialpsychologie* wurde vor allem der Zusammenhang zwischen Merkmalen sozialer Netzwerke und Einstellungen, Einsamkeit, intimen sozialen Beziehungen und spezifischen Arten von sozialen Inter-

---

[1] Fragestellungen zum Zusammenhang von Persönlichkeitseigenschaften und Merkmalen sozialer Netzwerke können erst im fünften Kapitel genauer behandelt werden.

aktionen untersucht (vgl. Röhrle, 1987a, b). Dies war naheliegend, da sehr früh erkannt wurde, daß soziale Netzwerke für die Wahrnehmung sozialer Normen, für Rollenverhalten und für soziales Handeln in Konfliktsituationen bedeutsam sind (Bott, 1957; Kapferer, 1969).[2]

So wußte Bott (1957) zu berichten, daß die Klarheit, mit der soziale Normen wahrgenommen wurden, von der Dichte sozialer Netzwerke abhing. Diese Erkenntnis veranlaßte einige Autoren, Richtung, Eindeutigkeit, Stabilität und konative Anteile von *Einstellungen* vom Außmaß an sozialer Unterstützung und von der Homogenität sozialer Netzwerke bestimmt zu sehen. Aber erst durch zusätzliche Annahmen werden diese Netzwerkmerkmale in Hinsicht auf mögliche psychische Funktionen und psychologische Prozesse bedeutungshaltig (Abelson, 1979; Bandura, 1986; Erickson, 1982, 1988; Laumann, 1973; Rogers & Kincaid, 1981; Schenk, 1984).

Es wird davon ausgegangen, daß Einstellungen von Personen deshalb ähnlich und prägnant sind, weil in dichten und homogenen sozialen Netzwerken über Prozesse des sozialen Vergleichs und der gegenseitigen Attraktion normative Kräfte wirken. In dieser Allgemeinheit aber kann diese Annahme nicht aufrechterhalten werden. Es hat sich gezeigt, daß die Ähnlichkeit der Einstellungen von Mitgliedern sozialer Netzwerke davon abhängt, welche Merkmale genutzt werden, um die Homogenität sozialer Netzwerke zu definieren und auch davon bestimmt wird, um welche Art von Einstellungen es sich handelt. Nur bei entsprechenden semantischen Übereinstimmungen zwischen verschiedenen Einstellungsinhalten ließen sich Zusammenhänge zwischen der Homogenität sozialer Netzwerke und der Ähnlichkeit und Prägnanz von Einstellungen nachweisen. Dies war z. B. dann der Fall, wenn die Homogenität sozialer Netzwerke in Hinsicht auf die religiöse Gruppenzugehörigkeit und zugleich moralische Einstellungen untersucht wurden (vgl. Bienenstock, Bonacich & Oliver, 1990). Aus einem solchen Befund ist zu schließen, daß es nicht soziale Vergleiche und attraktive Prozesse per se sein können, die Einstellungen in sozialen Netzwerken ähnlich machen. Vielmehr sind dabei funktionale Einheiten von sozialen Zugehörigkeiten und Einstellungsinhalten wichtig. Außerdem dürfte die Bedeutung bestimmter Quellen normativer Orientierungen für die Homogenität von Einstellungen eine nicht unwesentliche Rolle spielen. Das gilt zumindest für Einstellungen zur Frage vorehelichen Sexual- und kontrazeptiven Verhaltens (Treboux & Busch-Rossnagel, 1990).

Wie unterschiedlich die Funktionen informeller Hilfen sein können, um Einstellungen zu stabilisieren oder auch zu verändern, wird anhand von

---

[2] In Kapitel 2 wurde schon darauf verwiesen, wie eng verflochten die Analyse von sozialen Netzwerken und Gruppen ist.

experimentell angelegten Untersuchungen deutlich. Es stellte sich heraus, daß bei großer kognitiver Dissonanz informelle Hilfen den notwendigen sozialen Rückhalt bieten, wenn es gilt, einen Einstellungswandel oder auch den Erhalt von Einstellungen vor der eigenen Person zu rechtfertigen. Sind die Konsequenzen einer Einstellungsveränderung relativ bedeutungslos, dann werden soziale Unterstützungen nur im Sinne von peripheren Hinweisen in Hinsicht darauf genutzt, wie sozial angemessen bestimmte Einstellungen sind (Stroebe & Diehl, 1981, 1988). Sind zentrale Einstellungen durch diskrepante Informationen bedroht, etwa wenn der Wert der eigenen Person in Frage steht, dann wirken intime soziale Beziehungen stabilisierend. Dies ist aber nur dann der Fall, wenn diese sozialen Beziehungen zugleich auch in Hinsicht auf die entsprechenden Einstellungen als homogen gelten können. Damit bedrohte Einstellungen durch sozialen Rückhalt stabilisiert werden können, ist es offenbar erforderlich, daß dieser Rückhalt als glaubwürdig und zugleich verbindlich erlebt werden kann (vgl. Swann & Predmore, 1985).

Möglicherweise flexibilisieren und erweitern soziale Unterstützungen die Bereitschaft, andersartige Personen zu akzeptieren. Es wird vermutet, daß die mit dieser Andersartigkeit verbundenen Probleme der Ambiguitätsintoleranz, dadurch besser zu bewältigen sind. Zumindest deutet eine Studie von Sarason und Sarason (1982) darauf hin, in der festgestellt wurde, daß Psychologiestudenten mit wenig oder qualitativ unbefriedigendem sozialen Rückhalt eine negativere Einstellung gegenüber psychisch Kranken besaßen (vgl. Schwarzer & Weiner, 1990).

Auf einen möglichen motivationalen und handlungsorientierenden Einfluß sozialer Unterstützungen auf Einstellungen weist eine pfadanalytisch angelegte Studie von Vinokur und Caplan (1987) hin. Einstellungen von Arbeitslosen zur Bedeutung von selbstinitiierten Vermittlungsversuchen, wurden vor allem von positiv wertschätzenden informellen Hilfen getragen. In vergleichsweise geringerem Ausmaß spielten andere subjektive Urteile eine Rolle. So wurde u.a. auch eingeschätzt, wie nützlich diese Bewerbungsversuche erlebt und wie stark ganz allgemein der sozial-normative Druck empfunden wurde. Waren die entsprechenden Einstellungen positiv, so bestärkten sie auch die Bereitschaft, tatsächlich etwas zu unternehmen. Im Gegensatz zu den Annahmen von Ajzen und Fishbeins (1980) Einstellungs-Verhaltensmodell sagte diese Handlungsbereitschaft tatsächliche spätere Bewerbungsversuche voraus. Änliche Befunde werden auch von Treboux und Busch Rossnagel (1990) für sexuelle Einstellungen und kontraceptives Verhalten berichtet.

Auf Grund solcher Befunde ist der Schluß zu ziehen, daß Merkmale sozialer Netzwerke, und dabei insbesondere informelle Hilfen, zwar eine

Voraussetzung für Prozesse sind, welche die Stabilität, Prägnanz und auch die Handlungsorientierung von Einstellungen beeinflussen, jedoch sind die entscheidenden Kategorien in den jeweiligen Bedeutungsgehalten von Einstellungen und den für den Erhalt und die Veränderung dieser Einstellungen zuordenbaren Funktionen sozialer Unterstützungen zu suchen. Es sind offensichtlich Prozesse beteiligt, die auf sozialen Vergleichen beruhen und die soziale Bedürfnisse befriedigen, indem sie Bindungen stärken. Zugleich ist die Wahrnehmung von sozialem Rückhalt hilfreich, um Situationen im Umgang mit bedrohten Einstellungen zu bewältigen.

Auch dem sozialpsychologischen Phänomen der *Einsamkeit* wird in letzter Zeit viel Interesse geschenkt. Das liegt sicherlich daran, daß man diesem Phänomen den Charakter eines epochalen, kollektiven Gefühls zugeschrieben hat.[3] Zum anderen können aber auch die Folgen kontinuierlich erlebter Einsamkeit erheblich sein. Zumindest gehen Gefühle der Einsamkeit einher mit suizidalen Tendenzen, Depression, Angst, Neurotizismus, Feindseligkeit, Devianz, soziale Unsicherheit, Obesitas und Herz-Kreislauf-Störungen (Gerstein & Tesser, 1987; Lauth & Viehbahn, 1987; Rook, 1984b). Außerdem ist das Phänomen der Einsamkeit vielleicht wie kein anderes dafür geeignet, die Schnittstelle zwischen einer individualistischen und kollektiven, bis auf Durkheim zurückgehenden Sicht von Individualität und Bindung herzustellen. Dabei ist nichts naheliegender, als sich der netzwerkanalytischen Terminologie zu bedienen. Zumindest gilt es, Merkmale sozialer Netzwerke als Indikatoren der Einsamkeit auf ihren möglichen Bedeutungsgehalt zu untersuchen.

Doch geht man der Frage nach, welche Rolle Merkmale sozialer Netzwerke inbezug auf Einsamkeit spielen, so bleiben die Antworten solange uneindeutig, wie nicht versucht wird, konzeptionell zu klären, welche psychologischen Prozesse das entsprechende Verhältnis gestalten (vgl. zur Übersicht z. B. Elbing, 1991; Hojat & Crandall, 1989)[4].

Was verschiedene Definitionen und Erklärungsversuche zum Phänomen Einsamkeit verbindet, ist die breite Palette von Merkmalen, die diesem Phänomen zugeschrieben wird: Gefühle der Isolation, der Verletzlichkeit,

---

[3] Nach Angaben von Perlman (1988) klagen wöchentlich 50 Millionen Amerikaner über Einsamkeitsgefühle. Nach demoskopischen Untersuchungen von Noelle-Neumann und Piel (1983) gelten 7 bis 10% der Bevölkerung in der Bundesrepublik Deutschland als chronisch vereinsamt.

[4] Weitere Übersichten zum Thema Einsamkeit finden sich bei Berg und Piner (1990), Gerstein und Tesser (1987), Hartog, Audy und Cohen (1980), Jones und Moore (1987, 1989), Lauth und Viehbahn (1987), Marangoni und Ickes (1989), McWhirter (1990), Mullin und Johnson (1987), Perlman (1988), Rook (1984a, b), Russel, Cutrona, Rose und Yurko (1984); Schwab (1987), Sosna (1983), Stokes (1985), Thoits (1983b), Vaux (1988b), McWhirter, (1990) und bei Williams und Solano (1983).

der Bindungslosigkeit, Hilf- und Hoffnungslosigkeit, Entfremdung, Wertlosigkeit, Ärger und Langeweile, verschiedene körperliche Symptome, Rastlosigkeit, usw. (vgl. Elbing, 1991; Gerstein & Tesser, 1987; Lauth & Viehbahn, 1987; Rook, 1984b, 1985, 1988; Wheeler, Reis & Nezlek, 1983). Diese subjektive Seite der Einsamkeit, oft auch als emotionale Einsamkeit bezeichnet, wird durch eine davon auch empirisch differenzierbare soziale Einsamkeit im Sinne einer quasi-objektiven Isolation ergänzend betrachtet (vgl. z. B. Bell, 1991)[5]. Diese Unterscheidung zeigt, daß Merkmale sozialer Netzwerke zumindest nicht mit Einsamkeit gleichgesetzt werden können. Zudem ist der Zusammenhang zwischen erlebten Formen der Einsamkeit und folgenden Merkmalen sozialer Netzwerke meist mäßig bis verschwindend klein: Größe, Menge freundschaftlicher, verwandtschaftlicher oder romantischer Beziehungen, Kontakthäufigkeiten bzw. -dauer, Häufigkeit und Erreichbarkeit sozialer Unterstützungen, Komplexität, Dichte und Reziprozität bei der Nennung von Freunden. Dabei ist zu beachten, daß dieser geringe Zusammenhang auf die Wirkung bestimmter psychologischer Prozesse zurückgeführt werden kann. So vermuten z. B. Fischer und Phillips (1982), daß die von ihnen untersuchten sozial isolierten Personen sich deshalb nicht einsam erlebten, weil sich ihre Standards den Gegebenheiten angepaßt hatten. Andererseits zeigte sich, daß die Zusammenhänge zwischen Merkmalen sozialer Netzwerke und erlebten Formen der Einsamkeit um so deutlicher wurden, je mehr diese Merkmale subjektiv gewertet und je mehr sie auf bestimmte Formen der Einsamkeit ausgerichtet wurden.

Beispielsweise klärte die Größe der sozialen Netzwerke, die Zahl vertrauter Personen, der Anteil verwandtschaftlicher Kontakte, die Häufigkeit sozialer Unterstützung und die Dichte sozialer Netzwerke bei Stokes (1985) nur 14 Prozent der Varianz in Hinsicht auf erlebte Formen der Einsamkeit auf. Dagegen waren es 44 Prozent, wenn die Intimität und Nähe der sozialen Beziehungen eingeschätzt wurde. Russel, Cutrona, Rose und Yurko (1984) stellten fest, daß sich Studenten dann besonders einsam fühlten, wenn ihnen soziale Unterstützungen fehlten, die ihnen normalerweise Gefühle der Geborgenheit vermittelten. Die soziale Integration in verschiedene Gemeinschaften korrelierte im Gegensatz dazu mit dem Ausmaß

---

[5] Vgl. auch Cuffel und Akamatsu (1989), Rook (1984b), Russel, Cutrona, Rose und Yurko (1984), Fischer und Phillips (1982), Peplau und Perlman (1982), Rubenstein und Shaver (1982), Weiss (1973).
   Elbing (1991) führt weitere phänomenal und theoretisch bedeutsame Differenzierungen von Einsamkeit vor. So unterscheidet er physische und psychische Aspekte des Allein- und Zusammenseins, wobei die Einsamkeit mit anderen zusammen einen speziellen Fall der subjektiven Wertung entsprechender Zustände darstellt.

an erlebter Einsamkeit nur sehr schwach. Russel et al. (1984) stellten fest, daß die Größe des Sektors freundschaftlicher Beziehungen mit der sozialen Einsamkeit korrelierte, während die Größe des Sektors romantischer sozialer Beziehungen mit emotionaler Einsamkeit kovariierte (vgl. zur Übersicht Berg & Piner, 1989; Elbing, 1991; Rook, 1985, 1988).[6]

Daraus ist zu schließen, daß soziale Netzwerke erst über individuelle psychologische Prozesse Merkmale bedeutungsvoll werden. Vermutet werden dabei kognitive Prozesse, die individuelle und soziale Vergleiche in Hinsicht auf gewünschte Bindungen und Kontakthäufigkeiten definieren (Jong-Gierveld & Raadschelders, 1982; Peplau, 1985; Peplau & Perlman, 1982; Perlman & Peplau, 1981; Rook, 1988; Schmidt & Sermat, 1983; Young, 1982). Die hierfür notwendigen Standards können aber auch Anpassungsprozessen ausgesetzt sein (s.o.). Verknüpft werden diese Überlegungen mit der Annahme, daß hierbei grundlegende soziale Bedürfnisse nach Bindung zum Tragen kommen, wie sie von Neo-Freudianern, wie z. B. Fromm-Reichmann (1959) oder Sullivan (1953) postuliert wurden (vgl. Shaver & Hazan, 1985).[7] Zugleich spielen dabei Überlegungen eine Rolle, wonach der Wunsch nach Identität insbesondere bei sozialen Formen der Einsamkeit nur schwer zu erfüllen ist. Studien, die einen Zusammenhang zwischen erlebter Einsamkeit und negativen Aspekten des Selbstkonzepts berichten, sind dabei als deutliche Hinweise auf die identitätsstiftenden Funktionen von sozialen Netzwerken zu werten (vgl. z. B. Goswick & Jones, 1981). Man nimmt an, daß solche Funktionen in sozialen Netzwerken erfüllt werden, die gestaltbar sind und die kompensative Ressourcen bieten, wenn zentrale Mitglieder verloren gehen (Margulis, Derlega & Winstead, 1984).

Angenommen werden auch kulturell (über soziale Netzwerke vermittelte?) geprägte Vorstellungen von Einsamkeit, die bislang prototypisch gefaßt wurden. Sie sollen jene Attributionen steuern, welche die eigene soziale Isolation zum Kernmerkmal einer einsamen Person machen und

---

[6] Folgende Studien untersuchten den Zusammenhang zwischen Einsamkeit und Merkmalen sozialer Netzwerke, z.T. auch zu weiteren kontextuellen Merkmalen, wie Bildung, Einkommen, Wohndauer usw.: Bell (1991), Berg & McQuinn (1989), Cutrona (1982), Florian und Krulik (1991), Hoover, Skuja und Cosper (1979), Jones (1981), Jones und Moore (1987), Jones, Carpenter und Quinttanna (1985), Jones (1981), Jong-Gierveld (1987), Rubenstein, Shaver und Peplau (1979), Schultz und Saklofske (1983), Russel, Peplau und Cutrona (1980), Stokes (1985), Sarason, Sarason und Shearin (1986), Shaver und Buhrmester (1983), Smith und Knowles (1991), Thompson und Heller (1990), Vaux (1988b), Wheeler, Reis und Nezlek (1983), Williams und Solano (1983).

[7] Perlman (1988) gibt eine Übersicht zu Befunden, wonach einsame Personen ungünstige Attachmentbedingungen in der Kindheit hatten.

allgemein eine negative Haltung in Hinsicht auf die Wertung von Personen und sozialen Beziehungen bedingen (Anderson & Arnoult, 1985a,b; Horowitz, French & Anderson, 1982). Mit diesen Annahmen verbindet sich wiederum die Vorstellung, wonach eine Vielzahl von dispositionellen Anteilen auf solche Haltungen und Prozesse Einfluß nehmen (vgl. Jones & Moore, 1987, 1989; Marangoni & Ickes, 1989). Dabei klären Personeigenschaften oftmals mehr Varianz auf als Merkmale sozialer Netzwerke (vgl. z. B. Vaux, 1988b). Soziale Formen der Einsamkeit führen nach Ansicht von Rook (1984b) in Anlehnung an Hughes und Gove (1981) deshalb zu deviantem Verhalten, weil die notwendigen sozial-regulativen, kontrollierenden Einflüsse durch das soziale Netzwerk fehlen. Letztendlich macht es also nur Sinn, den Zusammenhang von Einsamkeit und Merkmalen sozialer Unterstützung so zu untersuchen, daß der Einfluß all dieser möglichen Wirkmechanismen berücksichtigt wird.

Auch wenn der Zusammenhang zwischen Merkmalen sozialer Netzwerke und der *Qualität enger sozialer, partnerschaftlicher Verbindungen* untersucht wird, müssen zusätzliche Annahmen formuliert werden, damit man eine Vorstellung von den sozialpsychologischen Prozessen erhält, die diesen Zusammenhang gestalten. Eine Reihe von Untersuchungsergebnissen spricht dafür, daß soziale Netzwerke einen nicht unerheblichen Einfluß auf die Entwicklung, den Erhalt und den Abbruch enger sozialer Beziehungen ausüben. Sowohl strukturelle als auch relationale Merkmale sozialer Netzwerke konnten in Beziehung zu verschiedenen Eigenschaften enger sozialer Beziehungen gebracht werden. Es wird angenommen, daß sie die Rollenverteilung in Paarbeziehungen mitgestalten, daß sie die Zufriedenheit mit der Partnerschaft tragen, aber auch, daß sie bestehende Konflikte verschärfen können (vgl. Wills, 1991, im Druck)[8].

Der sozial-normative und unterstützende Einfluß von sozialen Netzwerken auf die *Partnerwahl* wurde vielfach vorgeführt (vgl. Lee, 1979; Milardo, 1983, 1986, 1988). Dabei ist umstritten, ob die Einwirkungen sozialer Netzwerke auf Partnerschaften eher einen „*Romeo-und-Julia-Effekt*" bedingen, oder ob sie auch den Aufbau enger sozialer Beziehungen stören können. Verschiedene Untersuchungsergebnisse machen zunächst deutlich, daß die Partnerwahl um so mehr von der Struktur sozialer Netzwerke bestimmt wird, je komplexer und durchsetzter die familialen Sektoren mit direkten Verwandtschaftsbeziehungen sind. Dieses Ergebnis spricht für den normativen Einfluß sozialer Netzwerke, wobei aber unklar bleibt, wie sich dieser übermittelt.

---

[8] Vgl. auch Clark und Reiss (1988), Derlega und Winstead (1986), Duck (1984a), Ingersoll-Dayton und Antonucci (1988), Johnson (1982), Julien und Markman (1991), Milardo (1988), Sarason, Pierce und Sarason (1990a, b, c), Surra (1988).

Inzwischen werden auch die frühen Bottschen Befunde in Frage gestellt, wonach die *Dichte* sozialer Netzwerke Einfluß auf die Disjunktivität der Rollenteilung in Paarbeziehungen beeinflußt (vgl. Schönpflug, Silbereisen & Schulz, 1990; Yi, 1986). Dies könnte darauf zurückzuführen sein, daß der normative Druck auf Paarbeziehungen im Rahmen kultureller Veränderungen erheblich an Bedeutung verloren hat.

Nehmen die *multiplexen* Beziehungsanteilen eines Partners zu, so verändern sich auch Machtstrukturen in engen sozialen Beziehungen. Dies kann als ein Indiz dafür angesehen werden, daß in vielfältigen Rollenbeziehungen Kompetenzen erworben werden, die bestimmte Gleichgewichte in Paarbeziehungen verändern. Möglichweise ist dies aber auch Ausdruck dafür, das sich die Kosten-Nutzen-Verhältnisse inbezug auf mögliche alternative Partnerschaften durch vielfältige soziale Handlungszusammenhänge verändert haben könnten.

Festgestellt wurde auch, daß Partner ihre soziale Beziehung um so zufriedenstellender und stabiler bewerten, je größer der *gemeinsame Anteil der sozialen Netzwerke* beider Partner ist (Ackerman, 1963; Kim & Stiff, 1991). Außerdem erhalten sich Freundschaften länger, wenn die gemeinsamen Netzwerkanteile hoch strukturiert (verdichtet) sind (Salzinger, 1982). Fest steht auch, daß eine Trennung um so wahrscheinlicher ist, je unabhängiger die sozialen Netzwerke von Paaren sind. Diese Ergebnisse kann man sowohl auf den unterschiedlich starken, über Netzwerkteile hinweg wirkenden normativen Druck zurückführen als auch auf den mehr oder weniger großen sozialen Rückhalt, den einzelne soziale Beziehungen bieten. Sicher scheint, daß soziale Netzwerke vorhandene Konflikte, gerade in Zeiten der Trennung, durch Parteinahme verschärfen und so auch Trennungsprozesse beschleunigen können (vgl. Kincaid & Caldwell, 1991; Johnson 1982; Milardo, 1986; Tolsdorf, 1981).

Nicht nur die Art und die Qualität der Beziehung zwischen Merkmalen sozialer Netzwerke und Eigenschaften enger sozialer Beziehungen ist vielfältig, sondern auch die *Richtung möglicher Einflußnahme*. Zumindest ist deutlich geworden, daß intime soziale Beziehungen nicht nur durch Merkmale sozialer Netzwerke zu beeinflussen sind, sondern umgekehrt auch soziale Netzwerke durch den Aufbau enger Partnerschaften gestaltet werden. Bei der Entwicklung enger sozialer Beziehungen reduzieren sich die Interaktionsmöglichkeiten mit anderen Mitgliedern des sozialen Netzwerks. Verheiratete besitzen weniger Außenkontakte und weniger dauerhafte Freundschaften (Norbeck, 1985). Dies wird von Milardo (1983) darauf zurückgeführt, daß der Kontakt zu Mitgliedern des sozialen Netzwerks deshalb nicht mehr gepflegt werden kann, da hierfür die affektiven, kognitiven, konativen und zeitlichen Kapazitäten nicht mehr ausreichen. Johnson und Leslie (1982) vertreten dagegen die Ansicht, daß der soziale Rückzug von Paaren keine Frage der Kapazität darstellt, sondern sich selektiv gestaltet und kulturell normiert wird. Für einen selektiven Rückzug sprechen Befunde, wonach der eheliche Status in Hinsicht auf die Zahl nahestehender Personen keine Rolle spielt (Stueve & Gerson, 1977).

Auch die Veränderung anderer Merkmale sozialer Netzwerke spricht dafür, daß Paarbeziehungen Merkmale sozialer Netzwerke beeinflussen. So hat sich gezeigt, daß durch den Aufbau einer Partnerschaft der gemeinsame Anteil sozialer Netzwerke größer, homogener und dichter wird (Gerstel, Riessman & Rosenfield, 1985; Milardo, 1982, 1983). Zugleich nimmt auch die Dauer und Häufigkeit sozialer Interaktionen in den gemeinsamen Netzwerkanteilen über verschiedene Stadien des Aufbaus einer sozialen Beziehung zu (vgl. auch Veiel, Crisand, Stroszeck Somschor & Herrle, 1991). Nach Norbeck (1985) haben Verheiratete einen größeren familiären Sektor in ihren sozialen Netzwerken, jedoch keine bedeutsam größeren Netzwerke und Unterstützungspotentiale (vgl. Wellman, Frank, Espinoza, Lundquist & Wilson, 1991).

Sehr deutlich sind die Hinweise, daß sich auch die Geschwindigkeit, mit der sich intime soziale Beziehungen aufbauen, recht unterschiedlich auf soziale Netzwerke auswirkt. Es wurde festgestellt, daß sich die sozialen Netzwerke durch sehr schnell entstehende, engagierte intime soziale Beziehungen verkleinern, verdichten und in Hinsicht auf gemeinsame Wertorientierungen homogenisieren. Personen in eher langsam sich entwickelnden Partnerschaften ziehen sich weniger sozial zurück; zugleich aber ist auch das Engagement innerhalb der Beziehung weniger kameradschaftlich (vgl. Surra, 1985). Trotz solcher eindrücklicher Hinweise zum Zusammenspiel von intimen sozialen Beziehungen und von Merkmalen sozialer Netzwerke, werden die dabei wahrscheinlich beteiligten sozialen und individuellen regulativen Prozesse nicht deutlich genug. Offensichtlich wirken die Einflüsse sozialer Netzwerke sowohl normativ regulierend als auch sozial unterstützend. Sie gestalten wahrscheinlich die Vorstellungen von Partnerschaften und wie sie zustande zu kommen haben. Zugleich bieten sie aber auch Ressourcen und Übersichtlichkeiten, die sowohl hilfreich bei der Bewältigung von Belastungen in Partnerschaften sein können als auch zu ihrer Dynamik und Stabilität beitragen. Es ist zu vermuten, daß die umgekehrte Wirkrichtung ebenfalls auf ganz verschiedenen Mechanismen beruhen dürfte. Zum einen mögen Veränderungen in sozialen Netzwerken gewissermaßen eine automatische Folge veränderter struktureller Bedingungen sein, wenn sich Verbindungen zwischen zwei definierten Elementen eines sozialen Netzwerks neu gestalten. Zum anderen kann es sich aber auch um intendierte Einflußnahmen durch die Partner einer sozialen Beziehung handeln, etwa um den sozial-normativen Einflüssen gerecht zu werden und um zugleich die Ressourcen eines sozialen Netzwerks besser nutzen zu können.

Im funktional gleichen Sinne wurden auch andere, spezifischere Formen des sozialen Handelns im Zusammenhang mit Merkmalen sozialer Netzwerke untersucht. Besonders breiten Raum nehmen dabei Untersuchungen zum Einfluß sozialer Netzwerke auf das Hilfesuchverhalten ein. Sehr selten dagegen sind Überlegungen und Forschungsarbeiten zur Bedeutung sozialer Netzwerke für sprachliches Handeln geblieben.

Obgleich soziale Netzwerke als zentrale Figur für den Austausch von Informationen und damit auch von sprachlichen Produkten angesehen werden, hat sich bislang nur ein Autor empirisch mit der Frage beschäftigt, ob Merkmale sozialer Netzwerke auch *sprachliches Handeln* beeinflussen. Dabei konnte Milroy (1987) nachweisen, wonach sich der normative Druck und die Pflege sprachlichen Handelns insbesondere in dichten und multiplexen sozialen Netzwerken auf die phonetische Gestalt der Parole niederschlägt. Der Hinweis von Albrecht und Adelman (1987b, c) mag nützlich sein, daß insbesondere der Austausch informeller Hilfen als verbaler und nonverbaler Kommunikationsprozeß darstellbar ist, der Redundanz und Konvergenz erzeugt. Doch trotz solcher Hinweise bleibt unklar, auf welche Weise sich kommunikative Handlungen durch Merkmale sozialer Netzwerke im einzelnen steuern lassen.

Wenn das *Hilfesuchverhalten* als besondere Form sozialen Handelns mit Merkmalen sozialer Netzwerke in Zusammenhang gebracht wird, so schließt man an die Erkenntnisse von Kadushin (1966) an, wonach die Wahl von Psychotherapeuten vom Wissen sozialer Netzwerke über entsprechende Behandlungsmöglichkeiten abhängt. Seither gelten soziale Netzwerke als besondere Formen von Zuweisungssystemen (vgl. Lieberman 1979, Perrucci & Targ, 1982a,b; Sanders, 1982; Schmädel 1975; Siegrist, 1984; Thorbecke, 1975). Darüberhinaus wird davon ausgegangen, daß soziale Netzwerke auch die Möglichkeit bieten, zwischen formeller und vielseitigen Formen der informellen Hilfe zu wählen. In den meisten Fällen werden informelle Hilfen genutzt und nicht selten für die jeweiligen Problemlagen als vergleichsweise angemessener erlebt (vgl. Grunow, Breitkopf, Dahme, Engfer, Grunow-Letter & Paulus, 1983; Lieberman, 1979; Mitchell, 1989; Nestmann, 1988; Sanders, 1982; Warren, 1981; Wellman, 1982; Wilcox & Birkel, 1983)[9].

---

[9] Probleme möglicher Fehlentscheidungen zwischen formellen und informellen Hilfen werden in den Zusammenhang prinzipieller Unterschiede beider Hilfeformen gebracht. Eine Vielzahl von Überlegungen schließt sich daran an (auf welche Weise beide Hilfesysteme besser aufeinander abgestimmt und kombiniert werden können (vgl. z. B. Froland, 1980; Froland, Pancoast Chapman & Kimboko, 1981; Gottlieb, 1985; Gottlieb & Schroter, 1978; Hoch & Hemmens, 1987; Kardorff & Stark, 1987; Lenrow, 1978; Lenrow & Bruch, 1981; Vallance & D'Augelli, 1982).

Untersuchungsergebnisse machen deutlich, daß die Größe, Dichte, Zentralität, Zahl reziproker Beziehungen, soziale und räumliche Distanzen, Kontakthäufigkeit bzw. -dauer, Multiplexität und Menge sozialer Unterstützungen bedeutsame Korrelate für individuelles Hilfesuchverhalten darstellen (vgl. zur Übersicht Eder-Debye, 1988; Gourash, 1978; Roberts, 1988, Wilcox & Birkel, 1983)[10]. Wenn die Größe und die Multiplexität mit der Menge an sozialer Unterstützung aber auch mit dem Umfang an Wissen über professionelle Hilfen zusammenhängt, so dürfte dies schlicht so zu werten sein, daß derartige soziale Netzwerke viele Ressourcen und Wahlmöglichkeiten für unterschiedliche Hilfeformen in sich bergen. Die Antwort auf die Frage aber, in welcher Weise dadurch individuelles Hilfesuchverhalten gesteuert wird, kann nur vermutet werden. Wenn z. B. in sehr *dichten* sozialen Netzwerken weniger professionelle Hilfe aufgesucht wird, so wird dies mit einem größeren normativen Druck in Zusammenhang gebracht, solche Hilfen nicht zu nutzen. Da sehr dichte soziale Netzwerke als zugleich abgeschottet gelten, wird angenommen, daß Informationen über entsprechende Hilfen zum Teil auch fehlen und dadurch keine Überweisungsprozesse initiert werden (Birkel & Repucci, 1983; Horwitz, 1977, 1978; Lee, 1969; McKinlay, 1973; Salloway & Dillon, 1973; Wilcox & Birkel, 1983).

Ganz offensichtlich spielen bei der Frage, welche Hilfe bei welchem Anlaß und bei welchen Möglichkeiten und Zulässigkeiten opportun ist, Entscheidungsprozesse eine Rolle, welche die jeweiligen Vor- und Nachteile unterschiedlichen Hilfesuchverhaltens abwägen helfen (vgl. Albrecht & Adelman, 1987d; Berkanovic & Telesky, 1982; Coyne, Ellard & Smith, 1990; Eckenrode & Wethington, 1990; Gottlieb, 1976; Gourash, 1978; Grunow-Lutter & Grunow, 1989; Horwitz, 1987; Nestmann, 1988; Roberts, 1988). Es ist bislang nicht klar, wie wichtig Merkmale sozialer Netzwerke für Prozesse sind, die verschiedene Autoren mit dem Einfluß unmittelbarer sozial-interaktiver Beziehungskonstellationen und intrapsychischer Faktoren, wie z. B. „Skripts", in Zusammenhang gebracht haben. Danach spielt bei der Frage, ob und bei wem Hilfe in Anspruch genommen wird, der jeweilige Status von Helfendem und Hilfeempfänger, die Dauer bzw. Qualität der sozialen Beziehung und kognitive Hilfemodelle eine

---

[10] Vgl. auch Auslander und Litwin (1990, 1991), Calnan (1983), Cohen und Sokolofsky (1979b), Croog, Lipson und Levine (1972), Eddy, Paap und Glad (1970), Endo (1983), Ferber (Kligler, Zwerling und Mendelsohn (1967), Hammer (1963); Hays, Catania, McKusick und Coates (1990), Horwitz, Morgenstern und Berkman (1985), Kammeyer und Bolton (1968), Pilisuk, Boylan und Acredolo (1987), Powell (1984), Powell und Eisenstadt (1983), Salloway und Dillon (1973), Tolsdorf (1976), Wilcox und Birkel (1983).

Rolle (Fisher, Goff, Nadler & Chinsky, 1988; Nadler, 1991). Es ist schwer, Hilfe von jemanden zu akzeptieren, dessen sozialer Status gleich eingeschätzt wird und der, auf der Grundlage einer reziproken sozialen Beziehung, Hilfe wieder zurückfordern dürfte. Wird der Anlaß für mögliche Hilfen so eingeschätzt, daß die Entstehung und die Lösung des Problems selbst zu verantworten ist, so wird überhaupt keine Hilfe angefordert werden (Brickman, Rabinowitz, Karuza, Coates, Cohn & Kidder, 1982). Die Folgen möglicher Fehlentscheidungen in Situationen, in denen Hilfe angefordert oder aufgesucht werden kann, werden als Selbstwertbeeinträchtigung, soziale Verpflichtung oder als Freiheitseinschränkung erlebt. In einigen Fällen ist damit zu rechnen, daß das Hilfesuchverhalten der Selbstdarstellung dient (vgl. Baumeister, 1982; Clark, 1982; Cobb & Jones, 1984; Depaulo, Nadler & Fisher, 1983, 1986; Ingersoll-Dayton & Antonucci, 1988; Jung, 1987; Pearlin, 1985; Rook, 1985; Sanders, 1982; Schwarzer & Leppin, 1989a; Shinn, Lehman & Wong, 1984; Shumaker & Brownell, 1984; Wortman, 1984).

Insgesamt sind viele Hinweise darauf gewonnen worden, daß Merkmale sozialer Netzwerke mit sozial-psychologischen Phänomenen in Zusammenhang stehen. Doch die Eigenart dieser Zusammenhänge ist zumindest mehrdeutig geblieben. Durchgängig ist die Annahme, daß soziale Netzwerke einen normativen Einfluß auf sozialpsychologische Phänomene ausüben. Zugleich stellen sie sich aber auch als Handlungsfelder und Ressourcen dar, die soziale und andere Bedürfnisse befriedigen und dabei verschiedenartige Vergleichs-, Entscheidungs- und Bewertungsprozesse ermöglichen. Doch bleiben diese Erklärungsansätze hypothetisch und eindeutige Zuordnungen von Merkmalen sozialer Netzwerke zu solchen psychologischen Prozessen sind nur schwer möglich. So ergibt sich eine gewisse Willkürlichkeit in der Auswahl der Erklärungsansätze und auch eine Ratlosigkeit, obwohl oder gerade weil sich Merkmale sozialer Netzwerke empirisch als relevante Korrelate für verschiedene sozialpsychologische Gegenstände ausgewiesen haben. Zu einem ähnlichen Ergebnis kommt man, wenn man die Frage nach entwicklungspsychologischen Aspekten von sozialen Netzwerken beantwortet.

3.2. Soziale Netzwerke im Kontext der Entwicklungspsychologie

Obgleich unter soziologischen Vorgaben die lebenslange Entwicklung schon seit einiger Zeit als ein Durchschreiten durch sozial-normierte Lebensabschnitte beschrieben wird, erkannte man relativ selten die entwicklungspsychologische Bedeutung sozialer Netzwerke (vgl. z. B. Neugarten & Datan, 1980). Meist begnügte man sich mit Hinweisen auf die Wirkung familiärer Einflußfaktoren (Honzik, 1984). Werden Merkmale sozialer Netzwerke als entwicklungspsychologisch relevante Untersuchungsgegenstände bestimmt, dann im wesentlichen auf zweifache Weise: Zum einen werden sie in verschiedenen Lebensaltern vergleichend beschrieben, zum anderen sucht man nach Zusammenhängen zwischen diesen Merkmalen und der Entwicklung von Personmerkmalen und unterschiedlichen Funktionsbereichen. Verbindend ist das Interesse, Entwicklungsprozesse auch außerhalb der tradierten sozialisatorischen Einflüsse von Primärgruppen zu erforschen[11].

Wenn Merkmale von sozialen Netzwerken in verschiedenen Lebensaltern untersucht und beschrieben werden, so will man verdeutlichen, daß sich auch in diesen Merkmalen komplexe Entwicklungsprozesse widerspiegeln. Sie werden sowohl von Umwelteinflüssen als auch von unterschiedlichen psychischen Verarbeitungsmechanismen getragen. Untersuchungen entsprechender Art ist es gelungen, einen Prozeß der Differenzierung und Entdifferenzierung sozialer Netzwerke vorzuführen. Dieser liefert Hinweise auf den Bedeutungswandel von Sektoren und Funktionen sozialer Netzwerke für die individuelle Entwicklung und er spiegelt die Veränderung von sozialen Bedürfnissen und Kompetenzen wider (vgl. insgesamt Bruhn & Phillips, 1987; Salzinger, Hammer & Antrobus 1988; Schulz & Rau, 1985; Vaux, 1988a; Wenger, 1984).

So haben z. B. Stueve und Gerson (1977) in einer Querschnittsstudie festgestellt, daß der Anteil von Freunden aus der Kindheit bis ins hohe Alter ständig sank, jedoch der aus nachbarschaftlichen und kollegialen Beziehungen stetig zunahm. Die Zahl der verwandtschaftlichen Beziehungen und solche zu Mitgliedern von Vereinen blieb in etwa konstant. Bei Verheirateten wurden die Bindungen zu Verwandten enger (vgl. Shulman, 1975). In frühen Jahren war ein häufigerer Wechsel von Freunden nachzuweisen. Die Beziehungen zu Freunden lockerten sich zunehmend (vgl. dagegen Creech & Babchuck, 1985). Veränderungen dieser Art wurden von den Autoren mit den sich in bestimmten Lebenszyklen anbietenden Rollenanforderungen in Verbindung gebracht.

Faßt man die Ergebnisse einer Reihe von Untersuchungen zusammen, so lassen sich folgende Tendenzen in der lebenslangen Entwicklung von sozialen Netzwerken ausmachen: Im *Kindesalter*, d. h. ab dem Alter von

---

[11] Vgl. insgesamt Belle (1989), Boyce (1985), Collins und Gunnar (1990), Cochran, Larner, Riley, Gunnarson und Henderson (1990), Salzinger (1990, im Druck), Salzinger und Hampson (1988), Schulz und Rau (1985), Steinmetz (1988).

etwa drei Jahren, nehmen Freundschaften stetig zu (Cauce, Reid, Landesman & Gonzales, 1990; Schmidt-Denter, 1984). Dreijährige verfügen über ein soziales Netzwerk, das über die täglichen Kontakte zu verschiedenen Sektoren rekonstruiert werden kann. In einigen Studien zeigt sich dabei, daß die Kontakte zur Kernfamilie häufiger sind als zu anderen Erwachsenen, dennoch ergibt sich ein Bild breit angelegter Kontaktstrukturen (wobei überwiegend soziale Beziehungen zu Erwachsenen nachzuweisen waren). Feiring und Lewis (1988) stellten sogar fest, daß mehr Nicht-Verwandte im sozialen Netzwerk von drei- und sechsjährigen Kindern waren und daß sie generell mehr Kontakte zu nichtfamiliären Mitgliedern pflegten.

Der Umfang sozialer Netzwerke und die Kontakte zu verschiedenen Erwachsenen, Spielkameraden und Nicht-Verwandten auch außerhalb des eigenen Wohnortes werden bis zum Alter von sechs Jahren immer häufiger; aber in Abhängigkeit vom Faktor „Schichtzugehörigkeit" und der Größe der Familie (vgl. Bryant, 1985; Cochran & Riley, 1988; Dickens & Perlman, 1981; Ladd, Hart, Wadsworth & Golter, 1988; Lewis, Feiring & Kotsonis, 1984; Salzinger & Hampson, 1988; Schmidt-Denter, 1984). Insgesamt zeichnet sich ein Bild einer sich ausweitenden sozialen Welt des Kindes ab, die von den primären Bindungen immer unabhängiger macht (Feiring & Lewis, 1988). Dabei differenzieren sich auch die Funktionen einzelner sozialer Beziehungen; wenn etwa von den Eltern Liebe und Sicherheit und von Lehrern instrumentelle Hilfen erwartet werden (Furman & Buhrmester, 1985).

Ab etwa zehn bis elf Jahren wird das soziale Netzwerk *Jugendlicher* allein schon durch die zunehmend bedeutsam werdenden Bezugsgruppen komplexer. Außerdem verflechten sich die extrafamilialen dyadischen Beziehungen immer enger. Im sozialen Netzwerk von Jugendlichen spielen Schulfreunde, die in der Nachbarschaft leben, eine besondere Rolle (Diaz & Berndt, 1982; Sharabany, Gershoni & Hofman, 1981; Hirsch, Engel-Levy, DuBois & Hardesty, 1990; Hurrelmann, 1990). Die sozialen Beziehungen werden immer mehr durch Mitglieder des sozialen Netzwerks mit unterschiedlicher Geschlechtszugehörigkeit getragen (Blyth & Traeger, 1988; Montemayor & VanKomen, 1985). Bruhn und Phillips (1987) gehen davon aus, daß die für Jugendliche typischen Wertorientierungskrisen zu ambivalenten Beziehungsstrukturen führen. Einsamkeit gilt als passageres Phänomen in diesem Alter, wird aber gleichwohl heftiger erlebt als im Erwachsenenalter (vgl. Elbing, 1991). Die Struktur sozialer Netzwerke von 18jährigen ist, mit der ihrer Eltern verglichen, in Hinsicht auf die Dichte, die Größe, den Verwandtschaftsanteil und die Kontakthäufigkeit ähnlich (vgl. Antonucci & Israel, 1984). Hier scheint sich die Internalisierung der Werte und Normen im Rahmen der elterlichen Vorgaben abzubilden.

Im *Erwachsenenalter* und auch später wächst die Zahl sozial isolierter und sich einsam fühlender Personen (Perlman, 1988). Die Kontakthäufigkeit zu Freunden reduziert sich zunehmend (vgl. Lowenthal & Robinson, 1976). Die Ergebnisse zur Entwicklung der Größe der sozialen Netzwerke in dieser Altersspanne sind allerdings inkonsistent. Während einige Autoren eine gewisse Konstanz oder eine leichte Tendenz zu einer umfangreicheren Zahl von Mitgliedern im personalen Netzwerk nachweisen konnten, zeigen andere auf, daß sich soziale Netzwerke mit zunehmenden Lebensalter verkleinern (vgl. Antonucci, 1985; Fischer, 1982; Heller & Mansbach, 1984; Revenson & Johnson, 1984). Ähnlich inkonsistente Ergebnisse lassen sich für die altersbedingte Variation der Menge der sozialen Unterstützung berichten (Lin, Dean & Ensel, 1981). Soziale Netzwerke und Stützpotentiale verkleinern sich in dieser Altersspanne, da man sich sozial zurückzieht, um eigene familiäre Beziehungsgefüge aufbauen zu können (s.o.). Hammer, Gutwirth und Phillips (1982) konnten nachweisen, daß der Übergang zur Elternschaft die Häufigkeit sozialer Kontakte, die Zusammensetzung des sozialen Netzwerks und z.T. auch seine Größe verändert. McCannell (1988) berichtet in diesem Zusammenhang, daß sich die sozialen Netzwerke verkleinern. Auch der Befund von Shulman (1975), wonach die sozialen Netzwerke im Alter von 33 bis 44 Jahren am dichtesten verknüpft sind, kann mit solchen Entwicklungsaufgaben in Verbindung gebracht werden.

Im *höheren Alter* erwiesen sich die sozialen Beziehungen als zunehmend instabil, von einer geringeren Kontaktfrequenz und Intensität getragen und zugleich auf noch kleineren sozialen Netzwerken beruhend (Fischer, 1982; Hansson, 1986; Larson, Zuzanek & Mannell, 1985; Morgan, 1988; Wellman, 1986). Die Menge an informellen Hilfen nimmt ebenfalls in dieser Altersspanne merklich ab. Diese Beschränkungen werden mit dem Ausscheiden aus dem Berufsleben und mit größeren Schwierigkeiten in Verbindung gebracht, entfernte Freunde auszusuchen (Bosse et al., 1990; Chown, 1981).

Insgesamt jedoch muß die Annahme aufgegeben werden, wonach alte Menschen besonders isoliert oder in dieser Hinsicht ausnehmend gefährdet sind. So war beispielsweise in einer Studie von Revenson und Johnson nur zwölf Prozent der über 65 Jahre alten Personen einer Stichprobe von N = 2026 von Einsamkeit betroffen (z. B. Elbing, 1991)[12]. Vielmehr ver-

---

[12] Vgl. auch Biegel, Shore und Gordon (1984), Chappell (1983), Diehl (1988), Dunkel-Schetter und Wortman (1981), Müller und Müller-Andritzky (1987), Wan (1982), Wellman und Hall (1986), Wenger (1984).

ändert sich die Bedeutung spezifischer Formen und Quellen der sozialen Unterstützung im höheren Alter. So deutet sich an, daß nach einem langen Leben die verbleibenden informellen Hilfen, insbesondere die auch durch Freunde angebotenen, als besonders wertvoll angesehen werden. Dementsprechend entwickeln sich auch eindeutigere Beziehungen zwischen der Größe sozialer Netzwerke und dem Erleben von Einsamkeit. Die Zufriedenheit mit verschiedenen Formen der sozialen Unterstützung und auch der Größe sozialer Netzwerke stellt sich vergleichsweise schneller ein (vgl. z. B. Cutrona, 1986b)[13]. In einer Studie von Zautra (1983) wurden informelle Hilfen mit zunehmenden Alter als immer weniger erreichbar eingeschätzt; dennoch blieb aber ihre Bedeutung für die Lebensqualität stabil (vgl. Turner & Wood, 1985). Nicht reziproke Beziehungsverhältnisse werden für älter werdende Menschen in Abhängigkeit von Hautfarbe und Nationalität immer häufiger. Zumindest im familären Sektor lernen sie offensichtlich zu akzeptieren, mehr zu nehmen als zu geben (mit Ausnahme von instrumentellen Hilfen). Dabei erwies sich die Reziprozität informeller Hilfen für ältere Menschen mit weißer Hautfarbe als nur wenig gesundheitsförderlich (vgl. Antonucci & Jackson, 1990; Bruhn & Phillips, 1987; Ingersoll-Dayton & Antonucci, 1985; Johnson, 1988; Langer, 1990; Minkler, 1985; Rossi & Rossi, 1990).

Trotz der eindrucksvollen Ergebnisse zum Gestaltwandel sozialer Netzwerke über die Lebensspanne bleibt die Frage, ob mit diesen deskriptiven Befunden der spezifische entwicklungspsychologische Erklärungswert sozialer Netzwerke für individuelle Entwicklungsverläufe hinreichend ist. Zu sehr ist man auf Vermutungen in Hinsicht auf die Frage angewiesen, warum sich soziale Netzwerke über die Lebensspanne so und nicht anders entwickeln. Die Befunde erinnern zumindest an Überlegungen früher Theorien, die Entwicklung als einen kontinuierlichen Differenzierungs- und Entdifferenzierungsprozess begriffen haben. Zugleich tragen diese Untersuchungsergebnisse auch dazu bei, die entwicklungspsychologische-Bedeutung primärer Gruppen zu relativieren und Merkmale sozialer Netzwerke auch als mögliche bedeutsame sozialisatorische Einflüsse kenntlich zu machen.

---
[13] Vgl. auch Henderson, Grayson, Scott, Wilson, Rickwood und Kay (1986), Krause (1986), Lam und Power (1991), Lin, Dean, Ensel und Tausig (1980), Revenson und Johnson (1984), Rook (1990), Vaux 1985).

[14] Vgl. z. B. Cobb (1979), Compas, Slavin, Wagner und Vannatta (1986), Cutrona (1984), Doehrman (1984), Hays und Oxley (1986), Shaver, Furman und Buhrmester (1985), Murray Parkes (1982), Palmonari, Pombeni und Kirchler (1990), Wandersman, Wandersman und Kahn (1980).

Wenn soziale Netzwerke als entwicklungspsychologisch relevanter Kontext begriffen werden, so sieht man darin zunächst einmal eine Ressource, welche die Entwicklung von Personen dadurch fördert, indem sie lebenslang hilft, verschiedene normative und nicht-normative Krisen zu bewältigen (vgl. hierzu Faltermeier, 1984; Filipp, 1982; Montada, 1981). Unter dieser Voraussetzung werden soziale Netzwerke zum „Begleitschutz" („Convoy") individueller Lebensgeschichten (vgl. auch Antonucci, 1985; Boyce, 1985; Hirsch, 1985a,b; Hirsch & Jolly, 1984; Rice & O'Brien, 1990). Der sich entwickelnde Mensch wird nach Kahn und Antonucci (1980a, b) durch diesen „Begleitschutz" mit sozialen Beziehungen unterschiedlicher Intimitätsgrade wie in einer mehrfach geschichteten Schale geschützt. In diesem Sinne werden die Ergebnisse zur Wirkung sozialer Netzwerke bei der Bewältigung von Rollenanforderungen gewertet, wie sie sich z. B. durch Pensionierung, Scheidung, Verwitwung, Elternschaft, Schuleintritt, Studienbeginn, Arbeitsplatzwechsel, usw. stellen[14]. Dabei geht Vaux (1988a) davon aus, daß der Einfluß sozialer Netzwerke, funktional betrachtet, immer gleich bleibt (vgl. Kapitel 4). Tatsächlich überwiegt die Zahl der Studien, die durchgehend über die salutogene Wirkung von Merkmalen sozialer Netzwerke und dabei insbesondere durch soziale Unterstützungen berichten können[15]. Immerhin deuten einige wenige Studien darauf hin, daß mit den entwicklungsbedingten Möglichkeiten, soziale Unterstützungen zu nutzen und diese auch entsprechend zu bewerten, die funktionale Bedeutung informeller Hilfen bei der Bewältigung unterschiedlicher Stressoren sich über die Lebensspanne verändert. So konnten Holahan und Moos (1987) in einer Längsschnittsstudie die streßmildernde Wirkung sozialer Unterstützung nur bei Erwachsenen, nicht jedoch bei Kindern nachweisen. Gray und Calsyn (1989) untersuchten diese Wirkung bei betagten und hoch betagten Personen. Die Gruppe der besonders alten Personen konnte offensichtlich die angebotenen informellen Hilfen bei der Bewältigung von Stressoren nicht mehr nutzen. Es wäre außerdem problematisch anzunehmen, daß der Schutzraum für die Entwicklung von Personen immer präsent wäre und durch Entwicklungsprozesse und kontextuelle Veränderungen unbeeinflußt bliebe (vgl. Hays & Oxley, 1986).

---

[15] Vgl. z. B. Arling (1987), Cohen, Teresi und Holmes (1986), Compas (1987a, b), Cooper (Jager und Bickel (1989), Cutrona, Russel und Rose (1986), Dimond, Lund und Caserta (1987), Duckitt (1982), Gallo (1983), Lowenthal und Robinson (1976), Grant (Patterson und Yager (1988); Goudy und Goudeau (1980), Holahan und Holahan (1987), Newcomb und Bentler (1988), Norris und Murrell (1984, 1987), Phifer und Murrell (1986), Revenson und Johnson (1984), Seeman und Berkman (1988); Veiel (1986), Wan und Weissert (1981), Weinberger, Hiner und Tierney (1987).

Nach Ansicht verschiedener Autoren bleibt der Schutz frühkindlicher Bindungen durch soziale Netzwerke erhalten. Dadurch kann der sich entwickelnde Mensch explorativ werden und sich neuen Rollenanforderungen stellen. Dabei nehmen frühe Bindungserfahrungen Einfluß darauf, wie mit diesen potentiellen Schutzräumen umgegangen wird (vgl. Ainsworth, 1982, Salter Ainsworth, 1991; Weiss, 1974, 1991). Zusammen mit Personeigenschaften und situativen Eigenheiten bestimmen nach Kahn und Antonucci (1980a, b) früh erworbene und später überformte, sichere, verlustorientierte oder ambivalente Bindungsschemata, die Art der jeweils bevorzugten Formen und Mengen der sozialen Unterstützung und damit auch die hierfür notwendigen Arten der Beziehungspflege. Nicht wenige Befunde können in der Tat belegen, wie bedeutend frühe Bindungserfahrungen für die Qualität späterer sozialer Beziehungen sind oder wie sie auch das Ausmaß an Einsamkeit bestimmen (vgl. zur Übersicht Murray Parkes, Stevenson-Hinde & Marris, 1991)[16]. Es ließ sich z. B. zeigen, daß die Menge und Qualität sozialer Unterstützung im Erwachsenenalter in Abhängigkeit davon eingeschätzt wird, an wieviel elterliche Liebe bzw. Überbehütung in der Kindheit man sich erinnert (Sarason, Sarason & Shearin, 1986). Die Bedeutung sozialer Netzwerke vermittelt sich also über Erfahrungen, die in sozialen Kognitionen repräsentiert sind, die soziale Netzwerke in bestimmter Weise wahrnehm- und bewertbar machen. Zugleich verbinden sich damit Entwicklungsprozesse, die in der Dialektik von Bedürfnissen nach Sicherheit und Autonomie eingebunden sind (Vaux, 1988a).

Autoren, wie Lewis, Feiring und Kotsonis (1984), weisen aber auch auf Befunde, welche die negativen Auswirkungen früher ungünstiger „Attachment-Bedingungen" nicht zu belegen vermochten. Deshalb schlagen diese Autoren vor, den sozio-biologischen Determinismus der Theorie des „Attachment" generell durch die Annahme zu ersetzen, daß sich Menschen von Anfang an in sozialen Netzwerken entwickeln. Darüber hinausgehend haben Bronfenbrenner (1979) bzw. Bronfenbrenner und Crouter (1983) soziale Netzwerke zugleich in weitere ökologische Kontexte eingebettet und sie als Bestandteile von Meso- und Exo-Systemebenen definiert. Jedoch bleiben dabei soziale Netzwerke keine unberührten Entwicklungskontexte, sondern sie werden normativ verändert und zugleich selektiv genutzt bzw. gepflegt. Indem soziale Netzwerke verschiedene Lebensfelder auf verschiedenen Ebenen miteinander verknüpfen, kann dadurch auch erkärt werden, wie die auf der Makrosystemebene angesiedelten gesell-

---

[16] Vgl. weiterhin Antonucci (1985), Campos et al. (1983), Kahn und Antonucci (1980a, b), Kotler und Omodei (1988), Murray Parkes, Stevenson und Hinde (1982), Perlman (1988).

schaftlich-kulturellen Ziele sich normativ auf den individuellen Entwicklungsprozeß niederschlagen (vgl. Garbarino, 1982a,b; Powell, 1979; Salzinger, Hammer & Antrobus, 1988). Diese Annahmen zu den komplexen ökologischen Zusammenhängen psychosozialer Zusammenhänge sind meines Wissens bislang nur in einer Studie umfassend untersucht. Sie relativiert die Gewichtigkeit von Merkmalen sozialer Netzwerke. Schneewind, Beckmann und Engfer (1983) wiesen nach, daß der als materielles und soziales Angebot definierte ökologische Kontext, die Größe sozialer Netzwerke, die Intensität sozialer Beziehungen und das familiäre Klima beeinflußt. Allerdings prägte die Expressivität des familiären Klimas diese Merkmale ungleich stärker. Die sozialen Netzwerke von Eltern und Kindern waren überlappt und förderten die kommunikative Kompetenz der Kinder. Jedoch war wiederum der familiäre Einfluß und der des übergreifenden ökologischen Kontextes auf das Sozialverhalten der Kinder bedeutsamer als Merkmale sozialer Netzwerke.

Sowohl die unmittelbare als auch die über Sozialisationsinstanzen vermittelte entwicklungspsychologische Bedeutung sozialer Netzwerke wird durch eine Vielzahl von Befunden belegt, die allerdings aus weniger komplex angelegten Studien stammen (Cochran & Brassard, 1979; Salzinger, 1990, im Druck; Schulz & Rau, 1985; Vaux, 1988a). Danach haben soziale Netzwerke als kognitiv, affektiv und sozial anregend und zugleich als hilfreich bei der Bewältigung von Entwicklungsaufgaben zu gelten. Soziale Unterstützungen helfen z. B. Jugendlichen, entwicklungsbedingte Stressoren, insbesondere auch Belastungen durch *sozialisatorisch bedingte und bedeutsame Übergänge* zu bewältigen (vgl. Burke & Weir, 1978a,b; Cochran & Riley, 1988; Culbert, Lachenmeyer & Good, 1988; Ladd, Hart, Wadsworth & Golter, 1988). Ausgedehnt auf die gesamte Lebensspanne bestätigt sich dies für die unterschiedlichsten Belastungen und kritischen Lebensereignisse, wie Elternschaft, Scheidung, Arbeitslosigkeit, Berentung, usw. (vgl. hierzu Kapitel 4; Vaux, 1988a). Im Alter von ca. 10 Jahren haben soziale Unterstützungen den stärksten Einfluß auf die sozial-emotionale Entwicklung (vgl. Bryant, 1985; Cauce, Felner & Primavera, 1982). Selbst langfristige Entwicklungen von Persönlichkeitseigenschaften werden mit Merkmalen sozialer Netzwerke in Zusammenhang gebracht (Blieszner, 1988; Blyth & Serafica, 1980).

Salzinger (1982) weist nach, daß die *sprachliche Entwicklung* in einem direkten Zusammenhang zur Größe der kindlichen Netzwerke steht. Das erklärt sich teilweise dadurch, daß die Größe sozialer Netzwerke auch die Kontakthäufigkeit von Kindern mit erwachsenen Personen bestimmt. Die Zusammenhänge werden mit steigenden Alter deutlicher. Je größer die sozialen Netzwerke waren und um so häufiger sich die sozialen Kontakte gestalten, um so weniger unverständliche oder selbstbezogene Äußerungen und umso mehr sozialorientierte Sprachhandlungen ließen sich nachweisen. Je nach Art der Kontaktmuster waren auch unterschiedliche Sprachentwicklungsmuster zu erkennen. Hauptworte wurden vor allem von Kindern genutzt, die überwiegend Kontakt zu Erwachsenen hatten; mehr handlungs- und bedürfnisbezogenen Sprachgebrauch war im Kontext sozialer Beziehungen zu Gleichaltrigen entwickelt (Hampson, 1988; Salzinger & Hampson, 1988).

Größe bzw. Zusammensetzung des sozialen Netzwerks und Kontakthäufigkeiten gelten auf Grund einer stattlichen Zahl von Untersuchungen als ganz wesentlich für die Entwicklung von Selbstwert und sozialer Kompetenz von Kindern (vgl. zur Übersicht Salzinger, 1990, im Druck; z. B. Fischer, Sollie & Morrow, 1986; Hoffman, Ushpiz & Levy-Shiff, 1988). Heterogene und große soziale Netzwerke waren relevante Korrelate schulischer Anpassung (Nair & Jason, 1985). Schulische Fertigkeiten und die Entwicklung sozialer Kompetenzen resultierten dabei offensichtlich aus der Unterschiedlichkeit aufgabenbezogener und sozial unterstützender Interaktionen, insbesondere mit verwandten Erwachsenen aber auch mit Freunden. Bei Studenten spielte die Größe des sozialen Netzwerks und die Menge der Freundschaftsbeziehungen keine und die der Dichte in Abhängigkeit von der Rassenzugehörigkeit in Hinsicht auf erreichte Leistungsgrade eine unwesentliche Rolle[17].

Wie soziale Netzwerke *vermittelt*, d. h. indirekt auf die Entwicklung von Kindern wirken, zeigt sich auf recht unterschiedliche Weise: Schwangerschaften gelten als problemfreier, wenn werdenden Müttern genügend informelle Hilfen angeboten werden. Soziale Netzwerke sorgen dafür, daß Erziehungsregeln erworben und praktiziert werden (Wahler & Afton, 1980). Divergieren die Erziehungsvorstellungen zwischen Müttern und ihren sozialen Netzwerken, so läßt sich auch entsprechendes Rückzugsverhalten beobachten (vgl. Powell, 1979). Es ließ sich zeigen, daß besonders dichte soziale Netzwerke das Kompetenzgefühl von Müttern in Hinsicht auf sich stellende Erziehungsprobleme stärken und den Einfluß von Angst auf das Erziehungsverhalten günstig beeinflussen (vgl. Abernathy, 1973; Kohlman, Schumacher & Streit, 1988). Informelle Hilfen fördern positive und hemmen negative Formen der sozialen Interaktion zwischen Kindern und Erwachsenen. Zugleich reduzieren sie den Streß im Umgang mit der

---

[17] Vgl. hierzu Antrobus, Dobbelaer und Salzinger (1988), Cauce (1986), Cauce, Reid, Landesman und Gonzales (1990), Cochran und Riley (1988), Culbert, Lachenmeyer und Good (1988), Dunst, Trivette, Hamby und Pollock (1990), Hampson (1988), Howes (1983), Ladd et al. (1988), Strayer (1979), Vondra und Garbarino (1988), Wolchik, Sandler und Braver (1987).

Rolle des Erziehens (z. B. Crockenberg & McClusky, 1986)[18]. Frauen mit instabilen, offenen und zugleich eher größeren sozialen Netzwerken neigen seltener dazu, ihre Kinder zu mißhandeln. Sozial integrierte Mütter zeigen günstiges Bindungsverhalten und stärken so den Selbstwert ihrer Kinder. Es ließ sich auch zeigen, daß sozial integrierte Mütter, vergleichsweise mehr zielorientiertes Aufgabenverhalten ihrer Kinder fördern und so zu schulischen Leistungen, sozialer Kompetenz, Wohlbefinden und Umfang freundschaftlicher Kontakte ihrer Kinder beitragen[19].

Wir erkennen insgesamt auch hier, daß sich Merkmale sozialer Netzwerke als empirisch relevante Größen für psychologische Phänomene, d. h. entwicklungspsychologische Prozesse erwiesen haben. Bei der Frage nach den möglichen entwicklungspsychologischen Bedeutungsgehalten dieser Merkmale deuten sich sehr variantenreiche Antworten an, die zum Teil auch ganz unterschiedliche Formen der Rezeption des Netzwerkonzepts repräsentieren. Wenig erklären die Beschreibungen sozialer Netzwerke in verschiedenen Lebensaltern. Die nachgewiesenen Unterschiede der Merkmale sozialer Netzwerke über die Lebensspanne sind Indikatoren für Entwicklungsprozesse, über deren Eigenart man nur Vermutungen anstellen kann. Die direkten und indirekten Einflüsse sozialer Netzwerke auf entwicklungspsychologisch relevante Größen stellen sich vor allem als Angebot sehr unterschiedlicher Ressourcen dar, ohne daß erfahrbar wird, wie im einzelnen diese Einflußnahmen wirken. Theoretisch weitreichender ist die Annahme, daß sich die Wirkung sozialer Netzwerke über Bindungsschemata und soziale Kognitionen vermittelt. Allerdings bleibt weitgehend offen, auf welche Weise einzelne Merkmale sozialer Netzwerke als Kategorien sozialer Bindungsfelder erlebt und gepflegt werden. Dabei ist auch die Frage weitgehend unbeantwortet, welche sozial-kognitiven Entwicklungsstadien für die Wahrnehmung und Nutzung sozialer Netzwerke als jeweils relevant anzunehmen sind (vgl. Berndt, 1983; Uhlinger & Shantz, 1983; Vaux, 1988a). Neben der subjektiven Rekonstruktion möglicher Bedeutungsfelder von Merkmalen sozialer Netzwerke ist vor allem auch die Annahme theoretisch weiterführend, wonach soziale Netzwerke als Teile umfassender quasi-objektiver ökologischer Kontexte anzusehen sind (vgl. Kapitel 6).

---

[18] Vgl. hierzu auch Colletta (1981), Crockenberg (1981),), Crnic, Greenberg, Rogozin, Robinson und Basham (1983), Koeske und Koeske (1990), Nuckolls, Cassel und Kaplan (1972), Pascoe und Earp (1984), Quittner, Glueckauf und Jackson (1990).

[19] Vgl. hierzu Anisfeld und Lipper (1983), Cochran und Brassard (1979), Corse, Schmid und Trickett (1990), Crittenden (1985), de Leon Siantz (1990), Garbarino und Sherman (1980a, b), Holloway und Machida (1991), Homel, Burns und Goodnow (1987), Salzinger, Kaplan und Artenyeff (1983), Seagull (1987), Seybold, Fritz und MacPhee (1991), Thompson und Lamb (1984), Wahler (1990).

3.3. Soziale Netzwerke im Rahmen der klinischen Psychologie

Auch in der *klinischen Psychologie* zeigen sich die Probleme im Umgang mit dem Konzept des sozialen Netzwerks, wenn entsprechende Merkmale als disponierende, auslösende und stabilisierende Faktoren für psychische Störungen betrachtet werden. Zudem läßt sich gerade für sogenannte Netzwerkinterventionen besonders gut vorführen, auf welche Weise etikettenhaft und vielfach nur metaphorisch mit diesem Konzept umgegangen wird.

Aufkommende „Paradigmen" haben in der *Klinischen Psychologie*, aber auch in der Gemeindepsychologie, als *„interpersonelles Modell"* oder als *„systemische Perspektive"* einen Wechsel grundlegender Standpunkte eingeleitet und mehr Interesse an der Rekonstruktion sozialer Gegenstände aufkommen lassen (vgl. hierzu z. B. Bastine, 1990). Bei Versuchen, diese neuen Standpunkte zu festigen, wurde auch der mögliche Nutzen der Begriffswelt sozialer Netzwerke entdeckt (vgl. hierzu z. b. Brownell & Shumaker, 1984; Cohen & Syme, 1985; Gottlieb, 1983a; Keupp, 1987; Röhrle, 1987a,b; Röhrle & Stark, 1985). Insbesondere Gemeindepsychologen sahen in der Beschäftigung mit sozialen Netzwerken und Stützsystemen eine Chance, sich weniger mit individuellen, intrapsychischen Faktoren befassen zu müssen, sondern sich, den programmatischen Vorgaben gemäß, sozialen Systemen widmen zu können (z. B. Block & Zautra, 1981; Dohrenwend, 1978; Heller, 1979; Heller, Price, Reinharz, Riger, Wandersman & D'Aunno, 1984). Dabei wird an Erfahrungen angeknüpft, die bei der Diagnostik und Veränderung von pathogenen sozialen Lebensbedingungen, wie z. B. fehlenden sozialen Beziehungen, Bindungen und informellen Hilfen gewonnen wurden (Bowlby, 1969; Harlow, 1965). Bei der Untersuchung pathogener makrosozialer Bedingungen (z. B. Schichtzugehörigkeit) fehlte lange Zeit das vermittelnde Glied zu den mikrosozialen Bedingungen psychischer Störungen (z. B. Kommunikationsstörungen in Familien). Soziale Netzwerke, und insbesondere das Merkmal der sozialen Unterstützung, versprachen, die gewünschte Verbindung herzustellen (vgl. Kapitel 4.). Darüberhinaus konnte man bei der Frage, ob soziale Netzwerke mögliche Ursachen oder zumindest relevante Korrelate psychischer Störungen darstellen, auf frühe netzwerkanalytische Studien zurückgreifen. Hammer berichtete schon 1963–1964 über Zusammenhänge zwischen verschiedenen Merkmalen sozialer Netzwerke und den Einweisungsraten in psychiatrische Krankenhäuser. Dies leitete dazu an, eine Art von Netzwerkpathologie zu entwickeln. Dabei spielten auch Kenntnisse eine Rolle, welche die Bedeutung sozialer Netzwerke für die Zuweisung von Krankenrollen (Etikettierungen) und für unterschiedliches Krankheitsverhalten hervorhoben (vgl. z. B. Gurin, Veroff & Feld, 1960; Hammer, 1973; Kadushin, 1966; Perrucci & Targ, 1982a,b; Tolsdorf, 1976). Aber auch die Abkehr von individual-psychotherapeutischen Konzepten bereitete auf die Rezeption des Netzwerkkonzepts vor. Man ging zunehmend auf die Behandlung von Paaren und Gruppen über und machte dabei die Erfahrung, daß die Pathogenität der Kommunikationsstrukturen auch in weiteren sozialen Umfeldern zu suchen ist. Dabei wurde nicht nur der Gegenstandsbereich klinisch-psychologischer Analysen erweitert, sondern ein paradigmatischer Wechsel zu einem systemischen Ansatz vorbereitet, der insbesondere im Bereich der Familientherapie, aber auch im Kontext der sogenannter Netzwerktherapien geltend gemacht wird. Damit soll die Pathogenität individueller psychischer Störungen und ihre Behandlung zu Gunsten einer Sicht relativiert werden, die in transaktionalen Mustern und krankheitsförderlichen Strukturen sozialer Gefüge ihren Handlungsbereich findet (vgl. insgesamt Kliman & Trimble, 1983; Pattison, 1977a, b; Pattison & Hurd, 1984; Röhrle, 1989b). Trotz erheblicher Kritik am theoretischen Status dieser Denkweise (vgl. Körner, 1988; Rexilius, 1984), bot sich mit dem Konzept des sozialen Netzwerks für jene klinischen und gemeindeorientierten Psychologen, die an Prävention, Behandlung und Rehabilitation interessiert waren und für jene, welche die Stärke von Laien- bzw. Selbsthilfe schon erkannt hatten, eine Denkweise an, die ihnen theoretische Grundlagen für eine bislang weitgehend pragmatisch begründete Praxis lieferte (vgl. insgesamt Röhrle, 1989b; Vaux, 1988a).

3.3.1. Zur Pathogenität sozialer Netzwerke

Die Rezeption des Netzwerkkonzepts in den Kontext von klinisch-psychologischen Fragestellungen brachte für Pattison und Llamas (1977) die Möglichkeit, die familiensoziologisch begründete Sicht von der Entstehung und Aufrechterhaltung psychischer Störungen zu einer systemisch orientierten zu erweitern (vgl. Bastine, 1990). Psychische Störungen wurden so zu Indikatoren für die Existenz von pathogenen oder pathologisierenden Strukturen in sozialen Netzwerken (vgl. hierzu Antonucci & Depner, 1982; Greenblatt, Becera & Serafitinides, 1982; Israel, 1982; Lieberman, 1982). Auch Hammer (1973) sah in der Analyse sozialer Netzwerke von psychisch gestörten Personen einen Weg, der von einer zu personalistischen Orientierung der Psychopathologie wegführen könnte. Zugleich eröffnete sich für ihn eine Perspektive, das Entstehen psychischer Störungen als einen Prozeß der pathogenen Enkulturation darzustellen. Dieser Prozeß sollte auf den Einfluß struktureller und relationaler Merkmale von sozialen Netzwerken zurückgeführt werden können. Er nahm an, daß pathogene Merkmale sozialer Netzwerke so beschaffen sind, daß sie die Zirkulation von Ressourcen beeinträchtigen und so auch die für die Individuation notwendigen sozialen Rückmeldungen nur mangelhaft anbieten können. Auf dem Hintergrund sozialwissenschaftlicher Krankheitsmodelle wurden für Perrucci und Targ (1982) soziale Netzwerke zu Systemen, in denen über die Zuweisung von Krankenrollen psychische Störungen hergestellt werden.

Die ersten Untersuchungen zu den Besonderheiten der sozialen Netzwerke von schizophrenen Patienten lösten eine Flut von Folgestudien aus, bei denen meist die sozialen Netzwerke gesunder Personen mit denen von psychisch gestörten verglichen wurden (vgl. zur Übersicht z. B. Gottlieb, 1983b)[20]. Zum Beispiel unterschieden Pattison, Llamas und Hurd (1979) die sozialen Netzwerke von Normalen, Psychotikern und Neurotikern. Die sozialen Netzwerke der Normalen bestanden aus 22 bis 25 Personen, mit jeweils fünf bis sechs Personen in verschiedenen Sektoren (Familie, Verwandte, Freunde, Nachbarn, Kollegen). Die sozialen Kontakte waren häufig und wurden positiv bewertet. Hilfen waren im sozialen Netzwerk üblich und gründeten auf symmetrischen und reziproken Beziehungen. Die sozialen Netzwerke von Neurotikern umfaßten im Schnitt 15 Personen, wobei die Kernfamilie in besonderem Maße vertreten war. Die sozialen Kontakte waren vergleichsweise seltener, kaum emotional hilfreich und deshalb mehr von sozialem Rückzug geprägt. Die Dichte der sozialen Netzwerke war sehr unterschiedlich, in der Regel galten die sozialen Netzwerke als verarmt und sozial isolierend. Die sozialen Beziehungen waren im allgemeinen asymmetrisch und basierten auf nicht reziproken sozialen Interaktionen. Psychotiker kannten nur 10 bis 12 Personen in ihren sozialen Netzwerken. Die Dichte war extrem hoch. Die sozialen Beziehungen wurden als aversiv und ambivalent bezeichnet.

Studien dieser Art führten zu folgendem, nicht immer konsistenten Ergebnismuster: Die sozialen Netzwerke psychisch kranker Personen sind in der Regel kleiner. Außerdem sind sie dichter verknüpft. Der Anteil familiärer Bezugspersonen und der von Mitpatienten ist größer. Die sozialen Beziehungen zum Patienten gelten als asymmetrischer, aversiver getönt und weniger unterstützend. Die Multiplexität, das heißt die Vielgestaltigkeit der Rollenbezüge und Handlungszusammenhänge der sozialen Bezie-

---

[20] Vgl. weiterhin Cutler (1984), D'Augelli (1983), Hammer (1983a, b), Hirsch, Engel-Levy, Dubois und Hardesty, (1990), Israel (1982), Laireiter (1993b), Llamas, Pattison und Hurd (1984), Mitchell und Trickett (1980), Monroe (1988b), Mueller (1980), Ratcliffe, Zelhart und Azim (1978).

hungen und die Kontakthäufigkeit in entsprechenden sozialen Netzwerken ist reduziert. Solche Befunde wurden bei recht unterschiedlichen Störungen und Beeinträchtigungen gezeitigt: Bei *schizophrenen Störungen* (vgl. zum Überblick Angermeyer, 1989; Angermeyer & Lammers, 1986; Hirschberg, 1983, 1985; Ibes & Klusmann, 1989; Mosher, 1984), bei *Depressionen* (vgl. zum Überblick Barnett & Gotlib, 1988; Blöschl, 1987b; Brown, 1987; Monroe, 1988; O'Connell & Mayo, 1988; Schwarzer & Leppin, 1989a), bei *suizidalen Tendenzen* (vgl. Hjortsjö, 1984; Veiel, Brill, Häfner & Welz, 1988), bei *Angststörungen* (vgl. Monroe, 1988), bei *Drogenmißbrauch und Alkoholismus* (vgl. z. B. Angermeyer & Bock, 1984; Baumann, Amann, Rambichler & Lexel-Gartner, 1987; Fraser & Hawkins, 1984; Rhoads, 1983; Strug & Hyman, 1981; Wills, 1990), bei *somatischen und psychosomatischen Störungen* unterschiedlichster Art (vgl. zum Überblick Asher, 1984; Berkman, 1984, 1985, 1986; Bruhn, Philips, Levine & Mendes de Leon, 1987; Ell, 1984; Kaplan & Toshima, 1990; Krantz, Grunerg & Baum, 1985; Leppin & Schwarzer, 1990; Schwarzer & Leppin, 1989a,b; Schwarzer & Leppin, 1991; Shumaker & Hill, 1991), bei *Behinderten* (vgl. zum Überblick Knussen & Cunningham, 1988; Lauth, 1984; Schilling & Schinke, 1983; Schulz & Decker, 1982) und bei *devianten Personen* (vgl. z. B. Ekland-Olson, 1982; Scheurell & Rinder, 1973).

Vertreter eines sozialwissenschaftlichen Krankheitsmodells nehmen an, daß soziale Netzwerke als „soziale Verkehrskreise" Einfluß auf das Krankheitsverhalten seiner Mitglieder ausüben, indem sie Wissen über die Notwendigkeiten und Möglichkeiten professioneller Hilfe produzieren und verteilen (Kadushin, 1966; s. o.). Außerdem geben sie normative Orientierungen vor, die angepaßtes Verhalten positiv und abweichendes Verhalten negativ sanktionieren. Soziale Netzwerke definieren auch Toleranzgrenzen für abweichendes Verhalten. Auf dem Hintergrund dieser Überlegungen zeigte sich in Untersuchungen, daß die soziale Kontrolle in wenig dichten sozialen Netzwerken geringer und damit auch die Gefahr von Einweisungen in die Psychiatrie vergleichsweise niedriger war (Perrucci & Targ, 1982 a, b).

Die Ergebnisse zur differential-diagnostischen Bedeutung verschiedener Merkmale sozialer Netzwerke aber sind letztlich nur für das Merkmal „Größe" als konsistent zu bezeichnen. Insbesondere die „Dichte" sozialer Netzwerke erwies sich in einigen Studien von der Art der Diagnose, der Belastung und der jeweils untersuchten Risikogruppe abhängig. Außerdem wurden diesem Merkmal sehr unterschiedliche Bedeutungsgehalte zugewiesen. Die Dichte sozialer Netzwerke wurde mit sozialem Rückhalt, mit der Zugehörigkeit zu sozialen Verkehrskreisen, aber auch mit sozialer Kontrolle gleichgesetzt.

Der Erklärungswert von Merkmalen sozialer Netzwerke für die Entstehung und die Aufrechterhaltung psychischer Störungen bleibt insgesamt vieldeutig. Das liegt nicht nur an der Beliebigkeit und Breite zugewiesener psychologischer Bedeutungsgehalte, sondern auch an methodisch begründbaren Problemen der meisten Untersuchungen zum Zusammenhang von Merkmalen sozialer Netzwerke und psychopathologischen Phänomenen. Alle Übersichtsarbeiten kommen zum Schluß, daß die Frage zum kausalen Zusammenhang zwischen Netzwerkmerkmalen und psychopathologischen Phänomenen oder dem Krankheitsverhalten schon durch die meist auf Querschnittsstudien beruhenden Befunde nicht zu beantworten ist. Die seltenen, auf Längsschnittsstudien beruhenden Befunde stellen die Wirkrichtung in Frage. Einige Befunde wiesen darauf hin, daß Merkmale sozialer Netzwerke psychisch gestörter Personen, nicht als Ursachen oder Risikofaktoren, sondern als Folge von psychischen Erkrankungen angesehen werden können (vgl. z. B. Berkman & Syme, 1979; Billings & Moos, 1982b; Husaini & Frank, 1985; Kapitel 4). Im Bereich der Schizophrenieforschung zeigte sich, daß die Netzwerkmerkmale bei Schizophrenen auch das Ergebnis von autoprotektiven sozialen Rückzugsprozessen und fehlenden sozialen Fertigkeiten darstellen dürften (Angermeyer, 1989). Zum Teil ist die Inkonsistenz der Ergebnisse zur Bedeutung verschiedener Netzwerkmerkmale auch darauf zurückzuführen, daß sie mit der Dauer psychiatrischer Erkrankungen kovariierten (vgl. z. B. Angermeyer & Klusman, 1987).

Mit den allgemeinen Hinweisen von Hammer (1973) oder von Perrucci und Targ (1982a, b), daß in pathogenen Netzwerken psychische Störungen erlernt oder zugewiesen werden, konnte in Hinsicht auf die spezifische klinisch-psychologische Bedeutung der einzelnen Netzwerkmerkmale wenig gewonnen werden. Die untersuchten Merkmale sozialer Netzwerke bilden zu wenig die angenommenen Wirkfaktoren ab, so daß sie als Ursache psychischer Störungen und als Bedingungen von ungünstigem Krankheitsverhalten weitgehend nichtssagend bleiben. Weder zeigen sie, wie unangepaßtes Verhalten erlernt oder kontrolliert wurde, noch machen sie deutlich, welche normativen Orientierungen, wie im Netzwerk, vertreten und kommunikativ verbreitet werden. Auf keinen Fall konnte das Netzwerkkonzept normative Kriterien für die Entscheidung anbieten, welche Struktur als pathogen zu bezeichnen wäre. Völlig offen blieb die Frage, welche Funktionen die untersuchten Netzwerkmerkmale für das soziale System im Umgang mit psychisch Kranken besitzen. Auch welche individuellen Bedeutungen sie für den psychisch Kranken einnehmen, blieb undeutlich. Damit überdauerte, trotz aller konzeptioneller Verbundenheit mit den transindividuellen und strukturalistischen Denkweisen der sozialen Netzwerkanalyse, auch eine überwiegend individualistisch orientierte Sicht sozialer Netzwerke. Dies deshalb, weil pathogene soziale Netzwerke von einzelnen psychisch Kranken und nicht pathogene soziale Netzwerke per se untersucht wurden. Damit ist gemeint, daß entweder Morbiditätsraten in bestimmten Typen von sozialen Netzwerken zu untersuchen wären, oder aber negative Aspekte von sozialen Netzwerken, etwa Zerfallsprozesse, oder soziale Dysfunktionen, wie der Mangel an informellen Hilfen, oder der Konfliktreichtum, zum eigentlichen Untersuchungsgegenstand gemacht werden müßten. So kann man insgesamt zur Einschätzung gelangen, daß die Rezeption des Netzwerkkonzepts für die Beantwortung von Fragen zur Entstehung psychischer Störungen ohne konzeptionelle Modifikationen nicht besonders fruchtbar war. Es wurde allenfalls der Katalog differential-diagnostisch relevanter Kategorien um einige Merkmale erweitert.

3.3.2. Netzwerkorientierte Interventionen

Trotz der Unsicherheiten, welche die ersten Untersuchungen zum Zusammenhang von Merkmalen sozialer Netzwerke und klinisch-psychologischen Phänomenen hinterließen, wurde eine stattliche Zahl sogenannter netzwerkorientierter Interventionen entwickelt. Um den Mangel an psychologischen, medizinischen und sozialen Diensten zu beheben und um stigmatisierende professionelle Hilfen zu vermeiden, mußten die Grenzen herkömmlicher therapeutischer Vorgehensweisen überwunden werden. Aber auch der Wunsch soziale Netzwerke als Agenten für eine bessere Generalisierung therapeutischer Effekte zu nutzen, war Anlaß, sich mit ihnen zu beschäftigen.

Die in verschiedenen Übersichtsarbeiten angebotene Systematik netzwerkorientierter Verfahren macht deutlich, von welchem geringen theoretischen Gehalt diese Interventionsformen ausgehen müssen (vgl. z. B. Röhrle, 1989b; Röhrle & Stark, 1985)[21]. Man benennt verschiedene Ansatzpunkte und Ebenen für entsprechende Verfahren. Dazu gehören Anlässe und Probleme, wie sie sich durch kritische Lebensereignisse oder bestimmte Störungsformen anbieten. Erwähnt werden auch unterschiedlich komplexe Ebenen für mögliche netzwerkorientierte Interventionen: Individuen, mehrere Netzwerkmitglieder, Gruppen, soziale Netzwerke, Organisationen und Gemeinden. Außerdem werden sie danach unterschie-

---

[21] Vgl. auch Adelman und Albrecht (1987), Ganster und Victor (1988), Gesten und Jason (1987), Gottlieb (1983b (1988), Heller (1990), Heller, Price und Hogg (1990), Kliman und Trimble (1983), Nestmann (1991), Pearson (1990), Rook und Dooley (1985), Vaux (1988a).

den, welcher Art von sozial unterstützenden Effekten sie nutzten (vgl. Kapitel 4.).

Es werden auch verschiedene Arten der Zusammenarbeit zwischen professionellen Helfern und sozialen Netzwerken unterschieden (Froland, Pancoast, Chapman & Kimboko, 1981; Konieczna, 1989; Röhrle & Stark, 1985; Rook & Dooley, 1985; Vaux, 1988a). Beispielsweise differenzierten und identifizierten Froland, Pancoast, Chapman und Kimboko (1981) bei sechzig netzwerkorientierten Programmen (z. B. Initiierung von Selbsthilfe- oder Nachbarschaftsgruppen) drei Arten der Verknüpfung („Linkage") zwischen formellen und in formellen Stützsystemen: „Koordinative" Beziehungen überlassen die Initiative den informellen Systemen, deren Tätigkeit allenfalls supervidiert wird. Die „kollegiale" Beziehung gründet auf geteilter Verantwortung. Die „direktive" Beziehung resultiert aus der Auswahl und Ausbildung von informellen Helfern. Sie entsteht bei der Festlegung der Programmziele durch die professionellen Helfer und sie hält sich durch eine stark strukturierte Supervision. Diese Typisierung machte deutlich, daß sich die meisten Programme auf die Auswahl und Ausbildung von Laienhelfern und Schlüsselfiguren beschränkten. Erwartungsgemäß war diese Art von sozialer Intervention eher „direktiv", während die Initiierung und Pflege sozialer Netzwerke und von Nachbarschaftsprojekten eher „kollegial" angelegt war. Die Betreuung von Bürgerinitiativen war dagegen „koordinativ". Die Initiierung und Beratung von Selbsthilfegruppen war, in Abhängigkeit vom Typus dieser Gruppen, sehr unterschiedlich.

Eine andere Art der Systematik von netzwerkorientierten Verfahren weist mehr auf die Art der Rezeption der konzeptionellen Grundlagen und ihrer Folgen hin (Röhrle, 1989b, S. 254f.). Zu unterscheiden sind Netzwerkinterventionen im engeren und im weiteren Sinn. Netzwerkinterventionen im engeren Sinne bemühen sich, Merkmale von sozialen Netzwerken unmittelbar zu erheben und zu verändern. Sie beziehen sich eindeutig auf die Begriffswelt der Analyse sozialer Netzwerke. Bei Netzwerkinterventionen im weiteren Sinne ist zwischen einem metaphorischen und einem instrumentellen Typus netzwerkorientierter Verfahren zu differenzieren.

Von einem *metaphorischen Typus* netzwerkorientierter Verfahren *im weiteren Sinne* sprechen wir, wenn Interventionen vorgeschlagen werden, die sich in irgendeiner Art und Weise mit bestimmten Teilen von sozialen Netzwerken beschäftigen und die davon ausgehen, daß diese im informellen Sinn hilfreich sein könnten. Begriffe der Netzwerkanalyse aber werden bei der Festlegung und Beschreibung der entsprechenden Vorgehensweisen nicht genutzt. Sie kommen auch bei der Evaluation entsprechender

Verfahren nicht zur Sprache. Nicht wenige zählen zu dieser Art netzwerkorientierter Interventionen die Initiierung von Laienhilfe, von Selbsthilfegruppen, der Einsatz von Familientherapie und viele sozial-rehabilitative Maßnahmen (z. B. Gottlieb, 1988; Pearson, 1991; Vaux, 1988a). Definiert man netzwerkorientierte Verfahren aber so breit, so würde die Rezeption des Netzwerkkonzeptes inflationär und vor allem nichtssagend.[22]

Von einem *instrumentellen* Typus netzwerkorientierter Verfahren im weiteren Sinne ist dann die Rede, wenn im Rahmen traditioneller Interventionsformen Merkmale sozialer Netzwerke eher beiläufig als *technisches Hilfsmittel* oder als *Evaluationskriterien* eingesetzt werden.

Bei den Interventionen, die Merkmale sozialer Netzwerke eher randständig als zusätzliche Maßnahmen nutzen, handelt es sich vor allem um Vorgehensweisen, die neben zentralen therapeutischen Bemühungen dazu beitragen sollen, neue Kontaktpersonen zu gewinnen und entwickelte Sozialstrukturen zu pflegen, um therapeutische Effekte zu stabilisieren[23]. Insbesondere im Bereich der Behandlung von suchtartigem Verhalten, z. B. auch bei der Behandlung von übergewichtigen Personen, gelten soziale Stützpotentiale als wesentliche Hilfsmittel, um therapeutische Effekte zu generalisieren und aufrecht zu erhalten (z. B. Marcoux, Trenkner & Rosenstock, 1990; vgl. insgesamt Colletti & Brownell, 1982). Als instrumentell zu bezeichnen sind z. B. jene Formen netzwerkorientierter Verfahren, die soziale Fertigkeiten einüben, um damit soziale Unterstützungspotentiale ausbauen zu können. Dabei werden aber keine spezifischen, mit der Begriffswelt sozialer Netzwerke unmittelbar verknüpfte Fertigkeiten trainiert, sondern unspezifisches Können im Bereich der Kommunikation und der Selbstsicherheit[24].

Avery und Thiessen (1982) konnten zeigen, daß durch das Training sozialer Kompetenzen nicht nur die Selbstsicherheit gestärkt, sondern auch die Sensibilität für mögliche Formen und Quellen der sozialen Unterstützung gefördert werden konnte. Mit ähnlichen Methoden stärkten Richey, Lovell und Reid (1991) die sozialen Einstellungen und Fertigkeiten von Müttern, die als gefährdet galten, ihre Kinder zu mißhandeln. Nach dem zwölf Wochen dauernden Programm vergrößerte sich das soziale Netz-

---

[22] Zu vermuten ist, daß die metaphorische Nutzung des Netzwerkkonzepts bei klinisch-psychologischen Verfahren, weniger von wissenschaftlichem und mehr von sozialpolitischem Interesse getragen wird (vgl. Vaux, 1988a).
[23] Schon Berle, Pinsky, Wolf und Wolf (1952) vermuteten in sozialen Unterstützungen ein wesentliches zusätzliches Agens bei der Behandlung streßbedingter Erkrankungen.
[24] Vgl. auch Avery und Thiessen (1982), Budson und Jolley (1978), Falloon et al. (1985), Edmundson, Bedell, Archer und Gordon (1982).

werk dieser Mütter, wurde die Qualität der alltäglichen Kontakte günstiger eingeschätzt, nahm der Anteil der zugleich positiver bewerteten sozialen Kontakte zu Freunden zu und verlängerte sich die Latenz der sozialen Kontakte insgesamt. Vergleichsweise weniger veränderten sich der Selbstwert, Gefühle der Einsamkeit und die Bereitschaft, soziale Unterstützung abzurufen (vgl. Gaudin, Wodarski, Arkinson & Avery, 1991).

In diesem instrumentellen Sinne wurde auch das Netzwerkkonzept z.B im Rahmen eines Nachsorgeprogramms für schizophrene Patienten und ihre Angehörigen genutzt (Anderson, 1985; Anderson, Hogarty & Reiss, 1980). Ein Abschnitt des breit angelegten psycho-pädagogisch orientierten Programms, will die Außenkontakte der Familienangehörigen vermehren, um so auch die aversive Stimulation des Patienten zu mindern, damit die Überbeschäftigung im Sinne von „Expressed Emotions" eingeschränkt werden kann.

Danish und D'Augelli (1983) haben ein umfassendes Training zur Verbesserung der Hilfefertigkeiten von Schlüsselfiguren entwickelt. Dieses Trainingsprogramm umfaßt Übungen zur Verbesserung der verbalen und kommunikativen Fertigkeiten. Es vermittelt auch Kenntnisse über adäquate Vorgehensweisen beim Lösen unterschiedlicher Probleme. Außerdem sensibilisiert dieses Programm für unterschiedliche Formen bzw. Quellen der sozialen Unterstützung und zeigt Wege auf, wie diese Quellen aktiviert werden können.

In einer Reihe von Studien stand die Frage im Vordergrund, ob herkömmliche psychosoziale Interventionen auch mit Hilfe von Merkmalen sozialer Netzwerke *evaluiert* werden können. Diese Frage stellte sich insbesondere im Bereich der Psychotherapieforschung, die Einflüsse aus sozialen Netzwerken lange Zeit als Störgrößen behandelt hatte, die es zu kontrollieren galt (vgl. z. B. Lambert & Asay, 1984; Monroe, Bellack, Hersen & Himmelhoch, 1983; Paul, 1967). Sowohl auf diesem Gebiet als auch bei der Untersuchung anderer Formen von psychosozialen Interventionen ging es aber auch darum, die sozial-integrativen Effekte von Psychotherapie nachzuweisen. Dementsprechend wurden auch Merkmale sozialer Netzwerke als Kriterien und als Prädiktoren genutzt, um die Effizienz von psychotherapeutischen Maßnahmen einzuschätzen. Merkmale sozialer Netzwerke haben sich aber auch bei der Überprüfung von präventiven und von sozialpsychiatrischen Maßnahmen als änderungssensitiv erwiesen. Die Analyse sozialer Netzwerke scheint auch geeignet zu sein, um die Effizienz von Dienstleistungsstrukturen im psychosozialen Bereich zu überprüfen (Tausig, 1987).

Der Erfolg verschiedener Beratungsformen, Gruppen-, Expositions- und kognitiven Therapien wurde meist isoliert mit Hilfe des Merkmals „soziale Unterstützung" überprüft oder vorhergesagt. Selten wurden Merkmale, wie die „Größe", „Zusammensetzung" und die „Dichte" sozialer Netzwerke hierfür genutzt[25]. Dabei ging es um die Prognose und die Überprüfung des Behandlungserfolgs bei Abhängigkeiten, Anorexia Nervosa, Verhaltensstörungen, soziale Anpassungsprobleme und Herpes Genitalis[26].

Im Bereich der *Psychotherapieforschung* konnte z. B. Bankoff (1987) im Rahmen einer Diskriminanzanalyse eine Gruppe von ambulanten Psychotherapiepatienten, die ihre Behandlung abbrachen, anhand unterschiedlicher Formen und Quellen der sozialen Unterstützung von einer Gruppe von verbleibenden Patienten unterscheiden. Emotionale soziale Unterstützungen durch den engen Partner wirkten sich eher ungünstig und das Fehlen entsprechender Hilfen eher günstig auf den Verbleib der Patienten aus. Dies galt aber nicht für Patienten, die keinen Partner hatten. Die Bereitschaft, sich psychotherapeutisch behandeln zu lassen, stieg in dem Maße, wie emotionale Unterstützung durch Eltern oder Freunde angeboten wurde. Unmittelbare Aufforderungen, eine Psychotherapie in Anspruch zu nehmen, trug nichts zur Unterscheidung der Gruppen bei.

Im Rahmen eines Vergleichs einer Verhaltenstherapie mit psychodynamisch orientierten Kurzzeittherapien gegenüber den Bedingungen in einer Wartekontrollgruppe wiesen Cross, Sheehan und Khan (1980) nach, daß beide Behandlungsgruppen vergleichsweise mehr informelle Hilfen aus unterschiedlicheren Quellen ihrer sozialen Netzwerke suchten und empfingen. Die verhaltenstherapeutisch behandelten Patienten nahmen etwas mehr informelle Quellen der sozialen Unterstützung in Anspruch und sie nahmen auch eher Ratschläge an als die mit Hilfe einer Kurzzeittherapie behandelten Patienten. Keine therapeutischen Effekte im Ausmaß der sozialen Unterstützung und der Größe sozialer Netzwerke konnte dagegen Steketee (1987) nachweisen, als er die Wirksamkeit von Expositionstherapien bei zwangsneurotischen Patienten überprüfte.

Moos (1990) stellte bei ambulanten Depressionspatienten fest, daß jene von Kurzzeittherapien am meisten profitierten, die viel intime Bindungen hatten und die zugleich über wenig familiäre Konfliktpotentiale berichte-

---

[25] Vgl. Balcazar, Fawcett und Seekins (1991), Brown, Brady, Lent, Wolfert und Hall (1987), Carstensen (1986), Cross und Warren (1984), Engel (1987), Horn, Ialongo, Popovich und Peradotto (1987), Mallinckrodt (1989), Marziali (1987), Winefeld (1987).

[26] Vgl. Becker, Leitner und Schulz (1986), Cohen, Lichtenstein, Mermelstein, Kingsolver, Baer und Kamarck (1988), Gierschner, Giesemann, Fydrich und Spörkel (1989), Hawkins und Fraser (1987), Lichtenstein, Glasgow und Abrams (1986), Longo, Clum und Yager (1988), MacDonald (1987), Mermelstein, Cohen, Lichtenstein, Baer und Kamarck (1988), Oyabu und Garland (1987), Perri, et al. (1987), Süß (1988).

ten. Für Patienten, deren soziales Umfeld sich gerade entgegengesetzt gestaltete, waren Langzeittherapien vorteilhaft. In einer Längsschnittstudie fanden Billings und Moos (1985a), daß die Behandlung von unipolar depressiven Patienten auch die Kontakthäufigkeiten dieser Patienten mehrte und ihre sozialen Beziehungen qualitativ verbesserte. Die Symptomrate während der Follow-Up-Phase hing von der Zahl der Netzwerkkontakte und dem Ausmaß an familiärer sozialer Unterstützung ab. Vor allem aber zeigte sich, daß die Verfassung der Patienten ein Jahr nach dem Ende der Behandlung besonders stark von der Qualität familiärer Beziehungen beeinflußt wurde. Die Schwere der depressiven Symptomatik während der Behandlung und auch die Dauer der Behandlung war im Zusammenhang mit diesem Ergebnis dagegen unbedeutend.

Im *sozialpsychiatrischen Bereich* wurden die Erfolge von rehabilitativen Maßnahmen mit Hilfe klassischer Kriterien (z. B. Symptom- bzw. Wiedereinweisungsraten), aber auch anhand von Merkmalen wie Kontakthäufigkeiten und Bindungen zu bestimmten Netzwerkmitgliedern untersucht[27]. So wiesen z. B. Okin, Dolnick und Pearsall (1983) nach, daß die sozialen Kontakte von psychiatrischen Patienten in beschützenden Langzeiteinrichtungen häufiger waren als von Patienten eines psychiatrischen Krankenhauses. Denoff und Pilkonis (1987) konnten zeigen, daß lange Verweildauern die Bereitschaft von schizophrenen Patienten einer Übergangseinrichtung schwächte, ihre externen sozialen Netzwerke zu nutzen und zugleich die institutionell gebundenen sozialen Netzwerke vergrößerte. Das „Community Support Program" von Stein und Test (1983) vermittelte vor allem lebenspraktische Fertigkeiten, stützte die Angehörigen und legte Wert auf die Pflege sozialer Kontakte während und nach dem stationären Aufenthalt. Die Patienten der Interventionsgruppe hatten im Vergleich zu einer Kontrollgruppe am Ende des Programms weniger Symptome, sie waren länger in einem Beschäftigungsverhältnis und sie hatten mehr soziale Kontakte im engen Freundeskreis.

Auch im Bereich der *Prävention* psychischer Störungen und bei der Evaluation von *Selbsthilfegruppen* wird die Effizienz der Maßnahmen zunehmend anhand von Merkmalen sozialer Netzwerke überprüft[28]. King,

---

[27] Vgl. Angermeyer und Klusman (1987), Bootzin, Shadish, und McSweeny (1989), Breier und Strauss (1984), Cutler, Tatum und Shore (1987), Denoff und Pilkonis (1987), Escolier und Reichmann (1990), Hansson, Berghlund und Ohman (1986), Huselid, Self und Gutierres (1991), Okin, Dolnick und Pearsall (1983), Stein und Test (1983).

[28] Vgl. King, Winett und Lovett (1986), Lee (1988), Maton (1988), McGuire und Gottlieb (1979), Powell (1988), Schinke, Barth, Gilchrist und Maxwell (1986a), Schinke, et al. (1986b), Toro, Rappaport und Seidman (1987), Vachon, Lyall, Rogers, Freedman-Letofsky und Freeman (1980).

Winett und Lovett (1986) gründeten z. B. Gruppen, denen der Umgang mit Zeit und andere Bewältigungsfertigkeiten nahe gebracht wurden. Dadurch minderte sich nicht nur der Arbeitsstreß, sondern nahm auch die soziale Unterstützung zu. Schinke et al. (1986a, b) übermittelten Fertigkeiten zur rationalen Analyse von Kognitionen, um jugendlichen Müttern zu helfen, mit ihren Belastungen umzugehen und um familiäre Gewalt einzudämmen. Auch dabei mehrten sich die informellen Hilfen. Gruppen von alleinerziehenden Müttern wurden von Lee (1988) initiiert und betreut. Dadurch wurde u.a. auch die Erreichbarkeit und die Vielfältigkeit sozialer Unterstützung günstiger eingeschätzt. Powell (1988) wies nach, daß Selbsthilfegruppen für unterpriviligierte Mütter besonders genutzt wurden und hilfreiche soziale Beziehungen und Kommunikationen möglich machten, wenn sie von ihren Verwandten unterstützt wurden. In einer Untersuchung von Kristensen (1991) wird deutlich, daß nicht immer damit zu rechnen ist, daß sich Merkmale sozialer Netzwerke im allgemeinen Sinne günstig entwickeln. Er trainierte Arbeitslose, um sie auf dem Arbeitsmarkt vermittelbarer zu machen. Dabei stieg u. a. deutlich das Ausmaß an zielorientiertem Verhalten, das Ausmaß an sozialer Unterstützung nahm jedoch ab. Das ist durchaus auch so zu interpretieren, daß das soziale Netzwerk dieser Personen es auf Grund dieser Verhaltensänderungen nicht mehr für notwendig hielt, den zuvor aktivierten sozialen Rückhalt zu bieten. An diesem Beispiel ist deutlich zu sehen, daß die jeweilige Intervention auf die jeweilige Bedeutung des entsprechenden Merkmals sozialer Netzwerke abgestimmt werden muß.

Diesen Mangel weist nicht nur die zuletzt genannte Studie auf, vielmehr kann man insgesamt den Schluß ziehen, daß bei der Überprüfung der Effizienz psychosozialer Interventionen die Auswahl von Merkmalen sozialer Netzwerke für die Evaluation von klinisch-psychologischen Maßnahmen meist ohne theoretische Vorgaben und zugleich eng angelegt wurde. Es kommt hinzu, daß selten Vergleiche in Hinsicht auf die Sensibilität anderer, auch psychologisch bedeutsamer Effektivitätskriterien gemacht wurden. Der letzte Einwand ist insofern bedeutsam, als damit nicht einmal der relative instrumentelle Nutzen der ausgewählten Netzwerkbegrifflichkeiten für die Evaluation von Interventionen bislang feststeht. In zwei eigenen Untersuchungen wurde auf diese Einwände eingegangen und die Effizienz einer *therapeutischen Gemeinschaft* und einer *Selbsthilfegruppe* für Witwen untersucht.

In der ersten Studie wurde geprüft, ob die nach Caplan (1974) als Prototypen von sozialen Stützsystemen geltenden Selbsthilfegruppen sich dadurch als kompensative Schutzräume ausweisen, daß bestimmte Merkmale ihrer sozialen Netzwerke in besonderer Weise ausgeprägt sind (Röhrle, Sandholz & Schönfeld, 1989)[29]. Für die Annahme, daß Selbsthilfegruppen von Witwen sozial kompensativ wirken könnten, sprechen Befunde, wonach die sozialen Netzwerke beim Tod eines Partners beeinträchtigt und zugleich auch nicht in der Lage sind, auf die besonderen Belastungen von Witwen einzugehen. Die sozialen Netzwerke von Witwen werden kleiner, die Kontaktdichte geringer und soziale Unterstützungen spärlicher. Damit ist insbesondere dann zu rechnen, wenn das soziale Netzwerk über den Partner definiert ist und sich die verbleibenden sozialen Beziehungen nicht reziprok gestalten. Solche Charakteristika der sozialen Netzwerke von Witwen kovariieren deutlich mit dem Risiko, zu erkranken. Witwen äußerten in verschiedenen Untersuchungen immer wieder den Wunsch nach neuen sozialen Verbindungen und angemessenen Formen der Hilfe (Lehman, Ellard & Wortman, 1986; Lopata, 1979, 1988; Lopata, Heinemann & Baum, 1982; Stroebe & Stroebe, 1985; Wister & Strain, 1986).

Röhrle, Sandholz und Schönfeld (1989) nahmen an, daß in Selbsthilfegruppen für Witwen derartige pathogene Charakteristika der sozialen Netzwerke nicht aufzufinden sind; im Gegenteil, daß sie über größere, dichte und zugleich hilfreiche soziale Beziehungsmuster verfügen. Dementsprechend wurde die Größe (Zahl der maximal 15 wichtigen Personen, zu denen Kontakt gepflegt wird), die Dichte (Verhältnis der möglichen zu den tatsächlichen Beziehungen) und das Ausmaß bzw. die Zufriedenheit mit verschiedenen Arten der sozialen Unterstützung erhoben (vgl. Barrera, Sandler und Ramsay, 1981; Lopata, 1979). Um die spezifischen Anteile der Hilfe in Selbsthilfegruppen erfassen zu können, wurde nach spezifischen Hilfeformen in Anlehnung an das Kategoriensystem von Levy (1979) und nach den Anteilen der informellen Hilfen gefragt, die durch Mitglieder der Selbsthilfegruppen angeboten wurden. Außerdem wurde die Lebenszufriedenheit der Witwen mit Hilfe der Skala von Wiendieck (1970) gemessen.

Es war nachzuweisen, daß sich die Witwen einer Selbsthilfegruppe (n = 10) von einer Gruppe nicht organisierter Frauen (n = 14) in verschiedenen Netzwerkmerkmalen unterschieden. Beide Gruppen waren in Hinsicht auf das Alter, die Schul- bzw. berufliche Bildung, das Einkommen und die Wohndauer vergleichbar. Die Witwen der Selbsthilfegruppe hatten größere und dichtere soziale Netzwerke und erhielten mehr soziale Unterstützung. Mehr sozialen Rückhalt empfingen Witwen nicht nur inbezug auf unterschiedliche Formen informeller Hilfe, sondern erwartungsgemäß auch in Hinsicht auf Hilfeformen, die für Selbsthilfegruppen als spezifisch gelten können (z. B. heilsame Konfrontationen). Beide Gruppen unter-

---

[29] Vgl. Sandholz & Schönfeld (1984).

schieden sich jedoch nicht in Hinsicht auf die Zufriedenheit mit dem Ausmaß an sozialer Unterstützung.

Diese Studie zeigt, wie vorteilhaft es ist, nicht nur einzelne, isolierte Merkmale sozialer Netzwerke bei der Evaluation von klinisch-psychologischen Interventionen zu nutzen. Es gilt vor allem jene zu untersuchen, die sich als differential-diagnostisch relevant erwiesen haben, aber auch jene, welche die Spezifität entsprechender Hilfen deutlich machen können. Jedoch bleibt auch hier insgesamt der psychologische Bedeutungsgehalt der Ergebnisse im Dunkeln. Vermutungen sind notwendig, um die Ergebnisse verständlich zu machen, daß z. B. die Witwen der Vergleichsgruppe ebenso mit ihren Netzwerken zufrieden waren wie die in der Selbsthilfegruppe organisierten. So wurde angenommen, daß die Vergleichsgruppe trotz der Unterschiede in den Merkmalen ihrer sozialen Netzwerke deshalb mit ihrem sozialen Umfeld einverstanden waren, weil die Witwen ihr Anspruchsniveau ihren Möglichkeiten angeglichen hatten[30].

In einer zweiten, als „Ex-post-facto-Vergleichsstudie" angelegten Untersuchung, wurde der Frage nachgegangen, ob Merkmale sozialer Netzwerke sich als Kriterien genau so eignen, um Unterschiede zwischen erfolgreichen und erfolglosen Patienten abzubilden, wie aussagekräftige Merkmale, die nach einer Behandlung relativ zuverlässig Auskunft über den Gesundheitszustand geben. Zu diesem Zweck wurde die Möglichkeit genutzt, die Effektivität einer therapeutischen Gemeinschaft zu überprüfen. Dies bot sich u.a. auch deshalb an, weil diese Art der psychosozialen Hilfe äußerst selten und bislang noch nie mit Hilfe von Netzwerkmerkmalen untersucht worden war (De Leon, 1984; Trauer, 1984).

Patienten (N = 47) wurden vier Jahre nach der Entlassung aus einer therapeutischen Gemeinschaft nach verschiedenen Merkmalen ihrer sozialen Netzwerke und des poststationären Behandlungsverlaufs befragt (Röhrle, Schmölder & Schmölder, 1989)[31]. Indikatoren für den poststationären Behandlungsverlauf war die Zahl der Jahre, nachdem die Krankheit als beendet betrachtet wurde, die Zahl der Jahre seit der letzten Behandlung und die Zahl der Behandlungen nach dem Klinikaufenthalt. Die verschiedenen Merkmale sozialer Netzwerke waren: Größe, Dichte, sektorale und qualitative Bestandteile (Anteil an Familienangehörigen und Mitpatienten; Anteil positiv oder negativ eingeschätzter Beziehungen). Um erfolgreiche Patienten von nicht erfolgreichen differenzieren zu können, wurden

---

[30] In einer weiteren Studie zeigte sich Ähnliches. Arbeitlose Lehrer bewerteten die sozialen Kontakte zu Familienmitgliedern und Freunden günstiger als beschäftigte Berufskollegen, obgleich die Häufigkeit dieser Kontakte gleich eingeschätzt wurde (Röhrle & Hellmann, 1989; Hellmann, 1985).

[31] Vgl. Schmölder & Schmölder (1985).

die Selbsteinschätzungen der Gesundheit und bedeutsame Veränderungen im Gießen-Test als Prädiktoren genutzt (Beckmann, Brähler & Richter, 1983). Die subjektive Einschätzung des Gesundheitszustandes erfolgte mit Hilfe eines dreistufigen Ratings (gesund, gefährdet, krank). Solche subjektiven Einschätzungen des Gesundheitszustandes durch Patienten gelten nach Garfield (1986) als besonders sensitiv für die Überprüfung von Behandlungserfolgen. Die anhand dieser Merkmale als erfolgreich oder nicht erfolgreich behandelt definierten Gruppen waren sich insgesamt in Hinsicht auf verschiedene soziodemographische Merkmale und inbezug auf die Behandlungsgeschichte weitgehend ähnlich.

Die Ergebnisse dieser zweiten Studie relativieren den Wert von Merkmalen sozialer Netzwerke als Mittel zur Überprüfung von Interventionseffekten erheblich. Zum einen bleibt auch in dieser Studie der psychologische Bedeutungsgehalt der Merkmale sozialer Netzwerke weitgehend im Dunkeln, zum anderen haben sich diese Merkmale im Vergleich zu herkömmlichen Evaluationskriterien als nicht besonders vorteilhaft herausgestellt. Die verschiedenen Gruppen von erfolgreichen und erfolglosen Patienten unterscheiden sich in den Merkmalen sozialer Netzwerke weniger deutlich als in den Indikatoren des poststationären Behandlungsverlaufs. Gerade noch bedeutsame Unterschiede lassen sich in Hinsicht auf die Qualität sozialer Beziehungen, die Zahl wichtiger Bezugspersonen und die Größe des familiären Anteils der sozialen Netzwerke nachweisen (vgl. Abb. 1).

Netzwerkorientierte Interventionen im engeren Sinne wollen, zumindest vom Anspruch her betrachtet, die Baumuster der sozialen Gefüge jenseits von primären Gruppen und weniger direkt den einzelnen Patienten verändern. Einige Vertreter ziehen allerdings auch die Möglichkeit in Betracht, daß Indexpersonen trainiert werden müssen, damit sie den Anforderungen ihrer sozialen Netzwerke genügen können (Pattison & Hurd, 1984). Maßnahmen zur strukturellen Veränderung von informellen sozialen Systemen beruhen meist auf dem Vorverständnis systemischer Betrachtungsweisen (vgl. z. B. Kliman & Trimble, 1983)[32]. Es geht darum, Personen für sozial unterstützende Potentiale von sozialen Netzwerken zu sensibilisieren. Bestehende Kontaktmuster werden qualitativ und quantitativ verbessert. Soziale Netzwerke sollen vergrößert, entflochten, die familiären Anteile verkleinert und die Position der Netzwerkelemente (Personen, Organisa-

---

[32] Vgl. auch Gottlieb (1981a, b, 1985d, 1988), Gottlieb und Coppard (1987), Israel (1985), Jeger, Slotnick und Schure (1982), Kardorff und Stark (1987), Maguire (1983), Röhrle (1989b), Röhrle und Stark (1985), Rook und Dooley (1985), Whittaker (1983).

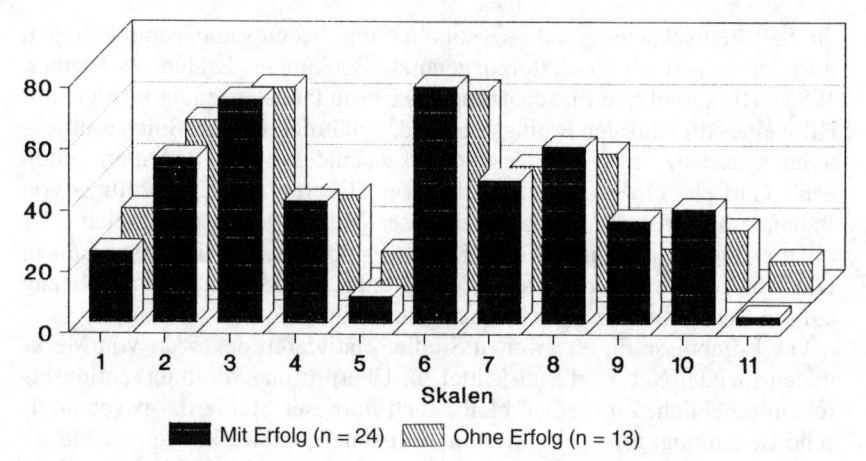

Abb. 1. Soziale Netzwerke und Behandlungsverlauf einer therapeutischen Gemeinschaft. Multivariates $F(11,25) = 2.38$; $p < .03$ (Röhrle, Schmölder & Schmölder, 1989)

Anmerkungen: Der Erfolg eines Patienten wurde anhand der Selbsteinschätzung der Gesundheit festgelegt. Die Reduktion der Stichprobengröße von $N = 47$ auf $N = 37$ ist durch fehlende Werte bedingt.

Skalen: 1 = Größe; 2 = Zahl der wichtigsten Bezugspersonen; 3 = Dichte; 4 = familiärer Anteil; 5 = krankheitsbedingter Anteil; 6 = Anteil positiver Beziehungen; 7 = Anteil intensiver Beziehungen; 8 = Anteil hilfreicher Beziehungen; 9 = Ende der Krankheit vor Jahren; 10 = Jahre seit der letzten Behandlung; 11 = Zahl der Behandlungen nach der therapeutischen Gemeinschaft.

tionen) erreichbarer bzw. zentraler gestaltet werden. Die Potentiale sozialer Netzwerke werden vor unbotmäßigen Einflüssen geschützt. Es gilt symmetrische und reziproke Austauschprozesse in sozialen Netzwerken zu stärken. Die hierfür genutzten Techniken fassen einfache Instruktionen über die Bedeutung sozialer Netzwerke, sie nutzen Methoden der Netzwerkanalyse als Hilfsmittel zur Selbsterfahrung und sie bestehen aus systemisch und gruppendynamisch vielfältig begründeten Interventionstechniken. Diesen Maßnahmen wurden zum Teil höchst vielversprechende Namen gegeben; dies gilt insbesondere für die sogenannten „Netzwerktherapien". Darüberhinaus sind sie auch zum Gegenstand von Medienkampagnen geworden, wenn etwa unter dem Motto „Friends can be good Medicine" zum Aufbau von sozialen Stützsystemen beigetragen wurde (Roppel & Jacobs, 1988). Selbst Gesellschaften sollen gestaltet werden, wenn z. B. mit einer Politik der „kleinen Netze" nach alternativen sozialen Lebensformen gesucht wird (Geissberger, 1985).

Beispielsweise haben Cohen und Adler (1984) bzw. Cohen, Adler und Mintz (1983) professionelle Helfer über soziale Netzwerke instruiert und sie angeregt, alte Menschen mit psychischen und hirnorganischen Beeinträchtigungen zunächst über die Aktivierung ihrer sozialen Netzwerke zu helfen. Probleme, die im Laufe von 13 Monaten auftraten konnten jedoch nur zu einem kleinen Prozentsatz (3, 2%) mit dieser Art der Hilfe gelöst werden. Im Rahmen des von Todd (1980) entwickelten *"Support Development Workshops"* wurden Selbsterfahrungsprozesse aktiviert, damit über die Analyse der jeweils eigenen Netzwerke, das soziale Umfeld neu überdacht und gegebenenfalls neu gestaltet werden kann.

Netzwerktherapien sind das vorläufige Ende einer Entwicklung weg von einer individuenzentrierten Psychotherapie, über Paar-, Gruppentherapie, bis hin zur Familientherapie (vgl. z. B. Pattison, 1977). Kulturanthropologische Hintergründe dieser Therapieform sind die Heilungsrituale früher Gesellschaften. Der Indikationsbereich von Netzwerktherapien wird weit gesteckt: Sie sollen nützlich sein für chronische psychiatrische Patienten, Suizidgefährdete, Drogenabhängige, Deviante, verhaltensgestörte bzw. geistig behinderte Kinder, u. a. m.. Des Aufwandes wegen gelten Netzwerktherapien als letztes Mittel der Wahl.

Kliman und Trimble (1983) haben verschiedene Formen von Netzwerktherapien unterschieden (vgl. Speck & Attneave, 1983). Die sehr metaphorisch anmutende Methode der „Network Construction" will sozial isolierten Patienten durch die Initiierung und Betreuung von Selbsthilfegruppen, Wohngemeinschaften und anderen künstlichen Stützsystemen helfen. Die Methode des „Network Coaching" konzentriert sich auf einzelne Klienten oder Familien. Sie führt in die Gedankenwelt des Konzepts der sozialen Netzwerke ein. Konflikte, Ressourcen und die Struktur auch des extrafamiliären sozialen Netzwerks´ werden analysiert. Die üblichen systemisch orientierten, familientherapeutischen Techniken, wie z. B. paradoxe Strategien, werden angewandt. Bei der Methode der „Partial Network Assembly" oder auch der Methode der „Community Network Therapy" werden Teile des extrafamiliären sozialen Netzwerks, z. T. auch Mitglieder von Organisationen, zusammengeführt, Konflikte analysiert, gruppendynamische Prozesse aktiviert und rationale Problemlösungen angestrebt. Die spektakulärste Form von Netzwerktherapie ist die „Full-Scale Network Assembly" (Speck, 1967), die nicht selten mit über hundert Personen arbeitet. Angestrebt werden u.a. Gefühle der Zusammengehörigkeit („Retribalization"), der Erleichterung („Exhaustion-Elation") bzw. emotionalen Durchbrüche („Breakthrough"). Es gilt, verschiedene Lager im sozialen Netzwerk kenntlich zu machen („Polarization") und Ressourcen für Problemlösungen zu aktivieren („Mobilization").

Trotz der engeren begrifflichen Verknüpfung täuschen diese netzwerkorientierten Interventionsformen nicht darüber hinweg, daß Netzwerktherapien keine Veränderungsprinzipien aus dem Netzwerkkonzept ableiten konnten. Es wird lediglich postuliert, daß soziale Kontakte generell als salutogen zu gelten haben. Zu sehr sind Netzwerkanalysen an der Beschreibung von sozialen Strukturen und zu wenig an der Dynamik von möglichen Veränderungen und ihren Ursachen interessiert. Da der psychologische Bedeutungsgehalt von Interventionen mit Hilfe von Unterstützungsgruppen und natürlichen sozialen Netzwerken weitgehend unbekannt geblieben ist, kommt auch Gottlieb (1988) zur Einschätzung, daß diese Interventionsformen den Status einer 'Black Box' miteinander teilen. Möglicherweise waren nicht zuletzt deshalb die wenigen, evaluierten netzwerkorientierten Interventionen kaum erfolgreich (vgl. Cohen & Adler, 1984; Chapman & Pancoast, 1985; Schoenfeld, Halevy, Hemley-Van der Velden & Ruhf, 1985). Vaux (1988a) stellt zudem fest, daß nicht nur die klinische, sondern auch die sozialpolitische Relevanz der netzwerkorientierten Verfahren und Programme ungeprüft geblieben ist und auch mögliche negative Nebeneffekte kaum thematisiert wurden.[33] Die Bereicherung tradierter Behandlungsmaßnahmen durch Überlegungen aus dem Bereich der Netzwerkforschung sind so in erster Linie von pragmatischer Bedeutung. Aber nicht einmal der pragmatische Nutzen ist fraglos gewährleistet, da vielfach versäumt wurde, die Interventionen mit Hilfe von Studien zu überprüfen, die den üblichen methodischen Standards genügen und die auch Netzwerkmerkmale als Erfolgskriterien nutzen[34].

Abschließende Bemerkungen

Betrachtet man insgesamt die Art und Weise, wie man nicht nur in der klinischen Psychologie mit dem strukturalistischen Gehalt des Netzwerkkonzepts umgeht und zugleich, welche theoretischen Überlegungen getroffen werden, um den Bedeutungsgehalt der Merkmale sozialer Netzwerke anzureichern, so ist man einigermaßen ernüchtert. Vielfältige Überlegungen zu möglichen Rückmelde- und Sanktionsprozessen, zu sozialen Vergleichs- und Entscheidungsprozessen und zur Bedeutung von sozialen Netzwerken

---

[33] Der ökonomische Nutzen sozialer Unterstützung in „natürlichen" sozialen Systemen konnte aber in einigen Fällen nachgewiesen werden (Antonucci & Jackson, 1987).

[34] Weitere Probleme der netzwerkorientierten Verfahren bestehen darin (daß soziale Stützsysteme überfordert (kulturell verformt oder auch professionalisiert werden können. Sie laufen Gefahr den einzelnen Patienten zu Spielball seiner sozialen Netzwerke zu machen und antiprofessionelle Haltung in unzulässiger Weise zu stärken (vgl. Röhrle, 1988c, 1989b).

als Ressourcen für die Befriedigung der unterschiedlichsten Bedürfnisse und für die Ausbildung diverser Fertigkeiten und Personmerkmale hinterlassen ein Bild der theoretischen Beliebigkeit. Netzwerkmerkmale so mit psychologischem Bedeutungsgehalt ergänzend zu versehen, ist zwar nicht als völlig nutzlos zu bezeichnen, doch fehlt es an Versuchen, die entsprechenden Annahmen zugleich mit der Erhebung von Merkmalen sozialer Netzwerke unmittelbar zu überprüfen. So ist es nicht verwunderlich, daß viele psychologische Phänomene durch Merkmale sozialer Netzwerke allenfalls in einen deskriptiven, statistischen, jedoch selten in einen theoretisch eindeutigen Zusammenhang gebracht wurden. Trotz dieser theoretischen Unschärfe im Umgang mit dem Konzept des sozialen Netzwerks innerhalb vieler Teilgebiete der Psychologie hat es doch zu bedeutsamen Fortschritten geführt. Zum einen wurden die Gegenstandsbereich erheblich erweitert, sodaß insgesamt von einer Kontextualisierung der jeweiligen Forschungsgebiete die Rede sein kann. Zum anderen brachte die Berührung mit dem strukturalistischen Gehalt des Netzwerkkonzepts sowohl Anregungen für notwendige theoretische Überlegungen zum Zusammenhang von transindividuellen sozialen Charakteristika und individuellem psychischen Phänomenen als auch Anomalien, welche in Zukunft das Paradigma einer ausschließlich am Individuum interessierten Psychologie in Frage stellen könnte.

Die Probleme, die sich im Umgang mit dem Instrumentarium der Netzwerkanalyse innerhalb der Psychologie ergeben haben, könnte man auch darauf zurückführen, daß man sich zu wenig mit der psychologischen Bedeutung eines ausgesuchten Merkmals befaßt hat. Dabei wäre insbesondere an ein solches zu denken, von dem man annimmt, daß es konzeptionell mit herkömmlichen psychologischen Begrifflichkeiten am ehesten zu übereinstimmen scheint. Gehen wir im folgenden der Frage nach, welche Forstschritte in Hinsicht auf die Rezeption des Netzwerkkonzepts vor allem in der klinischen Psychologie erzielt werden können, wenn man sich nur mit der Wirkung des Merkmals der sozialen Unterstützung befaßt.

4. Zur Salutogenität sozialer Netzwerke

Das alte sozial-epidemiologische Wissen um den Zusammenhang von sozialer Integration und psychischer Gesundheit, genährt auch durch die Vielzahl von Befunden zum Verlust der unterschiedlichsten sozialen Bindungen, weckte auch das Interesse an den salutogenen Potentialen sozialer Netzwerke (vgl. Dean, 1986). Wenn man sich in den Bereichen der Sozialepidemiologie, der Streß- und Lebensereignisforschung sowie im Kontext psychopathologischer Fragestellungen ausschließlich der unterstützenden Funktion sozialer Netzwerke widmete, so stand weniger das Bemühen im Vordergrund, einem bestimmten Netzwerkmerkmal zu einem eindeutigeren theoretischen Status zu verhelfen. Vielmehr hoffte man damit eine theoretisch gesättigte und integrative Begriffswelt gefunden zu haben, die der konzeptuellen Zersplitterung in diesen Teilgebieten entgegenwirkt und die zugleich auch von praktischem Nutzen sein kann. Denn in den Bereichen der Sozialepidemiologie, der Streß-, Lebensereignis- und psychopathologischen Forschung ist bei der Untersuchung sozialer Noxen und Ressourcen die Zahl der Begriffe ebenso groß geworden wie die Menge der inkonsistenten und mäßig varianzaufklärenden Zusammenhänge zwischen ihnen und diversen individuellen Befindlichkeiten.

Verschiedene sozialepidemiologische Studien sind unter anderem deshalb so wenig miteinander vergleichbar, weil sie „soziale Integration" ganz unterschiedlich erhoben haben. Dazu gehören in ihrer Bedeutung sehr variable Indikatoren wie der eheliche Status, die Zahl sozialer Kontakte zu verschiedenen, besonders auch zu intimen Bezugspersonen, die Partizipation in sozialen Gruppierungen, usw. (vgl. House & Kahn, 1985; Kessler & McLeod, 1985; Vaux, 1988a). Als man sich selektiv nur auf das funktionale Merkmal „soziale Unterstützung" konzentrierte, vertraute man darauf, das sozialepidemiologisch bedeutsame begriffliche Instrumentarium nicht nur weiter anreichern, sondern bis zu einem gewissen Grade auch vereinheitlichen zu können. Zudem wurde eine Antwort auf die schon längst gestellte Frage erwartet, warum Belastungen unterschiedlicher Art nicht und selten immer mit gleicher Vehemenz zu Beinträchtigungen und psychischen Störungen führen (Dohrenwend & Dohrenwend, 1974, 1984; Kessler, 1979; Quast, 1985; Rabkin & Struening, 1976; Vinokur & Selzer, 1975)[1]. Der Begriff der „sozialen Unterstützung" wurde zur Zauberformel, die durchgängig bei der Beantwortung dieser Frage helfen sollte. Dabei wollte man aber die Gültigkeit der bislang entwickelten Vulnerabilitätsmodelle erhalten. Daran knüpfte sich die Erwartung, daß das zeitlich und komplex geordnete Zusammenspiel von Stressoren, Streßreaktionen, Dispositionen, Befindlichkeiten und sozialer Unterstützung auch weiterhin in interdisziplinären Kontexten darstellbar und empirisch überprüfbar bleiben kann (vgl. hierzu Gottlieb, 1983a; Lin, 1986; Vaux, 1988a; Waltz, 1981). Mit der Frage, ob sich diese Hoffnungen alle erfüllt haben, verbinden wir darüber hinausgehende Zweifel. Sie stellen in Frage, ob die Beschränkung auf ein Merkmal sozialer Netzwerke zu einer geringeren theoretischen Beliebigkeit führt und deutlichere Vorstellungen zu entsprechenden psychologischen Bedeutungsgehalten möglich machen kann. Außerdem ist Skepsis dahingehend angebracht, ob man sich der strukturalistischen Gedankenwelt des Netzwerkkonzepts dadurch entledigen kann, indem man sich ausschließlich mit einem funktionalen Merkmal befaßt.

Wie zu zeigen sein wird, sind diese Bedenken berechtigt. Außerdem haben sich auch alle Wünsche, die sich an das Konzept der sozialen Unterstützung gerichtet haben, trotz einer enormen Forschungstätigkeit, nur partiell erfüllt. Der Grund hierfür liegt zunächst darin, daß *„die Anfangsphase der Netzwerk- und Unterstützungsforschung ... vorwiegend von der Befassung mit relativ groben Fragen nach den unmittelbaren und mittelbaren Beziehungen zwischen sozialer Integration und Befindlichkeit bestimmt"* war (Blöschl, 1987a, S. 312). Die Hoffnung, mit dem Rückgriff auf das Konzept der sozialen Unterstützung eine in sich geschlossene und zugleich integrativ wirksame Begriffswelt nutzen zu können, mußte aufgegeben werden (vgl. Sarason, Sarason & Pierce, 1990).

Definitionen und theoretische Annahmen zur Wirkung sozialer Unterstützung waren schon zu Beginn der sozialen Unterstützungsforschung heterogen. In Hinsicht auf unterscheidbare Effekte sozialer Unterstützung deutete sich zunehmend an, daß wohl von keiner generellen Wirksamkeit informeller Hilfen ausgegangen werden kann. Die anfangs im Kontext der Vulnerabilitätsmodelle entwickelten Vorstellungen und Theorien zur Wir-

---

[1] Die allein durch kritische Lebensereignisse für die Prävalenz psychischer Störungen aufgeklärte Varianz wird allgemein als niedrig mit etwa 9% angenommen (vgl. z. B. Schwarzer & Leppin 1989a). Quast (1985) gibt die mit Hilfe von kritischen Lebensereignissen aufgeklärte Varianz in Hinsicht auf psychische Störungen sogar mit maximal 6% an.

kung sozialer Unterstützung waren insgesamt zu einfach und zu vage. Man erkannte u. a., daß die Bedeutungsgehalte verschiedener Stressoren höchst unterschiedlich sein können. Allein schon deshalb wurden die Vorstellungen von einem einfachen Zusammenspiel von psychosozialen Belastungen mit den Potentialen sozialer Netzwerke desolat. Wenngleich auch nicht immer ungebrochen, erhielten die Modelle zur Wirkung sozialer Unterstützung zwar empirischen Rückhalt, jedoch die Frage, welcher Art die Wirkung sozialer Unterstützung letztlich ist, ließen sie unbeantwortet.

Relativ spät begann man sich auf Grund dieser Erkenntnisse ernsthaft Sorgen um den theoretischen Status der sozialen Unterstützungsforschung zu machen (vgl. z. B. Blöschl, 1987a; Gottlieb, 1983a; Heller & Swindle 1983; Leppin, 1990). Doch die Forderungen nach überprüfbaren theoretischen Modellen zur Wirkung der salutogenen Potentiale sozialer Netzwerke führten zunächst nicht zu einer Reflexion ihrer strukturalistisch-konzeptuellen Grundlage und auch nicht zu einer Analyse der Probleme, die im Zusammenhang mit den geschilderten unterschiedlichen Formen der Rezeption des Netzwerkkonzepts in der Psychologie entstehen. Vielmehr suchte man nach Möglichkeiten, den bisherigen Forschungsansatz zu verteidigen. Wie im Sinne von Exhaustionen will man auch heute noch den Erklärungswert dieses Konzeptes dadurch erhöhen, indem man den begrifflichen Hintergrund der sozialen Unterstützung weiter differenziert, die formalen Modelle zur Wirkung informeller Hilfen ausgestaltet und Operationalisierungen und Untersuchungspläne methodisch verfeinert (Wilcox & Vernberg, 1985; Cohen & Syme, 1985; Jenkins, 1979; Johnson & Sarason, 1979).

Dementsprechend finden wir zahllose Bemühungen, soziale Unterstützung weiter zu definieren und zu operationalisieren (vgl. Kapitel 4.2.). Ebenso unüberschaubar sind die Untersuchungen geworden, die nach der Wirkung verschiedener Arten der sozialen Unterstützung in Hinsicht auf unterschiedliche, auch theoretisch relevante Befindlichkeiten und auch inbezug auf diverse Kategorien und Parameter von Stressoren fragten (vgl. Kapitel 4.3.; 4.4. und 4.6.). Die verschiedenen Erklärungsmodelle zur Wirkung informeller Hilfen werden vor allem so ausgestaltet, daß das logische und zeitliche Ordnungsmuster von Stressoren, sozialer Unterstützung und Befindlichkeit variiert wird (vgl. Kapitel 4.5.).

Zusehends gelangt man bei diesen Bemühungen zu den ursprünglichen theoretischen Hintergründen des Unterstützungskonzepts zurück. Dies zeigt sich u. a. darin, daß strukturelle Merkmale wieder in das Bedeutungsfeld entsprechender Definitionen gelangen und daß die Wirkungen sozialer Unterstützung als situativ gebundene und vielfach auch als sozialinteraktiv getragene Kontexte begreifbar gemacht werden. Darüberhinaus finden wir aber auch Anstrengungen, die ursprünglichen Annahmen zur Wirkung sozialer Unterstützung genauer zu prüfen, indem ihre Funktion als Quelle zur Befriedigung unterschiedlicher Bedürfnisse und als Hilfe bei unterschiedlichen Formen der Streßbewältigung untersucht wird (vgl. 4.6.). Doch gehen wir zunächst der Frage nach, ob die ursprünglichen Überlegungen zur Bedeutung und Wirkung sozialer Unterstützung theoretisch integrativ wirken konnten und damit auch die Beliebigkeit psychologischer Erklärungsmöglichkeiten zu reduzieren vermochten.

4.1. Soziale Unterstützung: Erste Annahmen und Modelle

Schon die ersten Vertreter einer klinisch-psychologisch relevanten sozialen Unterstützungsforschung entwickelten in den siebziger Jahren in Abhängigkeit ihrer Interessen und Denktraditionen recht unterschiedliche *Definitionen* zu ihrem Forschungsgegenstand (vgl. Sarason, Sarason & Pierce, 1990b). Cassel (1974) war einer der Protagonisten, die sich als medizinisch orientierte Sozialepidemiologen mit dem Konzept der sozialen Unterstützung befaßten. Er begriff soziale Unterstützung mehr noch in der gedanklich tradierten Auffassung von *sozialer Integration* und im Sinne der experimentellen Arrangements, die genutzt wurden, um mögliche Einflüsse durch soziale Stimuli auf das Erleben von Streß zu überprüfen. Dementsprechend definierte er soziale Unterstützung als *„Präsenz von Mitgliedern der gleichen Spezies"* (S. 479; ü.v.V). Cobb (1976) legte aufgrund von klinischen Erfahrungen mehr Wert auf eine Definition, welche informelle Hilfen als *Informationen* begreift. Sie sollen dem Empfänger vermitteln, daß man ihn umsorgt, liebt und wertschätzt. In Hinsicht auf die Wirkung solcher Informationen wies Cobb (1976) auf die Bedeutung der subjektiven Wahrnehmung des Empfängers informeller Hilfen hin. Cassel (1974), beeinflußt von Streßforschern wie Cannon (1935), Selye (1946) und Wolff (1953), führte die Wirkung sozialer Unterstützung auf den Einfluß *sozialer Rückmeldung* zurück. Informelle Hilfen waren für ihn ein Mittel, die Widerstandskraft gegenüber ökologischen und sozialen Belastungen zu erhöhen. Er ging von der Existenz eines *„sozialen Immunsystems"* aus. Auch Caplan (1974) nahm an, daß soziale Unterstützungen helfen, individuelle Ressourcen zur Bewältigung von Problemen und Belastungen zu mobilisieren. Cobb (1976) sah dagegen in informellen Hilfen auch jene Ressource, die verschiedene grundlegende *soziale Bedürfnisse* stillen kann (u. a. Affiliations- und Sicherheitsbedürfnisse, Bedürfnis nach Anerkennung). In Anlehnung an Leighton (1959) vertrat er die Ansicht, daß psychische Störungen dann entstehen, wenn solche Bedürfnisse nicht befriedigt werden. Von besonderer Bedeutung für die Definition und Messung sozialer Unterstützung sollten die von Weiss (1973, 1974) gemachten Unterscheidungen der Bedürfnisse sein, die seiner Ansicht nach von sozialen Unterstützungen befriedigt werden. Die Nähe zur Maslow'schen Bedürfnishierarchie und Bolwbys Bindungstheorie ist offensichtlich, wenn er folgende aufzählt: *„Attachment, social integration, opportunity for nurturance, reassurance of worth, sense of reliable alliance, obtaining guidance"*. Auch Kahn (1979) hebt die Bedeutung informeller Hilfen für die Befriedigung sozialer Bedürfnisse hervor. Er verknüpft damit aber die Vorstellung, wonach sie insbesondere dann wirken, wenn sie zu *Person-Umwelt-Passungen* beitragen. Der Sozialpsychiater Caplan (1974) unterschied verschiedene Arten der sozialen Unterstützung (emotionale, materielle und instrumentelle). Dabei wies er ihnen den Stellenwert von Ressourcen innerhalb eines umfassenderen *sozialökologischen Systems* zu. Soziale Unterstützungssysteme waren für ihn *„dauerhafte soziale Aggregate (im Sinne von kontinuierlichen Interaktionen mit anderen, einem Netzwerk, einer Gruppe oder Organisation), die dem Einzelnen die Möglichkeit für Rückmeldung über die eigene Person und zur Validierung von Erwartungen in Hinsicht auf andere bieten"* (1974, S. 19; ü. v. V.).

Während solche Definitionen sozialer Unterstützung rational entwickelt wurden, präsentierte Gottlieb (1978) eine *empirisch gewonnene Klassifikation* informeller Hilfen. Er befragte 40 alleinstehende Mütter nach ihren vorrangigen Problemen und nach entsprechenden Quellen und Arten von sozialen Unterstützungen. Eine Inhaltsanalyse ergab 26 verschiedene Formen von Hilfen, welche die Mütter von Mitgliedern ihrer sozialen Netzwerke erhielten. Diese Formen wurden von Gottlieb (1978) in vier Klassen zusammengefaßt. Sie bestätigen im wesentlichen die rationalen Einteilungen von informellen Hilfen, wie sie von den zuvor genannten Autoren vorgeschlagen worden war: Emotionaler Beistand, Hilfen zur Lösung be-stimmter Probleme (kognitive Hilfen), Abrufbarkeit von Hilfen und soziale Unterstützungen als konkrete, in die Umwelt der Mütter eingreifende Handlungen (instrumentelle Hilfen).

Schon diese ersten Definitionen sozialer Unterstützung sind also nicht nur nominell verschieden, sondern zeigen eine erhebliche Variationsbreite der theoretischen Hintergründe und Entstehungszusammenhänge. Die ersten *Modelle zur Wirkung sozialer Unterstützung* sind im Vergleich dazu eher einheitlich. Sie bilden das Zusammenspiel von Stressoren, Streßreaktionen und individuellen Befindlichkeiten unter verschiedenen, jedoch wenig theoriehaltigen, sehr formal erscheinenden Aspekten ab[2]. Unter der

---

[2] Vgl. z. B. Aymanns (1992), Gore (1981), Gottlieb (1983), Hammer (1983), Kessler (1982), LaRocco, House und French (1980), Marsella und Snyder (1981), Murawski, Penman und Schmitt (1978), Schwarzer und Leppin (1989a), Waltz (1981).

Vorgabe dieser ersten Modelle wirken sich soziale Unterstützungen entweder *direkt* auf individuelle Befindlichkeiten aus *(Haupteffekte)* oder *indirekt* dadurch, daß sie den Einfluß der Stressoren auf die Streßreaktionen verändern, oder aber auch die Einwirkungen der Streßreaktionen auf die individuellen Befindlichkeiten mildern *(Puffereffekte)*. Dementsprechend werden Modelle der sozialen Unterstützung nach möglichen konditionalen von nicht-konditionalen Wirkungen unterschieden. Von konditionalen Wirkungen kann man sprechen, wenn soziale Unterstützungen nur dann ihre Dienste tun, wenn auch ein Stressor wirkt *(interaktive Effekte)*. Nicht-konditionale Bedingungen sollten dann vorliegen, wenn informelle Hilfen unabhängig zur Wirkung eines Stressors zum Tragen kommen *(additive Effekte)*.

Am Anfang der sozialen Unterstützungsforschung wurden hauptsächlich Direkt- und Puffereffekte informeller Hilfen überprüft. Dabei kam man in entsprechenden Übersichtsarbeiten zu höchst unterschiedlichen Schlüssen. Spätestens zu diesem Zeitpunkt erkannte man, daß es sich bei der sozialen Unterstützung um ein *multidimensionales und -aspektives Konstrukt* handeln muß. Im Gegensatz etwa zu Gottlieb (1981) und House (1981) zweifelten Heller und Swindle (1983), Lin (1986) und Mitchell, Billings und Moos (1982) an der Konsistenz der Ergebnisse zu möglichen Pufferffekten. Lin (1986) hat anhand von verschiedenen methodischen Kriterien zwanzig akzeptable Studien ausgesucht und dabei festgestellt, daß nur drei über einen Puffereffekt berichten konnten. Fünf Studien erbrachten schwache Hinweise auf diesen Effekt, zwölf blieben ergebnislos. Insgesamt kommen Leavy (1983), Lin (1986) und Mitchell, Billings und Moos (1982) zum Schluß, daß Direkteffekte eher konsistent, Puffereffekte eher inkonsistent nachzuweisen waren. Dagegen vertreten Alloway und Bebbington (1987) sogar die Auffassung, daß die vorgeführten Direkteffekte nicht nur minimal sind, sondern möglicherweise auf methodische Artefakte zurückgeführt werden können (vgl. auch Coyne & Bolger, 1990; Veiel, 1987b).

Die Inkonsistenz der Befunde zu diesen beiden zunächst untersuchten Effektarten sozialer Unterstützung wird insgesamt auf die Vieldeutigkeit des Konstrukts, seiner Definitionen, Operationalisierungen und unterschiedlichen Untersuchungspläne zurückgeführt[3]. Danach sind z. B. nach-Cohen und Wills' (1985) Auffassung, Haupteffekte mit Maßen zur sozialen

---

[3] Vgl. auch Alloway und Bebbington (1987), Broadhead et al. (1983), Dean und Lin (1977), Ganster und Victor (1988), Gottlieb (1983b), Kaplan, Cassel und Gore (1977), Kessler und McLeod (1985), Kessler, Price und Wortman (1985), Leavy (1983), Leppin (1985), Mitchell, Billings und Moos (1982a), Nestmann (1988), Payne und Jones (1987), Sanders (1982), Schradle und Dougher (1985), Schwarzer und Leppin (1989a), Stokes und McKirnan (1989), Thoits (1982a), Turner (1983), Udris (1982), Vaux (1988b), Wallstone, Alagna, DeVellis und Devellis (1983), Wilcox und Vernberg (1985).

Integration, Puffereffekte jedoch mit Erhebungsinstrumenten nachzuweisen, die auf die Befriedigung bestimmter Bedürfnisse abheben (vgl. auch Kessler & McLeod, 1985). Schwarzer und Leppin (1989a) schätzen die Wirkung verschiedener Arten der sozialen Unterstützung so ein, daß objektive Netzwerkmerkmale und informelle Hilfen, die für den sozialen Status und für die soziale Integration förderlich sind, Haupteffekte zeitigen. Puffereffekte sollen nur möglich sein, wenn Formen der sozialen Unterstützung angeboten werden, die bei der Streßverarbeitung genutzt werden können. Dazu gehören zum Beipiel Hilfen, welche eine realistische Einschätzung der Bedrohlichkeit von Stressoren möglich machen. Emotionale und instrumentelle Formen sollen dagegen beide Effekte herstellen können.

Viele der Meßinstrumente zur Erhebung sozialer Unterstützung gelten als testtheoretisch ungesichert, so daß die jeweils aufgeklärte Varianz auch Fehlervarianz darstellen könnte. Die untersuchten Gruppen waren höchst heterogen (Studenten, repräsentative Stichproben, klinische Gruppen usw.) und die Stichprobengrößen zugleich auch sehr unterschiedlich. Die Stressoren umfaßten sowohl Listen kritischer Lebensereignisse als auch jeweils bestimmte, jedoch psychologisch höchst unterschiedlich bedeutsame Belastungen (z. B. Arbeitsstreß und Verlusterlebnisse). Nicht selten waren soziale Unterstützung und Stressoren konfundiert worden (vgl. z. B. Cohen & Wills 1985; Dohrenwend et al., 1984; Hobfoll, 1986b; Monroe & Steiner 1986). Dies war besonders dann der Fall, wenn der Verlust von Bindungen zugleich als ein Mangel an sozialer Unterstützung aufgefaßt wurde. Die abhängigen Variablen reichten von somatischen Beschwerden, Mortalität, über allgemeine Wohlbefindens- und Belastungsmaße, bis hin zur Erhebung von Angst, Depression, allgemeiner psychischer Gesundheit usw.. Trotz der Heterogenität solcher Variablen, hatte man, offensichtlich im Glauben an eine generelle Wirksamkeit sozialer Unterstützung, zunächst kaum effektvergleichende Studien durchgeführt. Die wenigen aber weisen darauf hin, daß nicht jede Form der sozialen Unterstützung bei jeder Art von abhängigen Variablen in gleicher Weise wirkt. Gegen jede Erwartung zeigt sich sogar, daß auch positive Zusammenhänge zwischen sozialer Unterstützung und negativen psychischen Befindlichkeiten bestehen können (vgl. Barrera, 1986). Vor allem aber wurde die insgesamt aufgeklärte Varianz als nicht gerade überzeugend eingeschätzt. Blöschl (1987a) gab Korrelationskoeffizienten in Höhe von .20 bis .40 an. Rook (1984c) schätzte die aufgeklärte Varianz auf zwei bis siebzehn Prozent, Broadhead et al. (1983) auf nur ein bis sieben Prozent (vgl. Kapitel 5.)[4].

---

[4] Schwarzer und Leppin (1989a) weisen mit Recht darauf hin, daß bei bestimmten Arten von abhängigen Variablen (z. B. Mortalitätsraten) auch geringer Grad an Varianzaufklärung durch soziale Unterstützung faktisch bedeutsam sein kann.

Die anfangs entwickelten Modelle zur Wirkung sozialer Unterstützung verleiten dazu, das Zusammenwirken der relevanten Variablen im Rahmen eines statischen Gefüges zu betrachten, das in Querschnittsstudien abbildbar und dessen Wirkungen im Rahmen von Varianz- und Regressionsanalysen überprüfbar erscheint. Tatsächlich beruht der überwiegende Teil der Ergebnisse zur Wirkung sozialer Unterstützung auf Querschnittsstudien, sodaß kausale Zusammenhänge und die Wirkrichtungen von Stressoren und sozialen Unterstützungen nicht gefaßt werden konnten. Die meisten der eher seltenen Längsschnittsstudien haben versäumt, den Einfluß der zum ersten Meßzeitpunkt vorhandenen individuellen Befindlichkeit auf spätere Meßzeitpunkte zu kontrollieren. Außerdem sind sie wegen recht unterschiedlich genutzter zeitlicher Intervalle kaum miteinander vergleichbar. Einige Autoren mußten feststellen, daß die Kontrolle der Ausgangsbefindlichkeit dazu führen kann, daß der durch Stressoren oder soziale Unterstützungen aufgeklärte Varianzanteil erheblich schrumpft (vgl. MacFarlane, Norman, Streiner & Roy, 1982; Quast, 1985; Monroe & Steiner, 1986; Thoits, 1982a).

Festzustellen bleibt auch, daß die anfangs formulierten theoretischen Annahmen zur Wirkung sozialer Unterstützung meist nur indirekt gestützt wurden. So fehlten z. B. unmittelbare Hinweise darauf, daß durch soziale Unterstützungen das Krankheitsverhalten, und über dieses erst auch die individuellen Befindlichkeiten, verändert werden. Ähnliches kann man auch in Hinsicht auf die postulierte Vielzahl der durch informelle Hilfen befriedigbaren Bedürfnisse behaupten.

4.2. Pschologische und strukturalistische Aspekte der sozialen Unterstützung

In dem Maße, wie man in den Achtziger Jahren nach den Ursachen für die ersten entäuschenden Befunde zur Wirkung sozialer Unterstützung suchte, vervielfältigte sich die Unterschiedlichkeit der Theorien, Definitionen und entsprechender Operationalisierungen von informeller Hilfe (vgl. Bruhn & Philips, 1984). Schon entwickelte funktionale Unterscheidungen wurden differenziert oder um spezifische Formen sozialer Unterstützung ergänzt und entsprechend operationalisiert.

Zum Beispiel reicherte House (1981) die Einteilung informeller Hilfen in instrumentelle, kognitive und emotionale Unterstützung um jene an, die speziell auf die Selbstbewertung von Personen abhebt (vgl. auch Cohen & Hoberman, 1983). Andere setzten sich von einer solchen, eher deskriptiven Auflistung verschiedener Arten der sozialen Unterstützung ab und suchten, im Gefolge der Weiss'schen Konzeption, z. B. die Nähe zu bestimmten Bedürfnis- und Bindungstheorien. So vermitteln informelle Hilfen für Cutrona und Russell (1987) Gefühle der Sicherheit, Geborgenheit und Wertschätzung. Sie werden empfunden, wenn man glaubt, gebraucht zu werden, einen gemeinsamen Interessenhintergrund mit anderen zu besitzen und jederzeit Hilfe in Anspruch nehmen zu können. Relativ häufig wurde auch die Caplansche Definition aufgegriffen, um informelle Hilfen wieder mehr in sozial-interaktive Kontexte stellen zu können. Man betonte die interpersonelle Dependenz beim Austausch von informellen Hilfen oder man verknüpfte sie wieder mehr mit strukturellen und relationalen Merkmalen sozialer Netzwerke und den schon erprobten Indices sozialer Integration (vgl. z. B. Barrera, 1981; Cauce & Srebnik, 1990)[5]. Merkmale der sozialen Integration erhielten dabei die Aufgabe der normativen Regulation und sozialisatorisch bedeutsamer Rückmeldungen zugewiesen (vgl. Rook, 1985).

Solche Unterscheidungen wurden dadurch nuanciert, daß einige Autoren auf *verhaltensnahe* Definitionen und Quantifizierungen der jeweils erhaltenen Mengen informeller Hilfen abhoben. Dabei beschreiben aber die meisten Definitionen und Operationalisierungen sozialer Unterstützung nur den *passiven* bzw. *konsumtiven* Teil des sozial-interaktiven Geschehens. Nur wenige orientieren sich an Konzepten, die soziale Unterstützungen als das Ergebnis von Prozessen des Hilfesuchens und der *Aktivierung* sozialer Netzwerke begreifen. Noch seltener sind begriffliche Bestimmungen, die auch im *Geben von informeller Hilfe* eine spezifische Art von konsumtiver sozialer Unterstützung sehen. Man nimmt an, daß diese Art der sozialen Unterstützung das Gefühl übermittelt, daß man von anderen gebraucht und deshalb geschätzt wird (vgl. z. B. Cutrona & Russel, 1987; Denton, 1990; Krause, 1987a, b, c,d; Krause & Keith, 1989).

Vorläufer einer kognitiven Konzeption sozialer Unterstützung sind all jene geworden, welche Angaben zur *Menge* an sozialer Unterstützung als nicht ausreichend ansehen und dagegen, wie bei Cobb (1976) schon angelegt, die Bedeutung individueller *Wertungen* in den Vordergrund rücken (z. B. Heller & Swindle, 1983)[6]. Dabei wird auf eine Vielzahl von Möglichkeiten zurückgegriffen, mit deren Hilfe soziale Unterstützungen bewertet werden können. Dazu gehört unter anderem das Ausmaß, in dem man soziale Unterstützung als erreichbar, für eine Problemlage als ange-

---

[5] Vgl. auch Baumann, Laireiter, Pfingstmann und Schwarzenbacher (1987b), Coyne und Bolger (1990), Gottlieb (1981) Shumaker und Brownell (1984), Sommer und Fydrich (1989).
[6] Vgl. auch Procadino und Heller (1983), Turner, Frankel und Levine (1983), Vaux, Phillips, Holly, Thomson, Williams und Stewart (1986).

messen und im allgemeinen Sinne als mehr oder weniger zufriedenstellend einschätzt. Andere wiederum stellten eher nur das *Ausmaß entsprechender Bedürfnisbefriedigungen* in den Vordergrund (vgl. z. B. Barrera & Ainlay, 1983)[7].

Einige Autoren unterschieden auch zwischen *belastenden* und hilfreichen Aspekten von sozialen Unterstützungen. Dies geschah nicht zuletzt deshalb, weil eine Reihe von Studien nachweisen konnte, daß soziale Unterstützungen auch beeinträchtigen können. Es ist möglich, daß sie vorhandene Streßreaktionen etwa durch zusätzliche Emotionalisierungen oder eine Art von Überengagement direkt verstärken. Dann wirken sie gewissermaßen wie ein Katalysator, der die pathogenen Einflüsse von Stressoren zu verschärfen vermag (vgl. z. B. Abdel-Halim, 1982)[8].

Meist aber wurden die negativen Effekte sozialer Unterstützung auf jene *Kosten* zurückgeführt, die mit dem Erhalt informeller Hilfen verknüpft werden und welche den sozial-interaktiven Charakter informeller Hilfen betonen: Kontakte zu Personen in belastenden Beziehungen, gleichzeitige Übernahme krankheitsförderlicher Normen und Verhaltensweisen, falsche oder inkonsistente Hilfen, soziale Kontrollen, Viktimisierung des Empfängers, Freiheitseinschränkung, Verpflichtungsgefühle, Selbstwertprobleme, usw. (z. B. Albrecht & Adelman, 1987d)[9]. In jedem Fall ist zwischen hilfreichen und belastenden Aspekten sozialer Interaktionen zu unterscheiden, beide Aspekte sind für das Wohlergehen gleichermaßen bedeutsam (Brenner, Norvell & Limacher, 1989; Finch, Okun, Barrera, Zautra & Reich, 1989; Sommer & Fydrich, 1989).

Nicht wenige Autoren wollten mit Hilfe von systematisierenden Übersichtsarbeiten dieser Vielfalt von Definitionen[10] und entsprechenden Ope-

---

[7] Vgl. auch Gottlieb (1983a, b), Henderson, Byrne und Duncan-Jones (1981), House (1981), Lin (1986), Vaux (1982).

[8] Vgl. z. B. auch Barrera und Baca (1990), Beehr (1976), Constanza, Derlega, und Winstead (1988), Ganster, Fusilier und Mayes (1986), Herrle und Röhrle (1988), Hill (1987), Kaufman und Beehr (1986), Lehman und Hemphill (1990), Tanaka, Kojo & Matsuzaki, 1990).

[9] Vgl. insgesamt Coyne und DeLongis (1986), Coyne, Wortman und Lehman (1988), Depner, Wethington und Korshaun (1982), Hobfoll und Stokes (1988), Jung (1987), La Gaipa (1990), Laireiter und Lettner (1993), Nestmann (1988), Politser (1980), Rook (1985), Schwarzer und Leppin (1989a), Wortman und Dunkel-Schetter (1987).

[10] Vgl. Antonucci (1985), Barrera (1986), Cutrona und Russell (1990), Gottlieb (1985a), Heller und Swindle (1983), House, Umberson und Landis (1988), Laireiter (1993c), Lin (1986), Nestmann (1988), Newcomb (1990), Oxman und Berkman (1990), Pfingstmann und Baumann (1987), Schwarzer und Leppin (1989a) Sommer und Fydrich (1989), Stokes und McKirnan (1989), Tardy (1985), Vaux (1988b), Veiel (1985, 1987a, b), Veiel und Baumann (1992b), Wilcox und Vernberg (1985), Winnebust, Buunk und Marcelissen (1988), Wortman und Dunkel-Schetter (1987).

rationalisierungen[11] sozialer Unterstützung begegnen. Dabei versuchten sie deutlich zu machen, daß bei dem „Meta-Konstrukt ‚soziale Unterstützung'" wenigstens zwischen *sozialer Integration, strukturellen* bzw. *relationalen Merkmalen* sozialer Netzwerke und *informeller Hilfe i. e. S.* zu unterscheiden ist (Lin, 1986; Oxman & Berkman, 1990; Vaux, 1988a). Auf diese Weise war die Verbindung zu ursprünglich soziologisch und sozialanthropologisch bedeutsamen Kategorien und zugleich zur strukturalistischen Sicht sozialer Netzwerke wieder hergestellt (vgl. Kapitel 2). Damit werden einzelne soziale Unterstützungen wieder potentiell zur Funktion ganzheitlich faßbarer sozialer Systeme und erhalten den Charakter sozialer Austauschhandlungen in Gefügen, deren einzelne Beziehungen auf vielfältige Weise charakterisierbar werden. Mit dieser begrifflichen Erweiterung gesellen sich aber alle Vor- und Nachteile zur Phalanx der Forschungsfragen zur Wirkung informeller Hilfen, wie wir sie in verschiedenen Teilgebieten der Psychologie schon kennengelernt haben (vgl. Kapitel 3.).

Sinn und Fruchtbarkeit dieser begrifflichen Differenzierungen sozialer Unterstützung werden im folgenden mit Hinweisen auf empirische Befunde dargestellt. Dabei geht es zunächst um die Frage, wie einheitlich oder heterogen sich das Meta-Konstrukt und die Teilkonstrukte der sozialen Unterstützung im Sinne von Zusammenhängen und differenzierbaren Dimensionen bzw. Kategorien auch empirisch zeigten. Darauf aufbauend wird untersucht, ob entsprechende Differenzierungen auch die Annahme in Frage stellen, wonach soziale Unterstützungen die Fähigkeit besitzen, bei allen Problemarten und auch unabhängig von situativen und prozessualen Aspekten hilfreich zu sein.

Ergebnisse zur Heterogenität des Meta-Konstrukts „Soziale Unterstützung"

Empirische Untersuchungen zur inneren Struktur jener Meßinstrumente, die zur Erhebung sozialer Unterstützung entwickelt wurden, bestätigten die Annahme, daß es sich um ein mehrdimensionales und heterogenes Kon-

---

[11] Vgl. Albrecht und Adelman (1987e), Baumann, Laireiter, Pfingstmann und Schwarzenbacher (1987a), House und Kahn (1985), Klusmann (1989), Pfingstmann und Baumann (1987), Sarason, Sarason und Pierce (1990b), Sommer und Fydrich (1989), Tardy (1985), Vaux (1988b).
   Weitere Übersichtsarbeiten zur Messung von sozialen Netzwerken und Unterstützungen finden sich bei Bruhn und Philips (1984), Heitzman und Kaplan (1988), Laireiter (1993c), Monroe (1989), Orth-Gomer und Unden (1987), Oxman und Berkman (1990), Payne und Jones (1987), Rock, Green, Wise und Rock (1984), Sarason, Shearin, Pierce und Sarason (1987), Schuch (1990), Wood (1984), Wortman und Dunkel-Schetter (1987).

strukt handelt. Das gilt sowohl für die Grundstruktur des Meta-Konstrukts (soziale Unterstützung, soziale Integration und soziales Netzwerk) als auch in Hinsicht auf unterschiedlich funktional angelegte Definitionen. So zeigten z. B. McCormick, Siegert und Walkey (1987), daß die Netzwerkgröße, die Häufigkeit informeller Hilfen und die Zufriedenheit mit sozialer Unterstützung auf verschiedenen Faktoren luden. Eine weitere Faktorenanalyse von Sommer und Fydrich (1989) beschrieb den Typus der emotionalen Unterstützung, der praktischen Hilfe, der sozialen Belastung und der sozialen Integration (vgl. insgesamt Vaux, 1988a)[12]. Die Teilkonstrukte „Integration in verschiedenen Sektoren des sozialen Netzwerks", „Bindung", „Selbstwertsicherung" und „zuverlässiger Rückhalt" wurden auch in einer Faktorenanalyse von Duncan-Jones (1981a, b) deutlich getrennt. Recht klar ließ sich auch die Erreichbarkeit sozialer Unterstützung von verschiedenen Eigenschaften enger sozialer Beziehungen in konstruktvalidierenden Untersuchungen abheben (Pierce, Sarason & Sarason, 1988, 1989). Wie im folgenden zu zeigen sein wird, war es auch in Zusammenhangsanalysen möglich, zumindest teilweise zwischen strukturellen bzw. relationalen Merkmalen sozialer Netzwerke und sozialer Unterstützung zu unterscheiden. Die Inkonsistenz der Ergebnisse zu diesen Zusammenhängen verdeutlich zugleich, wie vieldeutig Merkmale sozialer Netzwerke bleiben, wenn man sie dem Meta-Konstrukt der sozialen Unterstützung zuordnet.

Empirische Befunde zur Unterscheidung von funktionalen, strukturellen und relationalen Aspekten sozialer Unterstützung

Bei der Untersuchung des Zusammenhangs zwischen *strukturellen* bzw. *relationalen* Netzwerkmerkmalen einerseits und *sozialer Unterstützung* andererseits, ging man zunächst von der Annahme und entsprechenden Befunden aus, daß strukturelle Merkmale sozialer Netzwerke stark interdependent sind. So wußte man, daß die Dichte und Größe sozialer Netzwerke in einer inversen Beziehung zueinander stehen. Eine solche strukturelle Interdependenz wurde auch zwischen der Stabilität bzw. Intensität von sozialen Beziehungen und der Menge und Qualität informeller Hilfen angenommen (Salzinger, 1982; Milardo, 1986). Doch verschiedene Befunde weisen darauf hin, daß die jeweilige Bedeutung der strukturellen und relationalen Merkmale in Hinsicht auf die Menge und Qualität sozialer Unterstützung, in Abhängigkeit von der Art der Anlässe, die zur Aktivie-

---

[12] Verschiedene Übersichtsarbeiten kommen zum Schluß, daß die testtheoretische Absicherung sehr vieler Verfahren zu wünschen übrig läßt (z. B. Baumann et al., 1987).

rung sozialer Netzwerke führten, sehr verschieden sein dürfte. Das drückt sich in den durchwegs mäßigen bis unbedeutendenen einschlägigen Korrelationskoeffizienten aus und gilt sowohl für den Zusammenhang zwischen der Größe sozialer Netzwerke und der Menge bzw. der erlebten Qualität an informeller Hilfe als auch für die Verbindung zwischen der Multiplexität und der Güte unterschiedlicher Formen der sozialen Unterstützung. Vergleichbares ist auch für die Kovariation der Dichte sozialer Netzwerke und verschiedenen Arten von informellen Hilfen zu berichten und trifft auch für das Verhältnis von relationalen Merkmalen wie Intimität oder Reziprozität sozialer Beziehungen einerseits und diversen Formen der sozialen Unterstützung andererseits zu.

So ließen sich bei Studenten nur mäßige Zusammenhänge zwischen der *Netzwerkgröße* und der *Menge* an erhaltener sozialer Unterstützung in Höhe von .24 bis .32 nachweisen (Barrera & Balls, 1983; Barrera, Sandler & Ramsay, 1981; vgl. auch Barrera, 1981; Sandler & Barrera, 1984; Valdenegro & Barrera, 1983). Nicht jede potentielle Quelle sozialer Unterstützung bot informelle Hilfen und dies auch noch im gleichen Ausmaß an. Deshalb ist die Annahme eines einfachen Zusammenhangs zwischen der Größe sozialer Netzwerke und der Menge informeller Hilfen geradezu naiv. Von daher ist z. B. auch der Befund von Stokes und Wilson (1984) nicht erstaunlich, wonach nur ein Zusammenhang zwischen der Menge an sozialer Unterstützung und der Zahl intimer Bezugspersonen festzustellen war.

In Hinsicht auf den Zusammenhang von *subjektiv wertenden Aspekten* sozialer Unterstützung und anderen Merkmalen sozialer Netzwerke waren die Ergebnisse eher inkonsistent. Studenten waren zufriedener mit ihrer sozialen Unterstützung und schätzten die Erreichbarkeit informeller Hilfen hoch ein, wenn sie viele vertraute Personen besaßen. Doch der Zusammenhang in Höhe von maximal .34 ist als mäßig zu bezeichnen (Sarason, Levine, Basham & Sarason, 1983; Stokes, 1983; Stokes & Wilson, 1984). Einen Hinweis darauf, daß die Zufriedenheit mit informellen Hilfen etwas mit der *Vielfältigkeit der Angebote* in sozialen Netzwerken zu tun haben könnte, lieferte eine Untersuchung von Sandler, Wolchik und Braver (1985). Kinder geschiedener Eltern, die in großen und multiplexen sozialen Netzwerken lebten, schätzen die angebotenen sozialen Unterstützungen vergleichsweise günstiger ein.

Eine Reihe von weiteren Untersuchungen bei Probanden anderer Art konnte jedoch keine oder allenfalls schwache Zusammenhänge zwischen subjektiven Einschätzungen von sozialer Unterstützung und eher objektiven Merkmalen sozialer Netzwerke feststellen (Hobfoll, Nadler & Leiberman, 1986; Stokes, 1983; Turner, Frankel & Levin, 1983). Nach Earls und

Nelson (1988) korrlierte die *Größe der sozialen Netzwerke* von psychiatrischen Patienten nicht damit, wie vorteilhaft sie soziale Unterstützungen einschätzten. Wiederum andere Untersuchungen wiesen sogar einen negativen Zusammenhang zwischen der Größe sozialer Netzwerke und der Zufriedenheit mit informellen Hilfen nach (Oritt, Behrman & Paul, 1982; Sandler & Barrera, 1984). Hier zeigt sich, daß die Größe sozialer Netzwerke möglicherweise auch über die Menge der Konfliktpotentiale entschied. Nicht auszuschließen ist aber auch, daß informelle Hilfen in großen sozialen Netzwerken mit vergleichsweise mehr Kosten verbunden sind. In einem sozialen Netzwerk, das über eine optimale Größe verfügt, müßten dementsprechend die Kosten und Nutzen informeller Hilfen in einem günstigen Verhältnis stehen. Einen Hinweis darauf erbrachte die Studie von Stokes (1983). Er konnte bei Studenten eine *kurvenlineare Beziehung* zwischen der Zahl nahestehender Personen und der Zufriedenheit mit sozialer Unterstützung entdecken.

Die Inkonsistenz der Ergebnisse setzte sich auch da fort, wo man nach Zusammenhängen zwischen strukturellen Merkmalen sozialer Netzwerke und bestimmten *Arten der sozialen Unterstützung* suchte. So fanden Vaux und Harrison (1985) Zusammenhänge zwischen der Größe sozialer Netzwerke und sowohl einem Gesamtwert zur Zufriedenheit mit sozialer Unterstützung als auch mit den Werten von fünf verschiedenen Teilskalen (emotionale, praktische, kognitive, finanzielle Hilfen und gemeinsame Unternehmungen). Jennings, Stagg und Pallay (1988) berichten über Korrelationen zwischen der Netzwerkgröße und der Zufriedenheit mit emotionalen Formen der sozialen Unterstützung, nicht aber mit der Zufriedenheit mit instrumentellen Hilfen. In Studien, die an Studenten, schwangeren Jugendlichen oder gesunden Erwachsenen durchgeführt wurden, korrelierte die Netzwerkgröße jedoch mit keiner der unterscheidbaren Arten der sozialen Unterstützung (Vaux, 1988a). Bislang kann man also aufgrund dieser Befundlage kaum davon ausgehen, daß die Größe sozialer Netzwerke für bestimmte Unterformen sozialer Unterstützung die Bedeutung eines spezifischen Potentials einnimmt (vgl. auch Wilcox, 1986).

Ähnlich inkonsistente Ergebnisse, und zugleich auch auf unterschiedliche psychologische Bedeutungen von strukturellen Merkmalen sozialer Netzwerke hinweisend, erbrachten Untersuchungen zum Zusammenhang zwischen der *Dichte* sozialer Netzwerke und Merkmalen der sozialen Unterstützung (vgl. Hobfoll & Stokes, 1988). Der Vorteil dichter sozialer Netzwerke wurde darin gesehen, daß sie am ehesten die Kontinuität von Hilfen gewährleisten. Insbesondere in den ersten Phasen der Verarbeitung von Verlusten sollen sie sicheren Rückhalt vermitteln können. Ansonsten gelten sie im Vergleich zu weniger verflochtenen sozialen Netzwerken als stärker kontrollierend, als konfliktträchtiger und in Hinsicht auf den Zugang zu neuen Ressourcen (Rollen, Informationen usw.), als weniger reichhaltig (vgl. Quast, 1985). Hirsch (1980) stellte in der Tat fest, daß soziale Netzwerke mit geringer Dichte in sozialisatorischen Übergangsphasen (z. B. Verwitwung) mehr zufriedenstellende soziale Unterstützungen anboten (vgl. auch Perl & Trickett, 1988; Wilcox, 1981). In einer anderen Studie an Prüfungskandidaten ergab sich jedoch ein negativer Zusammenhang (Hirsch, 1979). Andere Untersuchungen konnten wiederum keinerlei oder nur geringe Zusammenhänge zwischen der Dichte sozialer Netzwerke und der Art bzw. subjektiven Wertung informeller Hilfen nachweisen (Stokes, 1983; Vaux & Athanassopoulou, 1987; Wilcox, 1986).

Die Inkonsistenz der Ergebnisse bezieht sich auch auf das Verhältnis zwischen *relationalen Merkmalen* sozialer Netzwerke und Kennzeichen der sozialen Unterstützung. Untersucht wurden die Zusammhänge zwischen der „*Kontakthäufigkeit*", „*Nähe*", „*Dauer*", „*Reziprozität*", „*Qualität*" und „*Komplexität*" *sozialer Beziehungen* bzw. der „*sektoralen Zusammensetzung*" von sozialen Netzwerken einerseits und verschiedenen Formen der sozialen Unterstützung andererseits. In einigen bivariat konzipierten Studien deutete sich an, daß bestimmte relationale, aber auch strukturelle Merkmale nur für besondere Arten der sozialen Unterstützung bedeutsam sind (Cauce, 1986; Perl & Trickett, 1988; Procadino & Heller, 1983). Zum Beispiel stellte Cutrona (1986b) fest, daß die Größe, die Kontakthäufigkeit und die sektorale Zusammensetzung durch Verwandte oder Nicht-Verwandte mehr oder weniger mit sozialem Rückhalt und erlebter Wertschätzung korrelierte. Die Intimität sozialer Interaktionen sagte am besten solche Formen der sozialen Unterstützungen voraus, die entweder als Abrufbarkeit kognitiver Hilfen oder als Zugehörigkeit zu einem Freundeskreis erlebt wurden (Reis, 1987, zit. in Sarason, Pierce & Sarason, 1990a).

In multivariat angelegten Untersuchungen wurde auch der relative Wert *verschiedener Netzwerkmerkmale* für *verschiedene Formen der sozialen Unterstützung* untersucht. Vaux und Harrison (1985) konnten z. B. nachweisen, daß die Größe, jedoch nicht die Kontakthäufigkeit und Dichte, für diverse Arten der sozialen Unterstützung relevant waren. Über bedeutsame Zusammenhänge zwischen der Größe sozialer Netzwerke, Reziprozität und Komplexität sozialer Beziehungen mit unterscheidbaren Formen der sozialen Unterstützung berichten auch Vaux und Athanassopoulou (1987) bzw. Vaux und Wood (1987).

Viele dieser Befunde geben einen Eindruck von der Geschäftigkeit, mit der man die unterschiedlichsten konzeptuellen Bestandteile des Meta-Konstrukts „soziale Unterstützung" fast wahllos auf mögliche Zusammenhänge prüfte. Dieser Eifer ist insgesamt aber doch insofern als wertvoll zu erachten, als dadurch die Vielfalt möglicher Bedeutungsgehalte offensichtlich wurde. Gerade die inkonsisten Befunde deuten auf ganz unterschiedliche Sinngehalte der strukturellen und relationalen Merkmale sozialer Netzwerke für die Menge und Qualität sozialer Unterstützung hin. Zu denken ist etwa daran, daß sie die Verteilungsprinzipien in sozialen Netzwerken definieren und auch als sozial-normative Einflüsse einzelne soziale Beziehungen prägen. Die möglichen Kosten bei der Aktivierung sozialer Unterstützung erinnern daran, daß es sich dabei um soziale Interaktionen handelt, die in komplexen sozialen Gefügen erfolgen. Zu vermuten ist auch, daß die subjektiven Deutungsmuster, die bei der Bewertung informeller Hilfen zum Tragen kommen, auch von normativen Einflüsen des sozialen Netzwerks getragen werden (vgl. auch Hall & Wellman, 1985). Trotz der Uneindeutigkeit der möglichen Zusammenhänge zwischen verschiedenen strukturellen bzw. relationalen Merkmalen und Formen der sozialen Unterstützung ist aber die Frage vorläufig eindeutig beantwortet, ob innerhalb des Meta-Konstrukts „soziale Unterstützung" zwischen strukturellen und funktionalen Kennzeichen unterschieden werden sollte. Für eine solche Differenzierung sprechen vor allem die insgesamt mäßigen Zusammenhänge zwischen den relevanten Variablen[13].

Zur Unterscheidung funktionaler Aspekte

Untersucht man die Befundlage zur Unterscheidung verschiedener funktionaler Bestandteile des Teilkonstrukts „soziale Unterstützung", so finden sich durchwegs ermutigende Hinweise. In den meisten Fällen ließ sich belegen, daß funktional verschiedene Arten der sozialen Unterstützung zwar nicht völlig unabhängig voneinander sind, aber doch eigenständige Kategorien darstellen dürften. Unterschiedliche Funktionen sozialer Unterstützung, wie sie als Kategorisierungen z. B. im Sinne von emotionalen, kognitiven, instrumentellen und direktiven Hilfen zum Tragen kamen, ließen sich mehrfach durch den Nachweis höchstens mittelmäßig miteinander korrelierender Teilskalen bestätigen (vgl. Caplan, 1974; Gott-

---

[13] Die Stärke des Zusammenhangs zwischen strukturellen und funktionalen Merkmalen sozialer Netzwerke wird insgesamt mit .20 bis .40 angegeben (vgl. insgesamt Brandt & Weinert, 1981; Cauce, 1986; Cohen & Hoberman, 1983; Cutrona, 1986b; Henderson, Byrne & Duncan-Jones, 1981; Oritt, Behrman & Paul, 1982; Procadino & Heller, 1983; Sandler & Barrera, 1984; Sarason; Levine, Basham & Sarason, 1983; Sarason, Sarason & Pierce, 1990b; Seeman & Berkman, 1988; Turner, Frankel & Levin, 1983; Vaux, 1982; Vaux & Harrison, 1985; Vaux & Athanassopoulou, 1987).

lieb, 1978; House, 1981)[14]. Für einen der am häufigsten eingesetzten Fragebogen, den „Inventory of Socially Supportive Behaviors – ISSB" von Barrera, Sandler und Ramsay (1981) war die Unterscheidung entsprechender Unterarten der sozialen Unterstützung auch anhand von Faktorenanalysen nachzuweisen (Barrera & Ainlay, 1983; Herrle & Röhrle, 1988; Stokes & Wilson, 1984; vgl. auch Krause & Markides, 1990). Ähnlich aufgebaut ist auch die „Social Support Behaviors Scale – SSB" von Vaux (1982). Auch für diese Skala bestätigte sich im Rahmen einer von Vaux, Riedel und Stewart (1987) durchgeführten konfirmatorischen Faktorenanalyse, daß die rationale Festlegung von vergleichbaren Teilskalen haltbar ist. Die Faktoren trennten emotionale, praktische, finanzielle Hilfen, gemeinsame Unternehmungen, Rat und Führung. Es werden auch Konzeptualisierungen empirisch untermauert, die soziale Unterstützungen mit der Weiss'schen (1974) Typologie in Verbindung bringen (s.o.). Allerdings können Cutrona und Russell (1987) in diesem Zusammenhang auch einen Faktor zweiter Ordnung extrahieren, der für sie den Charakter einer allgemeinen Art der sozialen Unterstützung besitzt.

Zur Unterscheidung quantitativer und qualitativer Aspekte

Die Unterscheidung zwischen einem quantitativen und einem qualitativen, d. h. subjektiv wertenden Aspekt der sozialen Unterstützung ist geeignet, einen wesentlichen Beitrag zur Theorieentwicklung zu leisten (vgl. z. B. Antonucci & Jackson, 1987)[15]. Solche Unterscheidungen können zeigen, daß sich informelle Hilfen nicht unmittelbar auf die Person auswirken, sondern zunächst wahrgenommen und bewertet werden. Bei der Beurteilung informeller Hilfen durch den Empfänger sind Bewertungsgrundlagen beteiligt, die sich auch von denen von Beobachtern (z. B. Angehörigen) deutlich unterscheiden dürften (Blöschl, 1988; Brim, Witcoff & Wetzel, 1982; Kowalik & Gotlib, 1987; Oliver, Handal, Finn & Herdy, 1987).

Verschiedene Untersuchungen bestätigen, daß zwischen quantitativen, d. h. die Menge informeller Hilfe angebenden, und qualitativen, d. h. wertenden Aspekten der sozialen Unterstützung differenziert werden sollte. Untersuchungen zum Zusammenhang zwischen der Menge oder Häu-

---

[14] Vgl. Barrera und Ainlay (1983), Cohen und Hoberman (1983), Cohen et al. (1985), Cutrona und Russell (1987) Krause (1986), Procadino und Heller (1983), Sommer und Fydrich (1989), Stokes und Wilson (1984), Turner (1981), Turner, Frankel und Levine (1983), Vaux (1982).

[15] Vgl. auch Blöschl (1988), Coyne und DeLongis (1986), Dunkel-Schetter und Bennett (1990), Hobfoll und Stokes (1988), Sarason, Sarason und Pierce (1990b), Stokes und McKirnan (1989), Vaux und Athanassopoulou (1987), Zich und Temoshok (1987).

figkeit sozialer Unterstützung und der Güte informeller Hilfen lieferten entsprechende, wenngleich sehr unterschiedliche Ergebnisse (vgl. Antonucci & Jackson, 1987; Barrera, 1986; Dunkel-Schetter & Bennett, 1990; Sommer & Fydrich, 1989; Stokes & McKirnan, 1989; Vaux, 1988a). So konnten in einigen Studien Zusammenhänge in Höhe von −.13 bis +.56 zwischen der Menge an erhaltener sozialer Unterstützung und Einschätzungen nachgewiesen werden, die angaben, wie zugänglich und wie wertvoll informelle Hilfen erlebt wurden[16]. Solche mäßigen bis mittleren Zusammenhänge ließen sich selbst dann aufzeigen, wenn verschiedene Skalen des gleichen Instrumentes genutzt wurden (Sarason, Shearin, Pierce & Sarason, 1987). In weiteren Studien wurden entsprechende Zusammenhänge zwischen je funktional spezifischen Arten der sozialen Unterstützung untersucht. Bei Jennings, Stagg und Pallay (1988) korrelierte z. B. die Zufriedenheit mit der Menge an emotionalen Hilfen; keinen Zusammenhang fanden sie aber zwischen entsprechenden Maßen zu instrumenteller sozialer Unterstützung.

Auch in Hinsicht auf unterschiedliche Formen der *subjektiven Bewertung* von sozialen Unterstützungen zeigte sich eine gewisse Unabhängigkeit der entsprechend konzipierten Teilskalen. Im Rahmen von Faktoren- und Zusammenhangsanalysen konnte über verschiedene Meßinstrumente hinweg bestätigt werden, daß zwischen der *Erreichbarkeit* sozialer Unterstützung und der *Zufriedenheit* mit informellen Hilfen hinreichend unterschieden werden kann (McCormick et al., 1987; Sarason, Sarason, Shearin & Pierce, 1987). Auch die Zusammenhänge zwischen *negativen und positiven Aspekten* sozialer Beziehungen und sozialen Unterstützungen wurden untersucht. Dabei war es Sommer und Fydrich (1989) möglich, signifikante Korrelationen in Höhe von wenigstens −.40 zwischen der erlebten sozialen Belastung und verschiedenen Arten der sozialen Unterstützung nachzuweisen (u.a. auch zur erlebten Zufriedenheit mit den gebotenen informellen Hilfen). Slavin und Compas (1989) errechneten jedoch schwächere Kovariationen von maximal −.32 zwischen sozialem Streß und der Zufriedenheit mit der Zugänglichkeit und erhaltenen informellen Hilfen. Über fehlende bis mäßige Korrelationen zwischen verschiedenen Arten der sozialen Belastung und verschiedenen Formen der sozialen Unterstützung berichten Abbey, Abramis und Caplan (1985) bzw. Fiore, Becker und Cop-

---

[16] Vgl. Barrera (1981), Barrera und Balls (1983), Cohen, McGowan, Fooskas und Rose (1984), Cohen und Hoberman (1983), Cutrona (1986b), Earls und Nelson (1988), Hobfoll und Stokes (1988), Lakey und Heller (1988), Sandler und Barrera (1984), Sarason, Sarason und Shearin (1986), Sarason, Shearin, Pierce und Sarason (1987), Schaefer, Coyne und Lazarus (1982), Sommer und Fydrich (1989), Valdenegro und Barrerea (1983), Wethington und Kessler (1986).

pel (1983). Diese inkonsistenten Befunde zur Unterscheidung zwischen positiven und negativen Aspekten der sozialen Unterstützung könnten darauf zurückzuführen sein, daß man selten Vor- und Nachteile informeller Hilfen zusammen in einer einheitlichen Weise erhoben hat. So kann etwa danach gefragt werden, ob angebotene informelle Hilfen hilfreich sind oder nicht, den Bedürfnissen entsprechen, beschämen usw.. Stattdessen wird oft nach den förderlichen Eigenschaften der sozialen Unterstützung und, davon losgelöst, nach negativen Aspekten von sozialen Beziehungen oder ganz allgemein nach dem Ausmaß an sozialen Belastungen gefragt (z. B. Badura et al., 1988; Barrera, 1981; Brandt & Weinert, 1981; Schuster, Kessler & Aseltine, 1990; Sommer & Fydrich, 1989). Es ist mit Rook (1990) zu hoffen, daß in Zukunft die Fragen nach sozialen Belastungen wenigstens genau so differenziert ausfallen, wie dies bei denen zur sozialen Unterstützung der Fall ist.

Trotz dieser Einwände ist es richtig, zwischen verschiedenen qualitativen und quantitativen Charakteristika sozialer Unterstützung zu unterscheiden. Möglicherweise sind die fehlenden Zusammenhänge zwischen diesen Merkmalsklassen darauf zurückzuführen, daß ganz unterschiedliche Entscheidungsgrundlagen und Wissenssysteme bei entsprechenden Einschätzungen beteiligt sind. Ihre Eigenarten sind aber trotz aller Differenzierungen des Meta-Konstrukts der „sozialen Unterstützung" undeutlich geblieben. Auch daran offenbart sich, daß zumindest definitorische Bemühungen keine wesentlichen Präzisierungen in Hinsicht auf Beliebigkeit der theoretischen Annahmen gebracht haben, welche die Wirkweise informeller Hilfen erklären könnten. Zudem zeigt sich, daß diese Bemühungen zu den strukturalistischen Grundlagen zurückgeführt haben, ohne daß aber die Folgen einer solchen Renaissance hinreichend bedacht wurden.

4.3. Differentielle Effekte der sozialen Unterstützung

Der Umgang mit dem Konzept der sozialen Unterstützung und auch den ersten Modellen zur Wirkung informeller Hilfen wurde aber auch deshalb komplizierter, weil die Annahme aufgegeben werden mußte, wonach soziale Unterstützungen als *generell wirksam* anzusehen sind. Dies war in dem Maße erforderlich, wie nachzuweisen war, daß informelle Hilfen, auch unterschiedlicher Art, bei so vielfältigen abhängigen Maßen, wie Depression, Angst, Stimmung, Lebenszufriedenheit, psychosomatische Symptome, usw. keine vergleichbaren Effektgrößen zeitigten (vgl. Rook, 1985). Dies gilt sowohl im Zusammenhang mit der Überprüfung direkter

Effekte als auch in Hinsicht auf den Nachweis von Puffereffekten. In inkonsistenter Weise konnte, in Abhängigkeit von der Art des jeweiligen Kriteriums, bei einigen Formen der sozialen Unterstützung nur ein Direkteffekt, bei anderen wiederum nur ein Puffereffekt nachgewiesen werden. Sowohl unterschiedliche als auch gleichartige Effekte stellten sich bei der Analyse von Zusammenhängen zwischen verschiedenen Arten der informellen Hilfe einerseits und bestimmten bzw. verschiedenen Typen von abhängigen Variablen andererseits.

Eine umfassende Übersicht zu den differentiellen Effekten sozialer Unterstützung ist aufgrund der Zahl vorliegender Studien im vorgegebenen Rahmen nicht mehr möglich. Beispiele zur störungsspezifischen Wirksamkeit informeller Hilfen müssen ausreichen, um einen Eindruck von der insgesamt eher inkonsistenten Befundlage zu erhalten. Um die für unterschiedliche Störungen spezifische Salutogenität sozialer Unterstützung erkären zu können, sind wiederum zum Teil weitgehende Interpretationen und Vermutungen notwendig.

Bestimmte Formen der sozialen Unterstützung haben in Hinsicht auf unterschiedliche psychische Befindlichkeiten sowohl *Puffer-* als auch *Direkteffekte* gezeigt. So konnten z. B. Cutrona, Russell und Rose (1986) bei älteren Personen feststellen, daß informelle Hilfen in Hinsicht auf die Rate der somatischen Beschwerden einen unmittelbar günstigen Einfluß ausübten, dagegen blieben psychische Beeinträchtigungen davon unberührt. Jedoch vermochten soziale Unterstützungen die pathogene Wirkung der untersuchten Stressoren auf die psychischen Befindlichkeiten zu dämpfen. Die Autoren vermuten, daß sich die Direkteffekte dadurch erklären lassen, daß informelle Hilfen das Immunsystem positiv beeinflussen. Die Puffereffekte seien dagegen darauf zurückzuführen, daß sich diese Hilfen günstig auf den Bewältigungsprozeß ausgewirkt hätten.

Befunde bestätigten aber auch, daß bestimmte *Formen* der sozialen Unterstützung nur den Einfluß von Stressoren zu mindern vermögen. Lin, Woelfel und Light (1986) konnten z. B. nachweisen, daß informelle Hilfen aus engen Beziehungen diese Fähigkeit besaßen, nicht jedoch Hilfen, die aus „schwachen" Bindungen stammten[17]. Dieser Befund könnte so interpretiert werden, daß enge Bindungen für depressive Personen deshalb besonders wichtig sind, weil sie den im Sinne Bowlbys notwendigen Rückhalt bieten, um Stressoren besser bewältigen zu können.

Auch für *störungsspezifische Direkteffekte* sozialer Unterstützung gibt es zahllose, mehr oder weniger konsistente Anhaltspunkte. Sie beziehen

---

[17] Vgl. auch Cohen, McGowan, Fooskas und Rose (1984), Cohen und Hoberman (1983), Cohen, Mermelstein, Kamarck und Hoberman (1985), Cohen, Sherrod und Clark (1986), Wilcox (1981).

sich sowohl auf den Zusammenhang zwischen einer Unterstützungsart und verschiedenen Befindlichkeiten als auch auf den Zusammenhang zwischen unterschiedlichen Unterstützungsarten und jeweils einer Art von Befindlichkeit. Es wäre auch über eine stattliche Zahl an Studien zu referieren, die den Zusammenhang verschiedener Arten der sozialen Unterstützung mit diversen Typen von Befindlichkeiten simultan untersucht haben.

Studien zur differentiellen Wirkung *verschiedener Unterstützungsarten* auf nur *eine Art der Befindlichkeit* geben ebenfalls ein inkonsistentes Bild ab. Es gibt Hinweise darauf, daß verschiedene Arten der sozialen Unterstützung, also z. B. emotionale und kognitive Hilfen, gleich wirksam sind. Norbeck (1985) zeigte z. B., daß bei Krankenschwestern sowohl emotionale als auch instrumentelle Hilfen die Symptomrate günstig beeinflußten (vgl. Aneshensel & Stone, 1982; Cohen & Hoberman, 1983). Solche Ergebnisse sprechen wieder mehr für die Einheitlichkeit des Konstrukts der sozialen Unterstützung und zugleich für die Annahme, daß verschiedene Arten der informellen Hilfe generell wirksam sind. Es liegen aber auch Befunde vor, die über deutliche Unterschiede in Hinsicht auf die Effekte unterschiedlicher Formen der sozialen Unterstützung berichten. Bei D'Ercole (1988) erwiesen sich beispielsweise emotionale Hilfen für alleinstehende Mütter im Vergleich zu instrumentellen sozialen Unterstützungen als günstiger für die Bewältigung jener vielfältigen Probleme, unter denen diese Frauen zu leiden haben. Auch bei Herrle und Röhrle (1988) standen bei Arbeitslosen emotionale Hilfen gegenüber instrumentellen Hilfen in einem deutlicheren und zugleich positiv gewichteten Zusammenhang zur Depressivität[18]. Die Interpretation dieser Befunde, wonach instrumentelle Hilfen letztlich nichts an der Situation von Alleinstehenden und Arbeitslosen ändern konnten, ist naheliegend.

Einige Studien erbrachten Anhaltspunkte dafür, daß *bestimmte Arten der sozialen Unterstützung* mehr oder weniger *störungsspezifisch* wirken dürften. Diese Hinweise stammen insbesondere aus dem Bereich der Depressionsforschung. Husaini und Frank (1985) korrelierten z. B. bei einer repräsentativen Stichprobe die Zahl der vertrauten Personen, den ehelichen Status und das Ausmaß, in dem soziale Unterstützungen genutzt wurden, mit dem Merkmal Depressivität. Es zeigte sich, daß die Depressivität um so ausgeprägter war, je mehr informelle Hilfen von Freunden in Anspruch genommen wurden.

Bei Schwangeren erwies sich für die Vorhersage der Depressivität von allen Weiss'schen Kategorien der sozialen Unterstützung insbesondere der zuverlässige soziale Rückhalt als relevant (Cutrona, 1984). Fiore, Becker

---

[18] Vgl. Herrle & Kimmel (1986).

und Coppel (1983) stellten bei Angehörigen von Alzheimerpatienten fest, daß diese um so depressiver gestimmt waren, je unzufriedener sie mit den angebotenen informellen Hilfen waren. Die Menge der wahrgenommenen sozialen Unterstützungen war dagegen bedeutungslos. Bei Rook (1987) war die Zahl der gemeinsamen sozialen Aktivitäten und die der signifikanten Bezugspersonen für die Vorhersage von Depressivität relevant. Der Umfang der Ressourcen und die Menge der sozial unterstützenden Personen spielte dagegen keine Rolle. Wiederum umgekehrt verhielt es sich in der Untersuchung von Vega, Kolody, Valle und Weir (1991), die mexikanische Immigranten untersuchten.

Diese Befunde legen insgesamt höchst unterschiedliche Schlußfolgerungen nahe. So ist nicht auszuschließen, daß intime soziale Bezüge die besonderen Abhängigkeitsbedürfnisse von Depressiven befriedigt haben und auf diese Weise eher kontraproduktiv waren. Es mag aber auch im Fall der Studie von Husaini und Frank (1985) so gewesen sein, daß die Zuwendung durch Freunde die depressive Symptomatik im lerntheoretischen Sinne positiv verstärkte. Nicht unmöglich ist allerdings auch, daß dieses Ergebnis nur davon zeugt, daß die Depressivität Freunde mobilisiert hat, zu helfen.

In der Studie von Fiore et al. (1983) mag die negativistische Haltung depressiver Personen den Einfluß negativer Aspekte informeller Hilfen betont haben. Viele gemeinsame Aktivitäten haben möglicherweise in der Studie von Cutrona (1984) die passive Haltung von depressiven Personen durchbrochen. Doch all diese Erklärungen sind ohne die Überprüfung entsprechender Variablen rein spekulativer Natur.

Eine nicht geringe Zahl von Studien deutet darauf hin, daß *funktionale* Merkmale mehr Varianz aufklären als *strukturelle* Aspekte der sozialen Unterstützung (vgl. Schwarzer & Leppin, 1989a). Seeman und Berkman (1988) konnten z. B. Arteriosklerose besser mit instrumenteller sozialer Unterstützung und dem Gefühl vorhersagen, geliebt zu werden als mit der Größe sozialer Netzwerke. Dieses Ergebnis ist naheliegend, da sich der psychologische Bedeutungsgehalt informeller Hilfen als eindeutiger erweist als der von strukturellen Merkmalen[19].

Eine Vielzahl von Autoren betont, daß differentielle Effekte sozialer Unterstützung auch auf die Unterscheidung von *qualitativen* und *quantitativen* Aspekten zurückgeführt werden kann. Relativ viele Studien weisen

---

[19] Nutzt man nur strukturelle oder auch relationale Merkmale sozialer Netzwerke, um bestimmte Befindlichkeiten vorherzusagen, so muß man auch hier mit differentiellen Effekten rechnen. Darauf deuten schon die im dritten Kapitel referierten konsistenten Ergebnisse zum Merkmal Größe und die inkonsistenten Befunde zu einer Vielzahl anderer Merkmale sozialer Netzwerke hin.

darauf hin, daß gerade die eingeschätzte Qualität der sozialen Unterstützung gegenüber eher objektiven Angaben zur Aufklärung von Varianz beiträgt. Wilcox (1981) berichtet z. B. anhand der Daten einer repräsentativen Stichprobe, daß mit Hilfe von qualitativen Einschätzungen sozialer Unterstützung ein deutlicher Direkteffekt auf die Symptomrate nachzuweisen war, wohingegen dies mit Hilfe von quantitativen Angaben nicht gelang (vgl. z. B. auch Gil, Keefe, Crisson & Van Dalfsen, 1987; Henderson, Byrne & Duncan-Jones, 1981; Liem & Liem, 1978). Andere Autoren stellten dagegen wiederum fest, daß sowohl quantitative als auch qualitative Aspekte sozialer Unterstützung in gleicher Stärke mit affektiven Zuständen zusammenhingen (Sarason, Sarason, Hacker & Basham, 1985). So sind die Ergebnisse zur unterschiedlichen Wirksamkeit subjektiver Bewertungen von sozialer Unterstützung gegenüber eher objektiven Angaben zumindest vorläufig als insgesamt inkonsistent zu bezeichnen (Auslander, 1988; Berkman, 1986; Earls & Nelson, 1988).

Die *differentielle Wirkung von negativ einschätzbaren Formen der sozialen Unterstützung* oder belastenden Aspekten sozialer Beziehungen gegenüber herkömmlichen Operationalisierungen informeller Hilfen konnte ebenfalls nachgewiesen werden (vgl. z. B. Abbey, Abramis & Caplan, 1985)[20]. Die negative Valenz informeller Hilfen erwies sich im Vergleich zu positiv bewertbaren sozialen Unterstützungen in den meisten Studien dabei als aussagekräftiger. Doch trotz dieser konsistenten Ergebnisse zur Bedeutung negativer Aspekte von sozialer Unterstützung bleibt zu beklagen, daß die Eigenart, wie die Kosten informeller Hilfen zu Buche schlugen, nicht erfaßt wurden.

Die unterschiedliche Bedeutung verschiedener Arten der sozialen Unterstützung wird auch offensichtlich, wenn man die Effekte informeller Hilfen durch verschiedene *Quellen* genauer betrachtet. Die Unterscheidung verschiedener Quellen der sozialen Unterstützung wurde empirisch schon durch Faktorenanalysen und durch den Nachweis sinnhaft gemacht, wonach mit spezifischen Zusammenhängen zwischen der Art dieser Quellen und den von ihnen erwarteten Hilfen zu rechnen ist. Cauce, Felner und Primavera (1982) konnten im Rahmen einer Faktorenanalyse nachweisen, daß die Qualität von Hilfen in Hinsicht auf unterschiedliche Quellen (Eltern, Verwandte, Freunde, Berater, Lehrer usw.) deutlich zu differenzieren waren (95% Varianzaufklärung). Die Hinweise sind zahlreich, wonach unterschiedliche Quellen der sozialen Unterstützung auch höchst Unter-

---

[20] Vgl. Badura et al. (1988), Barrera (1981), Coyne und Downey (1991); Fiore, Becker und Coppel (1983), Malkinson (1987), Pagel, Erdly und Becker (1987), Rook (1984c), Sandler und Barrera (1984).

schiedliches leisten. In der Regel scheinen Hilfen von intimen Bezugspersonen vielfältiger zu sein (vgl. z. B. Chapman & Pancoast, 1985; Rook, 1984c, 1987; Seeman & Berkman, 1988; Wellman & Hiscott, 1985; Wellman & Wortley, 1990; Wellman, Mosher, Rottenberg & Espinosa, 1987). Deshalb ist es nicht verwunderlich, daß verschiedene Studien auch in Hinsicht auf die Wirksamkeit von Hilfen durch Partner, Familie, Freundschaften und Kollegen zu unterschiedlichen Resultaten gelangten.

Die Unterstützung durch den Ehepartner stand z. B. in einer Studie von Lieberman (1982) in einem deutlicheren Zusammenhang zur psychischen Gesundheit als die durch Freunde, professionelle Helfer und Selbsthilfegruppen. Nicht immer aber ist der intime Bezugspartner oder die Familie die Quelle, die effektive Hilfen anbieten kann. Die Effektivität von Hilfen scheint deutlich von der Art des Problems und des Kontextes abzuhängen. Es deutete sich z. B. an, daß bei Verlusterlebnissen die Hilfe von intimen Bezugspersonen wichtig war. Bei Arbeitsstreß jedoch war insbesondere die soziale Unterstützung von Vorgesetzten effektiv. Vielfach wurden Hilfen durch die Angehörigen von schwer erkrankten Personen, wie z. B. an Krebs oder Multiple Sklerose Leidenden, sogar besonders negativ gewertet[21].

Man ist aber wieder auf Vermutungen angewiesen, wenn man die Frage beantworten wollte, worin die problembezogene und kontextuelle Spezifität der jeweiligen Wirkmechanismen sozialer Unterstützung bestehen könnte. Die Bedeutung intimer Bezugspersonen wird verschiedentlich betont und sie hat so manchen Autor dazu bewogen, die Wirksamkeit sozialer Unterstützungen im Sinne der Bindungstheorie Bowlbys zu interpretieren (vgl. z. B. Sarason, Pierce & Sarason, 1990a, b). Danach bieten solche Formen der sozialen Unterstützung die deutlichste Kompensation für fehlende oder ungünstige Bindungsbedingungen. Bekanntlich gelten solche Bindungen als Ursachen psychischer Störungen. Zugleich vermitteln soziale Unterstützungen in engen Partnerschaften den notwendigen Rückhalt, um jenes explorative Verhalten möglich zu machen, das für die Bewältigung von Belastungen notwendig ist. In Hinsicht auf die differentielle Effektivität unterschiedlicher Quellen der sozialen Unterstützung aber bieten sich anhand der vorgeführten Beispiele auch andere Interpretationsmuster an. Es ist zu vermuten, daß sich die Hilfen durch nichtfamiliäre Quellen dann als besonders günstig erweisen, wenn sie unbelasteter waren und vor allem, wenn sie situativ angemessen greifen konnten. Die Hilfe von Vorgesetzten war in Hinsicht auf Statusunterschiede mögli-

---

[21] Vgl. auch Arling (1976), Cohen Silver, Wortman und Crofton (1990), Dakof und Taylor (1990), Kasl und Wells (1985), Lehman und Hemphill (1990), Martin und Burks (1985), Repetti (1987), Videka-Sherman und Lieberman 1985), Wood und Robertson (1978), Wortman (1984).

cherweise erträglicher und wahrscheinlich mit mehr Expertise ausgestattet.

Noch aussagekräftiger im Hinblick auf die differentielle Wirkung sozialer Unterstützung sind Untersuchungen, die den Einfluß unterschiedlicher *Formen informeller Hilfen* gleichzeitig auf *mehr als eine abhängige Variable* geprüft haben. Dies gilt insbesondere dann, wenn der Einfluß der jeweils anderen Variablen kontrolliert wurde. Weil Untersuchungen zu diesem Aspekt der differentiellen Wirkung sozialer Unterstützung besonders bedeutsam erscheinen, seien mehrere Befunde dargestellt.

Barrera (1981) wies bei schwangeren Jugendlichen nach, daß sie um so depressiver waren, je weniger soziale Unterstützung sie erhielten. Ein solcher Zusammenhang ließ sich jedoch nicht für Angst, Somatisierungen und für die allgemeine Symptomrate herstellen. Da depressive Personen als sozial isoliert gelten, sich sozial zurückziehen oder auch von der sozialen Umwelt gemieden werden, ist dieses Ergebnis ohne weiteres verständlich. In Abhängigkeit vom Geschlecht der untersuchten Personen (Ehepaare der Normalbevökerung) stellten dagegen Billings und Moos (1981) fest, daß um so weniger von *Angst* und *Depression* berichtet wurde, je mehr *familiäre Unterstützung* geboten war. Die *Zahl sozialer Beziehungen* korrelierte wiederum nur zum Teil mit der Stärke der Depression. Hier zeigt sich wieder, wie gewichtig Hilfen aus engen sozialen Bindungen nicht nur für Depressive sein können.

Brown, Brady, Lent, Wolfert und Hall (1987) untersuchten den Zusammenhang zwischen sehr verschieden definierten Arten der sozialen Unterstützung mit *Angst, Depression* und *riskantem Gesundheitsverhalten*. Die *Zahl der Quellen* sozialer Unterstützung und die *Beziehungsqualität* erwiesen sich generell als unbedeutend. Soziale Unterstützung im Sinne einer *Passung* an bestehende Bedürfnisse bzw. im Sinne einer allgemeinen *Zufriedenheit* mit den gebotenen informellen Hilfen und die *Häufigkeit* sozialer Unterstützung korrelierten jedoch mit allen drei abhängigen Variablen signifikant. Dieser Befund könnte so interpretiert werden, daß die Befriedigung von sozialen Bedürfnissen, ganz den ursprünglichen Annahmen Leightons (1959) gemäß, das Wohlbefinden und auch die psychische Gesundheit einer Person ausmacht.

Shinn, Wong, Simko und Ortiz-Torres (1989) wiesen nach, daß die Unterstützung durch *Freunde* und *Mitarbeiter* für die *physische* und *psychische Gesundheit* im Bereich der Arbeitswelt bedeutsamer war als die Hilfe durch den *Partner* (ergänzend Eisemann, 1984a, b, c; Linn & McGranahan, 1980; Sandler, 1980). Mit solchen Befunden wird wiederum die Plausibilität der Erklärungen unterstrichen, wonach informelle Hilfen situativ gebunden wirksam sind.

Hirsch (1980) untersuchte die Rolle verschiedener Arten der sozialen Unterstützung bei Witwen und stellte fest, daß die *Symptomrate* um so niedriger und die *Stimmung* um so gehobener war, je mehr *kognitive Hilfen* geboten wurden. Ein entsprechender Zusammenhang zum *Selbstwert* dieser Frauen war nicht nachzuweisen. Von den übrigen Arten der sozialen Unterstützung war nur das Ausmaß *gemeinsamer sozialer Aktivitäten* für den Selbstwert relevant. Hier zeigt sich, wie wichtig kognitive soziale Unterstützungen im Sinne von Krisenhilfen sind. Gemeinsame soziale Aktivitäten haben dagegen eventuell den sozialen Status und damit den Selbstwert der Betroffenen stabilisiert.

Kessler, Turner und House (1988) wiesen bei Arbeitslosen nach, daß sich die *soziale Integration* sowohl bei *Angst, Depression, Somatisierungen* als auch bei *physischen Erkrankungen* günstig auswirkte. Der Besitz einer *engen sozialen Beziehung* korrelierte jedoch nur signifikant mit Somatisierungen und physischen Erkrankungen. Ein solcher Befund ist wiederum nur schwer interpretierbar. Es ist zu vermuten, daß sich enge soziale Beziehungen speziell auf das Immunsystem auswirken und so stärker mit der physischen Gesundheit einer Person im Zusammenhang stehen.

Solomon (1985a) wies bei Eltern von Vorschulkindern nach, daß viel *expressiv-emotionale soziale Unterstützung* mit weniger *Depression, generalisierter Angst* und *Angstsymptomen* einherging; das galt jedoch nicht für *instrumentelle Hilfen*. Hier zeigt sich in Ansätzen eine eher *generelle Wirksamkeit* emotionaler sozialer Unterstützung (vgl. auch Schwarzer & Leppin, 1989a). Daß informelle Hilfen zumindest partiell breit angelegt wirksam sind, dies wurde z. B. auch durch Befunde von Sommer und Fydrich (1989) gestützt (vgl. auch Cummins, 1988). Sie stellten zwischen der *Symptomrate*, der *Depressivität* und *emotionaler* und *praktischer Unterstützung* bzw. *sozialer Integration* signifikant negative Korrelationen bei Witwen und Patienten fest. Allerdings ließ sich doch eine differentielle Bedeutsamkeit der verschiedenen Arten der sozialen Unterstützung in Hinsicht auf das Merkmal „*soziale Unsicherheit*" feststellen. Wie allgemein nutzlos informelle Hilfen sein können, wird dagegen in einer Längsschnittstudie von McFarlane, Norman, Streiner und Roy (1984) deutlich. Weder die *Menge der Quellen* sozialer Unterstützung noch die *Qualität* der informellen Hilfen konnte die *Symptomrate* und die *Zahl der Arztbesuche* vorhersagen, wohl aber die zum ersten Meßzeitpunkt erhobene Befindlichkeit.

Insgesamt betrachtet weisen auch die inkonsistenten Ergebnisse zur differentiellen Wirkung verschiedener Teilkonzepte des Meta-Konstrukts „soziale Unterstützung" darauf hin, daß wohl von einer allgemeinen salutogenen Wirksamkeit sozialer Unterstützung nicht gesprochen werden kann. Gibt es dennoch eine solche allgemeine salutogene Wirksamkeit sozialer Unterstützung, so muß im übrigen daraus nicht folgen, daß die Differenzierung des Meta-Konstrukts überflüssig wäre. Es ist denkbar, daß die salutogenen Potentiale sozialer Netzwerke – ähnlich wie im Bereich der menschlichen Intelligenz – gerade durch das Zusammenwirken verschiedener Merkmale zustande kommen könnte. Einen Hinweis darauf erbringen Befunde, die nachweisen konnten, daß verschiedene Arten informeller Hilfen gewissermaßen nicht nur in Konkurrenz zueinander wirksam werden, sondern sich auch gegenseitig ergänzen können. So stellten z. B. Syrotuik und D'Arcy (1984) fest, daß Personen, die ein geringes Ausmaß an ehelicher Unterstützung hatten, diesen Mangel durch die soziale Integration in das Gemeindeleben ausgleichen konnten.

Nicht nur um die Frage weiterhin zu klären, wie sinnvoll eine Differenzierung des Meta-Konstrukts „soziale Unterstützung" ist, sondern vor allem um mögliche differentielle Effekte genauer vorhersagen zu können, ist es insgesamt notwendig, die jeweils spezifischen psychologischen Bedeutungsgehalte der verschiedenen Merkmale dieses Konstrukts genauer zu fassen. Eine über die schon angesprochenen Möglichkeiten hinausgehende ist darin zu sehen, durch die Typisierung von Stressoren und situationsangemessenen Operationalisierungen von sozialer Unterstützung *stressorspezifische Wirkungen* informeller Hilfen zu überprüfen. Dabei geht man von der Annahme aus, daß für spezifische Stressoren bestimmte informelle Hilfen jeweils am geeignetsten sind. Die Kriterien, die über die Passung von sozialer Unterstützung befinden, sollen Aufschluß darüber geben, welche Wirkmechanismen beteiligt sind. Mit der Untersuchung stressorspezifischer Effekte informeller Hilfen aber wird auch ein entscheidender Schritt in Richtung darauf gemacht, nicht nur den Kontext sozialer Netzwerke, sondern mehr als bislang auch situative Aspekte als relevant zu erachten.

4.4. Die stressorspezifische Wirkung der sozialen Unterstützung

Cohen und McKay (1984) haben darauf hingewiesen, daß bei der Untersuchung der streßdämpfenden Wirkung von sozialer Unterstützung auf unterschiedliche Parameter von Stressoren, wie z. B. Belastungsgrade oder das Ausmaß an Kontrollierbarkeit zu achten sei (vgl. Cohen & Wills, 1985). Trotz dieses wichtigen Hinweises haben sich nur wenige Autoren genauer mit der Frage beschäftigt, ob von einer Wirkung sozialer Unterstützung ausgegangen werden muß, die von der *Eigenart eines Stressors* abhängt.

Inwieweit dieses Versäumnis auch mit der Annahme in Verbindung steht, wonach informelle Hilfen eine allgemeine Salutogenität besitzen, kann nur vermutet werden. Drei verschiedene Zugänge haben versucht, die Stressorspezifität der Wirkung sozialer Unterstützungen nachzuweisen. Ein erster Zugang hat im Rahmen von Übersichtsarbeiten Befunde zur Wirkung informeller Hilfen so zusammengestellt, daß sie bestimmten Typen von Stressoren zugeordnet werden konnten (vgl. Cutrona, 1990; Cutrona & Russel, 1990; Vaux, 1988a). Zur Typisierung der Stressoren wurden bekannte Kategorisierungen von Stressor-Parametern genutzt. Ein zweiter Zugang hat die Auseinandersetzung um die Bedeutung kritischer Lebensereignisse versus alltäglichen Ärgernissen („Daily Hassles") für die Entstehung psychischer Störungen aufgegriffen. Dabei wurde der Frage nachgegangen, ob sich der Einfluß sozialer Unterstützung bei diesen beiden Typen von Stressoren unterscheidet. Ein dritter Zugang hat versucht, die Stressorspezifität informeller Hilfen dadurch nachzuweisen, daß spezifische, auf den jeweiligen Stressor hin formulierte Operationalisierungen entwickelt wurden.

Zur Bedeutung post hoc klassifizierter Stressoren

In Anlehnung an theoretische und empirische Differenzierungen, wie sie im Bereich der Streßforschung entwickelt wurden, haben Cutrona und Russell (1990) vier Typen von Stressoren unterschieden: Nach Valenz (positive, negative Ereignisse), nach Kontrollierbarkeit, nach Dauer und nach bestimmten Lebensbereichen unterscheidbare Belastungen (vgl. hierzu auch Marsella, 1984). Lebensbereichsspezifische Stressoren wurden danach eingeteilt, ob es sich um einen sozialen Beziehungsstreß (Anforderungen, Verluste) oder um besondere Bürden durch Geldsorgen, Arbeitslosigkeit, Krankheit, oder aber um Stressoren handelt, die aus sozialen Rollen oder Leistungsanforderungen rühren. Es wurde auch angenommen, daß negative Ereignisse informelle Hilfen notwendiger machen als positive. Unkontrollierbare Ereignisse sollen durch solche Arten der informellen Hilfen gedämpft werden, die emotionszentrierte Formen der Streßbewältigung fördern (Umsorgen, konkrete Hilfen). Kontrollierbare Ereignisse werden nach Ansicht der Autoren durch soziale Unterstützungen beinflußt, die problemfokussierte Bewältigsformen stärken (Wertschätzung, Informationsübermittlung). Es wird auch postuliert, daß emotionale und instrumentelle soziale Unterstützungen mit der Dauer einer Belastung an Bedeutung gewinnen. In Anlehnung an Stroebe und Stroebes (1983) Defizitmodell wird davon ausgegangen, daß in den verschiedenen Lebensbereichen jene Unterstützungsform am günstigsten wirkt, die einen Ausgleich zu erlittenen Verlusten schaffen kann.

Auf dem Hintergrund dieser Überlegungen haben Cutrona und Russell (1990) zwanzig Studien in die Kategorie unkontrollierbarer Ereignisse (Arbeitslosigkeit, finanzieller Streß, somatische Erkrankungen, Belastung durch die Betreuung von Behinderten, Viktimisierung, Traumata) eingeordnet und neunzehn in die Kategorie der kontrollierbaren Stressoren (Raucherentwöhnung, Schwangerschaftsabbruch, Krisen im sozialen Netzwerk, Arbeitsstreß, Übergang zur Elternschaft). Beim überwiegenden Teil der Studien zur Bedeutung sozialer Unterstützung bei *unkontrollierbaren Ereignissen* erwiesen sich die Annahmen, wenngleich ohne meta-analytische Analysen, als zutreffend. Sehr deutlich wurde dabei unter anderem, daß der Verlust von Besitz, Leistungszielen und sozialen Rollen vor allem durch konkrete Hilfen, durch Wertschätzung und soziale Integration in ihrer Wirkung gemildert werden. Auch die Ergebnisse zum Einfluß sozialer Unterstützung bei *kontrollierbaren Ereignissen* entsprach den Erwartungen. Ratschläge, Informationen, Rückmeldungen in Hinsicht auf bestimmte Vorhaben und ermutigende emotionale Hilfen sind demnach bei solchen Stressoren am angemessensten. Durch die Zuordnung von Unterstützungsarten zu unterschiedlichen Stressoren wurden die Ergebnisse zur differentiellen Wirkung aufgegriffen und offensichtlich konsistenter (s.o.)[22]. Nicht konsistente Ergebnisse wurden darauf zurückgeführt, daß manche Stressoren nicht eindeutig kategorisierbar waren.

"Daily Hassles" versus kritische Lebensereignisse

Wenn die Wirkung von Stressoren untersucht wird, so wird im allgemeinen zwischen kritischen Lebensereignissen und chronischen Belastungen unterschieden. Darüberhinaus werden davon immer wiederkehrende alltägliche Belastungen (Daily Hassles) hervorgehoben. Wie wichtig solche Differenzierungen sind, zeigt sich in einer Reihe von Studien, in denen verschiedene psychische Befindlichkeiten mit Hilfe von alltäglichen Ärgernissen besser vorhergesagt werden konnten als mit Hilfe von kritischen Lebensereignissen (vgl. z. B. Compas, 1987; DeLongis, Folkman, & Lazarus, 1988; Wagner, Compas & Howell, 1988). In diesem Zusammenhang stellte sich die Frage, ob solche Unterschiede auch darauf zurückzuführen sind, daß soziale Unterstützungen auf diese beiden Arten von Stressoren ganz verschieden Einfluß nehmen. Ausgangspunkt zur Beantwortung dieser Frage ist zunächst die Feststellung, daß sich informelle Hilfen auch bei „Daily Hassles" in einer Reihe von Studien als streßlindernde

---

[22] Die Autoren warnen selbst vor voreiligen Schlüssen und kündigen eine mehr Sicherheit bietende Meta-Analyse an. Zu hoffen bleibt dabei, daß auch die Zuordnung der Stressoren zu den unterschiedlichen Kategorien auf Reliabilität geprüft wird.

Ressourcen ausgewiesen haben (Archer, Keever, Gordon & Archer, 1991; Barth & Schinke, 1983; Caspi, Bolger & Eckenrode, 1987; Cummins, 1988; Cutrona, 1986; Okun, Melichar & Hill, 1990).

Nur wenige Studien geben eine Antwort auf die Frage, ob soziale Unterstützungen für beide Typen von Stressoren gleich bedeutsam sind. Wertlieb, Weigel und Feldstein (1987) konnten in Hinsicht auf die Rate kindlicher Verhaltensstörungen für beide Arten von Stressoren einen Puffereffekt sozialer Unterstützung nachweisen. Dieser Puffereffekt war jedoch bei kritischen Lebensereignissen deutlicher. Rook (1987) untersuchte das relative Gewicht von unterschiedlichen Arten der sozialen Unterstützung für die Bewältigung beider Arten von Stressoren. Sie unterschied informelle, streßbezogene Hilfen und soziale Unterstützung im Sinne von Kameradschaftlichkeit. Dabei zeigte sich, daß diese Arten der sozialen Unterstützung bei kritischen Lebensereignissen und alltäglichen Hindernissen von recht unterschiedlicher Bedeutung waren. Die Zahl gemeinsamer Unternehmungen konnte den Einfluß von „Daily Hassles" dämpfen, jedoch nicht den von kritischen Lebensereignissen. Umgekehrt verhielt es sich, wenn man nach der Zahl der sozial unterstützenden Quellen fragte. Hier deutet sich die Stressorspezifität sozialer Unterstützung in einer ganz besonderen Weise an: Es ist anzunehmen, daß konkrete Hilfen, wie z. B. gemeinsame Unternehmungen, für umgrenzte Probleme viel passender sein können als für gravierende, krisenproduzierende Stressoren. Zugleich scheint der allgemeine soziale Rückhalt, vielleicht auch wieder im Sinne von Bindungen, aber auch als eine breiter angelegte Ressource, die adäquatere informelle Hilfe zu sein.

Rosenberg und Vaux (1987) berichten, daß der Nutzen verschiedener Arten der sozialen Unterstützung in Hinsicht auf alltägliche Ärgernisse zum Teil sehr unterschiedlich beurteilt wurde. Emotionale Hilfen und Ratschläge wurden aber eher als generell nützlich eingeschätzt. Dieses Ergebnis steht im Einklang mit Befunden, wonach bei unterschiedlichen Anlässen auch unterschiedliche Quellen und Arten der Hilfe genutzt werden. Wellman und Hiscott (1985) stellten z. B. fest, daß emotionale Hilfen und kleine Dienste mehr oder weniger von allen Quellen kommen. Zielorientierte Hilfen, Geld, emotionaler Rückhalt stammen jedoch nur von bestimmten, meist intimen sozialen Bindungen. Auch der Belastungsgrad von Risikopersonen (z. B. Suizidanten) scheint davon abzuhängen, ob krisenorientierte Hilfen aus dem Bereich der Verwandschaft angeboten wird (vgl. Steinglass, Weisstub, & Kaplan De-Nour, 1988; Veiel, Brill, Häfner & Welz, 1988).

Es ist nicht auszuschließen, daß das unterschiedliche Gewicht sozialer Unterstützung bei kritischen Lebensereignissen oder bei „Daily Hassles" auf verschiedene Wirkfaktoren zurückzuführen ist. Dies kann aber solange nicht bestätigt werden, wie Operationalisierungen von sozialer Unterstützung fehlen, die in ihrer Art mehr auf alltäglichen Ärgernisse abgestimmt sind[23]. Es ist übertrieben, anzunehmen, daß Hilfen notwendig sind, die ein allgemeines Gefühl der Geborgenheit schaffen, wenn man z. B. einen Schlüssel vergessen hat. Bei einer Ehescheidung mag eine solche Form der sozialen Unterstützung dagegen eher angemessen sein.

Wenn man den Einfluß sozialer Unterstützungen auf „Daily Hassles" untersucht, muß man mit einer weiteren Besonderheit rechnen. Caspi, Bolger und Eckenrode (1987) konnten einen Puffereffekt sozialer Unterstützung bei „Daily Hassles" erst mit einer eintägigen Verzögerung feststellen. Allerdings kann man auch bei kritischen Lebensereignissen, wenngleich über größere Zeiträume hinweg, vergleichbare Phänomene erwarten. So konnte Bankoff (1983a, b) feststellen, daß in der ersten Trauerphase nach dem Tod des Partners die Zuwendung und der Rückhalt nahestehender Personen (Eltern, Mütter) wichtig war, während später für entsprechende Neuorientierungen, auch der sozialen Rolle, die Unterstützung durch Freunde bedeutsam erschien (vgl. auch Walker, MacBride & Vachon, 1977).

Stressorspezifische Operationalisierungen sozialer Unterstützung

Der dritte Ansatz, die stressorspezifische Wirkung sozialer Unterstützung zu überprüfen, geht einen direkteren Weg als die bislang dargestellten Zugänge. Man versucht, die problem- und situationsangemessene Wirkung informeller Hilfen dadurch nachzuweisen, indem man stressorspezifische Instrumente zur Erhebung sozialer Unterstützung konstruiert. So entwickelten z. B. Tetzloff und Barrera (1987) ein besonderes Meßinstrument um Hilfen zu erheben, die in Hinsicht auf die Probleme geschiedener Frauen als spezifisch gelten können. Als informelle Hilfe galt z. B., wenn Informationen über einschlägige soziale Dienste angeboten wurden. Hilfen zur Erziehung bezogen sich z. B. auf den Austausch von Erziehungserfahrungen. Die Items der emotionalen und instrumentellen Hilfe waren eher herkömmlich formuliert. Doch nur eine einzelne der spezifischen Arten der sozialen Unterstützung konnte den Einfluß der Belastungen im Bereich von Erziehungsproblemen und die Auswirkungen sozialer und materieller Stressoren in Hinsicht auf die Depressivität mindern.

In einer Studie von Mitchell und Hodson (1983) zeigte sich, daß Frauen, die von ihren Männern mißhandelt wurden, je nach Art der ihnen angebo-

---

[23] Sämtliche, dem Autor bekannten Instrumente zur Erhebung sogenannter „Uplifts" konfundieren soziale und nicht soziale Erlebnisse.

tenen Hilfen mit ihrer Belastung umgehen konnten. Erhoben wurde, ob man empathisch auf die Problematik der Frauen einging oder aber versuchte, davon abzulenken. Diese beiden stressorpezifischen Hilfen standen in keinem signifikanten Zusammenhang zur Depressivität dieser Frauen. Ablenkungsversuche korrelierten jedoch negativ mit Bewältigungsversuchen und dem Selbstwert der betroffenen Frauen. Das empathische Verständnis hing signifikant positiv mit dem Selbstwert der Frauen zusammen.

Lakey und Heller (1988) stellten in einer experimentellen Studie fest, daß soziale Probleme dann besser gelöst wurden, wenn die Versuchspersonen eine aufgabenorientierte Zusprache durch einen Begleiter erhielten. Emotionale Formen der sozialen Unterstützung vermochten dies nicht. Auch die Studie von Huselid, Self und Gutierres (1991) deutet darauf hin, daß insbesondere problembezogene Hilfen vorteilhaft sind. Drogenabhängigen Frauen konnte vor allem dann geholfen werden, wenn sie soziale Unterstützung durch Selbsthilfegruppen erhielten; allgemeine informelle Hilfen waren dagegen nutzlos.

Ullah, Banks und Warr (1985) weisen eine stressorspezifische und zugleich befindlichkeitsspezifische Wirkung informeller Hilfen bei jugendlichen Arbeitslosen nach. Unterschieden wurden nicht nur stressorspezifische Arten der sozialen Unterstützung, sondern auch verschiedene Belastungsaspekte. Der allgemeine Gesundheitszustand, Angst und Depressivität korrelierten signifikant negativ mit finanziellen Hilfen und Vorschlägen zu interessanten Aktivitäten. Die durch die Arbeitslosigkeit bedingte Stigmatisierung korrelierte nur signifikant negativ mit finanziellen Unterstützungen. Informationen zu Arbeitsmöglichkeiten und anderen Ressourcen standen in keinem Zusammenhang zur Depressivität der Jugendlichen.

Auch in einer eigenen Studie an 51 Arbeitslosen wurde die stressorspezifische Bedeutung emotionaler und instrumenteller Arten der sozialen Unterstützung in Hinsicht auf unterschiedliche Belastungsaspekte und Depressivität untersucht (Herrle & Röhrle, 1988). Es wurden dabei *objektive* und *subjektive Belastungsaspekte* und auch *einzelne Belastungsdimensionen* unterschieden: Finanzielle Beeinträchtigungen, Belastungen durch Rollenverlust, Verlust der Zeitstruktur, Stigmatisierungen und Belastungen durch die geringe Beeinflußbarkeit der Situation (Nichtkontrolle). Objektive und subjektive Belastungen durch Arbeitslosigkeit wurden mit Hilfe eines strukturierten Interviews erhoben. Items zur objektiven Belastung beschrieben in der Regel konkretes Verhalten (z. B. „Ich verbringe viel Zeit mit Hobbies"). Die subjektive Belastung erhob individuelle Bewertungen (z. B. „Das viele Zuhausesein geht mir einfach auf die Nerven"). Soziale Unterstützung wurde mit dem „Inventory of Socially Supportive Behaviors" (ISSB), Depressivität mit dem BDI („Beck-Depressions-Inventar") erfaßt.

Je differenzierter der Zusammenhang von Belastungsdimensionen, Formen der sozialen Unterstützung und möglichen Interaktionen betrachtet wurde, um so mehr Varianz konnte aufgeklärt werden. Für die verschiedenen Arten der sozialen Unterstützung ließen sich in Interaktion mit einzelnen Belastungsdimensionen Hinweise auf belastungs- bzw. depressivitätsmindernde, aber auch verstärkende Effekte gewinnen. So dämpften emotionale Hilfen die depressivitätssteigernden Effekte subjektiver Belastungen und dabei insbesondere jene, die durch finanzielle Beeinträchtigungen zustande kamen. Instrumentelle Hilfen schwächten die mögliche Wirkung des Verlusts der Zeitstruktur, zugleich verstärkten sie den negativen Einfluß von Stigmatisierungen und finanziellen Beeinträchtigungen (vgl. Hill, 1987). Insgesamt wurden die Ergebnisse dahingehend interpretiert, daß der soziale Rückhalt, der mit emotionalen sozialen Unterstützungen geboten wird, den Arbeitslosen die notwendige Wertschätzung hat erleben lassen. Instrumentelle Hilfen aber haben möglicherweise die stigmatisierende Situation der Arbeitslosigkeit zusätzlich verschärft.

Betrachtet man die Befundlage zur stressorspezifischen Wirkung sozialer Unterstützungen insgesamt, so sind wegen fehlender meta-analytischer Betrachtungen und wegen der vergleichsweise wenigen Befunde, nur erste Schlußfolgerungen möglich. Es deutet sich an, daß mit negativen Wirkungen informeller Hilfen da zu rechnen ist, wo sie nur im Sinne einer Art von Emotionalisierung wirken. Inwieweit kathartische Prozesse hiervon auszunehmen sind, muß erst noch überprüft werden. Positive Wirkungen scheinen sich dort zu zeigen, wo sich informelle Hilfen für die jeweilige Problemstellung und in Hinsicht auf den jeweiligen Stressor-Parameter als angemessen erweisen; als Kompensation etwa für Verlorenes, als zusätzliche Hilfe bei der Bewältigung von Stressoren, usw.. Dabei ist nicht auszuschließen, daß die Spezifität der Hilfen auf verschiedene Wirkfaktoren zurückgeführt werden kann. Zunächst zeigt sich die Stressorspezifität informeller Hilfen darin, daß sie unmittelbare Hilfen für die Lösung der jeweiligen Probleme zur Verfügung stellen. Ein zweiter Wirkfaktor scheint darauf zu beruhen, daß eine Art von sozialem Rückhalt geboten wird, der aber nicht nur eine Art von Kompensation bei unkontrollierbaren Verlusterlebnissen darstellt, sondern möglicherweise auch die notwendige Sicherheit für problemorientierte Bewältigungsversuche vermittelt. Damit ist einmal mehr die Vieldeutigkeit des Konzepts der sozialen Unterstützung bestärkt. Dies setzt sich bei der Frage fort, welche möglichen Wirkrichtungen zwischen Stressoren, Befindlichkeiten und informellen Hilfen auch empirisch anzunehmen sind.

4.5. Effekte sozialer Unterstützung unter dem Aspekt modelltheoretischer Differenzierungen

Die Weiterentwicklung der ersten formalen Modelle zur Wirkung sozialer Unterstützung hat das Verständnis von sozialer Unterstützung ganz wesentlich verändert. Wenn zuvor implizit davon ausgegangen wurde, daß informelle Hilfen eine gegebene (unerschöpfliche) Ressource darstellen, dann machten diese Differenzierungen der Wirkmodelle diese Resource zu einem *aktivierbaren* aber auch *verletzlichen Potential*. Anlaß hierfür waren weniger theoretische Überlegungen, sondern erwartungswidrige Befunde, wie z. B. positive Zusammenhänge zwischen der Zahl von Stressoren oder dem Ausmaß an Distreß einerseits und dem Ausmaß an sozialer Unterstützung andererseits (vgl. hierzu insgesamt Barrera, 1986, 1988)[24].

Diese enttäuschenden und erwartungswidrigen Befunde zur Wirkung sozialer Unterstützung ließen Zweifel am Wert der bislang entwickelten Modelle aufkommen, die von einfachen, linearen und rekursiven Zusammenhänge zwischen Stressor, sozialer Unterstützung und psychischer Befindlichkeit ausgingen. Sie sollten durch unterschiedlich logische und zeitliche Zusammenhänge der relevanten Variablen ergänzt und differenziert werden. Dementsprechend wurden Stressoren, informelle Hilfen und Befindlichkeiten in jede erdenkliche zeitliche und logisch mögliche Reihenfolge gebracht. Dabei wurde auch die Unidirektionalität der Wirkung von Stressoren, sozialer Unterstützung und psychischen Befindlichkeiten zugunsten von gegenläufigen und wechselseitigen Wirkmechanismen aufgegeben.

Aufgrund dieser Modelldifferenzierungen wurde angenommen, daß Puffer- und Direkteffekte sozialer Unterstützung kausal und zeitlich genauer aufschlüsselbar sind. Dementsprechend wirken sich informelle Hilfen nicht nur zeitlich kontingent mit einem Stressor (*additiv* oder *interaktiv*) auf individuelle Befindlichkeiten aus. Soziale Unterstützungen können auch vor der Aktivierung eines Stressors zum Tragen kommen und so die Häufigkeit oder andere Parameter von Stressoren günstig beeinflussen (*Schild-* oder *Präventionsmodell*). So mag z. B. bei drohender finanzieller Verschuldung ein rechtzeitiges Darlehen Abhilfe schaffen. Als denkbar aber wurde auch angesehen, daß informelle Hilfen gestärkt oder geschwächt durch die Einwirkung von Stressoren aktiviert und wirksam werden (*Trigger-Modell*; soziale oder individuelle *Mobilisierungsmodel*

---

[24] In einer Reihe von Querschnittsstudien war die Häufigkeit und Zugänglichkeit informeller Hilfen mit größeren Belastungen, mehr psychiatrischen und auch physischen Symptomen gepaart (Barrera, 1981; Carveth & Gottlieb, 1979; Cohen & Hoberman, 1983; Hobfoll & London, 1986; Wahrheit, Vega, Shimizu & Meinhardt, 1982).

le)²⁵. Relativ leicht nachvollziehbar ist, daß durch den Verlust etwa eines Ehepartners die Potentiale informeller Hilfen gravierend eingeengt werden. Möglichweise sind es aber gerade solche Verluste, die nahe Freunde zu den aktivsten Helfern machen. Nicht zuletzt wurde auch daran gedacht, daß sich individuelle Befindlichkeiten mehr oder weniger günstig auf die Wirkung von Stressoren und sozialer Unterstützung zu späteren Zeitpunkten auswirken könnten. So kann die für andere wahrnehmenbare Beeinträchtigung einer Person auch dazu führen, daß Freunde zur Hilfe animiert werden. Bei alledem wurde auch in Betracht gezogen, daß es nicht nur gilt, einfache lineare Zusammenhänge zwischen den entscheidenden Variablen zu untersuchen, sondern auch kurvenlineare. Dabei sollte auch Überlegungen Rechnung getragen werden, wonach soziale Unterstützungen bei sehr starken Belastungen nicht mehr wirken und umgekehrt, bei sehr geringem sozialen Rückhalt und wachsender Bürde, ein eher asymptotischer Verlauf von Befindlichkeitswerten zu erwarten ist²⁶.

Bei diesen modelltheoretischen Differenzierungen wurde eine Reihe von theoretisch bedeutsamen, aber meist impliziten Annahmen gemacht. Soziale Ressourcen mußten ihren Status als *unabhängige Variable* aufgeben. Es wurde deutlich, daß Stressoren oder auch individuelle Befindlichkeiten soziale Stützsysteme aktivieren können. Informelle Hilfen sind dann das Ergebnis individueller Hilfesuch- oder auch Bestandteil eines sozialen Bewältigungsprozesses. Man mag sie aber auch als kollektive Leistungen eines sozialen Netzwerks ansehen, das seine Mitglieder oder auch allgemeine soziale Belange zu schützen versucht. Die Überlegung, wonach sich individuelle Befindlichkeiten auch auf die Qualität und den Bestand an sozialen Unterstützungen auswirken könnten, führte auch dazu, daß man zunehmend den Einfluß der Ausgangsbefindlichkeiten kontrollierte. Es spielten dabei vor allem Überlegungen eine Rolle, wonach soziale Netzwerke auf pathogenes Verhalten von Individuen durch sozialen Rückzug oder aber vielartige Normalisierungsbemühungen reagieren könnten (s.o.).

Von der Vielzahl der möglichen modelltheoretischen Differenzierungen und der Vielfalt der dazu gehörenden Annahmen, etwa zur Mobilisierung oder auch Beeinträchtigung von sozialen Stützpotentialen, ist meiner Kenntnis nach nur ein Bruchteil hinreichend überprüft. Vor allem wurde

---

[25] Lin (1986) unterscheidet außerdem noch kurz- und langfristige Effekte sozialer Unterstützung.

[26] Vgl. insgesamt Barrera (1986, 1988), Bruhn und Philips (1984), Cohen und Syme (1985), Cohen (1988), Eckenrode und Wethington (1990), Gore (1981), Hammer (1983a), Heller, Swindle und Dusenbury (1986), Jacobson (1986), Lin (1986), Röhrle (1987a, b), Schwarzer (1985), Schwarzer und Leppin (1989a), Shinn, Lehmann und Wong (1984), Vaux (1988a), Waltz (1981), Wheaton (1985).

bislang der Frage nachgegangen, ob soziale Unterstützung durch Stressoren und psychische Beeinträchtigungen aktiviert werden kann. Einzelne Hinweise auf die „Schutzfunktion" sozialer Unterstützung konnten allerdings auch gewonnen werden.

Stressorbedingte Mobilisierung und Beeinträchtigung sozialer Unterstützung

Anhaltspunkte dafür, daß informelle Hilfen durch Stressoren mobilisiert werden, erbrachten sowohl Querschnitts- als auch Längsschnittsstudien. Dabei haben Querschnittsuntersuchungen nur geringe oder keine Zusammenhänge zwischen sozialer Unterstützung und kritischen Lebensereignissen nachweisen können (vgl. Lin, Simeone, Ensel & Kuo, 1979; Mitchell & Moos, 1984; Payne & Jones, 1987; Sandler & Lakey, 1982; Sarason & Sarason, 1982; Sarason, Levine, Basham & Sarason, 1983). In einer Längsschnittsstudie stellten Aneshensel und Frerichs (1982) jedoch einen positiven Zusammenhang zwischen der Zahl kritischer Lebensereignisse und späteren Angaben zur Zahl der Quellen und der erhaltenen Hilfen fest (vgl. auch Cutrona, 1986a). Auch Krause und Keith (1989) berichten, daß bei älteren Personen einer Zufallsstichprobe die Zahl der kritischen Lebensereignisse achtzehn Monate später die Menge an sozialer Unterstützungen signifikant vorhersagte. In einer weiteren Längsschnittsstudie von Husaini und Frank (1985) hatten dagegen kritische Lebensereignisse keinen mobilisierenden Effekt (vgl. auch Mitchell & Moos, 1984).

Auch gegenteilige Effekte von Stressoren sind nachgewiesen. Bei einer repräsentativen Stichprobe konnten Dean und Ensel (1982) im Rahmen einer Längsschnittsstudie zeigen, daß sich bei Personen, insbesondere im Alter von 25 bis 49 Jahren, die Menge sozialer Unterstützungen in engen Bindungen mit der Zahl kritischer Lebensereignisse zumindest in geringem Ausmaß verringerte. Auch House (1981) berichtete darüber, daß soziale Unterstützungen durch die Familie und durch Freunde seltener wurden, wenn die Belastungen durch die Arbeit zunahmen. Atkinson, Liem und Liem (1986) konnten nachweisen, daß durch den Streß der Arbeitslosigkeit die familiären Unterstützungspotentiale geschwächt wurden und sich dadurch auch das Wohlbefinden der Arbeitslosen minderte. Zweifelsohne können informelle Hilfspotentiale durch soziale Verluste in drastischer Weise beeinträchtigt werden. Scheidungen und Verwitwungen verkleinern z. B. soziale Netzwerke und damit soziale Stützpotentiale in nicht unerheblichem Maße (Leslie & Grady, 1985; Wilcox, 1981).

Die bislang meisten und durchaus auch widersprüchlichen Befunde zu den Folgen eines spezifischen Stressors auf soziale Netzwerke sind aus dem Bereich der *Arbeitslosenforschung* bekannt (vgl. Fryer, 1988; Fryer &

Payne, 1986; Kelvin & Jarrett, 1985; Warr, 1984, 1987). Bei der Untersuchung der sozialen Folgen der Arbeitslosigkeit zeigten sich in Hinsicht auf familiäre und eheliche Beziehungen keine durchgängigen Ergebnismuster, die dafür sprechen würden, daß sich diese sozialen Stützpotentiale verschlechtern (vgl. z. B. Dew, Bromet & Schulberg, 1987; Jahoda, Lazarsfeld & Zeisel, 1978; Schindler, 1979; Walper & Silbereisen, 1987). Schon 1933 haben Jahoda, Lazarsfeld und Zeisel deutlich gemacht, daß sich die sozialen Kontakte nach Eintritt der Arbeitslosigkeit zumindest im familiären Bereich nicht reduzierten. Untersuchungen zu den Auswirkungen der Arbeitslosigkeit auf Merkmale sozialer Netzwerke machen deutlich, daß sich diese Ergebnisse nicht auf den familiären Bereich beschränken. Schon Bakke (1969) wies darauf hin, daß die durch Arbeitslosigkeit verloren gegangenen sozialen Kontakte durch den Aufbau neuer Beziehungsmuster kompensiert werden können. Fröhlich (1979) stellte fest, daß die sozialen Kontakte zu Freunden und Bekannten sogar häufiger wurden. Bei Tazelaar und Sprengers (1987) ergab sich, daß die sozialen Kontakte zu Freunden und Bekannten während des ersten Jahres und nach zwölf Monaten Arbeitslosigkeit gleich häufig blieben und die zu anderen Arbeitslosen zahlreicher wurden. Kein Unterschied in der Häufigkeit sozialer Interaktionen zwischen Arbeitslosen und Beschäftigten zeigte sich auch bei Bolton und Oatley (1987). Strehmel und Degenhart (1987) wiesen im Rahmen einer Längsschnittsstudie nach, daß bei einer Gruppe dauerhaft arbeitsloser Lehrer über einen Zeitraum von dreizehn Monaten das Ausmaß an sozialer Unterstützung und sozialem Streß in etwa gleich blieb. Dagegen nahm die soziale Unterstützung bei Arbeitslosen nach Ergebnissen von Iversen und Sabroe (1987) nach zwei Jahren ab. Im Rahmen einer Querschnittsstudie, welche die Dauer der Arbeitslosigkeit nicht berücksichtigte, erhielten nach Clark und Clissold (1982) Arbeitslose gegenüber Beschäftigten mehr familiäre soziale Unterstützung.

Hinweise darauf, daß sich durch Arbeitslosigkeit nicht nur funktionale, sondern auch strukturelle Merkmale verändern, lieferte bislang vor allem die Studie von Jackson (1987). Im Rahmen dieser Untersuchung wurde danach gefragt, wie sich die sozialen Netzwerke von Arbeitslosen über einen Zeitraum von acht Monaten in den Merkmalen „emotionale" bzw. „instrumentelle soziale Unterstützung", „Größe des familiären und extrafamiliären Sektors", „anteilige Größe des familiären Sektors" und „Dichte" verändern. Die erste Nachuntersuchung nach vier Monaten ergab, daß der Anteil des familiären Sektors stärker wurde und instrumentelle Hilfen zunahmen. Erst in der zweiten Nachuntersuchung verkleinerte sich der extrafamiliäre Netzwerkbereich.

In einer eigenen Untersuchung von Röhrle und Hellmann (1989) an 79 Lehrern, die unterschiedlich lange arbeitslos oder beschäftigt waren, zeigte sich, daß die beschäftigten Lehrer keine signifikant größeren sozialen Netzwerke hatten und auch die Intensität der Beziehungen nicht anders einschätzten als arbeitslose Lehrer[27]. Dagegen erhielten angestellten Lehrer weniger soziale Unterstützung und konnten zugleich mehr kollegiale Kontakte pflegen. Nur in einer kleinen Teilgruppe von mehr als vier Jahre lang arbeitslosen Lehrern wurde über ein reduziertes soziales Stützpotential berichtet. Zugleich waren die arbeitslosen Lehrer mit den Kontakthäufigkeiten und der Intensität der Beziehungen zur Familie und zu Freunden zufriedener als die beschäftigten Lehrer. Ergebnisse dieser Art sprechen dafür, daß auch Arbeitslosigkeit informelle Hilfen mobilisieren kann. Diese Belastung kann dazu führen, daß mehr Hilfen angeboten werden, aber auch daß bestehende Hilfsangebote dadurch vorteilhafter werden, indem sich das Anspruchsniveau der Betroffenen verschiebt. Erst nach langen Bemühungen erschöpfen sich möglicherweise die sozialen Ressourcen; zumindest die von arbeitslosen Lehrern. Die mit den beschäftigten Lehrern vergleichbare Größe der sozialen Netzwerke und auch die ähnliche Intensität der sozialen Beziehungen spricht dafür, daß die untersuchten arbeitslosen Lehrer kompensativ ihre sozialen Netzwerke aufgebaut haben und zwar auch in dem Sinne, daß neue Ressourcen gewonnen werden konnten. Es zeigte sich nämlich, daß insbesondere Langzeitarbeitslose vergleichsweise mehr Bekannte besaßen, was man zugleich auch als einen Hinweis auf eine Neuorientierung der Betroffen werten kann. Bekanntermaßen entstehen die besten Vermittlungschancen für eine neue berufliche Tätigkeit über eher lose soziale Kontakte (vgl. Granovetter, 1973).

Insgesamt finden sich also Hinweise darauf, daß Stressoren sowohl zu einer *Aktivierung* als auch zu einer *Destabilisierung* der sozialen Stützpotentiale führen können. Man kann aufgrund der Befundlage nur erahnen, welche Bedingungen zu so unterschiedlichen Ergebnissen geführt haben. Die Konfundierung von Stressoren und sozialer Unterstützung mag ein möglicher Grund dafür sein. Die Art der Operationalisierung der sozialen Unterstützung könnte eine weitere Ursache darstellen. So erscheint z. B. das Ergebnis von Mitchell und Moos (1984) trivial, daß die Menge kritischer Lebensereignisse die Zahl enger Freunde über einen vergleichsweise geringen zeitlichen Abstand nicht vorhersagen konnte. Die Dauer der Belastungen eines sozialen Netzwerks durch einen Stressor scheint dagegen ein gewichtiger Grund für die Beeinträchtigung sozialer Stützpotentiale zu sein. Zu vermuten ist, daß sich soziale Ressourcen mit der Zeit erschöpfen,

---

[27] Vgl. Hellmann (1985).

da die angebotenen Hilfen keine Erfolge bringen. Möglich ist auch, daß auf die Dauer die kognitiven Hilfemodelle bei Mitgliedern des sozialen Netzwerkes ausgetauscht werden. Das heißt, daß zu Beginn einer Belastung weder die Ursachen noch die Lösung des entsprechenden Problems dem Verantwortungsbereich des Betroffenen zugeschrieben wird. Später dagegen mag sich diese Auffassung zu ungunsten der belasteten Person ändern.

Die dargestellten Ergebnisse zur Mobilisierung sozialer Unterstützung durch Stressoren geben leider keine Auskunft darüber, ob die Aktivierung sozialer Netzwerke auch heilsam war. So bleibt zumindest denkbar, daß die durch Stressoren aktivierten Hilfen stigmatisierend oder selbstwertbeeinträchtigend waren und damit zusätzlich negativen Einfluß besaßen.

Die Mobilisierung informeller Hilfen durch psychische Beeinträchtigungen

Auch Untersuchungen zur Frage, ob wahrnehmbare Beeinträchtigungen bei Mitgliedern eines sozialen Netzwerkes zu einer Mobilisierung sozialer Unterstützung führen, fanden bislang keine befriedigende Antwort. Unklar ist auch, ob und unter welchen Umständen soziale Stützpotentiale durch psychisch kranke Personen oder ihre Leiden möglicherweise aktiviert werden können.

Blazer (1983) konnte feststellen, daß ein signifikant größerer Anteil von Personen, die zu einem ersten Meßzeitpunkt als depressiv beurteilt wurden, zu einem zweiten Meßzeitpunkt über *günstigere soziale Unterstützungsbedingungen* berichteten als Personen, die zum ersten Meßzeitpunkt als nicht depressiv galten (vgl. Barrera, 1986). In Partnerschaften erhielten Rheumakranke dann mehr Rückhalt, wenn ihre Schmerzen besonders heftig waren (Revenson & Majerovitz, 1990). In einigen Studien dagegen ließen sich, auch im Längsschnitt, keine Zusammenhänge zwischen Symptomraten und der Menge an sozialer Unterstützung nachweisen (Barrera, 1981; Billings & Moos, 1982b; Mitchell & Moos, 1984; Sandler & Barrera, 1984).

Die meisten Studien sprechen eher dafür, daß mit dem *negativen Einfluß psychischer Störungen* auf den Bestand an sozialen Stützpotentialen zu rechnen ist. Es ist bekannt, daß sich bekannte und anverwandte Personen von Schwerkranken (z. B. AIDS- oder Krebserkrankten) im Umgang mit ihnen unwohl fühlen und sich schwer tun (vgl. Shinn, Lehmann & Wong, 1984; Wortman & Lehmann, 1985). Aus dem Bereich der Depressionsforschung weiß man auch recht gut, daß das appellative Verhalten entsprechend erkrankter Personen auf Dauer nur schwer ertragen wird und sozialen Rückzug provoziert (vgl. z. B. Coyne, 1976; zur Übersicht Blöschl, 1987a, b).

Dementsprechend stellten auch Billings und Moos (1982b) an einer Stichprobe von Alkoholikern fest, daß Personen mit mehr depressiven

Symptomen, später über vergleichsweise weniger familiäre Unterstützung und Rückhalt durch Kollegen berichteten. Die Menge sozialer Unterstützung aus der Sicht von Betroffenen und die aus der Perspektive signifikanter Anderer reduzierte sich bei arbeitslosen Vietnam Veteranen zu späteren Zeitpunkten dann in gravierender Weise, wenn sie zu den ersten Meßzeitpunkten in besonderem Maße psychisch krank waren (Vinokur, Schul & Caplan, 1987). Auch Berkman und Syme (1979) kamen in einer über neun Jahre angelegten Längsschnittsstudie zum Ergebnis, daß Personen mit ungünstiger gesundheitlicher Verfassung später über eine geringere Kontaktdichte verfügten. In einer Längsschnittsstudie von Lin und Ensel (1984) erwies sich die anfangs erhobene Depressivität als signifikanter Prädiktor für negative Veränderungen in Hinsicht auf die Menge der sozialen Unterstützung und auch inbezug auf die Zahl der kritischen Lebensereignisse (vgl. auch Murphy, 1985). Von jenen Personen, die zum ersten Meßzeitpunkt als stärker depressiv beurteilt wurden (42%), erlebten 59 Prozent eine Zunahme an kritischen Lebensereignissen und hiervon wieder 59 Prozent eine Abnahme sozialer Unterstützung durch nahestehende Bezugspersonen (vgl. auch Hill, 1987).

Auf eine weitere Möglichkeit, wie informelle Hilfen mobilisiert werden, deuten die Befunde von Husaini und Frank (1985) hin. Danach nehmen die Stützpotentiale aufgrund depressiver Erkrankungen zwar ab, zugleich aber werden die verbleibenden Quellen gewissermaßen kompensativ vermehrt genutzt. Die Autoren wiesen in einer Längsschnittsstudie nach, daß Personen mit höheren Depressionswerten zu einem späteren Zeitpunkt weniger enge Beziehungen und Freunde hatten, jedoch mehr informelle Hilfen in Anspruch nahmen.

Insgesamt sprechen solche Ergebnisse nicht dafür, daß Befindlichkeiten oder auch Stressoren gewissermaßen dadurch salutogen wirken, daß sie informelle Hilfen aktivieren. Vielmehr deutet sich ein teufelskreisartiger Prozeß an, bei dem Stressoren die bestehenden Hilfemöglichkeiten beeinträchtigen. Sind die verbleibenden Reste an sozialen Ressourcen ausgeschöpft oder nicht mehr bereit zu helfen, so wirkt dies zusätzlich pathogen. Diese Schädigungen wiederum erschweren die Pflege und den Aufbau von sozialen Netzwerken und zwingen zugleich zu einer Lebensweise, die zu mehr Belastungen führt.

Soziale Unterstützungen als Schutzschilder

Die Möglichkeit, daß soziale Netzwerke vorausschauend ihre Mitglieder vor Belastungen schützen, kann man als eine proaktiv-präventive Leistung ansehen. Das Modell des „Schutzschildes" verbindet damit implizit die

Vorstellung, daß soziale Netzwerke oder einzelne Mitglieder aus Sorge um andere, vielleicht auch im Bemühen um den Bestand des sozialen Netzwerkes in die Zukunft planend, Ressourcen zur Verfügung stellen.

Lin (1986) konnte in der Tat einen schwachen Effekt sozialer Unterstützung im Sinne dieses Schildmodells nachweisen. In einer Längsschnittsstudie zeigte sich an einer repräsentativen Stichprobe, daß bei guten sozialen Unterstützungbedingungen zu einem späteren Zeitpunkt über vergleichweise weniger kritische Lebensereignisse berichtet werden konnte. In einer Längsschnittsstudie von Mitchell und Moos (1984) an depressiven Patienten ließ sich dagegen kein Zusammenhang zwischen familiärer Unterstützung und der Zahl kritischer Lebensereignisse nachweisen (vgl. auch Fleishman, 1984; Husaini & Frank, 1985). Russell und Cutrona (1991) konnten in einer Längsschnittsstudie mit Hilfe der anfangs erhobenen Depressivität und dem Ausmaß an sozialer Unterstützung bei alten Menschen ebenfalls keine Vorhersagen in Hinsicht auf das Ausmaß an kritischen Lebensereignissen machen. Die Zahl der „Daily Hassles" konnten jedoch durch diese beiden Variablen vorhergesagt werden.

Inwieweit sich die wie auch immer geartete Minimierung von Stressoren als günstig erweist, ist zumindest in einer Studie von Dignam, Barrera und West (1986) angedeutet. Im Rahmen einer pfadanalytischen Untersuchung war der präventive Einfluß sozialer Unterstützung nach zu verfolgen. Informelle Hilfen minderten das Ausmaß an erlebter Rollenambiguität. Dies wiederum stand in einem positiven Zusammenhang mit dem Ausmaß an erlebter Berufsmüdigkeit („Burnout"). Trotz dieses Befundes kann man in Frage stellen, ob die Schutzfunktion sozialer Unterstützung im Sinne eines Schildmodells auf lange Sicht immer salutogen sein muß. Gerade die Auseinandersetzung mit so manchen Belastungen stärkt die Bewältigungsfertigkeiten für spätere Belastungen.

Wechselwirkungen und kurvenlineare Beziehungen

Während Studien zur Wirkung von unterschiedlich zeitlich gestaffelten Merkmalszusammenhängen (von Stressoren, informellen Hilfen und Befindlichkeiten) in Ansätzen vorhanden sind, fehlt es an Untersuchungen zur Wechselwirkung der Variablen und auch zu möglichen kurvenlinearen Bezügen. Erste Hinweise auf mögliche kurvenlineare Beziehungen zwischen sozialer Unterstützung und Stressoren erbrachten die Studien von Barrera und Ainlay (1983) und von Tetzloff und Barrera (1987). Es zeigte sich, daß informelle Hilfen eher nur im Bereich geringen Streßerlebens und so gut wie nicht bei starken Ausprägungsgraden nachzuweisen war. Bleibt zu vermuten, daß die Belastungen für das soziale Netzwerk bei stärkeren

Beinträchtigungen zu groß waren und informelle Hilfen deshalb nicht zum Tragen kamen; z. B. deshalb, weil hierfür professionelle Helfer als zuständig erklärt wurden.

Die empirischen Befunde zur Differenzierung der modelltheoretischen Annahmen müssen trotz aller theoretischen Fortschritte, die sie brachten, insgesamt als wenig zufriedenstellend bezeichnet werden. Die Zahl einschlägiger Studien ist vergleichsweise gering und die Inkonsistenz der Befunde eher durchgängig. Vor allem aber sind die Ergebnisse letzten Endes ungeeignet, die sozial-interaktiven und individuellen Prozesse der Mobilisierung und des Niedergangs von informellen Hilfspotentialen hinreichend genau abzubilden. In diesem Sinne ist auch Bebbingtons (1980) Einwand zu verstehen, wonach Befunde zu derartigen Modellen eher ihre logische Stimmigkeit und nicht die Kausalgenese psychischer und sozialer Prozesse im Umgang mit Stressoren, informellen Hilfen und individuellen Befindlichkeiten nachzuweisen imstande sind. Eine erste empirische Annäherung an solche theoretisch gehaltvolleren Aussagemöglichkeiten stellen Untersuchungen dar, welche aufgrund ihrer theoretischen Annahmen zur Wirkung sozialer Unterstützung nicht irgendwelche individuellen Befindlichkeiten als Effektgrößen auswählen, sondern theoretisch bedeutsame.

4.6. Theoretisch bedeutsame Effekte und Zusammenhänge sozialer Unterstützung

Wie schon berichtet, gingen die frühen Annahmen zur Wirkung sozialer Unterstützung davon aus, daß informelle Hilfen deshalb salutogen wirken, weil sie Bedürfnisse insbesondere sozialer Art befriedigen, als „soziales Immunsystem" die Abwehrkräfte stärken und Formen individueller Streßbewältigung beeinflussen können. Jedoch wurden diese Behauptungen zu Beginn der sozialen Unterstützungsforschung nicht unmittelbar überprüft. Man war vielmehr zunächst nur an der Untersuchung von direkten Zusammenhängen zwischen sozialer Unterstützung und Gesundheit bzw. Krankheit interessiert. Erst relativ spät wurde der Frage nachgegangen, ob und welche Bedürfnisse durch informelle Hilfen tatsächlich befriedigt werden. In dem Maße, wie die immunologisch orientierte Streßforschung in den letzten Jahren Fortschritte machen konnte, war es auch möglich, der Bedeutung sozialer Unterstützung für das menschliche Abwehrsystem nach zu gehen. Durch die Einsicht, daß informelle Hilfen kontextgebunden sind und eine spezielle Art der sozialen Interaktion darstellen, konnte das Konzept der sozialen Unterstützung wieder mehr zu seinen begrifflichen Ursprüngen zurück gebracht werden. Mit der Entwicklung differenzierter

Modelle zur individuellen Streßbewältigung boten sich Möglichkeiten, den Puffereffekt sozialer Unterstützung als einen komplexen Prozeß darzustellen, der informellen Hilfen höchst unterschiedliche Funktionen und Bedeutungen zuweist.

4.6.1. Zur Befriedigung sozialer Bedürfnisse

Die Frage, welche Bedürfnisse auf welche Weise durch soziale Unterstützung befriedigt werden, ist in verschiedenen Studien ganz unterschiedlich beantwortet worden. Einige Autoren prüfen ganz allgemein, wie stark das Bedürfnis nach informellen Hilfen ist, andere wiederum fragen danach, ob soziale Unterstützungen spezifische Wünsche, wie z. B. nach Affiliation, Identität oder nach einem postiven Selbstwerterleben erfüllen können (vgl. Berg & Piner, 1990; Thoits, 1985a,b; Vaux & Burda, 1981).

Erste, aber noch indirekte Hinweise darauf, daß informelle Hilfen Bedürfnisse unterschiedlicher Art zu stillen vermögen, sind Studien zu entnehmen, die über Zusammenhänge zwischen sozialer Unterstützung und Wohlbefinden, Lebensqualität und -zufriedenheit berichten (Abbey, Abramis & Caplan, 1985; Earls & Nelson, 1988; Hirsch & Rapkin, 1986a,b; Maxwell, Flett & Colhoun, 1990; Nelson, 1990). Direkte Anhaltspunkte für die Fähigkeit informeller Hilfen, Bedürfnisse zu befriedigen, bringen Untersuchungen, die einfach danach fragen, ob soziale Unterstützungen bestimmte Wünsche erfüllen können. Das allgemeine Bedürfnis nach sozialer Unterstützung wird in der Regel so erhoben, daß man nach unterschiedlichen Teilbedürfnissen fragt und diese zu einem Gesamtbedürfnis aufsummiert. So wollte z. B. Hill (1987a, b) von Studenten wissen, welches Bedürfnis sie nach emotionaler Unterstützung, positiver Stimulation, sozialem Vergleich und nach Aufmerksamkeit besitzen. Die entsprechenden Bedürfnisse wurden zu einem Gesamtmaß der Stärke eines *Bedürfnisses nach sozialer Unterstützung* addiert. Dabei stellte sich heraus, daß die Bedürfnisstärke leicht positiv mit der Menge erhaltener emotionaler Hilfen korrelierte. Darüberhinaus stand diese Bedürfnisstärke in einem negativen Zusammenhang zu verschiedenen psychischen Befindlichkeiten. Mit diesem Ergebnis ist ein Anhaltspunkt dafür gewonnen worden, daß soziale Unterstützungen möglicherweise soziale Bedürfnisse erst schaffen, zumindest entsprechende motivationale Lagen beeinflussen können. Unterstützt wird diese Interpretation auch dadurch, daß ein Puffereffekt emotionaler Hilfen in Hinsicht auf die physische Gesundheit nur bei Personen nachzuweisen war, die geringe Bedürfnisse nach sozialer Unterstützung hatten (vgl. hierzu auch Lefcourt, Martin & Saleh, 1984).

In einer weiteren Untersuchung wird über Zusammenhänge zwischen Bedürfnissen nach informeller Hilfe und verschiedenen Netzwerkmerkmalen berichtet. Brown, Brady, Lent, Wolfert und Hall (1987) ließen Studenten den Wunsch nach Wertschätzung, nach Möglichkeiten zu gefühlsbetonten Konversationen und nach direktiven, bzw. konkreten Hilfen einschätzen. Außerdem hielten sie das Ausmaß an Hilfen fest, die sie tatsächlich erhielten. Sie definierten die Differenz beider Maße als wahrgenommene Diskrepanz zwischen dem Bedürfnis nach und dem Angebot an sozialer Unterstützung. Die Bedürfnisstärke korrelierte im Gegensatz zur vorherigen Studie weder mit der Häufigkeit sozialer Unterstützung noch mit der Netzwerkgröße und auch nicht mit der Qualität sozialer Beziehungen. Dagegen war ein mittelhoher Zusammenhang zwischen der Bedürfnisstärke und der Zufriedenheit mit jenen informellen Hilfen nachzuweisen, welche die befragten Personen in den letzten vier Wochen erhalten hatten. Die Diskrepanz zwischen dem Bedürfnis und dem Angebot an informeller Hilfe korrelierte signifikant zwischen –.32 und –.75 sowohl mit der Häufigkeit sozialer Unterstützung als auch mit der Netzwerkgröße bzw. mit der Qualität sozialer Beziehungen. Zugleich waren auch bedeutsame, positive Zusammenhänge dieser Diskrepanz zu Depression, Angst, psychosomatisch bedeutsamen Symptomen und riskantem Krankheitsverhalten feststellbar. Wenn also die Frage danach gestellt wird, ob soziale Unterstützungen bestimmte Bedürfnisse befriedigen können, ist wiederum entscheidend, welche subjektiven Wertungen und welche entsprechenden, diesen zugrundeliegenden Standards an informelle Hilfen angelegt werden. Die Beziehungsqualität, die Zahl der Leute, die jeweils zum personalen Netzwerk gezählt werden wie auch die Menge der informellen Hilfen spielen dabei offenbar kaum eine Rolle.

Die Behauptung, wonach soziale Unterstützungen *affiliative Bedürfnisse* befriedigen, wird in der Regel durch Hinweise auf die experimentelle Streßforschung gestützt. Dabei wird insbesondere an die Ergebnisse der Untersuchungen von Schachter (1959) bzw. von Sarnoff und Zimbardo (1961) erinnert. Sie zeigten, daß Personen, die Stressoren ausgesetzt waren, sich vermehrt zu anderen (ähnlichen) Personen gesellten, um so die erlebten Belastungen erträglicher zu gestalten (vgl. z. B. Jung, 1984). Bei solchen Hinweisen auf die frühe soziale Streßforschung wird aber meist versäumt, über die Vielzahl der unterschiedlichen Annahmen zur Wirkung der Anwesenheit anderer (auch vertrauter) Personen und zur Wirkung kommunikativer Einflüsse bei der Streßbewältigung zu berichten. Zudem vergißt man oft, daß die einschlägigen Befunde höchst inkonsistent sind (vgl. hierzu Bond & Titus, 1983; Friedman, 1981; Lauth, 1980, 1981; Heller & Swindle, 1983). Die Ergebnisse sprechen dafür, daß in entsprechenden experimentellen Arrangements nicht nur soziale Bedürfnisse befriedigt, sondern auch Erregungsniveaus im Sinne einer allgemeinen, reaktionspräponderanten oder auch situationsspezifischen Triebstärke verstärkt werden (Cottrell, 1972; Zajonc, 1965, 1980). Es wird auch in Betracht gezogen, daß diese Arrangements die Selbstaufmerksamkeit schärfen (Duval & Wicklund, 1972). Obwohl durchgängig beobachtet wurde, daß in Streßsituationen soziale Kontakte zunehmen, bleibt nach Lauth (1980) insgesamt unklar, welche Bedürfnisse im einzelnen hierbei beteiligt sind. Sowohl der Wunsch nach sozialem Vergleich als auch der Wunsch, Hilfen zur Bewältigung von Stressoren zu erhalten und motivational gestützt zu werden, könnten in den entsprechenden experimentellen Arrangements eine Rolle gespielt haben (vgl. Hill, 1987a, b).

Soziale Netzwerke werden auch als Ort betrachtet, der den Wunsch nach *Identität* und nach einem stabilen, positiven Selbstwertgefühl zu erfüllen vermag. Dabei nehmen Heller, Swindle und Dusenbury (1986) an, daß sich die Gesundheit vor allem durch die selbstwertstabilisierende Funktion sozialer Netzwerke erhält. Die Identität und der Wert der eigenen Person ist in der Tradition symbolisch-interaktionistischer Denkweisen das Ergebnis von Wahrnehmungen, wie man sie bei signifikant anderen Personen vermutet (Cooley, 1902; Mead, 1934). Die Unterschiedlichkeit von Rollenbezügen im Geflecht sozialer Beziehungen bestimmt darüber, wie vielgestaltig die Identität von Personen ist. Durch soziale Vergleiche, auch mit den herrschenden Normen eines sozialen Umfeldes, bilden sich Maßstäbe heraus, die auch genutzt werden, um die eigene Person zu beurteilen.

Davon ausgehend liegt der Schluß nahe, daß der Wunsch nach Identität und nach einem möglichst hohen und stabilen Selbstwert in Abhängigkeit davon erfüllt wird, wie eine Person in ein soziales Netzwerk eingebettet ist. Zu erwarten ist also, daß die Identität und der Selbstwert einer Person darauf beruht, wie sozial integriert sie ist, in welcher Weise sie sozialen Rückhalt erfährt, wie vielfältig sich die sozialen Beziehungen gestalten und wie offen bzw. in sich verflochten sich das entsprechende soziale Netzwerk aufbaut.

All jene Untersuchungen, die einen Zusammenhang zwischen der *Einsamkeit* und negativen Aspekten des Selbstkonzepts nachweisen konnten, weisen darauf hin, wie bedeutsam die Integration in soziale Verbände für die Identitätsbildung und für ein positives Selbstwertgefühl ist (vgl. z. B. Goswick & Jones, 1981; Russel, Cutrona, Rose & Yurko, 1984). Noch offensichtlicher wird dies anhand einer Untersuchung von Thoits (1983b): Frauen litten besonders dann unter Rollenverlusten – von der Autorin als eine Art der Beschneidung von Identität bezeichnet – wenn sie sozial integriert waren. Thoits (1983b) vermutet, daß nicht hinreichend sozial integrierte Personen deshalb weniger unter Einschränkungen zu leiden haben, weil sie es gewissermaßen schon gewohnt sind, mit begrenzten Möglichkeiten zu leben, die eigenen Person zu definieren.

Mutran (1987) untersuchte den Zusammenhang zwischen erlebter affektiver Identität und der Einbindung in soziale Bezüge. Verwitwete Frauen erlebten sich dann deutlich als freundliche und warmherzige Personen, wenn sie in ihrem sozialen Netzwerk als aktive Mitglieder fest verankert waren. Anhaltspunkte dafür, daß Personen in ihrem sozialen Netzwerk zu stabilen Selbsteinschätzungen gelangen wollen, wurden durch den Befund gewonnen, wonach Personen zu Freunden auserkoren wurden, von denen angenommen wurde, daß sie eine selbstbildkongruente Fremdwahrnehmung besaßen (Swann & Brown, 1990).

Begreift man die erlebte, auch rollenspezifische eigene Tüchtigkeit (Self-Efficacy) als eine besondere Form von Selbstwert, so lassen sich Studien anführen, die auch Bezüge dieser Art der Identitätswahrnehmung zur sozialen Unterstützung herstellen konnten. So berichten Holahan und Holahan (1987b) über einen Zusammenhang zwischen der sozialen Integration und der Tüchtigkeit bei älteren Personen, die sie sich in Hinsicht auf die Bewältigung von Einsamkeitsproblemen und sozialen Ängsten zuschrieben. Diese Tüchtigkeit stand wiederum in einem signifikanten Zusammenhang zur wahrgenommenen sozialen Unterstützung und zur Depressivität, die beide zu einem späteren Zeitpunkt erhoben wurden.

Eine Reihe von Befunden konnte nachweisen, daß mit Zusammenhängen zwischen *verschiedenen Arten der sozialen Unterstützung* und dem Selbstwert zu rechnen ist. So stand die wahrgenomme soziale Unterstützung bei Personen, die sich in Phasen sozialisatorischer Übergänge befanden, mit einem hohem Selbstwert in Zusammenhang (Hirsch, Engel-Levy, Du Bois & Hardesty, 1990). Pagel und Becker (1987) fanden bei Angehörigen von Alzheimerpatienten eine mittelhohe Korrelation zwischen der Menge an sozialer Unterstützung und dem Selbstwert. Muhlenkamp und Sayles (1986) berichteten über Zusammenhänge zwischen der Selbstwerteinschätzung und verschiedenen funktional definierten Formen der sozialen Unterstützung (vgl. auch Pierce, Sarason & Sarason, 1989). Außerdem wirkte sich der Selbstwert günstig auf das Krankheitsverhalten der befragten Personen aus.

Für die selbstwertdestabilisierende Wirkung instrumenteller sozialer Unterstützung spricht der Befund von Malkinson (1987). Je mehr über instrumentelle soziale Unterstützung berichtet wurde, um so geringer war der Selbstwert. Je mehr expressive, und damit auch emotionale Formen der sozialen Unterstützung Witwen angeboten worden waren, um so günstiger wurde die eigene Person eingeschätzt. Kein Bezug zum Selbstwert ließ sich feststellen, wenn danach gefragt wurde, wie wenig hilfreich die angebotenen sozialen Unterstützungen sich erwiesen. Bei Mitchell und Hodson (1983) korrelierten empathische informelle Hilfen bei mißhandelten Frauen positiv mit der Selbstachtung. Soziale Unterstützungen jedoch, die vom Thema ablenkten, standen in einem negative Zusammenhang zum Selbstwert (s. o.). Parry und Shapiro (1986) stellten fest, daß sich Beziehungen zwischen expressiven bzw. instrumentellen Formen der sozialen Unterstützung und dem Selbstwert von Arbeiterfrauen nachweisen ließen. Ganz offensichtlich hatten instrumentelle Hilfen bei diesem Personenkreis eine andere wie auch immer geartete Bedeutung als bei Witwen.

Es deutet sich an, daß informelle Hilfen nur dann identitäts- und selbstwertstabilisierend wirken, wenn sie im Rahmen *definierter Rollenbezüge* angeboten werden. So stand bei Repetti (1987) der Selbstwert von Personen im Arbeitsbereich nur dann in einem korrelativen Zusammenhang zur sozialen Unterstützung, wenn diese vom Vorgesetzten, nicht aber wenn informelle Hilfe von einem statusgleichen Kollegen kam (vgl. auch Hobfoll & Stokes, 1988; Brown, Bhrolchian & Harris, 1978; Hobfoll, Nadler & Leiberman, 1986; Reis, 1984; Stokes, 1983). Die Ergebnisse zur Bedeutung intimer sozialer Beziehungen für den Erhalt des Selbstwertes sind allerdings nicht konsistent. Hobfoll und Leiberman (1987) stellten in einer Längsschnittstudie fest, daß der Selbstwert von Schwangeren durch die wahrgenommene eheliche Intimität nicht vorhergesagt werden konnte. Über geringe bis vernachlässigbare Korrelationen zwischen der Menge der sozialen Unterstützung, der erlebten Intimität in Freundschaften bzw. Familien und dem Selbstwert von Frauen, deren Männer zu Kriegsteilnehmern wurden, berichten Hobfoll und London (1986). In der Studie von Hobfoll, Nadler und Leiberman zeigten sich dagegen geringe bis mittelhohe Korrelationen zwischen dem Selbstwert von Frauen mit schwierigen Geburten und der erlebten ehelichen Intimität, der Zufriedenheit mit angebotenen informellen Hilfen und der Größe des sozialen Netzwerks bzw. familiärer und freundschaftlicher Sektoren. Bei Ward et al. (1991) wurde der Selbstwert von Krebspatienten durch die informellen Hilfen der Angehörigen beeinträchtigt. Diese inkonsistenten Befunde könnten einfach darauf zurückzuführen sein, daß nicht jede Art von Rollendestabilisierung zu einem Selbstwertverlust zu führen braucht. Denkbar ist, daß bestimmte Destabilisierungen ohne äußere Hilfe, d. h. durch eigene Anstrengungen bewältigt werden müssen. Dies mag insbesondere dann der Fall sein, wenn informelle Hilfen zusätzlich den Selbstwert in Zweifel ziehen. Rütteln soziale Unterstützungen an der Zuversicht, daß man sich selbst helfen kann, so mag dies die gleiche Folge haben.

Auch *relationale Merkmale* sozialer Netzwerke haben sich für Selbsteinschätzungen als wesentlich erwiesen. Über einen positiven Zusammenhang zwischen der *Zahl* und der *Qualität* enger *sozialer Beziehungen* einerseits und dem Ausmaß an erlebtem Selbstvertrauen andererseits berichten Billings und Moos (1984b) bei depressiven Patienten (vgl. auch Brennan & Moos, 1990). Darüberhinaus ging Hirsch (1985a) davon aus, daß auch die *Dichte* und *Multiplexität* sozialer Netzwerke wichtige Bedingungen für die Herstellung von sozialer Identität darstellen. Dies gilt insbesondere für Zeiten, in denen sich neue und auch divergierende Rollenanforderungen aufdrängen. So fand Hirsch (1980), daß der Selbstwert von Witwen und Frauen, die wieder zur Schule gingen, davon abhing, wie multiplex die freundschaftlichen Beziehungen und wie dicht die jeweiligen sozialen Netzwerke eingeschätzt wurden. Man kann annehmen, daß bei Rollenübergängen und Verlusten unterschiedliche Freundschaften helfen, die vielfältigen Aspekte des Selbst auch in einem kompensativen Sinne zu stabilisieren. Große, offene und wenig verdichtete soziale Netzwerke erleichtern den Zugang zu neuen Rollenbezügen (vgl. auch Antonucci & Wethington, 1983).

Es bleibt abschließend festzuhalten, daß nicht alle in der sozialen Unterstützungsforschung genannten Bedürfnisse daraufhin untersucht wurden, ob sie durch informelle Hilfen gestillt werden. Offen ist auch die Frage, ob informelle Hilfen und auch andere Merkmale sozialer Netzwerke der Befriedigung von sozialen Macht-, Kontroll- und Kompetenzbedürfnissen entgegenstehen oder förderlich sind (vgl. McAdams, 1988). Trotzdem kann man davon ausgehen, daß Merkmale sozialer Netzwerke, wenn auch in unterschiedlicher Weise, soziale und auch andere Bedürfnisse befriedigen können. Allerdings konnten bislang nur wenige Studien auch nachweisen, daß die Befriedigung sozialer Bedürfnisse zugleich auch für den Erhalt der Gesundheit bedeutsam ist. Von besonderer Bedeutung erscheint aufgrund der bisherigen Befunde aber auch die Feststellung, daß Bedürfnisse durch informelle Hilfen verstärkt und in einigen Fällen unbefriedigt bleiben. Dabei spielen wiederum subjektive Wertungen und bestimmte Anspruchniveaus eine offensichtlich bedeutsame Rolle.

4.6.2. Die Bedeutung sozialer Unterstützung für das Immunsystem

Eine weitere Annahme zu Beginn der sozialen Unterstützungsforschung war, daß sich informelle Hilfen wie eine Art von „sozialem Immunsystem" auswirken (vgl. Cassel, 1974; Pilisuk, 1982). In neueren Untersuchungen konnte zwar die Existenz eines eigenständigen „sozialen Immunsystems" nicht nachgewiesen werden, jedoch ließen sich deutliche Effekte sozialer Unterstützungen und sozialer Verluste auf das menschliche Immunsystem aufzeigen. Untersuchungen zum Zusammenhang von sozialer Unterstützung und Indikatoren des Immunsystems sind nicht nur deshalb wichtig geworden, weil sie Anhaltspunkte für psychophysiologische Prozesse liefern, sondern weil sie auch wichtige Erkenntnisse zur Entstehung, zum Verlauf und zur Behandlung verschiedener somatischer Erkrankungen erbringen (vgl. hierzu Ader & Cohen, 1985; Broadhead et al., 1983; Cohen, 1988; Jemmott & Locke, 1984, Pilisuk, 1982). Auf der Suche nach biologischen Markern werden seit einiger Zeit zusätzlich Zusammenhänge zwischen verschiedenen immunologischen Parametern und psychischen Erkrankungen untersucht. Das gilt vor allem für Depressionen des Typus „Major Depression" (Schleifer, Keller, Meyerson, Raskin, Davis & Stein, 1984).

Das menschliche Immunsystem gilt als ein hoch komplexes und langsam ansprechendes Wirkgefüge. Es ist noch lange nicht in seinen einzelnen Anteilen bekannt und untersucht. Unterschieden wird ein unspezifischer und ein spezifischer Teil, der jeweils durch bestimmte zelluläre oder humorale Indikatoren bestimmt wird. Verschiedene Leukozytenarten, Thrombozyten und Stoffe wie Interferon, Lysozym und Properdin, werden den *unspezifischen* Anteilen des Immunsystem zugeordnet. Die *spezifischen* Anteile werden durch T-Lymphozyten und Immunoglobuline getragen. T-Lymphozyten bestehen aus vielen Untergruppen, die verschiedene Stoffe synthetisieren, wie z. B. Gamma-Interferon und Stoffe, die als Informationsträger zwischen Zellen fungieren, die für die Abwehr unmittelbar oder mittelbar relevant sind. Interferon wiederum gilt als wichtiges Agens für verschiedene immunologische Prozesse, unter anderem auch für die Wirksamkeit von Killerzellen, die auf die Bekämpfung von intrazellulären Viren spezialisiert sind. Die zelluläre Immunfunktion besteht darin, Zellreaktionen zur Bekämpfung von Viren und Bakterien über die Produktion von T-Lymphozyten (T-Helfer/Induktionslymphozyten und T-Suppressor/Cytoxische Lymphozyten) zu steuern. Über die Produktion sogenannter Lymphokine helfen Induktionslymphozyten (z. B. B-Lymphozyten) Antikörper aufzubauen. Außerdem unterstützen sie die Replikation von T-Helferzellen. Damit ein gewisses Gleichgewicht hergestellt werden kann, hemmen T-Suppressoren die Antikörperreaktion (Kennedy, Kiecolt-Glaser & Glaser, 1988, 1990; Lloyd, 1987; Miltner, 1986).

Um die Stärke des Immunsystems zu messen, werden wegen der komplexen Zusammenhänge dieses Systems in der Regel mehrere Indikatoren erhoben. Eine Möglichkeit besteht darin, die Funktionstüchtigkeit des Immunsystems durch den Einsatz von provokativen Agentien zu prüfen.

Meist aber werden Indikatoren im Blutserum erfaßt, die oft auch als Ratio von aktivierenden und hemmenden Anteilen bestimmt werden (z. B. Zahl der Lymphozyten, Killerzellen, usw.). Eine spezielle Form, die Reagibilität des Immunsystem zu prüfen, stellt die Anwendung von Mitogenen dar. Sie regen unter Laborbedingungen die Lymphozytenproduktion in Vitro an. Meist wird das Mitogen Concanavalin A genutzt, welches die Produktion von T-Helferzellen, Suppressorlymphozyten und Phytohemmaglutinin stimuliert. Indirektere Erhebungsmethoden beziehen sich auf *physiologische Maße*, wie z. B. Herzrate oder Blutdruck. Zumindest in Teilen vermittelt sich das Immunsystem auch über neuroendokrinologische und hämodynamische Aktivitäten auf solche physiologischen Parameter (Boyce & Chesterman, 1990; Flannery, 1990; Kennedy, Kiecolt-Glaser & Glaser, 1988, 1990; Lloyd, 1987; Miltner, 1986).

Die ersten Anhaltspunkte dafür, daß informelle Hilfen die Funktionstüchtigkeit des Immunsystem mitgestalten, wurden zunächst in der tierexperimentellen, immunologisch und neurophysiologisch orientierten Streßforschung erarbeitet. Zum Beipiel konnte Bovard (1962) nachweisen, daß soziale verstärkende Stimuli im Bereich des Hypothalamus dadurch einen hemmenden Einfluß auf Streßreaktionen ausüben, daß sie parasympathische Aktivitäten anregen. Experimentelle Tierstudien haben außerdem deutlich gemacht, daß das Immunsystem nicht nur durch neuartige oder auch traumatische Reize, sondern auch durch soziale Verlusterlebnisse affiziert werden kann. Solche Stressoren erhöhen die Serum-Cortisol-Reagibilität oder führen zu einer Zunahme an adrenocorticotroben Hormonen. Diese hemmen wiederum die Produktion von Antikörpern. Umgekehrt gelang es auch die andrenerge Reagibilität durch vorhersehbare und positiv verstärkende Reize zu dämpfen (vgl. Ader & Cohen, 1985; Levine, Coe & Wiener, 1989). Die damit verbundene Annahme, daß Immunreaktionen durch Stimuli konditioniert ausgelöst werden können, ist inzwischen durch eine Vielzahl von Experimenten bewiesen (vgl. Ader & Cohen, 1985; Lloyd, 1987). Experimentelle Studien belegen auch, daß sich soziale Unterstützungen vorteilhaft auf physiologische Parameter auswirken. So dämpften günstige sozial unterstützende Bedingungen den negativen Einfluß von Belastungen, die während der Bearbeitung einer Problemlöseaufgabe in Hinsicht auf die Pulsrate nachzuweisen waren (Tanaka, Kojo & Matsuzaki, 1990). Auch Karmack, Manuck und Jennings (1990) wiesen in einem Experiment nach, daß sich die Anwesenheit von Freunden günstig auf die kardiovaskuläre Aktivität bei der Bewältigung von schwierigen Aufgaben auswirken kann.

Zahlreiche Befunde haben belegt, daß belastete Personen, und dabei insbesondere auch solche, die unter einem sozialen Verlust zu leiden haben, eher an einer Infektion erkranken. Dies wurde als deutlicher Hinweis dahingehend gewertet, daß ein Mangel an sozialer Unterstützung und auch der Verlust sozialer Bindungen das menschliche Immunsystem beeinträchtigen können. Dabei geht Cohen (1988) davon aus, daß informelle Hilfen über verschiedene Pfade das Immunsystem beeinflussen. Neben direkt stimulierenden, auch konditionierten Effekten, wirken sich informelle Hilfen auch dadurch indirekt auf das biologische System aus, indem sie vorteilhaftes Gesundheitsverhalten stabilisieren und salutogene Gefühle, z. B. der Kontrolle, möglich machen.

Es zeigte sich, daß drohende oder tatsächliche Verluste, wie Verwitwungen, Scheidungen und Einsamkeit, das Immunsystem gravierend schwächen können. In der Regel wird deutlich, daß das Immunsystem in Form einer durch Mitogene provozierten, verminderten Lymphozytenreaktion beeinträchtigt wird. Außerdem reduziert sich die Zahl der Killerzellen bzw. der Antikörper und erhöht sich der Serum-Cortisol- oder auch Harnsäurespiegel (vgl. Antonucci & Jackson, 1987; Justice, 1987; Kennedy, Kiecolt-Glaser & Glaser, 1990; Laudenslager, 1988; Lloyd, 1987; O'Leary, im Druck). Die Befundlage zur negativen Wirkung fehlenden sozialen Rückhalts auf das Immunsystem aber ist nicht ganz eindeutig. So waren bei einigen Untersuchungen nicht alle Indikatoren des Immunsystems in gleicher Weise betroffen. Zum Beispiel konnten Bartrop, Lazarus, Luckhurst, Kiloh und Penny (1977) bei Witwen eine geringere mitogenbedingte Reagibilität nachweisen. Die Zahl der T- und B-Lymphozyten, die Konzentration des Serumprotein, des Immunoglobulins und die Menge der Alpha$_2$-Makroglobuline waren jedoch nicht davon berührt. Wirkungen auf die Konzentration von Thyroxin, Triiodothyronin, Prolaktin und von Wachstumshormonen im Serum konnten ebenfalls nicht belegt werden.

Wenigstens genauso gewichtig wie diese Befunde ist die Erkenntnis, daß auch vorhandene soziale Bindungen das Immunsystem beeinträchtigen können; dies gilt insbesondere dann, wenn die Qualität entsprechender sozialer Beziehungen als aversiv eingeschätzt wird (Kiecolt-Glaser, Fisher, Ogrocki, Stout, Speicher & Glaser, 1987; Kiecolt-Glaser, Kennedy, Malkoff, Fisher, Speicher & Glaser, 1988). Das bedeutet, daß auch auf psychophysiologischer Ebene immer zugleich die positiven und negativen Effekte sozialer Unterstützung überprüft werden sollten. Hinzu kommt, daß mit dem Einfluß weiterer Variablen auf den Zusammhang von sozialer Unterstützung und dem Immunsystem zu rechnen ist. Dazu gehört die Geschlechtszugehörigkeit, Dispositionen, wie z. B. Machtmotive, aber auch die Stärke von sozialen Bindungen, wie sie vor entsprechenden Verlusterlebnissen gegeben war. Wesentlich ist auch die Frage, ob ein Verlust selbst initiert wurde und wie lange er zurückliegt (Kennedy, Kiecolt-Glaser & Glaser, 1988, 1990; Lloyd, 1987).

Auch die Befundlage zur Frage, wie sich angebotene informelle Hilfen auf das Immunsystem auswirken, ist ebenso uneindeutig wie die zu den Effekten sozialer Verluste. Zum einen ist die Zahl der einschlägigen Studien gering, zum anderen sind die Ergebnisse nicht konsistent. Ausgangspunkt entsprechender Studien sind neurophysiologische Befunde zur antagonistischen Wirkung der parasympathischen Reaktivität im Bereich des Hypothalamus anterior und lateralis. Sie hemmen die Zone des Hypothalamus posterior, die bei Streß adrenocorticotrope Reaktionen zeigt. Autostimulationen dieser antagonistischen Zonen produzieren Gefühle der Euphorie und Entspannung. Die genaue Aktivität ist hierbei unbekannt. Man weiß, daß opiatähnliche Stoffe, sogenannte Beta-Endorphine ausgeschüttet werden. Diese wirken schmerzlindernd und narkolepsieartig (vgl. Broadhead et al., 1983).

Für förderliche Einflüsse sozialer Unterstützung auf das Immunsystem sprechen Befunde, wonach Personen, die über günstige soziale Bindungen verfügen, weniger krankheitsanfällig sind (vgl. Justice, 1987). Bei Krebspatienten ließ sich die Zahl der Killerzellen mit Hilfe der wahrgenommenen Qualität der sozialen Unterstützung durch nahe Bezugspersonen, den Arzt, der Bereitschaft, Hilfe zu suchen, und zwei weiteren medizinischen Prädiktoren vorhersagen (Levy, Herberman, Whiteside, Sanzo, Lee & Kirkwood, 1990). Studenten, die vor dem Examen standen und über viel sozialen Rückhalt berichten konnten, hatten einen vergleichsweise höheren Immunoglobulinspiegel im Speichel (Jemmott & Magliore, 1988). Ältere Personen mit vertrauensvollen sozialen Beziehungen wiesen eine vergleichsweise stärke Immunreagibilität auf. Sie hatten eine höhere Lymphozytenzahl und einen geringeren Serum Cholesterin- und Harnsäurespiegel (Thomas, Goodwin & Goodwin, 1985). Die Ergebnisse erwiesen sich jedoch in Hinsicht auf die Mitogenreagibilität als geschlechtsabhängig. Frauen profitieren offenbar auch auf der biologischen Ebene mehr von informellen Hilfen (vgl. McNaughton, Smith, Patterson & Grant, 1990; Kapitel 6). Ehepartner von Krebspatienten, die sozial gut unterstützt wurden, hatten eine vergleichsweise höhere Killerzellenaktivität und reagierten deutlicher auf Phythämagglutinin, einem pflanzlichen Stoff, der Erythrozyten gerinnen läßt (Baron, Cutrona, Hicklin, Russell & Lubaroff, 1990).

Andere Studien jedoch sprechen gegen die Fähigkeit informeller Hilfen, das menschliche Immunsystem zu stabilisieren. Schlesinger und Yodfat (1991) stellten bei erwachsenen Personen fest, daß signifikante Bezüge zwischen individuellen Fähigkeiten zur Streßbewältigung bzw. der Tendenz zu Angstneurosen und der Zahl der Killerzellen nachzuweisen waren. Zusammenhänge zwischen sozialen Ressourcen und der Zahl der Killerzellen bzw. dem Anteil an Lymphozyten waren jedoch nicht feststellbar. Auch Snyder, Roghmann und Sigal (1990) konnten über keine entsprechenden Zusammenhänge bei Jugendlichen berichten. Arnetz et al. (1987) konnten bei Arbeitslosen keine unmittelbaren und auch keine längerfristigen, das Immunsystem schützenden Wirkungen feststellen, wenn jemand eine Selbsthilfegruppe besuchte. Über acht Studien hinweg errechneten Schwarzer und Leppin (1989a) eine mittlere Korrelation zwischen sozialer Unterstützung und immunologisch bedeutsamen physiologischen Parametern in Höhe von nur –.07. Soziale Unterstützungen im Bereich der Arbeitswelt korrelieren nach einer Übersicht von Kasl und Wells (1985) so gut wie gar nicht mit physiologischen Parametern wie Blutcholesteringehalt, Harnsäurespiegel, Blutdruck und auch anderen Indikatoren zum Gesundheitszustand von Beschäftigten (vgl. dagegen Fusilier, Ganster & Mayes, 1987; Theorell, Orth Gomer & Eneroth, 1990; Unden, Orth Gomer & Elofsson, 1991). In einer Studie von Kaufman und Beehr (1986) ließen sich sogar katalytische Effekte sozialer Unterstützung nachweisen. Die statistische Interaktion von Arbeitsstreß und sozialer Unterstützung durch Mitarbeiter und Vorgesetzte standen in einem positiv korrelativen Zusammenhang zu Blutdruck und Pulsrate.

In Hinsicht auf die Wirkung fehlender oder vorhandener sozialer Unterstützung auf das Immunsystem bleibt insgesamt zu konstatieren, daß zwar von einer Reagibilität dieses Systems ausgegangen werden kann, jedoch die Rede von einem „sozialen Immunsystem" eher metaphorischen Charakter besitzt. Untersucht man den Einfluß sozialer Unterstützung auf das Immunsystem anhand verschiedener Indikatoren, so ist noch nicht im Detail rekonstruiert, wie sich informelle Hilfen auf dieser Ebene auswirken. Hinweise auf die Möglichkeit, daß dabei einfache Konditionierungen eine Rolle spielen, sind unter anderem deshalb ungeeignet, weil die experimentelle Konditionierung von Immunreaktionen bislang keine Hinweise erbracht hat, daß auch soziale Unterstützungen den Charakter von konditionierten Stimuli erwerben könnten. Die psychophysiologischen und neuroendokrinologischen Prozesse zur Wirkung sozialer Unterstützung sind noch weitgehend unbekannt und mehr noch auf Vermutungen beruhend (vgl. Laudenslager, 1988). Auch die Frage scheint noch unbeantwortet, wie sich informelle Hilfen über eine Veränderung des Gesundheitsverhaltens auf das Immunsystem auswirken könnten. Die Untersuchung von psychologischen Wirkmechanismen, die erklären können, ab wann Stressoren, also auch Verlusterlebnisse, das Immunsystem aktivieren und ab wann solche Einflüsse sich deformierend auf dieses System auswirken, steht ebenfalls noch aus. Nicht zuletzt bleibt festzustellen, daß die Vielfalt der Möglichkeiten, soziale Unterstützung zu messen, im Kontext der immunologischen Forschung bislang ungenutzt blieb. Dabei stellt sich gerade auch in Hinsicht auf die Bedeutung negativer Beziehungsqualitäten für das Immunsystem die Frage, welche sozial-interaktiven Zusammenhänge informeller Hilfen ganz allgemein zu berücksichtigen wären. Diese Frage ist schon deshalb von Bedeutung, weil ohne solche Bezüge die immunologisch orientierte Unterstützungsforschung sich sonst zu einer Art von reduktionistischem Biologismus neigen könnte.

4.6.3. Der sozial-interaktive Bezug

Weitgehend unabhängig von den Bemühungen, die Wirkung sozialer Unterstützung mit psychophysiologisch faßbaren Prozessen in Verbindung zu bringen, versucht man den Austausch informeller Hilfen wieder mehr als kommunikative und sozial-interaktive Handlung aufzufassen. Diese Versuche sind nicht nur durch die frühen Definitionen sozialer Unterstützung nahegelegt worden, welche die Funktionen informeller Hilfen in sozialen Gefügen eingebettet sahen (z. B. Caplan, 1974). Vielmehr waren auch jene Auffassungen daran beteiligt, die im Meta-Konstrukt „soziale Unterstützung" strukturelle und relationale Merkmale beibehielten. Gerade auch die Untersuchung der Zusammenhänge zwischen diesen Merkmalen sozialer Netzwerke dürfte die sozial-interaktive Sicht vom Austausch informeller Hilfen mit vorbereitet haben. Sowohl die Unterscheidung verschiedener Quellen der informellen Hilfe als auch die Differenzierung der Wirkmodelle, welche soziale Unterstützungen als mobilisierbare Potentiale verstanden wissen wollten, prägten diese Entwicklung mit. Der Wunsch, den Austausch informeller Hilfen wieder mehr als ein sozialinteraktives Geschehen begreifen zu wollen, verbindet sich mit der Einsicht, daß dieses Geschehen nicht verstanden werden kann, wenn nicht zugleich die Struktur und Qualität der sozialen Beziehung, Eigenschaften der an diesem Austausch beteiligten Personen und auch situative Charakteristika berücksichtigt werden (Cutrona, Cohen & Ingram, 1990; Duck & Cohen Silver, 1990; Dunkel Schetter & Skokan, 1990; Pierce, Sarason & Sarason, 1991; Sarason, Pierce & Sarason, 1990a,b; Wills, 1991, im Druck). Den *kommunikativen* Aspekt sozialer Unterstützung betonen in besonderem Maße Albrecht und Adelman (1987b). Nach Ansicht dieser Autoren besitzen soziale Unterstützungen den Charakter eines transaktionalen, symbolischen Prozesses der wechselseitigen Einflußnahme zwischen zwei oder mehr Individuen. Analog und digital organisierte Kommunikationsprozesse sollen Nähe herstellen, bestehende Beziehungen definieren und kognitive Unsicherheit reduzieren helfen[28].

Grundsätzlich lassen sich drei Arten unterscheiden, wie mit dem sozial-interaktiven Moment informeller Hilfen umgegangen wird. Zum ersten werden soziale Beziehungen oder Interaktionen mit sozialen Unterstützungen gleichgesetzt. Dementsprechend gehen einige Autoren in ihrer *sozial-interaktiven Betrachtungsweise* sozialer Unterstützung so weit, daß sie insbesondere enge soziale Bindungen mit ihr gleichsetzen. Zum anderen werden in sozialen Beziehungen und Interaktionen Voraussetzungen für den Austausch informeller Hilfen gesehen. Die meisten Autoren sehen insbesondere in den Regeln und Qualitäten, die soziale Beziehungsmuster definieren, die wesentlichsten Vorbedingungen für diesen Austausch. Zum Dritten wird umgekehrt die Auffassung vertreten, wonach enge und stabile soziale Beziehungen und auch soziale Netzwerke über informelle Hilfen, aber auch über sozialen Druck, aufgebaut, gepflegt und verändert werden (vgl. Kapitel 3; Antonucci & Jackson 1987; Gentry & Kobasa, 1985; Gottlieb, 1985a; Griffith, 1985; House & Kahn, 1985; Leatham & Duck, 1990; Schwarzer & Leppin, 1989a; Winnebust, Buunk & Marcelissen, 1988; Wortman & Dunkel-Schetter, 1987).

Es wird angenommen, daß die Vorgaben, welche den Austausch von sozialen Unterstützungen bestimmen, auf kulturell geprägten Reziprozitätsregeln und auf der Kongruenz jener Ziele beruhen, die den Austausch von informellen Hilfen zwischen den beteiligten Personen anleiten. Antonucci und Jackson (1990) vertreten die Auffassung, daß ein wesentliches und zugleich auch langfristiges Ziel informeller Hilfen darin besteht, den Empfängers zu verpflichten und damit für mögliche Notfälle in dem Sinne vorzusorgen, daß dann soziale Unterstützungen abgerufen werden können. Damit der Austausch sozialer Unterstützungen angemessen verläuft, muß dieser mit bestimmten sozial-normierte Regeln übereinstimmen. Diese geben an, unter welchen Bedingungen informelle Hilfen als passend gelten können. Dabei spielt die Frage eine Rolle, ob jemand für die Entwicklung eines Problems und/oder für die Lösung verantwortlich zu machen ist[29].

---

[28] Vgl. insgesamt Kelley et al. (1983), Leatham und Duck (1990), Morgan (1990), Sarason, Pierce und Sarason (1990a, b), Schwarzer und Leppin (im Druck), Shinn, Lehmann und Wong (1984).

[29] Brickman, Rabinowitz, Karuza, Coates, Cohn und Kidder (1982) haben vier unterschiedliche kognitive Modelle des Helfens vorgeschlagen. Je nach dem, ob und in welchem Ausmaß die Verantwortung für die Entstehung und Lösung eines Problems auf die betroffene Person attribuiert wird, werden Hilfen angeboten, zur Selbsthilfe ermahnt oder auch der Gang zu Experten empfohlen (vgl. hierzu auch Schwarzer & Weiner, 1990, 1991).

Außerdem ist die jeweilige Geschichte zur Effektivität vergangener Hilfen in bestimmten sozialen Beziehungen von zentraler Bedeutung (Akiyama, Antonucci & Campbell, 1990; Cutrona, Suhr & MacFarlane, 1990; House, 1981; Gottlieb, 1983b; 1985a; Jung, 1984, 1987; Leatham & Duck, 1990; Shumaker und Brownell, 1984).

Zur Bedeutung stabiler sozialer Beziehungen

Die Auffassung, wonach soziale Unterstützung mit der Existenz stabiler sozialer Beziehungen gleichgesetzt werden kann, leitet sich aus jenen definitorischen Bemühungen ab, die informelle Hilfen als eine Art von sozialem Rückhalt oder als soziale Integration bestimmt haben. Dabei spielt die Überlegung eine Rolle, wonach soziale Unterstützungen auch dann wirksam sein können, wenn keine konkreten Handlungen beobachtbar und auch andere Personen nicht unmittelbar physisch präsent sind. Allein die Erinnerung daran, daß man Teil einer Gemeinschaft ist und daß Hilfen erreichbar und jederzeit abrufbar sind, macht den sozial unterstützenden Effekt aus.

In diesem Sinne wurde auch die Bedeutung sozialer Unterstützung für das Wohlbefinden sehr oft und in mannigfaltiger Weise untersucht. Zu dieser Vielfalt haben Studien beigetragen, welche der Frage nachgegangen sind, ob der eheliche Status, die Qualität und dabei insbesondere die Intimität sozialer Beziehungen und die Erreichbarkeit informeller Hilfen entscheidend für die gesundheitliche Verfasssung einer Person ist. Positive Zusammenhänge zwischen der *Erreichbarkeit* von verschiedenen Formen der sozialen Unterstützung und psychischen Befindlichkeiten wurden unter anderem bei Studenten, Angehörigen von Alzheimerkranken, in Scheidung lebenden Müttern, Drogenabhängigen und neurotischen Klienten in einer Vielzahl von Studien nachgewiesen[30]. In wenigstens zwei Längsschnittsuntersuchungen wurden mittelhohe Zusammenhänge zur Depressivität errechnet (Rhoads, 1983; Roos & Cohen, 1987; vgl. dagegen Henderson, Byrne und Duncan-Jones, 1981; Marziali, 1987). In einer nicht unbeträchtlichen Zahl von Studien zeigte sich, daß *nicht verheiratete* Personen in einer vergleichsweise schlechteren physischen und psychischen gesundheitlichen Verfassung waren (z. B. Blazer, 1983; Gove, 1972; Gove, Hughes & Style, 1983; Radloff, 1975, Pearlin & Johnson, 1977,

---

[30] Vgl. Cohen und Hoberman (1983), Cohen, Mermelstein, Karmack und Hoberman (1985), Hansell (1985), Fiore, Coppel, Becker, und Cox (1986), O'Hara, Rehm und Campbell (1983), Sarason, Shearin, Pierce und Sarason (1987), Slavin und Compas (1989), Tetzloff und Barrera (1987).

Ensel, 1982; zur Übersicht Mirowsky & Ross, 1986). Dieser Befund konnte teilweise auch in Längsschnittuntersuchungen festgestellt werden (vgl. z. B. Thoits, 1982b). Die Zahl oder der *Besitz enger, vertrauensvoller Beziehungen* erwies sich als ein direkt wirksamer, aber auch im Zusammenspiel mit Stressoren, als ein indirekt wirksamer Faktor. Dies gilt vor allen Dingen in Hinsicht auf das Merkmal „Depressivität" (vgl. z. B. Aneshensel & Stone, 1982)[31]. In fast sämtlichen Studien der Forschungsgruppe um Moos war die *Qualität sozialer Beziehungen* ein wichtiges Korrelat zu verschiedenen psychischen Befindlichkeiten (vgl. z. B. Billings & Moos, 1984a,b; dagegen z. B. Hobfoll & Leiberman, 1987). In einer Studie von Jung (1990) erwies sich sogar die *Reziprozität* für das Wohlbefinden bedeutsamer als die Menge der jeweils ausgetauschten informellen Hilfen.

In ihrer Qualität vorteilhaft eingeschätzte soziale Beziehungsmuster sind in der Regel zugleich auch eine *Voraussetzung* dafür, daß informelle Hilfen überhaupt oder in besonderer Weise wirken[32]. Ensel (1986a) konnte z. B. nachweisen, daß intime Formen der sozialen Unterstützung besonders bei Verheirateten salutogen waren, während dies bei schon immer Ledigen und Verwitweten weniger und bei Geschiedenen so gut wie überhaupt nicht der Fall war. Bei Barker und Lemle (1984) schätzten nur Personen, die in zufriedenstellenden sozialen Beziehungen lebten, diese auch als sozial unterstützend und einfühlsam ein. Dieses Ergebnis konnte auch im Rahmen eines Experiments nachgewiesen werden, bei dem die Nähe der sozialen Beziehung variiert wurde (vgl. Cutrona, Cohen & Ingram, 1990). Es waren auch insbesondere intime soziale Interaktionen, die das Gefühl übermittelten, verstanden, geschätzt und umsorgt zu werden, jederzeit einen Ratschlag einholen zu können und Teil einer Gemeinschaft zu sein (Reis 1986; Reis & Shaver, 1987; vgl. dagegen Brown & Gary, 1985a,b; O'Connor & Brown, 1984).

Ergebnisse dieser Art können möglicherweise darauf zurückgeführt werden, daß informelle Hilfen durch feste Bezugspersonen als glaubwürdiger gelten, in ihrer Art und Wirkung besser einschätzbar und zugleich auch in Hinsicht auf die mögliche Verletzung von Reziprozitätsregeln, weniger belastend sind (Barker & Lemle, 1984; Gottlieb, 1985a; Kelley, 1983;

---

[31] Vgl. auch Brown und Harris (1978), Brown, Andrews, Harris, Adler und Bridge (1986), Dean und Ensel (1982, 1983a, b), Dow und Craighead (1987), Habif und Lahey (1980), Miller und Lefcourt (1983), Surtees (1980), Vega, Kolody und Valle (1986), Winefeld (1979).

[32] Für die Unterscheidung von sozialer Unterstützung und der Qualität sozialer Beziehungen sprechen Untersuchungen, die nachwiesen, daß sie als relativ unabhängig einzustufen sind (Pierce, Sarason & Sarason, 1988; Pierce, Sarason & Sarason, 1989).

Melamed & Brenner, 1990; O'Connor & Brown, 1984)[33]. Außerdem verleihen intime soziale Beziehungen den darin angebotenen informellen Hilfen auch ein besonderes Gewicht (vgl. Cutrona, Cohen & Ingram, 1990; Hobfoll, Nadler & Leiberman, 1986; Heller & Lakey, 1985; Procadino & Heller, 1983; Leatham & Duck 1990; Reis, 1988, 1990; Sarason, Pierce & Sarason, 1990). Es kommt hinzu, daß nur *enge soziale Beziehungsformen*, das heißt intensive, dauerhafte, häufige und interdependente Interaktionsmuster, eine hinreichend große Bandbreite unterschiedlicher Arten von sozialer Unterstützung anbieten. Bestimmte Leistungen, wie z. B. finanzielle Unterstützungen, kommen fast ausschließlich von sehr nahestehenden Partnern[34]. Allerdings ist auch hier darauf zu verweisen, daß gerade die Enge sozialer Beziehungen auch Abhängigkeiten schafft, die informelle Hilfen zu einer mehrdeutigen Ressource machen können (vgl. Coyne, Ellard & Smith, 1990).

Ein interessantes Beispiel dafür, wie beziehungsspezifisch der Austausch informeller Hilfen sein kann, liefert die Studie von Cutrona, Suhr und MacFarlane (1990). Die Autoren entwickelten achtzehn Kategorien, um solches Verhalten beobachten und klassifizieren zu können, das soziale Unterstützungen mobilisiert. Bei Verheirateten waren Fragen nach konkreten kognitiven und emotional unterstützenden Hilfen besonders häufig. Bei nicht Verheirateten ließen sich eher indirekte Mobilisierungsversuche beobachten. Dazu gehörten unter anderem Berichte über die eigene Gefühlslage. Außerdem ließen sich bei Verheirateten signifikant positive Zusammenhänge zwischen diesen eher fordernden Verhaltensweisen und der ehelichen Zufriedenheit nachweisen. Dagegen korrelierte bei nicht Verheirateten die Darstellung eigener Gefühle mit der wahrgenommenen sozialen Unterstützung.

Einen deutlichen Hinweis darauf, wie prägend jeweils die Art der sozialen Beziehung für den Austausch an informellen Hilfen ist, liefern Untersuchungen, die darüber berichten, wie sich informelle Hilfen im Verlauf einer Beziehungsgestaltung verändern. Enge soziale Beziehungen (z. B. Partnerschaften) sind die Folge gegenseitiger Attraktion, die auch auf dem Austausch informeller Hilfen gründet. Sie sind das Ergebnis von sich gegenseitig aufbauenden interdependenten (hilfreichen) Interaktionen, aufeinander abgestimmten Wertemustern und von gemeinsamem emotio-

---

[33] Diese Erkenntnis leitet auch zunehmend Untersuchungen zu altruistischem Verhalten in informellen Systemen an (vgl. z. B. Montada, Dalbert & Schmitt, 1988).
[34] Vgl. auch Argyle und Furnham (1983), Chapman und Pancoast (1985), Denoff (1982), Seeman und Berkman (1988), Wellman und Hiscott (1985), Wellman, Mosher, Rottenberg und Espinosa (1987).

nalem Engagement (vgl. z. B. Brehm, 1985; Kelley et al., 1983; Uehara,1990). Dementsprechend konnte festgestellt werden, daß am Anfang einer Freundschaftsbeziehung viele soziale Unterstützungen ausgetauscht werden. Dabei erwies sich die Zufriedenheit mit diesem Austausch als ein bedeutsamer Prädiktor für die Stabilität der sozialen Beziehung. Mit der Zeit nivelliert sich die Häufigkeit des Austauschs sozialer Unterstützungen und die Qualität der Hilfen wird zunehmend bedeutsamer; zumindest differenzieren diese beiden Arten der informellen Hilfe lose und eng geknüpfte Bindungen (vgl. Berg & Clark, 1986; Clark & Reis, 1988). Beziehungen, die sich in dieser Hinsicht nicht als zufriedenstellend erweisen, werden eher abgebrochen. Personen, die abgelehnt werden, erhalten weniger soziale Unterstützung (Burleson, 1990; Duck, 1981).

Insgesamt bestätigen diese Studien, daß die Wirkung informeller Hilfen ohne den Einfluß bestimmter sozialer Beziehungsformen nicht denkbar wäre. Sie sind Quelle der sozialen Unterstützung, sie verleihen ihnen aber vielfach erst den eigentlichen psychologischen und damit auch salutogenen Bedeutungsgehalt. Dabei muß daran erinnert werden, daß intime soziale Beziehungen und die Art der durch sie angebotenen Hilfen ohne den (sozial-normativen) Einfluß durch soziale Netzwerke nicht hinreichend zu verstehen ist (vgl. Kapitel 3). Diese Ergebnisse mögen insgesamt betrachtet noch nicht ausreichend sein, um die sozialen und individuellen regulativen Prozesse zu kennzeichnen, die das Zusammenspiel von sozialer Unterstützung, engen sozialen Beziehungen und sozialen Netzwerken bestimmen. Undeutlich sind noch die kollektiven und individuellen Regelsysteme und Handlungsentscheidungen, die bei der Wahl sozialer Unterstützungen auch als strategische Momente zur Gestaltung von sozialen Bindungen und sie umgebenden sozialen Netzwerken eine Rolle spielen könnten. Dennoch bleibt das Verdienst der sozial-interaktiv orientierten Unterstützungsforschung, daß sie psychologische Wirkmechanismen informeller Hilfen wieder mehr in die Nähe einer strukturalistischen und damit ursprünglichen netzwerkorientierten Sicht bringen. Die bislang berichteten sozial-interaktiv konzipierten Befunde zur Wirkung sozialer Unterstützung haben vor allem nachgewiesen, wie unmittelbar bedeutsam informelle Hilfen für die gesundheitliche Verfassung und das Wohlbefinden einer Person sind. Weitgehend offen ist die Frage, ob so gefaßte Formen der sozialen Unterstützung auch bei der Bewältigung von Belastungen bedeutsam sind. Wir gehen dieser Frage im folgenden nach und berichten über die Versuche, die Bewältigung von Stressoren als ein sozial-interaktives Geschehen zu rekonstruieren (vgl. hierzu Albrecht & Adelman, 1987b; Barbee, 1990).

4.6.4. Soziale Unterstützung als soziale Streßbewältigung

Obwohl Caplan (1974) die Funktion sozialer Unterstützung auch darin sah, daß sie individuelle Ressourcen bei der Bewältigung von Problemen und Belastungen stärken sollte, hat man lange Zeit versäumt, das Verhältnis zwischen informellen Hilfen und Prozessen der individuellen Streßbewältigung zu klären. Das mag auch darin begründet sein, daß ursprünglich informelle Hilfen und individuelle Ressourcen zur Streßbewältigung als voneinander unabhängige Potentiale aufgefaßt wurden (vgl. z. B. Holahan & Moos, 1986). Unklar aber war vor allem, wie man sich im einzelnen die Verbindung zwischen verschiedenen individuellen und sozialen Ressourcen vorzustellen hatte (vgl. Lieberman, 1982; Perkonigg, 1993; Veiel & Ihle, 1993).

Cohen und McKay (1984) und auch Wills (1985) vertraten die Ansicht, daß sich soziale Unterstützungen dadurch mit individuellen Problembewältigungen verbinden, daß sie die notwendigen motivationalen Lagen stabilisieren, den Informationsstand erweitern und die Handlungsmöglichkeiten bzw. die Kontrollfähigkeiten des Hilfesuchenden verbessern (vgl. auch Barbee, 1990). Nicht wenige Autoren sahen in der Verbindung von individuellen und sozialen Ressourcen einen Vorgang, bei dem die Nutzung sozialer Unterstützung zu einem bewußten, kognitiv gesteuerten und zielgerichteten Geschehen wird (vgl. auch Heller & Lakey, 1985; Heller & Swindle, 1983; Shumaker & Brownell, 1984). Daran anknüpfend haben Thoits (1984a, 1986) und Vaux (1988b) soziale Unterstützungen als Hilfen erkannt, die in verschiedenen Phasen der Streßbewältigung Unterschiedliches leisten können. Dabei griffen sie auf Lazarus und Folkmans (1984) Modell der Streßverarbeitung zurück. Grob vereinfacht sieht dieses Modell verschiedene Phasen der Streßverarbeitung vor. Primäre Bewertungen von Stressoren sollen helfen, ihre Bedrohlichkeit einzuschätzen. Sekundäre Einschätzungen prüfen, welche Bewältigungsmöglichkeiten zur Verfügung stehen. Je nach Ergebnis dieser Sondierungen fällt die Neubewertung eines Stressors aus. Zusätzlich nimmt dieses handlungsregulative Modell an, daß Streßbewältigungen in Hinsicht auf ihre Effektivität überprüft, korrigiert und entsprechende Leistungen unterschiedlich attribuiert werden.

Wir haben gesehen, das soziale Unterstützungen auch dadurch schon wirksam werden können, daß sie vor Stressoren bewahren, indem sie bestimmte Ereignisse gar nicht erst entstehen lassen. Sind solche Ereignisse aber unvermeidbar, so können informelle Hilfen dafür sorgen, daß sie objektiv weniger gefährlich sind. Soziale Unterstützungen können vor allem aber auch dazu beitragen, daß die *primäre (subjektive) Bewertung von Stressoren* in Hinsicht auf verschiedene Parameter, wie Schädlichkeit, Verlust und Herausforderung, günstiger ausfällt. Korrigierende Hinweise zur wahren Bedrohlichkeit eines Stressors, beruhigende emotionale Unterstützungen und auch Ablenkungsmanöver können die Wahrnehmung präzisieren oder das Erregungsniveau mindern. Durch den Einfluß sozialer Unterstützung kann auch die *sekundäre Bewertung*, das heißt die Einschätzung eines Stressors in Hinsicht auf seine Bewältigbarkeit, ebenfalls zu einem vergleichsweise günstigeren Ergebnis kommen. Dies ist etwa dann der Fall, wenn belastete Personen auf effektive Bewältigungsmöglichkeiten modellhaft hingewiesen werden, oder wenn ihnen die (gemeinsame) Bewältigung von Problemen sogar angeboten wird (vgl. z. B. Sarason, 1975).

Der Vorgang der *Streßbewältigung* selbst kann durch aufmunternde, motivierende Hilfen gestützt werden, sich aber auch als ein kollektives Handeln darstellen. Eine besondere Form von sozialer Unterstützung dürfte in diesem Zusammenhang die Anteilnahme bei Verlusterlebnissen sein, welche notwendige Trauerarbeiten intensivieren helfen kann. Eine weitere, bislang kaum untersuchte Form der sozialen Unterstützung mag auch darin bestehen, daß die zur Hilfe animierte Person erkennt, daß ein sozialer Rückzug angemessener ist als unmittelbare soziale Unterstützungen. Der Fortgang von Streßbewältigungsversuchen hängt auch davon ab, wie mögliche Zwischenergebnisse individuell und sozial gewertet werden. Dementsprechend können Mißerfolge bei Streßbewältigungsversuchen durch informelle Hilfen auch hin zu günstigen Attributionen gelenkt werden[35].

In vielen Studien wurden Strategien der Streßbewältigung und soziale Unterstützungen zunächst als *unabhängige Ressourcen* behandelt (z. B. Kvam & Lyons, 1991; Nelson, 1990; Smith, Smoll & Ptacek, 1990). Dabei zeigt sich im überwiegenden Teil der Untersuchungen, daß individuelle Streßbewältigungen mehr Varianz aufklären als informelle Hilfen. So weisen z. B. Billings und Moos (1984b) in einer Querschnittsstudie nach, daß emotionsfokussierte Bewältigungsformen Depressionen eher verstärken, den physischen Gesundheitszustand beeinträchtigen und auch das Selbstvertrauen schwächen. Diese Zusammenhänge sind dabei deutlich ausgeprägter als jene, welche zwischen der Qualität bzw. Zugänglichkeit zu engen sozialen Beziehungen und dieser Art von Befindlichkeit bestehen. Mitchell und Hodson (1983) berichten, daß verschiedene Arten der sozia-

---

[35] Vgl. insgesamt Badura (1986), Bloom (1982), Gore (1985), Gottlieb (1985a), Heller, Swindle und Dusenbury (1986), Hobfoll (1985c, 1989), Hobfoll und Stokes (1988), Schönpflug und Battmann (1988), Schradle und Dougher (1985), Schröder und Schmitt (1988), Schwarzer und Leppin (1989a), Suls (1982), Stone, Helder und Schneider (1988), Vaux (1988a), Vaux und Burda (1981), Ward (1985), Wilcox und Vernberg (1985).

len Unterstützung weniger mit dem Selbstwert mißbrauchter Frauen korrelieren als unterschiedliche Formen der Streßbewältigung (aktiv kognitive bzw. behaviorale Bewältigungen und Vermeidung). In einer Längsschnittsstudie an Familien zeigte sich bei Männern, daß Depressionen und psychosomatische Beschwerden durch die familiäre Unterstützung nicht vorhergesagt werden konnten. Dies war aber mit Hilfe von Vermeidungsstrategien und einer Art von „Laisser-Faire-Haltung" möglich. Bei Frauen war die familiäre Unterstützung allerdings vorhersagekräftig; jedoch nicht in dem Maße, wie die Strategie, die Dinge eher auf die leichte Schulter zu nehmen (Holahan & Moos, 1986). Zu ähnlichen Ergebnissen gelangten auch Shinn, Wong, Simko und Ortiz-Torres (1989). Sie stellten bei berufstätigen Eltern fest, daß diverse Befindlichkeiten und Probleme durch verschiedene Formen der Streßbewältigung mit einer durchschnittlichen Varianzaufklärung von 6, 3% und durch verschiedene Arten der sozialen Unterstützung jedoch nur mit einer Varianzaufklärung von 2, 3% vorhergesagt werden konnten. Auch in einer Längsschnittsuntersuchung von Aldwin und Revenson (1987) ließ sich anhand der Daten einer repräsentativen Stichprobe nachweisen, daß die Aktivierung von sozialer Unterstützung im Vergleich zur Tendenz, mit Vermeidung zu reagieren, deutlich weniger Varianz in Hinsicht auf die Zahl von psychogen bedingten Symptomen aufklärte (19% versus 2%).

Bei Solomon, Mikulincer und Avitzur (1988) zeigte sich dagegen in einer Längsschnittsstudie an Soldaten, daß die Menge an expressiver und instrumenteller sozialer Unterstützung etwa genauso gut posttraumatische Streßsyndrome prognostizieren konnte wie emotionsfokussierte Bewältigungsformen. In einer Studie von Billings und Moos (1981) wurde an einer repräsentativen Stichprobe von Familien festgestellt, daß bei Frauen individuelle Formen der Streßbewältigung in etwa gleicher Weise Depression, Angst und physische Symptome vorhersagen konnten wie informelle Hilfen. Dagegen wurden bei Männern deutlichere Zusammenhänge bei den individuellen Bewältigungsformen deutlich.

Zu einem noch anderem Ergebnis gelangte man in der Studie von Billings, Cronkite und Moos (1983). Verschiedene Arten der Streßbewältigung, insbesondere emotionszentrierte Formen, trennten depressive Patienten von einer Kontrollgruppe mit einer durchschnittlichen Varianzaufklärung von 4, 4%. Depressive Patienten hatten zugleich weniger Kontaktmöglichkeiten und weniger hilfreiche soziale Beziehungen als die Kontrollgruppe; dabei klärten diese Variablen aber 7% der Varianz auf. Dieses Ergebnis deutet im Vergleich zu den vorherigen Studien darauf hin, daß bei beeinträchtigten Personen informelle Hilfen vergleichsweise bedeutsamer sein können als individuelle Formen der Streßbewältigung. In diesem

Zusammenhang sei erwähnt, daß sich die Annahme, wenn auch nicht in konsistenter Weise, bestätigen ließ, daß Depressive weniger imstande waren, ihre Probleme aktiv anzugehen (vgl. Aldwin & Revenson, 1989).

Die verschiedenen *Verknüpfungen von sozialer Unterstützung und individuellen Formen der Streßbewältigung* wurden auf recht unterschiedliche Weise untersucht. Sowohl in Quer- als auch Längsschnittsstudien wurde nach der Beziehung gefragt, die zwischen verschiedenen Formen der sozialen Unterstützung einerseits und der Vermeidung von Stressoren, primären und sekundären Bewertungen, der Auswahl von Bewältigungsstrategien und der Attribution und Wertung von Bewältigungsversuchen andererseits, als möglich erachtet wurden. Zum Teil wurde die Verbindung dadurch hergestellt, indem man spezifische Meßinstrumente zur Erhebung *sozialer Formen der Streßbewältigung* konstruierte. Relativ selten blieben Versuche, innerhalb einer Studie auf einen Schlag zu analysieren, wie sich informelle Hilfen in mehreren Phasen und Teilprozessen der Streßbewältigung miteinander verknüpfen.

Wie schon erwähnt, erbrachte die Studie von Lin (1986) einen Hinweis auf die *Schutzfunktion* sozialer Unterstützung. Die Frage, inwieweit soziale Unterstützungen die Zahl der kritischen Lebensereignisse dadurch mindern konnte, daß Mitglieder von sozialen Netzwerken die Aufgabe zur Bewältigung bestimmter Belastungen *übernahmen*, konnte dabei aber nicht beantwortet werden. Einen Anhaltspunkt dafür, daß soziale Unterstützungen darin bestehen, daß Personen die Bewältigung von Stressoren teilweise abgenommen wird, erbrachte die auch auf Verhaltensbeobachtungen basierende Studie von Kirmeyer und Dougherty (1988). Je mehr Polizisten unter den Belastungen des Funkverkehrs litten und je mehr soziale Unterstützung sie durch Vorgesetzte angeboten bekamen, um so weniger Versuche unternahmen sie, mit dem Stressor zurecht zu kommen.

Die Schutzfunktion sozialer Unterstützung kann auch darauf zurückgeführt werden, daß der empfundene soziale Rückhalt eine Lebensweise ermöglicht, die vor vermeidbaren Belastungen bewahrt. Im übrigen sind Befunde, wonach soziale Unterstützungen zu mehr Belastungen führen, auch wie folgt interpretierbar: Personen mit gutem sozialen Rückhalt trauen sich mehr Belastungen zu übernehmen und zu bewältigen. Holahan und Moos (1991) stellten an einer Stichprobe der Normalbevölkerung immerhin fest, daß sich der Einfluß familiärer sozialer Unterstützung und personaler Ressourcen (Selbstvertrauen; „Easygoingness") auf die psychische Gesundheit bzw. auf die Stärke der Depression vor allem dann über den Einsatz problemorientierter Bewältigungsstrategien bemerkbar machte, wenn die Belastungen stark waren. Waren die Belastungen gering, so ließ sich ein Direkteffekt der Ressourcen nachweisen.

Die *Stärke der Stressoren* und ihre (objektive) Bedrohlichkeit beeinflussen auch die *Wahl sozial orientierter Bewältigungsstrategien* und auch das *Angebot an informellen Hilfen*. So wiesen Folkman und Lazarus (1985) nach, daß sich mit dem Herannahen eines Prüfungszeitpunktes die Vorlieben für bestimmte Bewältigungsstrategien änderten. Während problemzentrierte Bewältigungsversuche, Wunschvorstellungen, positive Sichtweisen, spannungsmindernde Aktivitäten, *Selbstisolation* und *Hilfesuchverhalten* abnahmen, verstärkten sich distanzierende Tendenzen (z. B. Versuche, die Angelegenheit einfach zu vergessen). Gleichzeitig reduzierte sich auch die Zahl der kognitiven Hilfen, während die der emotionalen Hilfen anstieg.

Wie schon bei den modelltheoretisch relevanten Effekten sozialer Unterstützung dargestellt, können Stressoren zur Mobilisierung informeller Hilfen beitragen. Dabei fand aber der Gesichtspunkt, wonach die *subjektive Wertung der Belastung* hierfür entscheidend sein könnte, keine besondere Beachtung. Es bleibt auch undeutlich, ob es sich bei den Mobilisierungseffekten sozialer Unterstützung um eine kollektive und/oder individuelle Leistung handelt. Selbst das Ergebnis der Studie von Dunkel-Schetter, Folkman und Lazarus (1987) kann hier keine Klarheit schaffen. Sie berichtet darüber, daß verheiratete Paare um so mehr von verschiedenen Quellen und Formen der sozialen Unterstützung (Information, konkrete Hilfen und emotionaler Rückhalt) in Anspruch nahmen, je belastender verschiedene Ereignisse waren.

Die Wahl der Bewältigungsstrategie, Hilfe zu suchen, wird nicht generell von der erlebten Bedrohlichkeit von Stressoren bestimmt, sondern durch die jeweils spezifische Qualität eines Stressors. Schon Pearlin und Schooler (1978) interpretierten die Ergebnisse ihrer umfassenden Studie so, daß sich bei Belastungen, die nicht primär sozialer Art sind (z. B. finanzielle Beeinträchtigungen) eher Bewältigungsstrategien eigneten, die zu einer Veränderung der Werte und Ziele im Umgang mit entsprechenden Stressoren beitrugen. Bei eher sozial gebundenen Problemen dagegen waren eher solche Bewältigungsstrategien vorteilhaft, die den Einfluß sozialer Netzwerke systematisch nutzten. In ähnlicher Weise konnten Folkman, Lazarus, Dunkel-Schetter, DeLongis und Gruen (1986) bei verheirateten Paaren in einer sich über mehrere Zeitpunkte erstreckenden Erhebung feststellen, daß Personen, deren Selbstwert bedroht war, vergleichsweise weniger Hilfe suchten. Dagegen hatten finanzielle Belastungen und Gesundheitsgefahren gegenteilige Folgen.

Man kann davon ausgehen, daß die *Bewertung von Stressoren* auf vielfache Weise durch soziale Unterstützungen beeinflußt wird. In einer Studie von Gore (1978), die sich mit den Folgen der Arbeitslosigkeit beschäftigte, zeigte sich, daß Männer vergleichbare finanzielle Belastungen als weniger bedrohlich einschätzten, wenn sie viel soziale Unterstützung erhielten. Im Rahmen einer computerunterstützten Selbstbeobachtung über vier bis sechs Wochen ergaben sich vielfache Zusammenhänge zwischen der eingeschätzten Zugänglichkeit zu sozialer Unterstützung und der wahrgenommenen Kontrollierbarkeit belastender Ereignisse (Perkonigg, Baumann, Reicherts & Perrez, 1993). Personen, die von ihren Vorgesetzten mehr sozialen Rückhalt geboten bekamen, erlebten ihre Arbeit als vergleichsweise weniger belastend (LaRocco, House & French, 1980). Zu einem ähnlichen Ergebnis kam man auch in der Untersuchung von Wells (1982). In dieser Studie wurde allerdings auch noch nachgewiesen, daß der Zusammenhang zwischen der subjektiv eingeschätzten und der durch Experten eingestuften Arbeitsbelastung bei jenen am geringsten war, die am meisten soziale Unterstützung erhielten. Bei Pflegekräften konnte Norbeck (1985) sogar zeigen, daß informelle Hilfen möglicherweise nicht nur die Belastungen durch die Arbeit erträglicher machen, sondern auch die Zufriedenheit mit der eigenen Tätigkeit steigern können (vgl. auch Shinn, Wong, Simko & Ortiz-Torres, 1989). Vaux (1988a, S. 139) berichtet über eine bislang unveröffentlichte Studie, die zum Ergebnis kam, daß keine Beziehung zwischen dem erlebten Ausmaß an Anforderungen und der eingeschätzten Qualität sozialer Unterstüzung nachzuweisen war. Es konnte aber der Hinweis erbracht werden, daß diese Anforderungen im Sinne eines Mobilisierungseffekts zu mehr informellen Hilfen führten.

Anhaltspunkte dafür, daß bestimmte *Stressorqualitäten* die *Auswahl bestimmter sozial orientierter Bewältigungsstrategien* steuern könnten, erbrachte auch die Studie von McCrae (1984). Personen der Normalbevölkerung, die kritische Lebensereignisse im Sinne einer möglichen *Schädigung* erlebten, neigten mehr dazu, Hilfe zu suchen. Dies war bei jenen weniger der Fall, die sie als *Herausforderung* empfanden, und diese wiederum mehr als solche, die kritische Lebensereignisse als einen gravierenden *Verlust* einschätzten. Über eigene Gefühle redeten besonders jene, die kritische Lebensereignisse als Verlust erfahren mußten, und zwar mehr als solche, die in ihnen eine Herausforderung sahen. Die zuletzt genannte Gruppe war wiederum mehr in sozialen Kontexten emotional expressiv, als solche, die kritische Lebensereignisse als eine Beeinträchtigung einstuften.

In Hinsicht auf den Einfluß sozialer Netzwerke auf die *sekundäre Bewertung* eines Stressors ist relativ wenig bekannt. Folkman, Lazarus, Dunkel-Schetter, DeLongis & Gruen (1986) konnten feststellen, daß nur die Einschätzung, wonach mehr Informationen zur Streßbewältigung benötigt wurden, dazu führte, daß mehr Hilfe gesucht wurde. Der allgemeine Glaube an die Veränderbarkeit der belastenden Situation und die Bereitschaft, Belastungen zu akzeptieren oder sich zurückzuhalten, konnte dagegen die Wahl dieser Bewältigungsstrategie nicht vorhersagen. In der Studie von Major, Cozzarelli, Sciacchiitano, Cooper, Testa und Mueller (1990) zeigte sich jedoch, daß Frauen mit einem Abortus nur dann von sozialen Unterstützungen durch Familie, Partner und Freunde profitierten, wenn diese informellen Hilfen die selbst eingeschätzte Tüchtigkeit stärkte, mit der Belastung umgehen zu können.

Das Zusammenspiel von sozialer Unterstützung und der *Auswahl bestimmter Bewältigungsstrategien* wird auf verschiedene Weise begrifflich gefaßt. Zunächst wird es dadurch bestimmt, daß neben individuellen auch spezifisch sozial orientierte Bewältigungsstrategien angenommen werden. Diese spezifischen Typen der Streßbewältigung reduzieren sich bei entsprechenden Operationalisierungen auf zwei grundsätzliche: Die *Suche nach sozialer Unterstützung* und der *soziale Rückzug* (z. B. Aldwin & Revenson, 1987)[36]. Der soziale Rückzug, als eine sozial orientierte Strategie der Streßbewältigung, könnte mit den negativen Nebenerscheinungen sozialer Unterstützung zu tun haben oder aber sich auf Formen der Unterstützung beziehen, die sich bei der Streßbewältigung als ungünstig erwiesen haben. In diesem Zusammenhang sei auf die experimentelle Studie von Constanza, Derlega und Winstead (1988) hingewiesen, die zeigen konnte, daß emotionale Hilfen das Streßerleben steigern und kognitive Hilfen dagegen unterstützend wirken. Hilfesuchen und sozialer Rückzug sind möglicherweise zwei Teilstrategien einer umfassenden Gesamtstrategie, die dazu dient, je nach Problemlage, informelle Hilfen flexibel in Anspruch zu nehmen. Im gleichen Sinne werden sicherlich auch Hilfen durch Mitglieder eines sozialen Netzwerks angeboten oder der belasteten Person durch einen rücksichtsvollen sozialen Rückzug die Möglichkeit geboten, sich in aller Ruhe mit dem entsprechenden Stressor zu beschäftigen.

Diese reichlich grob wirkende Typisierung von sozial orientierten Formen der Streßbewältigung wurde nur in wenigen Fällen differenziert. Barbee (1990) operationalisierte beim Versuch, ein entsprechendes Verhaltensbeobachtungssystem zu entwickeln, klassische Typisierungen der Streßbewältigung so, daß sie grundsätzlich sozialer Natur waren. Problemzentrierte Formen der Streßbewältigung basieren dann etwa auf der Tendenz, Freunde um ihre Meinung zu bitten. Emotionszentrierte Bewältigun-

---

[36] Vgl. auch Arndt-Pagé, Geiger, Koeppen und Künzel (1983), Barbee (1990), Coyne, Aldwin und Lazarus (1981), Edelman und Hardwick (1986), Filipp und Aymanns (1987), Folkman und Lazarus (1985), Janke, Erdmann und Kallus (1985), Klauer, Ferring und Filipp (1989), Prystav (1985), Revenson (1981), Robbins und Tanck (1982), Stone und Neale (1984). Eine besonder Form der Streßbewältigung ist nach Midlarsky (1991) auch das Angebot von informellen Hilfen.

gen entsprechen gefühlsbetonten Hilfen. Problemorientierte Vermeidungstendenzen bestehen in Abwertungen der Problemschwere und emotionszentrierte Formen aus Ablenkungsmanövern. Leider wird über keinerlei Gütekriterien dieses Kategoriensystems berichtet.

Bodenmann und Perrez (1991) beobachteten im Rahmen einer experimentell induzierten Form dyadischer Streßverarbeitung folgende Verhaltensweisen: Äußern von sachbezogenen Defiziten, Äußern von emotionsbezogenen Defiziten, Eingehen auf sachbezogene Defizite, Eingehen auf emotionsbezogene Defizite und unaufgefordetetes Eingehen auf Sachdefizite. Dabei ließ sich u. a. nachweisen, daß unzufriedenere Paare einen sachbezogeneren dyadischen Copingstil bevorzugten.

Eine weitere, aber noch weitgehend empirisch ungesicherte Typologie der sozialen Streßbewältigung stammt von McCrae (1984). Er unterschied folgende: Feindselige Reaktionen, Hilfesuchen, Ausdruck von Gefühlen und positives Denken (auch in sozialen Kontexten), Vergleich der Belastungen mit denen von anderen und sozialer Rückzug. Eine andere und zugleich empirisch fundierte Differenzierung von sozial orientierten Bewältigungsstrategien wurde in einer eigenen Studie bei Prüfungskandidaten im Fach Jura entwickelt (Röhrle, Linkenheil & Graf, 1990)[37]. Dabei wurde davon ausgegangen, daß in etwa so viele Unterscheidungen notwendig sind, wie man an Bedürfnissen bzw. Formen der sozialen Unterstützung auch in Hinsicht auf die Bewältigung dieses spezifischen Stressors anzunehmen hat. Zumindest sollten wenigstens so viele Strategien der Suche nach informeller Hilfe unterschieden werden, wie Funktionen der sozialen Unterstützung angenommen werden müssen. Dementsprechend besitzt das Bedürfnis nach sozialer Sicherheit und Bindung eine andere Bedeutung als die Suche nach hilfreichen Informationen und anderen Hilfsmitteln. Möchte man sich über die prüfungsbedingten Belastungen aussprechen, so ist dies ein anderes Ziel, als der Wunsch, die Prüfung durch eine kooperative Zusammenarbeit zu erleichtern. Schon aufgrund der Ergebnisse von Mechanic (1962), wonach informelle Hilfen den Streß der Prüfungsvorbereitungen noch zu steigern vermögen, wurde die Strategie des sozialen Rückzugs beibehalten.

Auf dem Hintergrund dieser Überlegungen wurde anhand der Daten von 100 Examenskandidaten ein „Fragebogen zur Erfassung individueller und sozialer Formen der Bewältigung von Prüfungstreß" entwickelt (vgl. Anhang). Der Fragebogen besteht aus zehn Teilskalen und umfaßt insgesamt dreiundvierzig Items. Die Items wurden auf rationaler Basis formuliert und zum Teil aus anderen Verfahren entlehnt (Billings & Moos, 1981;

---

[37] Vgl. Graf und Linkenheil (1985).

Braukmann & Filipp, 1983; Cohen & Hoberman, 1983; Janke, Erdmann & Kallus, 1985). Die Teilskalen wurden mit Hilfe einer Clusteranalyse gewonnen, die insgesamt zweiundvierzig Prozent Varianz aufklärte. Die Skalen waren weitgehend unabhängig voneinander; der stärkste Zusammenhang betrug –.42. Zugleich verfügen die Skalen über eine annehmbare innere Konsistenz. Sie variiert zwischen einem Alpha-Wert von .61 und .75. Der Fragebogen erfaßt insgesamt folgende Teilskalen der individuellen und sozialen Form der Streßbewältigung: *Beratung, sozialer Rückzug, soziale Bindung, emotionale Bewältigung, Informationssuche und Zusammenarbeit, Arbeitshaltung, Ablenkung vor negativen Folgen, Einzelarbeit, Sorge um Erfolg, handlungsorientierte Bewältigung.*

Das Zusammenspiel von sozialer Unterstützung und der Auswahl von Bewältigungsstrategien wurde dadurch überprüft, indem wir nach Zusammenhängen zwischen der Menge oder spezifischen Arten der sozialen Unterstützung und der Menge bzw. Typen der Streßbewältigung suchten. Dabei gingen wir von der Annahme aus, daß ein gewissermaßen gleichsinniges Zusammenklingen nachzuweisen sein müßte, daß also etwa emotionale Hilfen auch eher zur Auswahl emotionszentrierter Bewältigungsformen führen.

In einer Reihe von Querschnittsstudien fanden sich Indizien, welche diese Annahmen zumindest in Teilen zu stützen vermögen. Sehr grobe Hinweise lieferten Studien, die über Zusammenhänge zwischen der Menge an sozialer Unterstützung und bestimmten Arten der Streßbewältigung berichten. Schon bedeutungsvoller waren Untersuchungen, die über Korrelationen zwischen bestimmten Typen der informellen Hilfe und Arten der Streßverarbeitung informieren konnten. Besondere Hinweise erbrachten Studien, die das Zusammenspiel von stressorspezifischen sozialen Unterstützungen und verschiedenen Arten der Streßbewältigung untersuchten.

Bei verschiedenen studentischen Gruppen, die mit schulischen Belastungen zu tun hatten, wurde belegt, daß mehr soziale Unterstützung mit mehr problemzentrierten Bewältigungsversuchen einherging (Kerr, Albertson, Mathes & Sarason, 1987). Wolf et al. (1991) stellten dar, daß bei HIV-Infizierten aktive, verhaltensorientierte Bewältigungsversuche mit viel sozialer Unterstützung korrelierte, während Vermeidungsstrategeien eher dann im Vordergrund standen, wenn wenig informelle Hilfen angeboten wurden. Billings und Moos (1982b) stellten fest, daß Personen mit viel familiärer sozialer Unterstützung zugleich zu mehr problemzentrierten Bewältigungsstilen und weniger zur Vermeidung neigten (vgl. Ehmann, Beninger, Gawel & Riopelle, 1990; Reicherts 1993). Die Folgen einer Geburt wurde von Frauen dann besser bewältigt, wenn die damit einhergehenden Belastungen groß und zugleich das Ausmaß an instrumentellen informellen Hilfen beträchtlich war. Waren dagegen die Belastungen gering und wurde viel soziale Unterstützung angeboten, so wurde die Bewältigung der Belastungen eher beeinträchtigt Hobfoll, Shoham & Ritter, 1991).

Shinn, Wong, Simko und Ortiz-Torres (1989) berichten dagegen über mäßig hohe Zusammenhänge zwischen der Menge und sozialer Unterstützung durch Freunde und den Ehepartner einerseits und der Tendenz, sowohl emotionale als auch problemzentrierte Bewältigungsformen zu bevorzugen. Es gibt auch Hinweise darauf, daß sich auch ein Mangel an informeller Hilfe auf die Wahl bestimmter Bewältigungsstrategien auswirken kann. Bei Studenten stellten zumindest Russel, Cutrona, Rose und Yurko (1984) fest, daß die subjektiv empfundene Einsamkeit mit der Vorliebe für behaviorale und kognitive Problembewältigungsversuche kovariierte.

In der schon zitierten Studie von Dunkel-Schetter, Folkman und Lazarus (1987) wurde deutlich, daß bestimmte *Formen der Streßbewältigung* in unterschiedlicher Weise mit bestimmten *Arten der sozialen Unterstützung* in Zusammenhang standen. Die Mobilisierung sozialer Unterstützung sagte den Erhalt aller Arten der sozialen Unterstützung voraus, also auch die Menge an kognitiven, konkreten und emotionsbezogenen Hilfen und auch die Zahl der Quellen der sozialen Unterstützung. Problemorientierte Formen der Streßbewältigung standen in keinem Zusammenhang zur Zahl der Quellen informeller Hilfen, prognostizierten jedoch alle anderen Arten der sozialen Unterstützung. Keine Korrelation ließ sich zwischen der Zahl der konkreten Hilfen und Versuchen nachweisen, die belastenden Situationen durch positive Neubewertungen weniger bedrohlich zu gestalten. Personen, die mehr einer Art von konfrontativer Streßbewältigung den Vorzug gaben oder jene, die zu mehr Selbstkontrolle neigten, erhielten mehr kognitive Unterstützungen.

Zur Bedeutung *stressorspezifischer sozialer Unterstützung* bei der Wahl von Bewältigungsstrategien liegen die Ergebnisse von zwei Studien vor. In der Untersuchung von Mitchell und Hodson (1983) an mißhandelten Frauen wurde deutlich, daß empathische Formen der Unterstützung durch Freunde in keinem Zusammenhang mit der Entscheidung standen, ob eher kognitive oder behaviorale Bewältigungsstrategien zu wählen sind. Wenn Freunde jedoch dadurch helfen wollten, indem sie vom Problem der Frauen ablenkten, so ergab sich eine negative Korrelation zu diesen Bewältigungsarten. Hier wird deutlich, auf welche Weise sich für bestimmte Probleme unangemessene informelle Hilfen über individuelle Bewältigungsversuche negativ auswirken können. Wenn die Zahl der Quellen informeller Hilfen groß war und sich viele Kontakte zu Freunden und Familienmitgliedern ergaben, dann allerdings verringerte sich die Bereitschaft, mit Vermeidungsstrategien zu reagieren.

In einer eigenen kleinen Querschnittsstudie zeigte sich bei Studenten, daß emotionszentrierte Bewältigungsstile vor allem dann zum Zuge kamen, wenn über viel stressorspezifische soziale Unterstützung berichtet wurde (z. B. gemeinsame Gespräche über die Belastung). Dies war auch dann der Fall, wenn sich stressorunspezifische soziale Unterstützungen, die mit Hilfe des „Inventory of Socially Supportive Behaviors – ISSB" erhoben wurden, in Interaktion mit dem Stressor „atomare Kriegsgefahr" als bedeutsam erwiesen (Armbruster, Klein, Kunz & Röhrle, 1987)[38]. Zu problemzentrierten Bewältigungsstilen neigten auch Personen, die viel stressorspezifische soziale Unterstützung erhielten. Diese Ergebnisse wurden so interpretiert, daß unspezifische Formen der sozialen Unterstützung in Interaktion mit der Bedrohung durch ein epochales Ereignis eine emotionalisierende Wirkung haben können und so auch eher die Wahl emotionszentrierter Bewältigungsstile nahelegen. Stressorspezifische Arten der informellen Hilfe haben offensichtlich eine dahingehend doppelte Bedeutung. Sie emotionalisieren und versachlichen zugleich den Umgang mit diesem Stressor, indem sie sowohl emotions- als auch problemzentrierte Bewältigungsstile aktiviert haben (vgl. insgesamt auch Frindte, 1990).

Auch in *Längsschnittstudien* bestätigte sich, daß soziale Unterstützungen als kausale Faktoren für die *Aktivierung bestimmter Bewältigungsstrategien* in Frage kommen. Holahan und Moos (1987a) stellten sowohl bei Normalen als auch bei depressiven Patienten fest, daß sich über sechs Monate hinweg vorhersagen ließ, daß Personen, die viel familiäre Unterstützung erhielten, zu weniger Vermeidungsverhalten tendierten (vgl. auch Holahan & Moos, 1991). Nach Fondacaro und Moos (1987) neigen Frauen mehr dazu, problemorientierte Bewältigungsstile zu bevorzugen, wenn sie zum ersten Meßzeitpunkt wenig soziale Unterstützung im Rahmen enger Freundschaften und im kollegialen Kreis bekamen. Es zeigte sich auch umgekehrt, daß die Wahl dieser Bewältigungsstrategie dazu führte, daß zum späteren Zeitpunkt auch über weniger Hilfen aus dem engen Freundeskreis berichtet werden konnte. Die Frage, inwieweit dies ein Zeichen von sozialem Rückzug war, der auf lange Sicht auch negative Effekte zeitigen könnte, oder inwieweit dies als Ergebnis eines Prozesses ist, der vorhandene Ressourcen optimal ausnutzt, konnte in dieser Untersuchung nicht beantwortet werden.

Ganz offensichtlich sind die Zusammenhänge zwischen sozialer Unterstützung und der Art der Streßbewältigung auch durch die *Geschlechtszugehörigkeit* mitbestimmt (vgl. Kapitel 5). Fondacaro und Moos (1987) stellten bei depressiven Frauen fest, daß soziale Unterstützungen im fami-

---

[38] Vgl. Armbruster, Klein und Kunz (1985).

liären Kontext die Tendenz stärkten, problemorientierte Bewältigungsstrategien zu bevorzugen. Bei Männern korrelierte die Menge der sozialen Unterstützung in diesem Umfeld negativ mit der Strategie, sich mit emotionalen „Entladungen" zu helfen. Im Arbeitsbereich wurden durch soziale Unterstützung bei Frauen affektive Regulationsmechanismen vorhersagbar und bei Männern die Suche nach Informationen und informellen Hilfen.

Ein weiteres Spezifikum bei der Wahl von Bewältigungsstrategien in sozialen Kontexten scheint der Einfluß *aktueller Stimmungen* zu sein. Barbee (1990) berichtet über experimentelle Arrangements, in denen festgestellt werden konnte, daß eine induziert negative Stimmung die Wahl von sozial orientiertem Vermeidungsverhalten stärkte. Positive Stimmungen ließen dagegen mehr die Wahl problemzentrierter Bewältigungsformen wahrscheinlich werden.

Begreift man bestimmte Formen des *Krankheitsverhaltens* als eine spezifische Art von Streßbewältigung, so läßt sich zum Zusammenhang von sozialer Unterstützung und Streßbewältigung noch ergänzend über einige Ergebnisse berichten (vgl. Schwarzer & Leppin, 1989c). Berechtigung findet diese Vorstellung nicht allein in der Tatsache, daß etwa Lieberman (1982) ebenfalls eine solche Verbindung gesehen hat, sondern vor allem darin, daß viele Meßinstrumente zur Erhebung von Strategien der Streßbewältigung, etwa das Rauchen oder Trinken sich als eine Art von emotionszentrierter Form der Streßbewältigung ausweisen. Diese Verhaltensweisen werden zugleich aber auch zu den gängigsten risiko- und krankheitsförderlichen gezählt. Cohen (1988) sah in diesen Verhaltensweisen einen Faktor, der durch soziale Netzwerke beeinflußt wird und so auch vermittelt auf die Gesundheit Einfluß nimmt. Allerdings wird die Annahme nicht konsistent bestätigt, wonach günstige soziale Unterstützungsbedingungen immer einen positiven Einfluß auf das Krankheitsverhalten ausüben. Umberson (1987) konnte diese Annahme stützen. Bezogen auf bestimmte Unterarten der sozialen Unterstützung (Zufriedenheit und Häufigkeit) gilt dies auch für die Studie von Brown, Brady, Lent, Wolfert und Hall (1987). Mäßige Bezüge zwischen dem Krankheitsverhalten und der Kontakthäufigkeit mit Nichtverwandten finden sich bei Langlie (1977). Dagegen fanden Cohen, Lichtenstein, Mermelstein, Baer und Kamarck (1988), daß das soziale Netzwerk unter anderem das Rauchen, Trinken und ungünstige Eßgewohnheiten eher förderte. In der Studie von Wills und Vaughan (1989) ließ sich nur ein ungünstiger Einfluß aus dem Sektor der „Peers" nachweisen. Informelle Hilfen durch die Eltern vermochten das Risikoverhalten vorteilhaft zu beeinflussen.

Nicht alle riskanten Verhaltensweisen zeitigen offenbar negative Effekte. In der Längsschnittstudie von Newcomb und Bentler (1988) zeigte sich, daß ein allgemeiner Drogengebrauch die Gesundheit beeinträchtigte und psychosoziale Probleme förderte. Der Alkoholkonsum verminderte jedoch auch die Einsamkeit der befragten Personen. Bei diesen Ergebnissen wird offensichtlich, daß verschiedene Funktionen sozialer Netzwerke erfaßt wurden. Soziale Netzwerke haben sich günstig auf die emotionale Lage der befragten Personen ausgewirkt und so die streßreduzierende Wirkung von Risikoverhalten bedeutungsloser gemacht. Zugleich aber haben sie möglicherweise auch einen normativen Druck ausgeübt, das Risikoverhalten zu zeigen. Dieses Verhalten schädigte die Gesundheit direkt, stabilisierte sie aber auch indirekt, indem es als konformes Verhalten zur sozialen Integration beitrug.

Hinweise darauf, daß soziale Unterstützungen ungünstige *Attributionen* bei drohenden Mißerfolgen eher unterbinden können, erbrachten die Studien von Sarason (1981) und von Sarason und Sarason (1986). Studenten, die mit einer Aufgabe beschäftigt waren, die Prüfungsangst auslöste, aber die Zugang zu sozialen Unterstützungen behielten, gaben im Vergleich zu einer Kontrollgruppe an, sich weniger negativ mit sich selbst und mehr aufgabenbezogen beschäftigt zu haben. In einer Längsschnittstudie von Dimond, Dale, Lund und Caserta (1987) zeigte sich bei Witwen, daß die Größe sozialer Netzwerke ein bedeutsamer Prädiktor für die subjektiv beurteilte Effektivität von Bewältigungsversuchen war. Überinterpretiert man diesen Befund, so ist zu vermuten, daß sich diese Frauen offensichtlich mit ihrer Situation deshalb erfolgreich auseinandersetzen konnten, weil sie den notwendigen Rückhalt für entsprechende Bewältigungsversuche empfanden, aber auch dadurch, daß ihnen ein großes Angebot für neue, von ihnen zu erarbeitenden Rollendefinitionen zur Verfügung stand.

Es bleibt festzustellen, daß das Zusammenspiel von sozialer Unterstützung und Prozessen der Streßbewältigung auf dem Hintergrund von Lazarus und Folkmans (1984) Modell bislang nur mosaikhaft rekonstruiert werden konnte. Dies gilt weniger für Studien, die differenzierte Unterscheidungen verschiedener sozial orientierter Bewältigungsformen entwickelt haben. Es trifft insbesondere auch nicht für Studien zu, die simultan, etwa im Rahmen pfadanalytischer Modelle, komplexe Zusammenhänge der beteiligten Variablen überprüft haben.

Eine der bislang wenigen Studien, die verschiedene soziale Arten der Streßbewältigung unterschieden und dabei den möglichen Einfluß von objektiven Stressorbedingungen, primären und auch sekundären Einschätzungen überprüfte, ist die schon zitierte eigene Untersuchung von Röhrle, Linkenheil und Graf (1990). In dieser Studie wurde zunächst danach gefragt, inwieweit sich die Vorliebe für bestimmte soziale und individuelle Bewältigungsformen in Abhängigkeit vom Grad der Bedrohung ändern

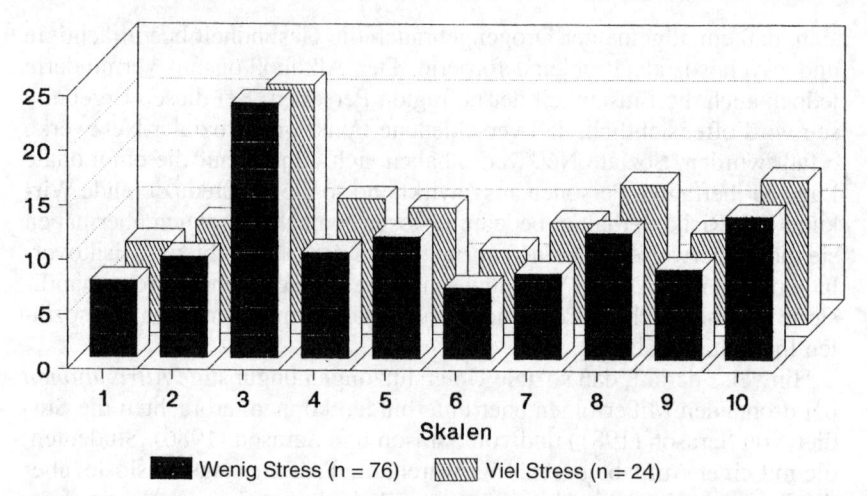

Abb. 2. Belastung durch primäre Einschätzung von Prüfungsstreß. Multivariates $F(10,85) = 1.34$; $p < .23$ (Röhrle, Linkenheil & Graf, 1990)

<u>Anmerkungen</u>: Skalen der sozialen Streßbewältigung: 1 = Beratung; 2 = Sozialer Rückzug; 3 = Soziale Bindung; 4 = Emotionale Bewältigung; 5 = Informationssuche und Zusammenarbeit; 6 = Arbeitshaltung; 7 = Ablenkung von negativen Folgen; 8 = Einzelarbeit; 9 = Sorge um den Erfolg; 10 = Handlungsorientierte Bewältigung.

kann. Dabei konnte der Befund von Folkman und Lazarus (1985) repliziert werden, wonach mit Herannahen einer Prüfung zunehmend emotionale Bewältigungsformen bedeutsam werden. Im Gegensatz zu den Befunden dieser Studie konnten wir aber auch feststellen, daß die Suche nach Beratungen zunahm, je näher der Prüfungszeitpunktes rückte.

Wie bei Braukmann und Filipp (1983) wurde die *primäre Einschätzung* des Prüfungsstresses mit Hilfe einer fünfstufigen Ratingskala erfaßt. Personen, die das Herannahen der Prüfung eher belastend erlebten, bevorzugten emotionale Formen der Streßverarbeitung und lenkten sich auch mehr von den möglichen negativen Folgen der Prüfung ab. In Hinsicht auf eher soziale Formen der Bewältigung ließen sich keine entsprechenden Unterschiede erkennen (vgl. Abb. 2).

Die *sekundäre Einschätzung* des Stressors wurde aus der Differenz zweier Werte erschlossen. Die Prüfungskandidaten hatten ihre eigenen Fähigkeiten und die erlebte Schwierigkeit der Prüfung einzuschätzen. Personen, die das Verhältnis von Schwierigkeit der Prüfung und der eigenen Kompe-

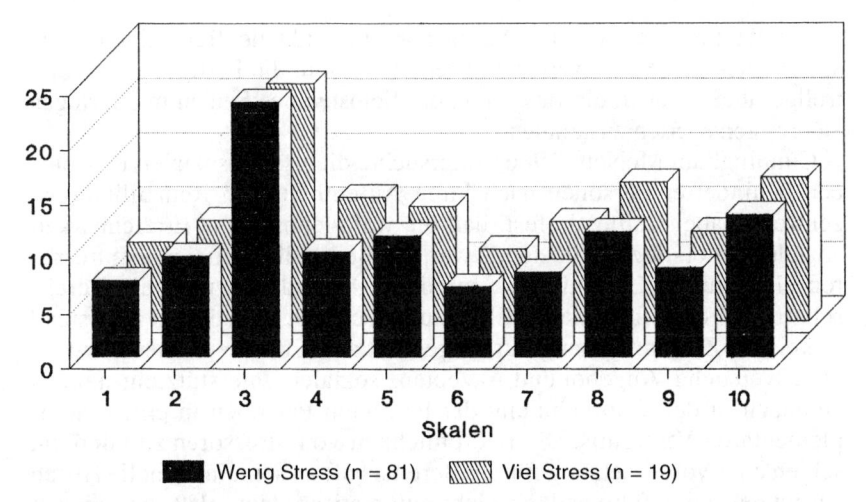

[Bar chart: x-axis "Skalen" 1–10, y-axis 0–25, legend: Wenig Stress (n = 81), Viel Stress (n = 19)]

Abb. 3. Belastung durch sekundäre Einschätzung von Prüfungsstreß. Multivariates $F(10,85) = 2.34$; $p < .03$ (Röhrle, Linkenheil & Graf, 1990)

<u>Anmerkungen</u>: Skalen der sozialen Streßbewältigung: 1 = Beratung; 2 = Sozialer Rückzug; 3 = Soziale Bindung; 4 = Emotionale Bewältigung; 5 = Informationssuche und Zusammenarbeit; 6 = Arbeitshaltung; 7 = Ablenkung von negativen Folgen; 8 = Einzelarbeit; 9 = Sorge um den Erfolg; 10 = Handlungsorientierte Bewältigung.

tenz ungünstig bewerteten, neigten mehr dazu, informelle Beratungen bzw. soziale Bindungen zu suchen. Sie wählten zugleich eher emotionale Formen der Streßverarbeitung und sorgten sich mehr um den Erfolg (vgl. Sarason, 1988). Zugleich aber war auch bei dieser Gruppe eine Tendenz festzustellen, mehr handlungsorientierte Bewältigungsformen zu bevorzugen. Umgekehrt zogen sich Personen, die zu einem günstigen Vergleich kamen, während der Prüfungsvorbereitungen eher sozial zurück (vgl. Abb. 3). Der Prüfungszeitpunkt spielte dabei tendenziell noch insofern eine Rolle, als die Personen, die den Stressor als weniger bewältigbar einschätzten und dem Prüfungszeitpunkt näher waren, mehr emotionale Bewältigungsformen auswählten, mehr Beratung suchten und zu einer ungünstigeren Arbeitshaltung tendierten.

Pearlin, Lieberman, Menaghan und Mullan (1981) stellten in einer *Längsschnittsstudie* bei Arbeitslosen fest, daß weder soziale Unterstützungen noch individuelle Streßbewältigungen einen unmittelbaren Einfluß auf die Depressivität ausübten. Jedoch wirkten sich beide Ressourcen dadurch günstig aus, indem sie die finanziell bedingten Belastungen minderten,

Kontrollgefühle stärkten und, bezogen auf individuelle Bewältigungsversuche, auch den Selbstwert stabilisierten. Sowohl die Festigung der Kontrollgefühle als auch die Besserung des Selbstwertes hingen mit geringen Depressionswerten zusammen.

Cunningham McNett (1986) untersuchte die psychosozialen Ressourcen behinderter Personen nach ihren Aufenthalten in Rehabilitationszentren. Dabei stellte sie fest, daß die wahrgenommene Erreichbarkeit sozialer Unterstützung imstande war, die Bedrohlichkeit der als Stressoren eingestuften Ereignisse zu mindern. Außerdem wurde die Bereitschaft gefördert, informelle Hilfen zu nutzen. Dies wiederum aber stand in keinem Zusammenhang zur eingeschätzten Effektivität der Bewältigungsversuche. Angebot und Akzeptanz sozialer Unterstützung standen demnach in der Wahrnehmung der befragten Personen in einem komplementären Verhältnis. Die Bedrohlichkeit von Stressoren zu mindern, schien eine Voraussetzung für die Bereitschaft zu sein, informelle Hilfen zu nutzen. Dies führt jedoch nicht automatisch dazu, daß die eigenen Bewältigungsversuche als effektiv eingeschätzt werden können. Wenn soziale Unterstützung als erreichbar wahrgenommen wurde, dann wurden auch eher problemzentrierte Bewältigungsstile bevorzugt. Dies wiederum war die Vorausetzung dafür, daß die eigenen Bewältigungsversuche eher vorteilhaft bewertet wurden. Diese Tendenz kovariierte wiederum mit einer positiven Einschätzung der Effektivität der genutzten Bewältigungsstrategien. In Hinsicht auf die Tendenz, emotionszentrierte Formen der Bewältigung zu wählen, ergaben sich entsprechende, aber gegenläufige Zusammenhänge.

Die verschiedenen Untersuchungen und Überlegungen zeigen, daß die Theorie der Streßbewältigung von Lazarus und Folkman (1984) zu einer sozialen Theorie der Streßbewältigung ausgebaut werden kann. Die möglichen Wirkungen informeller Hilfen im Zusammenhang mit dem Einfluß von Stressoren ist deutlicher geworden, wenn auch noch nicht zur Gänze geklärt. Um bestimmte Mechanismen der Einflußnahme genauer kennenlernen zu können, sind auch mehr experimentelle Studien wie die von Constanza et al. (1988) notwendig. Die Entwicklung einer Theorie der sozialen Streßbewältigung ist von den bislang dargestellten Ansätzen jedoch die vielleicht konsequenteste Psychologisierung des Konzepts der sozialen Unterstützung, das dieses Konzept aber doch zugleich in die Nähe sozialinteraktiver Betrachtungen rückt. Dennoch bleiben sozio-strukturelle Gehalte zunächst weitgehend außen vor und deshalb ist auch die Frage offen, wie soziale Formen der Streßbewältigung sich bei kollektiven Bedrohungen gestalten und welchen Einfluß dabei strukturelle und relationale Merkmale sozialer Unterstützung nehmen.

4.7. Zum Gesamtertrag der sozialen Unterstützungsforschung

Die Enttäuschung der eingangs erwähnten sozial-epidemiologischen Forscher, wonach die selektive Auswahl eines Teilkonzepts zur Analyse sozialer Netzwerke nicht das erwartet hohe theoretisch und methodisch integrative Moment in sich barg, erwies sich dennoch in mehrerlei Hinsicht als fruchtbar. Die Erkenntnis, daß soziale Unterstützungen durch kein einheitliches Konzept zu repräsentieren sind, führte dazu, daß der Bedeutung informeller Hilfen in ganz unterschiedlichen theoretischen Kontexten und Grenzbereichen verschiedener Disziplinen nachgespürt wurde.

Vor allem war deutlich zu erkennen, daß es kaum möglich ist, sich nur selektiv mit dem funktionalen Merkmal der sozialen Unterstützung zu befassen. In mehrfacher Weise geriet dieses stark psychologisierte, in einigen Fällen sogar biologisierte Konzept wieder in den Kontext strukturalistischer Betrachtungsweisen. Die Analyse der Zusammenhänge zwischen verschiedenen Formen und Quellen der sozialen Unterstützung und verschiedenen relationalen und strukturellen Merkmalen sozialer Netzwerke zeugt ebenso davon, wie die Versuche, informelle Hilfen wieder mehr als sozial-interaktives Geschehen zu begreifen, das auf den Baumustern stabiler sozialer Beziehungen und anderen Merkmalen sozialer Netzwerke beruht. Diese wiedergewonnene Nähe zur strukturalistischen Sicht von sozialer Unterstützung wurde aber mit einem wesentlichen Nachteil erkauft: Die psychologische Bedeutung vieler Netzwerkmerkmale für den Austausch informeller Hilfen blieb im Dunkeln oder mußte mit Hilfe sehr spekulativer Überlegungen rekonstruiert werden. Diesen Eindruck erhielt man beispielsweise auch, wenn die Größe sozialer Netzwerke mit der Reichhaltigkeit sozialer Ressourcen in Verbindung gebracht wurde.

Trotz der durch strukturalistische Sichtweisen erweiterte Perspektiven der sozialen Unterstützungsforschung konnte aber letzen Endes der psychologistische Zugang nicht überwunden werden. Dies wurde besonders da deutlich, wo sich die Frage stellte, welche transindividuelle Funktionen informelle Hilfen haben könnten. Solche dem gesamten Netzwerk dienlichen Funktionen sozialer Unterstützung aber müssen angenommen werden, wenn es etwa darum geht, bestimmte Sektoren oder Teilstrukturen zu stabilisieren, zu verändern oder sie zu kollektiven Formen der Streßbewältigung zu bewegen.

Diesem Mangel stehen zugleich deutliche Fortschritte in Bereichen gegenüber, welche die Prozesse zum Einfluß informeller Hilfen auf der Grundlage differenzierter Modelle und Theorien zu erklären versucht haben. Zu den vielleicht wichtigsten Ergebnissen entsprechender Bemühungen gehört die Erkenntnis, daß verschiedene, auch unter strukturalistischen Gesichtspunkten bedeutsame Bedürfnisse, wie z. B. der Wunsch nach sozialer Identität, durch informelle Hilfen mehr oder weniger befriedigt werden können. Wahrscheinlich noch bedeutsamer war die Einsicht, daß es sich dabei um ein bewußt gesteuertes Geschehen handelt, das erst auf der Grundlage sozial stabiler Beziehungsmuster und Regeln, aber auch erst in spezifischen, situativ geprägten Handlungskontexten denkbar wird. Das Wissen um die Tatsache, daß mit Hilfe von sozialer Unterstützung auch soziale Beziehungen gepflegt und damit mindestens auch indirekt die Strukturen von sozialen Netzwerken geprägt und verändert werden können, müßte jene beunruhigen, welche die psychologische Sicht von der soziologischen oder auch sozialanthropologischen gerne getrennt sehen möchten.

Nicht zu unterschätzen ist auch der Zuwachs an Wissen über die Wirkung sozialer Unterstützung selbst in Bereichen der sozio-biologischen Forschung. Wenngleich hier zusätzlich die Gefahr gegeben ist, daß das Geschehen beim Austausch informeller Hilfen reduktionistisch biologisiert wird, so deutet sich doch an, daß bei der Wirkung sozialer Unterstützung mit einer Vielzahl unterschiedlicher, sozialer, psychologischer und auch psycho-physiologischer Prozesse zu rechnen ist. Damit sind nicht nur die ursprünglichen Annahmen zur Wirkung sozialer Unterstützung untermauert worden, sondern es wurde überdeutlich, daß die Analyse möglicher Effekte des Meta-Kontrukts „soziale Unterstützung" nur in der konzeptuellen Brüchigkeit unterschiedlicher Disziplinen gedeihen kann.

Einige vielleicht entscheidende Wermutstropfen beeinträchtigen diese Einschätzung. Obwohl eine Vielzahl theoretisch bedeutsamer Effekte sozialer Unterstützung nachzuweisen waren, blieben die einzelnen Wirkmechanismen in ihrem sozialen, psychologischen und auch biologischen Zusammenspiel letztendlich undeutlich. Dies kann auf eine Reihe von recht unterschiedlichen Gründen zurückgeführt werden, die sowohl mit der Frage der ausgesuchten Kriterien möglicher Wirkungen als auch mit den vorherrschenden Forschungsmethodologien zu tun haben. Nicht zuletzt kann diese Undeutlichkeit des Zusammenspiels einzelner Wirkmechanismen der sozialen Unterstützung aber auch darauf zurückgeführt werden, daß bestimmte psychische Verarbeitungsinstanzen nicht hinreichend gewürdigt wurden.

So ist ein Teil der konzeptionellen Unschärfe der Untersuchungen zur Wirkung sozialer Unterstützung damit zu verknüpfen, daß die Kriterien nicht hinreichend genau benannt und erfaßt wurden, welche die Salutogenität informeller Hilfen ausmachen. Zu einseitig wurden die positive Seiten sozialer Unterstützung beachtet und dabei zu wenig zwischen folgenden Arten möglicher Wirkungen unterschieden:

1. negative (Neben)effekte durch quantitative oder qualitative Mängel (Überangebote) informeller Hilfen, gefaßt in Kriterien der Pathogenität;
2. neutrale Einflüsse im Sinne des Nachweises nicht schädlicher Effekte und
3. gesundheitsförderliche Einflüsse im Sinne einer positiven Veränderung oder gar eines Wachstums erwünschter Zustände.

Obgleich gerade die Untersuchung informeller Hilfen nach ökologisch validen Untersuchungsmethoden schreit, bleibt doch festzustellen, daß, ergänzend zu nicht intervenierenden Felduntersuchungen, vor allem auch (feld-) experimentelle Studien fehlen, die einzelne Wirkmechanismen der sozialen Unterstützung genauer untersuchen könnten. Darüberhinaus scheint es notwendig, solche psychischen Einheiten und Prozesse zu untersuchen oder wenigstens zu kontrollieren, die zusätzlich Einfluß auf die Wirkung sozialer Unterstützung nehmen. Zu denken ist dabei insbesondere an solche, die bei der Wertung und Nutzung informeller Hilfen beteiligt sind. So ist z. B. auch an den Einfluß von Personmerkmalen zu denken, auf die wir bislang so gut wie gar nicht zu sprechen gekommen sind. Nicht zuletzt beziehen sich diese Einwände auch darauf, daß gerade die Erkenntnisse zur stressorspezifischen und situationsabhängigen Wirkung sozialer Unterstützung den Mangel an kontextualisierter sozialer Unterstützungsforschung, trotz der wiedergewonnenen strukturalistischen Sicht, haben überdeutlich werden lassen.

Leider waren die Ergebnisse zum Zusammenhang verschiedener Teilbegrifflichkeiten und zur differentiellen, stressorspezifischen, modelltheoretisch und theoretisch bedeutsamen Wirkung sozialer Unterstützung meist inkonsistent. Außerdem klärten sie trotz aller Bemühungen immer noch ein meist geringes Maß an Varianz auf. Auch unabhängig von der Konsistenz oder Inkonsistenz der Befunde zur Wirkung unterschiedlicher Arten der sozialen Unterstützung sind vergleichende Schlußfolgerungen über verschiedene Studien und theoretische Kontexte hinweg kaum möglich gewesen. Die auch in anderen Übersichtsarbeiten gebotenen Darstellungen der Ergebnisse zur Wirkung sozialer Unterstützung sind rein summativ und deskriptiv. Sie leiden unter Selektionsfehlern und Mängeln, die sich aus dem direkten quantitativen Vergleich zwischen verschiedenen Studien ergeben. Die Auswahl der besprochenen Studien basiert entweder auf subjektiv gefärbten Kriterien oder ist nur beispielhaft vollzogen. Quantitative Vergleiche fehlen völlig oder tauchen im Rahmen summativer Aufzählungen von Effekten auf, ohne daß die Stichprobengrößen und unterschiedlichen Statistiken berücksichtigt werden. Einen Ausweg aus diesen Schwierigkeiten können nur Meta-Analysen bieten.

5. Meta-analytische Betrachtungen zu Aspekten der sozialen Unterstützung

Meta-Analysen konnten in vielen Teilgebieten der Psychologie den willkürlichen Schlußfolgerungen von Übersichtsarbeiten zu selektiv ausgewählten und bewerteten Studien vorbeugen. Dadurch daß die Quelle und Breite der zu analysierenden Studien angegeben, die Kriterien zur Gruppierung der Studien offengelegt bzw. präzisiert und auch die Größe der jeweils untersuchten Stichproben berücksichtigt wird, erhalten meta-analytisch Übersichten zur Effektivität bedeutsamer Variablen ein höheres Maß an Genauigkeit. Mit angelegte Hilfe von Meta-Analysen kann geprüft werden, ob die ausgesuchten Ergebnisse aus vergleichbaren Studien stammen, d. h. auf homogenen oder heterogenen Datensätzen beruhen. Es werden Aussagen zur Frage möglich, welche mittleren Effektgrößen jeweils zu erwarten sind und ob sie sich auch in Hinsicht auf unterschiedliche Gruppierungen von Untersuchungen unterscheiden lassen. Trotz dieser Vorteile finden wir Meta-Analysen im Bereich der sozialen Netzwerk- bzw. Unterstützungsforschung so gut wie gar nicht. Dies ist einigermaßen erstaunlich, da, von der Zahl der analysierbaren Studien her betrachtet, eine genügend breite Datenbasis gegeben ist. So liegen, abgesehen von der Meta-Analyse von Bond und Titus (1983) zur Bedeutung der Präsenz anderer Personen bei der Streßbewältigung und der zu altruistischem Verhalten in ländlichen und städtischen Gebieten von Mehrkens Steblay (1987), bislang nur zwei Studien vor, welche die mittlere Effektgröße von unterschiedlichen Arten der sozialen Unterstützung berechnet haben (Leppin & Schwarzer, 1990; Schwarzer & Leppin, 1989a, b, 1991).

Eine erste Meta-Analyse von Schwarzer und Leppin (1989a) untersuchte die Zusammenhänge zwischen sozialer Unterstützung und *physischer Gesundheit*. Sie konnte auf der Grundlage eines heterogenen Datensatzes eine mittlere Populationseffektgröße von −0.06 (−0.60 bis +0.23) errechnen. Dieses Ergebnis macht zweierlei deutlich: Zum ersten zeigt sich, daß die Salutogenität sozialer Unterstützung für die physische Gesundheit nicht überbewertet werden darf, obwohl Schwarzer und Leppin (1989a) mit Recht darauf verweisen, daß selbst dieser geringe Zusammenhang im Einzelfall bedeutsam ist, wenn man z. B. an das Kriterium der Mortalität denkt. Zum zweiten macht die Heterogenität des Datensatzes offenkundig, daß auch im Lichte des statistischen Vergleichs der Uniformitätsmythos, von einer allgemeinen, immer gleichen Wirksamkeit informeller Hilfen, nicht aufrecht erhalten werden kann.

Dabei unterstützt diese Meta-Analyse auch die Annahme, daß insbesondere Hilfen aus intimeren sozialen Beziehungen für die physische Gesundheit einer Person wichtig sein dürften. Soziale Unterstützungen durch Familien und Freunde führten zu bemerkenswerten Effektgrößen. Informelle Hilfen durch Bekannte und Kollegen zeitigten weniger ausgeprägte Effekte. Es wurde auch deutlich, daß die immer so als bedeutsam hervorgehobene Art der emotionalen sozialen Unterstützung im Vergleich zur salutogenen Potenz instrumenteller Hilfen für die physische Gesundheit nicht den erwarteten Stellenwert besitzt. In der revidierten Meta-Analyse von Leppin und Schwarzer (1990) erwiesen sich die Effektgrößen der instrumentellen Form der sozialen Unterstützung als besonders prägnant. Bei Personen, die unter Streß litten, konnten etwas deutlichere Effektgrößen berechnet werden als bei unbelasteten Personen. Das spricht dafür, daß informelle Hilfen den negativen Einfluß von Stressoren, z. B. auf das Immunsystem, zu mindern vermögen und damit etwas tatsächlich zur Gesundheit einer Person beitragen. Zunächst konnten keine unterschiedlichen mittleren Effektgrößen für die Menge der erhaltenen gegenüber den subjektiv bewerteten Formen der sozialen Unterstützung nachgewiesen werden; diese wurden jedoch in einer revidierten Meta-Analyse deutlich (vgl. Leppin & Schwarzer, 1990). Die Effektgrößen variierten je nach Art der erhobenen abhängigen Variablen (Mortalität, diagnostizierte Krankheit, Beschwerde-Index, physiologische Parameter) und waren da am ausgeprägtesten, wo ein allgemeiner Gesundheitsstatus erhoben wurde. Es wurden auch Anhaltspunkte dafür gewonnen, daß informelle Hilfen in diesem gesundheitlichen Bereich in Abhängigkeit vom Einfluß sozialer Rollen wirken. So waren familiäre oder durch den Partner gebotene soziale Unterstützungen und auch subjektiv gewertete bzw. emotional getönte informelle Hilfen vor allem für Frauen bedeutsam. Bei älteren Personen konnte eine deutlich höhere mittlere Effektgröße berechnet werden (vgl. hierzu Kapitel 6).

In einer zweiten Meta-Analyse von Schwarzer und Leppin (1989a) wurden die Effekte sozialer Unterstützung auf das Merkmal *Depression* untersucht. Dabei konnten insgesamt 89 Effektgrößen analysiert und eine mittlere Populationseffektgröße von -0.22 (-0.65 bis +0.39) errechnet werden. Die Effektgrößen von *subjektiv gewerteten Formen der sozialen Unter-*

stützung waren ausgeprägter als jene, die durch die Menge der erhaltenen informellen Hilfen oder durch Netzwerkmerkmale, wie Größe oder Zahl der sozial unterstützenden Quellen zustande kamen. Jedoch sind die Datensätze überwiegend heterogen und die Unterschiede zwischen den mittleren Effektgrößen nicht signifikant. Obwohl sich auch andere Datensätze als inhomogen erwiesen, deuten die Ergebnisse doch an, daß zwischen situativen Kontexten, Quellen der informellen Hilfe, Zielgruppen und unterschiedlichen Instrumenten zur Messung von Depression differenziert werden sollte. Insgesamt zeigt sich auch hier, daß von verschiedenen Arten der informellen Hilfe intime Formen der sozialen Unterstützung am ausgeprägtesten mit dem Merkmal der Depression zusammenhängen dürften.

Obgleich sehr viele Autoren darauf abhoben, daß die subjektive Wertung von informellen Hilfen besondere Beachtung verdient, blieb bislang die Frage unzureichend beantwortet, welche Art der subjektiven Wahrnehmung und Wertung von sozialer Unterstützung entscheidend ist. Auch in der Meta-Analyse von Schwarzer und Leppin (1989) wurde nur zwischen subjektiv wahrgenommenen und erhaltenen informellen Hilfen und dabei jeweils noch zwischen instrumentellen und emotionalen sozialen Unterstützungen unterschieden. Jedoch sind die Operationalisierungen subjektiv wahrgenommener oder gewerteter sozialer Unterstützung in den verschiedenen Studien wesentlich breiter und differenzierter angelegt (vgl. Dunkel-Schetter & Bennett, 1990). Deshalb erschien es angebracht, die Studie dieser Autoren um die Frage zu erweitern, ob diese vielfältigen Formen, informelle Hilfen subjektiv werten zu lassen, sinnvoll sind.

Diese Frage dürfte nicht nur im Bereich der Depressionsforschung von besonderer Bedeutung sein. Es ist jedoch davon auszugehen, daß der Mangel an informellen Hilfen bei dieser Störungsform besonders relevant ist, da dieser zu den bedeutensten Vulnerabilitätsfaktoren gezählt wird (Barnett & Gotlib, 1988; Wittchen & Hecht, 1987). Dabei ist zu vermuten, daß bestimmte Qualitäten der sozialen Unterstützung vorzugsweise dann eindeutige und bemerkenswerte Effektgrößen zeitigen, wenn sie konzeptionell eng mit der Symptomatik oder auch den Ursachen depressiver Störungen und Verstimmungen verknüpft sind. Es ist z. B. anzunehmen, daß hauptsächlich solche Arten der subjektiven Wertung von sozialer Unterstützung bei Depression bedeutsam sind, die den Verlust enger Bindungen beschreiben.

Es gilt nicht nur zwischen verschiedenen Formen der subjektiven Wertung von sozialer Unterstützung zu differenzieren, vielmehr muß eine Reihe weiterer Aspekte berücksichtigt werden, um die Varianz entsprechender Effektgrößen reduzieren zu können (vgl. Schwarzer & Leppin, 1989a). Wir rechnen mit erheblichen Unterschieden in der Eindeutigkeit und im Ausmaß der Effekte subjektiv gewerteter Formen der sozialen Unterstützung, wenn „Depression" als eine pathologische Kategorie oder wenn „Depressivität" als eine Art von Stimmungszustand erhoben wird (vgl. Röhrle, 1988). Solche Unterschiede sind auch zu erwarten, wenn Studien nach der Art der untersuchten Stichproben und des Untersuchungsplanes gruppiert werden. Damit ist nicht nur an die Fragen gedacht, ob solche Differenzen davon abhängen, ob eine Zufallsauswahl getroffen, oder ob mit einer anfallenden Stichprobe in Längsschnitts- oder Studien mit einer einmaligen Messung gearbeitet wurde. Vielmehr ist auch zu fragen, ob sich unterschiedliche Arten, soziale Unterstützung subjektiv zu werten, besonders bei Patienten und weniger z. B. bei studentischen Stichproben bemerkbar machen.

Eine Literaturrecherche mit Hilfe des Datenbanksystems PSYCINFO von 1978 bis 1991 erbrachte insgesamt 78 verwertbare, d. h. den methodischen Voraussetzungen einer Meta-Analyse entsprechende Studien, welche die Bedeutung subjektiver Wertungen von sozialer Unterstützung für das Merkmal „Depression" bzw. „Depressivität" untersucht haben (siehe Anhang). Diese Studien berichten über Effektgrößen, die auf den Daten von 108 unabhängigen Stichproben beruhen. Suchworte waren „Social Support", „Social Network" und „Depression". Aus der Meta-Analyse ausgeschlossen wurden alle Studien, welche nach der Häufigkeit sozialer Unterstützung oder nach der Zahl von Mitgliedern im sozialen Netzwerk fragten und auch solche, die wegen fehlender Angaben, nicht umrechenbaren Statistiken oder fragwürdigen Meßverfahren nicht verwertet werden konnten.

Die Stichprobengröße der verbleibenden Studien schwankt zwischen n = 21 und n = 1915 mit einem Gesamt N von 18962. In 23 Studien wurden Zufallsstichproben genutzt. Einhundertundeins Untersuchungen verfügen nur über einen Meßzeitpunkt (überwiegend Querschnittsstudien), gerade 12 Untersuchungen erhoben Daten im Längsschnitt.

In insgesamt 26 Studien wird über das Alter der untersuchten Personen berichtet. Die Altersspanne reicht von 14 bis 75 Jahren mit einem Mittelwert von 36.07. Die Effektgrößen beziehen sich auf 47 geschlechtshomogene Stichproben (34 weiblich) und in 35 Fällen auf Studenten. In 20 Fällen wurden psychisch gestörte Personen untersucht. Davon waren zwölf Stichproben als chronisch oder akut depressiv bezeichnet worden. Der Rest verteilt sich auf repräsentative Stichproben und besondere Gruppen, wie neurotische Klienten, Drogenabhängige, Witwen, Arbeitslose und Behinderte.

Von der Vielzahl der möglichen Methoden zur Meta-Analyse wird, auch wegen der Vergleichbarkeit mit den Arbeiten von Schwarzer und Leppin (1989a), die von Hunter, Schmidt und Jackson (1982) vorgeschlagene Vorgehensweisen gewählt (vgl. insgesamt Drinkmann, 1990; Fricke & Treinies, 1985; Hedges & Olkin, 1985; Hunter & Schmidt, 1990; Rosenthal, 1984; Wolf, 1986). Diese Methode erlaubt, unter Berücksichtigung der Stichprobengrößen, vergleichende Analysen von Korrelationen, wobei auch andere andere Statistiken in entsprechende Werte ungerechnet werden können (t-, F-, oder p-Werte). Das Rationale dieses Verfahrens besteht darin, daß die ungeklärte Varianz der Effektgrößen in eine beobachtete (wahre) und eine davon zu subtrahierende Fehlervarianz zerlegt wird. Die Fehlervarianz (S_e^2) wird aus dem quadrierten, gewichteten Mittel der Effektgrößen (r_w^2), der Zahl der untersuchten Studien (k) und dem Gesamtumfang der untersuchten Personen (N) geschätzt:

$$S_e^2 = ([1 - r_w^2]^2 * k)/N$$

Aus dem Verhältnis der beobachteten Varianz (S_r^2) und der geschätzten fehlerbedingten Varianz (S_e^2) läßt sich die Homogenität der Varianzen und die Vertrauensintervalle der Populationseffektgrößen kalkulieren. Dabei gilt, daß die Homogenität der Ergebnisse um so größer und das Vertrauensintervall um so kleiner ist, je mehr Varianz durch den Stichprobenfehler erklärt werden kann. Eine Homogenität von 100% gilt nach Schmidt et al. (1982) als nur selten erreichbar. Die gültige Regel ist, daß Ergebnisse, deren Varianz mit mindestens 75% durch Stichprobenfehler aufgeklärt wurde, als hinreichend homogen zu bezeichnen sind. Die Homogenität der Verteilung der Effektgrößen läßt sich auch mit Hilfe eines Chi^2-Tests überprüfen. Außerdem gilt, daß auch dann von einer Homogenität der Effektgrößen gesprochen werden kann, wenn die Standardabweichung, berechnet aus der Restvarianz ($S_{res}^2 = S_r^2 - S_e^2$) < 25% der Populationseffektgröße ist.

Die Strategie einer Meta-Analyse besteht insgesamt darin, möglichst theoriegeleitet, so Untergruppen von Studien zu bilden, daß homogene Datensätze produziert werden können, deren Populationseffekte signifikant und auch signifikant unterschiedlich sind. Von signifikanten Populationseffektgrößen ist dann die Rede, wenn die Populationseffektgröße wenigstens doppelt so groß ist wie die residuale Standardabweichung. Von Unterschieden zwischen Populationseffektgrößen kann dann ausgegangen werden, wenn die entsprechenen Werte nicht im Vertrauensintervall des Vergleichswertes zu liegen kommen.

Zunächst berechneten wir die allgemeine Populationseffektgröße, um die Homogenität des gesamten Datensatzes zu prüfen und um einen gewissen Vergleichsmaßstab für differenziertere Analysen zu bekommen[1]. Diese Teilanalysen beziehen sich in einem ersten Teil der Untersuchung auf Untergrupppen von Effektgrößen, die durch Angaben des Alters, des Geschlechts, der Eigenart der Gruppenzugehörigkeit, Art der Stichprobengewinnung bzw. des Untersuchungsplans und Art der für die abhängige Variable genutzten Meßverfahren zustande kommen.

Der zweite Teil der Meta-Analysen beschäftigt sich mit der Frage, ob sich eindeutigere, d. h. auf homogenen Datensätzen beruhende und auch signifikant unterschiedliche Effektgrößen finden lassen, wenn verschiedene Arten der subjektiven Wertung von informellen Hilfen differenziert werden. Bislang können folgende, für die Meta-Analyse verwertbare Typen der Operationalisierung subjektiver Wertungen von sozialer Unterstützung unterschieden werden (vgl. Tabelle 6):

1. Negative Aspekte informeller Hilfen werden erhoben (NEG).
2. Vielfach wird gefragt, wie erreichbar informelle Hilfen sind (ER).
3. Sehr häufig wird die Zufriedenheit mit verschiedenen Formen, oder mit der Menge oder auch mit definierten Quellen der sozialen Unterstützung (ZUF) erfaßt.
4. Ebenso so oft soll eingeschätzt werden, wie sozial eingebunden man sich erlebt (BIND).

Einige dieser Arten der subjektiven Wertung von sozialer Unterstützung können bis zu einer vertretbaren Zahl von gruppierbaren Studien noch weiter differenziert werden:

a) in Hinsicht auf die Erreichbarkeit verschiedener Arten von sozialer Unterstützung (z. B. Erreichbarkeit materieller Unterstützung [ERMU]),
b) inbezug auf definierte Formen informeller Hilfe (ZUFA), oder
c) in Hinsicht auf verschiedene Quellen der sozialen Unterstützung (ZUFQ). Quellen der informellen Hilfe sind entweder der Partner bzw. die Kernfamilie (C) oder Freunde, Kollegen, Verwandte usw. (A).

Außerdem lassen sich Effektgrößen wahrgenommener sozialer Bindungen in eine Gruppe zusammenfassen, die mit Hilfe differenzierter Meßinstrumente erfaßt (DIFF) oder die anhand einfacher Fragen zum Besitz enger Bindungen errechnet wurden (BEB). In der zweiten Gruppe der Effektgrößen zur sozialen Bindung können zusätzlich all jene zusammengestellt werden, die als Quelle den Partner oder die Familie angeben (BEBC).

---

[1] Die Analyse wurde mit Hilfe eines Computerprogramms von Schwarzer (1987, 1988) durchgeführt.

Tabelle 2. Meta-Analyse zur Bedeutung subjektiv gewerteter Formen der sozialen Unterstützung bei Depression bzw. Depressivität. Stamm-und Blatt-Darstellung für 108 Effektgrößen

Y		
−0.9	I	
−0.8	I	
−0.7	I	
−0.6	I	336
−0.5	I	1456678
−0.4	I	0001112334555677779
−0.3	I	00000111223445555666678888889999
−0.2	I	001112223345555666677777788999
−0.1	I	001223348888
−0.0	I	66888
+0.0	I	
+0.1	I	0
+0.2	I	4
+0.3	I	
+0.4	I	
+0.5	I	5
+0.6	I	
+0.7	I	
+0.8	I	
+0.9	I	X

Anmerkungen: Y = Stärke der Effektgrößen; X = Häufigkeiten; Die Effektgrößen sind nach Ausprägung der zweiten Stelle hinter dem Komma geordnet.

Die gewichtete Populationseffektgröße von insgesamt 108 Effektgrößen unabhängiger Stichproben erreichte einen Wert von $r_w = -0.28$ (N= 18962). Dieser kann als signifikant angesehen werden, da er das Zweifache der residualen Standardabweichung ($S_r^2 = 0.13$) übersteigt. Die zugrundeliegenden Korrelationen variieren zwischen −0.66 und 0.55 (vgl. Tabelle 2). Das Vertrauensintervall reicht von −0.52 bis 0.03. Verglichen mit der Meta-Analyse von Schwarzer und Leppin (1989) wurde damit eine weitgehend ähnliche Populationseffektgröße für Studien errechnet, die Zusammenhänge zwischen der subjektiven Wertung sozialer Unterstützung und den Merkmalen „Depression" und „Depressivität" untersucht haben.

Die durch den Stichprobenfehler aufgeklärte Varianz ist jedoch größer als die von Schwarzer und Leppin (1989) berichtete. Dennoch ist sie immer noch als unzureichend zu bezeichnen (23.40 % vs. 9%). Die Verteilung der Effektgrößen kann als heterogen gelten (Chi^2= 461.58; p < .0001). Fünfundzwanzig Prozent der Populationseffektgröße machen einen Wert von 0.07 aus. Die residuale Standardabweichung beträgt aber 0.13 und übersteigt damit die zulässige Grenze bei Weitem. Diese drei Indikatoren sprechen für die Heterogenität der Datenbasis und deuten auf die Notwendigkeit differenzierterer Analysen hin. Damit verstärkt sich einmal mehr der Eindruck, daß informelle Hilfen kein uniformes Konstrukt darstellen und der Zusammenhang zwischen der Qualität der sozialen Unterstützung und „Depressivität" bzw. „Depression" von einer Vielzahl von Bedingungen abzuhängen scheint.

In einem nächsten Schritt wird deshalb geprüft, ob sich die Heterogenität des Datensatzes reduzieren läßt, wenn Untergruppen anhand der Art der Stichprobengewinnung, der Meßinstrumente zur Erhebung von „Depression" bzw. „Depressivität" und anhand verschiedener Personmerkmale gebildet werden (soziale Gruppenzugehörigkeit; Alter, Geschlecht, vgl. hierzu Kapitel 6.).

Es zeigt sich, daß die Populationseffekte der nach dem Zufallsprinzip ausgewählten oder anfallenden Stichproben ebenfalls auf einer heterogenen Datenbasis beruhen (vgl. Tabelle 3). Als heterogen erweist sich auch die Datenbasis der Studien mit Ein-Punkte-Erhebungen. Nur die wenigen Längsschnittstudien mit Zeitintervallen zwischen zwei und zweiundfünfzig Wochen zeigen eine für diese Art der Untersuchungsplanung beachtliche, auf einem homogenen Datensatz beruhende, signifikante Populationseffektgröße (wobei allerdings die Höhe der Populationseffektgröße nach den Vorgaben von Cohen [1977] immer noch als gering einzuschätzen ist).

Tabelle 3. Meta-Analyse zur Bedeutung subjektiv gewerteter Formen der sozialen Unterstützung bei Depression bzw. Depressivität in Abhängigkeit von der Art der Stichprobengewinnung und des Untersuchungsplans

Variable	k	N	r_w	95%[a]		%[b]	Chi^{2c}
Zufall	23	5422	−0.31+	−0.57	−0.04	15.92	144.44***
anfallend	85	13739	−0.26+	−0.48	−0.03	28.77	295.49***
Längsschnitt	12	1214	−0.28+	−0.35	−0.20	84.40	14.21 ns
Ein-Punkte-Erhebung	101	18444	−0.27+	−0.52	−0.02	18.71	446.99***

Anmerkungen: **k** = Zahl der unabhängigen Stichproben; **N** = Gesamtzahl der Probanden; r_w = gewichtete Populationseffektgröße; **a** = Vertrauensintervall (Bereich, in dem mit 95% Wahrscheinlichkeit die Populationseffektgröße liegt); **b** = Stichprobenfehler; **c** = Homogenität der Verteilung der Effektgrößen; *** = p < 0.0001 (Heterogenität); + Populationseffektgröße $r_w > 2S_{res}$.

Signifikante Unterschiede zwischen den Populationseffektgrößen sind aber nicht erkennbar, dennoch sind die Ergebnisse der Längsschnittstudien ermutigend.

In Tabelle 4 sind die Ergebnisse von Analysen dargestellt, die sich in Hinsicht auf unterschiedliche Instrumente zur Messung von „Depression" und „Depressivität" ergeben. Auffallend ist die Populationseffektgröße, die mit Hilfe des „Brief Symptom Inventory (BSI)" von Derogatis, Rickels und Rock (1976) bei einer hohen, durch den Stichprobenfehler bedingten Varianzaufklärung erreicht wurde. Der BSI erreicht dabei sogar eine Populationseffektgröße, die man als mittelhoch bezeichnen kann. Auch Studien, welche die „Research Diagnostic Criteria (RDC)" von Spitzer, Endicott und Robins (1978) nutzten, basieren auf homogenen Effektstärken. Dabei ist die Populationseffektgröße der BSI-Daten signifikant größer als die der RDC-Daten. Dagegen erwiesen sich die Datensätze, die auf dem „Beck Depressions Inventar (BDI) von Beck, Ward, Mendelson, Mock und Erbaugh (1961), auf der „Center of Epidemiological Studies-Depression Scale (CES-D)" von Radloff (1977) und auf der „Self-Rating Depression Scale (SRS)" von Zung (1965) gründen, als heterogen.

Tabelle 4. Meta-Analyse zur Bedeutung subjektiv gewerteter Formen der sozialen Unterstützung bei Depression bzw. Depressivität in Abhängigkeit von der Art der Operationalisierung der abhängigen Variablen

Variable	k	N	r_w	95%[a]		%[b]	Chi^{2c}
BDI	34	3443	–0.30	–0.66	0.06	19.94	170.49***
BSI	8	1017	–0.34+	–0.40	–0.28	86.64	9.23 ns
CES-D	37	8491	–0.29+	–0.47	–0.11	30.27	122.23***
RDC	8	1724	–0.21+	–0.29	–0.14	74.34	10.76 ns
SRS	6	2461	–0.14	–0.36	0.08	15.66	38.31***

Anmerkungen: k = Zahl der unabhängigen Stichproben; **N** = Gesamtzahl der Probanden; r_w= gewichtete Populationseffektgröße; **a** = Vertrauensintervall (Bereich, in dem mit 95% Wahrscheinlichkeit die Populationseffektgröße liegt); **b** = Stichprobenfehler; **c** = Homogenität der Verteilung der Effektgrößen; ***= p < 0.0001, ** = p < 0.001, * = p < 0.05 (Heterogenität); + Populationseffektgröße $r_w > 2S_{res}$.
  BDI = Beck Depressions Inventar; **BSI** = Brief Symptom Inventory; **CES-D** = Center of Epidemiological Studies-Depression Scale; **RDC** = Research Diagnostic Criteria; **SRS** = Self-Rating-Depression Scale

Möglicherweise sind die heterogenen Ergebnisse, die mit dem BDI gewonnen wurden, auch darauf zurückzuführen, daß dieses Instrument weniger geeignet ist, depressive Erkrankungen zu erheben. Vielmehr mißt es das Merkmal der Depressivität. Die Mehrdeutigkeit dieses Merkmals könnte ein Grund für die Heterogenität des entsprechenden Datensatzes sein. Mit symptomorientierten Erhebungsverfahren, wie dem BSI und den RDC, lassen sich dagegen reliable Effekte in Hinsicht auf den Zusammenhang nachweisen, der zwischen der Qualität der sozialen Unterstützung und Depression angenommen wird. Damit ist insgesamt nicht auszu-schließen, daß subjektiv gewertete Formen der sozialen Unterstützung in Hinsicht auf depressive Krankheitssymptome relativ ähnlich wirken, während verschiedene Gefühle der Depressivität davon ganz unterschiedlich affiziert sein können.

In Hinsicht auf die untersuchten Personen ist auffällig, daß nur 18,52 Prozent aller Daten von klinischen Populationen stammen, wobei sich nur 12 Effektgrößen auf akut oder chronisch Depressive beziehen. Die Gruppe der Klienten faßt allgemein neurotisch erkrankte Personen oder Drogenabhängige. Es ist enttäuschend, daß alle Populationseffektgrößen auf inhomogenen Effektstärken beruhen (vgl. Tabelle 5). Es läßt sich damit nicht einmal ein Trend dahingehend erkennen, daß klinische Populationen eher unter einem Mangel an qualifizierter sozialer Unterstützung zu leiden hätten.

Die Populationseffektgrößen *verschiedener Arten der subjektiven Wertung von sozialer Unterstützung* basieren, bis auf wenige Ausnahmen, auf heterogenen und damit unreliablen Datensätzen. Damit haben sich die zentralen Erwartungen, wonach sich die Effekte sozialer Unterstützung weniger heterogen und eindeutiger zeigen, wenn man nach verschiedenen Arten der Einschätzung von informellen Hilfen fragt, nur zum Teil bestätigen lassen.

Tabelle 5. Meta-Analyse zur Bedeutung subjektiv gewerteter Formen der sozialen Unterstützung bei Depression bzw. Depressivität bei verschiedenen Personengruppen

Variable	k	N	r_w	95%[a]		%[b]	Chi^{2c}
Studenten	35	4244	–0.29+	–0.57	–0.02	26.06	134.29***
Klienten	20	2164	–0.26+	–0.39	–0.12	63.94	31.27*
Depressive	12	1580	–0.25+	–0.39	–0.12	58.40	20.55*

Anmerkungen: **k** = Zahl der unabhängigen Stichproben; **N** = Gesamtzahl der Probanden; r_w = gewichtete Populationseffektgröße; **a** = Vertrauensintervall (Bereich, in dem mit 95% Wahrscheinlichkeit die Populationseffektgröße liegt); **b** = Stichprobenfehler; **c** = Homogenität der Verteilung der Effektgrößen; *** = $p < 0.0001$, ** = $p < 0.001$, * = $p < 0.05$ (Heterogenität); + Populationseffektgröße $r_w > 2S_{res}$.

Studien, die einschätzen ließen, wie *erreichbar emotionale Formen der sozialen Unterstützung* empfunden wurden und welche *Möglichkeiten für gemeinsame Unternehmungen* bestanden, haben eindeutige, signifikante und zugleich beachtliche Effektgrößen gezeitigt. Die Effektgröße für die Wirkung als erreichbar eingeschätzter, gemeinsamer sozialer Aktivitäten ist dabei signifikant stärker ausgeprägt. Damit deutet sich an, daß der empfundene soziale Rückhalt für depressive oder depressiv gestimmte Perso-

Tabelle 6. Meta-Analyse zur Bedeutung subjektiv gewerteter Formen der sozialen Unterstützung bei Depression bzw. Depressivität in Abhängigkeit von der Art der Operationalisierung

Variable	k	N	r_w	95%[a]		%[b]	Chi^{2c}
NEG	7	453	−0.24+	−0.01	−0.46	50.55	13.85***
ER	26	3218	−0.29+	−0.47	−0.10	43.66	59.55***
EREU	11	1461	−0.28+	−0.29	−0.29	100.00	10.24 ns
ERGH	11	1461	−0.38+	−0.47	−0.28	71.51	15.38 ns
ERMU	12	1529	−0.26+	−0.43	−0.08	46.62	25.74**
ERSW	10	1295	−0.46+	−0.57	−0.36	61.97	16.14*
ZUF	39	5352	−0.26	−0.56	0.04	20.91	186.54***
ZUFA	26	3937	−0.26	−0.53	0.00	23.05	112.80***
ZUFQ	11	1329	−0.32+	−0.57	−0.08	29.77	36.95***
ZUFQ(C)	9	1040	−0.34+	−0.54	−0.15	41.51	21.68**
ZUFQ(A)	8	1077	−0.28	−0.61	−0.05	18.58	43.06***
BIND	46	9909	−0.31+	−0.50	−0.12	28.52	161.26***
DIFF	28	4648	−0.25+	−0.46	−0.05	32.34	86.59***
BEB	20	6626	−0.31+	−0.52	−0.10	18.08	110.08***
BEB(C)	7	1807	−0.38+	−0.62	−0.13	15.39	45.47***

Anmerkungen: k = Zahl der unabhängigen Stichproben; **N** = Gesamtzahl der Probanden; r_w = gewichtete Populationseffektgröße; **a** = Vertrauensintervall (Bereich, in dem mit 95% Wahrscheinlichkeit die Populationseffektgröße liegt); **b** = Stichprobenfehler; **c** = Homogenität der Verteilung der Effektgrößen; *** = $p < 0.0001$, ** = $p < 0.001$, * = $p < 0.05$ (Heterogenität); + Populationseffektgröße $r_w > 2S_{res}$.
  NEG = Negative Aspekte sozialer Unterstützung; **ER** = Erreichbarkeit von sozialer Unterstützung; **EREU** = Erreichbarkeit von emotionaler Unterstützung; **ERGH** = Erreichbarkeit von Möglichkeiten des gemeinsamen Handelns; **ERMU** = Erreichbarkeit von materieller Unterstützung; **ERSW** = Erreichbarkeit selbstwertstabilisierender Hilfen; **ZUF** = Zufriedenheit mit verschiedenen Formen, Mengen und Quellen der sozialen Unterstützung; **ZUFQ** = Zufriedenheit mit bestimmten Quellen der sozialen Unterstützung (C: Confidant und Familie; A: Freunde, Verwandte, usw.); **ZUFA** = Zufriedenheit mit bestimmten Formen der sozialen Unterstützung; **BIND** = Ausmaß an erlebter sozialer Eingebundenheit; **DIFF** = Differenzierte Maße zur sozialen Bindung; **BEB** = Besitz enger Bindungen (einfache Maße; C: Confidant und Familie)

nen salutogen sein dürfte und nicht unbedingt die tatsächlich angebotene informelle Hilfe. Dabei scheint dieser Rückhalt aber eher konkret auf die Erwartung ausgerichtet zu sein, emotionalen Beistand und vor allem auch kollektives Handeln abrufen zu können. Möglicherweise erzeugt eine so gewertete Form der sozialen Unterstützung das Gefühl größerer Kontrolle und Sicherheit. Dies könnte insbesondere dann wichtig sein, wenn man Gefahr läuft, inaktiv zu werden und sich unverstanden und verlassen zu fühlen.

Insgesamt sind die Ergebnisse mit Vorsicht zu genießen. Die Datenbasis dieser Meta-Analyse beschränkt sich auf erreichbare und publizierte Studien. Weitere Untersuchungen könnten das Gesamtbild erheblich verändern (Fricke & Treinies, 1985; Reinecker, Schiepeck & Gunzelmann, 1989; Strube, Gardner & Hartmann, 1985). Von einigen Ausnahmen abgesehen weisen die Ergebnisse trotz dieser Einschränkung insgesamt darauf hin, daß im Bereich der Depressionsforschung die Untersuchung subjektiv gewerteter Formen der informellen Hilfe zu wenig vergleichbaren Effekten geführt hat. Damit verbindet sich die Forderung, die Ergebnisse der sozialen Unterstützungsforschung in diesem Bereich sehr spezifisch in Hinsicht auf die jeweiligen Untersuchungen, inbezug auf die jeweils genutzten Meßinstrumente, Population usw. zu interpretieren. Die Heterogenität der Ergebnisse könnte auch darauf zurückzuführen sein, daß die Operationalisierungen subjektiv gewerteter Formen der sozialen Unterstützung zu störungsunspezifisch und auch theoretisch zu wenig eindeutig sind.

Selbst bei den wenigen zuverlässigen Befunden zur Bedeutung der mehr oder weniger erreichbaren Arten der sozialen Unterstützung bleiben aber auch die intrapsychischen Prozesse und Grundlagen undeutlich, die bei der Wirkung dieser Art der informellen Hilfe wirksam sein könnten. So erhalten wir auch aufgrund der vorgestellten Meta-Analyse insgesamt den Eindruck, daß man nach anderen methodischen und auch theoretisch präzisierten Zugängen Ausschau halten muß, wenn man etwas über die Bedeutung der subjektiven Wertungen von informellen Hilfen und ihre Grundlagen erfahren möchte. Damit stellt sich u.a. die Frage, ob Persönlichkeitsmerkmale solche dispositionellen Voraussetzungen sein könnten, die nicht nur bei der subjektiven Wertung von informellen Hilfen, sondern generell etwas zur Varianzaufklärung beitragen, wenn Merkmale der sozialen Unterstützung oder auch von sozialen Netzwerken untersucht werden.

6. Persönlichkeit und soziale Netzwerke

Um jene intrapsychischen Faktoren kennenzulernen, die bei der subjektiven Wertung von Merkmalen sozialer Netzwerke eine Rolle spielen und um insgesamt auch etwas darüber zu erfahren, wie unterschiedlich soziale Netzwerke genutzt werden, wollen Autoren den Einfluß von Merkmalen der Person genauer untersucht wissen (vgl. Aymanns, 1992; Baumann, 1987; Filipp & Aymanns, 1987; Schwarzer & Leppin, 1989c). Dabei werden höchst unterschiedliche Begriffe bemüht, um Dispositionen in den Zusammenhang zu Merkmalen sozialer Netzwerke zu bringen. Sowohl klassische Persönlichkeitseigenschaften im Sinne von Traits als auch soziale Fertigkeiten, Attitüden und kontextuelle Merkmale, wie Alter, Geschlecht und Schichtzugehörigkeit, gehören zu diesen Begrifflichkeiten. Im Folgenden werden diese unterschiedlichen Begriffe übergreifend als Persönlichkeitsmerkmale oder Merkmale der Person bezeichnet, ohne daß die erheblichen Unterschiede in Hinsicht auf den erkenntnis- und psychologisch-theoretischen Status dieser Konzepte vergessen sein sollen.

Schon seit geraumer Zeit hofft man auch, daß das Zusammenspiel zwischen unterschiedlichen Belastungen, Merkmalen sozialer Netzwerke und Befindlichkeiten dadurch genauer rekonstruiert werden kann, indem man nach den möglichen Einflüssen von Personmerkmalen fragt (vgl. hierzu Waltz, 1981). In diesem Sinne wollten z. B. LaRocco, House und French (1980) die Enge des üblicherweise in der sozialen Unterstützungsforschung untersuchten Variablengefüges sprengen. Sie äußerten, *„daß es Zeit ist damit aufzuhören, einfach die Beziehung zwischen sozialer Unterstützung, Streß und Befindlichkeit zu überpüfen und daß es Zeit ist damit zu beginnen, vermittelnde Faktoren und Mechanismen in Augenschein zu nehmen, durch welche soziale Unterstützungen ihre Funktionen erfüllen"* (ü. v. V., S. 214). Nicht wenige haben inzwischen diese Empfehlung aufgegriffen[1]. Solche

---

[1] Vgl. zur Übersicht Filipp und Aymanns (1987), Gottlieb (1985a, b), Heller und Swindle (1983), Hansson, Jones und Carpenter (1984), Hobfoll (1985c), Hobfoll und Freedy(1990), Hobfoll, Freedy, Lane und Geller (1990), Husaini und Frank (1985), Schwarzer und Leppin (1989a), Vaux (1988a).

Vorschläge knüpfen an Erfahrungen an, die in der sozialepidemiologischen und in der sozialanthropologisch orientierten Netzwerkforschung schon seit langem gewonnen wurden. Sie haben deutlich gemacht, daß Merkmale sozialer Netzwerke gerade auch in Abhängigkeit von sozial-normativ bedeutsamen Variablen, wie z. B. der Geschlechtszugehörigkeit, erheblich variieren können. Außerdem wurden in Merkmalen der Person Faktoren erkannt, die zusätzlich Aufschluß über Erkrankungsrisiken bieten und Hinweise auf vorhandene individuellen Handlungs- und Bewältigungsmöglichkeiten geben können (vgl. Bott, 1955; Kaplan, 1983).

Das Vorhaben, Persönlichkeitseigenschaften in den Zusammenhang von Merkmalen sozialer Netzwerke zu bringen, wird von Entwicklungen in der Persönlichkeitspsychologie mitgetragen, die nach situativ gebundenen Konsistenzen des Erlebens und Verhaltens suchen (z. B. Bem & Funder, 1978). Es liegt nahe, solche auch im spezifischen Kontext sozialer Netzwerke zu vermuten. Im Rahmen einer sozial-kognitiv konzipierten Persönlichkeitspsychologie interessiert die Frage, wie unterschiedlich kognitive Strukturen die Wahrnehmung von sozialen Situationen prägen können (Blass, 1984; Carson, 1989; Pervin, 1985; Singer & Kolligian, 1987; Kapitel 8). Warum also sollte nicht auch die Perzeption und der Umgang mit sozialen Netzwerken von solchen Dispositionen getragen sein? Die Antwort auf diese Frage ist durch eine Vielzahl von Erkenntnissen vorgezeichnet, welche die Bedeutung von Persönlichkeitsmerkmalen für soziale Phänomene hervorheben konnten. Diese haben u. a. deutlich gemacht, daß verschiedene soziale Beziehungen (Freundschaften, romantische Beziehungen, usw.) aufzubauen und zu erhalten, von Dispositionen, wie Selbstsicherheit, Introversion, Selbstwert, Schüchternheit, Empathiefähigkeit, usw. abhängt (vgl. Hansson, Jones & Carpenter, 1984).

Wir können die Art und Weise typisieren, wie das Verhältnis von Merkmalen der Person und Merkmalen sozialer Netzwerke bestimmt wird: Zum ersten werden beide Arten von Merkmale als Kategorien behandelt, die unabhängig voneinander die psychische Gesundheit zu beeinflussen vermögen. Zum zweiten werden Merkmale der Person als eine Vorausetzung für den Zugang zu sozialen Ressourcen und den Umgang mit sozialen Stützpotentialen angesehen (vgl. Waltz, 1981). Zum dritten werden diese Merkmale auch als weitere Größen in das Variablengefüge von Belastungen, Charakteristika sozialer Netzwerke und Befindlichkeiten einbezogen. Dabei ist wiederum zu unterscheiden, ob Belastungen bzw. ob die psychische Gesundheit jeweils *unabhängig* voneinander durch Merkmale der Person oder durch Eigenschaften sozialer Netzwerke beeinflußt werden oder ob sich beide Ressourcen als *interaktiv wirksame Größen* hervortun.

6.1. Persönlichkeitsmerkmale und soziale Netzwerke als unabhängige Ressourcen psychischer Gesundheit

Die Frage, warum Persönlichkeitsmerkmale und soziale Netzwerke lange Zeit als eigenständige, voneinander unabhängige Ressourcen der psychischen Gesundheit behandelt wurden, ist nicht ohne weiteres zu beantworten. Es kann nicht ganz ausgeschlossen werden, daß die Trennung von soziologischen und psychologischen Sichtweisen Anlaß dafür war. Als sicher kann jedoch gelten, daß diese Aufteilung deshalb fruchtbar ist, weil dadurch beide Potentiale in Hinsicht auf ihre Wirksamkeit in einen kritischen Vergleich gelangen. Denn man ist auch an der Frage interessiert, welche der beiden Ressourcen sich als salutogener erweist. In diesem Zusammenhang will man auch wissen, welche der salutogenen Potentiale eher generell und situationsunpezifisch wirksam ist.

Zunächst konnten recht viele Studien deutlich machen, daß soziale Netzwerke und Persönlichkeitsmerkmale mit einer gewissen Berechtigung tatsächlich als *unabhängige Ressourcen* der psychischen Gesundheit angesehen werden können. Von einer empirisch begründeten kategorialen Unabhängigkeit dieser Ressourcen zeugen u. a. faktorenanalytische Befunde. Als z. B. Fondacaro und Heller (1983) Trinkgewohnheiten von Studenten untersuchten, erkannten sie im Rahmen einer Faktorenanalyse, daß die Multiplexität, die wahrgenommene Intimität und verschiedene quantitative Formen der sozialen Unterstützung von der Geschlechtszugehörigkeit und von verschiedenen sozialen Kompetenzen deutlich zu trennen waren. In einigen Studien ließ sich zudem nicht feststellen, daß personale und soziale Ressourcen zusammen, d. h. interaktiv, Befindlichkeiten verschiedener Art zu beeinflussen vermögen. Vielfach aber waren beide Ressourcen unabhängig voneinander – nicht selten nur eine davon – gesundheitsförderlich und streßdämpfend.

So konnten Dispositionen, wie die Kompetenz, die der eigenen Person zugeschrieben wird („Self-Efficacy"), aber auch Persönlichkeitseigenschaften, wie das Selbstvertrauen und allgemeine Lebenseinstellungen, unabhängig von Merkmalen sozialer Netzwerke, bestimmte Bewältigungsfertigkeiten vorhersagen (Holahan & Moos, 1987b; Husaini, Neff, Newbrough & Moore, 1982; Tracey, Sherry & Keitel, 1986). Soziale Unterstützungen minderten den Einfluß von Belastungen und zwar losgelöst vom Grad der sozialen Ängstlichkeit oder von der Bereitschaft, sich anderen mitzuteilen, und auch ohne Bezug zur Qualität der sozialen Fertigkeiten (Cohen, Sherrod & Clark, 1986). Intime soziale Bindungen vermochten den Zusammenhang zwischen kritischen Lebensereignissen und Depressivität nicht zu modifizieren; dies war jedoch selbsteingeschätzten

Formen der Kompetenz möglich. Gleichzeitig standen aber beide Ressourcen in einem jeweils direkten Zusammenhang zur Depressivität (Dean & Ensel, 1982; vgl. auch Husaini & Neff, 1981). Bei Studenten ließen sich auch keine Zusammenhänge zwischen dem Ausmaß an Belastungen und verschiedenen Arten der Kompetenz nachweisen (soziale, personbezogene, funktionale und Problemlösefähigkeiten). Es fanden sich zudem keine Bezüge hin zur Zahl der Quellen der sozialen Unterstützung und auch nicht zu wahrgenommenen Formen der sozialen Unterstützung. Außerdem vermochte die dreifache Interaktion von sozialer Unterstützung, Kompetenz und Belastung die Menge psychopathologisch bedeutsamer Symptome nicht vorherzusagen (Oritt, Paul, Poulton, Dark, Morrill & Schmid, 1984; vgl. auch Ostrow et al., 1981). In ähnlicher Weise war auch bei Pagel und Becker (1987) die Depressivität nur unmittelbar durch die soziale Unterstützung, den Selbstwert und durch irrationale Kognitionen berührt. Zu vergleichbaren Ergebnissen gelangten auch Studien, welche die Bedeutung der Merkmale „Hardiness"[2], „Kontrollüberzeugung" und verwandte Konstrukte im Vergleich zur Wirkung verschiedener Arten und Quellen der sozialen Unterstützung untersucht haben[3].

Endgültige Aussagen zur Frage, welche der beiden Ressourcen mehr Varianz aufklären kann, sind wegen der Unterschiedlichkeit der Studien (Stichproben, Meßinstrumente, usw.) nicht möglich. In nicht wenigen Untersuchungen erwiesen sich Merkmale der Person im Vergleich zu verschiedenen Arten der sozialen Unterstützung bei der Vorhersage von Befindlichkeiten als aussagekräftiger. Der vieleicht deutlichste Hinweis wurde im Rahmen der Canberra-Studie von Henderson, Byrne und Duncan-Jones (1981) gewonnen. Die Persönlichkeitseigenschaft „Neurotizismus" klärte über vier Meßzeitpunkte im Schnitt 69 Prozent der Varianz auf. Dagegen korrelierten verschiedene Arten der sozialen Unterstützung, wie z. B. die Qualität und Erreichbarkeit von Bindungen und soziale Integration, nur mäßig mit Maßen zur Erhebung psychischer Störungen. Auch in einer Längsschnittsstudie von Payne (1988) zeigte sich bei Arbeitslosen, daß durch das Merkmal „Neurotizismus" die individuellen Befindlichkeiten besser vorhergesagt werden konnten als durch das Merkmal „soziale Unterstützung". Dispositionen und Persönlichkeitsmerkmale, wie

---

[2] Kobasa (1979) entwickelte das Konstrukt „Hardiness" und faßte damit die Bereitschaft, das eigene Schicksal in die Hand zu nehmen, Stressoren eher als Herausforderung zu erleben und die Dinge zielstrebig anzugehen.

[3] Vgl. BenSira (1985), Kobasa und Puccetti (1983), Lefcourt, Martin und Saleh 1984), Lefcourt (1985), Levitt, Clark, Rotton und Finley (1987), Ostrow, Paul, Dark und Behrman (1986), Solomon, Mikulincer und Avitzur (1988), Zich und Temoshok (1987).

„Self-Efficacy", „Hardiness", der Selbstwert oder die Unabhängigkeit und auch internale Kontrollüberzeugungen erwiesen sich gegenüber informellen Hilfen (z. B. verschiedene Quellen und wahrgenommene Formen der sozialen Unterstützung) auch in anderen Untersuchungen als die bedeutsameren Prädiktoren (Heller & Lakey, 1985; Husaini & Frank, 1985; Kaplan, Robbins & Martin, 1983a; Kobasa & Puccetti, 1983; Reynolds & Gilbert, 1991; Richman & Flaherty, 1985).

Andererseits berichten verschiedene Querschnitts- und Längsschnittstudien auch über gegenläufige Befunde. So sagten soziale Unterstützungen das Merkmal „Depressivität" besser voraus als beispielsweise der Selbstwert einer Person (Ensel, 1982; Lin, Dean, Ensel & Tausig, 1980). Auch andere Untersuchungen deuten darauf hin, daß Dispositionen als mögliche Ressourcen der psychischen Gesundheit dann vergleichsweise weniger bedeutsam sind als Merkmale sozialer Netzwerke, wenn psychisch gestörte oder stark belastete Personen untersucht werden. Bei Depressiven konnte z. B. die soziale Unterstützung oder auch die Dichte sozialer Netzwerke verschiedene Befindlichkeiten besser vorhersagen als personale Ressourcen (Cohen, Sherrod & Clark, 1986; Vernberg, 1987; Quisumbing, 1982). Bei HIV-Infizierten wirkte sich nur die soziale Unterstützung, nicht jedoch das Merkmal „Hardiness" salutogen aus (Blaney, et al., 1991). Auch bei herzinfarktgefährdeten Personen sagte nur ein Mangel an sozialer Unterstützung, nicht aber jene Eigenschaften die Mortalitätsrate voraus, die der Persönlichkeit des Typ-A zugesprochen werden (Orth Gomer & Unden, 1990)[4]. In einer über ein Jahr sich erstreckenden Längsschnittstudie von Solomon und Mikulincer (1990) war bei kriegsgestreßten Soldaten nur die soziale Unterstützung für Symptome des postraumatischen Syndroms prädiktiv bedeutsam; die Art der Kontrollüberzeugung war unwesentlich.

Teilweise dürften die widersprüchlichen Befunde zur Bedeutung personaler und sozialer Ressourcen für die psychische Gesundheit darauf zurückzuführen sein, daß sie in verschiedenen Phasen der Belastung für Personen ganz Unterschiedliches leisten. Kompetenzgefühle (Mastery) und die Multiplexität sozialer Netzwerke minimierten unabhängig voneinander die Angst bzw. Depression von Frauen, die von Krebs bedroht waren. Dies galt insbesondere für den Zeitpunkt vor einschlägigen medizinischen Untersuchungen. Die Frage, inwieweit gerade die Multiplexität deshalb hilfreich war, weil sie durch unterschiedliche Rollenbezüge verschiedenartige Perspektiven zur noch unsicheren Problemlage bot, können wir nicht

---

[4] Personen des Typ A gelten als extrem ehrgeizig, auf Wettstreit bedacht, ungeduldig, immer in Zeitnot und aggressiv (vgl. Friedman & Rosenman, 1974).

beantworten. Um akute Krisen zu bewältigen, die durch entsprechende medizinische Befunde ausgelöst wurden, waren vor allem Kompetenzgefühle und der Selbstwert der Frauen hilfreich (Hobfoll & Walfish, 1984). In einer Längsschnittsstudie an Personen, die unter Schwangerschaftsdepressionen litten, fanden Hobfoll und Leiberman (1987), daß intime Partnerschaften fast ausschließlich während Schwangerschaftskomplikationen bedeutsam waren. Dagegen erwies sich der Selbstwert der Frauen als eine stabile Ressource, die auch zu späteren Zeitpunkten wichtig blieb.

Insgesamt betrachtet, können Merkmale der Person und Charakteristika sozialer Netzwerke als unabhängige Potentiale aufgefaßt werden, die sowohl den Einfluß von Stressoren zu minimieren instande als auch direkt für den Erhalt der psychischen Gesundheit von Bedeutung sind. Jedoch scheint diese Fähigkeit beider Ressourcen u. a. von der Art der untersuchten Personen, der Belastung, der Phase der Streßbewältigung und vor allem von der Art des ausgewählten Persönlichkeitsmerkmals abzuhängen. Diese Aussage schließt mit ein, daß es auch netzwerkspezifische Dispositionen und auch Bedingungen geben könnte, bei denen personale und soziale Ressourcen in einer sich gegenseitig potentierenden Weise salutogen und belastungsmindernd wirken.

6.2. Zusammenhänge zwischen Persönlichkeitsmerkmalen und sozialen Netzwerken

Während viele Ergebnisse von einer weitgehenden Unabhängigkeit personaler und sozialer Ressourcen für die psychische Gesundheit zeugen, lassen sich wenigstens ebenso viele Studien zitieren, die relativ enge Zusammenhänge und interaktive Wirkungen beider Potentiale nachweisen konnten. Wie wir auch schon im Kontext individueller und sozialer Formen der Streßbewältigung gesehen haben, schließen sich beide Möglichkeiten sowohl theoretisch als auch faktisch nicht aus (vgl. Kapitel 4). Von einer prinzipiellen Unabhängigkeit von Persönlichkeitsmerkmalen und Eigenschaften sozialer Netzwerke sollte man aus wenigstens zwei Gründen nicht ausgehen: Zum einen sind Persönlichkeitsmerkmale auch das Ergebnis von sozialisatorischen Erfahrungen, die in sozialen Netzwerken gewonnen wurden (vgl. Collins & Gunnar, 1990; Kapitel 3), zum anderen können personale Ressourcen zum Erhalt der psychischen Gesundheit vielfach erst dann aktiviert werden, wenn ein genügend starker sozialer Rückhalt geboten wird.

Die Frage, wie sich Persönlichkeitsmerkmale mit Merkmalen sozialer Netzwerke zu salutogenen Potentialen verknüpfen, wird recht unterschiedlich beantwortet. Informelle Hilfen gelten als soziale Ereignisse und Angebote, deren Wirksamkeit von der Bereitschaft abhängt, sie zu suchen oder anzunehmen. Soziale Netzwerke sind auch Ort von Lernprozessen, die sich je nach Disposition erfolgreich gestalten. In Abhängigkeit von der Eindeutigkeit solcher Vorstellungen gestaltet sich auch die Genauigkeit und Spezifität der *Auswahl von Persönlichkeitsmerkmalen*, die mit Kennzeichen von sozialen Netzwerken in Verbindung gebracht werden. Eine erste Variante besteht darin, geradezu willkürlich Beziehungen zwischen irgendwelchen Merkmalen der Person und Eigenschaften sozialer Netzwerke herzustellen. So geht z. B. Eisemann (1984c) von der äußerst allgemeinen Vorstellung aus, daß *„es eine Beziehung zwischen Persönlichkeitsmerkmalen und Merkmalen von sozialen Netzwerken, Einsamkeitserfahrungen und Kontaktschwierigkeiten gibt"* (S. 340; ü. v. V.). Dementsprechend berichtet z. B. Eisemann (1984c) bei depressiven Patienten über Korrelationen zwischen der Impulsivität und der Zahl der Bekannten, zwischen Psychasthenie und der Zahl der Freunde, zwischen Hemmungen und der Zahl von Familienmitgliedern sowie der Zahl an Freunden. Rim (1986) untersuchte sogar Trauminhalte von Studenten, um feststellen zu können, daß Erotisches und Abenteuerliches mit der Suche nach informellen Hilfen korrelierte. Selbst der Einfluß genetisch bedingter Dispositionen wird nicht mehr ausgeschlossen (Bergemann et al., 1990). Gezielter werden Merkmale der Person von jenen selegiert, die einen engen Zusammenhang zwischen sozialem Verhalten und entsprechenden Orientierungen vermuten (z. B. soziales Interesse). Noch spezifischer gehen jene vor, die nach Dispositionen suchen, die für den Umgang mit sozialen Netzwerken als charakteristisch gelten können (z. B. sog. Netzwerkorientierungen; s. u.).

Im extremsten Fall wird in Merkmalen sozialer Netzwerke selbst eine Disposition gesehen. Diese weitestgehende Individualisierung des Netzwerkkonzepts wurde von Sarason, Levine, Basham und Sarason (1983) vorgeschlagen (vgl. auch Sarason, Pierce & Sarason, 1990a,b; Sarason et al., 1991; Lakey & Cassady, 1990). Sowohl die Kovariation verschiedener Formen der sozialen Unterstützung, als auch die Retestreliabilität des von diesen Autoren entwickelten Intruments, um informelle Hilfen zu erheben, führte sie zur Überlegung, daß *erlebte Formen sozialer Unterstützung als eine Art von stabilem Persönlichkeitsmerkmal* aufgefaßt werden können (Sarason, Sarason & Shearin, 1986; vgl. auch Jennings, Stagg & Pallay, 1988)[5]. Die Plausibilität dieser Überlegung wurde außerdem durch Befun-

---

[5] Auch in der Einsamkeitsforschung wird von der Existenz eines dispositionellen, chronischen Zustands sozialer Defizite und entsprechender Gefühlslagen ausgegangen (vgl. z. B. Heigl, 1987).

de gestützt, wonach Personen mit dauerhaft wenig sozialen Unterstützungen am meisten von experimentell angebotenen informellen Hilfen profitierten. Darüber hinaus werden auch signifikante Zusammenhänge zwischen der Zahl sozial unterstützender Quellen und dem Ausmaß an sozialen Fertigkeiten argumentativ genutzt (Sarason & Sarason, 1986; Sarason, Sarason & Shearin, 1986). Vor allem aber wird auf das Untersuchungsergebnis verwiesen, wonach die Wahrnehmung informeller Hilfen durch bestimmte Bindungserfahrungen geprägt wird und auch mit bestimmten Bindungsschemata in Verbindung zu bringen ist (s. u.). Alle diese Argumente führten Sarason, Pierce und Sarason (1990a, b) zur Annahme, daß hinter dieser stabilen Art, informelle Hilfen wahrzunehmen, ein Konstrukt steht, das sie als „Sense of Acceptance" bezeichnen. Dieses Gefühl von anderen akzeptiert zu werden, hängt nach Ansicht der Autoren sehr von interpersonellen Fertigkeiten, der erlebten eigenen Tüchtigkeit, von Selbstwertgefühlen, von Angst und von der Qualität sozialer Wahrnehmungen ab.

Die Auffassung, wonach auch erlebte Formen der informellen Hilfe ein stabiles und transituativ bedeutsames Persönlichkeitsmerkmal darstellen, kann aber allein schon durch die vielfältigen Ergebnisse zur Heterogenität des Meta-Konstrukts „Soziale Unterstützung" nicht ohne weiteres gehalten werden. Vielmehr ist von einem Zusammenhang zwischen Persönlichkeitsmerkmalen und sozialen Netzwerken auszugehen, der in einem komplexen, fortlaufenden transaktionalen Prozeß verankert ist. Dieser dient dem Aufbau und der Pflege von sozialen Netzwerken einerseits und hilft sozialen Netzwerken, ihrer sozialisatorischen Funktion gerecht zu werden (Heller & Swindle, 1983; Vaux, 1988a).

Persönlichkeitsmerkmale als Determinanten sozialer Netzwerke

Jene Autoren, die soziale Netzwerke von Persönlichkeitsmerkmalen beeinflußt sahen, ließen sich von Ergebnissen der experimentellen und persönlichkeitspsychologisch orientierten Streßforschung anregen. Erkenntnisse, wonach bestimmte Persönlichkeitsmerkmale mit dem Wunsch zusammenhängen, sozial stimuliert zu werden und auch etwas mit der sozialen Lern- und Gestaltungsfähigkeit zu tun haben, waren dabei gleichermaßen bedeutsam. Persönlichkeitseigenschaften, wie Extra- versus Introversion, Neurotizismus oder auch Kontrollüberzeugungen, konnten nachweislich mit einer unterschiedlichen Bereitwilligkeit in Verbindung gebracht werden, sich sozial stimulieren bzw. sich beinflussen zu lassen und soziale Regeln zu lernen (vgl. Amelang & Bartussek, 1990; Snyder & Ickes, 1985).

Das Wissen der sozialpsychologisch orientierten Persönlichkeitspsychologie machten sich vor allem Hansson, Jones und Carpenter (1984) zu

Nutze (vgl. Riggio & Zimmerman, 1991; Röhrle & Sommer, 1993, im Druck). Sie ordneten „sozial" bedeutsame Persönlichkeitsmerkmale bestimmten Phasen des Aufbaus und der Pflege sozialer Beziehungen zu. Dabei konnten sie zum damaligen Zeitpunkt noch keine ausreichenden empirischen Bezüge zur sozialen Unterstützungs- und Netzwerkforschung herstellen. Doch die Befunde zu „sozial" bedeutsamen Persönlichkeitsmerkmalen waren für die Autoren eindrücklich genug, um zu vermuten, daß sie auch bei der Wahrnehmung sozialer Unterstützung und beim Aufbau bzw. bei der Pflege sozial unterstützender Beziehungen eine Rolle spielen.

Die Übersicht von Hansson, Jones und Carpenter (1984) zu einschlägigen Untersuchungen macht deutlich, daß soziale Beziehungen von Pessimisten und schüchternen Personen mit negativem Selbstwert weniger positiv verstärkend erlebt werden. Sie schätzen mögliche Fremdbewertungen schlechter ein und haben eher unrealistische Erwartungen inbezug auf Handlungsmöglichkeiten, die bestimmte soziale Beziehungsformen bieten. Von daher werden Personen mit solchen Eigenschaften, so vermuten Hansson, Jones und Carpenter (1984), auch kaum vorhandene Stützpotentiale wahrnehmen und einschätzen können. Soziale Fertigkeiten, Maskulinität und Extraversion sind Merkmale, die mit der Fähigkeit zusammenhängen, soziale Beziehungen und Gruppen pflegen und beeinflussen zu können. Schüchterne Personen sind selten Initiatoren von sozialen Kontakten. Zutrauen und soziale Fertigkeiten werden als Voraussetzungen dafür erkannt, daß überhaupt erste soziale Kontaktmuster zustande kommen und auch als attraktiv erlebt werden können. Burns und Farina (1984) berichten z. B. über eine Reihe von Studien, wonach bestimmte verbale und nonverbale Fertigkeiten (z. B. offene Fragen stellen und Augenkontakte halten) sowohl kurz- als auch langfristig die soziale Attraktivität steigerten (vgl. auch Riggio, 1986). Angst und Pessimismus waren wiederum keine günstige Vorbedingungen für die Bereitschaft, Hilfe in bestehenden sozialen Beziehungen zu suchen. Wenig sensitive, selten kooperative Menschen oder auch einseitig leistungsbezogene und gehetzte Personen (Typ-A), gestalteten soziale Beziehungen zu unsicheren unbeständigen Handlungsfeldern. Personen, die nicht engagiert und zielstrebig waren, konnten mit den Widerwertigkeiten dauerhafter Beziehungen schlechter umgehen. Umgekehrt war in einer Längsschnittsstudie nachzuweisen, daß Personen, die intime soziale Bindungen unterhalten wollten, vergleichsweise mehr stabile eheliche Beziehungen besaßen (McAdams & Vaillant, 1982).

Inzwischen können die Vermutungen von Hansson, Jones und Carpenter (1984), wonach solche Merkmale der Person auch für Eigenschaften sozialer Netzwerke relevant sind, anhand weiterer Befunde veranschaulicht und bestätigt werden. Allerdings reichen die Ergebnisse nicht aus, um sie bestimmten Phasen des Aufbaus und der Pflege sozial unterstützender Beziehungen zu zuordnen (vgl. Sarason, Pierce & Sarason, 1990a, b). Da die Untersuchungsresultate fast ausschließlich auf Querschnittsuntersuchungen und korrelativen Studien mit einem Meßzeitpunkt beruhen, eignen sie sich allenfalls als Anhaltspunkte für die Behauptung, daß Personmerkmale die Struktur und Funktion von sozialen Netzwerken determinieren können. Zudem ist auch über Untersuchungen zu berichten, denen es mißlang, Zusammenhänge zwischen Charakteristika sozialer Netzwerke und Merkmalen der Person nachzuweisen.

Als zutreffend kann die Behauptung gelten, wonach mit einem Zusammenhang zwischen sozialen Kompetenzen und sozialer Unterstützung zu rechnen ist. In einer Meta-Analyse über 22 unabhängige Stichproben (N = 1800) haben Röhrle und Sommer (im Druck) eine Populationseffektstärke von $r_w = 0.25$ errechnet. Dabei beruht dieser Wert auf unzuverlässigen Datensätzen, da nur 24 Prozent der Varianz durch den Stichprobenfehler erklärt wird (die Korrelationen variieren zwischen –.26 and +.59). Weitere Analysen, welche unterschiedliche Stichproben berücksichtigten, führten zu keinem besseren Ergebnis. Nur eine Meta-Analyse, die sich auf weitgehend einheitlich operationalisierten Variablen der sozialen Kompetenz und der sozialen Unterstützung bezog, zeitigte ein besseres Resultat: Über sieben unterschiedliche Stichproben (u.a. Studenten und Patienten; N = 353) hinweg konnte ein zuverlässiger Wert von $r_w = 0.45$ errechnet werden. Dieser Wert bezieht sich auf Korrelationen zwischen der wahrgenommen sozialen Unterstützung und allgemeinen Maßen der sozialen Kompetenz. Am deutlichsten waren die Zusammenhänge zwischen sozialer Kompetenz und Maßen, welche die soziale Integration erhoben ($r_w = 0.52$). Erste Hinweise wurden auch zur Frage gewonnen, ob es zwischen bestimmten Arten der sozialen Kompetenz und sozialer Unterstützung besonders enge Zusammenhänge gibt. So stand z. B. die Selbstsicherheit in einem engeren Zusammenhang zu praktischen informellen Hilfen als soziale Angst. Die zuletzt genannten Ergebnisse sind vor allem deshalb mit Vorsicht zu genießen, weil es bislang kaum Versuche gibt, so etwas wie netzwerkspezifische Fertigkeiten zu erheben. Die meisten Verfahren zur Messung sozialer Kompetenz unterscheiden zwar zwischen globalen und spezifischen Anteilen der sozialen Kompetenz, zwischen Gefühlen und Fertigkeiten und zwischen rezeptiven und aktiven Anteilen (vgl. z. B. Riggio & Zimmerman, 1991), jedoch wird auf unterschiedliche Phasen der Beziehungsgestaltung und auch auf die Vielfalt möglicher Beziehungsformen und Sektoren sozialer Netzwerke keinen Wert gelegt. Eine Ausnahme machen Hogg und Heller (1990), die ein Verfahren entwickelt haben, um die Fähigkeit zu erheben, Freundschaften schließen zu können. Entsprechend befähigte Personen erwiesen sich als kommunikativer und wurden als sozial geschickter eingeschätzt.

Es gibt aber auch Hinweise darauf, daß neben sozialen Fertigkeiten noch weitere Merkmale der Person mit Charakteristika sozialer Netzwerke im Zusammenhang stehen. So konnten Anhaltspunkte dafür gewonnen werden, daß die Bereitschaft, soziale Unterstützung wahrzunehmen, abzurufen und zu verwerten, mit der Zahl möglicher Quellen informeller Hilfen und der Erreichbarkeit von sozialer Unterstützung korrelierte. In Längsschnittsstudien wurde festgestellt, daß Personen, die über wenig *Quellen sozialer Unterstützung* und kleine soziale Netzwerke verfügten, vergleichsweise autoritärer, sozial ängstlich und weniger tolerant waren. Sie waren eher neurotisch und hatten einen geringen Selbstwert. Zudem stellten sie sich vergleichsweise weniger extravertiert dar und waren eher abhängig von anderen Personen. Außerdem lehnten sie Hilfen häufiger ab und hatten weniger Vertrauen in andere Menschen (Costa, Zonderman & McCrae, 1985; Dunkel-Schetter, Folkman & Lazarus, 1987; Fischer, Sollie & Marrow, 1986)[6].

Entfremdungsgefühle und das Empfinden, wenig kontrollieren zu können, ließen informelle Hilfen so erscheinen, als seien sie nur schwer abrufbar (Schmidt, Conn, Greene & Mesirow, 1982). War bei HIV-infizierten Personen das Merkmal „Hardiness" ausgeprägt, so schätzten sie emotionale und instrumentelle Arten der sozialen Unterstützung als vergleichsweise *erreichbarer* ein (Zich & Temoshok, 1987). Für Studenten, die das Leben als gestaltbar und sinnvoll empfanden („Sense of coherence"), war der Zugang zu verschiedenen Arten der sozialen Unterstützung subjektiv einfacher (Hart, Hittner & Paras, 1991). Sozial ängstliche Menschen glaubten weniger daran, daß ihnen jemand aus dem sozialen Netzwerk unter die Arme greift (Haemmerlie, Montgomery & Melchers, 1988). Zudem wertete dieser Personenkreis mögliche soziale Unterstützungen als wenig akzeptabel (Eckenrode, 1983).

Personen mit Entfremdungsgefühlen, mit geringer internaler Kontrollüberzeugung, mit wenig Optimismus und fehlendem Vertrauen in andere Menschen waren selten bereit, *informelle Hilfen zu suchen* oder zu intitiieren (Eckenrode, 1983; Grace & Schill, 1986; Husaini, Neff, Newbrough & Moore, 1982; Scheier, Weintraub & Carver, 1986; Schmidt, Conn, Greene & Mesirow, 1982). Die *Quantität sozialer Unterstützungen* verschiedenster Art oder auch die *Zahl reziproker sozialer Beziehungen* wurde nicht

---

[6] Vgl. auch die Querschnittsstudien von Haemmerlie, Montgomery und Melchers (1988), Richman und Flaherty (1985), Sarason und Sarason (1982), Sarason, Levine, Basham und Sarason (1983), Sarason, Sarason und Shearin (1986), Winefeld (1979).

nur davon bestimmt, welches Maß an sozialer Fertigkeit und wieviel Selbstbewußtsein die befragten Personen besaßen. Wie diese Netzwerkmerkmale ausgeprägt waren, war auch davon abhängig, wie ausgeprägt sich die Persönlichkeitseigenschaft „Hardiness" darstellte, wie eindeutig die internalen Kontrollüberzeugungen, wie wenig ängstlich bzw. schüchtern, wie feindselig, wie stark auf Selbstverwirklichung hin orientiert und wie mitteilungsbereit die untersuchten Personen waren[7].

Auch verschiedene Formen der *Einsamkeit* konnten mit vergleichbaren Eigenschaften von Personen in Zusammenhang gebracht werden. Wenn jemand sich selbst negativ einschätzt, über wenige soziale Fertigkeiten verfügt und nicht bereit ist, sich anderen mitzuteilen, wenn er zudem neurotisch und pessimistisch ist, dann sind die besten Voraussetzungen für soziale Isolation gegeben (vgl. zur Übersicht Elbing, 1991; Peplau, 1985)[8]. In der experimentellen Studie von Jones, Hobbs und Hockenburry (1982) finden sich aber auch Anhaltspunkte dafür, daß ein hohes Maß an erlebter Einsamkeit die Ursache für mangelnde soziale Fertigkeiten darstellen könnte. Als einsam eingestufte Personen gingen in einer arrangierten sozialen Interaktion signifikant weniger auf den Partner ein, blieben thematisch seltener bei der Sache und stellten weniger Fragen (vgl. auch Hansson & Jones, 1981).

Auf welche Weise die *Qualität* möglicher bzw. tatsächlicher informeller Hilfen und die von sozialen Beziehungen beurteilt wurde, hing vom Ausmaß an Toleranz bzw. Autoritarismus und der allgemeinen sozialen Einstellung ab. Soziale Kompetenzen, der Selbstwert, soziale Angst, das Merkmal „Neurotizmus" und der Wunsch, einen guten Eindruck machen zu wollen, sagten zum Teil auch zu späteren Zeitpunkten die Art und Weise voraus, wie soziale Unterstützungen bewertet wurden (Costa, Zonderman & McCrae, 1985; Fischer, Sollie & Marrow, 1986)[9]. Diese Persön-

---

[7] Vgl. Cauce (1986), Dunkel-Schetter, Folkman und Lazarus (1987), Elliot und Gramling (1990), Filipp und Aymanns (1987), Fischer, Sollie und Marrow (1986), Ford und Procadino (1990), Ganellen und Blaney (1984), Jones, Freemon und Goswick (1981), Kalimo und Vuori (1990), Kobasa und Puccetti (1983), Montgommery und Haemmerlie (1989), Sandler und Lakey (1982), Sarason, Levine, Basham und Sarason (1983), Sarason, Sarason und Shearin (1986), Sarason, Sarason, Hacker und Basham (1985), Sarason, Shearin, Pierce und Sarason 1987), Shaver, Furman und Buhrmester (1985), Smith und Pope (1990), Zich und Temoshok (1987).

[8] Vgl. auch Goswick und Jones (1981), Hansson, Jones und Carpenter (1984), Jones, Freeman und Goswick (1981), Stokes (1985), Levin und Stokes (1986), Smith und Knowles (1991), Vaux (1988b).

[9] Vgl. auch die Querschnittsstudien von Barth (1988), Cauce (1986), Hobfoll, Nadler und Leiberman (1986), Ludwig-Mayerhofer und Greil (1993), Procadino und Heller (1983), Sarason und Sarason (1982), Sarason, Levine, Basham und Sarason (1983), Sarason, Shearin, Pierce und Sarason (1987), Sommer und Fydrich (1989), Vaux, Philips, Holly, Thomson, Williams und Stewart (1986).

lichkeitsmerkmale ließen informelle Hilfen deshalb unvorteilhaft erscheinen, weil sie entweder eine generell negativistische Haltung gegenüber sozialen Beziehungen produzierten oder Ausdruck frustrierter sozialer Bedürfnisse waren. Umgekehrt wurden soziale Beziehungen, z. B. von Witwen, umso intimer beurteilt, je stärker die Affiliationstendenzen und je weniger ausgeprägt das Merkmal „Abhängigkeit" war (Bankoff, 1986).

Nicht in jedem Fall erhält man den Eindruck, daß salutogene Eigenschaften sozialer Netzwerke mit Merkmalen der Perrson einhergehen, die man als vorteilhaft bezeichnen würde. Vielmehr zeigte sich, daß Merkmale, wie z. B. die interpersonelle Dependenz oder ein geringer Selbstwert, z. B. mit starken familiären Bindungen oder positiv eingeschätzen sozialen Unterstützungen zusammenhängen (Hobfoll, Nadler & Leiberman, 1986; Vaux, Phillips, Holly, Thomson, Williams & Stewart, 1986). Solche Verbindungen sprechen dafür, daß bestimmte Persönlichkeitstypen in sozialen Netzwerken sozialisiert oder daß das soziale Umfeld den Bedürfnissen dieser Typen entsprechend geformt wurde.

In nicht wenigen Längsschnittsstudien und repräsentativen Untersuchungen ließen sich entgegen der bislang dargestellten Befundlage zum Zusammenhang von Merkmalen der Person und Charakteristika sozialer Netzwerke nur schwache oder gar keine Verbindungen nachweisen. Dies gilt für den Zusammenhang zwischen der selbst eingeschätzten Kompetenz und engen Bindungen (Dean & Ensel, 1982) und auch für den zwischen internalen Kontrollüberzeugungen und der Zahl sozial unterstützender Quellen (vgl. auch Caldwell, Pearson & Chin, 1987; Husaini & Frank, 1985; Richman & Flaherty, 1985). Es konnten auch keine tragfähigen Beziehungen zwischen dem Merkmal „Aggressivität" und der Menge sozialer Unterstützung festgestellt werden (Smith & Houston, 1987). Kobasa (1979) nahm an, daß Personen, die den Charakteristika der Persönlichkeitseigenschaft „Hardiness" entsprachen, ihre sozialen Netzwerke stabilisieren und zugleich ihre sozialen Beziehungen besonders gut pflegen können. Doch ließen sich über verschiedene Studien hinweg kaum Bezüge zwischen den verschiedenen Anteilen dieser Persönlichkeitseigenschaft und verschiedenen Merkmalen der sozialen Unterstützung nachweisen (vgl. zur Übersicht Blaney & Ganellen, 1990).

Krause (1987d) erkannte bei einer Zufallsstichprobe von älteren Personen einen *kurvenlinearen* Zusammenhang zwischen dieser Persönlichkeitseigenschaft und der Menge an sozialer Unterstützung: Bei sehr hohen und sehr geringen Ausprägungsgraden der sozialen Unterstützung ließen sich fast keine Zusammenhänge zum Ausmaß an „Hardiness" finden. Wir sehen darin einen Hinweis darauf, daß Persönlichkeitseigenschaften nur in bestimmten Ausprägungsgraden den Zugang zu informellen Hilfen erleichtern. Die Frage, inwieweit dies mit unterschiedlichen Bereitschaften bzw. Fähigkeiten der entsprechenden Person zu tun hat, kann genau so wenig beantwortet werden wie die Frage, ob ein schlechterer Zugang zu Quellen der sozialen Unterstützung daraus resultiert, daß das soziale Netzwerk die entsprechenden Personen nicht akzeptiert.

Insgesamt können die bisher angeführten Ergebnisse zum Zusammenhang von Persönlichkeitsmerkmalen und Eigenschaften sozialer Netzwerke nicht nur wegen der inkonsistenten Befundlage wenig zufrieden stellen: In den meisten Fällen ist nicht zu entscheiden, ob Persönlichkeitsmerkmale auf soziale Netzwerke Einfluß genommen haben oder ob sie umgekehrt, das Resultat relationaler und funktionaler Charakteristika von sozialen Netzwerken darstellen. Auch wenn man von möglichen Wechselwirkungen ausgehen würde, kann die Frage nicht beantwortet werden, ob es sich um pathogene oder salutogene Verhältnisse handelt und wie sie sich im Detail gestalten. Außerdem ist zuwenig über die situativ gebundenen Bedeutungszusammenhänge von personalen und sozialen Eigenschaften bekannt.

Zur Bedeutung des Zusammenspiels von Persönlichkeitsmerkmalen und sozialer Unterstützung für die psychische Gesundheit

Die Annahme, daß Persönlichkeitsmerkmale und soziale Unterstützung interaktiv die psychische Gesundheit stabilisieren und auch auf diese Weise gemeinsam den Einfluß von Belastungen modifizieren können, wird von der Vorstellung getragen, daß es so etwas wie eine synergistische Verbindung zwischen beiden Ressourcen gibt (Blaney & Ganellen, 1990). Je nach Qualität der untersuchten Persönlichkeitsmerkmale gestaltet sich dieses synergistische Zusammenspiel im Hinblick auf verschiedene Befindlichkeiten sehr unterschiedlich. Sind beide als Ressourcen für die psychische Gesundheit wirksam, so mögen sie ihre jeweilige Wirkung im Sinne eines Direkteffektes potenzieren. Besteht aber ein Mangel an einer Art von Ressource, so dürfte die Interaktion mit der jeweils anderen auch eine Art von kompensativem Effekt zeitigen. Worin allerdings im einzelnen dieses synergistische Zusammenspiel besteht, kann nur vermutet werden.

Die unmittelbaren Effekte dieser synergistischen Interaktion von Dispositionen und Formen bzw. Mengen sozialer Unterstützung wurden für ganz unterschiedliche Merkmalskombinationen nachgewiesen, ohne daß im einzelnen genaue Erkärungen angeboten werden könnten. Bei Kobasa und Puccetti (1983) korrelierte das Wechselspiel von „Hardiness" und familiärer Unterstützung mit individuellen Befindlichkeiten, das Produkt aus dieser Persönlichkeitseigenschaft und der Unterstützung durch Vorgesetzte war ohne Bedeutung. Auch bei Holahan und Moos (1985) hing die Wechselwirkung von Selbstvertrauen und familiärer sozialer Unterstützung mit der Zahl der psychosomatischen Symptome bzw. der Stärke der Depression zusammen (vgl. auch Brown & Bifulco, 1985). Diese Befunde legen die Schlußfolgerung nahe, daß intime soziale Beziehungen erst die Bereitwilligkeit herstellen, das eigene Schicksal in die Hand zu nehmen, Belastungen als Herausforderung zu erleben und die Dinge zielstrebig anzugehen. Umgekehrt regen diese Persönlichkeitsmerkmale dazu an, familiäre Hilfen eher zu schätzen und auch besser zu nutzen.

Nicht auszuschließen ist auch, daß es besonders günstige Konstellationen von bestimmten Persönlichkeitsmerkmalen und Arten der sozialen Unterstützung gibt. Darauf deutet eine Längsschnittsstudie von Badura et al. (1988) hin. Sie stellten fest, daß Personen mit einem ausgewogenen Verhältnis von Leistungsbezogenheit und sozialen Interessen (Typ-B) vergleichsweise mehr durch emotionale Unterstützung profitierten, um so kardiovaskuläre Risiken zu vermeiden. Eine Studie von Hobfoll und Leiberman (1987) zeigte, daß sowohl ein Defizit an Selbstwert als auch ein Mangel an sozialen Unterstützungen durch die jeweils andere Ressource ausgeglichen werden konnte.

Inbezug auf die für bestimmte Personen notwendige *Menge sozialer Unterstützung* machen verschiedene Untersuchungen deutlich, daß *Extravertierte* mehr sozial stimuliert sein wollen und Personen mit internaler Kontrollüberzeugung nicht zu sehr in ihrem Freiheitsspielraum eingeschränkt werden möchten. Dies gilt insbesondere auch für ältere Menschen (Krause, Liang & Keith, 1990). Duckitt (1984) stellte bei Studenten fest, daß von verschiedenen Skalen des „16-PF" (Catell, Eber & Tatsuoka, 1970) die Skala „Extraversion" in Interaktion mit sozialer Unterstützung für den Grad an psychischer Beeinträchtigung bedeutsam war. Extravertierte mit wenig sozialer Unterstützung hatten eine vergleichsweise höhere Symptomrate. Offensichtlich wurde durch solche Bedingungen das Bedürfnis nach sozialer Stimulation nicht hinreichend gestillt.

Hibbard (1985) stellte fest, daß die *Größe sozialer Netzwerke* für jene Personen besonders salutogen war, die anderen Personen nicht *vertrauen* konnten. Bei Gierszewski (1983) zeigte sich, daß Personen im Zusammenhang mit einem Diätprogramm umso weniger abnahmen, je internaler ihre *Kontrollüberzeugung* war und je mehr soziale Unterstützung sie erhielten. Die Autorin interpretiert diesen Befund so, daß diese Personengruppe zu reaktantem Verhalten neigt und sich in der Regel lieber auf sich selbst verläßt. Allerdings konnten Seeman, Seeman und Sayles (1985) in einer Längsschnittstudie nachweisen, daß Personen, die wenig Kontrollgefühle entwickelten und zugleich viel Ratschläge erhielten, in einer vergleichsweise ungünstigeren gesundheitlichen Verfassung waren. Das gleiche gilt für Individuen mit starken ehelichen Belastungen und ausgeprägten Dispositionen, wie man sie der Risikopersönlichkeit vom Typ-A zuschreibt (Badura et al., 1988). Möglicherweise verstärkten die angebotenen Hilfen noch das Gefühl der Hilflosigkeit und demoralisierten die Betroffenen.

Zur Bedeutung des Zusammenspiels von Belastungen, Persönlichkeitsmerkmalen und sozialer Unterstützung

Auch für das synergetische Zusammenwirken von sozialen und personalen Ressourcen bei der Bewältigung von Belastungen liegt eine Reihe von empirischen Hinweisen vor. Diese beruht allerdings überwiegend auf Querschnittsstudien. Verschiedene Untersuchungsergebnisse deuten alle darauf hin, daß Kombinationen von bestimmten Persönlichkeitsmerkmalen und Arten bzw. Mengen der sozialen Unterstützung Voraussetzung dafür sind, daß die jeweiligen Ressourcen besser verwertet werden können, um die psychische Gesundheit zu stabilisieren oder um sie indirekt dadurch zu erhalten, indem Belastungen im Rahmen eines individuellen als auch sozialen Bewältigungsprozesses verarbeitet werden. Das bedeutet wahrscheinlich, daß die verschiedenen salutogenen Potentiale flexibel in Anspruch genommen werden und daß sich optimale Person-Umwelt-Verhältnisse ergeben, in denen es u.a. auch möglich ist, passende Bewältigungsstrategien zu erwerben oder einzusetzen.

In diesem Zusammenhang sind vor allem jene Studien bekannt geworden, die darauf hinweisen, daß belastete Personen mit internaler Kontrollüberzeugung die jeweils gebotenen informellen Hilfen am besten verwerten. So konnten z. B. Studenten mit einer internalen Kontrollüberzeugung den Einfluß von Belastungen deutlicher minimieren als belastete Studenten mit externaler Kontrollüberzeugung oder auch als Studenten mit wenig Streß. Zugleich waren sie weniger ängstlich und depressiv (Sandler & Lakey, 1982). Über ein ähnliches Ergebnis berichten auch Caldwell, Pearson und Chin (1987). Stark belastete, aber sozial unterstützte Männer mit internaler Kontrollüberzeugung waren am wenigstens depressiv und hatten die geringste Zahl an psychosomatischen Symptomen (vgl. auch Zautra, 1983; dagegen Jennings, 1990; Melamed, Kusnir & Meir, 1991).[10]

Lefcourt, Martin und Saleh (1984) fanden, daß dieser Puffereffekt, der für Personen mit internaler Kontrollüberzeugung besonders deutlich war,

---

[10] Auch die Interaktion von Selbstsicherheit, „Daily Hassles" und sozialer Integration konnte in einer Querschnittsstudie von Elliott und Gramling (1990) konnte die Menge der Symptome im Sinne einer „Major Depression" vorhersagen.

eher *bereichspezifisch* zu interpretieren ist. In zwei Studien war dieser Effekt nur bei Personen nachzuweisen, die bei sozial affiliativen Belangen internal kontrolliert waren. In einer dritten Studie wurde dieser Effekt allerdings auch bei Personen deutlich, die in klassischen Leistungsbereichen als internal kontrolliert galten. Bei Riley und Eckenrode (1986) erwies sich die Interaktion von Kontrollüberzeugung mit der Zahl hilfreicher Personen bei einer Zufallsstichprobe von Frauen jedoch nicht als signifikant. Dieses Ergebnis deutet darauf hin, daß soziale Unterstützungen auch in Abhängigkeit davon wirken, welche rollenspezifische Grundhaltungen vorliegen (s. u.). Ein Teil der untersuchten Frauen war möglicherweise nicht fähig, die jeweiligen Kontrollüberzeugungen in eine aktive Auseinandersetzung mit Belastungen umzusetzen, obwohl diese Frauen über einen hinreichend großen sozialen Rückhalt verfügten.

Einen wichtigen Hinweis auf die mögliche spezifische Bedeutung verschiedener *Arten der sozialen Unterstützung* für internal bzw. external kontrollierte Personen liefert die Studie von Cummins (1988). Diese Untersuchung stellte beim Vergleich von entsprechenden Abendschülern fest, daß ausschließlich die Interaktion von internaler Kontrollüberzeugung mit der Häufigkeit von „Daily Hassles" und der Menge an sozialer Unterstützung die Rate psychischer Störungen in einem günstigen Sinne vorhersagen konnte. Für subjektiv gewertete informelle Hilfen war dagegen ein katalytischer Effekt nachzuweisen. Es wurde vermutet, daß vorteilhaft bewerte informelle Hilfen die entsprechenden Personen für Belastungen erst sensibel machen, d. h. möglicherweise ihre Bereitschaft dämpfen, sich mit den entsprechenden Stressoren auseinanderzusetzen. Auf welche Weise dies genau geschehen konnte, ist unklar. Es ist aber möglich, daß solche Hilfen als Hinweise darauf gewertet wurden, daß die eigenen personalen Ressourcen nicht ausreichten, um mit den Belastungen fertig zu werden.

In diesem Zusammenhang ist auch ein interessanter Befund zur Bedeutung der *Quantität informeller Hilfen* für Personen mit einer internalen *Kontrollüberzeug* von Fusilier, Ganster und Mayes (1987) vorgelegt worden. Sie stellten fest, daß beruflich belastete Polizisten und Angehörige der Feuerwehr mit internalen Kontrollüberzeugungen und wenig sozialer Unterstützung (spezifischer und unspezifischer Art), bei beruflichen Belastungen besonders viele psychosomatische Symptome aufwiesen. Personen, die zahlreiche informelle Hilfen geboten bekamen, hatten einen erhöhten Epinephrinspiegel. Dies spricht dafür, daß der durch viele informelle Hilfen gewährleistete sichere soziale Rückhalt die Bereitschaft erhöht hatte, sich mit Stressoren, wie z. B. Rollenkonflikten, auseinanderzusetzen. Kobasa und Puccetti (1983) konnten im übrigen zeigen, daß belastete und zugleich sozial unterstützte Personen vergleichsweise gesünder waren, wenn bei ihnen auch die Merkmalskonfiguration vom Typ *„Hardiness"* stark ausgeprägt war. Auf die spezifische Bedeutung bestimmter *Quellen der sozialen Unterstützung* für Personen mit einer *maskulinen Rollenorientierung* weist die Studie von Nezu, Nezu und Peterson (1986) hin. Personen mit einer solchen Rollenorientierung kamen mit kritischen Lebensereignissen besser zurecht, wenn sie wenig familiäre Hilfen erhielten. Dieses Ergebnis kann so gedeutet werden, daß der Mangel an intimen Formen der sozialen Unterstützung, die untersuchten Studenten zu mehr Unabhängigkeit angeregt und damit auch die Entwicklung und den Einsatz personaler Ressourcen eher gestärkt hatte.

In die gleiche Richtung deuten auch Studien, welche die Bedeutung sozialer Bedürfnisse untersucht haben. Hill (1987a) konnte bei Studenten zeigen, daß vergleichsweise wenig psychische Störungen vorlagen, wenn bei vielen kritischen Lebensereignissen das Bedürfnis nach sozialer Affiliation stark und die Menge an sozialer Unterstützung hoch war. Personen, die ein schwaches Affiliationsbedürfnis empfanden und wenig informelle Hilfen erhielten, waren physisch gesünder, obgleich sie unter vielen kritischen Lebensereignissen zu leiden hatten. Auch bei Lefcourt, Martin und Saleh (1984) konnten Personen, die autonomer bzw. weniger affiliativ waren, soziale Unterstützungen offensichtlich besser verwerten (vgl. auch Koomen, Kniesmeijer, Vos Panhuijsen & Velthuijsen, 1990; dagegen Connell & D'Augelli, 1990).

Insgesamt sprechen diese Ergebnisse für ein komplexes Zusammenspiel zwischen verschiedenen Persönlichkeitsmerkmalen und Charakteristika der sozialen Unterstützung. Es beschreibt nicht nur die Bereitschaft und Fähigkeit, informelle Hilfen zu nutzen, sondern macht deutlich, daß die psychologische Bedeutung sozialer Unterstützungen durch recht unterschiedliche „soziale" Persönlichkeitsmerkmale auch nicht ohne den Einfluß situativer Faktoren bestimmt sein dürfte. Die sprechen Ergebnisse dafür, daß es Person-Umwelt-Passungen gibt, die soziale Netzwerke und Persönlichkeitsmerkmale erst im Zusammenspiel wirksam werden lassen.

Sequentielle Wirkzusammenhänge

In einigen Fällen wird von einer zeitlich sequentiellen, vermittelnden Einflußnahme von personalen bzw. sozialen Ressourcen ausgegangen. Dabei werden sowohl Persönlichkeitsmerkmale als auch Charakteristika sozialer Netzwerke bzw. sozialer Unterstützung als Ausgangspunkt entsprechender Wirkzusammenhänge gewählt. Einflüsse sozialer Netzwerke können sich sowohl in einem salutogenen als auch in einem pathogenen Sinne über Persönlichkeitsmerkmale vermittelt auf individuelle Befindlichkeiten auswirken. Sie tragen dazu bei, daß personale Ressourcen aktiviert oder aber auch beeinträchtig werden. Andererseits ist es auch möglich, daß bestimmte Persönlichkeitsmerkmale mehr oder weniger hilfreich sein können, wenn es gilt, soziale Ressourcen zu mobilisieren.

Auf welche Art und Weise soziale Unterstützungen personale Ressourcen animieren, läßt sich anhand der vorliegenden Quer- und Längsschnittsstudien nicht entscheiden. In einer *Querschnittsstudie* von Revicki und May (1985) konnte immerhin festgestellt werden, daß praktische Ärzte mit externalen Kontrollüberzeugungen dazu neigten, mehr berufliche Belastungen zu erleben, was wiederum damit einherging, daß sie weniger familiär unterstützt waren. War dies der Fall, so litten sie vergleichsweise mehr unter Depressionen. Dabei waren auch direkte Zusammenhänge zwischen einer externalen Kontrollüberzeugung und Depression nachweisbar. Ärzte mit einer internalen Kontrollüberzeug erhielten mehr informelle Hilfen durch die Familien; dies wiederum stand in einem negativen Zusammenhang zur depressiven Symptomatik.

Vondra und Garbarino (1988) konnten in einer weiteren Querschnittsstudie an Jugendlichen zeigen, daß zwischen der elterlichen sozialen Unterstützung und der sozialen und psychischen Anpassung eine direkte korrelative Verbindung bestand. Es bestand ein Zusammenhang zwischen diesen informellen Hilfen und der Stärke der sozialen Kompetenz. Dies korrelierte wiederum mit der sozialen und psychischen Anpassung. Ein vergleichbares Ergebnis erzielten auch Clark und Clissold (1982) sowohl bei Arbeitslosen als auch bei Beschäftigten. Dagegen konnten Tracey, Sherry und Keitel (1986) bei Studenten keinen Bezug zwischen der erlebten Tüchtigkeit und der Bereitschaft nachweisen, Hilfe in sozialen Netzwerken zu suchen. Je negativer jedoch die befragten Personen ihre Kompetenzen einschätzten, umso mehr Angst hatten sie und umso schlechter war ihre gesundheitliche Verfassung. Bei Frauen, die eine Fehlgeburt hatten, stärkte die wahrgenommene soziale Unterstützung das Gefühl, mit den Belastungen fertig zu werden. Dies wiederum war für die psychische, nicht jedoch für die physische Verfassung dieser Frauen bedeutsam (Major et al., 1990).

In *Längsschnittsstudien* wurde vor allem die Rolle sozialer Kompetenzen, die der selbst eingeschätzten eigenen Tüchtigkeit und die Bedeutung optimistischer bzw. pessimistischer Grundhaltungen im Wirkgefüge von Stressoren und sozialer Unterstützung untersucht. Cutrona und Troutman (1986) konnten vorhersagen, daß Frauen, die sich sozial eingebunden fühlten und die ihre erzieherischen Fähigkeiten positiv beurteilten, später weniger unter Post-Partum-Depressionen litten. Die zu einem zweiten Zeitpunkt erlebte Belastung, welche auf die Lebhaftigkeit der Kinder zurückgeführt wurde, ließ die selbst eingeschätzten erzieherischen Fähigkeiten negativ erscheinen und verstärkte zugleich auf direktem Wege die Depressivität.

In zwei weiteren Längsschnittsstudien zeigte sich, wie die selbst eingeschätzte eigene Tüchtigkeit hilft, soziale Ressourcen zu mobilisieren und darüber auch dazu beiträgt, Depressivität zu mindern. Alte Menschen, die sich zu einem ersten Meßzeitpunkt als hinreichend kompetent sahen, mit Problemen der sozialen Isolation umzugehen, waren ein Jahr später weniger depressiv. Zugleich nahmen sie mehr soziale Unterstützung im Sinne von Bindungen und sozialer Integration wahr. Je mehr sie aber informelle Hilfen dieser Art als gegeben ansahen, umso weniger depressiv waren sie. Ähnliche Zusammenhänge konnten auch Dean und Ensel (1982) allerdings nur für Frauen nachweisen. Vinokur, Schul und Caplan (1987) stellten bei Vietnam-Veteranen fest, daß Ressentiments und eine pessimistische Grundhaltung, sowohl der eigenen Person gegenüber als auch in allen sozialen Belangen, die sozialen Unterstützungen zu weiteren Meßzeitpunkten minimierten. Dies hatte wiederum einen negativen Einfluß auf die psychische Gesundheit; ein Effekt, der allerdings durch diese Persönlichkeitsmerkmale auch direkt bewirkt wurde. Diese Zusammenhänge ließen sich sowohl für wahrgenommene Formen der sozialen Unterstützung als auch für informelle Hilfen nachweisen, wie sie sich aus der Perspektive wichtiger Bezugspersonen darstellten. Es deutete sich an, daß die Reduktion sozialer Unterstützungen sowohl eine Folge einer geringen psychischen Gesundheit als auch das Resultat ungünstiger sozialer Unterstützungsbedingungen gewesen sein könnte.

In der schon zitierten Studie von Pearlin et al. (1981) fand man heraus, daß sich Belastungen, wie z. B. durch Arbeitslosigkeit, dadurch ungünstig auf die Intensität der Depressivität auswirkten, indem sie zunächst den Selbstwert einer Person schwächten (vgl. auch Gore, 1978). In einer Längsschnittsstudie von Oritt, Paul, Poulton, Dark, Morrill und Schmid (1984) korrelierte die Zahl kritischer Lebensereignisse mit der Symptomrate. Verschiedene Arten der sozialen Unterstützung aus unterschiedlichen Quellen und auch Kompetenzen im Sinne von diversen Problemlösefähigkeiten standen in einem negativen Zusammenhang zur Zahl der psychischen Störungen. Durch kritische Lebensereignisse wurden offensichtlich die personalen Ressourcen beeinträchtigt, wohingegen informelle Hilfen diese eher zu mobilisieren vermochten.

Diese Ergebnisse machen insgesamt deutlich, daß mit sehr verschiedenartigen Wirkzusammenhängen zwischen Persönlichkeitsmerkmalen, Belastungen, sozialer Unterstützung und individuellen Befindlichkeiten zu rechnen ist. Wie Merkmale der Person im einzelnen in diesen Zusammenhängen wirken, bleibt relativ undeutlich. Zum Teil mag dies damit zusammenhängen, daß die jeweils untersuchten Dispositionen inbezug auf Merkmale sozialer Netzwerke ziemlich unspezifisch sind.

6.3. Zur Bedeutung netzwerkspezifischer Dispositionen

Wenn von Dispositionen gesprochen wird, die phänomenal eng im Zusammenhang zu Merkmalen sozialer Netzwerke stehen, dann ist vor allem die Rede von sozialen Fertigkeiten, von Bindungsschemata und von sogenannten Netzwerkorientierungen. Wie wichtig soziale Fertigkeiten für den Aufbau und die Pflege sozialer Stützsysteme sein dürften, haben viele der bislang schon dargestellten Studien vorgeführt. Gleichwohl ist ungewiß geblieben, welche besonderen Fertigkeiten notwendig sind, um spezielle Formen der sozialen Unterstützung erhalten und um bestimmte Beziehungen im sozialen Netzwerk pflegen zu können. Hierfür sind erst noch genauere Aufgabenanalysen und Anforderungsprofile notwendig, wie sie zum Teil durch Beobachtungen in sozial unterstützenden Situationen möglich werden konnten (vgl. Cutrona, Suhr & MacFarlane, 1990; Hogg & Heller, 1990; Winstead & Derlega, 1991; Kapitel 8).

Sieht man in Bindungsschemata netzwerkspezifische Dispositionen, so bringt man einen neuen Akzent in die persönlichkeitspsychologisch orientierte Unterstützungs- und Netzwerkforschung. Dieser Akzent besteht vor allem darin, daß eine Art von Disposition angesprochen ist, die in einem deutlichen entwicklungspsychologischen Zusammenhang steht, der auch den Einfluß früher sozialisatorischer Erfahrungen nicht nur im Bereich primärer Bindungen, sondern auch in sozialen Netzwerken betont (Salter Ainswort, 1991). Noch weitergehender ist die Vorstellung, daß die Vielzahl der für den Aufbau, die Pflege und die Nutzung sozialer Netzwerke relevanten Persönlichkeitsmerkmale durch ein einzelnes Konstrukt ersetzt oder wenigstens ergänzt werden könnte, nämlich durch die sogenannte „Netzwerkorientierung".

Bindungserfahrungen und soziale Netzwerke

Wenngleich Längsschnittsstudien fehlen, die über die gesamte Lebensspanne gehen, so kann man doch davon ausgehen, daß Bindungen im Sinne von Bowlby (1969) nicht nur zur Entstehung eines stabil positiven Selbstwertes beitragen, sondern auch die Entwicklung von Sozialverhalten begünstigen. Zumindest fand man signifikante Zusammenhänge zwischen fehlenden sozialen Fertigkeiten, sozialem Rückzug und fehlenden engen

Bindungen (Burns & Farina, 1984; Sarason, Pierce & Sarason, 1990a, b). Rauh (1981) wies im Rahmen einer Überblicksarbeit darauf hin, daß Kinder, die ängstliches Bindungsverhalten zeigten, eher Störungen im Sozialbereich entwickelten oder später unter mehr familiären Belastungen litten. Die Wahl intimer Bezugspersonen scheint ebenso von der Art der erinnerten sozialen Bindungen abzuhängen, wie die Schwere eines sozialen Verlustes oder das Vertrauen in andere Personen (Rutter, 1984; Murray Parkes, 1991)[11].

Bowlby (1988) nahm an, daß bestimmte sozialisatorische Erfahrungen kognitive Schemata ausbilden, die er als Arbeitsmodelle bezeichnete. Seiner Ansicht nach gestalten diese Arbeitsmodelle die Selbst- und Fremdsicht auf eine stabile Weise. Bei Ainsworth (1982) haben diese Schemata die Bedeutung von Verhaltenssystemen, die entweder sicherer, ambivalenter oder ängstlicher Natur sein können. Sie haben Einfluß darauf, wie autonom und explorativ oder abhängig und vermeidend sich jemand verhält. Vernachlässigungen, widerspruchsvolle Erziehungsstile und Überbehütung führen zu ungünstigen Bindungsschemata. Nicht an Bedingungen geknüpfte Zuwendung, die Freiraum läßt und die jederzeit abrufbar ist, macht die Entwicklung von sicheren Bindungsschemata möglich. Ist ein solcher Spielraum nicht gegeben, so läuft man Gefahr, später psychisch zu erkranken (vgl. zur Übersicht Burbach & Borduin, 1986; Paterson & Moran, 1988). Relativ zuverlässige Hinweise brachten hierzu z. B. die Befunde von Brown, Bhrolchain und Harris (1975). Sie stellten eindeutige Zusammenhänge zwischen frühen Verlusten der Mütter und depressiven Erkrankungen bei Frauen fest. Vergleichbare Anhaltspunkte ergaben sich auch aus der Scheidungsforschung (vgl. z. B. Farber, Felner & Primavera, 1985).

Vorteilhafte Bindungsschemata, die exploratives Verhalten zulassen, begünstigen dagegen die Entwicklung von personalen und sozialen Ressourcen (Leppin, 1985; Richman & Flaherty, 1987; Sarason, Pierce & Sarason, 1990a, b). Tress, Schepank, Schiessl und Kriebel (1988) berichten im Kontext ihrer umfassenden „Mannheimer Kohortenprojekt" darüber, daß frühere instabile Beziehungen zu den Eltern vor allem von Frauen angegeben werden, die über wenig partnerschaftliche Fähigkeiten verfügten. Auf der Grundlage von umfangreichen Interviewdaten wurde die Eltern-Kind-Beziehung der befragten Personen in eine förderliche, ablehnende und eine überfürsorglich-autoritäre eingeteilt. Sozialkommunikative

---

[11] Vgl. insgesamt zur Übersicht Ainsworth (1982), Bates und Bayles (1988), Collins und Gunnar (1990), Kotler und Omodei (1988), Leppin (1985), Sarason, Pierce und Sarason (1990a, b), Tress, Schepank, Schiessl, Budke und Kniebel (1988), Vaux (1988a).

Probleme hatten vor allem jene, die abgelehnt wurden. In einigen wenigen Studien ließ sich zeigen, daß die erlebte und erinnerte elterliche Bindungssituation in einem nicht unerheblichen Maße mit der Menge, der Bewertung und Verwertung informeller Hilfen zusammenhing und zudem auch individuelle Befindlichkeiten beeinflußte. Studenten, die über günstige affektive Beziehungen zu ihren Eltern berichten konnten, hatten vergleichsweise mehr Zugang zu emotionalen, instrumentellen, anlaßbezogenen und auf reziproken Beziehungen aufbauenden informellen Hilfen. Insbesondere die Erinnerung an die mütterliche Zuwendung war für die Zahl der berichteten sozialen Unterstützungen sowohl im familiären als auch im nicht familiären Bereich entscheidend (Flaherty & Richman, 1986; Richman & Flaherty, 1987).

Personen, die sich daran entsinnen konnten, in der Kindheit vernachlässigt worden zu sein, lehnten ihr soziales Netzwerk eher ab (Sarason & Sarason, 1982). Sarason, Shearin, Pierce und Sarason (1987) konnten auch feststellen, daß die Menge der sozialen Unterstützung, die Größe sozialer Netzwerke, die Zufriedenheit damit und die Qualität der familären sozialen Unterstützung bei Studenten in einem positiven Zusammhang zur erinnerten, sicheren elterlichen Bindung stand (vgl. Pierce, Sarason & Sarason, 1991; Sarason, Pierce, Sarason, Waltz & Poppe, 1991). Zugleich ließen sich negative Verbindungen zwischen diesen Merkmalen sozialer Netzwerke und der empfundenen mütterlichen oder auch väterlichen Überbehütung nachweisen. Auch Jugendliche mit unsicheren Bindungsschemata werteten ihre sozialen Beziehungen als weniger sozial unterstützend als solche, die über sichere Bindungsschemata berichteten oder die sich früher überbehütet vorkamen (Kobak & Sceery, 1988). Parker und Barnett (1988) konnten bei Studenten einen Zusammenhang zwischen der Erinnerung an mütterliche Bindungen und dem Zugang zu engen sozialen Beziehungen nachweisen (der mögliche Einfluß des Merkmals „Neurotizismus" wurde kontrolliert).

In einer Längsschnittsstudie von Sarason, Sarason und Shearin (1986) über einen Zeitraum von achtzehn Monaten sagte die Erinnerung an mütterliche Zuwendungen bei Männern und die Erinnerung an mütterliche Überbehütungen bei Frauen, neben verschiedenen individuellen Befindlichkeiten, wie Angst und Depression, Lebenszufriedenheit, verschiedene Maße der sozialen Unterstützung, voraus. In einer weiteren Längsschnittsstudie, die über einen Zeitraum von sieben Monaten ging, zeigte sich bei Medizinstudenten, daß sie umso weniger depressiv waren, je mehr sie sich an väterliche Zuwendungen erinnern konnten (Richman & Flaherty, 1987). Je mehr mütterliche Zuwendung empfunden wurde, um so stärker aber war die interpersonelle Abhängigkeit. Beide Arten der elterlichen Liebe stärkten den Selbstwert. Die Menge unterschiedlicher Arten der sozialen Unterstützung konnte nicht durch die Bindungserfahrungen vorhergesagt werden. Die gemachten Erfahrungen im Umgang mit den Eltern hingen jedoch zum zweiten Meßzeitpunkt mit der erlebten Depressivität und externalen Kontrollüberzeugungen, teilweise auch mit der interpersonellen Abhängigkeit und negativ mit der kognitiven Flexibilität der befragten Personen zusammen.

Diese Untersuchungen lassen die Frage unbeantwortet, ob man auch mit einem interaktiven Einfluß von Bindungserfahrungen und sozialer Unterstützung auf individuelle Befindlichkeiten rechnen muß. Diese Frage ist deshalb von besonderer Bedeutung, da zu klären ist, ob die Auswirkungen ungünstiger Bindungserfahrungen durch soziale Unterstützungen gemindert, oder aber umgekehrt ungünstige Bedingungen sozialer Unterstützung (z. B. Verlusterlebnisse) sich bei günstigen Bindungserfahrungen weniger gravierend auswirken (vgl. hierzu Brown & Harris, 1978; Williams & Carmichael, 1985). Es muß aber auch daran gedacht werden, daß beide Faktoren im Zusammenspiel pathogen wirken könnten. Zu denken ist etwa an defizitäre oder übermäßig behütende Bindungserfahrungen, die später zu einer erhöhten Anspruchshaltung, Abhängigkeit oder Angst vor Abhängigkeit führen können (vgl. Vaux, Phillips, Holly, Thomson, Williams & Stewart, 1986). Auf diese Weise könnten informelle Hilfen negativ verzerrt wahrgenommen werden oder aber beide Faktoren zusammen neurotische Grundhaltungen stärken (vgl. Kotler & Omodei, 1988; Richman & Flaherty, 1987; Sarason & Sarason, 1982). Weitgehend offen ist auch die Frage geblieben, welche geschlechtsspezifische Bedeutung väterliche und mütterliche Bindungserfahrungen in diesem Zusammenhang für das psychische Wohlbefinden besitzen. Dies ist bedauerlich, da sich die Ergebnisse mehren, wonach die väterliche Komponente für die Entwicklung einer sozial-explorativen Haltung von Frauen verantwortlich zu sein scheint und die mütterliche Komponente für Männer die hierfür notwendige Sicherheit bieten kann (Bronstein, 1988; Fthenakis, 1988).

Netzwerkorientierungen

Der Begriff der Netzwerkorientierung wurde von Tolsdorf (1976) geprägt. Tolsdorf verglich in einer qualitativ angelegten Studie zehn psychiatrische mit zehn allgemeinmedizinischen Patienten inbezug auf ihre sozialen Netzwerke. Er untersuchte auch, wie diese Patienten ihre sozialen Netzwerke bei Belastungen wahrnahmen und in Anspruch nahmen. Die psychiatrischen Patienten hatten soziale Netzwerke, die u. a. durch dominante und kontrollierende Familienmitglieder definiert waren. Zugleich waren die sozialen Beziehungen aversiv und für die Psychiatriepatienten wenig ausrechenbar. In unserem Zusammenhang aber ist vor allem der Befund wichtig, daß diese Patienten eine negative „Netzwerkorientierung" besaßen. Damit war *„eine Reihe von Glaubensätzen, Einstellungen und Erwartungen"* gemeint, *„die den Nutzen von Mitgliedern des sozialen Netzwerks in Hinsicht darauf betrafen, ob sie ihm bei der Bewältigung eines Lebensproblems helfen könnten"* (Tolsdorf, 1976, S. 413; ü. v. V.). Psychiatrische Patienten besaßen also eine Grundhaltung, die Hilfen aus dem sozialen Netzwerk als nicht erreichbar, als nutzlos und inadäquat erscheinen ließ und die den Empfänger von sozialen Unterstützungen desavouierten. Dementsprechend waren diese Patienten auch nicht bereit, über ihre Probleme zu sprechen. Sie mieden intime Formen von sozialen Beziehungen und nahmen ihre sozialen Netzwerke auch dann nicht in Anspruch, wenn eigene Streßbewältigungsversuche fehlschlugen. Patienten in organisch-medizinischer Behandlung, hatten dagegen eine „positive Netzwerkorientierung". Sie waren überzeugt, daß Hilfen aus dem sozialen Netzwerk zumindest unschädlich und manchmal eher notwendig sind. Dementsprechend gaben fast alle an, informelle Hilfen in Anspruch zu nehmen.

Leider wurde das Konzept der Netzwerkorientierung bislang nur von einer kleinen Schar von Autoren aufgegriffen (Aymanns, 1992; Belle, Dill & Burr, 1991; Colletta, 1987; Gottlieb, 1980; Röhrle & Nagel-Schmitt, 1990; Vaux, Burda & Stewart, 1986). Zu den Konzepten, die dem der Netzwerkorientierung wenigstens sehr nahe stehen, zählen zumindest folgende: *„Soziales Interesse oder Orientierung"*, *„interpersonelles Vertrauen"*, *„Affiliationsbedürfnis"* und *„Selbstöffnung"* (vgl. Crandall, 1984; Dunkel-Schetter, Folkman & Lazarus, 1987; Hill, 1987a; Levin & Stokes, 1986; Procadino & Heller, 1983; Swap & Rubin, 1983). Da Untersuchungen zur Bedeutung dieser Persönlichkeitsmerkmale für soziale Phänomene auch für die Analyse möglicher psychologischer Bedeutungsgehalte des Konzepts der Netzwerkorientierung einigermaßen wichtig sein dürften, geben wir einen kurzen Überblick über einschlägige Studien.

Crandall (1984) versteht unter *sozialen Interessen* so etwas wie ein Gemeinschaftsgefühl und eine Art von Gegensatz zur Selbstzentriertheit. In Anlehnung an Adler begreift er es gar als eine Form von „kosmischer Verbundenheit", die als ein sine qua non psychischer Gesundheit und als Voraussetzung für eine aktive, problemorientierte Form der Bewältigung von Lebensproblemen gilt. Bestandteile eines so definierten sozialen Interesses und des entsprechenden Meßinstrumentes („Social Interest Scale") sind Eigenschaften wie „hilfreich, respektvoll, großzügig, nachsichtig, kooperativ sein, usw."[12]. Es zeigte sich, daß dieses so gefaßte soziale Interesse mit Sympathiebezeugungen, mit generalisiert positiven sozialen Wahrnehmungen und mit einer höheren Fähigkeit einherging, Belastungen zu ertragen. Es stand auch mit dem Gefühl im Zusammenhang, akzeptiert zu werden. Hatten die untersuchten Personen ein starkes soziales Interesse, so konnten sie ein Jahr später über vergleichsweise wenige kritische Lebensereignisse berichten. Zugleich minderte sich bei diesen Personen der Einfluß von Belastungen so, daß sie auch vergleichsweise weniger ängstlich und depressiv waren.

Swap und Rubin (1983) sahen im Konzept der „*interpersonellen Orientierung*" eine Haltung, die auf Kooperation bedacht ist und die sich auf die sozial-interaktiven Interessen von anderen Personen ausrichtet. Diese Auffassung spiegelt sich in einem Meßinstrument („Interpersonal Orientation Scale") wieder, das folgende Teilskalen umfaßt: „Soziabilität", „Verantwortung für andere", „Interesse an anderen" und „Aufmerksamkeit für andere"[13]. In experimentellen Arrangements wurde deutlich, daß Individuen mit hohen Werten in dieser Skala, solchen Personen vergleichsweise mehr Zuwendung zukommen ließen, die viel über sich sprachen. Sie entschieden sich bei der Verteilung von Belohnungen nicht nach dem Gerechtigkeits-, sondern nach dem Gleichheitsprinzip. In einigen Studien wurde deutlich, daß die Qualität sozialer Beziehungen durch eine auf dem Gleichheitsprinzip aufbauende Orientierung besser vorhergesagt werden konnte als durch eine Haltung, die auf dem Gerechtigkeitsprinzip beruhte (vgl. zur Übersicht Clark & Reis, 1988). Die Bereitschaft, sich anderen mitzuteilen, wird inzwischen nicht nur als eine prosoziale Einstellung, sondern auch als eine Strategie gewertet, die hilft, intime soziale Beziehungen aufzubauen und zu pflegen (vgl. Clark & Reis, 1988). Die Grundhaltung, dem Nächsten zu vertrauen und bereit zu sein, sich auf andere Personen zu verlassen, konnte die Zahl sozial unterstützender Quellen vorhersagen. Sie stand in einer großangelegten Studie auch in einem negativen Zusammenhang zur Zahl von Arztvisiten (Dunkel-Schetter, Folkman & Lazarus, 1987; Hibbard, 1985).

Auf ganz andere Aspekte sozialer Interessen ist die *Interpersonelle Orientierungsskala* (IOS) von Hill (1987a) angelegt. Sie erhebt die Tendenz

---

[12] Die innere Konsistenz der „Social Interest Scale" variiert zwischen .71 und .73 und die Retestreliabilität über einen Zeitraum von über fünf Wochen wird mit .82 und über einen Zeitraum von über 14 Monaten mit .65 angegeben (Crandall, 1984). Das Verfahren kann außerdem als hinreichend konstruktvalidiert gelten.

[13] Die „Interpersonal Orientation Scale" von Swap und Rubin (1983) hat eine innere Konsistenz von .79 und eine Retestreliabilität von .76 über einen Zeitraum von 5 Wochen. Sie korreliert schwach mit der Tendenz zu Selbstkontrolle, mit Feldunabhängigkeit und Machiavellismus.

von Personen, emotionalen Rückhalt, Anerkennung, positive Stimulationen und die Möglichkeit zum sozialen Vergleich zu suchen[14]. In rollenspielartigen Aufgabenstellungen zeigten Personen mit hohen Werten in der Skala eine deutliche Tendenz zu affilativem Verhalten.

Mit Colletta (1987) ist anzunehmen, das die im Konzept der *Netzwerkorientierung* gefaßte Bereitschaft, soziale Netzwerke aufzubauen, zu pflegen, zu nutzen und mehr oder weniger positiv zu beurteilen, mit den meisten dieser Persönlichkeitsmerkmale im Zusammenhang steht. Für diese Autorin wird diese Bereitschaft auch von Erfahrungen getragen, wie sie sich in der Lebensgeschichte im Umgang mit sozialen Netzwerken ergeben haben (vgl. auch Vaux & Wood, 1987). Trotz dieser Hinweise, daß es sich bei der Netzwerkorientierung um ein komplexes Konstrukt handelt, überwiegen relativ einfache Operationalisierungen, wie die von Pilisuk, Boylan und Acredolo (1987) bzw. von Colletta (1987).

Pilisuk, Boylan und Acredolo (1987) haben eine nur fünf Items umfassende Skala zur Erhebung von Netzwerkorientierungen entwickelt, um sie als Teil eines Meßinstrumentes zur Messung von sozialer Unterstützung in Gebrauch zu nehmen. Diese Skala will vom Befragten wissen, ob er beim Umgang mit seinem sozialen Netzwerk Enttäuschungen und Ablehnungen erwartet. Die Items korrlieren mit .50 mit dem Gesamtwert der Skala; weitere Gütekriterien werden nicht angegeben. Auch Colletta (1987) stellte nur vier Fragen, um die Netzwerkorientierung von jungen Müttern kennenzulernen. Die entsprechende Skala erhebt schlicht die Bereitschaft, in Notfällen informelle Hilfen in Anspruch zu nehmen. Die innere Konsistenz dieser Skala wird mit .83 und die Wiederholungszuverlässigkeit über einen Zeitraum von drei Wochen mit .84 angegeben. Beide genannten Instrumente sind nicht nur von den Gütekriterien her betrachtet unzureichend, sondern vor allem in Hinsicht auf die mögliche Bedeutungsbreite des Konzepts der Netzwerkorientierung als problematisch einzuschätzen.

Der erste umfassendere Versuch, das Konzept der Netzwerkorientierung zu operationalisieren, stammt von Vaux, Burda und Stewart (1986). Ihre Netzwerkorientierungsskala wurde an insgesamt fünf studentischen Stichproben entwickelt. Die Items wurden rational konstruiert und fassen mit zwanzig Aussagen die Bereitwilligkeit, informelle Hilfen zu suchen und anzunehmen. Die innere Konsistenz dieses Verfahrens schwankt, je nach Stichprobe, zwischen .60 und .88. Die Stabilität des Instrumentes

---

[14] Die innere Konsistenz der „Interpersonal Orientation Scale" von Hill (1987a) variiert zwischen .71 und .86. Sie korreliert mit zahlreichen Skalen, die mit sozialer Affiliation zu tun haben (z. B. Soziabilitätsskalen) und ist weitgehend unabhängig von solchen Verfahren, welche mit dem Affiliationsbedürfnis weniger im Zusammenhang stehen (z. B. Selbstwertskalen).

erreichte nach drei Wochen einen Wert von .18 und nach einer Woche von .85. In einer Untersuchung von Belle, Dill und Burr (1991) wird über die innere Konsistenz des Verfahrens zwischen .66 und .83 für 52 Schulkinder und zwischen .74 und .82 für deren Eltern berichtet. Die Retestreliabilität erreichte bei 16 Kindern nach fünf Tagen einen Wert von .66. Eine Faktorenanalyse ergab drei Teilskalen, zu deren inneren Konsistenz keine Angaben gemacht wurden:
1. die Bereitschaft Hilfe anzunehmen gegenüber der Tendenz, unabhängig bleiben zu wollen,
2. positive oder negative Erfahrungen bei Versuchen, soziale Unterstützung zu bekommen und
3. Mißtrauen (Vaux, 1985a).

Im Kontext einer Untersuchung an Krebskranken konstruierte Aymanns (1992) den „Fragebogen zur Erfassung unterstützungsthematischer Einstellungen". Auf einer Vierfaktorenlösung beruhend (55% Varianzaufklärung), faßt dieses Verfahren die Bereitschaft zur Enthüllung eigener Probleme, die Erwartung einer Selbstwertbeeinträchtigung, die Akzeptanz von Hilfe, die Verpflichtung gegenüber der Reziprozitätsnorm und die antizipierten Kosten der sozialen Unterstützung (die innere Konsistenz variiert zwischen .62 und .84).

Ein weiterer Versuch, das Konzept der Netzwerkorientierung zu operationalisieren, stammt von Röhrle und Nagel-Schmitt (1990)[15]. Dieses Instrument erfaßt nicht nur die Bereitschaft, informelle Hilfen im Falle von Belastungen zu suchen, sondern auch Grundhaltungen, die sich gegen solche soziale Regeln wenden, welche es schwer machen, soziale Unterstützungen anzufordern bzw. anzunehmen. Damit sollten vor allem jene Regeln angesprochen werden, die auf extreme Formen der Selbsthilfe und auf die mögliche Beeinträchtigung reziproker sozialer Beziehungen abheben. Zugleich wird die Bereitschaft erhoben, sich sozial und familiär zu integrieren und sich anderen mitzuteilen. Hierzu wurden 70 Items konstruiert, die an 40 Strafgefangenen mit einem Durchschnittsalter von 24,5 Jahren (Streubreite 18–45 Jahre) und einer ebenso starken Vergleichgruppe mit einem Durchschnittsalter von 27,3 Jahren (Streubreite 20–40 Jahre) von nicht Straffälligen überprüft wurden. Ein Vorauswahl und Neukonstruktion einzelner Items erfolgte, nachdem zehn akademische Mitarbeiter die erste Fassung des *Netzwerk-Orientierung-Fragebogens (NOF)* in Hinsicht auf seine Verständlichkeit und inhaltliche Validität beurteilt hatten. Fünf Rater sollten außerdem die einzelnen Items den zuvor definierten

---

[15] Vgl. Nagel-Schmitt (1990).

Teilskalen zuordnen. Es konnte eine Übereinstimmung in Höhe von 65% erreicht werden.

Die *Itemanalyse* ergab ein überwiegend positives Bild in Hinsicht auf den Schwierigkeitsgrad, die Trennschärfe und die Homogenität. Der mittlere Schwierigkeitgrad der Items variiert über die verschiedenen Teilskalen zwischen .27 und .55, die mittlere Trennschärfe zwischen .26 und .46.

Eine *Faktorenanalyse* (Hauptkomponentenmethode mit Orthomax Rotation) erbrachte sieben Teilskalen, die sich weitgehend mit den rational festgelegten deckten. Dabei wurde insgesamt 48,38 % Varianz aufgeklärt. Der erste Faktor umschreibt die soziale Integrationsbereitschaft (Varianzaufklärung 12,55%, Eigenwert 8,79). Der zweite Faktor faßt eine allgemeine, nicht an bestimmte Anlässe gebundene Hilfesuchbereitschaft (Varianzaufklärung 7,08%, Eigenwert 4,95). Der dritte Faktor gibt Hinweise auf die Bereitwilligkeit, sich anderen mitzuteilen (Varianzaufklärung 6,51%, Eigenwert 4,55). Der vierte Faktor erhebt die Grundhaltung, sich nicht an Reziprozitätsregeln halten zu wollen (Varianzaufklärung 5,97%, Eigenwert 4,18). Der fünfte Faktor bezieht sich auf eine allgemeine Kontaktbereitschaft (Varianzaufklärung 5,75%, Eigenwert 4,02). Der sechste Faktor steht für die Tendenz, sich auf die Familie hin zu orientieren (Varianzaufklärung 5,67%, Eigenwert 3,97). Der letzte Faktor repräsentiert die Bereitschaft, bei bestimmten Anlässen Hilfe in Anspruch zu nehmen (Varianzaufklärung 4,85%, Eigenwert 3,39). Den einzelnen Skalen wurden Items zugeordnet, die dem Fürnttrattkriterium entsprechen. Um die Valididtät der Skalen zu erhöhen wurden auch einige Items zugewiesen, deren Ladungshöhe zwar nicht >.50, aber die dennoch vertretbar erschien. Ausgesondert wurden insgesamt neun Items, die nicht hinreichend interpretierbar waren. Die innere Konsistenz der anhand der Faktorenanalyse konstruierten Teilskalen (Cronbach Alpha) variiert zwischen .29 und .72 (vgl. Tabelle 20 und 21 im Anhang). Die innere Konsistenz der Gesamtskala liegt bei .90. Über einen Zeitraum von drei Monaten betrug die Wiederholungszuverlässigkeit r = .70 (allerdings nur auf der Grundlage von n = 11).

Es gibt zahlreiche Versuche, die Meßinstrumente zur Erhebung von Netzwerkorientierungen zu *validieren*. Pilisuk, Boylan und Acredolo (1987) konnten jedoch anhand der Daten von älteren Personen nur über mäßige Korrelationen zwischen dem Merkmal der Netzwerkorientierung und subjektiv gewerteten informellen Hilfen berichten, die durch die Familie und durch Freunde angeboten worden waren. Colletta (1987) fand bei jungen Müttern durchwegs signifikante, aber mäßige Zusammenhänge zwischen der Menge an sozialer Unterstützung, der Erreichbarkeit bzw. Aversivität sozialer Beziehungen einerseits und Netzwerkorientierungen andererseits (auch als Erfahrung im Umgang mit informellen Hilfen gefaßt)[16]. Außerdem ergaben sich Beziehungen zwischen der Netzwerkorientierung und dem Selbstwert bzw. der internalen versus externalen Kontrollüberzeugung der befragten Personen. Damit wurden Anhaltspunkte dafür gefunden, daß Netzwerkorientierungen die Erfahrungen, die im Umgang mit sozialen Netzwerken gemacht wurden, mit sozial orientierten Persönlichkeitsmerkmalen und mit der Neigung verbinden, informelle Hilfen zu suchen. Darauf weist auch eine Studie von Levin und Stokes (1986) hin. Subjektive Formen der Einsamkeit konnten mit Hilfe der Eigenschaften „Extraversion", „Selbstwert", „Depression" und der Bereitschaft vorhergesagt werden, anderen zu vertrauen. Allerdings reduzierte sich die durch diese Persönlichkeitseigenschaften aufgeklärte Varianz um die Hälfte, wenn der Einfluß von Merkmalen sozialer Netzwerke kontrolliert wurde (Größe, Zahl der nahestehenden Personen, Dichte, Menge sozialer Unterstützungen).

Vaux, Burda und Stewart (1986) konnten über zahlreiche Zusammenhänge zwischen der Bereitschaft, informelle Hilfen zu suchen, verschiedenen Persönlichkeitseigenschaften und Merkmalen des sozialen Netzwerks berichten. Negative Netzwerkorientierungen waren bei Personen mit kleinen sozialen Netzwerken und wenig multiplexen sozialen Beziehungen zu finden. Je negativer die Netzwerkorientierung der befragten Personen ausgeprägt war, um so weniger informelle Hilfen wurden geboten und als erreichbar eingeschätzt. Zudem war die Zahl bedeutsamer sozialer Beziehungen gering und Versuche selten, das soziale Netzwerk zu mobilisieren (vgl. hierzu auch Eckenrode, 1983). In einer Pfadanalyse ergab sich ein negativer Zusammenhang zur Zahl sozial unterstützender Quellen und zur Menge bzw. Qualität informeller Hilfen (Vaux & Wood, 1987). Schulkinder mit einer positiven Netzwerkorientierung waren internal kontrollierter und verfügten über einen höheren Selbstwert (Belle, Dill & Burr, 1991). Zugleich waren sie zufriedener mit den gebotenen sozialen Unterstützungen; wobei diese Zufriedenheit eine positive Netzwerkorientierung nach vier Jahren voraussagen konnte.

Auch ambulante Psychiatriepatienten mit positiver Netzwerkorientierung waren zufriedener mit den informellen Hilfen, die ihnen angetragen wurden; sie waren zugleich auch psychisch gesünder als Patienten mit negativer Netzwerkorientierung (Barrera & Baca, 1990). Wenn der Einfluß von qualitativen und quantitativen Merkmalen sozialer Netzwerke kontrolliert wurde, korrelierte die Netzwerkorientierung nur mäßig mit subjektiv empfundener Einsamkeit. Außerdem ließen sich negative Zusammenhänge zwischen der Netzwerkorientierung und der Stärke der Affiliationstendenz, der Hilfsbereitschaft, femininen Rollenorientierungen und dem Ver-

---

[16] Über relevante Zusammenhänge zwischen einer negativen Grundhaltung gegenüber Freundschaften und Erinnerungen an eine eher überbehütende Kindheit berichteten Sarason und Sarason (1982).

trauen in andere Personen nachweisen. Selbstöffnung, Autonomie und maskuline Rollenorientierungen erwiesen sich dagegen als irrelevante Korrelate der Netzwerkorientierung.

Wurden die Kosten der sozialen Unterstützung als gering eingeschätzt, so beeinträchtigte ein Mangel an familiärem sozialem Rückhalt die Hoffnungen und den Selbstwert von Krebskranken in besonderer Weise (Aymanns, 1992).

Auch in der Studie von Röhrle und Nagel-Schmitt (1990) ergab sich eine Reihe von bedeutsamen Befunden zur Validität des Netzwerk-Orientierungs-Fragebogens (NOF). Dieses Meßinstrument korrelierte mit dem Verfahren von Vaux, Burda und Stewart (1986) in Höhe von .87. Da die Probanden (40 Strafgefangene und 40 Personen einer vergleichbaren Kontrollgruppe von nicht Straffälligen) über eine Woche lang Tagebuch darüber führten, wieviel unterschiedliche soziale Kontakte vorkamen und welche Qualität sie jeweils besaßen, konnte der NOF auch extern validiert werden. Die entsprechende Korrelation zur Menge der sozialen Kontakte betrug .36 ($p < 0.001$), die jedoch zur Qualität der Kontakte nur –.07 (ns). Von den verschiedenen Teilskalen korrelierten insbesondere die Kontaktbereitschaft und Familienorientierung mit der Kontakthäufigkeit ($r = .37$ bzw. .33; beide $p < 0.005$). Für die Teilgruppe der Strafgefangenen ergaben sich sowohl zur Zahl als auch zur Qualität der Kontakte signifikante Korrelationen ($r = .34$, $p < 0.05$; $r = .48$, $p < 0.001$). Dies galt auch für die beiden Teilskalen, mit denen die allgemeine Kontaktbereitschaft und Familienorientierung erhoben wird. Bei der Gruppe der nicht Straffälligen korrelierte die Netzwerkorientierung nur mäßig mit der Qualität der Kontakte ($r = .28$, $p < 0.10$). Obgleich sich diese Korrelationskoeffizienten nicht signifikant unterscheiden, ist dies als ein Hinweis darauf zu werten, daß gerade bei Personen mit Kontaktdefiziten eine positiv ausgeprägte Netzwerkorientierung helfen kann, neue soziale Beziehungen herzustellen und verbleibende entsprechend wertzuschätzen und zu pflegen (vgl. Tabelle 19 im Anhang).

Außerdem unterschied sich die Gruppe der Straffälligen gegenüber der Gruppe der Nicht-Straffälligen in verschiedenen Skalen des NOF. Die Gruppe der Straffälligen hatte durchwegs signifikant niedrigere Werte (vgl. Abb. 4). Dies galt insbesondere für die Teilskalen „Kontaktbereitschaft" ($t = -7.66$; $p < .00001$), „Anlaßbezogenes Hilfesuchen" ($t = -6.65$; $p < .00001$), „Allgemeine Hilfesuchbereitschaft" ($t = -5.14$; $p < .00001$) und „Unabhängigkeit von Reziprozitätsregeln" ($t = -6.72$; $p < .00001$).

Insgesamt sind die Ergebnisse zur Frage, welchen Bedeutungsgehalt das Konzept der Netzwerkorientierung besitzt, noch nicht überzeugend genug. Dabei fehlen nicht nur konkurrente Validierungen zu Persönlichkeitsmerkmalen, die sich als relevante Prädiktoren für Merkmale sozialer Netzwerke und auch als wertvolle Ressourcen ausgezeichnet haben (s. o.). Der NOF muß

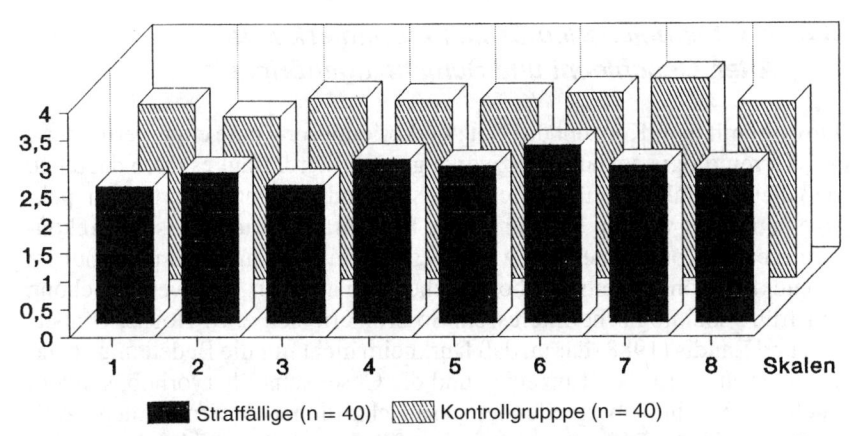

Abb. 4. Unterschiede in den Netzwerkorientierungen von Straffälligen und einer Kontrollgruppe (Röhrle & Nagel-Schmitt, 1990)

Anmerkungen: Skala 1 = Kontaktbereitschaft; Skala 2 = Familienbindung/-orientierung; Skala 3 = anlaßbezogenes Hilfesuchen; Skala 4 = Integrationsbereitschaft; Skala 5 = allgemeine Hilfesuchbereitschaft; Skala 6 = Unabhängigkeit von Reziprozitätsregeln; Skala 7 = Selbstöffnung; 8 = Gesamtwert.

auch noch an weiteren und größeren Stichproben überprüft und mit zuverlässigen und validen Skalen zur Erhebung von Netzwerkmerkmalen korreliert werden. Vor allem aber wird sich zukünftig die Frage stellen, ob die Netzwerkorientierung nicht nur eine orientierende und für soziale Netzwerke sensibilisierende Attitüde darstellt, sondern auch spezifische Nutzungsbereitschaften und Fertigkeiten umfaßt. Dann würde man Netzwerkorientierung insgesamt als eine Disposition definieren wollen, soziale Netzwerke mehr oder weniger wahrzunehmen, positiv oder negativ zu werten, aufzubauen, zu pflegen und Hilfen mehr oder weniger abzurufen bzw. zu akzeptieren und auch bei Belastungen optimal zu verwerten. Dabei wäre dann ein Konzept gewonnen, daß zur Terminologie sozialer Netzwerke größt mögliche Nähe wahrt, dabei allerdings Gefahr läuft, zu einem Omnibusbegriff zu geraten.

Obgleich im NOF versucht wurde, auch sozial-normative Bestandteile etwa zur Bedeutung von Reziprozitätsregeln zu erfassen, ist man auch mit den bislang besprochenen Persönlichkeitsmerkmale noch weit davon entfernt, den Einfluß insbesondere von gesellschaftlichen und sozio-strukturellen Rahmenbedingungen auf den personalen Umgang mit sozialen Netzwerken und informellen Hilfen erkennen zu können. Auf diesem Hintergrund soll im folgenden der Frage nachgegangen werden, ob dies mit Hilfe von klassischen sozialepidemiologisch bedeutsamen Personmerkmalen, wie „Alter", „Geschlecht" und „Schichtzugehörigkeit", besser gelingen kann.

6.4. Kontextuell bedeutsame Personmerkmale: Alter, Geschlecht und Schichtzugehörigkeit

Obwohl mit dem Konzept der Netzwerkorientierung eine enge Verbindung zur Terminologie sozialer Netzwerke gesucht wird, trägt es doch dazu bei, daß diese sozialen Gefüge unter einer stark individuenzentrierten Perspektive betrachtet werden und damit ihre Eigenart als strukturalistisch rekonstruierbarer Kontext bedroht wird. Deshalb besinnt man sich nicht nur im Kontext persönlichkeitspsychologischer Zugänge zur Netzwerkforschung auf frühe soziologische Interessen. So erinnern sich z. B. House, Umberson und Landis (1988) daran, daß Durkheim nicht nur die Bedeutung sozialer Integration für den Einzelnen und die Gesellschaft hervorhob, sondern auch am Einfluß übergreifender gesellschaftlicher Determinanten (z. B. gesellschaftliche Differenzierungen) auf Prozesse der sozialen Integration interessiert war. Untersucht man die Bedeutung sozial-normativ vorgegebene Positionen und Rollen von Individuen für den Umgang mit ihren sozialen Netzwerken, so kann man den Einfluß solcher Determinanten auch für individuelles Verhalten erkennen. Personmerkmale wie Alter, Geschlecht und Schichtzugehörigkeit repräsentieren die am häufigsten untersuchten Positionen und Rollen dieser Art (vgl. auch House, 1987).

Alter

Da das Merkmal „Alter" eine Kategorie darstellt, die bei der Untersuchung entwicklungspsychologischer Fragestellungen eine zentrale Rolle gespielt hat, wird davon im Folgenden nur in Form einiger Anmerkungen die Rede sein (vgl. Kapitel 3). Die Untersuchung des Zusammenhangs zwischen dem Merkmal „Alter" und Eigenschaften sozialer Netzwerke bot Antworten auf die Frage, wie sich die sozialen Umfelder über die Lebensspanne gestalten. Dabei kann man davon ausgehen, daß der dort nachgezeichnete Weg der Differenzierung, Entdifferenzierung und des Bedeutungswandels von Merkmalen sozialer Netzwerke über die Lebenspanne, nicht nur Ausdruck der Entwicklung von sozial-kognitiven Fertigkeiten und von Reifungsprozessen darstellt. Vielmehr liegt auch die Annahme nahe, daß mit unterschiedlichen Altersangaben zugleich Hinweise auf den Einfluß sozial-normativer Vorgaben für den Aufbau, die Pflege und Nutzung sozialer Netzwerke geboten werden. Insofern stellt das Alter ein kontextuell bedeutsames Merkmal der Person dar.

Über dieses Merkmal vermitteln sich vermutlich die Anforderungen in verschiedenen Lebensphasen in Hinsicht darauf, wie groß soziale Netzwerke zu sein haben, wie reziprok sich die Beziehungen zu gestalten sind und wie zufrieden man sich mit jeweils verbleibenden Resten sozialer Netzwerke fühlen sollte. Auch die jeweilige Zusammensetzung der sozialen Netzwerke und die Häufigkeit der sozialen Kontakte zu bestimmten Quellen der sozialen Unterstützung zeigt alterspezifischen Charakter. Dabei ist über Einflüsse aus der Welt der Arbeit und auch von Vorbildern in den jeweiligen sozialen Netzwerken berichtet worden. Insbesondere im höheren Alter wurde deutlich, daß die jeweiligen Lebenskontexte die Struktur und Qualität der sozialen Netzwerke bestimmt (vgl. z. B. Diehl, 1988).

Die Frage, ob in verschiedenen Lebensaltern soziale Netzwerke unterschiedlich genutzt werden, ist bislang nicht beantwortet. In der im Kapitel 5 zitierten eigenen Meta-Analyse zum Zusammenhang von subjektiv gewerteten Formen der sozialen Unterstützung und Depressivität fanden sich keine zuverlässigen Antworten auf diese Frage. Für 26 unabhängige Stichproben ließen sich drei Altersgruppen bilden (<30 Jahre, 30–50 Jahre, >50 Jahre). Die Altersspanne reichte von 14 bis 75 Jahren mit einem Mittelwert von 36.07. Die errechneten Populationseffektstärken variierten zwischen $r_w = -0.25$ und -0.29. Alle drei Verteilungen der Effektstärken erwiesen sich leider als nicht homogen (das Maximum der durch den Stichprobenfehler aufgeklärten Varianz betrug 29.15%). Von daher konnten keine Anhaltspunkte für eine altersgruppenspezifischen Nutzung sozialer Unterstützung gemacht werden. Insgesamt bleibt festzustellen, daß sich sozial-normative Einflüsse mit der Veränderung sozialer Netzwerke über die Lebensspanne zwar andeuten, aber die Art und Weise, wie sie sich vermitteln, nur vermutet werden kann.

Geschlechtszugehörigkeit

Etwas klarer als beim Merkmal „Alter" lassen sich die sozial-normativen Einflüsse des Merkmals „Geschlechtszugehörigkeit" auf den Umgang mit sozialen Netzwerken nachzeichnen. Vieles deutet darauf hin, daß Frauen zu sozial-interaktiven Spezialistinnen sozialisiert werden (vgl. House, Umberson & Landis, 1988; Keupp, 1987). Wenn Frauen der klassischen Rolle entsprechen, werden ihnen zugleich soziale Beziehungen im beruflichen Bereich vorenthalten. Dafür sind sie um so mehr verpflichtet, im Reproduktionsbereich für den sozialen Rückhalt ihrer Angehörigen zu sorgen. Die Spezialistenrolle von Frauen im Bereich der Pflege sozialer Beziehungen spiegelt sich in einer Vielzahl von Befunden wieder: Frauen wurden als sozial geschickter beurteilt, sie teilten sich anderen schneller mit und waren mehr an Themen zu sozialen Beziehungen interessiert, sie reagierten auf intimere Weise, sie hielten sich in sozialen Beziehungen weniger an Gerechtigkeitsregeln und sie orientierten sich dafür mehr an Prinzipien der Gleichheit (vgl. Barbee, Gulley & Cunningham, 1990; Winstead, 1986; Worell, 1988).

Wie rollenspezifisch sich soziale Beziehungen gestalten, zeigt sich auch darin, wie soziale Netzwerke von Frauen und Männern aufgebaut, gepflegt und in Anspruch genommen werden. Die Resultate der entsprechenden Untersuchungen hierzu sind allerdings nicht durchwegs konsistent[17]. Insbesondere die Untersuchungsergebnisse zu den geschlechtsspezifischen Unterschieden in Hinsicht auf die *Größe sozialer Netzwerke* sind eher widersprüchlich. Dennoch deutet die Mehrzahl der Befunde und zugleich auch groß angelegte sozialepidemiologische Studien darauf hin, daß Frauen umfangreichere und zugleich multiplexere soziale Netzwerke besitzen (vgl. z. B. Benenson, 1990; Bernard et al. 1990; Cramer, Riley & Kiger, 1991; Perl & Trickett, 1988; Windle, Miller Tutzauer, Barnes & Welte, 1991; zur Übersicht Vaux, 1988a). Die sozialen Netzwerke von Frauen waren vergleichsweise mehr durch verwandtschaftliche und nachbarschaftliche Bande geprägt (vgl. Mayr-Kleffel, 1991). Sie konnten auch mehr Quellen der sozialen Unterstützung angeben und verfügten über mehr intime soziale Beziehungen (z. B. Bell, 1991; vgl. dagegen Blöschl, Ederer & Rossmann, 1987). Da man in den meisten der einschlägigen Untersuchungen versäumt hat, den möglichen Einfluß des beruflichen Status von Frauen zu berücksichtigen, sind diese Befunde nicht ohne weiteres interpretierbar. Mag sein, daß fehlende Unterschiede in diesen Merkmalen darauf zurückzuführen sind, daß Frauen durch ihre sozial-normativ vorgegebene stärkere Netzwerkorientierung das Manko kollegialer Kontakte ausgleichen konnten, wenn sie nicht berufstätig waren. So war in einer umfangreichen Studie von Moore (1990) festzustellen, daß fast alle Unterschiede in den Merkmalen sozialer Netzwerke zwischen Männern und Frauen verschwanden, wenn der Beschäftigungs- und familiäre Status und das Alter kontrolliert wurde. Was blieb, war, daß Frauen mehr verwandtschaftliche Beziehungen in ihren sozialen Netzwerken hatten als Männer.

Untersuchungsergebnisse machen auch deutlich, daß Frauen vergleichsweise mehr *soziale Unterstützung* suchen und erhalten. Obgleich Frauen verschiedene Belastungen genau so schwer erleben wie Männer, bieten sie zugleich mehr informelle Hilfen an (vgl. z. B. Griffith, 1985; House, Umberson & Landis, 1988; Rosario, Shinn, Morch & Huckabee, 1988; Savery, 1990; Vanfossen, 1986; Wohlgemuth & Betz, 1991). Frauen neh-

---

[17] Vgl. zur Übersicht Antonucci (1985), Antonucci und Akiyama (1987), Heller, Price und Hogg (1990), Hobfoll und Stokes (1988), Kessler, McLeod und Wethington (1985), Krause und Keith (1989), Mayr-Kleffel (1991), Nestmann und Schmerl (1990), Schwarzer und Leppin (1989a), Shumaker und Hill (1991), Vaux (1988a).

men sich in der Regel auch mehr Zeit, um soziale Kontakte zu pflegen. Je umfangreicher die sozialen Netzwerke sind, um so mehr informelle Hilfen erhalten Frauen, aber um so belasteter sind sie auch. So stellt sich für Frauen die Rolle der Sozialexpertin insgesamt als eine zwiespältige Angelegenheit dar (vgl. Belle, 1982a,b; Solomon, Smith, Robins & Fischbach, 1987).

Frauen *bewerten* informelle Hilfen offensichtlich auch auf dem Hintergrund von rollenspezifischen Standards. Dies ist wahrscheinlich durch die berufliche Situation von Frauen als auch durch patriarchalische Vorgaben bedingt. So waren soziale Unterstützungen aus dem beruflichen Bereich für Frauen weniger bedeutend (vgl. z. B. Fischer, 1982; Campbell, 1985). Dagegen waren für Frauen in anderen Bereichen des sozialen Netzwerks, insbesondere in familiären Sektoren, informelle Hilfen wertvoller als für Männer. Zugleich aber waren Frauen mit der ehelichen Beziehung unzufriedener als ihre Partner (vgl. z. B. Belle, 1982a, b; Solomon, Smith, Robins & Fischbach, 1987). Andererseits waren auch Männer mit einer ausgesprochen maskulinen Rollenorientierung mit den gebotenen emotionalen sozialen Unterstützungen nicht einverstanden (Saurer & Eisler, 1990). Frauen benannten seltener gegengeschlechtliche Personen als vertraute Personen (vgl. z. B. Blöschl, Ederer & Rossmann, 1987). Diese geschlechtsspezifische Zusammensetzung sozialer Netzwerke zeigte sich schon im Alter von drei bis sechs Jahren (Feiring & Lewis, 1988). Im Jugendalter waren die sozialen Netzwerke von Mädchen deutlich stärker durch verwandtschaftliche Beziehungen geprägt. Mädchen definierten sich auch mehr über ihre sozialen Netzwerke (Belle, Burr & Cooney, 1987; Vondra & Garbarino, 1988).

Insgesamt waren informelle Hilfen für Frauen unmittelbar für das Wohlbefinden von Bedeutung; das heißt, daß bei ihnen die *Direkteffekte sozialer Unterstützung* sehr viel deutlicher, wenn nicht sogar ausschließlich nachzuweisen waren. Insbesondere berufliche Belastungen von Frauen konnten durch informelle Hilfen nicht abgeschwächt werden (Aneshensel, 1986). Zugleich litten Frauen auch sehr viel mehr unter sozialen Verlusten. Vielleicht waren sie deshalb in solchen Situationen gerade die vergleichsweise sozial aktiveren Personen. Männer verfügten meist über mehr personale Ressourcen, um Krisen zu bewältigen. Auf diesem Hintergrund ist es auch einsichtig, daß gerade Frauen unter einem Mangel an sozialer Unterstützung leiden, wenn ihnen Bewältigungsfertigkeiten fehlen. Es zeigte sich darüberhinaus, daß Frauen, die sich weniger selbst verwirklichen, auch ungünstigere soziale Unterstützungsbedingungen besitzen (Ford & Procadino, 1990). Dean und Ensel (1982) fanden in einer Längsschnittsuntersuchung, daß die Unterstützungspotentiale insbesondere von Frauen geringer wurden, die sich als wenig kompetent bezeichneten. Die Folge davon war, daß sie auch vergleichsweise depressiver wurden. Nur bei Frauen stellten Barnett und Gotlib (1990) fest, daß dysfunktionale Einstellungen, als Ausdruck irrationaler Kognitionen, den negativen Einfluß fehlender sozialer Unterstützungen auf später erhobenen Rate depressiver Störungen verstärkte. Riley und Eckenrode (1986) fanden, daß Frauen mit geringen Kompetenzen weniger soziale Unterstützungen mobilisieren konnten und zugleich negativer gestimmt waren. Waren Frauen unzufrieden mit den ihnen gebotenen informellen Hilfen und waren sie zugleich external kontrolliert so brauchten sie länger, um sich von Belastungen zu erholen (Jorgensen & Johnson, 1990).

Diese Befunde aber bedeuten nicht, daß Männer gewissermaßen ohne sozialen Rückhalt auskommen können. Im Gegenteil, andere Merkmale, wie z. B. die Dichte sozialer Netzwerke, erwiesen sich nur bei Männern als wichtige Prädiktoren der psychischen Gesundheit. Aber auch der familiäre Rückhalt war bei Männern von entscheidender Bedeutung. Es deutet sich sogar an, daß Männer den familiären Rückhalt und die Einbettung in ein eher verknüpftes soziales Netzwerk für ihr Wohlbefinden vielleicht mehr brauchen als Frauen. Diese können möglicherweise im Gegensatz zu Männern in anderen Teilen des sozialen Netzwerks auch dann Hilfen finden, wenn ihnen die familiären nicht zugänglich sind.

Der Nachweis, daß sich der Umgang mit sozialen Netzwerken geschlechtsspezifisch gestaltet, wird vor allem von Untersuchungen erbracht, welche das Merkmal der *Rollenorientierung* unmittelbar erhoben haben. Zum Beispiel fanden Burda, Vaux und Schill (1984), daß Studenten mit einer femininen oder androgynen Rollenorientierung vergleichsweise mehr, insbesondere mehr emotionale soziale Unterstützung erhielten und informelle Hilfen der Familien günstiger einschätzten (vgl. auch Kurdek & Schmitt, 1987; Roos & Cohen, 1987; Wheeler, Reis, & Nezlek, 1983; Winstead, 1986).

Die Ergebnisse in Hinsicht auf geschlechtsspezifische Direkteffekte durch Merkmale sozialer Netzwerke auf die Gesundheit wurde in den meta-analytischen Befunden von Schwarzer und Leppin (1989a) teilweise in Frage gestellt. Inbezug auf den Zusammenhang zwischen sozialer Unterstützung und Depression errechneten sie für 33 weibliche Stichproben (N = 5533) und 15 männliche Stichproben (N = 2522), auf der Grundlage heterogener Datensätze, gewichtete Effektgrößen von −.19 bzw. −.18. Der mittlere Zusamenhang zwischen emotionalen Formen der sozialen Unterstützung und Depression war mit −.30 jedoch nicht signifikant deutlicher als für instrumentelle Formen (−.19). In Hinsicht auf den Zusammenhang von sozialer Unterstützung und physischer Gesundheit erreichte

Tabelle 7. Meta-Analyse zur Bedeutung subjektiv gewerteter Formen der sozialen Unterstützung bei Depression bzw. Depressivität: Beziehung zwischen sozialer Unterstützung und Depressivität bei Frauen und Männern

Variable	k	N	r_w	95%[a]		%[b]	Chi^{2c}
Frauen	34	6781	−0.29+	−0.54	−0.05	20.85	163.07***
Männer	13	1499	−0.32+	−0.41	−0.22	74.43	17.47 ns

Anmerkungen: k = Zahl der unabhängigen Stichproben; **N** = Gesamtzahl der Probanden; r_w = gewichtete Populationseffektgröße; a = Vertrauensintervall (Bereich, in dem mit 95% Wahrscheinlichkeit die Populationseffektgröße liegt); b = Stichprobenfehler; c = Homogenität der Verteilung der Effektgrößen; *** = p < 0.0001 (Heterogenität); + Populationseffektgröße $r_w > 2S_{res}$.

bei 25 weiblichen Stichproben (N = 4235) die Populationseffektgröße einen Wert von −.09, bei 24 männlichen Stichproben (N = 19010) dagegen einen Wert von −.03. Jedoch waren auch hier die Datensätze heterogen und die Werte nicht signifikant voneinander zu unterscheiden. Soziale Unterstützungen durch den Partner oder die Familie standen jedoch in einem deutlicheren Zusammenhang zur Gesundheit als bei Männern. Gleiches war auch in Hinsicht auf emotionale und subjektiv gewertete Formen von informellen Hilfen zu berichten.

Auch in der eigenen Meta-Analyse wurde auf der Grundlage der Daten von 47 geschlechtshomogenen Stichproben der Zusammenhang zwischen subjektiv gewerteten Formen der sozialen Unterstützung und Depression untersucht (vgl. Kapitel 5). Dabei zeigt sich bei Frauen eine Populationseffektstärke von r_w = -0.29, die aber auf einem heterogenen Datensatz beruht (vgl. Tabelle 7). Die Heterogenität der geringer ausgeprägten Effektstärken bei Frauen könnte darauf zurückzuführen sein, daß sie, wie schon angesprochen, informelle Hilfen ambivalent erlebt haben (vgl. Belle, 1982). Bei Männern zeigt sich eine beachtliche und zugleich auf einer zuverlässigen Datenbasis beruhende Populationseffektgröße. Damit ist der Zusammenhang zwischen Depressivität und der Qualität sozialer Unterstützung bei Männern vergleichsweise eindeutiger und zugleich beachtlicher als der Mythos vom Einzelkämpfer vorgibt.

Nur wenig meta-analytische Befunde liegen zur Frage vor, ob Frauen soziale Unterstützungen besser verwerten können um mit Belastungen umzugehen. In der Meta-Analyse von Schwarzer und Leppin (1989a) zeigte sich, daß Frauen, die unter kritischen Lebenereignissen litten, dann weniger depressiv waren, wenn sie sozial unterstützt wurden und zwar in einem deutlicheren Ausmaß, wie wenn sie über „Daily Hassles" zu klagen hatten. Bei Männern, die ebenfalls die Bürde kritischer Lebensereignisse zu tragen hatten, war die Populationseffektstärke sozialer Unterstützung nicht so ausgeprägt; sie unterschied sich aber nicht signifikant von der der Frauen.

Betrachtet man Untersuchungen zum Zusammenhang von Belastung, sozialer Unterstützung und auch anderen Arten von psychischen Befindlichkeiten, so zeichnet sich in Hinsicht auf die Bedeutung des Merkmals „Geschlechtszugehörigkeit" ein etwas differenziertes Bild ab. In einer Studie von Etzion (1984) wurde deutlich, daß berufliche Belastungen von Frauen in Hinsicht auf „Burn-Out-Symptome" mit Hilfe von sozialen Unterstützungen von außerhalb der Arbeitswelt vergleichsweise besser verarbeitet wurden. Männer verwerteten dagegen jene informellen Hilfen besser, die man ihnen am Arbeitsplatz anbot. Hier offenbart sich wieder, welchen rollenspezifischen Stellenwert bestimmte Sektoren des sozialen Netzwerks auch bei der Bewältigung von Belastungen einnehmen. Dabei spielen aber auch noch weitere Personmerkmale eine Rolle. So zeigte sich z. B. bei Caldwell, Pearson und Chin (1987), daß nur Männer mit externalen Kontrollüberzeugungen soziale Unterstützungen weniger gut nutzen konnten, um Belastungen so zu verarbeiten, daß sie weniger depressiv waren und seltener unter psychosomatischen Symptomen leiden zu hatten.

Insgesamt beklagt Mayr-Kleffel (1991) mit Recht, daß die Befunde zu geschlechtsspezifischen Ausprägung von Merkmalen sozialer Netzwerke darunter leiden, daß ihre subjektive Bedeutung zu wenig bekannt ist. Möglicherweise könnten viele inkonsistente Ergebnisse besser erklärt werden, wenn die Sicht des jeweiligen Geschlechts genauer bekannt wäre. Zugleich leiden die Resultate vielfach darunter, daß übergeordnete kontextuelle Einflüsse, wie z. B. Stadt-Land-Unterschiede, kulturelle Entwicklungen insbesondere in Hinsicht auf die Freisetzung des Individuums aus traditionellen Banden und sozio-ökonomische Verhältnisse auch in Hinsicht auf ihre geschlechtsspezifische Bedeutung zu wenig berücksichtigt werden.

Zugehörigkeit zu sozialen Schichten

Noch deutlicher mit den Kontexten sozialer Netzwerke als das Merkmal der Geschlechtszugehörigkeit verbindet die Frage, wie sich soziale Netzwerke und informelle Hilfen bei Personen gestalten, die aus unterschiedlichen sozialen Schichten stammen. In den Anfängen der Netzwerkforschung galt das soziale Netzwerk für Angehörige der unteren Schichten als eine Art von „informellem sozialem Versicherungssystem", das ähnlich wie bei den gesetzlichen Versicherungssystemen bei bestimmten Anlässen und Ansprüchen aktiviert wird und das in seiner Eigenheit den unteren sozialen Schichten vorbehalten ist (vgl. Bott, 1955). Doch verschiedene Studien haben diesen Mythos zerstört, da sie erkennen ließen, daß die Pflege sozialer Netzwerke von Vorausetzungen abhängt, die eher von Angehörigen höherer sozio-ökonomischer Schichten erfüllt werden können (z. B. häufige Telephonate, Reisen, etc.). Es scheint, daß der Zugang zu den Ressourcen sozialer Netzwerke nicht über verschiedene soziale Schichten möglich ist, zumal sich insbesondere die oberen sozialen Schichten von Angehörigen unterer Schichten eher abschotten (Pettigrew, 1983). Wie wir gesehen haben, ist der Umgang mit sozialen Netzwerken von Kompetenzen und Fertigkeiten abhängig, die sicherlich nicht ganz unabhängig vom Bildungsniveau gesehen werden können. Von daher ist auch damit zu rechnen, daß es Angehörigen der unteren sozialen Schichten schwerer fallen dürfte, informelle Hilfen optimal zu verwerten. Nicht zuletzt mag es so etwas wie eine Art von Teufelskreis geben, der sich zwischen ökonomischen Krisen bzw. Lagen, kritischen Lebensereignissen, psychischen Störungen, sozialen Exkulpierungen und Abstiegen entwickeln kann (vgl. Catalano, Dooley & Rook, 1987; Allen & Britt, 1983). Umgekehrt kann man auch von einer Art von sozialer „Glücksspirale" ausgehen, wenn etwa Angehörige der oberen sozialen Schicht über „schwache" Bindungen besseren Zugang zu einträglichen und angesehenen beruflichen Positionen erhalten (Lin & Dumin, 1986). Für einige dieser Annahmen findet sich eine Reihe von empirischen, wenngleich nicht durchgängig konsistenten Hinweisen (vgl. zur Übersicht Belle, 1983; Antonucci, 1985; Cambpell, 1985; Lentjes & Jonker, 1985; Schwarzer & Leppin, 1989a; Vaux, 1988a).

Verschiedene Untersuchungsergebnisse machen deutlich, daß Angehörige unterer sozialer Schichten vergleichsweise kleinere, dichtere und zugleich multiplexere soziale Netzwerke besitzen. Diese sozialen Netzwerke setzen sich überwiegend aus Angehörigen und Freunde zusammen[18]. Zugleich aber sind Personen dieser sozialen Schicht häufiger sozial isoliert. Je höher das Bildungsniveau der Befragten ist, um so größer und multiplexer gestalten sich die sozialen Netzwerke. Auch die Dichte der täglichen sozialen Kontakte, die Zahl der Nachbarn und der Grad der Partizipation korreliert mit der Einkommenshöhe und mit dem Bildungsgrad. Die Zahl enger Bindungen scheint eher für alle sozialen Schichten gleich zu sein. Die Ergebnisse zur Kontakthäufigkeit von Personen der verschiedenen sozialen Schichten sind eher inkonsistent; die Zufriedenheit mit der

---

[18] Dabei ist allerdings nach Lentjes und Jonker (1985) zu beachten, daß sich die Bedeutungsgehalte von Freundschaften über soziale Schichten hinweg unterscheiden dürften.

Qualität der sozialen Kontakte war bei oberen Schichten deutlicher (Weinberger, Hiner & Tierney, 1987)[19].

Vertreter der unteren sozialen Schichten, vor allem jene mit geringem Einkommen und Bildungsniveau, konnten in der Regel weniger Quellen informeller Hilfe benennen und berichteten über eine vergleichsweise geringere Menge an sozialer Unterstützung; und dies insbesondere bei schweren Krisen, wie den Tod eines Angehörigen oder bei Krankheit. Wenn informelle Hilfen von Personen der unteren sozialen Schichten in Anspruch genommen wurden, so verzichteten sie vergleichsweise stärker auf ihre Autonomie. Die Art der sozialen Unterstützung war bei Angehörigen der Mittelschicht mehr durch den Austausch von Gütern bestimmt, die der Unterschicht mehr durch instrumentelle Hilfen. Personen aller sozialer Schichten, mit unterschiedlicher Bildung, erhielten im gleichen Ausmaß kognitive soziale Unterstützungen[20]. In einer umfangreichen Studie an 1326 älteren Personen zeigte sich im Längsschnitt, daß Angehörige unterer sozialer Schichten mehr kritische Lebensereignisse zu verarbeiten hatten. Zugleich waren sie sozial weniger eingebunden. Sowohl die Belastungen als auch der Mangel an sozialem Rückhalt sagten eine negative psychische Verfassung voraus (Murrell & Norris, 1991).

Vielfach wurden Zusammenhänge zwischen der Schichtzugehörigkeit und Merkmalen sozialer Unterstützung erst deutlich, nachdem der Einfluß weiterer Personmerkmale berücksichtigt wurde. Während z. B. bei jüngeren Personen das Einkommen und der berufliche Status ein wichtiger Prädiktor für die Menge sozialer Unterstützung war, galt dies für ältere Menschen nicht (Lin, Dean, Ensel & Tausig, 1980). Die negativen Auswirkungen von kritischen Lebensereignissen auf soziale Stützpotentiale konnten von Lin (1986) nur für Frauen der unteren sozialen Schicht und für solche der unteren Mittelschicht nachgewiesen werden. Bei Männern der Unterschicht ließ sich gegenüber anderen sozialen Schichten kein Bezug zwischen sozialer Unterstützung und Depressivität aufzeigen (Ensel, 1986b).

Wir haben auch Anhaltspunkte dafür, daß informelle Hilfen von Angehörigen der unteren sozialen Schichten sowohl im allgemeinen als auch speziell bei Belastungen, z. T auch in Abhängigkeit von Persönlichkeitsmerkmalen (z. B. internale Kontrollüberzeugungen), vergleichsweise weniger gut verwertet werden konnten. Kinder der unteren sozialen Schicht, die ein schlechtes Verhältnis zu ihren Eltern hatten, waren in

---

[19] Vgl. z. B. Campbell, Marsden und Hurlbert (1986), Cochran und Riley (1988), Feiring und Lewis (1988), Fischer (1982), Jennings, Stagg und Pallay (1988), Lin, Dean und Ensel (1986), Thoits (1982b), dagegen Weinberger, Hiner und Tierney (1987).

[20] Vgl. Asser (1978), Bell, LeRoy, Stephenson (1982), Brown und Harris 1978), Cochran und Riley (1988), Menaghan (1983), Veroff, Kulka und Douvan (1981), Weinberger, Hiner und Tierney (1987).

besonderem Maße verhaltensauffällig (Rockwell & Elder, 1982). Je höher das Einkommen und die Zahl der Quellen informeller Hilfen war, um so günstiger stellte sich die affektive Lage der Befragten dar (Eckenrode, 1983; Riley & Eckenrode, 1986; Turner & Noh, 1983; dagegen Lin, 1986).

Insgesamt betrachtet, zeigt sich, daß für Angehörige der unteren sozialen Schichten das soziale Netzwerk auch eine wichtige Ressource darstellt, daß sie aber doch auch in Hinsicht auf dieses Vermögen eher benachteiligt sind. Leider konnten die bislang vorliegenden Studien den Gesamtzusammenhang des angenommenen Teufelskreises zwischen sozialer Schicht, sozialem Abstieg, Belastungen und (sozialen) Ressourcen und Raten an psychischen Störungen empirisch nicht absichern. Dennoch wird deutlich, daß es letztlich unzulässig ist, soziale Netzwerke und ihr Verhälnis zu einzelnen Personen zu untersuchen, ohne auf den Einfluß übergreifender sozialer Kontexte zu achten. Interessanter Weise wird dies gerade dort auch deutlich, wo man nach interindividuellen Differenzen in Hinsicht auf Merkmale sozialer Netzwerke gesucht hat.

Abschließende Bemerkungen

Obwohl sich die Bedeutung kontextueller Einflüsse auf Merkmale sozialer Netzwerke bei einem Personmerkmal wie der „Schichtzugehörigkeit" offenbart hat, ist man auf Vermutungen angewiesen, wenn man die Frage beantworten will, wie sich jeweils genau diese Einflüsse gestalten und wie sie sich auch mit netzwerkspezifischen Dispositionen verbinden.

Gerade auch weil für den überwiegenden Teil der dargestellten Personmerkmalen nicht deutlich gemacht werden konnte, wie sie im einzelnen den Umgang mit sozialen Netzwerken bedingen und informelle Hilfen nutzbar machen, bleibt die Individualisierung und Psychologisierung des Konzepts des sozialen Netzwerks auch im Rahmen einer persönlichkeitspsychologischen Perspektive unbefriedigend. Trotz der sozial-kognitiven Variante dieser Perspektive ist es ihr bislang nicht gelungen, den Umgang mit sozialen Netzwerken als eine mehr oder weniger stabile Art der Informationsverarbeitung und des sozialen Handelns darzustellen. Am ehesten ist dies noch im Kontext der sozialen Streßbewältigungsforschung möglich gewesen (vgl. Kapitel 4).

Mit der Beschränkung auf traditionelle Persönlichkeitsmerkmale wie Extraversion, Kontrollüberzeugungen, Geschlechtsrollenorientierung wurden aber zugleich alle Anomalien dieser Konzepte in die Netzwerkforschung übernommen (vgl. hierzu die kritischen Anmerkungen von Carson, 1989; Amelang & Bartussek, 1990). Kritiker zweifeln an der Einheitlichkeit und auch an den theoretischen Grundlagen entsprechender Merkmale.

Darüber hinaus ist nach wie vor die Frage nach der Situationsinvarianz der Einflüsse von Persönlichkeitsmerkmale gestellt; dies besonders deshalb, weil die Untersuchung von Stimmungseinwirkungen auf die Wahrnehmung von sozialer Unterstützung Zweifel an dieser Invarianz hat aufkommen lassen (vgl. Procadino & Heller 1983; dagegen Brown, Brady, Lent, Wolfert & Hall, 1987). Auf Grund dieser Befunde kann man davon ausgehen, daß die Stabilität der Einflüsse verschiedener Merkmale der Person auf Eigenschaften sozialer Netzwerke überschätzt wurde.

Doch trotz aller kritischer Anmerkungen hat die persönlichkeitspsychologische Perspektive innerhalb der sozialen Unterstützungs- und Netzwerkforschung einen gewissen Erkenntnisgewinn gebracht. Hervorzuheben ist die Einsicht, daß personale und soziale Ressourcen unabhängige und zugleich miteinander im Zusammenhang stehende Größen darstellen können. Ungeklärt aber ist die Frage, unter welchen Umständen man von der Unabhängigkeit bzw. vom Zusammenspiel dieser Faktoren auszugehen hat. Dabei wurde deutlich, daß personalen Ressourcen mehr Aufmerksamkeit im Kontext der Unterstützungsforschung geschenkt werden sollte als bislang. In Hinsicht auf den Zusammenhang von Persönlichkeitsmerkmalen mit Merkmalen sozialer Netzwerke sind höchst unterschiedliche Kombinationen analysiert worden: Personen wurden als Produkt, aber auch als Gestalter und Nutzer sozialer Netzwerke begriffen. Wenngleich undeutlich blieb, wie sich personale und soziale Ressourcen verbinden, so ist doch von einem Synergismus auszugehen, der Wohlbefinden und psychischer Gesundheit stabilisieren kann und beim Umgang mit Belastungen hilfreich ist. Dabei scheinen folgende Dispositionen allgemeiner Art von Bedeutung zu sein:

1. Eine Orientierungskomponente sorgt für die Bereitschaft, sich mit sozialen Netzwerken zu beschäftigen, sie zu nutzen und für entsprechende Einflüsse sensibel zu sein.
2. Eine Fertigkeitskomponente faßt die Kompetenzen zum Aufbau und zur Pflege von Merkmalen sozialer Netzwerke und auch die Fähigkeit, die Ressourcen dieser sozialen Systeme adäquat zu nutzen.

Inwieweit man diese Komponenten mit Hilfe von Dispositionen, wie Bindungsschemata und Netzwerkorientierungen besser fassen kann als mit den üblichen Persönlichkeitsmerkmalen, kann noch nicht entschieden werden. Sicher scheint zu sein – das hat zumindest die Untersuchung von sozial-normativ bedeutsamen Personmerkmalen gezeigt – daß soziale Netzwerke nicht als Spielball individueller Interessen angesehen werden können. Vielmehr wurde deutlich, daß soziale Netzwerke als Kontexte von Kontexten mitgeformt sein können.

7. Soziale Netzwerke im Kontext umweltpsychologischer Betrachtungen

Geschlechtsrollen und die Zugehörigkeit zu bestimmten sozialen Schichten haben daran erinnert, daß soziale Netzwerke durch gesellschaftliche Rahmenbedingungen, auch über Personmerkmale vermittelt, beeinflußt werden können. In einem wesentlich weitergehenden Sinne werden soziale Netzwerke rekontextualisiert, wenn sie in das Blickfeld einer umweltpsychologischen Betrachtungsweise gelangen (Antonucci, 1985; Fleming, Baum & Singer, 1985; Heller & Swindle, 1983; Röhrle, 1985, 1986, 1987a, b). Diese Betrachtungsweise wurde auf mehrerlei Weise vorbereitet. Wegweisend waren u.a. die sozial-ökologischen Untersuchungen zum Einfluß von Urbanisierungs- und Vergesellschaftungsprozessen und von groß angelegten politischen und wirtschaftlichen Veränderungen auf räumliche Verteilungsmuster sozialer Phänomene (vgl. Broadhead et al., 1983; Hamm, 1990). Obwohl sich umweltpsychologische Fragestellungen bevorzugt mit physikalischen Gegenstandsbereichen, wie z. B. mit der Wirkung gebauter oder natürlicher Umwelt beschäftigen, waren für sie soziale Aspekte von Umwelt von Anfang an bedeutsam (vgl. Hellpach, 1924). Bedeutungsmuster auch von physikalischer Umwelt zu erkennen, war letztlich ohne den Rückgriff auf soziale, kulturelle und historische Hintergründe nicht möglich. Nicht zuletzt deshalb suchte man in der Umweltpsychologie schon immer die Nähe zur Sozialpsychologie aber auch zu anderen Disziplinen, wie z. B. zur Soziologie (vgl. Altman, 1976; Graumann, 1976).

Doch trotz dieser gedanklichen Hintergründe wurden soziale Netzwerke vergleichsweise selten im Rahmen von umweltpsychologischen Fragestellungen untersucht (vgl. Bronfenbrenner, 1979). Auch innerhalb der Netzwerk- und sozialen Unterstützungsforschung sprach man umweltpsychologische Themen kaum und dann nur sehr verkürzt an. In den wenigen Überblicksarbeiten zur Ökologie sozialer Netzwerke wird meist nur hervorgehoben, daß physikalische Aspekte von Umwelt, wie z. B. die Architektur, für die Gestaltung sozial-interaktiver und damit informell helfender

Beziehungen von Bedeutung sind. Darüber hinaus werden soziale Netzwerke so behandelt, als würden sie einseitig von anderweitigen Umweltbeständen geprägt. Einige Autoren betonen, daß auch soziale Netzwerke unter dem Aspekt von Person-Umwelt-Passungen zu analysieren seien (z. B. Caplan, 1979; Heller & Swindle, 1983; Hobfoll, 1985a, b, c, 1986; Hobfoll, Freedy, Lane & Geller, 1990; Vaux, 1988a, 1990). Wenn überhaupt von Wechselwirkungen zwischen Person, sozialem Netzwerk und ökologischem Kontext die Rede war, dann nur in sehr unbestimmter Weise (Moos, 1984)[1].

Die Gründe für die auch von Fleming, Baum und Singer (1985) beklagten Kluft zwischen sozialer Netzwerk- und umweltpsychologischer Forschung sind vielfältig (vgl. Röhrle, 1990). Die definitorischen Bemühungen um das Konzept der sozialen Unterstützung, die Anstrengungen, die notwendig waren, um verschiedene Modelle zur Wirkung informeller Hilfen zu überprüfen, vor allem aber die damit stark verknüpfte individuenzentrierte Sicht auf soziale Netzwerke hielten davon ab, das Zusammenspiel von Belastungen, Merkmalen sozialer Netzwerke und individuellen Befindlichkeiten dadurch noch komplizierter zu machen, indem man auch noch Umweltmerkmale einbezog. Auf der anderen Seite war man in der Umweltpsychologie hinreichend damit beschäftigt, einzelne soziale Verhaltensweisen zu untersuchen (z. B. altruistisches Verhalten unter sozialräumlich beengten Bedingungen). Soziale Netzwerke galten zunächst im Bereich der stadtsoziologischen Forschungen als gut aufgehoben (Fischer, Jackson, Stueve, Gerson, McAllister Jones & Baldassare, 1977).

Erst in neuerer Zeit wurde erkannt, daß die Beschäftigung mit sozialen Netzwerken auch im Rahmen der Umweltpsychologie vorteilhaft sein könnte (vgl. z. B. Holahan & Wandersman, 1987; Kaminski, 1988; Röhrle, 1985, 1986, 1987a, b). Für umweltpsychologische Betrachtungsweisen bedeutet der Rückgriff auf das Konzept des sozialen Netzwerks eine weitgehende Abkehr von einfachen Vorstellungen zur Bedeutung von sozialen Stimuli. Auf diese Weise werden Umweltpsychologen in ihren Bemühungen unterstützt, komplexere und zugleich sozio-kulturell geprägte Umweltzusammenhänge zu untersuchen (vgl. Bronfenbrenner, 1979; Saegert & Winkel, 1990). So werden soziale Netzwerke zu Teilen einer vielfach geordneten Umwelt und zugleich Objekt bzw. Subjekt im Verhältnis zu andersartigen Formen von „Environment". Als Bestandteile von Umwelt oder auch als transindividuell bedeutsame Einheiten erhalten sie ein Eigen-

---

[1] Vgl. insgesamt Antonnucci (1985), Broadhead, Kaplan und James (1983), Caplan (1979), Fleming, Baum und Singer (1985), Garbarino (1983), Heller und Swindle (1983), Mitchell und Trickett (1980b), Moos (1984), Shumaker und Brownell (1984), Vaux (1988a).

leben, das sich mit den ökologischen Denktraditionen eines Kelly (1977) oder auch eines Barker (1968) verbinden läßt. Wenn man sich zudem mit adaptiven Leistungen von Personen in anforderungsreichen oder belastenden Umwelten befassen möchte, so ist dies kaum möglich, ohne auf die Erfahrungen der sozialen Unterstützungforschung zurückzugreifen (vgl. hierzu Kasl, Will, White & Marcuse, 1982; Stokols, 1982; Werner, Altman & Oxley, 1985). Dennoch finden sich bislang kaum Hinweise darauf, ob und wie Merkmale sozialer Netzwerke und Unterstützung solche Umweltbelastungen, wie z. B. „Crowding", Lärm, schlechte Luftqualität und Umweltkatastrophen beeinflussen.

Im Rahmen umweltpsychologischer Betrachtungsweisen wird das Verhältnis von sozialen Netzwerken zu ihren Kontexten und von Individuen bzw. Kollektiven zu ihrem (sozialen) Umfeld durch bestimmte erkenntnistheoretisch bedeutsame Differenzierungen und durch Eigenschaften bzw. Aspekten von Umwelt neu geordnet und mit unterschiedlichen formal und psychologisch-theoretisch gefaßten Wirkzusammenhängen verknüpft (vgl. Kaminski, 1978, 1988; Kommer & Röhrle, 1981; Saegert & Winkel, 1990; Stokols 1982)[2].

Wenn soziale Netzwerke auch im Verbund mit anderen Formen von Umwelt im Lichte von *erkenntnistheoretisch* bedeutsamen Kategorien betrachtet werden, dann erscheint sie uns als subjektive versus objektive Umwelt. Werden verschiedene *Aspekte* von Umwelt unterschieden, so differenziert man in soziale, physikalische, aber auch natürliche und künstliche Umwelteinheiten. Damit verschiedene Formen von Umwelt geordnet werden können, werden ihr die *Eigenschaften* „Größe", „Komplexität", „Stabilität" und „Flexibilität" zugewiesen. Die *Größe* von Umwelt bezieht sich auf physikalische Parameter, wie z. B. auf die räumliche Ausdehnung oder auf die Zahl unterscheidbarer Elemente (z. B. Größe sozialer Netzwerke). Unterschiedliche *Komplexität* von Umwelt meint so Verschiedenartiges, wie das Ausmaß, in dem Bedeutungselemente miteinander verknüpft sind oder auch die Art und Weise, wie vernetzt und unmittelbar sich die gegenseitigen Einflußnahmen gestalten. Angesprochen ist damit auch die Frage, inwieweit die Folgen von Umweltveränderungen abgeschätzt werden können und wie durchschaubar Umweltsysteme sind. Die *Stabilität* faßt die Kontinuität oder die beobachtbaren Veränderungen von Umweltbeständen, die auch unabhängig vom Einfluß menschlicher Kräfte zustande kommen. Es sind damit auch Verlaufsaspekte von Umwelt the-

---

[2] Dabei ist zu bedenken, daß für nicht wenige Autoren umweltpsychologische Betrachtungsweisen ein neues Paradigma in der Psychologie darstellen (vgl. z. B. Saegert & Winkel, 1990).

matisiert; Umwelt erscheint als vergangen, aktuell oder auch zukünftig. Solche temporären Segmentierungen stellen z. B. auch Lebensphasen oder bestimmte zyklische Verläufe dar, die jeweils in sich spezifische soziale Kontexte bergen können (vgl. hierzu Werner, Altman & Oxley, 1985). Die *Flexibilität* von Umwelt stellt eine Eigenschaft dar, die sie als mehr oder weniger widerständig oder gestaltbar erscheinen läßt (vgl. insgesamt Kaminski, 1978; Kommer & Röhrle, 1981; Stokols, 1982).

Wenn das *Verhältnis von Personen zu ihren (sozialen) Umgebungen* im Rahmen umweltpsychologischer Betrachtungsweisen bestimmt wird, so lassen sich zunächst zwei Grundauffassungen unterscheiden: Eine erste sieht diese Beziehung nur marginal, wenn überhaupt, durch den Einfluß einzelner Personen bestimmt. Vorstellungen dieser Art gehen davon aus, daß (soziale) Umwelt als transindividuelle Einheit ihren eigenen (systemischen) Gesetzen unterliegt. Soziale Netzwerke sind dann sich selbst erhaltende Größen oder auch Bestandteile von Umwelt, die regulativ genutzt werden. Die zweite Grundauffassung nimmt an, daß es enge Verbindungen zwischen Individuen und (sozialer) Umwelt gibt. Jedoch gestalten sich diese Verbindungen sowohl formal als auch theoretisch sehr unterschiedlich. Unter formalen Gesichtspunkten werden diese Verknüpfungen als z. B. deterministisch oder probabilistisch bezeichnet. Theoretisch-paradigmatische Varianten kennzeichnen dieses Verhältnis entweder als eine reaktive Wenn-Dann-Beziehung oder als eine finale Einflußnahme. Die Vorstellung von einer reaktiven Wenn-Dann-Beziehung verbanden Saegert und Winkel (1990) mit Positionen, die von einer Art biologisch-adaptiven Relation zwischen Individuum und Umwelt ausgehen. Wird die Beziehung von Person und Umwelt im Kontext finaler Bezüge analysiert, dann erscheint der Umgang mit Umwelteinheiten als ein absichtsvolles Geschehen, als Aneignen von und als Handeln in Umwelt (vgl. Graumann, 1990a, b; Kaminski, 1990). Eine weitere Sicht rückt die Bedeutung sozialer Kollektive und damit auch die von sozialen Netzwerken in den Vordergrund. Das Verhältnis von sozialen Kollektiven zu ihren Umgebungen wird dabei unter kulturellen, historischen und zivilisationstheoretischen Aspekten betrachtet.

Leider lassen sich diese verschiedenen Formen, wie im Kontext ökopsychologischer Fragestellungen Umwelt geordnet wird und wie die Beziehungen zwischen ihr und einzelnen Personen oder sozialen Kollektiven rekonstruiert werden, nur in Ansätzen mit Befunden aus dem Bereich der Netzwerk- und Unterstützungsforschung verdeutlichen. Man kann also in Hinsicht auf die Frage, wie fruchtbar umweltpsychologische Sichtweisen für dieses Forschungsgebiet sind, noch zu keinem abgeschlossenen und gut abgesicherten Urteil gelangen.

7.1. Soziale Netzwerke als Bestandteile von Umwelt

Die erkenntnistheoretisch notwendige Unterscheidung zwischen einer *subjektiven und objektiven Umwelt* ist uns schon in Gestalt von objektiven gegenüber subjektiv gewerteten Merkmalen sozialer Netzwerke begegnet. Merkmale sozialer Netzwerke werden zwar meist über subjektiv gefärbte Aussagen von Personen gewonnen, jedoch erheben diese Merkmale den Anspruch, quasi-objektive wissenschaftliche Größen darzustellen. Valenz, Verknüpfbarkeit mit bestimmten Bedürfnissen und Erreichbarkeit waren z. B. Kategorien, um Merkmale sozialer Netzwerke subjektiv zu werten. Wie wir schon gesehen haben, blieben trotz der Vielfalt der Möglichkeiten, Merkmale sozialer Netzwerke zu beurteilen, jene Ordnungsmuster unbekannt, die entsprechenden Werturteilen zugrunde liegen. Es ist noch nicht entscheidbar, ob die Erfahrungen, die man bei der Untersuchung von Kognitionen von Umgebung in der Umweltpsychologie gewonnen hat, auch dienlich sind, wenn das Wissen über Merkmale sozialer Netzwerke rekonstruiert werden soll. So mag die Untersuchung kognitiver Landkarten auch nützlich sein, um die subjektiv repräsentierten Wegstrecken zu anderen Teilen des sozialen Netzwerks kennenlernen zu können (vgl. Schneider, 1990). Die subjektiven Bedeutungsmuster, die physikalischer Umwelt mit Hilfe von semantischen Differentialen und multidimensionalen Skalierungen zugeordnet wurden, könnten auch helfen, den propositionalen Gehalt und die Ordnung von Kognitionen zu Merkmalen sozialer Netzwerke zu identifizieren (vgl. Schneider, 1990a, b; Kapitel 8). An dieser Stelle wird zunächst nur darüber zu berichten sein, welche Bedeutung die subjektive Wahrnehmung von sozialen und physikalischen Aspekten von Umwelt besitzt.

Die Wahrnehmung sozialer Netzwerke als sozio-physikalische Einheit

Merkmale von sozialen Netzwerken werden mit physikalischen Aspekten verknüpft, wenn die Erreichbarkeit einzelner Mitglieder analysiert oder wenn der spezifische Sektor nachbarschaftlicher Beziehungen untersucht wird. Hinweise darauf, daß Merkmale sozialer Netzwerke nicht isoliert von physikalischer Umwelt wahrgenommen werden, liefern auch Untersuchungen, die gebaute Umwelt bewerten ließen. Welcher Aspekt von Umwelt jeweils von Bedeutung ist, unter welchen Umständen sie als soziophysikalische Einheit gesehen wird, hängt bei genauer Betrachtung von einer Vielzahl von Bedingungen ab.

In Hinsicht auf die Frage, wie gebaute Umwelt erlebt wird, stellte z. B. Williamson (1981) fest, daß Hochhäuser nur dann als anonym empfunden wurden, wenn man die nachbarschaftlichen Kontakte negativ bewertete. Schneider (1986) kommt zum Schluß, daß Nachbarschaften vornehmlich über ihre sozialen Charakteristika definiert werden[3]. White (1985) kam zu einem anderen Ergebnis. Er untersuchte die Zufriedenheit von Personen mit ihrer Gemeinde. Dabei wies er nach, daß die Bewertung lokaler Umwelteinheiten sowohl von ästhetischen Qualitäten als auch von Freundschaftsbeziehungen und Möglichkeiten zur Partizipation abhing (vgl. Kennedy, 1984). Bei Handall, Barling und Morrissey (1981) war die Zufriedenheit mit der Nachbarschaft dagegen deutlicher durch die wahrgenommenen physikalischen Charakteristika vorhersagbar als durch soziale. Zu den Bedingungen, die Einfluß darauf haben, welcher Aspekt von Umwelt jeweils bei entsprechenden Urteilen als wichtig erachtet wird, gehört u.a. die Bereitschaft, wegzuziehen und die Länge der Wohndauer (vgl. Brogan & James, 1980; Unger & Wandersman, 1985).

Eine besondere Verbindung zwischen unterschiedlichen Aspekten von Umwelt ergibt sich daraus, daß physikalische Objekte symbolische Bedeutungen zugewiesen bekommen. Solche *symbolische Qualitäten* von Umwelt produzieren sozial-normierte Vorgaben, wer mit wem und wie zu interagieren hat. Sie sind Hinweise auf erwartbare soziale oder kulturelle Ereignisse und sie bilden die Ordnung sozialer Strukturen ab. Symbolisch gehaltvolle Merkmale, z. B. von Wohnarealen, produzieren Gefühle der Zugehörigkeit und lassen sie als sozial homogene Gebiete erscheinen (vgl. Bonnes, 1986; Duncan, 1985; Graumann, 1990a; Schneider 1990; Werner, Altman & Oxley, 1985).

Solche Wahrnehmungsmuster von sozio-physikalischen Einheiten hat Sarason (1974) mit dem Begriff des „*Sense of Community*" umschrieben. Er verband damit so etwas wie eine Art von Gemeinschaftssinn. Damit sind Gefühle gemeint, die an den eigenen Ort und an soziale Gebilde binden und die vermitteln, daß man gebraucht wird. Außerdem ist damit auch das Wissen um die juristischen, politischen und ökonomischen Strukturen einer Gemeinde angesprochen. Für Sarason (1974) war der „Sense of Community" ein sinn- und strukturstiftendes Moment für das Leben von Bürgern in der Gemeinde. Dieses Konzept wurde empirisch überprüft und die von Sarason angenommenen Bestandteile dieser komplexen ökologischen Kognition weitgehend bestätigt (vgl. insgesamt McMillan & Chavis, 1986). Faßt man die verschiedenen Ergebnisse zum propositionalen Gehalt des „Sense of Community" zusammen, so läßt sich feststellen, daß diese Kognition von Umwelt inhaltlich durch folgende Kategorien bestimmt

---

[3] Selbst die Antwort auf die Frage, wie man Temperaturen empfindet, hängt vom Einfluß sozialer Bedingungen ab (Heijs & Stringer, 1988).

wird: Informelle soziale Interaktionen, Geborgenheitsgefühle, soziale und lokale Bindungen, Engagement und Interesse an Kontrolle bzw. Einflußnahme auf lokale Belange, gemeinsame Wertorientierungen und Symbole. Das Konzept des „Sense of Community" bietet sich als Indikator an, um die Salutogenität einer Gemeinde oder einer Nachbarschaft zu bestimmen. So war der „Sense of Community" für die Wahl problemorientierter Bewältigungsstile und inbezug auf die Bereitschaft bedeutsam, sich in Nachbarschaftsinitiativen zu engagieren. Auch Zusammenhänge zwischen dieser Umweltkognition und Sicherheitsgefühlen, der Partizipationsbereitschaft, akademischen Leistungen, dem sozialem Klima, der allgemeinen Lebenszufriedenheit und der positiven Wertschätzung von Nachbarschaften konnten festgestellt werden[4].

Lokale Bindungen hingen sehr stark von sozial-interaktiven Bedingungen ab, wie z. B. davon, ob intime Beziehungen, Nachbarschaftskontakte und Mitgliedschaften in Organisationen vorhanden waren (vgl. Chavis, Hogge, McMitlan & Wandersman, 1986; Gerson, Stueve & Fischer 1977). Dabei spielten solche Bindungen für das Wohlbefinden und die psychische Gesundheit eine nicht unwesentliche Rolle (Shumaker & Taylor, 1983; Stokols, Shumaker & Martinez, 1983). Die Kognitionen zur Geographie von Nachbarschaften unterschieden sich in Abhängigkeit davon, wie gut die jeweils befragten Personen sozial integriert waren (vgl. Holahan, 1982; Mühlich, Zinn, Kröning & Mühlich-Klinger, 1978; Unger & Wandersman, 1985).

Insgesamt mögen diese Hinweise genügen, um feststellen zu können, daß zumindest bestimmte Merkmale und Sektoren von sozialen Netzwerken kontextuell mit physikalischen und symbolisch bedeutsamen Umweltbeständen kognitiv verknüpft sein dürften. Es fehlen jedoch Untersuchungen zur Frage, welche der verschiedenen Merkmale sozialer Netzwerke und unter welchen Umständen", losgelöst von anderen Aspekten von Umwelt, wahrgenommen werden.

Soziale Netzwerke als ökologische Bestandteile und Regulative

Während subjektiv wahrgenommene Formen von sozio-physikalischer Umwelt das Individuum in den Mittelpunkt stellen, relativieren Betrachtungsweisen von objektiver (sozialer) Umwelt die Bedeutung von einzelnen Personen. Diese Sicht vermag damit auch soziale Netzwerke wiedermehr auf ihre konzeptuellen Ursprünge zurückzuführen (vgl. Kapitel 2).

---

[4] Vgl. Ahlbrandt und Cunningham (1979), Bachrach und Zautra (1985), Doolittle und MacDonald (1978), Glynn (1981), Maton und Rapapport (1984), Riger und Lavrakas (1981), Pretty (1990), Riger, Lebailly und Gordon (1981).

Das Eigentliche einer deindivindualisierten Betrachtung von Umwelt besteht darin, daß sie ihr eine eigene Dynamik und Prinzipien der Autoregulation zuweist, wie sie ökologischen Systemen eigen sind.

Gedankliche Linien diese Art verknüpfen sich zumindest teilweise mit den Vorstellungen Bronfenbrenners (1979), der ein hierarchisches Zueinander von sozialen Netzwerken und soziokultureller Umwelt konzipiert hat. Diese Vorstellungen sind uns im Kontext entwicklungspsychologischer Betrachtungsweisen schon begegnet. In der Unterscheidung von Mikro-, Meso-, Exo- und Makrosystemebenen hat Bronfenbrenner soziale Netzwerke insbesondere der Meso- und Exosystemebene zugeordnet. Sie verknüpfen verschiedene Lebensbereiche von Individuen, aber auch von primären Gruppen und anderen Sektoren eines sozialen Netzwerks (vgl. auch Bronfenbrenner, 1986, 1990; Bronfenbrenner & Crouter, 1983). Es wird daran erinnert, daß im Rahmen dieses Ordnungssystems nicht nur mit direkten Einflüssen aus bestimmten Netzwerkteilen zu rechnen ist (Mesosystemebene), zu denen Personen oder auch mikrosoziale Systeme (z. B. Mutter-Kind-Dyaden) direkte Kontakte unterhalten. Vielmehr ist auch von indirekten Verbindungen über verschiedene Lebensfelder (Mesosystemebene) auszugehen, die sowohl die gesellschaftlich-kulturellen Ziele der Exo- und Makrosystemebene tragen als auch von ihr vorgegeben bekommen.

Im engeren Sinne wurden soziale Netzwerke und Stützsysteme als autonome ökologische Bestandteile und Regulative vor allem von Kelly (1977) thematisiert. Außerdem spielen soziale Stützsysteme im Rahmen von Überlegungen eine Rolle, die in ihnen Ressourcen sehen, um feststehende Verhaltensströme innerhalb von „Behavior Settings" zu stabilisieren (Barker, 1978).

Kelly (1977) sah in *sozialen Stützsystemen settinggebundene, ökologische Größen*. Eigenschaften dieser Settings und von Personen, die in einem reziproken Verhältnis stehen, definieren die Art, wie und mit welchem Zweck mit sozialen Unterstützungen umzugehen ist. Folgende Faktoren sind dabei entscheidend: „Normative Orientierungen", „Regeln der Macht" und „Foki der Energieverteilung". *Normative Orientierungen* eines Systems sind entweder durch Erhaltungsziele oder Erreichungsziele definiert. Soziale Unterstützungen werden in Abhängigkeit davon angeboten, welche Art von Ziel vorgegeben ist. Die *Regeln der Machtverteilung* bestimmen darüber, wie soziale Unterstützungen umverteilt werden. Sie sind darauf ausgerichtet, entweder den Einzelnen zu dominieren oder aber zu integrieren. Soziale Unterstützungen werden im Sinne von Sanktionen vergeben oder entzogen, um so einzelne Personen beherrschen zu können. Ist ein System auf *Integration* ausgerichtet, so werden informelle Hilfen angeboten, um durch die Entwicklung von Personen auch das System erhalten zu können. Die Verteilung der Ressourcen ist nicht nur von der

Orientierung eines Systems abhängig, sondern auch davon, worauf sich seine *Energien konzentrieren*. Energien können eher für das System oder aber für den Einzelnen bestimmt sein. Sind Energien mehr für den Erhalt oder die Fortentwicklung eines Systems notwendig, so sind informelle Hilfen für das Individuum nur beschränkt zugänglich. Umgekehrt erhalten funktional bedeutsame Systemträger besonders viel Rückendeckung und Privilegien auch in Form von sozialer Unterstützung.

Je nach Kombination dieser drei Faktoren ausgeprägt, lassen sich insgesamt acht unterschiedliche ökologische Prototypen von sozialen Systemen und damit auch Formen des Umgangs mit informellen Hilfen unterscheiden (vgl. Tabelle 8):

1. Jener Prototypus, der stark auf den Erhalt und die Kontrolle eines Systems ausgerichtet ist, seine Energien aber Individuen zur Verfügung stellt, ist typisch für kleine, traditionsgebundene soziale Einheiten. Die Mitglieder tragen solche Systeme gerne, da sie alle hinreichend berücksichtigt und sozial unterstützt werden; zumindest solange, wie sie dem Erhalt des Systems dienen.
2. Der zweite Typus von System unterscheidet sich vom ersten dadurch, daß das entsprechende Gefüge Ziele verfolgt, die es noch nicht erreicht hat. Um diese Ziele erlangen zu können, werden die Ressourcen so angeboten und verteilt, daß zwischen den Trägern des Systems Rivalität entsteht. Dieser Typus entspricht Organisationen, die ihre Dynamik und Produktivität auf dem Wettbewerbsprinzip aufbauen.
3. Der dritte Typus lenkt seine Energien hin auf das System. Dadurch soll es stärker kontrolliert und bestimmte Sollwerte besser gehalten werden können. Auch in solchen Systemen kann jemand damit rechnen, informelle Hilfen dann zu bekommen, wenn er hilft, ein entsprechendes System zu bewahren.
4. Will ein System der gleichen Art dagegen bestimmte Ziele erreichen, so erhält der Einzelne dann soziale Unterstützung, wenn er z. B. Vorschläge zur Entwicklung von Organisationen macht.
5. Ein weiterer Prototypus von System nutzt seine Macht und Energien so, daß der Einzelne besser integriert werden kann. Unter solchen Voraussetzungen wird informelle Hilfe angeboten, um bestimmte individuelle Befindlichkeiten zu erhalten und um damit den gewünschten Integrationsprozeß zu erleichtern.
6. Der gleiche Typus von System kann aber auch nur dann informelle Hilfen bereitstellen, wenn bestimmte, noch nicht erreichte Ziele angestrebt werden. Diese Ziele können sowohl individuell als auch kollektiv bedeutsam sein. Sozialisationsinstanzen, die z. B. Erziehungsregeln formulieren, dürften zu dieser Art von System gehören.

7. Konzentriert sich die Energie wiederum mehr auf das System, ist die Macht mehr darauf ausgerichtet, den Einzelnen zu integrieren, und geht es zugleich um den Erhalt bestimmter Vorgaben, dann sind vor allem dann informelle Hilfen zu erwarten, wenn das Individuum diesen Richtlinien entspricht.
8. Beim gleichen Typus von System kann es aber auch darum gehen, bestimmte Ziele zu erlangen. In diesem Fall werden informelle Hilfen so angeboten, daß es der einzelnen Person leichter fällt, sich so zu entwickeln, daß sie und das System besser zueinander passen und daß zugleich die Ziele, die sich das System gesetzt hat, auf schnellerem Wege erreicht werden können. Dies ist beispielsweise dann der Fall, wenn individuelle Voraussetzungen so gestärkt werden, damit eine Organisation ein besseres Image erhält.

Tabelle 8. Ökologische Typen von Unterstützungssystemen (nach Kelly, 1977; *vgl.* Text)

Macht-orientierung	*Energie-fokus*	*Normative Orientierung*	*Funktionen und Umgang mit informellen Hilfen*
Kontrolle	Individuum	Erhaltungs-ziele	Stabilisierung von Individuen, die für die Organisation bedeutsam sind
Kontrolle	Individuum	Erreichungs-ziele	Rivalität um Ressourcen, um Ziele zu erreichen
Kontrolle	System	Erhaltungs-ziele	Informelle Hilfen als Sanktionen für den Erhalt von Organisationen
Kontrolle	System	Erreichungs-ziele	Informelle Hilfen als Sanktionen für die Entwicklung von Organisationen
Integration	Individuum	Erhaltungs-ziele	Informelle Hilfen für den Erhalt individueller Befindlichkeiten
Integration	Individuum	Erreichungs-ziele	Unterstützung für individuell (und kollektiv) bedeutsame Entwicklungen
Integration	System	Erhaltungs-ziele	Hilfen für individuelle Anpassungen an das System
Integration	System	Erreichungs-ziele	Hilfen, die der Entwicklung von Systemen dienen

Diese Überlegungen von Kelly (1977) sind leider wenig beachtet worden und so stehen Untersuchungen aus, welche die Fruchtbarkeit dieser ökologischen Typologisierung von sozialen Stützsystemen deutlich machen könnten. Hinweise darauf, daß soziale Unterstützungen helfen, Organisationen zu erhalten, finden sich aber in den Forschungsarbeiten zu sozialen Klimata von Moos (1974). Er konnte feststellen, daß die Atmosphäre in psychiatrischen Einrichtungen relativ konstant blieb, auch wenn ein zum Teil erheblicher Personalwechsel stattfand. Daraus wäre zu schließen, daß in solchen Einrichtungen, z. B. eine kooperative Atmosphäre nicht unbedingt auf einzelne Personen ausgerichtet war, sondern vielmehr den Einrichtungen selbst dienen sollte.

Auch die *Theorie der Behavior Settings* von Barker (1978) geht davon aus, daß abgrenzbare Situationen mit relativ feststehenden Verhaltensströmen sich nach bestimmten autoregulativen Prinzipien erhalten. Diese Prinzipien haben Einfluß darauf, wie auf abweichendes Geschehen in sozialen Settings reagiert wird. Die verschiedenen Regulationsarten hängen von der Zahl der sich in einem Behavior Setting befindenden, bzw. für den Erhalt dieses Settings notwendigen Menge an Personen ab. Sind einzelne „Figuren" nicht aus einem Behavior Setting entfernbar, so werden auch Mechanismen in Gang gesetzt, die Individuen helfen, sich anzupassen. Unterbesetzte Behavior Settings, wie z. B. Schulen oder Kirchen, machten nachweislich eine stärkere Partizipation notwendig, damit die Verhaltensströme auf Plätzen solcher Organisationen aufrechterhalten werden konnten. Dementsprechend lag auch die Annahme nahe, daß gerade informelle Hilfen dazu beitragen könnten, die autoregulativen Kräfte in Behavior Settings zu stärken (vgl. Heller & Swindle, 1983; Saup, 1986).

Tatsächlich konnten Oxley und Barrera (1984) in einer pfadanalytisch angelegten Studie nachweisen, daß in kleinen Banken mehr Aufforderung erlebt wurde, einen bestimmten „Verhaltensstrom" stabil zu halten als in großen Banken („Setting Claim"). War dies der Fall, so waren die Mitarbeiter vergleichsweise mit ihrer Arbeit zufriedener, sie identifizierten sich stärker mit dem Unternehmen und kamen seltener zu spät. Zugleich erhielten Mitarbeiter von kleinen Banken vergleichsweise mehr emotionale soziale Unterstützung durch ihre Vorgesetzten, wenn sie die Arbeit belastete. Es ist zu vermuten, daß dieses Mehr an informellen Hilfen notwendig war, damit die Mitarbeiter jenen Streß besser verarbeiten konnten, der mit den Anforderungen des Behavior Settings verknüpft war. Auf diese Weise konnte auch dem Erhalt des Verhaltensstroms besser gedient werden. In großen Banken waren die Mitarbeiter um so belasteter, je mehr soziale Unterstützung sie erhielten. Die Autoren vermuteten, daß fehlende Arbeitsanforderungen als Langeweile erlebt wurden und auf diese Weise informelle Hilfen notwendig machten. Die einfachere Erklärung wäre darin zu sehen, daß die geringeren Belastungen den notwendigen Freiraum für positive soziale Interaktionen schufen.

Wenn informelle Hilfen geeignet sind, um Umweltsystemen zu helfen, sich selbst zu regulieren, so ist damit auch ein Hinweis gewonnen, daß soziale Netzwerke selbst, d. h. auch relativ unabhängig von situativen Verknüpfungen, derartige Systeme darstellen könnten. In jedem Fall ist offensichtlich geworden, daß die Untersuchung funktional bedeutsamer Merkmale sozialer Netzwerke nicht auf die Frage beschränkt sein sollte, welche Wirkungen sie bei einzelnen Personen zeitigen. Eine weitere, sehr wesentliche transindividuelle Betrachtungsweise von Merkmalen sozialer Netzwerke wird möglich, wenn man nicht danach fragt, ob sie Bestandteile von Umwelt sind, sondern wenn man etwas darüber erfahren möchte, wie sich soziale Netzwerke und andere Formen von Umwelt zueinander verhalten.

7.2. Soziale Netzwerke und Umwelt

Um das Verhältnis von Umwelt und sozialen Netzwerken zu rekonstruieren, wurden sowohl reaktive als auch finale Beziehungen formuliert. Aber nicht alle Eigenschaften von Umwelt (z. B. Größe, Komplexität, usw.) wurden zum Ausgangspunkt für Untersuchungen gemacht, die nach dem Einfluß auf soziale Netzwerke gefragt haben. Man wollte vor allem wissen, wie sich Umweltbereiche unterschiedlicher Größenordnung, natürliche und künstliche Umwelten und solche von mehr oder weniger stabiler Art, auf soziale Netzwerke auswirken. Untersucht wurde, ob Merkmale sozialer Netzwerke von Lärm und klimatischen Bedingungen mitgestaltet werden und ob Umzüge und landschaftliche Veränderungen sie verändern können. Man war auch daran interessiert, zu erfahren, ob sich Bedingungen sozialräumlicher Dichte und architektonische bzw. bauliche Gegebenheiten in Merkmalen sozialer Netzwerke abbilden. Einen relativ breiten Raum nimmt die Frage ein, ob sich in Merkmalen sozialer Netzwerke auch die Folgen von Urbanisierungsprozessen wiederfinden lassen.

Nicht wenige Studien haben sich mit der Frage beschäftigt, ob *einzelne physikalische Reize oder Situationen* für Merkmale sozialer Netzwerke von Bedeutung sind (vgl. hierzu insgesamt Heller, Price, Reinharz, Riger, Wandersman & D'Aunno, 1984; Larbig, 1980). Die Anworten auf diese Fragen deuten an, daß Reize wie Klima, Luftqualität und Lärm, die „Nebenkosten" für soziale Kontakte erhöhen. Sie beeinflussen das Wohlbefinden und damit auch eine wichtige Voraussetzung für soziale Interaktionen.

Schon Boissevain (1974) vermutete, daß das *Klima* in verschiedenen Kulturen als ein Faktor unter vielen anzusehen ist, der den Aufbau sozialer Netzwerke mitgestaltet. Niedrige Temperaturen minimierten zumindest das soziale Verhalten in Laborsituationen (Bell & Greene, 1982). Andererseits berichten Bell, Fischer und Loomis (1990) darüber, daß gerade in sehr kalten Wintern zu beobachten war, daß sich Menschen in besonderem Maße gegenseitig halfen. Es darf als sicher gelten, daß Außentemperaturen und Klimata das soziale Leben an freie Plätze oder aber an geschlossene Räume binden (vgl. z. B. Wellman, Carrington & Hall, 1988).

Soziale Interaktionen im Freien dürften auch von der Luftqualität (SO_2-Gehalt) abhängen (Gillwald, 1983). Wenn die *Qualität der Luft* zu wünschen übrig ließ, sank die Attraktivität sozialer Partner, waren Personen aggressiver gestimmt und wurde prosoziales Verhalten eher gehemmt (Evans, Jacobs & Frager, 1982). Auch übermäßig starker *Lärm* beeinträchtigte altruistisches Verhalten, minimierte beiläufige soziale Kontakte und stand im Zusammenhang mit einer höheren Rate an Delinquenz (Cohen & Weinstein, 1982).

Über eine starke *Situations- bzw. Platzgebundenheit* der Interaktionen mit bestimmten Mitgliedern des sozialen Netzwerks berichteten Wellman, Carrington und Hall (1988). Argyle und Furnham (1982) stellten im Rahmen von Zuordnungen von Personen auf verschiedene Situationen fest, daß nicht nur unterschiedliche Situationen mit der Familie, Arbeitskollegen und Freunden in Verbindung gebracht wurden, sondern daß die Spezifität der Person-Situations-Kombinationen in dem Maße abnahm, wie sich die sozialen Beziehungen in ihrer Qualität und in Hinsicht auf den sozialen Status der beteiligten Personen ähnlich gestalteten.

Auch *sozialräumliche und architektonische Verhältnisse* wurden als mögliche Determinanten von Merkmalen sozialer Netzwerke untersucht. Rowles (1983) kartographierte die *geographische Verteilung* der sozialen Unterstützung alter Menschen. Er wies nach, daß die Zahl der Hilfspotentiale abnahm, je größer die *Distanz* zwischen den Wohnungen war und je weniger verschiedene *Raumtypen* (z. B. Sichtkontakt, Gemeinde, Region) direkte soziale Kontakte zuließen. Die unmittelbare soziale Interaktion zwischen Verwandten wurde zwar seltener, je weiter sie entfernt wohnten, sie waren aber nicht unbedingt unregelmäßiger; die Häufigkeit telephonischer Kontakte veränderte sich kaum bei größer werdenden räumlichen Distanzen (Rossi & Rossi, 1991; Strohmeier, 1983). Greenbaum und Grenbaum (1985) konnten zeigen, daß nachbarschaftliche Beziehungen vor allem zu jenen Personen gepflegt wurden, die in Gebäuden mit direktem Sichtkontakt wohnten (vgl. hierzu auch Festinger, Schachter & Back 1952). Die Kenntnis von der familiären Situation von Nachbarn hing davon ab, wie entfernt diese Nachbarn jeweils residierten und in welcher Art von Bebauung sie lebten. An Verwandte erinnerte man sich um so weniger, je weiter sie entfernt waren (Sudman, 1988).

Cooperman (1977) konnte keine Einflüsse der *Bebauungsart* (Hochhäuser) auf Strukturen sozialer Netzwerke nachweisen (vgl. Duncan, 1976). Dagegen berichten Husaini, Moore und Castor (1991), daß ältere Menschen mit schwarzer Hautfarbe, die in für sie geplanten Hochhausgebieten wohnten, weniger sozial unterstützt wurden, zugleich belasteter, depressiver und auch somatisch kränker waren als vergleichbare Personen, die in Siedlungsgebieten lebten, die nicht für sie speziell vorgesehen waren, die deshalb unterschiedlich bebaut waren und die zugleich verschiedene Altersgrupppen beherbergten.

Moos und Igra (1980) stellten fest, daß die sozialen Beziehungen von Bewohnern in Altenheimen nicht unwesentlich vom mehr oder weniger vorhandenen *Komfort* mitgestaltet wurden. Universitäre Einrichtungen, die zu explorativem Verhalten anhielten, waren für die Entwicklung weniger verflochtener sozialer Netzwerke und für die Gestaltung von multiplexen und zugleich reziproken sozialen Beziehungen von Bedeutung (Perl & Trickett, 1988). Durch *architektonische Eigenschaften*, wie „Weichheit"(angenehmes Äußeres) und Ähnlichkeit mit häuslichen (normalisierten) Wohnbedingungen wurde die Häufigkeit sozialer Kontakte und intime Formen der sozialen Interaktion von Patienten in Institutionen in starkem Maße geprägt (vgl. hierzu Reizenstein, 1982; Zimring, Weitzer & Knight, 1982). Die Arrangements von Fluren und Stockwerken in Wohnheimen hatten Einfluß darauf, wie häufig sich Personen zurückzogen und wieviele freundschaftliche Bande entstehen konnten (vgl. z. B. Baum & Gatchel, 1981; Baum & Valins, 1977; Holahan, Wilcox, Burnham & Culler, 1978). Die Funktion solcher und anderer gemeinsamer, semi-privater Handlungs- und Aktivitätsräume hat Einfluß darauf, wieviel altruistisches Verhalten gezeigt wird und wieviele kollektive Schutzmaßnahmen als notwendig erachtet werden, um Wohngebiete sicher zu machen und um sie vor Vandalismus und Kriminalität zu bewahren (vgl. Korte, 1978; Krantz, 1985; Merry, 1987; Sampson & Groves, 1989; Yancey, 1971; Zimring, 1982).

Räumliche Nähe kann soziale Interaktionen nicht nur fördern, sondern erweist sich unter Verhältnissen sozial-räumlicher Dichte auch als hinderlich. Ist wenig Platz geboten und fehlen private Räume, so wird man überstimuliert und man hat wenig Möglichkeiten, sich sozial zurückzuziehen und selektiven sozialen Kontakt zu pflegen (vgl. Fleming, Baum & Singer, 1985; Fleming, Baum & Weiss, 1987; Holahan, 1986; Zimring 1982). Zugleich führen solche Bedingungen zu vermehrt aggressivem Verhalten und beeinträchtigen wiederum altruistisches bzw. kooperatives Handeln (vgl. z. B. Cox, Paulus, McCain & Karlovac, 1982; insgesamt Bell, Fischer & Loomis, 1990). In einer Untersuchung von Baldassare (1977) konnte jedoch keine Beziehungen zwischen der Massierung von Personen in Haushalten und unterschiedlichen Merkmalen sozialer Netzwerke nachgewiesen werden. Bei Warren (1981) zeigte sich sogar, daß eine höhere Populationsdichte in Gemeinden mit einem Mehrangebot an informellen Hilfen einherging.

Auch *Umweltveränderungen*, wie z. B. Übergänge in verschiedenen Lebensphasen, aber auch Wohnortwechsel oder Landschaftsgestaltungen nehmen Einfluß auf soziale Netzwerke. Sie lösen alte Netzwerkteile auf, geben ihnen neues Gewicht, produzieren sozial-räumliche Distanzen und führen zu qualitativen und strukturellen Anreicherungen, aber auch zu mehr Einsamkeit (vgl. z. B. Eckert, 1983; Fried, 1963; Marangoni & Ickes, 1989; Napier, Carter & Bryant, 1986). Einige Beispiele mögen dies verdeutlichen.

Studienanfänger, die von zu Hause wegzogen, hatten mit zunehmender Studiendauer im Vergleich zu „Pendlern" mehr neue Bekannte, weniger intime Kontakte und dichtere soziale Netzwerke (Hays & Oxley, 1986; Hirsch & Rapkin, 1987). Schulwechsel führten in einem nicht unerheblichen Maße zu einer begrenzt andauernden sozialen Isolation und Einsamkeit (Cutrona, 1982). Dramatische Veränderungen der sozialen Beziehungen durch unfreiwilligen *Umzug* sind schon in den frühen Arbeiten von Fried (1963) beschrieben worden. Sie konnten jedoch in anderen Untersuchungen nicht immer mit der gleichen Eindrücklichkeit nachgewiesen werden (vgl. Gerstein & Tesser, 1987; Lee & Whitbeck, 1987; Steinglass, Weisstub & Kaplan De-Nour, 1988). Kam es zu einem entsprechenden Wohnortwechsel innerhalb des gleichen Stadtgebietes, so waren Zusammenbrüche sozialer Netzwerke überhaupt nicht zu beobachten (vgl. Eckert 1983). Erfolgten solche Umzüge freiwillig, so ließen sich, im Längsschnitt betrachtet, phasenspezifisch unterschiedlich starke soziale Aktivitäten nachweisen (Hormuth, 1990). Starker (1990) stellte dabei fest, daß Angehörige der mittleren und höheren sozialen Schicht nach einem Umzug lange Zeit für den Umbau ihrer sozialen Netzwerke brauchten und selbst noch nach fünf bis sieben Monaten nur minimal sozial unterstützt waren.

Landschaftsveränderungen, wie z. B. die Herstellung eines künstlichen Sees, hatten keine sehr ausgeprägten (negativen) Folgen für die vorhandene soziale Beziehungsmuster (vgl. Napier, Carter & Bryant, 1986). Natürliche und technologisch bedingte *Umweltkatastrophen*, wie z. B. Reaktorunfälle und Überflutungen beeinträchtigten dagegen die sozialen Netzwerke der Betroffenen ganz erheblich. Das hat natürlich in erster Linie mit dem Verlust von Angehörigen zu tun. Allerdings spielen auch subjektive Faktoren eine Rolle. Kaniastasy, Norris und Murrell (1990) stellten z. B. fest, daß Opfer einer Flutkatastrophe nur durch Verwandte soviel sozial unterstützt wurden, wie sie es erwartet hatten. Es kommt hinzu, daß die sozialen Netzwerke von Betroffenen dadurch abgeschottet werden, indem diese Personen und ihr soziales Umfeld stigmatisiert und gemieden werden. Es bleibt aber auch festzuhalten, daß gravierende Umweltbeeinträchtigungen auch zu mehr solidarischem Verhalten führen können (vgl. Baum, 1987; Edelstein & Wandersman, 1987; Rohrmann, 1990).

Nach Maßgabe einer Reihe von Autoren haben globale Veränderungen, bedingt durch *kulturelle, soziale, ökologische und ökonomische Entwicklungen*, eine ungleich weiterreichende Bedeutung für soziale Netzwerke (Mackensen, 1985; Vliet & Burgers, 1987). Schon sehr früh ging man davon aus, daß die zunehmende *Urbanisierung* zu Entwicklungen führt, die man mit dem Verlust von Gemeinschaft und intensiven Bindungen in Zusammenhang brachte. So nahm Wirth (1938) an, daß sich die sozialen Beziehungen im Zuge gesellschaftlicher Differenzierungsprozesse immer mehr formalisieren und sich durch Prinzipien des Wettbewerbs und hohe Mobilität deformieren. Andere sahen in der zunehmenden Verstädterung eine Art von Überstimulation, die zu sozialem Rückzug und aversiven sozialen Interaktionen führen müßte (Milgram, 1970).

Die Ergebnisse zum Zusammenhang von Urbanisierung und verschiedenen Netzwerkcharakteristika stimmen weitgehend überein. Je städtischer die Lebensbedingungen waren, um so größer, multiplexer und entflochtener waren soziale Netzwerke. Die verschiedenen Netzwerkteile überlappten sich immer weniger und die sozialen Kontakte wurden seltener. Je urbaner sich das Leben gestaltete, um so kleiner wurde der Anteil von Verwandten und Nachbarn im sozialen Netzwerk und um so häufiger waren homogene oder subkulterelle soziale Muster vorzufinden (vgl. Antonucci, 1985; Fischer, 1982; Keupp, 1987, 1990; Mayr-Kleffel, 1991; Rivlin, 1987). Diese Ergebnisse erwiesen sich aber teilweise als abhängig von der Zugehörigkeit zu bestimmten sozialen Schichten und ethnischen Gruppen (vgl. z. B. Deng & Bonacich, 1991). In Hinsicht auf die Menge sozialer Unterstützung waren die Ergebnisse eher widersprüchlich (vgl. Antonucci 1985a). Oxley, Barrera und Sadalla (1981) wiesen nach, daß um so weniger sozial unterstützenden Potentiale angegeben wurden, je größer die Stadt war, in der die befragten Personen lebten. Fischer (1982) und auch Warren (1981) konnten dieses Ergebnis im großen und ganzen aber nicht bestätigen. Veroff, Kulka und Douvan (1981) stellten umgekehrt fest, daß auf dem Lande weniger Quellen der sozialen Unterstützung gegeben waren und auch weniger informelle und formelle Hilfen gesucht wurden[5].

---

[5] Aufgrund einer meta-analytischen Studie kann gelten, daß mit zunehmender Verstädterung, die Bereitschaft sinkt, anderen (fremden) Menschen zu helfen (Steblay, 1987).

Nicht nur aufgrund von Urbanisierungen, sondern auch durch weitere, damit zusammenhängende *globale Veränderungen*, bedingt durch Industrialisierung und Bürokratisierung, hat sich die Landnutzung und die sozial-räumliche Dichte verändert. Migration hat soziale Gefüge auf eine Weise heterogenisiert, daß man glaubte, dem durch homogene Wohngebiete begegnen zu müssen (vgl. Miller, 1990). Dieser Phase schloß sich eine an, in der sich die Sozietäten räumlich weit verteilten und zugleich verkleinerten. Subkulturen enstanden und befreiten das Individuum von herkömmlichen kulturellen Zwängen. Der kulturell geteilte Wert der inviduellen Freiheit bestärkte diese Entwicklung und begünstigte den Hang zur Privatheit, zum unverbindlichen Zusammenleben und zur selbst gewählten Isolation (Alcalay, 1983). Soziale Netzwerke wurden durch Dienstleistungsangebote mehr und mehr entlastet. So gelten z. B. Nachbarschaften durch die Erweiterung der Ladenöffnungszeiten als entfunktionalisiert (Rivlin, 1987). Genannt werden aber auch technologische Entwicklungen, wie das Telephon, das zum zweithäufigsten Kommunikationsmittel avanciert ist (Wellman, Carrington & Hall, 1988). Die Fortschritte im Bereich der Medizin, im Bereich von Scheidungsgesetzen und Veränderungen der Geschlechterrollen, haben dazu beigetragen, daß immer mehr Menschen alleine leben (House, Umberson & Landis, 1988). Durch immer größer werdende Distanzen zwischen der Wohnung und dem Arbeitsplatz wird das Zeitbudget für soziale Kontakte eingeengt, zugleich aber wieder durch mehr Freizeit zum Teil erheblich ausgeweitet (vgl. Sodeur, 1986; Vaux, 1988a).

Unabhängig von der Globalität des jeweils untersuchten Umweltbestandteils, muß die Frage gestellt werden, welchen Sinn eine isolierte Betrachtung einzelner Umweltteile macht. Diese Frage stellt sich besonders dann, wenn man Merkmale, wie die Größe von Städten allenfalls als Indikatoren für hoch komplexe Umwelten akzeptieren kann. Untersucht man z. B. den Einfluß von Urbanisierungsgraden auf soziale Netzwerke, so überprüft man letztlich mögliche Einwirkungen von Bebauungsarten, von sozialer Segregation oder von ökonomischen und kulturellen Infrastrukturen. Aufgrund der Studien von Strohmeier (1983) kann man annehmen, daß eine ins Detail gehende Betrachtung von urbanen Lebensbedingungen insbesondere dann einen hohen Erklärungswert bekommen kann, wenn die unmittelbaren Lebensräume von Personen oder sozialen Netzwerken erfaßt werden (Jessor, 1981; Repetti, 1987; Schubert, 1990; Wister, 1990). Strohmeier (1983) unterschied verschiedene Sozialraumtypen, indem er ihren sozialen Rang, den jeweiligen Familienstatus von Wohngebieten bestimmte und die unterschiedliche Art der Bebauung festhielt. Auf diese Weise konnte er die Frage besser beantworten, welche Umweltvariablen in welchem Ausmaß auf die Anzahl sozialer Kontakte zu Bekannten, Freunden und Nachbarn in einem Wohnviertel Einfluß nahmen.

Strohmeier (1983) beschrieb z. B. den folgenden Typus von Sozialraum: Homogene Unterschichtsquartiere mit gemischter Alterszusammensetzung, mit vielen Neubauten in peripherer Lage und dezentraler Mischbebauung, mit kinderreichen Familien und geringen außerhäuslichen beruflichen Belastungen der Mütter. In solchen Siedlungsgebieten war die soziale Integration in nachbarschaftliche Kontaktmuster äußerst gering. Die Wohndauer spielte dabei allerdings eine erhebliche Rolle. In Sozialraumtypen mit besserem sozialen Status, vornehmlich durch neuere Stadtbebauung geprägt und mit vielen berufstätigen Müttern, unterhalten Neuhinzugezogene ausgeprägte Nachbarschaftskontakte und pflegen „Alteingesessene" vornehmlich Verwandtschaftsbeziehungen (vgl. Rapoport, 1986). So einfache Bedingungen, wie verkürzte Zeitbudgets und Arbeitsbelastungen erklären oft mehr als die Art der Bebauung, wenn es z. B. um die Qualität und Menge nachbarschaftlicher Kontakte geht (Degnore, Feldman, Hilton, Love & Schearer, 1980).

Untersuchungen, die den Einfluß nur eines Merkmals von Umwelt auf soziale Netzwerke überprüfen, gehen meist auch von einer einseitigen und zugleich determinierenden *Wirkrichtung* aus (vgl. Boissevain, 1974). Eine Reihe von Überlegungen und Befunden spricht aber dafür, daß Einflußnahmen von Umweltbeständen auf Merkmale sozialer Netzwerke zumindest nicht aus einfachen biologisch-adaptiven oder behavioral-reaktiven Prozessen, sondern aus reflektierten, intentional gesteuerten, kollektiven oder individuellen Anpassungsleistungen bestehen. Solche Formen der Aneignung zeigen sich vor allem dann, wenn in unterschiedlichen Umwelten die Merkmale sozialer Netzwerke ähnlich gestaltet sind. Außerdem werden bestimmte Umwelten zum Teil freiwillig aufgesucht und bewohnt. Es ist davon auszugehen, daß verschiedene Umweltbestände nicht nur Zwang ausüben, sondern auch Handlungsmöglichkeiten vorgeben[6]. Um sie nutzen zu können, sind sowohl individuelle und kollektive Fertigkeiten notwendig.

Die Möglichkeiten, die urbane Lebensbedingungen bieten, fanden sich bei genauer Betrachtungsweise in den schon zitierten stadtsoziologischen Befunden zur Struktur sozialer Netzwerke. Sie gaben Anlaß dazu, nicht von einer verlorenen Gemeinschaft, sondern von einer befreiten Gemeinschaft zu sprechen (vgl. Keupp, 1990; Wellman, 1987; Wellman & Leighton, 1979)[7]. Die sozialen Netzwerke von Stadtmenschen, die weniger

---

[6] Diese Überlegungen werden in der stadtsoziologischen Forschung als „Constraint-Choice-Model" bezeichnet (vgl. Fischer, 1982).
[7] Schon Gans (1962) hatte Zweifel an der Auffassung, wonach Urbanisierungsprozesse determinativ wirken.

durch Verwandte definiert sind, deuten an, daß der normative Druck enger verwandschaftlicher Bande geringer geworden ist und somit Möglichkeiten für die freie Wahl sozialer Beziehungen geschaffen wurden. Die Tatsache, daß städtische soziale Netzwerke offener und entflochtener sind, kann man auch so werten, daß die Infrastruktur von Städten die Notwendigkeit von Solidargemeinschaften ländlicher Art überflüssig gemacht hat. Diese Interpretation wird durch den Befund von Fischer (1982) gestützt, wonach sich mit zunehmender Urbanisierung und zugleich abnehmender Dichte sozialer Netzwerke auch das subjektive Wohlbefinden der Bewohner steigerte. Die Befunde wiederum, wonach sich die sozialen Stützpotentiale in Stadt und Land nicht unterscheiden, sind so zu werten, daß der jeweils notwendige soziale Rückhalt adaptiv geschaffen wurde. Die geringe Multiplexität der sozialen Beziehungen und die „Schwäche" enger Bindungen spricht für die Reichhaltigkeit unterschiedlicher sozialer Beziehungen und für die größere Zugänglichkeit zu verschiedenen Ressourcen in städtischen Gebieten. Die Vielzahl der subkulturellen Zusammenschlüsse kann man als hergestellte Formen der kollektiven Bedürfnisbefriedigung auffassen. Solche Befunde und Überlegungen würden z. B. auch erklären, warum in Slumgebieten immer wieder relativ gute sozial-organisatorische Verhältnisse vorzufinden sind (vgl. Kasl, 1974). Untersuchungsergebnisse dieser Art können allerdings nicht darüber hinwegtäuschen, daß auch mit einer Vielzahl von sozial desintegrativen Wohngebieten zu rechnen ist. Dies ist insbesondere dann der Fall, wenn die (kollektiven) Handlungsmöglichkeiten eingeschränkt sind, wenn sich niemand mit den vorhandenen Lokalitäten identifizieren kann und wenn die sozial-räumliche Mobilität in solchen Gebieten sehr hoch ist (Warren, 1971, 1978, 1981; Warren & Warren, 1975).

Die Existenz von *finalen* Beziehungen sozialer Netzwerke zur Umwelt zeigt sich auch da, wo durch kollektive Leistungen soziale und Umweltprobleme bekämpft werden (Holahan & Wandersman, 1987; Saegert & Winkel, 1990). Franz (1986) ging davon aus, daß auch globale sozio-ökonomische Verhältnisse dadurch beeinflußbar sind, daß sich durch individuelle Formen der Pflege und des Aufbaus sozialer Netzwerke kollektive Strategien zur Veränderung gesellschaftlicher Rahmenbedingungen bilden können. Kollektive Leistungen dieser Art aber hängen davon ab, welche Bereitwilligkeit bei der einzelnen Person besteht, sich entsprechend zu beteiligen. Diese Bereitschaft wiederum ist mit der Frage verknüpft, wie der Einzelne mit seinem sozialen Netzwerk verbunden ist und wer ihn sozial unterstützt. Sowohl die Ressourcen als auch Einstellungen in sozialen Netzwerken spielen bei der Frage eine entscheidende Rolle, unter welchen Bedingungen sich einzelne Bürger bereitfinden, in Bürgerinitiativen und Protestbewegungen mitzumachen (Rohrmann, 1990).

So konnte man z. B. feststellen, daß vergleichsweise stärker sozial integrierte, lange ansässige Personen eher bereit waren, sich gegen Umweltgefährdungen zu wehren (vgl. Cook, 1983). Die Bereitwilligkeit, sich in Nachbarschaftsinitiativen zu engagieren, hing stark davon ab, wie ausgeprägt verschiedene nachbarschaftliche Aktivitäten waren (vgl. Unger & Wandersman, 1985). Die Bereitschaft, in Bürgerinitiativen und Selbsthilfegruppen nach Umweltkatastrophen mitzuarbeiten, war getragen vom Wunsch nach informeller Hilfe und kollektiver Macht. Sie sank jedoch, wenn soziale Unterstützung in der Familie abgerufen werden konnte (Edelstein & Wandersman, 1987).

Individuelle oder kollektive Anpassungsleistungen und Veränderungen von Umwelt sind nur möglich, wenn man von der Existenz bestimmter individueller oder gar ökologischer *Kompetenzen* ausgeht (vgl. Fischer, 1982; Goeppinger & Baglioni, 1985; Strohmeier 1983). Individuelle (soziale) Fertigkeiten oder das kollektive Handlungsvermögen von Familien oder sozialen Netzwerken entscheiden mit darüber, wie mit den sozialen und anderen Ressourcen jeweils umzugehen ist, die Umweltbereiche bereitstellen.

Viele Untersuchungen haben deutlich gemacht, daß mit der unmittelbaren Wirkung von Umwelt auf individuelles Befinden deshalb nicht zu rechnen ist, weil subjektive Kategorien diese Wirkung erheblich modifizieren können. Insbesondere die jeweils wahrgenomme Kontrolle von Umweltreizen, aber auch Vergleichsniveaus bei der Beurteilung von Umweltbeständen erwiesen sich immer wieder, etwa bei der Wirkung von sozialräumlicher Dichte, als entscheidende vermittelnde Variablen (vgl. z. B. Fleming, Baum & Weiss, 1987; Fischer & Stephan, 1990; Wohlwill, 1990). Aber auch andere Personmerkmale, wie z. B. Alter oder Geschlecht, können die Beziehung zwischen Umwelt und sozialen Netzwerken verändern (s.o.). So konnte z. B. gezeigt werden, daß ältere und ärmere Menschen die räumlichen Distanzen in größeren Städten vergleichsweise schlechter überwinden konnten, um ihre sozialen Beziehungen zu pflegen. Dementsprechend waren ihre sozialen Netzwerke kleiner, die Zahl Nichtverwandter geringer und die Menge sozialer Unterstützung eingeschränkter (vgl. Fischer, 1982, Fischer et al., 1977; Wenger, 1984).

Nicht zuletzt haben *Person-Umwelt-Passungen* einen Einfluß auf die Beziehung zwischen bestimmten Umweltbeständen und Merkmalen sozialer Netzwerke. Person-Umwelt-Passungen sind dann gegeben, wenn das Verhältnis zwischen Personen und Umwelt so gestaltet ist, daß die von der Umwelt gebotenen Handlungsmöglichkeiten und Anforderungen den Handlungsvoraussetzungen und Bedürfnissen von Personen entsprechen. Stimmt dieses Verhältnis nicht, so dürfte u.a. auch die Pflege sozialer Netzwerke mehr oder weniger schwer fallen.

Holahan und Wilcox (1978) stellten fest, daß Studenten, die über weniger soziale Fertigkeiten verfügten, in großen Wohnheimen mehr Freundschaften besaßen als in kleinen Wohnheimen. Dagegen hatten sozial kompetente Studenten in kleinen Wohnheimen mehr Freundschaftsbeziehungen.

In einer Längsschnittsstudie konnten Perl und Trickett (1988) nachweisen, daß Personen besonders dann reziproke soziale Beziehungen entwickelten, wenn sie eine Vorliebe für exploratives Verhalten hatten und wenn universitäre Wohneinrichtungen zugleich ein Klima besaßen, das ein solches Verhalten förderte. Entsprach das Wohnklima den Vorstellungen zur Wohnqualität, die auch andere Personen hatten, so wurde vergleichsweise mehr Hilfe gesucht mit der Folge, daß die befragten Personen weniger belastet waren (Tracey, Sherry & Keitel, 1986).

Leider liegen keine Untersuchungen vor, welche danach gefragt haben, ob es zwischen sozialen Netzwerken und z. B. physikalischer Umwelt vergleichbare Passungen gibt. Man kann Forschungsergebnisse, wonach sich Personen in sozial homogenen Wohngebieten vergleichsweise wohler fühlen, sich auch mehr mit ihrer Umgebung identifizieren, gemeinsame Settings mehr nutzen, auch untereinander mehr kommunizieren und über dichtere soziale Netzwerke verfügen, als einen Hinweis auf solche *Umwelt-Netzwerk-Passungen* werten (vgl. Chapman & Beaudet, 1983; Miller, 1990; Rapoport, 1986; Sodeur, 1986; Stokols, 1981). Noch deutlicher wurden solche Umwelt-Netzwerk-Passungen beim Vergleich von isolierten und sozial integrierten Familien in ihren jeweiligen Wohngebieten (Strohmeier, 1983). Die isolierten Familien ließen sich im Rahmen einer Diskriminanzanalyse unter anderem auch durch die sozialen Beziehungen innerhalb versus außerhalb des Wohnviertels durch die Wohndauer, den sozialen Status des Wohngebietes, durch die sozial-räumliche Mobilität, Qualität der Wohnverhältnisse und Alter bzw. städtische Lage der Bebauung unterscheiden.

Insgesamt ist das Verhältnis von sozialen Netzwerken und verschiedenen Arten von Umwelt noch nicht hinreichend genau bestimmt. Man kann zwar davon ausgehen, daß sowohl biologisch-adaptive als auch finale Beziehungsformen dieses Verhältnis prägen, jedoch sind die Grenzen und Übergänge beider Beziehungsformen noch nicht deutlich geworden. Die kulturellen, historischen und zivilisationstheoretischen Überlegungen, wie sich Umwelt und soziale Netzwerke aufeinander beziehen, können nur mit Mühen empirisch belegt werden. Auf gesicherterem Boden dagegen bewegen sich all jene Studien, die sich speziell mit der Frage beschäftigt haben, welche Rolle soziale Netzwerke bzw. soziale Unterstützungen bei der Bewältigung von Umweltstressoren spielen. Dabei erhalten soziale Netzwerke den schon bekannnten Status eines Vermittlers zwischen Individuum und Umwelt.

7.3. Umweltbelastung und soziale Unterstützung

Die Bedeutung von sozialen Netzwerken und insbesondere von sozialen Unterstützungen bei der Verarbeitung von psychosozialen Stressoren wurde ausführlich diskutiert (vgl. Kapitel 4). Im folgenden geht es ergänzend um die Frage, ob auch die Bewältigung von Umweltbelastungen, wie die durch sozial-räumliche Dichte, Umweltkatastrophen, negative Wohnverhältnisse und Wohnungswechsel, besser gelingt, wenn hinreichend informelle Hilfen geboten werden (vgl. Schönpflug, 1990).

Epstein (1982) stellte aufgrund verschiedener Untersuchungen zusammenfassend fest, daß die negativen Effekte *sozial-räumlicher Dichte* durch eine kooperative Atmosphäre gelindert werden können. Baum, Gatchel, Aiello und Thompson (1981) wiesen nach, daß sozial-räumliche Dichte von Personen besser ertragen wurden, deren Bewältigungstrategien sozialer Art waren. Sozial-räumlich dichte Verhältnisse bieten möglicherweise nicht nur mehr informellen Hilfen an, weil mehr Personen zu erreichen sind, sondern sie werden vielleicht auch kollektiv aktiviert, um mit beengten Lebensverhältnissen besser zurechtzukommen. Andererseits gehen Evans, Palsane, Lepore und Martin (1988) davon aus, daß sich die sozialräumliche Dichte ungünstig auf soziale Netzwerke auswirken und sich darüber auch die Entwicklung psychischer Störungen erklären ließe.

Auf die Bedeutung sozialer Netzwerke zur Verarbeitung schlechter *Wohnbedingungen* weist die Studie von Earls und Nelson (1988) hin. Psychiatrische Patienten waren weniger negativ gestimmt, wenn die Wohnbedingungen zwar als sehr belastend erlebt wurden, jedoch ihre sozialen Netzwerke groß waren. Umgekehrt konnten Kasl, Will, White und Marcuse (1982) zeigen, daß sich die negativen Einflüsse schlechter Wohnbedingungen auf die psychische Gesundheit dann besonders ungünstig auswirkten, wenn viele freund- und nachbarschaftliche Kontakte gegeben waren. Dieser Befund wurde von den Autoren so interpretiert, daß die häufigen sozialen Kontakte die schon vulnerablen Personen zusätzlich belastet haben; möglicherweise auch deshalb, weil sie aversiv waren. Williamson (1981) konnte immerhin nachweisen, daß Hochhäuser dann als anonym empfunden wurden, wenn die nachbarschaftlichen und sonstigen Kontakte negativ getönt waren. Caspi, Bolger und Eckenrode (1986) fanden, daß sich „Daily Hassles" um so ungünstiger auswirkten, je chronischer die Belastungen durch die Nachbarschaft waren. Informelle Hilfen dagegen minderten zeitlich verzögert den negativen Einfluß alltäglicher Ärgernisse.

Eckert (1983) zeigte, daß der *unfreiwillige Umzug* armer, alter Menschen innerhalb des gleichen Stadtareals zu keinen negativen gesundheitlichen Folgen führte, wenn sie entsprechend entlohnt wurden und die sozialen

Netzwerke der Betroffenen intakt blieben. Mußten Menschen aus ihren Ursprungsländern flüchten, so führte dies zu erheblichen Beeinträchtigungen, wenn nicht hinreichend soziale Unterstützungen geboten wurden (Beiser, 1988). Ähnliches wissen auch Raviv, Keinan, Abazon und Raviv (1990) für Jugendliche zu berichten, die insbesondere dann litten, wenn sie in eine neue Stadt umzogen und wenn sie wenig informelle Hilfen in verschiedenen sozialen Kontexten abrufen konnten bzw. wenig familiär unterstützt wurden.

Recht viele Studien zur Bedeutung sozialer Netzwerke und sozialer Unterstützung bei der Verarbeitung von *technisch bedingten Umweltkatastrophen* wurden im Kontext des Reaktorunfalls von Harrisburg durchgeführt. Fleming, Baum, Gisriel und Gatchel (1982) stellten fest, daß Personen, die in der Nähe des Reaktors wohnten, im Vergleich zu Kontrollgruppen, wesentlich belasteter waren. Jene Personen aber, die sozial unterstützt wurden, waren leistungsfähiger und zeigten deutlich weniger Anzeichen für psychische Störungen (vgl. Dew, Bromet & Schulberg, 1987; Fleming, Baum, Gisriel & Gatchel, 1985; dagegen Solomon, 1986). Psychiatrische Patienten waren durch den Unfall dann besonders stark beeinträchtigt, wenn sie ihre sozialen Netzwerke als unvorteilhaft beurteilten (Bromet, Schulberg & Dunn, 1982). Speziell Kinder, die durch den Unfall von Harrisburg belastet waren und die wenig sozial unterstützt wurden, hatten hohe Symptomraten und Selbstwertprobleme (Bromet, Hough & Connell, 1984). Cleary und Houts (1984) stellten allerdings fest, daß die Zahl der Freunde negativ, das partizipative und affiliative Verhalten jedoch positiv mit den durch den Unfall ausgelösten Streßreaktionen im Zusammenhang stand. Dies kann als Hinweis darauf gewertet werden, daß bestimmte soziale Kontakte eher emotionalisierten und zusätzliche Ängste hervorriefen anstatt zu beruhigen.

Auch wenn es galt, die Folgen von *natürlichen Katastrophen* zu verarbeiten, erwiesen sich informelle Hilfen als nützlich. So konnten Madakasira und O'Brien (1987) berichten, daß Personen, die in einen Tornado gekommen waren, dann besonders viele Symptome des posttraumatischen Streßsyndroms entwickelten, wenn sie sozial wenig unterstützt wurden. Solomon, Smith, Robins und Fischbach (1987) fanden aber bei Frauen, die aufgrund einer Flutkatastrophe unter möglichen Dioxinvergiftungen zu leiden hatten, auch dann über vergleichsweise mehr somatische Symptome berichteten, wenn die partnerschaftlichen Beziehungen als gut bezeichnet wurden. Dieses Ergebnis wurde aber auf die Tatsache zurückgeführt, daß diese Frauen zusätzlich dadurch belastet waren, daß von ihnen soziale Unterstützungen erwartet wurden. Außerdem muß damit gerechnet werden, daß informelle Hilfen nur in „kritischen" Phasen der Belastung durch

Umweltkatastrophen salutogen wirken. Cook und Bickman (1990) fanden, daß soziale Unterstützungen weder kurz nach einer Flutkatstrophe (nach einer Woche) noch drei Monate später mit Angst, Depression und somatischen Symptomatiken korrelierten. In der Zeit von etwa vier Wochen nach der Katastrophe ließen sich eindeutige Zusammenhänge nachweisen.

Insgesamt haben sich soziale Netzwerke und informelle Hilfen also auch bei der Bewältigung von Umweltbelastungen als bedeutsame Ressourcen ausgewiesen. Neue Einsichten zur Wirkung sozialer Unterstützung konnten aber nicht gewonnen werden. Vielmehr bleibt zu hoffen, daß die Überlegungen zur Frage, wie sich individuelle und soziale Formen der Streßbewältigung miteinander verbinden, auch innerhalb der Umweltpsychologie in Zukunft mehr Beachtung finden. Doch insgesamt führt die umweltpsychologische Betrachtung sozialer Netzwerke, trotz aller Forschungsdefizite, zu einer Reihe von wichtigen Feststellungen: Soziale Netzwerke stellen keine isolierten Größen dar, sondern sie sind auf vielfache Weise in verschiedene Umwelten eingebettet. Sie sind mehr oder weniger auch als sozio-physikalische Einheiten mit kulturell bedeutsamen Symbolcharakter wahrnehmbar. In hierarchisch gliederbarer Umwelt gelten sie als wesentliches verknüpfendes Moment. Zugleich sind sie Ressourcen in dynamisch konzeptualisierten ökologischen Systemen.

Diese Betrachtung führt die psychologische Netzwerkforschung wieder zurück zu einer Sicht, die soziale Beziehungsmuster mehr als Kontext und transindividuell bedeutsame Umwelt begreift. Damit bietet sie auch wieder die Chance, soziale Netzwerke und ihre Kontexte in strukturalistische Kategorien einzuordnen. Dadurch werden auch die ursprünglichen gedanklichen Gehalte des Netzwerkkonzepts revitalisiert und zugleich in einen deutlicheren ökologischen Zusammenhang gebracht als dies historisch betrachtet der Fall war.

Im Kontext umweltpsychologischer Betrachtungen wird das Verhältnis zwischen Person, sozialem Netzwerk und anderen Umweltkontexten psychologisch-theoretisch auf vielfältige Weise analysiert. (Kollektive) Wahrnehmungen von und Handlungen in sozialer und physikalische Umwelt werden sowohl in reaktiv-behavioralen als auch in finale Kategorien gefaßt. Voraussetzung für kollektives Handeln in Hinsicht auf physikalische, soziophysikalische oder auch nur soziale Umwelt ist ein mehr oder weniger kulturell geteiltes, von Individuen getragenes Verständnis von Umwelt. Über welche Bestandteile dieses Verständnis gerade im Hinblick auf soziale Netzwerke verfügt, und wie es sich aufbaut, diese Fragen sind vielleicht bislang auch im Kontext der umweltpsychologisch geprägten sozialen Netzwerkforschung am wenigstens beantwortet worden.

8. Handlungstheoretische und kognitive Analyse sozialer Netzwerke

Soziale Netzwerke unter einer kognitiven Perspektive analysieren zu wollen, dieser Wunsch wurde nicht nur durch umweltpsychologische Betrachtungen nahegelegt. Ein solcher Blickwinkel bietet sich schon deshalb an, weil damit auch an der Tradition der kognitiven Rekonstruktion von sozialen Beziehungen angeknüpft werden kann, die, wie wir wissen, einen nicht unwesentlichen Einfluß auf die Entwicklung des Netzwerkkonzepts ausgeübt hat (vgl. Kapitel 2). Auch die Kritik an der Bedeutungslosigkeit von Merkmalen sozialer Netzwerke, wie sie aus symbolisch-interaktionistischer Sicht formuliert wurde, läßt nicht nur in der Psychologie danach fragen, welche subjektiven und zugleich kollektiv geteilten Repräsentationen von sozialen Netzwerken existieren. Außerdem sind auch die Erfahrungen im Umgang mit der Zuverlässigkeit und Validität der Analyse sozialer Netzwerke Anlaß dafür, sich für jene Wertmaßstäbe und ihre Bedingungen zu interessieren, welche bislang für die Fehlervarianz entsprechender Daten verantwortlich gemacht wurden.

Die *Entwicklung einer kognitiven Netzwerkanalyse* wurde schon durch die Ergebnisse der frühen Arbeiten von DeSoto (1960) vorbereitet. Dieser konnte im Gefolge von Heiders (1958) Balancekonzept nachweisen, daß Informationen über symmetrische, transitive und vollständige soziale Beziehungen schneller erlernt werden als über intransitive bzw. assymmetrische und intransitive. Eine Vielzahl von Folgearbeiten läßt den Schluß zu, daß kognitiv stimmige soziale Beziehungsmuster besser behalten und wieder erinnert werden. So wurden auch soziale Beziehungen, die leicht in genealogische Muster eingeordnet werden können, besser reproduziert (vgl. insgesamt Crockett 1982; Hastie, Park & Weber, 1984). Untersuchungen zur Wahrnehmung sozialen Handelns und sozialer Gruppen haben zudem deutlich gemacht, daß, von den Charakteristika einzelner Personen losgelöst, allgemeine Eigenschaften von Verhalten und sozialen Gefügen abstrahiert und entsprechend kognitiv repräsentiert werden (Freeman & Romney, 1987; Wyer & Gordon, 1984). Diese Ergebnisse sprechen insgesamt für die Annahme, daß auch subjektive Repräsentationen von Merkmalen sozialer Netzwerke den Prinzipien einer kognitiven Ökonomie und auch einer kulturell geprägten begrifflichen Gebrauchswelt gehorchen.

Fine und Kleinman (1983) befanden auf der Grundlage *symbolisch-interaktionistischer Betrachtungen*, daß die üblicherweise bei der Analyse sozialer Netzwerke genutzten Merkmale zu deskriptiv seien und deshalb wenig von dem abbilden würden, was das kollektiv geteilte, kulturelle Verständnis vom informellen sozialen Leben ausmacht. Wolle man die Bedeutung von Merkmalen sozialer Netzwerke erkennen, so könne man sich nicht nur auf einzelne soziale Relationen, wie z. B. Freundschaften, konzentrieren. Vielmehr gelte es, sich *„auf die Vorstellungen einer Person in Hinsicht auf das soziale Netzwerk als Ganzes (oder in bezug auf bedeutungsvolle Segmente) – als soziale Gestalt oder als kognitive Landkarte der sozialen Beziehungen zu beziehen"* (S. 102; ü.v.V.). Auch Bien (1980) erinnerte daran, daß zumindest die Elemente sozialer Netzwerke kognizierte Größen sind und daß wohl jede Person eine Vorstellung von ihrem sozialem Umfeld und der Position hat, die sie jeweils einnimmt (vgl. Burt, 1982; Jones & Young, 1972).

Eine Reihe von *Studien zur Validität und Reliabilität von Methoden der Netzwerkanalyse* wies nach, daß die Angaben von Personen zu Merkmalen sozialer Netzwerke, wie z. B. zur Größe, Kontakthäufigkeit oder zur Einseitigkeit des Austauschs informeller Hilfen, aber auch Zuordnungen zu bestimmten Clustern, nur wenig mit den objektiven Gegebenheiten übereinstimmten (Bernard, Killworth, Kronenfeld & Sailer, 1984; Freeman, 1990, 1991; Marsden, 1990; Milardo, 1989). Vergleichbare Ergebnisse zeigten sich auch im klinisch-psychologischen Bereich (s.u.). Doch damit begründete u.a. Krackhardt (1987) nicht nur die Forderung, nach den Fehlerquellen zu suchen, sondern er wollte sie zugleich als Ausgangspunkt für die Entwicklung einer Theorie der kognitiven Strukturen sozialer Netzwerke nutzen. Dabei gilt es, die individuellen und vielleicht auch kulturell geteilten Wertmaßstäbe kennenzulernen, die für die „verzerrte" Wiedergabe von Eigenschaften sozialer Netzwerke verantwortlich zu machen sind.

Auch Milardo (1989) vermutete, daß die von ihm festgestellte geringe Übereinstimmung zwischen der Wahrnehmung des potentiell möglichen und tatsächlichen Austauschs informeller Hilfen in sozialen Netzwerken mit unterschiedlichen Vorstellungen von Personen in bezug auf ihre jeweilige Funktion und Bedeutung verbunden war. Es zeigte sich auch, daß die Genauigkeit von Angaben zur Häufigkeit informeller Hilfen davon abhing, wie ausgeprägt sie im Sinne von verschiedenen Arten der sozialen Bindung erlebt werden (Cutrona, 1986a; Kirmeyer & Lin, 1987). Es scheint eine

Neigung zu geben, den Austausch informeller Hilfen immer einseitig zu erleben, und zwar dahingehend, daß man glaubt mehr zu geben als zu bekommen (vgl. Antonucci & Israel, 1986; Rossi & Rossi, 1990). Insgesamt deutet sich an, daß die Urteile über Merkmale sozialer Netzwerke um so inkonsistenter werden, je mehr sie bewertet werden und je weniger sie in reinen quantitativen Angaben bestehen (vgl. Schwarzenbacher & Baumann, 1990). Es ist zudem zu vermuten, daß auch jene, üblicherweise in der sozialen Kognitionsforschung erforschten Urteilstendenzen, ebenfalls zur verzerrten Beurteilung von Merkmalen sozialer Netzwerke beitragen. So ist auch mit Primacy- und Recency-Effekten und mit Stimmungseinflüssen zu rechnen (vgl. z. B. Black, Galambos & Read, 1984; Bierhoff, 1988; Procadino & Heller 1983; Snyder & Ickes, 1985). Nach Duck, Pond und Leatham (1991) werden z. B. soziale Interaktionen um so wertloser eingeschätzt, je weiter sie zurückliegen.

Neben solchen individuellen Faktoren beeinflussen auch *kontextuelle Bedingungen* die Sorgfältigkeit der Angaben zu Merkmalen sozialer Netzwerke. Wir denken dabei weniger an Einflüsse, wie sie üblicherweise in der sozialen Kognitionsforschung bei der Darbietung sozialer Stimuli untersucht wurden (vgl. Wyer & Srull, 1984, 1986). In unserem Zusammenhang erscheinen uns die Hinweise bedeutsamer, wonach die Beurteilung sozialer Strukturen und ihre kognitive Repräsentation von Netzwerkmerkmalen abhängen (vgl. z. B. Ward & Reingan, 1990)[1]. Die Präzision der Wahrnehmung von Merkmalen sozialer Netzwerke wird vor allem von relationalen Eigenschaften, wie z. B. vom Verhältnis des Wahrnehmenden zu seinem sozialen Netzwerk, mitbestimmt. Die Größe eines Netzwerks wurde um so treffender wahrgenommen, je mehr reziproke soziale Beziehungen vorlagen (vgl. Hammer, 1985). Die Berichte über das Verhalten in Gruppen wurden um so stimmiger, je häufiger sozial interagiert wurde (Romney & Faust, 1982). Freeman und Romney (1987) stellten fest, daß die Angaben zur Anwesenheit bestimmter Personen in einem universitären Setting um so gewissenhafter waren, je mehr diese Personen zu den stabilen Teilen des Settings gehörten. Die Übereinstimmung von Urteilen zur Ähnlichkeit von Personen in sozialen Netzwerken hing vom sozialen Status des jeweils Befragten ab (Boster, Johnson & Weller, 1987). Stimmte die individuelle Rate erinnerter sozialer Interaktionen mit dem Mittelwert der im sozialen Netzwerk Befragten überein, so war die Genauigkeit der Berichte ver-

---

[1] Da bislang kaum handlungsorientierte Kognitionen zu sozialen Netzwerken erhoben wurden, fällt es schwer mit Hammer (1985) die Behauptung zu stützen, daß Kognitionen von Merkmalen sozialer Netzwerke und ihre quasi-objektiven Pendants in einem reziproken Verhältnis stehen.

gleichsweise größer (Romney & Weller, 1984). Hinweise aus dem Bereich von Untersuchungen zur Wahrnehmung von Innen- versus Außengruppen deuten darauf hin, daß Personen jene Netzwerkteile, mit denen sie stärker verknüpft sind, homogener wahrnehmen als sie sind (vgl. Wilder, 1986). Sudman (1988) ließ die Zahl der Familienmitglieder und die der Interaktionen mit Nachbarn einschätzen. Die Genauigkeit der Berichte nahm mit zunehmender Kontakt- und räumlicher Dichte zu und mit der Größe der Bebauungstypen ab.

Verschiedene Untersuchungen aber deuten darauf hin, daß Angaben zu Merkmalen sozialer Netzwerke insgesamt genauer sein dürften, als vielfach angenommen. Hammer (1985) fand, daß ein eher kurvenlinearer Zusammenhang zwischen der eingeschätzten und tatsächlichen Interaktionshäufigkeit bestand. Daraus ist zu schließen, daß Personen dazu neigen, mittlere Werte anzugeben. Solche Werte aber beruhen möglicherweise auf Erfahrungen, die über längere Zeiträume gewonnen wurden, als dies im Rahmen von Forschungsarbeiten etwa zur Kontaktfrequenz einzelner Mitglieder von sozialen Netzwerken möglich ist. Insofern kann diese kognitive Arithmetik durchaus exakt sein; vor allem ist sie aber von praktischem Nutzen, wenn es gilt die Häufigkeit sozialer Kontakte im Alltag vorherzusagen. Tatsächlich kamen Freeman, Freeman und Michaelson (1988) aufgrund von Langzeitbeobachtungen zum Schluß, daß sich fehlerhafte Angaben aus zu kurzen Beobachtungszeiten der Forscher ableiten lassen. Die Autoren stellten fest, daß der Alltagsmensch dazu neigt, langfristig gültige und damit auch zugleich exakte kognitive Ordnungsmuster von sozialen Interaktionen zu bilden. Urteile zu Merkmalen sozialer Netzwerke werden auch dann präziser, wenn zuverlässige Maßstäbe geboten oder genutzt werden. So stellte Sudman (1985) fest, daß die Größe sozialer Netzwerke dann genauer eingeschätzt wurde, wenn man zuerst nach den engen Freunden und dann nach Bekanntschaften fragte. Wenn Personen die Bedeutsamkeit ihrer Interaktionen werten mußten, hatte dies allerdings keinen Einfluß auf die Genauigkeit der Angaben zur Häufigkeit sozialer Interaktionen (vgl. Bernard et al., 1984).

Die kognitive und zugleich handlungstheoretische Analyse sozialer Netzwerke drängt sich im Kontext der Psychologie vor allem auch deshalb auf, weil die Untersuchung des Meta-Konstrukts „soziale Unterstützung" ergab, daß zwar die *subjektive Wertung* von Merkmalen sozialer Netzwerke als äußerst bedeutsam einzuschätzen ist, ihre kognitiven Grundlagen jedoch so gut wie unbekannt sind. Zudem haben die in diesem Kontext entwickelten Überlegungen zu einer sozialen Streßbewältigung eine kognitive Analyse der Prozesse vorbereitet, die im Umgang mit sozialen Netzwerken eine Rolle spielen. Informelle Hilfen waren in diesem Kontext u.a.

nützliche Handlungsmittel, um Belastungen und Handlungsmöglichkeiten einschätzen zu können. Damit wurde letztlich ein Spezialfall von kognitionspsychologisch faßbarem, sozialen Handeln angesprochen und der Puffereffekt sozialer Unterstützung konnte zum Ergebnis eines hoch komplexen, kognitiv gesteuerten Prozesses avancieren. Auch im Rahmen von Versuchen, soziale Unterstützung sozial-interaktiv zu rekonzeptualisieren, wurden erste Ansätze deutlich, die den Umgang mit sozialen Netzwerken als ein *regelgeleitetes* soziales Handeln begreifen (Cutrona, Suhr & MacFarlane, 1990).

Die kognitive Analyse sozialer Netzwerke wurde außerdem durch die begrenzten Erfahrungen vorbereitet, die man im Kontext *persönlichkeitspsychologischer* Bemühungen gewonnen hatte. Untersuchungen zur Bedeutung von Persönlichkeitseigenschaften für Merkmale sozialer Netzwerke ließen trotz aller Erwartungen die Frage weitgehend offen, auf welche Weise sie den Umgang mit diesen Merkmalen gestalten (Baumann, 1987; Coyne & DeLongis, 1986; Schwarzer & Leppin, 1989b). Viele der untersuchten Persönlichkeitsmerkmale waren wenig auf das Konzept des sozialen Netzwerks bezogen; sie beschrieben meist allgemeine Wahrnehmungshaltungen, Orientierungen und Formen, wie soziale Netzwerke genutzt werden. Obwohl innerhalb der Persönlichkeitspsychologie sozialkognitive Strukturen und Prozesse als spezifische Kategorien wieder entdeckt wurden, können wir die Frage nicht beantworten, welche relativ stabilen, für soziale Netzwerke relevanten Wahrnehmungs- und Handlungsgrundlagen auch zur Unterscheidung von Personen herangezogen werden könnten.

Die Bedeutung eines kognitionspsychologischen Zugangs zu sozialen Netzwerken wurde insgesamt von mehreren Autoren erkannt. Die kognitive Analyse sozialer Netzwerke wurde jedoch vor allem propagiert und weniger zur Grundlage für entsprechende Forschungsbemühungen gemacht. Im Rahmen einer Vielfalt von Hinweisen, welche Beiträge die Sozialpsychologie für die soziale Unterstützungsforschung leisten kann, schlägt z. B. Gottlieb (1983a) vor, prosoziales Verhalten kognitiv zu analysieren, um damit die Voraussetzungen für den Aufbau sozial unterstützender Potentiale kennenlernen zu können (vgl. auch Fincham & Bradbury, 1990; Jong-Gierveld, 1989; Sarason, Sarason & Pierce, 1990; Sarason, et al. 1991). Dunkel-Schetter und Bennett (1990) sahen schon in der Unterscheidung von erhaltbaren und angebotenen bzw. genutzten informellen Hilfen eine entscheidende kognitionspsychologische Differenzierung. Die Autoren vertraten die Ansicht, daß die Wahrnehmung informeller Hilfen von bestimmten Erwartungshaltungen geprägt und das Angebot an sozialen Unterstützungen von kognitiven Haltungen gesteuert sei. Andere Autoren forderten, daß die Bedeutungsgehalte von Einsamkeit auch mit Hilfe von Tiefenanalysen und phänomenologischen Methoden zu rekonstruieren seien (Stokes, 1987; Weiss, 1987).

Aussagen dieser Art, kann man allenfalls als Startsignal für eine kognitiv und handlungstheoretisch orientierte soziale Unterstützungs- und Netzwerkforschung akzeptieren. Psychologische Theorien und auch Befunde zur Untersuchung von sozialen Kognitionen bieten weitaus mehr Möglichkeiten, als diese Aussagen auch nur erahnen lassen. Dies wird im folgenden sowohl im Kontext eigener theoretischer Überlegungen zur Wahrnehmung und zum Handeln in sozialen Netzwerken verdeutlicht als auch anhand einiger erster Untersuchungen veranschaulicht werden.

8.1. Ansätze und rahmentheoretische Überlegungen

Soziale Kognitionsforschung hat sich mit sehr vielfältigen Arten von sozialen Gegenständen beschäftigt. Diese Art der Forschung will wissen, *„wie Menschen ihre soziale Welt wahrnehmen"* (Taylor, 1981, S. 190; ü. v. V.). Zu dieser Welt gehören u. a. soziale Handlungen, andere Personen, Beziehungen von Personen zu bestimmten Aktivitäten; soziale Situationen, Episoden, das Selbst, soziale Gruppen und Beziehungen[2]. Wie diese Welt wissenschaftlich erschlossen werden sollte, macht ein Zitat von Duck (1991) deutlich: *„Meiner Ansicht nach können wir auf dem Gebiet sozialer Beziehungen mehr Varianz aufklären, wenn wir mehr den persönlichen Bedeutungsgehalten Aufmerksamkeit schenken, die Personen den Zeichen und Symbolen zuordnen, welche auch andere wahrnehmen oder die Individuen in dyadischen Bedeutungssystemen schaffen oder aushandeln"* (S. 4. ü. v. V.). Interessanterweise aber sind innerhalb einer so orientierten sozialen Kognitionsforschung vergleichsweise wenig theoretische Ansätze und Studien bekannt, die sich im engeren Sinne mit den Kognitionen in bezug auf Merkmale sozialer Netzwerke befaßt haben. Inwieweit dies u. a. damit zu tun hat, daß soziale Netzwerke im Gegensatz zu allen bislang in der sozialen Kognitionsforschung untersuchten Gegenstandsbereichen am weitesten von alltäglichen und kulturell geteilten Begriffswelten entfernt sind, oder inwieweit dies durch die Komplexität dieses Gegenstandsbereichs bedingt ist, diese Frage kann noch nicht beantwortet werden. Trotz dieser Einschränkung lassen sich jedoch einige allgemeine rahmentheore-

---

[2] Vgl. z. B. Cantor und Kihlstrom (1987, 1989), Cantor und Zirkes (1990), Fiedler und Forgas (1988), Fiske und Taylor (1991), Higgins und Bargh (1987), Sherman, Judd und Park (1989), Snyder und Smith (1986), Wyer und Srull (1984, 1986, 1990).

tische Überlegungen für eine kognitive Perspektive der sozialen Netzwerk- und Unterstützungsforschung formulieren.

Grundsätzlich ist im Kontext einer solchen Perspektive die Bedeutung von sozialen Netzwerken und der Umgang mit diesen sozialen Gefügen mit den *Grundannahmen eines kognitiven Paradigmas* verknüpft (vgl. Landman & Manis, 1983). Nach den Kernaussagen dieses Paradigmas stellen Personen informationsverarbeitende Systeme dar. Strukturen und Prozesse innerhalb dieser Systeme steuern die Selektion, Transformation, das Encodieren, Speichern, Wiedererinnern und die Produktion von Informationen und Handlungen. Alle diese Prozesse sind funktional und zielorientiert (vgl. Strack, 1987; Wippich, 1985). Sie sind nicht immer unbedingt bewußt und reflexiv (vgl. Bargh, 1984). Grundlage dieser Prozesse stellen Wissenssysteme unterschiedlichster Art dar. Sie organisieren bestimmte Inhalte von Welt- und Selbstsicht zu geordneten Strukturen (Ingram & Kendall, 1986; Lachmann & Lachman, 1986). Die Untersuchung von sozial-kognitiven Prozessen und Strukturen ist dabei insofern spezifisch, als u.a. sehr komplexe, instabile und intersubjektiv bedeutsame Gegenstände in den Mittelpunkt geraten (Holyoak & Gordon, 1984; Ostrom, 1984).

Voraussetzung für eine kognitive Analyse sozialer Netzwerke ist, daß Merkmale sozialer Netzwerke überhaupt kognitiv repräsentiert sind. Es gilt also zunächst die Frage zu stellen, ob und welche Merkmale sozialer Netzwerke eine subjektive Bedeutung besitzen. Grundsätzlich ist davon auszugehen, daß der Alltagsmensch nicht nur ein reflexives Subjekt und eine Art von naivem Verhaltenstheoretiker ist, sondern daß er auch die Fähigkeiten eines „naiven Sozialanalytikers" besitzt (Scheele & Groeben, 1984, 1988; Laucken, 1974; Wegner & Vallacher, 1977). Wie sonst sollte er sich mit der Komplexität der sozialen Realität auseinandersetzen können. In Hinsicht auf eine Reihe von Merkmalen sozialer Netzwerke erübrigt sich dabei fast die Frage, ob naive Sozialanalytiker entsprechende Vorstellungen besitzen. Auch im Alltag werden verschiedene *Sektoren von Netzwerken* (z. B. Verwandtschaft) oder *spezifische Beziehungsformen*, wie Freundschaften oder Verwandtschaften unterschieden (vgl. Young, 1986). Wir können auch davon ausgehen, daß unterschiedliche *Größen* von sozialen Netzwerken differenziert werden (im Sinne von „mehr oder weniger Menschen kennen"). Fraglicher ist schon, ob andere strukturelle Merkmale, wie z. B. die *Dichte* sozialer Netzwerke, kognitiv repräsentiert sind. Verschiedene relationale Merkmale, wie die Intensität, Intimität oder Stabilität sozialer Beziehung sind dagegen wieder zweifellos keine begriffliche Domaine, die nur Wissenschaftlern zugänglich ist (vgl. Snyder & Smith, 1986). Wegen ihrer funktionalen Bedeutung gehören *informelle Hilfen* mit großer Sicherheit zu den zentralen konzeptuellen Bestandteilen von sozialen Wissenssystemen. Zumindest wird dies in Untersuchungen bestätigt, die im Rahmen von Inhaltsanalysen die hilfreichen Komponenten sozialer Episoden erfaßt haben (vgl. Gottlieb, 1978). Wenngleich evident ist, daß ein großer Teil der Merkmale sozialer Netzwerke gedankliches Allgemeingut darstellt, so bleibt doch die Frage unbeantwortet, *welche Bedeutungen* diese Merkmale für den naiven Sozialanalytiker im Detail besitzen und ob diese Sinngehalte im Vergleich zum wissenschaftlichen Sprachgebrauch auch als äquivalent gelten können.

Ergebnisse der sozialen Kognitionsforschung legen nahe, daß die subjektive Bedeutung von Merkmalen sozialer Netzwerke entweder aus quasistabilen Mustern von Eigenschaften von Personen, sozialen Beziehungen und Gruppierungen bestehen oder aber erlebte oder herstellbare Ereignisse (soziales Geschehen und Handeln) fassen. Damit verbindet sich die Vorstellung, daß auch für diesen Gegenstandsbereich zwischen einem *semantischen, episodischen oder handlungsorientierten Wissenssystem* zu unterscheiden ist. Soziales Handeln ist dabei als integraler Bestandteil sozialer Kognitionen und als das grundlegende Moment sozial-kognitiver Prozesse aufzufassen (vgl. Eckensberger & Silbereisen, 1980; Ostrom, 1984; Trzebinski, McGlynn, Gray & Tubbs, 1985). Soziale Handlungen werden als unterscheidbare Einheit wahrgenommen, erinnert, geplant und ausgeführt. Dabei sind sie in Kontexten von (alltäglichen) Ereignis-Handlungs-Sequenzen und Plänen eingeordnet, an die alltäglichen Routinen erinnernd, die subjektives und zugleich gesellschaftliches Wissen ausmachen (vgl. Schütz, 1974; Schütz & Luckmann, 1979). Sie sind Bestandteil eines Regulationsprozesses, der Ist-Soll-Vergleiche, die Auswahl von Handlungsalternativen und die Bewertung von Handlungseffekten umfaßt (vgl. Thommen, Ammann & Cranach, 1982). Wahrgenommene Handlungen und ihre Effekte werden in sozialen Kontexten in Hinsicht auf ihren Ursprung und ihre Angemessenheit erklärt, beurteilt und attribuiert. Dabei werden auch die handlungsleitenden Kognitionen des „signifikanten Anderen" rekonstruiert und mit den individuellen bzw. interindividuellen Zielen und Standards verglichen und gegebenfalls in eigene kognitive Repräsentationen eingebaut.

8.1.1. Soziale Netzwerke als Handlungsgegenstände

Handlungen, die sich auf soziale Netzwerke beziehen, können sowohl durch individuelle als auch durch kollektiv geteilte Ziele definiert sein. Auch wenn andere Personen zum Gegenstand zielorientierten Handelns werden, so bleibt soziales Handeln doch zunächst auf individuelle Ziele hin orientiert. Erst wenn Ziele sozialen Handelns über verschiedene Mitglieder eines sozialen Netzwerks gemeinsam formuliert sind, sprechen wir von kollektiv geteilten Zielen. Wenn z. B. Belastungen auch mit Hilfe sozialer Unterstützung bewältigt werden, so stellt dies üblicherweise eine *individuelle Zielsetzung* sozialen Handelns dar. Andere soziale Ziele und Handlungen sind an unterschiedlich komplex angelegten Bedürfnissen orientiert: Sicherheit, Rückhalt und der Wunsch nach Identität sind Ziele überdauernder und nicht unbedingt situativ gebundener Art[3]. Diese Ziele konkretisieren sich situativ zu Alltagsabsichten und tauchen da z. B. als Wunsch nach kleinen Hilfen oder Ratschlägen auf. Es handelt sich also insgesamt um Ziele, die mit dem Empfang sozialer Unterstützung im weitesten Sinne zu tun haben. Um Ziele dieser Art verfolgen zu können, werden aber auch relationale und teilweise auch strukturelle Merkmale sozialer Netzwerke mit Absicht oder im Sinne von ungeplanten Nebeneffekten von der einzelnen Person gestaltet.

Es ist davon auszugehen, daß strukturelle Merkmale sozialer Netzwerke, wie z. B. die Dichte, selten zum unmittelbaren Ziel sozialen Handelns werden. Primär werden überschaubare Beziehungsformen und *relationale Merkmale* sozialer Netzwerke mit den Zielbereichen sozialen Handelns verknüpft. Damit sind vor allem jene gemeint, die den Zugang zu Ressourcen gewährleisten sollen[4]. In der Tat wird auch die Gestaltung von intimen sozialen Beziehungsformen zu den zentralen Lebensaufgaben bzw. zu den wichtigsten Dingen gezählt (vgl. Berscheid & Peplau, 1983; Cantor, Norem, Niedenthal, Langston & Brower, 1987). Werden bestimmte relationale Merkmale (z. B. Kontakthäufigkeiten) hergestellt oder gepflegt, so kann dies auch ein Zwischenziel darstellen, um strukturelle Merkmale sozialer Netzwerke gestalten zu können (z. B. um kleine, überschaubare soziale Gefüge um sich zu haben). In den meisten Fällen jedoch verändern oder stabilisieren sich strukturelle Merkmale sozialer Netzwerke im Sinne eines Nebeneffektes sozialer Handlungen, die unmittelbar auf individuelle Ziele oder darauf ausgerichtet sind, relationale Merkmale zu beeinflussen.

Wenn *intime soziale Beziehungen* hergestellt werden, so verändert sich die Struktur von sozialen Netzwerken (vgl. Kapitel 3). Ziehen sich die an einer intimen sozialen Beziehung Beteiligten von ihrem sozialen Umfeld zurück oder fügen sie die jeweiligen Anteile ihrer sozialen Netzwerke

---

[3] Thommen, Ammann und Cranach (1982) unterscheiden entsprechende Funktionen individueller sozialer Repräsentationen: Gruppenidentifikation, Selbstdarstellung, Kommunikation und Interaktion, Orientierung und Handlungslegitimation.

[4] Wegener (1987) geht davon aus, daß der Erfolg instrumenteller Handlungen mit den zur Verfügung stehenden Ressourcen wächst. Soziale Beziehungen zu Personen mit vielen Ressourcen sind seiner Ansicht nach besonders erwünscht.

zusammen, so wandelt sich u. a. die Dichte und Größe von sozialen Netzwerken. Es ist aber auszuschließen, daß Partnerschaften deshalb entstehen, um soziale Netzwerke vergrößern zu können. Denkbar ist allerdings, daß beabsichtigt ist, über bestimmte Partnerschaften, den Zugang zu bestimten Personen oder sozialen Verkehrskreisen zu erlangen. Um stabile und intime, oder aber um auch oberfächliche und instabile soziale Beziehungen herzustellen oder zu erhalten, sind sozial-normierte Zielkriterien zu erfüllen. So benötigen solche soziale Beziehungen bestimmte Mengen von Kontakten auch bestimmter Qualität. Intime soziale Beziehungen oder starke Bindungen setzen definierte Interaktionsereignisse, z. B. Selbstöffnungen, voraus. Werden *homogene* soziale Beziehungen aufgebaut, so entspricht dies dem Wunsch nach sozialem Rückhalt und Gemeinsamkeit. Die Folge davon ist, daß sich soziale Netzwerke oder Sektoren abschotten und sich dabei zugleich weiter verflechten. Die Pflege subkultureller Beziehungen ist das beste Beispiel dafür. *Reziproke* soziale Beziehungen sind zumindest in vielen Netzwerkteilen von Bedeutung. Sie sollen gewährleisten, daß Ressourcen wie auf einer Sparkasse abrufbar bleiben (vgl. Antonnucci, 1990). Die sozialen Beziehungen zu einzelnen Personen werden dann *multiplex* gestaltet, wenn einerseits viele unterschiedliche, individuelle und an Rollen gebundene Ziele vorgegeben sind und andererseits nur wenige oder nur wenig kompetente Personen zur Verfügung stehen, die helfen entsprechende Ziele zu erreichen. Dies ist etwa dann der Fall, wenn jemand z. B. aus Gründen der Karriere versucht, einen Vorgesetzten als Funktionsträger für einen Verein zu gewinnen, dem dieser „jemand" selbst angehört und wenn er dabei hofft, auch private Beziehungen zu diesem Vorgesetzten aufbauen zu können.

Wenngleich *strukturelle Merkmale* sozialer Netzwerke in vielen Fällen Nebeneffekte sozialen Handelns darstellen, so können sie doch auch unmittelbar zum Gegenstand eines sozialen Handlungsinteresses werden. Die Zahl der einem sozialen Netzwerk zuordenbaren Personen wird so *groß* wahrgenommen oder gestaltet, daß ein Optimum an unterschiedlichen Ressourcen zugänglich wird. Zugleich aber darf der damit verbundene Aufwand zur Pflege des „Bestandes" nicht unverhältnismäßig breit angelegt, die kognitive Orientierung nicht zu sehr beeinträchtigt und die Zahl der damit einhergehenden, aversiven Zielblockierungen nicht zu häufig werden. Berndt's (1983) Befunde zur Veränderung der Menge von Freundschaftsbeziehungen bei Jungen und Mädchen deuten immerhin darauf hin, daß es zumindest rollenspezifische Vorstellungen und Intentionen zur Gestaltung der Zahl der Freunde gibt. Da Mädchen besonderen Wert auf die Intimität der sozialen Beziehungen legten, wurde die Pflege vieler Freundschaften abgelehnt oder als unmöglich empfunden.

Auch die *Dichte* sozialer Netzwerke wird unter bestimmten Voraussetzungen zum Gegenstand von Handlungszielen. Wir denken dabei an den Wunsch, mit möglichst vielen Mitgliedern oder nur bestimmten Teilen des sozialen Netzwerkes, die gleichen Informationen und Wertmaßstäbe zu teilen. Wenn bestimmte Personen oder Cluster von sozialen Netzwerken z. B. im Rahmen von gesellschaftlichen Veranstaltungen miteinander bekannt gemacht werden, so stellt dies auch ein Stück mehr Gemeinsamkeit in einem sozialen Netzwerk her. Andererseits stellt eine gewisse Entflochtenheit sozialer Netzwerke den Gegenpol dieses Handlungsregulativs dar. Eine geringe Dichte gewährleistet, daß Wünschen nach Autonomie entsprochen werden kann und subkulturelle Bedürfnisse zu befriedigen sind. So werden auch bestimmte Liaisonen unterbrochen oder soziale Kontakte minimiert, um z. B. soziale Welten getrennter und anonymer zu halten. Es geht aber auch darum, soziale Netzwerke so zu gestalten, daß sie zu überschaubaren Handlungsfeldern werden, deren *Sektoren* mit bestimmten Zielen verläßlich in Verbindung gebracht werden können. In der Tat haben wir Kenntnis davon, daß in verschiedenen Teilen des sozialen Netzwerks unterschiedliche Ziele verfolgt werden. Dies konnte sehr eindrücklich bei Freundschafts-, Liebes- und kollegialen Beziehungen am Arbeitsplatz nachgewiesen werden (Kayser, Schwinger & Cohen, 1984).

Wie *geschlossen* oder *offen* soziale Netzwerke oder Teile davon gestaltet sein sollen, hängt davon ab, welche Stabilität gewünscht wird und wieviele neue Ressourcen benötigt werden. Mitglieder sozialer Netzwerke immer *erreichen* zu können, ist deshalb ein unmittelbares handlungsleitendes Regulativ, da Ressourcen für den Einzelnen möglichst ohne Aufwand abrufbar sein sollten.

Neben solchen individuellen Handlungsorientierungen tragen auch *kollektive, kooperative und konsensuale Ziele* zur Gestaltung von Merkmalen sozialer Netzwerke bei. Sie existieren als transindividuelle Regulative des Kollektivs, sie sind aber auch zugleich individuell kognitiv repräsentiert. In Teilweise sind sie mit individuellen Zielen unvereinbar. Dies wird jedoch im Sinne von Thibaut und Kelley (1959) als eine akzeptable Beschränkung individueller Handlungsmöglichkeiten erlebt (vgl. Feger & Auhagen, 1987; Thommen, Ammann & Cranach, 1982). In der Regel aber handelt es sich bei kollektiv geteilten Zielen um solche, die eine gemeinsame, auch langfristige Kosten-Nutzen-Optimierung sozialen Handelns möglich machen. Merkmale sozialer Netzwerke werden gemeinsam so gestaltet, daß die Verteilung der Ressourcen in gewachsenen sozialen Systemen auf eine Weise optimal wird, daß Normen erfüllt werden können, welche die Kontinuität der Verteilungsregeln gewährleisten. Auf diese Weise soll und kann jeder im sozialen Netzwerk seinen Teil abbekommen. Handlungen, die dies gewährleisten, helfen auch, bestimmte sozial-normative Funktionen in sozialen Netzwerken zu erfüllen.

Generell ist anzunehmen, daß sowohl *relationale* als auch *strukturelle* Merkmale von solchen *kollektiven Zielen* geprägt werden. So ist z. B. davon auszugehen, daß Netzwerkteile deshalb differenziert und homogenisiert werden, um damit sozial-normierte, z. B. verwandtschaftliche Interaktionsrituale gewährleisten oder um Freundschaftsbeziehungen auch von anderen Personen aufrechterhalten zu können (vgl. z. B. Johnsen, 1986). Handlungen dieser Art stabilisieren auch den sozialen Status verschiedener Personen und sichern damit die Kontinuität bestimmter Verteilungsmuster von Ressourcen (z. B. von Privilegiensystemen). Die Größe, aber auch die Dichte sozialer Netzwerke hat mit der Verwaltbarkeit von sozialen Strukturen und Wirkzusammenhängen zu tun. Die Normativität intimer sozialer Beziehungen garantiert, daß sich alle in einem sozialen Netzwerk sozial zurückziehen können, ohne allein sein zu müssen. Der Erholungswert und der soziale Rückhalt dieser sozialen Beziehungen gewährleistet wiederum, daß vom Einzelnen Ressourcen für das Kollektiv abgerufen werden können.

Die Analyse möglicher individueller und kollektiver Ziele zur Gestaltung von Merkmalen sozialer Netzwerke ist zweifelsohne mit diesen Beispielen nicht erschöpft. Würde man die Ziele zur Gestaltung sozialer Netzwerke anhand der in der Handlungstheorie üblichen formalen Kriterien differenzieren, so hätte man z. B. dabei unterschiedliche Abstraktionsgrade und Valenzen zu berücksichtigen und müßte man auch zwischen Erhaltungs- und Erreichungszielen unterscheiden. Dadurch wären wenigstens ebenso viele konzeptuelle Anreicherungen nötig, wie es die Analyse weiterer, bislang nicht aufgeführter Merkmale sozialer Netzwerke vorgeben würde. Es ist auch davon auszugehen, daß mehrere Ziele gleichzeitig, manchmal auch konflikthaft zueinanderstehend, aktiviert sein können. Handlungsorientierungen, die sich auf Merkmale sozialer Netzwerke beziehen, mögen oft im Sinne von Mehrfachzielen an individuelle Zwecke gebunden sein und zugleich aber auch die soziale Realität rekonstituieren (Moscovici, 1961, S. 47). Intrapsychische Zielkonflikte, möglicherweise sogar noch von interpersonellen überlagert, dürften zu den wichtigsten Belastungen in sozialen Netzwerken gehören.

Trotz dieser theoretischen Unvollständigkeit erlauben zumindest die bislang vorgestellten Unterscheidungen verschiedener netzwerkorientierter Ziele einige *Typisierungen von sozialem Handeln*. Zunächst ist zwischen der *Pflege* bestimmter Netzwerkcharakteristika und der *Inanspruchnahme sozialer Netzwerke* zu unterscheiden. Die Abgrenzung zwischen *individuellen* und *kollektiv orientierten Handlungen* ist insofern auch bedeutsam, als mit Thommen, Ammann und Cranach (1982) zu vermuten ist, daß sie sich in Hinsicht auf ihren jeweiligen phänomenalen Variationsreichtum unterscheiden (vgl. Duck, 1991). Es wird vermutet, daß kollektiv orientierte Handlungen vergleichsweise invarianter gestaltet sind, sich mehr als Rituale verstehen und allenfalls über verschiedene Kulturen und Subkulturen unterschiedlich ausgeformt sind. Insgesamt ist zu beachten, daß soziale Handlungen meist Mehrfachhandlungen darstellen. Sie haben instrumentellen, auf individuellen Bedürfnissen basierenden Charakter; sie definieren aber auch zugleich immer soziale Beziehungen (Duck, 1990).

Werden soziale Netzwerke in Anspruch genommen, so ist zwischen *passiven* und *aktiven Konsumtionshandlungen* und dabei auch zwischen aufgabenbezogenen oder unmittelbaren sozialen Handlungen zu unterscheiden. Von passiven Konsumtionshandlungen kann gesprochen werden, wenn Mitglieder eines sozialen Netzwerks unaufgefordert Ressourcen anbieten und sie als solche akzeptiert werden. Aktive Konsumtionshandlungen stehen am Ende einer Handlungssequenz, die Ressourcen aktivieren will. Diese Handlungssequenz entspricht einem komplex angelegten Hilfesuchprozeß, der Entscheidungen über Möglichkeiten der Selbst- und Fremdhilfe abverlangt. Er macht die Auswahl von Quellen informeller Hilfen notwendig und umfaßt Analysen der möglichen Kosten verschiedener Handlungsalternativen (vgl. Eckenrode & Wethington, 1990; Gross & McMullen, 1982; Sanders, 1982). Aufgabenbezogene Konsumtionshandlungen stellen solche dar, bei denen zur Lösung eines Problems die Hilfe anderer Personen notwendig ist. Soziale Bewältigungen von Stressoren sind Beispiele für solche Formen des Handelns in sozialen Netzwerken. Da hilfreiche Handlungen in verschiedenen sozialen Kontexten unterschiedlich interpretiert werden, ist auch zwischen *geplanten* und *spontanen* sozialen Unterstützungen und zwischen *intimen informellen Hilfen* und *Unterstützungen in losen sozialen Beziehungen* zu differenzieren. So stellte Amato (1990) fest, daß Hilfen im sozialen Netzwerk als geplant wahrgenommen wurden, Hilfen Fremden gegenüber dagegen als spontan. Als geplante Handlungen waren sie auch mehr oder weniger situationsbezogen und an die jeweilige soziale Beziehung angepaßt (Duck, 1990, 1991). Spontane Hilfen in sozialen Beziehungen und solche die den Wünschen des Empfängers entsprachen, wurden als hilfreicher bewertet als angeforderte und den Intentionen des Gebers entgegenkommende. Wie hilfreich aber intime soziale Beziehungen wahrgenommen wurden, hing weder von der Menge sozialer Unterstützung noch von den Wünschen des Empfängers und auch nicht von der Spontanität informeller Hilfen ab. Die Nähe der Partner war das einzig bedeutsame Kriterium, eine soziale Beziehung als hilfreich einzustufen (Cutrona, Cohen & Ingram, 1990; vgl. Fincham & Bradbury, 1990).

Welche *Strategien* genutzt werden, um informelle Hilfen erhalten zu können, haben Goldsmith und Parks (1990) untersucht. Sie befragten Personen zu einem sozial unterstützenden Ereignis. Dabei konnten sie im Rahmen von Clusteranalyen bestimmte Konfigurationen von Strategien typisieren, wie mit den Risiken des Hilfesuchens umgegangen wurde. Eine erste Gruppe verfolgte die Taktik, sich vorsichtig anderen mitzuteilen. Dazu gehörte z. B., daß man nur nonverbal kommunizierte, oder daß man kurz über das anstehende Problem sprach, dann aber wieder zu anderen Themen überging. Ein Teil dieser Strategien bestand auch darin, über das Problem zu sprechen, es aber zugleich von seiner Bedeutung her zu minimieren. Ein zweite Gruppe nutzte sehr viele unterschiedliche Taktiken. Die wichtigste war, sich so anderen gegenüber zu öffnen, daß keine negativen Konsequenzen zu befürchten waren. Zum Beispiel wurde zunächst geprüft, ob jemand eine bestimmte Sicht oder Erfahrung zu einem Problem hatte, ohne daß angedeutet wurde, daß es sich um das eigene Problem handelte (man sprach z. B. über die Probleme von dritten Personen). Eine weitere Gruppe war vorbehaltlos expressiv, suchte sich aber die Quellen möglicher Hilfen systematisch aus. Die vierte Gruppe nutzte hauptsächlich die Strategie des „Vor und Zurück". Für diese Gruppe war das Suchen von Hilfe wenig riskant. Das wichtigste Ziel bei der Wahl unterschiedlicher Strategien bzw. Taktiken war, beim jeweils anderen einen möglichst positiven Eindruck zu hinterlassen. Je enger sich die sozialen Beziehungen bei dieser Gruppe gestalteten, um so mehr unterschiedliche Strategien wurden genutzt.

Um strukturelle Merkmale sozialer Netzwerke zu pflegen, werden Personen systematisch in bestimmte Handlungszusammenhänge und soziale Verkehrskreise einbezogen oder auch ausgegrenzt. Im Rahmen sozial-integrativ wirksamer Strategien werden Mitglieder im sozialen Netzwerk miteinander bekannt gemacht oder zu gemeinsamen Aktionen und Verpflichtungen angeregt. Während in Hinsicht auf strukturelle Merkmale sozialer Netzwerke wenig über die Art der jeweils genutzten Handlungsstrategien bekannt ist, gibt es einige Hinweise darauf, wie bestimmte relationale Merkmale hergestellt und gepflegt werden. Diese Hinweise beschränken sich allerdings auf die Gestaltung von sozialen Beziehungen, die den Handelnden *unmittelbar* betreffen. Es ist bekannt, daß im unmittelbaren sozialen Kontakt einzelne Formen des sozialen Handelns auf die jeweils andere Person hin passend ausgesucht und gestaltet werden (vgl. Snyder & Smith, 1986). Zugleich werden sie in Hinsicht auf bestimmte, auch normativ geregelte Phasen und Arten der sozialen Beziehungsgestaltung abgestimmt. Für Freundschaften identifizierten Argyle und Henderson (1984) *Regeln*, die den Austausch von sozialer Unterstützung definieren. Teil dieser

Regeln war, daß Freunde nicht öffentlich zu kritisieren sind und daß man in ihrer Abwesenheit für sie einzutreten hat. Miell und Duck (1986) gingen aufgrund von Interviewdaten davon aus, daß Personen einige typische *Reaktionsmuster* unterscheiden, um freundschaftliche Beziehungen zu gestalten (vgl. Miller & Read, 1987). Das Ziel, neue Freunde zu gewinnen, wurde mit einer Vielzahl von Teilhandlungen verknüpft (z. B. Fragen stellen). Wollte man Distanz wahren, so wurde z. B. die Strategie, Fragen zu stellen oder auf den Partner zu achten, als nicht opportun angesehen. Sollte eine Freundschaft gewahrt werden, so wurde u.a. das Angebot informeller Hilfen und anderer vertrauensstiftender Handlungen als notwendig erachtet. Um freundschaftliche Bande zu intensivieren, wurde u. a. an neue gemeinsame soziale Aktivitäten gedacht.

Es bleibt zu vermuten, daß auch für die Gestaltung von sozialen Beziehungen, von denen man nur *indirekt* berührt ist, eine Reihe von ähnlichen Handlungsmöglichkeiten zur Verfügung steht. So ist etwa daran zu denken, daß man Treffen oder gar soziale Beziehungen mehr oder weniger sozial sanktioniert, arrangiert oder verhindert, oder Intimes über dritte Personen erzählt, um bestimmte soziale Verbindungen zu fördern oder eher unwahrscheinlich zu machen. Ein nicht unwesentlicher Teil von Informationen über andere Personen im sozialen Netzwerk wird offenbar indirekt, d. h. wenigstens über Dritte vermittelt (vgl. Hewes, Graham, Doelger & Pavitt, 1985).

Solche Typisierungen sozialen Handelns in bezug auf soziale Netzwerke sind, wie ihre Ziele, noch genauer aufschlüsselbar. Dementsprechend müßte z. B. zwischen sozialen Handlungen unterschieden werden, die kurz- oder langfristig angelegt und die mehr oder weniger situativ gebunden sind. Dabei ist zu bedenken, daß auch ganz unterschiedliche Kommunikationsformen beteiligt sein können. Kenntnisse darüber, wie z. B. regelgeleitetes kommunikatives Handeln aussieht, vermitteln u. a. Kraut und Higgins (1984). Über korrelative Beziehungen zwischen bestimmten linguistischen, z. B. subkulturellen Eigenheiten der Kommunikation und Merkmalen sozialer Netzwerke berichtete Milroy (1987).

Während die Vorstellungen zur Frage, wie Handlungen in sozialen Netzwerken aussehen, schon sehr grob ausfallen, wissen wir noch weniger darüber, wie im einzelnen die Handlungsausführungen, auch in Hinsicht auf die jeweiligen situativen Erfordernisse, vorbereitet, kontrolliert und die Handlungseffekte bewertet werden. Die bislang entwickelten Modelle zur *sozialen Handlungsregulation* sind meist auf die Abstimmung von dyadischen Interaktionsprozessen beschränkt (vgl. Röhrle, 1981). Es gibt allenfalls erste Hinweise darauf, wie Teilprozesse der Handlungsregulation bei der Pflege sozialer Netzwerke gestaltet sein könnten.

Auf die Existenz bestimmter *Wahrnehmungshaltungen* weisen z. B. Befunde hin, wonach Einsame zur einer starken Selbstzentrierung neigen, wenn sie gebeten werden, Personen in erinnerten sozialen Interaktionen zu beschreiben (vgl. zur Übersicht Heigl, 1987). Mehr Wissen liegt zur Frage vor, welche *attributiven*, z. B. den Selbstwert destabilisierenden Effekte von passiven sozialen Konsumtionshandlungen ausgehen können, wenn unaufgefordert Hilfen angeboten werden (vgl. Kapitel 3). Es gibt auch Hinweise darauf, daß die Effekte sozialer Unterstützung sowohl aus der Sicht des Anbietenden als auch aus der Sicht des Empfängers positiv überschätzt werden (vgl. Jung, 1986). Es wurde nachgewiesen, daß Menschen eine Diskrepanz zwischen einem erwünschten und tatsächlichen Niveau an sozialer Bindung oder sozialer Unterstützung erleben. Gerade die Gefühle der Hilflosigkeit von Einsamen sprechen dafür, daß diese Personen nicht wissen, wie sie diese Diskrepanz abbauen können. Entsprechende Ergebnisse sind Anhaltspunkt dafür, daß bei der Pflege sozialer Netzwerke Ist-Soll-Vergleiche eine Rolle spielen (Marangoni & Ickes, 1989; Melamed & Brenner, 1990; Mitteregger, Baumann, Pichler & Teske, 1990; Peplau & Perlman, 1979; Thomas, 1984). Einsamkeit konnte auch in den Zusammenhang mit internal stabilen Attributionsmustern gebracht werden (vgl. Anderson & Arnoult, 1985; Elbing, 1991; Heigl, 1987). Umfassenderes Wissen in Hinsicht auf die regulativen Phasen sozialen Handelns wurden im Bereich kollektiver Streßbewältigung schon vorgeführt (vgl. Kapitel 4). Es ist zu vermuten, daß je nach Typus der Handlungen und je nach nach Molarität der Betrachtungsebene der Handlungsregulation in sozialen Netzwerken, die Entwicklung ganz unterschiedlicher Modelle notwendig wird.

Insgesamt ist zu berücksichtigen, daß die Handlungsmöglichkeiten in sozialen Netzwerken sowohl durch individuelle Kompetenzen als auch durch kontextuelle Faktoren begrenzt werden (vgl. Kapitel 6 und 7). Dabei tragen soziale Netzwerke selbst auch zu den kontextuellen Begrenzungen sozialen Handelns bei. Sie sind zwar auch kollektiv gestaltbar, zugleich aber sind sie immer auch schon vorgefundene Realität. Hierbei handelt es sich um eine Art von sozialer Realität, die in umfassenderen gesellschaftlichen, kulturellen, ökonomischen und ökologischen Strukturen eingebettet ist. Dementsprechend gestaltet sich die individuelle und kollektive Pflege sozialer Netzwerke auch in Abhängigkeit vom jeweiligen Typus oder der Position einzelner Mitglieder. Egalitäre soziale Netzwerke oder autokratische Typen werden von unterschiedlichen kollektiven und individuellen Zielsetzungen geprägt. So ist davon auszugehen, daß sowohl quasi-objektive Merkmale sozialer Netzwerke, als auch bestimmte Vorstellungen von ihnen, jeweils Einfluß auf die Gestaltung informeller sozialer Gefüge nehmen.

Welche Handlungsbegrenzungen erlebt und welche Handlungsformen jeweils gewählt werden, hängt letztlich von Kompetenzen ab, die als Wissenssysteme seit einiger Zeit im Bereich der sozialen Kognitionsforschung auch als „soziale Intelligenz" bezeichnet werden (Cantor & Kihlstrom, 1989). Antworten auf die Frage, welche Wissenssysteme in bezug auf Merkmale sozialer Netzwerke relevant sein dürften, sind theoretisch nur vorläufig begründet. Vor allem aber fehlt es an empirischen Absicherungen. Diese aber sind auch notwendig, um jene Kognitionen in Hinsicht auf Merkmale sozialer Netzwerke kennenlernen zu können, die auch für bestimmte psychischen Störungen typisch sind.

8.1.2. Wissensbestände über Merkmale sozialer Netzwerke

Die bisherigen Überlegungen und Befunde haben nahegelegt, daß sich auch die Rekonstruktion der Wissensbestände zu Merkmalen sozialer Netzwerke auf unterschiedliche Typen von Wissenssystemen und Theorien beziehen muß. Allgemeine Typisierungen solcher Wissenssysteme in semantische, episodische und prozedurale Wissenssysteme sind hierbei ebenso bedeutsam, wie bestimmte theoretische Varianten, zu denen etwa Netzwerkmodelle, Prototypen, verschiedene Modelle zu kognitiven Schemata, Ziel- und Planstrukturen, Skripts, oder auch subjektive Theorien zu zählen sind (vgl. Rumelhart, 1984; Segal, 1988; Wyer & Gordon, 1984). Über diese Varianten von Wissenssystemen hinweg ist von einer übergreifend gültigen und zugleich notwendigen Unterscheidung im Aufbau sozialer Kognitionen auszugehen: Generell wird zwischen den Inhalten (Elementen, Propositionen) und Relationen entsprechender Wissenssysteme differenziert (Holyoak & Gordon, 1984).

Auch bei der Rekonstruktion von Kognitionen zu Merkmalen sozialer Netzwerke dürfte diese Unterscheidung und die verschiedenen theoretischen Varianten zur Analyse sozialer Kognitionen bedeutsam sein. Wir beschränken uns aber vorläufig auf solche theoretischen Zugänge, die sich im Rahmen empirischer Untersuchungen oder spezifischer Überlegungen, zumindest in Ansätzen, für bestimmte Merkmale von sozialen Netzwerken als fruchtbar erwiesen und die sich teilweise auch schon für klinisch-psychologische Fragestellungen empfohlen haben. Auf diesem Hintergrund können Aussagen zur Frage gemacht werden, wie soziale Unterstützung kategorial repräsentiert wird und wie informelle Hilfen als Pläne, bzw. als Ziel- oder Entscheidungsstrukturen abbildbar sind. Darüberhinaus wird zu berichten sein, wie sich soziale Beziehungen mit sozialem Unterstützungscharakter kognitiv als Prototypen organisieren. Es werden auch Hinweise darauf gegeben, wie soziale Beziehungen oder soziale Interaktionen im Sinne von personalen Konstrukten und als multidimensional skalierte soziale Episoden rekonstruiert werden können[5].

Erste Vorschläge können auch dargestellt werden, wie *kollektives Wissen* über soziale Netzwerke rekonstruiert werden kann. In der Tradition balancetheoretischer Überlegungen schlug Krackhardt (1987) vor, kognitive Repräsentationen von Merkmalen sozialer Netzwerke in Matrizen abzubilden. Diese sollen die wahrgenommenen sozialen Beziehungen zwischen jeweils anderen Personen und gegebenenfalls auch zur wahrnehmenden Person darstellen. Dabei kann es um Personähnlichkeiten, aber auch um Freundschaftsbeziehungen oder den Austausch informeller Hilfen in kollegialen Beziehungen gehen (vgl. Krackhardt & Porter, 1986). Verschiedene Arten, diese dreidimensionalen Matrizen zu reduzieren, erlauben die Rekonstruktion von individuellen, kognitiv stimmigen Beziehungsformen aber auch von konsensualen Wahrnehmungen (vgl. auch Krackhardt & Kilduff, 1990; Krackhardt & Porter, 1985; Seidman, 1990). Boster, Johnson und Weller (1987) ließen Triaden einer definierten Menge von Personen miteinander vergleichen oder in Hinsicht auf ihre Ähnlichkeit im freien Sortierversuch ordnen. Außerdem veranlaßten sie alle Personen, sich in Hinsicht auf ihre Bedeutung als Quelle oder Empfänger von informellen Hilfen einzuschätzen. Die Urteile stimmten um so mehr überein, je ähnlicher sich die befragten Personen in Hinsicht auf ihren sozialen Status waren. Auch die Art, wie der Umfluß der Ressourcen wahrgenommen wurde, beruhte auf Konsens. Er wurde allgemein so eingeschätzt, daß Hilfe von der statusgleichen oder der jeweils statushöheren Person erwartbar war.

Diesen Versuchen, kollektives Wissen über Merkmale von sozialen Netzwerken zu identifizieren, ist gemein, daß sie die Existenz ordnender Beziehungen sehr indirekt erschließen und daß sie sich auch zu wenig auf unterschiedliche Repräsentationssysteme beziehen. Da Merkmale sozialer Netzwerke höchst unterschiedliche Gegenstandsbereiche repräsentieren, ist davon auszugehen, daß sich für ihre kognitive Rekonstruktion jeweils auch unterschiedliche, auch theoretisch verschieden gefaßte Repräsentationsysteme eignen. So liegt es nahe, anzunehmen, daß ziel- und handlungsorientierte Aspekte sozialer Netzwerke in Plänen gefaßt sind. Das Geschehen in sozialen Netzwerken ist in episodischen Gedächtnissystemen repräsentiert und statische Merkmale, wie z. B. soziale Beziehungsformen, werden in semantische kognitive Strukturen eingebaut.

---

[5] Vgl. zur Übersicht Cantor und Kihlstrom (1982, 1987), Eckes und Six (1984), Fehr und Russel (1984), Luicariello und Rifkin (1986), Neimeyer und Neimeyer (1983), Rosch (1984), Shaver, Schwartz, Kirson und O'Connor (1988).

Erste Überlegungen zur Frage, wie der Austauch informeller Hilfen kognitiv repräsentiert ist, stammen von Wiedemann und Becker (1989). Für sie sind soziale Unterstützungen in *entscheidungstheoretisch* konzipierten *„Wertestammbäumen"* eingegliedert (vgl. auch Becker & Wiedemann, 1989). Die Autoren schlagen vor, den Austausch informeller Hilfen als hierarchisch geordnete Struktur von Handlungen zu fassen. Die Hierarchie ergäbe sich aus unterschiedlichen Graden der Konkretion informeller Hilfen. Nach Ansicht der Autoren sind die verschiedenen Handlungsalternativen mit bestimmten Quellen oder Empfängern informeller Hilfe verknüpfbar. Jeder Handlungsalternative sei bestimmten Wertebereichen zugeordnet, wobei hauptsächlich Vertrauen und Selbstwert berührt seien. Leider liegen bislang nur in Form einer Einzelfallanalyse Hinweise auf die empirische Fruchtbarkeit dieses Ansatzes vor.

Eine weitere Möglichkeit, den Ziel- und Handlungscharakter des Austauschs informeller Hilfen oder auch der Pflege und Herstellung sozialer Beziehungen zu rekonstruieren, ist auch im Rahmen von Überlegungen möglich, die alltägliches Handeln auch in sozialen Kontexten von kurz- oder mittelfristigen Vorhaben und Projekten getragen sehen (Klinger, 1987; Klinger, Barta & Maxeiner, 1981; Little, 1983). Klinger et al. (1981) prägten hierfür den Begriff der *„Current Concerns"* und meinten damit aktuelle Pläne, die so lange sie verfolgt werden, eine positive getönte motivationale Lage herstellen. Solche alltäglichen Angelegenheiten können sich auch auf die Gestaltung sozialer Beziehungen und auf den Austausch informeller Hilfen beziehen. Sie sind in Hinsicht auf die motivationalen Merkmale, aber auch in bezug auf die kognitive Struktur genauer typisierbar. So legt die Rangreihe verschiedener Vorhaben ihre Gewichtigkeiten fest. Intentionalität, Erfolgserwartung, Valenz, Engagement und Zeitbudget sind faktorenanalytisch gewonnene Merkmale, die zeigen, mit welcher Intensität das entsprechende Vorhaben verfolgt wird. Zielnähe und Zahl der Wege, die benannt werden, kennzeichnen den Handlungscharakter der „Current Concerns".

Little (1983) schlug vor, mittel- und langfristige Vorhaben als *personale Projekte* zu bezeichnen. Personale Projekte verknüpfen Handlungen über die Zeit mit kognitiven, affektiven und behavioralen Aspekten und geben ihnen eine persönliche Bedeutung. Sie können sich nicht nur auch auf die Gestaltung sozial unterstützender Beziehungen beziehen, sondern sie gelten grundsätzlich als Vorhaben, die soziale Bezüge haben können. Personale Projekte werden handlungsregulativ konzipiert und in eine vorbereitende, ausführende und eine abschließende Phase eingeteilt. Little (1983) ließ Vorhaben dieser Art sammeln und sie in Hinsicht auf eine Reihe von Kriterien bewerten. Personale Projekte wurden danach beurteilt, wie bedeutsam sie sind, wieviele Freude sie bringen und schwierig es ist, sie zu vollenden. Außerdem wurden sie in Hinsicht darauf gewertet, wie sichtbar sie für andere Menschen sind, wie gut man sie unter Kontrolle hat, wie stark sie mit der eigenen Identität und Werten zu tun haben und wieviel Verantwortung man spürt. Jedes personale Projekt wurde auch dahingehend eingeschätzt, wie angemessen das Zeitbudget ist, daß man aufzuwenden gedenkt und wie stark es herausfordert bzw. absorbiert. Gefragt wurde auch, wie bedeutsam personale Projekte in den Augen von Personen des sozialen Netzwerks sind und welche Folgen sie für diese Personen bringen können. Vergleiche verschiedener Projekte ließen u. a. deutlich werden, wie gut strukturiert die Handlungsorientierung einer Person ist und wie kompatibel sich die einzelnen Vorhaben gestalten.

Die *dimensionale* Analyse der kognitiven Repräsentationen von sozialen Gegenständen, wie Beziehungen, Interaktionsroutinen und sozialen Episoden steht in der Denktradition der Forschungsarbeiten zur Situationswahrnehmung aber auch des Symbolischen Interaktionismus (vgl. Forgas, 1982). Es wird angenommen, daß sich Kognitionen zu stereotypen Interaktionssequenzen in Hinsicht auf ihre Komplexität, gegenseitige Verbundenheit (Integration), Konsensualität und Prototypikalität unterscheiden lassen. Mit Hilfe multidimensionaler Skalierung oder auch clusteranalytischen Methoden von empirisch gewonnenen und rational gruppierten Situationen oder Interaktionsroutinen, wurden Kategorien oder Dimensionen festgelegt. Auf diese Weise wurden z. B. soziale Episoden in alltäglichen oder universitären Kontexten, Ereignisse, bei denen Personen versuchten, andere zu beeinflussen, Episoden agressiver Interaktionen, Rollenbeziehungen und Situationen der sozialen Sicherheit rekonstruiert (Forgas, 1976, 1979a, b, 1983; Moehle McCallum, McCallum & Gurwitch, 1987; Mummendey, Löschper, Linneweber, Otten & Meyberg, 1985; Rudy, Merluzzi & Henahan, 1982; Wish, 1975).

Wish, Deutsch und Kaplan (1976) ließen unterschiedliche *dyadische Beziehungen* (z. B. zwischen Eheleuten, Vorgesetztem und Untergebenen, usw.) anhand 25 bipolarer Skalen beurteilen. Die multidimensonale Skalierung dieser Zuordnungen erbrachte vier Typisierungen sozialer Beziehungen: Kooperation und Freundlichkeit versus Wettstreit und Feindseligkeit; Gleichheit versus Ungleichheit im Status und der sozialen Rolle; Künstlichkeit versus Intensität sozialer Beziehungen; sozial-emotional und informell versus aufgabenbezogen und formell bestimmte soziale Beziehungen.

Auch Amato und Saunders (1985) gelang es Kognitionen zu *Episoden des Hilfesuchens* abzubilden. Die Beurteilungen von 20 konsensualen Episoden des Hilfesuchens anhand von Merkmalen, die sich in der sozialpsychologischen Forschung zu diesem Thema als relevant erwiesen hatten, wurden ebenfalls multidimensional skaliert. Die erste Dimension faßt mögliche Bedrohung des Selbstwertes und die Ernsthaftigkeit des jeweiligen Problems. Die zweite Dimension beschreibt die Nähe und Dauerhaftigkeit der sozialen Beziehungen in entsprechend konfigurierten Episoden des Hilfesuchens. Die dritte Dimension bestimmt das Ausmaß an erlebter Professionalität und Expertise der Hilfe. Die vierte Dimension bezieht sich auf die Möglichkeiten, reziprok zu interagieren.

Mikulincer und Segal (1990) identifizierten mit Hilfe von Clusteranalysen die zentralen Gefühle von *Einsamkeit* (z. B. Ärger, Angst, Intrapunitivität, Depression, etc.). Eine multidimensionale Skalierung über diese Gefühle erbrachte zwei Dimensionen: Selbstbezogene Gefühle versus soziale Entfremdung und paranoide versus depressive Gefühle. Diesen Dimensionen ließen sie Gründe für die Entstehung von Einsamkeit und auch Wünsche bzw. Aktivitäten zuordnen, welche die Situation einsamer Menschen ändern sollen. Dabei stellten sie u. a. fest, daß soziale Defizite und der Wunsch, geliebt zu werden, mit Gefühlen sozialer Entfremdung korrelierten.

Auch die Kognitionen zu Merkmalen sozialer Netzwerke ließen sich auf vergleichbare Weise rekonstruieren. Zwei kritische Einwände halten aber davon ab: Zum ersten ist eine deutliche Kluft zwischen den theoretischen Annahmen zur kognitiven Struktur sozialer Episoden und der Abbildung in multidimensionalen Räumen festzustellen. Die angenommenen Ordnungsprinzipien, wie Komplexität, Integration und Prototypikalität, werden auf die Zahl interpretierbarer Dimensionen in einem Zahlenraum reduziert. Zum zweiten werden die Beurteilungsdimensionen nicht durch die untersuchten Personen selbst festgelegt. Somit können mit Hilfe dieser Vorgehensweisen die attributiven Gehalte der Propositionen zu sozialen Episoden nicht originär erhoben werden. Offener gestalten sich im Verhältnis dazu die Methoden zur Rekonstruktion von Prototypen, von personalen Konstrukten oder gar von subjektiven Theorien. Im Vergleich zur multidimensional angelegten, kognitiv-räumlichen Rekonstruktion, sind die zuletzt genannten Methoden noch stärker mit einer qualitativen Forschungstradition in der Sozialpsychologie verbunden (vgl. z. B. Pervin, 1976). Die Inhalte der zu beurteilenden Gegenstände sind nicht festgelegt und meist auch nicht in Ratingskalen eingebunden, sondern weitgehend offen gestaltet, so daß mehr oder weniger freie Schilderungen der Untersuchungsteilnehmer zum jeweils gefragten Untersuchungsgegenstand möglich werden.

Das konstruktivistische Konzept des *Prototyps* wurde zunächst von Rosch (1973a, b) zur Analyse der Kategorisierung natürlicher Objekte entwickelt. Es wurde aber auch für die Rekonstruktion von Wissensstrukturen über Personen bzw. Personeigenschaften, Emotionen, Situationen und Interaktionstypen genutzt (vgl. Cantor & Kihlstrom, 1987, 1989; Eckes, 1986; Eckes & Six, 1984; Fehr & Russel, 1984; Rosch, 1984; Shaver,

Schwartz, Kirson & O'Connor, 1988). Dabei wird davon ausgegangen, daß Merkmale entsprechender Kategorien sich zu idealtypischen oder gemittelten Konfigurationen zusammenfügen, wobei aber Überschneidungen mit fremden Kategorien zulässig sind. Im Mittelpunkt sogenannter horizontaler Analysen wird die Ähnlichkeit von Kategorien über die Schnittmengen gemeinsam zugeordneter Merkmale bestimmt. Zum Teil wird auch die Typikalität der Merkmale über Ratings erhoben oder die Prototypikalität im Rahmen von Wahrnehmungs- oder Erinnerungsaufgaben überprüft. Außerdem wird angenommen, daß sich Merkmale von Prototypen auf verschiedenen Abstraktionsebenen ordnen. Durch die Untersuchung der ebenenspezifischen Ähnlichkeiten von Merkmalszuordnungen kann im Rahmen einer vertikalen Analyse geprüft werden, ob sogenannte hierarchische „Fuzzy Sets" und Basiskategorien vorliegen. Basiskategorien gelten als maximal informationshaltig. Übergeordnete Kategorien gelten als eher disjunkt, das heißt, daß sich die entsprechenden Merkmale wenig ähnlich sind. Bei den Basiskategorien der untergeordneten Merkmalsklassen verhält es sich gerade umgekehrt.

Mit Hilfe dieses Ansatzes gelang es, kognitive Strukturen auch zu Gegenstandsbereichen zu rekonstruieren, die Merkmalen sozialer Netzwerken nahe stehen. Horowitz, French, Lapid und Weckler (1982) haben *Prototypen einsamer Personen* untersucht und dabei typische Gefühle, Gedanken und Verhaltensweisen in bezug auf diesen Personenkreis erfaßt (vgl. auch Gotlib & Cane, 1985; Horowitz, French & Anderson, 1982). Die häufigsten, prototypischen Eigenschaften waren Gefühle der Unterlegenheit, Wertlosigkeit, pessimistische Haltungen, Vermeidung sozialer Kontakte und Isolation (vgl. Elbing, 1991).

Prototypen von Intimität und sozialer Distanz wurden von Helgeson, Shaver und Dyer (1987) erhoben (vgl. Waring, Tillman, Frelick, Russel & Weisz, 1980). In Abhängigkeit von der Geschlechtszugehörigkeit konnten prototypische Merkmalsklassen intimer sozialer Beziehungen im Sinne von hierarchisch organisierten Clustern unterschieden werden. Frauen ordneten z. B. intimen sozialen Beziehungen folgende Merkmale zu: Ausdruck von Liebe und Wertschätzung, gegenseitiges Interesse und Anziehung, Empfang sozialer Unterstützung, sich Gedanken über die soziale Beziehung machen, Hilfen in Krisensituationen, Veränderungen in der sozialen Beziehung und Bedürfnisbefriedigung. Prototypen von *Liebe* und der Haltung, sich auf den anderen einzulassen, wurden von Fehr (1988) rekonstruiert. Dabei stellte er fest, daß von 66 Merkmalen 21 beiden Kategorien zugeordnet wurden und daß zentrale Merkmale im Gedächtnis besser repräsentiert waren. Vorgegebene Beschreibungen von sozialen Be-ziehungen unterschiedlicher Intimität wurden erwartungsgemäß gruppiert.

Cantor und Kihlstrom (1987) räumen *episodischen sozialen Kognitionen* einen zentralen Stellenwert ein. Nach Ansicht dieser Autoren sind episodische soziale Kognitionen das verbindende Moment zwischen prototypischen Person- und Situationskonzepten. Sie organisieren Ereignisse und Handlungen, sind durch grundlegende Bedürfnisse oder Handlungsziele geprägt, sie definieren bestimmte Lebensbereiche und enthalten Skripts und Normen für sozial-interaktives Geschehen (vgl. hierzu auch Ginsburg, 1988; Kruse, 1986). Zwar liegen keine Studien vor, die im engeren Sinne Prototypen sozialer Episoden erhoben haben, dennoch geben einige Untersuchungsergebnisse Anlaß zur Hoffnung, daß der Prototypenansatz auch für die Rekonstruktion von Kognitionen zu Ereignissen geeignet ist (vgl. Bower, Black & Turner, 1979; Harris, Gergen & Lannamann, 1987; Nelson & Gruendel, 1986; Tversky & Hemenway, 1983). Zum Beispiel stellten Bower et al. (1979) fest, daß skriptartige Alltagsroutinen übereinstimmend in bestimmte Abschnitte unterteilt wurden und vergleichbare Merkmalszuordnungen erhielten. Harris, Gergen und Lannamann (1987) zeigten, daß die Konsensualität der Vorhersage von aggressiven Handlungen um so ausgeprägter war, je typischer die hierfür sukzessiv vorgegebenen Interaktionsrituale dargestellt wurden. Freeman (1991) sieht im Prototypen-Ansatz eine generelle Möglichkeit, die Kognitionen von sozialen Netzwerken und Gruppen zu rekonstruieren. Er könne helfen, auch zu erkären, wie fehlende soziale Informationen mit Hilfe solcher kognitiver Strukturen ergänzt werden.

Kellys (1955) *Theorie der personalen Konstrukte* ist im Vergleich zu den bisher dargestellten theoretischen Zugängen wesentlich umfassender angelegt und anspruchsvoller. Sie begreift den Menschen als Wissenschaftler, der seine Welt geordnet und vorherschauend wahrnimmt. Ereignisse und Objekte werden als ähnlich oder unterschiedlich bewertet. Entsprechend ordnende Kognitionen fügen sich zu Konfigurationen zusammen, sogenannten Konstruktsystemen, die unterschiedliche Organisationsformen annehmen können. Sie werden u. a. nach Graden der Ordination, Komplexität, Integration und Durchlässigkeit unterschieden. Mit Hilfe recht unterschiedlicher, sogenannter Gitter-Techniken wurden personale Konstrukte in Hinsicht auf eine Vielzahl von Gegenstandsbereichen erhoben: Selbstbild, vermutetes Fremdbild, Körperbild, Trinksituationen, innerstädtische Umwelten und anderes mehr (Landfield & Epting, 1987; Neimeyer, 1985; Neimeyer & Neimeyer, 1983, 1985a,b; Schneider, 1990; Stringer & Bannister, 1979).

Bei der Entwicklung und beim Abbruch von *Freundschaftsbeziehungen* erwies sich die propositionale und strukturelle Ähnlichkeit personaler Konstrukte in bezug auf die soziale Welt als wesentliches Korrelat. Am Anfang von Freundschaftsbeziehungen dominierten äußerliche Beschreibungen (z. B. „ist groß, blond"), die später von interpersonell bedeutsamen

(z. B. „ist sensitiv") abgelöst wurden. Mit Hilfe solcher Konstrukte konnten auch *enge soziale Beziehungen* von oberflächlichen unterschieden werden (vgl. zur Übersicht Neimeyer & Neimeyer, 1985a, b). Die Theorie und Methode der personalen Konstrukte dürfte sich nicht nur bei der Rekonstruktion von Personeigenschaften in bestimmten sozialen Beziehungen eignen, sondern auch bei interpersonellen Ereignissen, wie dem Austausch von informellen Hilfen. Auch die Rekonstruktion kollektiver Vorstellungswelten von sozialen Netzwerken mit Hilfe dieses Zugangs wurde schon vorgeschlagen (Thomas, 1979).

Konsequent weitergeführt haben diesen Ansatz Scheele und Groeben (1988) und eine Theorie und Methode zur Rekonstruktion *subjektiver Theorien* entwickelt (vgl. auch Scheele & Groeben, 1984; Groeben, Wahl, Schlee & Scheele, 1988). Auch um sich von behavioristischen Konzepten abzugrenzen, entwarfen sie das Bild eines reflexiven Subjektes, das fähig ist, sich psychologische Gegenstandsbereiche auch mit Hilfe von Begrifflichkeiten zu erschließen, wie sie Wissenschaftler gebrauchen (Groeben, 1986). Vorstellungen und Beschreibungen zu Gegenstandsbereichen, die auch Merkmale sozialer Netzwerke sein könnten, werden auf vielfache Weise in Beziehung gesetzt und bilden relativ stabile, wenngleich modifizierbare kognitive Repräsentationen. Zusammengefügt werden subjektive Theorien mit Hilfe von z. B. Wenn-Dann-Aussagen, finalen Relationen, semantischen Ordnungsmustern usw.. Sie enthalten also potentiell Argumentationsstrukturen, wie sie der Wissenschaftler kennt.

Subjektive Theorien bilden Realität ab, sie haben aber auch erklärenden, prognostischen und handlungsrechtfertigenden Charakter. Darüberhinaus planen und steuern sie Handlungen. Die Struktur entsprechender subjektiver Theorien wird *konsensual* entwickelt und mit Hilfe einer Vielzahl von kommunkativen Methoden auch in diesem Sinne validiert. Daran schließt sich überlicherweise eine *explanative* Validerung an, die prüft, welchen Realitätsgehalt die so rekonstruierte subjektive Theorie besitzt. Erfahrungen zur Methode der Rekonstruktion subjektiver Theorien wurden ansatzweise auch im klinisch-psychologischen Bereich und in Hinsicht auf Merkmale sozialer Netzwerke gewonnen. So konnten u.a. die subjektiven Theorien zu Depression, Herzneurosen, Eßstörungen, Stottern, Vertrauen und Partnerschaft rekonstruiert werden (vgl. zur Übersicht Groeben et al., 1988). Mit diesem Zugang zu sozialen Kognitionen hat man es insgesamt mit dem wissenschaftstheoretisch, methodisch und theoretisch Anspruchsvollsten von allen bislang erwähnten zu tun.

Für die Untersuchung der Bedeutungsgehalte und der Struktur von Kognitionen zu verschiedenen Merkmalen sozialer Netzwerke steht also eine Auswahl von schon zum Teil bewährten Methoden und Theorien zur

Verfügung. Welche der verschiedenen Theorien und Methoden sich am besten eignet, um die subjektiven Repräsentationen von Merkmalen sozialer Netzwerke zu rekonstruieren, ist letztlich eine empirische Frage. Dabei muß nicht nur geklärt sein, welcher Zugang am meisten Varianz aufklärt, sondern welcher von ihnen dies auf ökonomische und zugleich evidente Weise tut. Dies schließt die Beantwortung der Frage mit ein, ob es bei der gelungenen Rekonstruktion enstsprechender sozialer Wissenssysteme auch möglich ist, *Vorhersagen in Hinsicht auf das Handeln* in sozialen Netzwerken zu machen.

Im Rahmen erster und vorbereitender Antworten auf diese Frage konnte festgestellt werden, daß Personen dann besonders häufig interagierten, wenn sie ihre Kommunikationsmuster ähnlich einschätzten und viel über sich gegenseitig wußten (Romney & Faust, 1982). Carley und Krackhardt (1990) konnten asymmetrisches, sozial-interaktives Verhalten mit Hilfe von sozio-strukturellen Merkmalen und mit Hilfe von sozial-kognitiv gefaßten Erwartungen vorhersagen. Die wahrgenommene Freundschaftsbeziehung und Distanz der eigenen Person zu entsprechenden sozio-strukturellen Clustern korrelierte mit dem Personalwechsel in einem Betrieb (Krackhardt & Porter, 1985). Je ähnlicher die wahrgenommenen Rollen im Sinne von gegenseitiger sozialer Unterstützung waren, um so wahrscheinlich war es, daß ein ganzes Cluster von Personen kündigte (Krackhardt & Porter, 1986). Stephenson (1990) konnte sowohl Unterschiede des Kommunikationsflusses zwischen Organisationen mit Hilfe von kognitiven Karten als auch mit Hilfe von offiziellen Informationsflußdiagrammen zuverlässig erkennen. Personen, die zu einem bestimmten Zeitpunkt ihre sozialen Beziehungen vergleichsweise negativ einschätzten, waren zu einem späteren Zeitpunkt sozial isolierter (Duck, Pond & Leatham, 1991). Damit bleibt insgesamt festzuhalten, daß viele Merkmale sozialer Netzwerke nicht nur kognitiv und dabei unterschiedlich repräsentiert sind, sondern daß die entsprechenden kognitiven Strukturen auch die Wahrnehmung und das Handeln in sozialen Netzwerken steuern.

8.1.3. Bedingungen und Varianten der Kognition sozialer Netzwerke: Klinisch-psychologische Aspekte

Wissensstrukturen zu Merkmalen sozialer Netzwerke sind keine Invarianten. Wie wir gesehen haben, werden sie durch kontextuelle und individuelle Parameter beeinflußt. Die Genauigkeit von Angaben zu Merkmalen sozialer Netzwerke variierte in Abhängigkeit von individuellen Vorlieben und von der Art quasi-objektiv gefaßter Eigenschaften sozialer Beziehungen (s. o.). Die Tatsache, daß durch individuelle Neigungen auch Merkmale sozialer Netzwerke verzerrt wahrgenommen werden, ist Anlaß für die Frage, ob diese Tendenz auch im klinisch-psychologischen Sinne differentiell bedeutsam ist.

Soziale Kognitionen als Ausgangspunkt für die Beschreibung interindividueller Differenzen zu wählen, hat eine lange Tradition in der Psychologie. Dazu gehört die Untersuchung kognitiver Stile, personaler Konstrukte und von Konzepten (z. B. Kontrollüberzeugungen), wie sie die sozialen Lerntheoretiker genutzt haben. Diese Tradition wird heute fortgesetzt und von Cantor und Kihlstrom (1989) mit dem Begriff der *sozialen Intelligenz* in Verbindung gebracht. Damit ist kein einheitliches Fähigkeitskonzept gemeint, sondern individuell und situativ variationsreiche Strukturen sozialer Kognitionen. Interindividuelle Unterschiede werden vor allem in Hinsicht auf verschiedene kognitive Ordnungsmöglichkeiten, Bewußtseinsgrade, Grade der Anschaulichkeit des Kognizierten, der Zugänglichkeit und Stabilität angenommen (Hastie, Park & Weber, 1984; Higgins, 1990).

Snyder (1974) unterschied zwei Typen von sozialen Orientierungen, die mit unterschiedlichen sozialen Kognitionen in Zusammenhang gebracht werden konnten. Personen, die mehr in Hinsicht auf die Spezifität von sozialen Situationen reagierten und mehr Interesse an unterschiedlichen Rollenzusammenhängen hatten *(„high self monitoring")*, besaßen andere Vorstellungen von Freundschaften als Personen, die sich mehr stabil als gleiche Person über verschiedene Situationen darstellen wollten *(„low self monitoring")*. Freie Beschreibungen von Freundschaften der Gruppe derer, die sich eher anpaßten, faßten mehr oberflächliche, wenig dauerhafte, wenig auf Homogenität und auf informelle Hilfen ausgerichtete soziale Beziehungen. Zugleich waren Freundschaften mehr über gemeinsame Aktivitäten und eine empathische Atmosphäre der sozialen Interaktionen definiert. Die Personenbeschreibungen dieser Gruppe waren wesentlich differenzierter als die der „stabileren" Gruppe, welche sich wiederum selbst vergleichsweise genauer darstellen konnte (Snyder & Cantor, 1980). Wurde die Gruppe der sich Anpassenden gebeten, soziale Aktivitäten bestimmten Personen ihres sozialen Netzwerks zuzuordnen, so entstand ein heterogenes Muster. Bei Personen, die sich eher stabil über verschiedene soziale Situationen darstellen wollten, waren die Vorstellungen von Freundschaften durch homogene, hilfreiche, stabile und intime soziale Beziehungen geprägt. Ihre Zuordnungen von Aktivitäten zu bestimmten Personen waren insgesamt wesentlich homogener (vgl. Snyder & Smith, 1986). Ein Konstrukt mit ähnlicher Bedeutung stellt die *„Selbstbewußtheit"* von Fenigstein, Scheier und Buss (1975) dar. Bei Roney und Sorrentino (1988) wurde deutlich, daß sehr auf *Sicherheit* bedachte Personen weniger vielfältige, aber dafür abgegrenztere

Kategorisierungen von Personen vornahmen als Individuen, die unsichere Urteile vorzogen. Wie schon erwähnt, wurden auch *geschlechtsgruppenspezifische* Prototypen von Intimität und von Liebe nachgewiesen (Fehr, 1988; Helgeson, Shaver & Dyer, 1987).

Auch im *klinisch-psychologischen Bereich* wurde die Bedeutung individueller Neigungen bei der Wahrnehmung und Beurteilung von Merkmalen sozialer Netzwerke untersucht. Dabei spielten Studien zum Einfluß irrationaler Kognitionen eine besondere Rolle. Insbesondere im Bereich der Depressionsforschung sind umfangreiche Überlegungen zur Frage gemacht worden, warum soziale Kognitionen von Depressiven negativ verzerrt oder auch realistischer sein könnten, als die von gesunden Personen (vgl. z. B. Alloy & Abramson, 1988; Kuiper, Derry & MacDonald, 1982; Kuiper & Higgins, 1985; Lakey & Cassady, 1990).

Bei der Beantwortung der Frage, wie soziale Informationen (andere Personen, ihre Eigenschaften und Verhalten, Verlust sozialer Unterstützung) von Depressiven verarbeitet werden, gibt es zum Teil konträre Auffassungen. Dabei bieten sich insgesamt vier verschiedene Möglichkeiten an:

1. Nach Markus und Smith (1981) werden im Sinne der Selbstkonsistenzhypothese soziale Informationen in Abhängigkeit von situativen Bedingungen konform zum Selbstwert beurteilt. Man geht davon aus, daß die Bewertung anderer Personen und entsprechender sozialer Informationen so ausfällt, wie es die jeweilige Selbstsicht zuläßt (vgl. Greenberg, Vazquez & Alloy, 1988; Sarasaon et al., 1991).
2. Gibbons (1986) wiederum glaubt, daß Depressive andere Personen abwerten, um ihre eigene Stimmung verbessern zu können.
3. Nach Kuiper und Derry (1982) und nach Ergebnissen einer Vielzahl von anderen Studien neigen Depressive, Einsame oder qualitativ schlecht sozial unterstützte Personen jedoch dazu, sich selbst im sozialen Vergleich immer negativer als andere einzuschätzen[6]. Diese negative Selbstsicht wird mit den Folgen des Verlusts wichtiger Bezugspersonen in Zusammenhang gebracht. Bei diesem Verlust käme es zu einer Beeinträchtigung von Handlungsplänen, die für die Definition von Rollenkonzepten von zentraler Bedeutung sind (Oatley, 1988).
4. Andere wiederum glauben, daß die Wahrnehmung von sozialen Informationen gerade bei Depressiven realistisch negativ sei, da sie nachweislich unter defizitären sozialen Bedingungen leben müßten (vgl. z. B. Blöschl, 1988; Coyne, 1976; Coyne & Gotlib, 1986; Stokes & McKirnan, 1989).

---

[6] Vgl. Alloy und Abramson (1988), Hufnagel, Steimer-Krause und Krause (1991), Jones, Freeman und Goswick (1981), Jones, Hobbs und Hockenbury (1982), Jones, Sansone und Helm (1983), Marangoni und Ickes (1989), Sarason et al. (1991), Swallow und Kuiper (1988), Wilbert und Rupert (1986).

Die Inkonsistenz der Befundlage zur Wahrnehmung von Merkmalen sozialer Netzwerke entspricht weitgehend diesen konträren Auffassungen. So stützen etwa die Befunde von Sarason et al. (1991) die Selbstkonsistenzhypothese. Die Autoren stellten fest, daß soziale Unterstützungen so gewertet und wahrgenommen wurden, wie man andere Personen beurteilte, aber auch so, wie sich die befragten Personen selbst sahen und wie sie glaubten durch andere eingeschätzt zu werden. Die Mehrzahl der Studien aber berichtet darüber, daß Depressive ihre sozialen Stützpotentiale negativ bewerten. In einigen Fällen jedoch waren die Einschätzungen der Depressiven realistischer oder gar positiver als die von ausgewählten Bezugspersonen[7]. Spezielle Hinweise zum Einfluß negativistischer Kognitionen auf die Wahrnehmung informeller Hilfen erbrachten Studien, die über ungünstige Zusammenhänge zwischen dysfunktionalen Einstellungen und entsprechenden Wertungen berichten konnten. Es scheint sicher, daß solche negativistischen Wahrnehmungen den Mangel an informellen Hilfen besonders pathogen wirken lassen (Barnett & Gotlib, 1988a, 1990; Hart & Hittner, 1991; Kuiper, Olinger & Swallow, 1988; Lakey & Cassady, 1990; Pagel & Becker, 1987; Robins & Block, 1989). In einer Längsschnittsstudie gelang es Barnett und Gotlib (1988a) beispielsweise nicht, die Depressivität von Studenten mit Hilfe von dysfunktionalen Gedanken, kritischen Lebensereignissen und sozialer Unterstützung vorherzusagen. Personen, die jedoch wenig informelle Hilfen erhielten und deren Grundeinstellung negativistisch und irrational war, wurden depressiver.

In anderen Störungsbereichen konnten solche negative Verzerrungen der Wahrnehmung von Merkmalen sozialer Netzwerke nur zum Teil festgestellt werden. Übereinstimmende Daten in Hinsicht auf die Größe von Familien, Freundschaften und Zahl der sozialen Beziehungen zwischen Alkoholikern und Mitgliedern der jeweiligen sozialen Netzwerke fanden z. B. Favazza und Thompson (1984). Auch Barrera, Baca, Christiansen und Stohl (1985) stellten fest, daß psychiatrische Patienten und Mitglieder ihres sozialen Netzwerks (Ehepartner, Familienmitglieder, Freunde, Kollegen und Therapeut) die Mengen verschiedener Arten der sozialen Unterstützung in etwa gleich angaben. Nur in bezug auf die Zahl intimer sozialer Interaktionen ergab sich keine Konkordanz der Urteile. Chronische psychiatrische Patienten neigten dazu, ihre sozialen Stützpotentiale zu überschätzen (Klein, Hawkins & Newman, 1987).

---

[7] Vgl. Amann (1990, 199a, b), Brim, Witcoff und Wetzel (1982), Duck, Pond und Leatham (1991); Kowalik und Gotlib (1987), Lunghi (1977), Oliver, Handal, Finn und Herdy (1987), Reiss und Benson (1985), Repetti (1987), Riess-Schmeling (1982), Vinokur, Schul und Caplan (1987).

Diese Studien verdeutlichen, daß sich Kognitionen zu Merkmalen sozialer Netzwerke auch im klinisch-psychologischen Sinne unterscheiden. Andererseits reichen die Ergebnisse dieser Studien nicht aus, um Kenntnisse darüber zu vermittteln, welche störungsspezifischen Bedeutungsgehalte und Strukturen die entsprechenden sozialen Kognitionen zusammenfügen. Kenntnisse dieser Art konnten aber im Kontext der schon erwähnten Zugänge zur Rekonstruktion kognitiv-räumlich gefaßter sozialer Episoden, von Prototypen und von personalen Konstrukten gewonnen werden. Jedoch beschränken sie sich bislang weitgehend auf die Rekonstruktion von Kognitionen zu sozialen Situationen bzw. zu Eigenschaften von Rollenträgern und Personen, die sich in spezifischen Bindungssituationen befinden.

So haben z. B. Rudy, Merluzzi und Henahan (1982) den Zugang zur Rekonstruktion *kognitiv-räumlicher Repräsentationen* mit Hilfe der multidimensionalen Skalierung genutzt, um Unterschiede in den Dimensionsgewichten von Situationen der sozialen Selbstsicherheit über verschiedene sozial ängstliche Teilgruppen zu bestimmen (vgl. Forgas, 1983).

Klinisch-psychologisch relevante *prototypische Personwahrnehmungen* konnten bei mehr oder weniger depressiven Studenten von Horowitz, French, Lapid und Weckler (1982) bzw. von Horowitz, French und Anderson (1982) nachgewiesen werden. Sie verglichen drei Gruppen mehr oder weniger depressiver oder einsamer Studenten in Hinsicht auf die Menge der einer prototypisch depressiven oder einsamen Person zugeordneten Eigenschaften (Gefühle, Gedanken, Verhalten). Depressivere Personen listeten mehr Gefühle und Gedanken auf, die für einsame Personen typisch sind. Obgleich die prototypischen Strukturen im Rahmen einer hierarchischen Clusteranalyse beschrieben wurden, verzichteten die Autoren weitgehend darauf, Differenzierungs- und Ordnungsgrade über die Gruppen hinweg miteinander zu vergleichen.

Eine Studie von Linville (1987), die allerdings nur den Differenzierungsgrad des *Selbstkonzepts* prototypisch rekonstruierte, kann als Hinweis darauf gewertet werden, daß auch sozial-kognitive Strukturen die Entwicklung depressiver Symptomatiken vorhersagen können. Linville (1987) ließ Studenten im Rahmen einer Sortieraufgabe sich selbst beschreiben und entsprechende Eigenschaften gruppieren. Dabei konnten bestimmte Eigenschaften mehrfach zu bestimmten thematischen Gruppen zusammengefaßt werden (z. B. Rollenbeziehungen zu Mitgliedern im sozialen Netzwerk). Mit Hilfe dieser Zuordnungen wurde die Selbstkomplexität bestimmt und festgelegt, wie differenziert das Selbst repräsentiert ist. Linville (1987) ging von der Annahme aus, daß die Immunität gegenüber negativen Affekten innerhalb der Struktur des Selbstkonzepts um so größer ist, je differenzierter und komplexer die Zuordnungen ausfallen. Über einen Zeitraum von zwei Wochen konnte die Selbstkomplexität in Interaktion mit kritischen Lebensereignissen depressive Symptome vorhersagen. Offensichtlich vermochte die von Linville (1987) angenommene Immunität differenzierter Selbstkonzepte, den negativen Einfluß von Belastungen mindern.

Die Untersuchung *personaler Konstrukte* in Hinsicht auf (klinisch-psychologisch) bedeutsame Unterschiede zwischen Personen geht von der Behauptung aus, daß ein mittleres Maß an kognitiver Komplexität angemessen ist (Kelly, 1955). Zu differenzierte Konstruktsystemen gehen zu Lasten eher globaler Einschätzungen und zu wenig komplexe beeinträchtigen die Genauigkeit von kognitiven Ordnungen und Vorhersagen. Integrierte kognitive Systeme gelten als Voraussetzung für differenzierte Entscheidungsfindungen (Landfield, 1977). Obgleich die Befundlage insgesamt nicht eindeutig ist, zeigten sich bei psychisch Kranken entsprechend übermäßige Komplexitäten oder auch mangelnde Differenzierungsgrade diverser personaler Konstrukte in verschiedenen Lebensbereichen (vgl. z. B. Button, 1983; Neimeyer, 1985; Neimeyer, Neimeyer & Landfield, 1983; Space, Dingemans & Cromwell, 1983). Bei Depressiven waren starke Diskrepanzen zwischen Real- und Selbstbild nachweisbar, wobei auch ein Mangel an positiven Konstrukten festgestellt werden konnte (Ashworth, Blackburn & McPherson, 1982; Axford & Jerrom, 1986 Space & Cromwell, 1980). Angelillo, Cimbollic, Doster und Chapman (1985) verglichen mit Hilfe des „Role Construct Repertory Inventory (REP) Test" die kognitive Komplexität, den Ordinationsgrad und die Ambiguität der Konstrukte einer Gruppe klinisch Depressiver mit einer psychiatrischen und einer Kontrollgruppe mit gesunden Personen. Der Vergleich der Urteilsmuster ergab, daß sich die kognitive Komplexität der Gruppen nicht unterschied. Gesunde Personen verfügten jedoch über einen größeren Ordnungsgrad in ihren Konstrukten. Sie waren zugleich auch weniger mehrdeutig als die der beiden klinischen Gruppen (vgl. hierzu auch Neimeyer, Klein, Gurman & Griest, 1983).

In Hinsicht auf die Rekonstruktion von *Zielstrukturen*, Handlungsorientierungen und *subjektiven Theorien* liegen im Gegensatz zu den zuletzt dargestellten Forschungsarbeiten zu klinisch-psychologisch bedeutsamen interindividuellen Unterschieden der Kognitionen zu Merkmalen sozialer Netzwerke fast keine brauchbaren Ergebnisse vor. Die Methode von Klinger et al. (1981) wurde z. B. von Ruehlman (1985) genutzt, um nachzuweisen, daß depressive Studenten ihre „Current Concerns" weniger positiv werteten und weniger engagiert verfolgten. Interessanterweise nannten sie u. a. auch mehr Vorhaben im Bereich von Liebe und Sexualität. In einer

Studie konnten Palys und Little (1983) lebenszufriedene Personen von weniger zufriedenen mit Hilfe der Merkmale trennen, die personale Projekte kennzeichnen. Personen mit hoher Lebenszufriedenheit verfolgten Projekte relativ kurzfristiger Art. Sie wurden vergleichsweise als wichtiger und auch klarer gewertet. Sie brachten mehr Freude und waren weniger schwierig. Zugleich waren Personen des sozialen Netzwerks mehr bei diesen Projekten beteiligt. Obgleich sich diese theoretischen Zugänge und auch die Studien noch wenig oder höchstens ansatzweise auf Kognitionen von Merkmalen sozialer Netzwerke beziehen, so ermutigen sie insgesamt doch dazu, auch die Rekonstruktion von Kognitionen zu diesem Gegenstandsbereich mit ihrer Hilfe zu versuchen.

8.2. Klinisch-psychologische Untersuchungen zu Kognitionen von Merkmalen sozialer Netzwerke

Will man Kognitionen zu Merkmalen sozialer Netzwerke rekonstruieren, so stellen sich auch aufgrund der bisherigen Ausführungen mehrere Aufgaben. Zunächst ist die Frage zu prüfen, welchen Merkmalen überhaupt und in welchem Ausmaß bzw. mit welchem kognitiven Differenzierungsgrad Bedeutungsgehalte zugewiesen werden. Ein zweite Aufgabe besteht darin, herkömmliche Methoden zur Erhebung von Merkmalen sozialer Netzwerke jenen Vorgehensweisen gegenüberzustellen, die man für die Rekonstruktion der Kognitionen zu diesen Merkmalen benötigt. Dabei muß auch festgestellt werden, welcher der vorgeschlagenen Zugänge zur Rekonstruktion entsprechender Kognitionen sich in bezug auf ausgesuchte Störungsbilder für differentialdiagnostische Fragen am besten eignet. Die folgenden Untersuchungen geben erste, vorläufige Antworten auf diese Fragen.

8.2.1. Intentionale Bedeutungsgehalte von Kognitionen zu Merkmalen sozialer Netzwerke

In einer ersten Studie wollten wir wissen, ob und welche Bedeutungsgehalte depressiv erkrankte Personen und Gesunde verschiedenen Merkmalen sozialer Netzwerke zuordnen (Röhrle & Bensberg-Esslinger, 1990)[8]. Dabei wurden solche Merkmale ausgewählt, die sich in der Depressionsforschung als wesentlich erwiesen haben. Dazu gehören die Charakteristi-

---
[8] Vgl. Bensberg-Esslinger (1988).

ka „Größe", „Dichte", „Multiplexität" und „Erreichbarkeit" (vgl. z. B. Holahan & Moos, 1982; Lin, Dumin & Woelfel, 1986). Diese Merkmale sollten auch subjektiv gewertet werden. Bislang wurde hauptsächlich erhoben, wie zufriedenstellend, wie wichtig die Größe sozialer Netzwerke und wie gut die Qualität sozialer Beziehungen oder soziale Netzwerke als Ganzes empfunden werden (vgl. z. B. Auslander, 1988; Billings, Cronkite & Moos, 1983; Riess-Schmeling, 1982; Slavin & Compas, 1989; Stokes, 1983). Auf Grund der bisherigen Befunde ist anzunehmen, daß Depressive Merkmale sozialer Netzwerke deshalb vergleichsweise als besonders wichtig, aber wenig zufriedenstellend empfinden, weil sie ihre soziale Umwelt verzerrt negativ wahrnehmen und unter einem Mangel an sozialen Bindungen und hilfreichen sozialen Beziehungen leiden (vgl. auch Kuiper, Olinger & McDonald, 1988; Oliver, Handal, Finn & Herdy, 1987; Pagel & Becker, 1987; Power, Champion & Aries, 1988).

Bei der Auswahl geeigneter theoretischer Ansätze und Wissenssysteme zur Rekonstruktion von Kognitionen zu Merkmalen von sozialen Netzwerken haben wir uns zunächst auf solche bezogen, die den Umgang mit ihnen als ein von der Person ausgehendes, aktives und *zielorientiertes Geschehen* begreifen (Coyne, Kessler, Tal, Turnbull, Wortman, & Gregen, 1987; Ruehlman & Wolchik, 1988). Mit einer solchen Auffassung stehen im Bereich der Depressionsforschung vor allem handlungstheoretische Konzeptionen im Einklang, die davon ausgehen, daß Depressive unter einer Beeinträchtigung der Handlungsmöglichkeiten und -regulation leiden. In Anlehnung an Oatley (1988) wurde vermutet, daß durch sozialen Verlust, durch perseverierende Orientierungen an nicht erreichbaren Zielen, durch einen übermäßigen Selbstbezug, aber auch durch konfligierende soziale Interaktionen, die sozialen Handlungspläne von Depressiven allgemein beeinträchtigt sind (vgl. auch Hyland, 1987; Klinger, 1987; Kuhl & Helle, 1986; Musson & Alloy, 1988). In Hinsicht auf den intentionalen Bedeutungsgehalt von Merkmalen sozialer Netzwerke sollte dies bedeuten, daß Depressive vergleichsweise wenige Ziele und auch wenig Handlungsmöglichkeiten mit diesen Merkmalen verknüpfen (vgl. hierzu auch Arieti & Bemporad, 1983; Neimeyer, 1985). Von den verbleibenden Zielen sind vor allem solche bedeutsam, welche die defizitäre soziale Situation dieser Personen widerspiegeln.

Diese Überlegungen führten insgesamt zu folgenden Fragestellungen:
a) Unterscheiden sich Depressive von nicht Depressiven in den Merkmalen „Größe", „Dichte", „Multiplexität" und „Erreichbarkeit" ihrer sozialen Netzwerke?
b) Welche Bedeutungsgehalte (Art der Ziele, Handlungsorientierung, Ausmaß des Selbstbezugs) ordnen diese beiden Persongruppen diesen Merkmalen sozialer Netzwerke zu?

c) Unterscheiden sich depressive Personen von nicht depressiven in Hinsicht auf die kognitive Differenziertheit der aktualisierten Zielkonzepte?

d) Zeigt sich die Depressogenität entsprechender sozialer Kognitionen auch in einem relativ einfachen Rating zur Qualität sozialer Netzwerke?

Diese Fragen wurden im Rahmen einer Querschnittsstudie beantwortet, weil eine so explorativ angelegte Untersuchung zunächst an der empirisch gesicherten Tradition anzuknüpfen hat, wonach sich Kognitionen von Depressiven als differential-diagnostisch wertvoll auszuweisen haben (vgl. hierzu Barnett & Gotlib, 1988b; Jong-Meyer, 1992). Im Vordergrund standen jedoch der Wunsch, erste Eindrücke davon zu gewinnen, wie die Vorstellungswelt zu den ausgesuchten Merkmalen sozialer Netzwerke aussieht.

Neben der Auswahl entsprechender Gruppen von depressiv und nicht depressiv erkrankten Personen wurde zusätzlich zur Differenzierung der „Automatic Thought Questionnaire (ATQ)" von Hollon und Kendall (1980) genutzt. Der ATQ stellt in Hinsicht auf die ausgewählte Fragestellung ein bedeutsames Unterscheidungsinstrument dar. Er korreliert hoch mit verschiedenen, auch kognitiven Depressionsmaßen und hat deutliche Gruppenunterschiede zwischen Depressiven und nicht Depressiven erkennen lassen (vgl. zur Übersicht Röhrle, 1988c).

Um die Merkmale „Größe", „Dichte", „Multiplexität" und „Erreichbarkeit" der sozialen Netzwerke im *quasi-objektiven* Sinne zu erheben, wurde ein Verfahren in Anlehnung an Todd (zit. in Curtis, 1979) und Klusmann (1987) gewählt. Die „Größe" eines sozialen Netzwerkes ergab sich aus der Zahl der wichtigen Personen. Die „Dichte" stellte sich als Verhältnis der Gesamtzahl der genannten sozialen Beziehungen zwischen allen genannten Mitgliedern des sozialen Netzwerks und der Zahl der maximal möglichen. Die „Multiplexität" wurde in der Zahl der Personen gefaßt, die mehrfach zu verschiedenen Sektoren des sozialen Netzwerks zugeordnet wurden (z. B. Person A als Freund und als Kollege). Die „Erreichbarkeit" der Netzwerkmitglieder wurde durch die Zahl der Personen operationalisiert, die am gleichen Ort lebten oder in weniger als einer Stunde zu erreichen waren. Darüberhinaus wurden diese Merkmale in der herkömmlichen Form *subjektiv gewertet*, indem die Untersuchungteilnehmer anhand einer Ratingskala anzugeben hatten, wie zufriedenstellend sie jeweils für sie sind.

Diese Bewertungen und auch die Zuordnung der Bedeutungsgehalte bezog sich aber nicht auf die in der Netzwerkforschung üblichen Begriffe, sondern auf Äquivalente, wie sie sich in Voruntersuchungen als sinnvoll erwiesen hatten. Der „Größe" entsprach die Frage „Ist es wichtig für Sie, daß Sie viele Menschen haben, die in Ihrem Leben eine Rolle spielen?" Die „Dichte" wurde in folgender Frage gefaßt: „Ist es wichtig für Sie, daß die Menschen, die in ihrem Leben eine Rolle spielen, untereinander und mit Ihnen verbunden sind bzw. sich gut kennen?". Die „Multiplexität" wurde durch folgende Frage vorgegeben:"Ist es wichtig für Sie, daß Sie mit Menschen, die in Ihrem Leben eine Rolle spielen, in ganz verschiedenen Lebenszusammenhängen etwas besprechen und unternehmen können?" Das Merkmal „Erreichbarkeit" wurde durch folgende Frage repräsentiert:"Ist es wichtig für Sie, daß die Menschen, die in Ihrem Leben eine Rolle spielen, auch in Ihrer Nähe wohnen?".

Nachdem die Untersuchungsteilnehmer angegeben hatten, wie wichtig für sie diese Merkmale waren und wie zufriedenstellend sie ihr soziales Umfeld dementsprechend empfanden, wurden sie im Rahmen eines strukturierten Interviews um eine Begründung gebeten. Die Antworten der Untersuchungsteilnehmer wurden transkribiert und inhaltsanalytisch ausgewertet. Für diese Inhaltsanalyse wurde sowohl ein Kategorien- als auch ein Zeichensystem genutzt.

Die *kategoriale Einschätzung* der Antworten als *Bedeutungsgehalte* der Kognitionen zu Merkmalen sozialer Netzwerke bestand zunächst in der Feststellung, ob *Handlungsziele* erwähnt wurden. Danach wurde anhand eines Kategoriensystems geprüft, ob der Untersuchungsteilnehmer Ziele formuliert hatte, die

1. mit dem Wunsch nach *sozialem Rückzug* zu tun haben, oder
2. *intime soziale Beziehungen* für den Befragten herstellen sollen, oder
3. der *Stabilisierung des sozialen Netzwerks* an sich dienen könnten.
4. Wurde davon gesprochen, daß man verschiedene Arten informeller Hilfen erhalten möchte, so wurde dies als ein Ziel der *sozialen Unterstützung* kodiert.

Für jeden Untersuchungsteilnehmer wurde die Zahl der entsprechenden Ziele festgehalten und als Stärke der Zielorientierung in den entsprechenden Kategorien behandelt. Ziele des *„sozialen Rückzugs"* waren gegeben, wenn Distanz zu anderen gewünscht, Situationen des Alleinseins bevorzugt, die Hilfsbereitschaft von Netzwerkmitgliedern in Zweifel gezogen oder allgemein Enttäuschung, Mißtrauen und Feindseligkeit in bezug auf andere zum Ausdruck gebracht wurde. Ziele der *„Intimität"* wurden kodiert, wenn bei Problemen auf vertraute Personen gebaut werden und wenn soziale Beziehungen zu einzelnen Personen im Rahmen von Vertrauen und Akzeptanz gestaltet werden sollten. Ziele zur *„Netzwerkstabilisierung"* galten dann als gegeben, wenn betont wurde, daß es den Zusammenhalt innerhalb des gesamten Netzwerkes oder einzelner Bereiche zu festigen gelte, damit die Mitglieder des sozialen Netzwerkes mehr miteinander unternehmen, sich sicherer fühlen und Streit vermeiden können.

„*Ziele der sozialen Unterstützung*" wurden dann als vorhanden eingeschätzt, wenn bei unterschiedlichen Problemlagen allgemeine Hilfeformen gewünscht oder praktischer bzw. emotional-kognitiver Beistand als bedeutsam angesehen wurde.

Hinweise zum Aufbau der kognitiven Strukturen bzw. zu *formalen Charakteristika* der Bedeutungsmuster, die den Netzwerkmerkmalen zugewiesen wurden, war aus der Zahl der genannten Ziele abzuleiten. Sie sollte die kognitive *Differenziertheit* der beteiligten kognitiven Strukturen abbilden.

Mit Hilfe einer Skala zur Einschätzung der Stärke der *Handlungstendenzen* wurde auch festgehalten, ob und welche Art von Handlungsmitteln zur Beeinflussung der Netzwerkmerkmale genannt wurden. Dabei wurden vier Arten der Handlungstendenz unterschieden: Keine Handlungstendenz, passiv-konsumtive Handlungstendenz, aktiv-unbestimmte Handlungstendenz, konkrete Handlungstendenz.

Um zuverlässige Hinweise auf das Ausmaß des *Selbstbezugs* bei der Zuweisung der Bedeutungsgehalte zu den Netzwerkmerkmalen zu erhalten, wurde die Zahl der ichbezogenen Wörter ausgezählt (ich, mir, mein, mich). Dabei wurde an Untersuchungsmethoden der Inhaltsanalyse angeknüpft, die im Rahmen von *Zeichensystemen* mit Hilfe von Satzergänzungstests die starke Ichbezogenheit von Depressiven nachweisen konnten (vgl. Ingram & Smith, 1984). Um den Einfluß möglicher unterschiedlicher Sprachproduktivität zu kontrollieren, wurde diese Zahl durch die Menge der insgesamt genutzten Worte relativiert. Die Übereinstimmung der inhaltsanalytischen Kodierungen wurde anhand eines Transkripts überprüft. Sie betrug zwischen zwei Diplomanden des Faches Psychologie 86 Prozent.

In einem psychiatrischen Krankenhaus bot sich die Gelegenheit, eine Stichprobe von n = 19 depressiv erkrankten Personen zu untersuchen. Die Diagnosen basierten auf keinem derzeit gängigen Klassifikationssystem, sondern entsprachen der dort üblichen psychiatrischen Urteilsbildung. Elf Patienten erhielten die Diagnose einer „endomorphen Depression". Die übrigen Patienten wurden als depressiv psychotisch (1), schizo-affektiv psychotisch (1), reaktiv depressiv (2), neurotisch depressiv (2) mit Persönlichkeitsstörungen (1) und unter einem depressiven Syndrom leidend (1) diagnostiziert. Zum Vergleich wurde eine parallele Stichprobe nicht auffälliger, unbehandelter Personen zusammengestellt (n = 17). Wegen der geringen Größe der Stichproben wurden nonparametrische Verfahren zur Prüfung der Hypothesen herangezogen. Der Median im ATQ betrug für die

Stichprobe der Depressiven Md = 65.00 und für die Vergleichsstichprobe Md = 36.88; der Unterschied war hoch signifikant (U = 36; p < .0001). In den soziodemographischen Merkmalen unterschieden sich beide Gruppen in keiner Weise signifikant voneinander. In der Gruppe der Depressiven waren zehn Frauen und sieben Männer, in der Vergleichsstichprobe befanden sich zwölf Frauen und sieben Männer (Chi^2 = 0.08; p > .77). Die Depressiven waren im Mittel Md = 37.75 und die nicht Depressiven Md = 42.75 Jahre alt (U = 153.5; n. s.). Ohne feste Partnerschaft waren zehn Depressive und neun der Vergleichsstichprobe (Chi^2 = 0.00; p > .96). Kinder hatten elf der nicht Depressiven und neun der Depressiven (Chi^2 = 3.40; p > .32). Den unteren Bildungsschichten gehörten 70.59 % der nicht Depressiven und 73.68 % der Depressiven an (Chi^2 = 1.37; p > .70). Von den depressiven Personen waren 52.63 % und von den nicht depressiven 58.82 % Arbeiter (Chi^2 = 4.77; p > .68).

Die Ergebnisse der Untersuchung zeigten, daß die Gruppe der Depressiven signifikant kleinere soziale Netzwerke besaß. Keine der Einschätzungen in Hinsicht auf die Wichtigkeit und die Zufriedenheit mit verschiedenen Merkmalen des sozialen Netzwerks erwies sich zwischen den beiden Gruppen als signifikant unterschiedlich (vgl. Tabelle 9). Beide Gruppen schätzen die verschiedenen Merkmale sozialer Netzwerke als relativ bedeutsam ein und waren auch zugleich relativ zufrieden mit ihnen.

Tabelle 9. Vergleich von quasi-objektiven Netzwerkmerkmalen und subjektiven Einschätzungen bei Depressiven und nicht Depressiven (nach Röhrle & Bensberg-Esslinger, 1990)

	Depressive (n =19) Md^a	Nicht Depressive (n =17) Md	U^b	p
Quasi-objektive Merkmale				
Größe	5.34	17.00	97.00	.05
Dichte	0.47	0.42	153.00	n. s.
Multiplexität	2.44	2.91	115.50	n. s.
Erreichbarkeit	8.25	11.25	115.50	n. s.
Subjektive Einschätzungen				
Wichtigkeit	2.75	2.49	121.00	n. s.
Zufriedenheit	2.88	3.92	144.00	n. s.

a = Median; b = U-Test nach Mann-Whitney

Beide Gruppen nannten auch ähnlich viele Ziele. Ein Vergleich der Verteilungen der Ziele zu verschiedenen Merkmalen sozialer Netzwerke war wegen der zu geringen Zellbesetzung leider nicht möglich. So konnten nur die Stärke der Zielorientiertheit der beiden Gruppen in den einzelnen Kategorien gegenübergestellt werden. Dabei zeigte sich, daß die Gruppe der nicht depressiven Personen signifikant mehr Ziele zur Herstellung von intimen sozialen Beziehungen formulierte als die Gruppe der Depressiven. Diese wiederum thematisierte mehr Ziele, die mit dem Erhalt von sozialer Unterstützung zu tun hatten. Ziele zum sozialen Rückzug und zur Stabilisierung des sozialen Metzwerks wurden etwa gleich selten angesprochen. Die Gruppe der nicht Depressiven nannte signifikant mehr Handlungen, die auf eine aktive Handlungstendenz schließen lassen. Die depressiven Personen nutzten signifikant mehr ichbezogene Worte (vgl. Tabelle 10).

Bedingt durch das Mißverhältnis von Stichprobengröße und Zahl der Variablen, gehört der mögliche Alphafehler neben der Heterogenität der Stichprobe der Depressiven zu den gravierensten methodischen Problemen der Studie. Auch die Frage bleibt offen, inwieweit die verschiedenen Vorstellungen zu unterschiedlichen Merkmalen sozialer Netzwerke erst durch die Art des Interviews aktiviert oder gar hergestellt wurden. Von daher sind die Ergebnisse höchstens im Sinne vorläufiger Schlußfolgerungen zu interpretieren. Dabei ist festzustellen, daß die von uns untersuchten Personen unterschiedliche Ziele mit den verschiedenen Merkmalen sozialer Netz-

Tabelle 10. Vergleich der Kognitionen zu Merkmalen sozialer Netzwerke bei Depressiven und nicht Depressiven (nach Röhrle & Bensberg-Esslinger, 1990)

	Depressive (n =19) Md^a	Nicht Depressive (n =17) Md	U^b	p
Kognitiv strukturelles Merkmal „Differenzierung"^{c}	4.60	4.66	130.50	n. s.
Bedeutungsgehalte Ziele				
Intimität	0.86	1.75	62.50	.01
Unterstützung	2.51	1.38	98.00	.02
Sozialer Rückzug	0.67	0.53	128.00	n. s.
Netzwerkstabilisierung	0.95	0.85	141.00	n. s.
Handlungstendenz	2.29	3.29	101.00	.05
Selbstbezug	39.00	26.00	63.00	.01

a = Median; b = U-Test nach Mann-Whitney; c = Zahl der insgesamt genannten Ziele

werke verknüpfen konnten. Es deutet sich an, daß alle ausgesuchten Merkmale sozialer Netzwerke vor allem mit Intentionen assoziiert wurden, zu informellen Hilfen gelangen zu können.

Auffallend ist, daß die Depressiven mit den Merkmalen ihrer sozialen Netzwerke gleich zufrieden waren und sie ähnlich bedeutsam einschätzten wie die nicht Depressiven, obwohl diese kleinere soziale Netzwerke besaßen. Dies entspricht auch den Befunden von Riess-Schmeling (1982). Sie konnte nachweisen, daß sich Depressive von gesunden Personen deutlich in der Menge berichteter sozialer Kontakte und der Zahl von engen Bezugspersonen unterschieden. Aber auch in ihrer Untersuchung zeigten sich in Hinsicht auf Einschätzungen zur Annehmlichkeit, Harmonie, Wichtigkeit, zum Belohnungswert, und zur Intimität sozialen der Kontakte ebenfalls keine Unterschiede (vgl. hierzu Amann, 1990). Die Befunde in unserer Studie lassen vermuten, daß die Depressiven in bezug auf die Größe ihrer sozialen Netzwerke bescheidener geworden sind. Möglicherweise hatte sich aber auch der Spreu vom Weizen getrennt, indem die sozialen Netzwerke der Depressiven auf einen Bestand geschrumpft waren, der, von der Qualität der sozialen Beziehungen her betrachtet, besser war als zuvor.

Dies könnte auch erklären, daß Depressive weniger Interesse an intimen sozialen Beziehungen äußerten. Es ist aber nicht auszuschließen, daß die depressiven Patienten in diesem Bereich Ziele aufgegeben hatten. Ziele des sozialen Rückzugs und der Stabilisierung sozialer Netzwerke war für beide Gruppen kaum von Bedeutung. Möglicherweise trug die Situation der von den Depressiven zwar akzeptierten, aber doch zahlenmäßig bedeutsamen sozialen Isolation dazu bei, daß die Bedürfnisse nach sozialer Unterstützung besonders ausgeprägt waren. Dies steht im Einklang zum Befund von Barrera (1981), der einen positiven Zusammenhang zwischen der Bedürfnisstärke nach sozialer Unterstützung und der Depressivität feststellen konnte. Aus dem gleichen Grunde ist anzunehmen, daß die Gruppe der Depressiven kaum Ziele des sozialen Rückzugs benannte. Es gab ja auch für diese Gruppe nur noch vergleichsweise wenig Personen, von denen sie sich hätten distanzieren können. Die Gruppe der nicht Depressiven hatte kaum Anlaß, solche Ziele für sich zu formulieren, da das soziale Netzwerk dieser Personen als zufriedenstellend erlebt wurde. Die für beide Gruppen geringe Neigung, Ziele zu nennen, die dem Erhalt des sozialen Netzwerks als solchem dienen, spricht dafür, daß eine in diesem Zusammenhang nicht egozentrierte Sichtweise allgemein ungewöhnlich war.

Die passivere Handlungsorientierung der von uns befragten Depressiven entspricht nicht nur der allgemein in Fachkreisen so wahrgenommen Symptomatik dieser Störung, sondern auch den Ergebnissen vieler Studien, wonach Depressive über weniger soziale Fertigkeiten verfügen (vgl. z. B.

Lewinsohn, Mischel, Caplin & Barton, 1980). Daß Depressive stark selbstbezogen sind, ist auch von Ingram und Smith (1984) nachgewiesen worden und sprach für die verstärkte Selbstaufmerksamkeit der von uns untersuchten Patienten bei der Wahrnehmung und Beurteilung von Merkmalen sozialer Netzwerke.

Die Hypothese, wonach die Depressiven eine wenig differenzierte kognitive Struktur in Hinsicht auf Merkmale sozialer Netzwerke besitzen sollten, konnte aber insgesamt nicht bestätigt werden. Dieser Befund spricht dafür, daß sich beide Gruppen in ähnlich differenzierter Weise mit ihrer sozialen Umwelt auseinandergesetzt haben und entsprechend viele Zielvorstellungen entwickeln konnten.

Die vorgestellte Studie ist ein erster Versuch, Kognitionen zu sozialen Netzwerken zu rekonstruieren. Sie ist deshalb ermutigend, weil ansatzweise Unterschiede zwischen depressiven und nicht depressiven Personen in bezug auf klinisch-psychologisch relevante Bedeutungsgehalte dieser Kognitionen offenkundig wurden. Bis auf eine Ausnahme waren dagegen die quasi-objektiv erfaßten und auch die subjektiv gewerteten Merkmale ohne Bedeutung.

Um die intentionalen Bedeutungsgehalte von Merkmalen sozialer Netzwerke genauer kennenzulernen und um Erfahrungen im Umgang mit verschiedenen Methoden zur Rekonstruktion von kognitiv repräsentierten Vorhaben zu diesem Bereich zu gewinnen, wurden von uns in einer weiteren Studie die *personalen Projekte* zur Herstellung und Pflege sozialer Beziehungen bei ähnlichen Stichproben erhoben (Röhrle, Hedke & Leibold, im Druck)[9]. Untersucht wurden vierzig ambulante, teilstationäre und stationäre Patienten mit reaktiven Depressionen (ICD 9, Nr. 309.1; n = 12) oder unipolaren endogenen Depressionen (ICD 9, Nr. 296.1; n = 28). Sie besaßen einen Grenzwert von wenigstens 14 im Beck Depressions Inventar (BDI) in der von Kammer (1983) überprüften Fassung. Diese Gruppe wurde 34 vergleichbaren, aber nicht auffälligen Personen mit einem Grenzwert < 14 im BDI gegenübergestellt. Die beiden Gruppen unterschieden sich nicht wesentlich in Hinsicht auf das Alter, das Geschlecht, Familienstand und Schulbildung. Deutliche Unterschiede zeigten sich im BDI ($\bar{X}$ = 25.85; SD = 8.47; $\bar{X}$ = 5.73, SD = 3.59; t = 12.88, p < .00001).

Alle Untersuchungsteilnehmer wurden gebeten, jeweils fünf personale Projekte zu nennen, die mit dem Aufbau sozialer Beziehungen zu tun haben. Jedes dieser Projekte wurde im Anschluß daran jeweils mit Hilfe einer zehnstufigen Ratingskala in Hinsicht auf die von Little (1983) vorgeschlagenen verschiedenen Charakteristika eingeschätzt:

---

[9] Vgl. Hedke (1992); Leibold (1992).

1. Wichtigkeit,
2. Vergnügen,
3. Schwierigkeit,
4. Sichtbarkeit für andere,
5. Kontrolle,
6. Verantwortlichkeit,
7. Streß,
8. zeitliche Angemessenheit,
9. Erfolgserwartung,
10. Identifizierungsgrad,
11. Gewichtung durch Andere,
12. Deckung mit den eigenen Wertmaßstäben,
13. positive Auswirkungen auf jeweils andere Projekte
14. negative Auswirkungen auf jeweils andere Projekte,
15. Nähe zum Erfolg,
16. Herausforderung und
17. Inanspruchnahme.

Die innere Konsistenz des Verfahrens beträgt Cronbach-Alpha = .76, die der einzelnen Teilskalen schwankt zwischen .60 und .66.

Die Qualität der informellen Hilfen und soziale Belastungen wurden mit Hilfe des Fragebogens zur sozialen Unterstützung (F-SOZU; Teil A) von Sommer und Fydrich (1989) erhoben. Die Neigung, sich selbst, die Welt und die Zukunft negativ verzerrt wahrzunehmen, wurde anhand der „Dysfunctional Attitude Scale" in der deutschen Fassung von Hautzinger, Luka und Trautmann (1985) gemessen. Die Neigung, auch informelle Hilfen verzerrt wahrzunehmen, wurde durch das Verhältnis von sozialer Unterstützung und Ausmaß an dysfunktionalen Einstellungen bestimmt.

Um die Wahrscheinlichkeit eines Alpha-Fehlers zu reduzieren wurde das Signifikanzniveau nach Dunn (1961) adjustiert (p <.05/20 = .003). Es zeigte sich, daß die Gruppe der depressiven Patienten weniger sozial unterstützt wurde, dyfunktionalere Einstellungen besaß und zugleich ihre informellen Hilfen kognitiv verzerrter beurteilte (vgl. Tabelle 11). Damit zeigte sich wiederum, daß Berichten depressiver Patienten über ihre soziale Situation, trotz möglicher objektiver Defizite, mit Vorsicht begegnet werden sollte.

Beim Vergleich der einzelnen Kriterien zur Bewertung der personalen Projekte mit Hilfe von T-tests zeigten sich in acht der siebzehn Teilskalen signifikante Unterschiede zwischen der Gruppe der depressiven Patienten und der Vergleichsgruppe. Unterschiede ließen sich in den Bereichen „Schwierigkeit", „Kontrolle", „Streß", „zeitliche Angemessenheit",

Tabelle 11. Dysfunktionale Einstellungen und soziale Unterstützung bei depressiven Patienten und einer Kontrollgruppe (nach Röhrle, Hedke & Leibold, im Druck)

Variable	Depressive (n = 40)		Kontrollgruppe (n = 34)			
	$\bar{X}$	SD	$\bar{X}$	SD	t	p (einseitig)
Dysfunktionale Einstellungen (DAS)	142.33	26.93	112.91	23.68	4.95	.000003
Soziale Unterstützung (F-SOZU-Gesamtwert)	134.90	29.79	166.00	30.64	–4.40	.00002
Verzerrte Wahrnehmung sozialer Unterstützung (DAS/F-SOZU)	1.12	0.36	0.72	0.26	5.53	.0000003

„Erfolgserwartung" „Identifizierung, „negative Auswirkungen für andere Projekte und „Inanspruchnahme" (vgl. Tabelle 12) nachweisen. Die untersuchten depressiven Patienten empfanden sich durch ihre Projekte zur Herstellung und Pflege sozialer Beziehungen vergleichsweise stärker beansprucht bzw. belastet. Sie schätzten diese als schwieriger bzw. als weniger kontrollierbar ein. Den zeitlichen Aufwand für die personalen Projekte beurteilten sie ungünstiger als die Kontrollgruppe. Außerdem identifizierten sich sich in geringerem Ausmaß mit ihren persönlichen Vorhaben. Sie erwarteten mehr negative Auswirkungen auf andere Projekte und zugleich weniger Erfolge. Dies zeigt insgesamt, daß Depressive nicht nur einen Mangel an angemessener sozialer Unterstützung erleben, sondern es subjektiv und wahrscheinlich auch objektiv schwer haben, sich den von ihnen gewünschten sozialen Rückhalt zu verschaffen (vgl. Klinger, 1987).

Läßt man die Alpha-Korrektur außer acht, so zeigt sich tendenziell, daß sich die depressiven Patienten weniger verantwortlich für die Durchführung ihrer Projekte fühlten. Zugleich stimmten sie auch weniger mit ihren Wertmaßstäben überein und sie empfanden sie als weniger vergnüglich.

Wider Erwarten wurden die personalen Projekte von beiden Gruppen als gleich wichtig, ähnlich herausfordernd bzw. erfolgsträchtig und für andere als gleich sichtbar und gewichtig eingeschätzt. Auch positive Auswirkungen auf andere Projekte wurden von beiden Gruppen nur in einem mittleren Ausmaß erwartet. Möglicherweise spiegeln diese Ergebnisse den gemeinsamen Realitätsgrad der Wahrnehmung der personalen Projekte beider Gruppen wider.[10]

---

[10] Ein Vergleich der endogen und reaktiv depressiven Patienten in den abhängigen Variablen erbrachte keine nennenswerte Unterschiede.

Tabelle 12. Merkmale Personaler Projekte zur sozialen Unterstützung bei depressiven Patienten und einer Kontrollgruppe (nach Röhrle, Hedke & Leibold, im Druck)

Variable	Depressive (n = 40)		Kontrollgruppe (n = 34)			
	X̄	SD	X̄	SD	t	p (einseitig)
Personale Projekte						
Wichtigkeit	7.99	1.98	7.84	1.62	0.35	.36
Vergnügen	7.17	2.50	8.32	1.21	−2.57	.006
Schwierigkeit	5.76	2.94	3.50	2.24	3.72	.0002
Sichtbarkeit für Andere	6.21	2.47	6.37	2.52	−0.27	.39
Kontrolle	6.77	2.06	8.13	1.50	−3.26	.001
Verantwortlichkeit	7.37	2.28	8.24	1.34	−1.92	.03
Streß	6.16	2.62	3.53	2.13	4.72	.00007
zeitliche Angemessenheit	7.23	2.22	8.85	1.20	−3.74	.0001
Erfolgserwartung	6.77	2.09	8.36	1.18	3.74	.0002
Identifizierung	6.41	2.57	7.99	1.60	3.10	.002
Gewichtung durch Andere	6.33	2.55	6.09	2.19	0.44	.33
Deckung mit eigenen Werten	7.15	2.51	8.35	1.55	−2.41	.009
Positive Auswirkung auf andere Projekte	5.38	2.63	5.53	4.56	−0.20	.42
Negative Auswirkung auf andere Projekte	2.61	2.56	1.16	1.59	2.81	.003
Nähe zum Erfolg	5.17	2.68	6.41	2.33	−2.11	.02
Herausforderung	5.70	3.08	4.88	1.94	1.36	.09
Inanspruchnahme	5.91	2.41	3.85	1.96	4.03	.00007

Trotz der noch nicht insgesamt befriedigenden Befunde macht die Untersuchung deutlich, welche handlungsorientierten Kognitionen bei der Beurteilung von Merkmalen sozialer Netzwerke beteiligt sein können. Neben dieser Einsicht aber hat die Erhebung von personalen Projekte zur Herstellung und Pflege sozialer Beziehungen aber auch eine statistische Evidenz erbracht, die den Vergleich zu herkömmlichen Verfahren zur Messung kognitiver Verzerrungen bei der Wahrnehmung von sozialer Unterstützung nicht zu scheuen braucht.

Von den vielen offenen Fragestellungen dieser Untersuchungen, etwa in Hinsicht auf kausal-analytische Aussagemöglichkeiten, oder in bezug auf die Bedeutungsgehalte weiterer Netzwerkmerkmale, wurden zwei Probleme als besonders dringlich angesehen:

1. Obgleich prozedurales Wissen erhoben wurde, blieb der Ereignischarakter dieser Kognitionen auch in Hinsicht auf situative Verknüpfungen der Handlungspläne bei der Herstellung und Pflege sozialer Beziehungen undeutlich.

2. Die bislang genutzten theoretischen Konzepte waren noch zu wenig darauf ausgerichtet, deklarative oder gar explanative Wissenssysteme zu rekonstruieren. Zudem blieb die Spannbreite möglicher Charakeristika, um formale Aspekte der Struktur sozialer Kognitionen zu kennzeichnen, weitgehend ungenutzt.

8.2.2. Episodisches, deklaratives und explanatives Wissen zur sozialen Unterstützung

Um den Ereignischarakter des Austauschs informeller Hilfen zu rekonstruieren, wurde von uns der *Prototypenansatz* von Rosch (1973) genutzt (Röhrle & Mayr, 1992)[11]. Da bislang nur Begriffe zu sozialen Situationen, Beziehungen und Personeigenschaften, also nur statische Gegenstandsbereiche, prototypisch gefaßt wurden, sollte dieser Zugang auch ganz allgemein Erfahrungen bei der Rekonstruktion von episodischen Phänomenen erbringen. Wir wollten wissen, durch welche Merkmale sich prototypische Episoden der sozialen Unterstützung auszeichnen. Es sollte in Erfahrung gebracht werden, welche prototypischen Episoden unterscheidbar sind und wieviele Merkmale mit welcher Ähnlichkeit zugeordnet werden. Die Unterscheidung von unterschiedlichen Abstraktionsebenen prototypischer Episoden sollte den Nachweis einer kognitiven Ordnung ermöglichen, wonach konkretere Ebenen über mehr und ähnlichere Merkmale verfügen. Außerdem wollten wir in Erfahrung bringen, ob sich Depressive in Hinsicht auf die Reichhaltigkeit, Ähnlichkeit und Geordnetheit der prototypischen Merkmale zu sozial unterstützenden Episoden signifikant unterscheiden und ob diese Unterschiede wiederum wenigstens so deutlich ausfallen, wie jene, die mit Hilfe der üblichen Verfahren zur Messung (kognitiv verzerrt) wahrgenommener sozialer Unterstützung nachzuweisen sind.

Zu diesem Zweck wurden 27 Patienten mit unterschiedlichen Diagnosen aus dem Formenkreis depressiver Störungen und 22 Personen einer Vergleichsgruppe untersucht. Beide Gruppen waren in bezug auf das Alter, die Verteilung der Geschlechter und in Hinsicht auf das Bildungsniveau vergleichbar. Sie unterschieden sich jedoch deutlich im Beck Depressions Inventar (BDI) in der von Kammer (1983) überprüften Fassung (vgl. Tabelle 17).

Um Prototypen sozial unterstützender Episoden erheben zu können, mußte zunächst eine Taxonomie zusammengestellt werden, die unterschiedliche Abstraktionebenen enthalten sollte. Diese Bereiche wurden sowohl empirisch auf der Grundlage von 142 Beschreibungen von wohltuenden sozialen Erlebnissen von 12 erwachsenen Personen aus unterschied-

---

[11] Vgl. Mayr (1992).

Tabelle 13. Taxonomie sozial unterstützender Episoden (nach Röhrle & Mayr, 1992)

---

1. **„Ich erfahre mich als Teil einer Gemeinschaft".**
1.1. *„Ich erlebe Gemeinsamkeit mit anderen".*
1.1.1. „Ich erlebe Übereinstimmung meiner Ansichten mit anderen".
1.1.2. „Ich erlebe gute Zusammenarbeit mit anderen".
1.1.3. „Ich habe gemeinsam mit anderen Spaß".
1.2. *„Ich erfahre Anerkennung in der Gemeinschaft".*
1.2.1. „Ich erlebe, daß Wert auf meine Meinung gelegt wird".
1.2.2. „Ich erfahre, daß ich gebraucht werde".
1.2.3. „Ich fühle mich so akzeptiert wie ich bin".

2. **„Ich erhalte Unterstützung von anderen".**
2.1. *„Ich erfahre Unterstützung durch die Zuwendung anderer".*
2.1.1. „Jemand hört mir verständnisvoll zu".
2.1.2. „Jemand heitert mich auf".
2.1.3. „Jemand macht mir Mut".

2.2. *„Ich erhalte eine praktische Hilfeleistung".*
2.2.1. „Jemand gibt mir einen Rat".
2.2.2. „Jemand leiht mir etwas".
2.2.3. „Jemand nimmt mir eine belastende Aufgabe ab".

---

lichen Berufen als auch rational mit Hilfe der Definitionen von sozialer Unterstützung entwickelt. Sie wurden so formuliert, daß sie drei Abstraktionsstufen repräsentierten (vgl. Tabelle 13). Weitere 12 Personen der Normalbevölkerung (19 bis 51 Jahre alt, 7 weiblich, aus unterschiedlichen Berufen) wurden gebeten, alle prototypischen Episoden den beiden Hauptklassen zu zuordnen und dabei drei Abstraktionsebenen zu unterscheiden. Die Fehlerrate bei der Zuweisung aller prototypischer Episoden auf die vorgegebenen zwei Hauptklassen und drei Ebenen betrug im Durchschnitt 9.38%.

Die Teilnehmer der Hauptuntersuchung wurden gebeten, kurze typische Geschichten zu sozial unterstützenden Episoden zu diesen Kategorien niederzuschreiben. Die in diesen schriftlich niedergelegten Episoden enthaltenen Propositionen wurden folgenden Merkmalsgruppen zugeordnet:
a) Statische Merkmale: Situationsaspekte (äußere Merkmale wie Ort und Zeit, thematische und atmosphärische Kennzeichen), Person- und Beziehungsmerkmale (Kennzeichnung der sozialen Beziehung und Merkmale des Senders und Empfängers informeller Hilfe);
b) dynamische Merkmale: Verhalten von Personen (aktives versus passives Verhalten, gemeinsame Interaktionen), persongebundenes und gemeinsames kognitives und emotionales Geschehen.
Zwei unabhängige Rater ordneten zehn zufällig ausgewählte episodische Beschreibungen mit einer Übereinstimmung von Kappa = .83 ein.

Die *Ähnlichkeit* (Ä) von zwei Prototypen wird nach dem Vorschlag von Eckes (1986) als Funktion des Verhältnisses zwischen gemeinsamen und distinkten Merkmalen bestimmt, wie sie sich aus der eben dargestellten kategorialen Festlegung ergaben:

$$\text{Ä} = f[A \cap B]/f[A - B] + f[b - A] + f[A \cap B])$$

Die *Reichhaltigkeit* eines Prototyps ergibt sich aus der Zahl der prototypischen Merkmale. Die *Distinktheit* prototypischer Repräsentationen wurde so berechnet, daß für die Hauptkategorien der Taxonomie sozialer Unterstützung die Ähnlichkeit jedes Prototypenpaares auf der mittleren Abstraktionsebene in Relation zur durchschnittlichen Ähnlichkeit der Prototypenpaare auf der unteren Abstraktionsebene gesetzt wurde.

Die Untersuchungsteilnehmer beantworteten außerdem den Fragebogen zur sozialen Unterstützung (F-SOZU) von Sommer und Fydrich (1989) und die „Dysfunctional Attitude Scale (DAS)" in der deutschen Fassung von Hautzinger, Luka und Trautmann (1985). Um die Bereitschaft fassen zu können, informelle Hilfen verzerrt wahrzunehmen, wurde wieder das Verhältnis von sozialer Unterstützung zum Ausmaß an dysfunktionalen Einstellungen berechnet.

Im Ergebnis zeigte sich, daß die *Reichhaltigkeit* der Prototypen insgesamt niedriger einzustufen war als beispielsweise in den Studien von Cantor, Mischel und Schwartz (1982) oder Eckes (1986) zur prototypischen Analyse sozialer Situationen. Festzustellen war auch, daß mehr Personmerkmale als situative Aspekte und mehr dynamische Eigenheiten als statische Eigenschaften erwähnt wurden (vgl. Tabelle 14). Damit deutete sich an, daß prototypische Situationen durch vergleichsweise wenige Merkmale repräsentiert waren und dabei Aspekte im Vordergrund standen, die den Handlungsablauf, die Quellen und die Rezipienten der sozialen Unterstützung näher bestimmten.

Tabelle 14. Merkmalsverteilungen bei Prototypen zu sozial unterstützenden Episoden (nach Röhrle & Mayr, 1992)

	$\bar{X}$	SD	t	p
Depressive (n = 27)				
Personmerkmale	0.69	0.17		
Situationsmerkmale	0.12	0.13	9.25	.0001
Dynamische Aspekte	0.72	0.16		
Statische Aspekte	0.28	0.16	6.18	.0001
Vergleichsgruppe (n = 22)				
Personmerkmale	0.75	0.15		
Situationsmerkmale	0.08	0.09	14.93	.0001
Dynamische Aspekte	0.71	0.17		
Statische Aspekte	0.29	0.17	5.50	.0001

In Hinsicht auf die innere Ordnung der prototypischen Repräsentationen stimmten die Ergebnisse der Studie mit denen früherer Untersuchungen überein, da die *Ähnlichkeit* der Prototypen innerhalb der Hauptteile der Taxonomie bei beiden Stichproben größer war als die mit den Merkmalen der jeweils anderen Hauptkategorie. Das heißt, daß sich die Merkmale innerhalb der Episoden, in denen man sich als Teil einer Gemeinschaft erlebt, oder in denen man soziale Unterstützung erhält, in sich jeweils ähnlicher gestalteten. Vergleichbare Unterschiede ließen sich jedoch nicht für die Ähnlichkeit und Reichhaltigkeit der Prototypen auf den verschiedenen Abstraktionsebenen nachweisen (vgl. Tabelle 15 und 16).

Dieses Ergebnis besagt, daß die Prototypen sozial unterstützender Episoden nur in Hinsicht auf die allgemeinste Unterscheidung der vorgegebenen Taxonomie geordnet waren. Ansonsten waren die Prototypen sozial unterstützender Episoden in Hinsicht auf die unterschiedenen Abstraktionsebenen ähnlich und vergleichbar vielfältig repräsentiert. Damit liegen keine Basiskategorien prototypischer Merkmalskonfigurationen vor, die sich auf der mittleren Abstraktionsebene im Sinne einer kognitiven Ökonomie als Kompromiß zwischen der Informationshaltigkeit und Distinktheit zeigen müßte. Dies ist unserer Ansicht nach ein Spezifikum, mit dem bei der Rekonstruktion von prototypischen Episoden auch anderer Art zu rechnen ist. Dieses Spezifikum hat mit einiger Sicherheit damit zu tun, daß episodisches Geschehen, trotz aller Abstraktionsmöglichkeiten, relativ konkret und damit ähnlich reichhaltig repräsentiert ist. Möglich ist allerdings auch, daß sich die Reichhaltigkeit der verschiedenen Ebenen deshalb egalisiert, weil die Untersuchungsteilnehmer die verschiedenen Abstraktionsebenen der Taxonomie sozial unterstützender Episoden unterschiedlich reichhaltig kognitiv besetzten (vgl. Cantor & Kihlstrom, 1987).

Tabelle 15. Durchschnittliche Ähnlichkeit von Prototypen zu sozial unterstützenden Episoden (nach Röhrle & Mayr, 1992)

	$\bar{X}$	SD	U	t	p
Depressive (n = 27)					
innerhalb der Hauptkategorien	0.39	0.11			
über die Hauptkategorien	0.30	0.07		3.09	.006
mittlere Ebene	0.47	0.15			
untere Ebene	0.35	0.11	12.00		.15
Vergleichsgruppe (n = 22)					
innerhalb der Hauptkategorien	0.29	0.06			
über die Hauptkategorien	0.25	0.07		2.13	.05
mittlere Ebene	0.29	0.05			
untere Ebene	0.27	0.08	18.00		.47

Tabelle 16. Reichhaltigkeit von Prototypen zu sozial unterstützenden Episoden (nach Röhrle & Mayr, 1992)

	X̄	SD	U	t	p
Depressive (n = 27)					
a) untere Ebene	8.58	3.78			
b) mittlere Ebene	8.00	2.58			
c) obere Ebene	9.50	1.92			
a) : b)			24.00		1.00
a) : c)				−0.46	.32
b) : c)			5.00		.38
Vergleichsgruppe (n = 22)					
a) untere Ebene	7.00	2.26			
b) mittlere Ebene	7.00	2.45			
c) obere Ebene	8.50	1.29			
a) : b)			23.50		.95
a) : c)				−1.24	.11
b) : c)			5.00		.38

Die Gegenüberstellung der beiden Stichproben ergab, daß die Gruppe der Depressiven nicht nur depressiver gestimmt war und signifikant mehr dysfunktionale Einstellungen besaß, sondern daß sie angab, weniger gut sozial unterstützt zu sein. Dabei sprach das relative Maß von sozialer Unterstützung und dysfunktionaler Einstellung dafür, daß die Depressiven ihre informellen Hilfen kognitiv verzerrter, d. h. negativistischer wahrnahmen.

Darüberhinaus verfügte die Gruppe der Depressiven über vergleichsweise ähnlichere prototypische Repräsentationen. Nach einer Adjustierung des Signifikanzniveaus von $p < .05$ auf $p < .008$ bei sechs abhängigen Variablen zeigten sich zwischen beiden Gruppen aber keine Unterschiede in der Zahl der zugeordneten Merkmale. Nur die Zahl der Merkmale, welche die Depressiven den Episoden zugeordnet haben, in denen sie soziale Unterstützungen erhielten, war mit einem Mittelwert von $\bar{X} = 8.66$ (SD = 3.00) deutlich größer als die der Vergleichsgruppe mit einem Mittelwert von $\bar{X} = 6.55$ (SD = 1.94; $t = -2.85$, $p < .003$). Berücksichtigt man die Angaben zur Qualität der sozialen Unterstützung im Fragebogen, so spricht die größere Ähnlichkeit der Merkmale der prototypischen Episoden der sozialen Unterstützung bei den Depressiven dafür, daß sie Ausdruck entsprechender Erfahrungsmängel gewesen sein könnten. Einen Hinweis darauf, daß ein besonders starkes Bedürfnis nach konkretem sozialem Rückhalt bei den Depressiven vorlag, könnte in der größeren Reichhaltigkeit der Merkmalszuordnungen dieser Gruppe zu Episoden zu sehen sein, die den Erhalt informeller Hilfen fassen.

Ansonsten konnten keine Unterschiede in Hinsicht auf die hierarchische Ordnung der Merkmalszuordnungen auf unterschiedlichen Ebenen der Taxonomie sozial unterstützender Episoden nachgewiesen werden. Bei beiden Gruppen war das Verhältnis von Ähnlichkeit und Reichhaltigkeit der prototypischen Merkmale auf der mittleren zur unteren Abstraktionsebene miteinander vergleichbar (Pearson Chi^2= 0.41; n. s.; Chi^2= 0.02; n. s). Damit kann auch von keiner relativ geringeren kognitiven Ökonomie auf der abstrakteren Repräsentationsebene bei den Depressiven die Rede sein.

Tabelle 17. Strukturelle Merkmale der Prototypen zu sozial unterterstützenden Episoden, Stärke der Depressivität, dysfunktionale Einstellungen und soziale Unterstützung bei Depressiven und einer Vergleichsgruppe (nach Röhrle & Mayr, 1992)

Variable	Depressive (n = 27)		Vergleichsgruppe (n = 22)			
	$\bar{X}$	SD	$\bar{X}$	SD	t	p (einseitig)
Depressivität (BDI)	24.96	10.22	5.48	3.52	8.52	.00001
Dysfunktionale Einstellungen (DAS)	141.76	26.38	106.05	28.32	4.53	.00003
Soziale Unterstützung (F-SOZU)	9.59	2.33	12.17	1.24	–4.68	.00001
Verzerrte Wahrnehmung sozialer Unterstützung (DAS/F-SOZU)	15.67	6.18	8.93	2.80	4.73	.00001
Prototypenähnlichkeit	0.34	0.07	0.27	0.05	3.94	.0003
Reichhaltigkeit	8.65	3.05	7.30	2.13	1.76	.04

Insgesamt zeigt sich, daß sich die Depressogenität der Wahrnehmung sozialer Unterstützung wesentlich deutlicher in den Fragebogendaten darstellt als beim Vergleich der Merkmale der Prototypen sozial unterstützender Episoden. Möglicherweise ist dies darauf zurückzuführen, daß die prototypische Analyse sozial unterstützender Episoden im Vergleich zu den Fragebogen zu wenig Wertungen zuließ. Damit bleibt aber der zumindest vorläufige Schluß, daß die im Kontext der Prototypenanalyse aufwendigen Methoden bislang differentialdiagnostische Fragen in einem konkurrenten Sinne noch nicht hinreichend beantworten können.

Trotz dieser Einschränkung hat die prototypische Analyse sozial unterstützender Episoden weitere Antworten auf die Frage geliefert, welche Vorstellungen Depressive und Gesunde zu hilfreichen Ereignissen im sozialen Netzwerk besitzen. Es zeigte sich, daß die innere Ordnung prototypischer Repräsentationen von sozial unterstützenden Episoden neu überdacht werden sollte. Dabei sollte auch erwogen werden, daß die Komplexität der kognitiven Struktur episodischen Geschehens möglicherweise nicht durch einfache Über- und Unterordnungen der Merkmale auf unterschiedlichen Abstraktionsebenen hinreichend faßbar wird.

In einer weiteren Untersuchung wurde deshalb auch auf die Methodik zur Erhebung der *personalen Konstrukte* zurückgegriffen. Sie hat sich sowohl bei der Rekonstruktion von deklarativem Wissen als auch bei der Messung einer Vielzahl von formalen Eigenschaften zur inneren Ordnung von Kognitionen bei ähnlichen Gegenstandsbereichen als erfolgreich und nützlich erwiesen (Neimeyer, 1985; Neimeyer & Neimeyer, 1983, 1985a, b; Neimeyer, Neimeyer & Landfield, 1983; Ryle & Lunghi, 1970; Smith, Stefan, Kovaleski & Johnson, 1991). Aufgrund der Vorüberlegungen und Befunde zur Unterschiedlichkeit der Bedeutungsgehalte und strukturellen Ordnung von personalen Konstrukten bei Depressiven ist anzunehmen, daß diese Personengruppe auch in Hinsicht auf sozial unterstützende Beziehungen wenig komplexe und differenzierte Konstruktsysteme besitzen. Bei dieser Annahme spielen die Gedanken von Kelly (1955) eine Rolle, wonach Depressive aus Angst dazu neigen, keine neuen (diskrepanten) Erfahrungen zu sammeln. Außerdem ist wahrscheinlich, daß nicht nur die Struktur entsprechender Konstruktsysteme, sondern auch die Inhalte durch die besondere Situation von Depressiven mitgestaltet werden. Depressive gelten als sozial isoliert, oft schon in der Sozialisation von gravierenden sozialen Verlusten betroffen, mit wenig sozialen Fertigkeiten ausgestattet und sozial inaktiv (s. o.). Zugleich haben sie ein starkes Bedürfnis nach affektiven sozialen Bindungen und Unterstützungen, das von manchen Autoren in Zusammenhang mit einer Art von sozialer Abhängigkeit gebracht wird (vgl. z. B. Barrera, 1981; Coyne, 1976; Hinchcliffe, Hooper & Roberts, 1978; Hokanson, Rupert, Welker, Hollander & Hedeen, 1989; Kuiper & McCabe, 1985). Es ist zu vermuten, daß diese Bedingungen bei Personen, die zur Depressivität neigen, besonders viele Konstrukte zur Charakterisierung sozialer Beziehungen nutzen, die mit dem Erhalt emotionaler sozialer Unterstützung zu tun haben. Zugleich ist davon auszugehen, daß diese Personen dabei besonders wenige Themen ansprechen, die soziale Unterstützungen mit solchen sozialen Aktivitäten und Erfahrungen verbinden, die ihnen neue Sichtweisen vermitteln könnten.

Diese Hypothesen wurden mit der gleichen forschungsstrategischen Begründung wie in den vorherigen Untersuchungen im Rahmen einer Querschnittsstudie überprüft (vgl. Röhrle & Schmitt, 1993)[12]. Zu diesem Zweck

---

[12] Vgl. Schmitt (1990).

wurden nach einer Vorauswahl zwei Extremgruppen gebildet, die sich in Hinsicht auf das Merkmal Depressivität, nicht jedoch in bezug auf andere depressionrelevante Merkmale unterscheiden sollten. Zur Selektion der Extremgruppen wurde die Kurzform des Beck Depressionsinventar (BDI) in der von Kammer (1983) überprüften Fassung genutzt. Der BDI wurde an 144 Studenten ausgegeben. Von den insgesamt auswertbaren Fragebogen (N = 93) konnten 20 Personen mit einem BDI-Wert ≥ 8 der Untersuchunggruppe und 22 mit einem BDI-Wert ≤ 2 zugeteilt werden ($t_{(40)}$ = 23.20; p < .0001). Die Gruppen unterschieden sich nicht in Hinsicht auf Geschlecht (Chi^2= 0.07; p > .79), Alter (t = 1.2; p < .23), Semesterzahl (t = 0.7; p < .95) und Studienfachverteilung (Chi^2= 1.85; p > .39).

Die Erhebung der subjektiven Konzepte über sozial unterstützende Beziehungen wurde mit einer abgewandelten Form des „Role Repertory Grid Tests" von Kelly (1955) durchgeführt (vgl. Button, 1985). Die Personen hatten eine Liste von Kontaktpersonen zu erstellen (Freunde, zu denen eine emotionale Beziehung bestand und Bekannte, mit denen nur Kontakte gepflegt wurden). Aus dieser Liste, die zugleich etwas zur *Größe* bestimmter Sektoren des sozialen Netzwerks aussagte, mußten drei Freunde und zwei Bekannte ausgewählt werden. Die Konstrukte selbst wurden mit Hilfe von vier halboffenen Sätzen erhoben, zu denen jeweils drei Ergänzungen zu machen waren („Ein guter Freund/eine gute Freundin sollte ....; Mit anderen Menschen zusammen kann ich .....; Freundinnen/Freunde sollten .....; Menschen können einander ...."). Die entsprechende Instruktion hob auf bedeutsame und wertvolle Aspekte sozialer Beziehungen ab. Die Instruktion bezog sich nicht von vorneherein auf sozial unterstützende Aspekte, damit der möglichen Weite der Konstruktsysteme nicht zu enge Grenzen gesetzt wurden. Im Anschluß daran erhielten die Untersuchungsteilnehmer das Schema einer „5 X 12-Matrix" vorgelegt. In diese wurden die ausgewählten Personen und evozierten Konstrukte eingetragen und anhand einer fünfstufigen Schätzskala die Wichtigkeit jedes Konstruktes für die soziale Beziehung zum jeweiligen Rollenträger festgehalten.

Aus der Vielzahl der möglichen Methoden, um die *Komplexität* personaler Konstrukte zu bestimmen, wurde mit Hilfe des Kendallschen „W" der Grad der „Übereinstimmung" erhoben, mit dem die sozialen Beziehungen zu den verschiedenen Rollenträgern charakterisiert wurden. Das Kendallsche „W" ergibt sich aus dem Verhältnis der maximal möglichen Rangwerte der beurteilten sozialen Beziehungen zur tatsächlichen Varianz der Rangwerte in Hinsicht auf die Zuordnungen der evozierten Konstrukte. Je ähnlicher die sozialen Beziehungen beurteilt werden, um so weniger komplex kann das Konstruktsystem gelten und um so höher fällt Kendalls „W" aus.

Um zu prüfen, wie differenziert die verschiedenen Konstrukte genutzt wurden, berechneten wir die „Ordination" der Konstrukte in Anlehnung an Landfield (1977). Landfield definierte die Ordination als Produkt der Zahl unterschiedlicher Ratings mit der Spannweite der Ratings. Bell (1987) multipliziert die Zahl der maximal möglichen unterschiedlichen Schätzwerte zur Bedeutsamkeit von Konstrukten mit der maximal möglichen Streubreite. Dies ergibt den Standard für das höchste Maß an Differenzierung bzw. „Ordination" eines Konstruktsystems. Das Produkt der tatsächlich von einer Person unterschiedlich genutzten Schätzwerte mit der tatsächlichen Streubreite dieser Werte wird in Relation zu diesem Standard gesetzt und mit dem Faktor „100" multipliziert.

Insgesamt 209 Konstrukte wurden inhaltsanalytisch danach ausgewertet, ob bestimmte Formen sozialer Unterstützung erwähnt wurden: Emotionale informelle Hilfen, gemeinsame soziale Aktivitäten und kognitive Anregungen. Nicht eindeutig zuordenbare Konstrukte wurden einer Restkategorie zugeordnet (41,4%). Als Konstrukte der emotionalen Unterstützung galten solche, wenn von sozialen Unterstützungen die Rede war, die positive Gefühle, Wertschätzung, Akzeptanz, emotionale Bindung, Hilfen bei persönlichen Problemen und Ermunterungen brachten (30,5%). Erwartungen in Hinsicht auf gemeinsame Freizeitaktivitäten, Vergnügungen und Arbeiten wurden als Konstrukte zur gemeinsamen sozialen Aktivität gewertet (14,8%). Konstrukte zur kognitiven Auseinandersetzung faßten Erwartungen in Hinsicht auf den Erhalt neuer Informationen, auf konstruktive Kritik und Auseinandersetzung (13,0%). Die Zahl der jeweils thematisierten Konstrukte bestimmte die Breite oder auch Gewichtigkeit der jeweiligen Bedeutungsgehalte. Die Übereinstimmung von fünf zufällig

Tabelle 18. Bedeutungsgehalte, Ordination und Komplexität personaler Konstrukte bei unterschiedlicher Depressivität (nach Röhrle & Schmitt, 1993)

	$BDI \geq 8$ (n = 20)		$BDI \leq 2$ (n = 22)			
	$\bar{X}$	SD	$\bar{X}$	SD	$t_{(40)}$	p
Netzwerkgröße	16.45	6.59	19.86	9.66	−1.32	.10
Zahl der Konstrukte zur						
emotionalen Unterstützung	4.20	1.60	3.19	0.95	2.48	.008
sozialen Aktivität	1.67	0.98	1.93	0.92	−0.88	.19
kognitiven Auseinandersetzung	1.52	0.88	1.56	1.00	−0.14	.44
Ordination	36.52	9.32	36.09	9.31	0.14	.44
Komplexität	0.54	0.25	0.55	0.17	−0.17	.43

ausgewählten Grids (60 Konstrukte) betrug zwischen drei Ratern (eine Diplompsychologin, 2 Psychologiestudenten) Kappa = .75.

Der Vergleich der beiden Stichproben ergab, daß die Gruppe der zur Depressivität neigenden Personen mehr Konstrukte der emotionalen sozialen Unterstützung nutzte, um die jeweils ausgewählte soziale Beziehung zu charakterisieren. Bei der Annahme eines Signifikanzniveaus von $p < .05$ war dieses Ergebnis auch noch bei einer Alpha-Adjustierung bei insgesamt sechs abhängigen Variablen bedeutsam (vgl. Tabelle 18).

Geht man davon aus, daß Liebe, Zuwendung, Wertschätzung und andere soziale Positiva eine Art von universeller Bedeutung besitzen, so ist dieses Ergebnis relativ beachtenswert. Dabei waren die zur Depressivität neigenden Personen zumindest in Hinsicht auf ihren Freundes- und Bekanntenkreis wahrscheinlich nicht isolierter. Deshalb war zu vermuten, daß der auf emotionale Hilfen ausgerichtete Teil des Konstruktsystems nicht unbedingt den Wunsch nach nicht erhaltbaren sozialen Unterstützungen abbildete, sondern die besondere Bedeutung dieser Konstrukte für die Wahrnehmung der ausgewählten widerspiegelte.

Dagegen unterschieden sich die beiden Gruppen nicht in der Zahl jener Konstrukten, die gemeinsame soziale Aktivitäten anbetrafen und auch nicht in bezug auf Konstrukte, die mit dem Erwerb neuer Informationen und aktiven Diskussionen in Zusammenhang zu bringen sind. Bei diesen Ergebnissen ist allerdings zu berücksichtigen, daß die zuletzt genannten beiden Konstrukte von den Untersuchungshteilnehmern im Vergleich zu den Konstrukten zur emotionalen sozialen Unterstützung signifikat seltener thematisiert wurden. Es ist nicht auszuschließen, daß nicht doch Unterschiede hätten deutlich werden können, wenn die vorgegebene Zahl der zu evozierenden Konstrukte nicht so klein gehalten worden wäre (hier maximal 12). Wider Erwarten, besaßen beide Gruppen Konstruktsysteme, die ähnlich differenziert und komplex waren. Auch dieser Befund ordnet sich in eine Reihe von Ergebnissen von Studien ein, die mit ähnlichen Enttäuschungen zu tun hatten (Angelillo et al., 1985; Ashworth, Blackburn & McPherson, 1982; Space, Dingemans & Cromwell, 1983).

In einer weiteren Untersuchung, die sich explizit auf sozial unterstützende Beziehungen bezog, ließen sich diese Befunde an einer Stichprobe von depressiven ambulanten und stationären Patienten (n = 34) und einer ebenso starken Vergleichsgruppe replizieren (Röhrle, Boden & Köhler, 1992)[13]. Als Erhebungsinstrumente wurden wiederum der Fragebogen zur sozialen Unterstützung (F-SOZU), die „Dysfunctional Attitude Scale" und eine im Vergleich zur Vorläuferstudie leicht modifizierte Fassung des

---

[13] Vgl. Boden (1992); Köhler (1992).

Kelly-Grid eingesetzt. Statt vier wurden sieben Sätze zur Ergänzung vorgelegt und jeweils nur zwei statt drei Ergänzungen verlangt. Personen, auf die sich die Konstrukte beziehen sollten, waren ausschließlich nahestehende Menschen; speziell nach Freunden und Bekannten wurde nicht gefragt. Um die Ordination der Konstruktsysteme zu bestimmen, wurde wieder auf Landfields (1977) Maßeinheit in der Fassung von Bell (1987) zurückgegriffen. Die kognitive Komplexität wurde abweichend zur ersten Studie mit Hilfe des „Functional Independent Construct Index (FIC)" erfaßt (Bell, 1987; Landfield, 1977). Sie ergibt sich aus den Interkorrelationen der evozierten Konstrukte und bezieht sich damit auf die Ähnlichkeit bzw. Unähnlichkeit bei der Anwendung der verschiedenen Konstrukte. Das hierfür notwendige Korrelationsmaß lieferte Yules Q für ordinalskalierte Variablen. Wenn Q größer als zwei Standardfehler ist, so gilt, daß zwischen je zwei Konstrukten ein Zusammenhang besteht. Die Konstrukte (Satzergänzungen) wurden inhaltsanalytisch ausgewertet und es wurde festgehalten, inwieweit negative Erfahrungen angesprochen wurden und von einem aktiven und positiv getönten Umgang mit den Sozialpartnern die Rede war. Außerdem wurde erhoben, inwieweit emotionale Unterstützung oder positive eigene Befindlichkeiten thematisiert worden waren. Zwei fortgeschrittene Psychologiestudenten stimmten mit einem Wert von Kappa = .84. bei der kategorialen Zuordnung der Satzergänzungen überein.

Beide Gruppen unterschieden sich nicht in Hinsicht auf das Alter (t = 0.57; p < .57) und Geschlecht (Chi^2= 0.00; p < .99). Die Gruppe der Depressiven hatte Werte im Beck Depressions Inventar (BDI) im Bereich von 11 bis 28 ($\bar{X}$ = 16.47; SD = 4.20) und die Vergleichsgruppe im Bereich von 0 bis 7 ($\bar{X}$ = 3.64; SD = 2.29).

Die Gruppe der depressiven Patienten erreichte signifikant niedrigere Werte im Fragebogen zur sozialen Unterstützung als die Vergleichsgruppe. Bezogen auf das Maß, das aus dem Verhältnis der Werte in der „Dysfunctional Attitude Scale" und dem Fragebogen zu sozialen Unterstützung (F-SOZU) resultierte, nahmen die depressiven Patienten die informellen Hilfen auch signifikant verzerrter wahr. So zeigte sich wieder in den Fragebogendaten das Bild einer negativistischen Wahrnehmung der sozialen Stützpotentiale bei den Depressiven.

Dieses Ergebnis wurde auch im Kelly-Grid deutlich. Die Gruppe der Depressiven sprach mehr negative Erfahrungen an und verbanden mit sozialen Beziehungen weniger Aktivität und positive soziale Interaktionen. Dagegen waren die Ordination und die Komplexität der Konstruktsysteme bei beiden Gruppen gleich ausgeprägt (vgl. Tabelle 19). Damit setzt die Studie die Reihe der Ergebnisse fort, die darüber berichten, daß sich die Struktur der Konstruktsysteme von Depressiven nicht von denen gesunder

Tabelle 19. Dysfunktionale Einstellungen, personale Konstrukte und Wahrnehmung sozialer Unterstützung bei depressiven Patienten und einer Vergleichsgruppe (Röhrle, Boden & Köhler, 1992)

	Depressive (n = 20)		Nicht-Depressive (n = 34)			
	X	SD	X	SD	t	p
DAS^a	162.70	40.00	108.40	32.00	6.19	.0001
Soziale Unterstützung $(SOZU)^b$	3.14	0.22	4.22	0.56	6.40	.0001
$DAS/SOZU^c$	59.15	33.72	26.45	9.90	5.43	.0001
Konstruktinhalte						
Negative Erfahrungen	3.19	2.43	1.13	1.26	4.39	.0001
Emotionale Unterstützung	3.35	1.75	3.76	1.33	−1.09	.14
Positives Befinden	2.12	1.33	2.84	1.12	−2.42	.009
Positive soziale Aktivität/ Interaktion	2.34	1.36	3.51	1.26	−3.68	.0002
Formale Eigenschaften						
Ordination	31.12	16.70	29.50	16.70	0.43	.43
Komplexität	42.78	33.30	38.00	31.00	0.61	.27

[a]Dysfunctional Attitude Scale (DAS; vgl. Hautzinger, Luka & Trautmann, 1985); [b]Fragebogen zur sozialen Unterstützung (F-SOZU; Sommer & Fydrich, 1989); [c]Index für verzerrte Wahrnehmung sozialer Unterstützung (DAS/WASU * 100).

Personen unterscheidet. Die defizitären Erfahrungen im Umgang mit den sozialen Stützpotentialen der Depressiven waren möglicherweise weniger quantitativer als qualitativer Art. Dabei zeigt sich auch, daß die inhaltsanalytisch gewonnen Elemente der Konstruktsysteme ebensoviel Varianz aufzuklären vermochten wie die mit Hilfe der von den Fragebogen stammenden Daten.

Bei beiden Studien muß die Frage offen bleiben, ob sich die gleichen Ergebnisse wiederfinden lassen, wenn auch die Kognitionen zu anderen Merkmalen sozialer Netzwerke mit Hilfe des Kelly Grids rekonstruiert würden. Von besonderer Bedeutung dürften dabei Untersuchungen sein, die personale Konstrukte zu Merkmalen sozialer Netzwerke erheben, mit denen die befragten Personen nicht unmittelbar verknüpft sind (z. B. soziale Beziehungen von dritten Personen). Dabei besteht die Aussicht, daß auch kollektiv-individuelle soziale Kognitionen erfaßt werden können.

Obgleich die Rekonstruktion von personalen Konstrukten zu Merkmalen sozialer Netzwerke eine Vielzahl von Möglichkeiten bietet, formale Merkmale entsprechender Kognitionen abzubilden, gründen sie doch auch nur auf einfachen Ähnlichkeitsurteilen. Damit bilden diese Kognitionen nur ab, welche Elemente von Erkenntnisgegenständen unterschiedlich eingeschätzt werden. Damit aber fehlten den Untersuchungsteilnehmern Möglichkeiten, auch explanative (kausale oder finale) Aussagen machen zu können; kurzum es mangelt an Sprachmöglichkeiten, die dem Alltagswissenschaftler à la Kelly (1955) die gleichen Chancen einräumen wie dem genuinen Forscher. Die in der Tradition Kellys entwickelte subjektive Theorie und die dazugehörige Struktur-Lege-Technik von Scheele und Groeben (1984) kann diese Mängel ausräumen (s.o). Ein erster Versuch, subjektive Theorien von sozialer Unterstützung zu erheben, sollte nicht nur Erfahrungen im Umgang mit dieser Methodologie möglich machen, sondern wir wollten auch zugleich prüfen, ob sich wiederum auch Unterschiede im Inhalt und der Struktur der subjektiven Theorien zu diesem Gegenstandsbereich zwischen Depressiven und gesunden Personen nachweisen lassen (Röhrle, Friedrich & Menche, 1992)[14]. Dabei ließen wir uns wieder von der Vorstellung leiten, daß Depressive eine negativistische und zugleich kognitiv entdifferenzierte Vorstellungswelt zu informellen Hilfen besitzen. Sowohl depressogene kognitive Schemata als auch negative und defizitäre Erfahrungen insbesondere im Bereich des emotionalen sozialen Rückhalts wurden hierfür wiederum als zugrundeliegende Ursache angesehen. Dementsprechend nahmen wir wieder an, daß die subjektiven Theorien depressiver Personen vergleichsweise weniger differenziert sind. Zugleich gingen wir davon aus, daß dieser Personenkreis mehr negativ getönte Konzepte erwähnt.

Um diese Hypothesen zu prüfen, wurden 20 unipolar depressive Patienten, die sich in psychotherapeutischer Behandlung befanden und einen Wert im Beck Depressions Inventar (BDI) ≥ 14 besaßen, mit einer ebenso starken Kontrollgruppe verglichen (BDI-Wert ≤ 14). Beide Gruppen unterschieden sich nicht in Hinsicht auf die Altersverteilung (t = 0.57; p < .57), Geschlechtszugehörigkeit ($Chi^2 = 0.11$; p < .74) und Schulbildung ($Chi^2 = 3.84$; p < .57). Im BDI jedoch unterschieden sich beide Gruppen hoch signifikant (Depressive: $\bar{X} = 24.60$, SD = 9.45; nicht Depressive: $\bar{X} = 6.00$, SD = 4.09; $t_{(38)} = 8.08$; p < .0001).

Wie durch die Struktur-Lege-Technik vorgegeben, wurden die subjektiven Theorien in zwei Phasen erhoben. Mit Hilfe eines halbstrukturierten Interviews, das hypothesengerichtete, -ungerichtete und präzisierende Fra-

---

[14] Vgl. Friedrich (1992); Menche (1992).

gen enthielt, wurden zunächst die Wissensinhalte zum gewählten Gegenstandsbereich erhoben. Das Interviewsystem wurde anhand der Definitionen und Theorien der sozialen Unterstützung konzipiert. Es enthält einen Definitions-, Bedingungs- und Folgeteil (vgl. Dann, 1991). Erfragt wurden u.a. Quellen der sozialen Unterstützung, Art der sozialen Beziehungen, Anlässe bzw. innere und äußere Merkmale der Situationen, in denen informelle Hilfen geboten werden und Arten sozialer Unterstützung. Außerdem sollten die Untersuchungsteilnehmer Bedingungen benennen, welchen den Zugang zu informellen Hilfen fördern oder erschweren. Auch die Folgen sozialer Unterstützung bzw. unterlassener Hilfen sollten bedacht werden.

Das transkribierte Interview wurde durchgesehen und die für die subjektive Theorie zentralen Konzepte ausgewählt. Diese wurden auf vorbereiteten Kärtchen festgehalten. Insgesamt 50 Kärtchen wurden dann den Untersuchungsteilnehmern so gruppiert vorgelegt, daß sie der Struktur des Interviewsystems entsprachen. Die Untersuchungsteilnehmer konnten diese Kärtchen in freier Wahl für die Rekonstruktion ihrer subjektiven Theorie nutzen. Hierfür sollten sie insgesamt 11 Relationstypen verwenden. Diese Typen wurden auf Grund von Vorversuchen mit zehn vergleichbaren Personen aus der Vielzahl der im Rahmen der Struktur-Lege-Technik von Scheele und Groeben (1988) vorgeschlagenen ausgewählt. Sie enthielten definitorische bzw. hierarchisch ordnende Relationen und Beziehungen im Sinne von Beispielangaben. Hinzu kamen beschreibende Merkmalszuordnungen, additive bzw. disjunktive Beziehungen, förderliche und hinderliche Wirkrelationen, wechselseitige positive und negative Abhängigkeiten und an Bedingungen geknüpfte Wirkrelationen. Mit Hilfe der auf Kärtchen festgehaltenen Konzepte und Relationen legten die Untersuchungsteilnehmer ihre subjektive Theorie der sozialen Unterstützung in Form eines Schaubildes. Eine vorläufige Fassung wurde diskutiert und gegebenenfalls durch die Untersuchungsteilnehmer revidiert und präzisiert.

Aus der Vielfalt der Möglichkeiten, formale und inhaltliche Merkmale subjektiver Theorien auszuwerten, wurde wegen eines möglichen Alpha-Fehlers wenige und solche ausgesucht, die für die Rekonstruktion depressogener Kognitionen relevant waren. So wurde die kognitive Differenziertheit dadurch erfaßt, indem die Zahl der genutzten Konzepte (Kärtchen) und Relationen festgehalten wurde. Die Depressogenität der Bedeutungsgehalte der thematisierten Konzepte wurde durch das Verhältnis der negativ getönten Konzepte zur Zahl der negativ und positiv getönten Begrifflichkeiten festgelegt.

Um wiederum einen Vergleich zu herkömmlichen Methoden zu bekommen, wurden außerdem die subjektiv eingeschätzten informellen Hilfen mit Hilfe des Fragebogens zur sozialen Unterstützung (F-SOZU) von Sommer und Fydrich (1989) erhoben. Außerdem beantworteten die Untersuchungsteilnehmer auch wieder die „Dysfunctional Attitude Scale" in der deutschen Fassung von Hautzinger, Luka und Trautmann (1985). Die Ergebnisse zeigen, daß zwischen der Gruppe der depressiven und der Vergleichsgruppe nur Unterschiede in Hinsicht auf den Bedeutungsgehalt der subjektiven Theorien nachzuweisen sind. Die subjektiven Theorien der Depressiven zur sozialen Unterstützung waren positiver getönt. Beide Gruppen hatten ähnlich differenzierte Strukturen gelegt. Im Fragebogen F-SOZU zeigte sich jedoch sehr deutlich, daß die depressiven Patienten soziale Unterstützungen ungünstiger beurteilten. Gleichzeitig besaßen sie dysfunktionalere Einstellungen und nahmen informelle Hilfen verzerrter wahr. (vgl. Tabelle 20).

Tabelle 20. Dysfunktionale Einstellungen, soziale Unterstützung und Merkmale subjektiver Theorien zur sozialen Unterstützung bei depressiven Patienten und einer Vergleichsgruppe (nach Röhrle, Friedrich & Menche, 1992)

Variable	*Depressive* (n= 20)		*Vergleichsgruppe* (n= 20)			
	$\bar{X}$	SD	$\bar{X}$	SD	t	p (einseitig)
Dysfunktionale Einstellungen (DAS)	137.00	26.80	103.35	19.41	4.55	.00004
Soziale Unterstützung (F-SOZU)	10.59	1.88	12.93	1.25	−4.65	.00003
DAS/F-SOZU	44.38	3.54	36.62	3.54	3.33	.001
Differenzierung	80.80	18.93	83.45	11.90	−0.53	.29
Negativismus	0.33	0.10	0.41	0.09	−2.65	.005

Wiederum sprechen die Ergebnisse dieser Studie dafür, daß sich die Kognitionen zur sozialen Unterstützung bei Depressiven gegenüber nicht depressiven Personen in ihren Inhalten, jedoch nicht in ihrem strukturellen Aufbau unterscheiden. Im Gegensatz zu den vorherigen Untersuchungen zeigt sich die Depressogenität dieser Kognitionen aber in einer positiven Überschätzung der Konzepte informeller Hilfen. Dies könnte Ausdruck eines ungestillten Bedürfnisses nach sozialem Rückhalt gewesen sein, das sich auf andere Weise in den negativ bewerteten informellen Hilfen in den Daten des F-SOZU ausdrückt. Während die Rekonstruktion der subjektiven Theorien der sozialen Unterstützung gewißermaßen das Ideal an sozialer Bindung für die Depressiven heraufbeschwor, ließ der Fragebogen zur sozialen Unterstützung nur eine negative Bewertung der zum Zeitpunkt der Befragung vorhandenen informellen Hilfe zu.

Diese Ergebnisse sind vor allem deshalb vorläufig, da wegen des geringen Stichprobenumfangs die Möglichkeiten sowohl der inhaltlichen als auch der strukturellen Analyse der rekonstruierten subjektiven Theorien der sozialen Unterstützung nicht ausgeschöpft werden konnten. Dennoch sprechen die Erfahrungen, die im Rahmen dieser Untersuchung gewonnen wurden, dafür, daß die Methode der Struktur-Lege-Technik geeignet ist, subjektive Theorien zur sozialen Unterstützung auch bei depressiv gestörten Personen zu erheben. Der Leser kann vermuten, daß sich hinter den wenigen Zahlen höchst differenzierte Vorstellungen von sozialer Unterstützung verbergen. Damit ist insgesamt die Hoffnung geweckt, daß in Zukunft die hoch komplexe Struktur von Kognitionen zu Merkmalen sozialer Netzwerke rekonstruiert werden kann. Erst im Gefolge von umfangreicheren Studien läßt sich entscheiden, ob die immens aufwendige Methode zur Rekonstruktion subjektiver Theorien der sozialen Unterstützung sich auch dahin gehend lohnt, differentialdiagnostische Fragen besser zu beantworten als dies herkömmliche Verfahren zur Erhebung sozialer Unterstützung und depressogener Kognitionen vermögen.

Wir sehen insgesamt, daß die vorgestellten theoretischen und methodischen Zugänge zu Kognitionen von Merkmalen sozialer Netzwerke in Hinsicht auf differential-diagnostische Fragestellungen im Bereich der Depressionsforschung noch nicht durchwegs befriedigen können. Bei genauer Betrachtung jedoch ist dieses Ergebnis nuancierter zu bewerten. In der Tendenz zeigt sich, daß Unterschiede in den formalen Kennzeichen der kognitiven Strukturen zu Merkmalen sozialer Netzwerke weniger aussagekräftig sind als deren Inhalte und evaluativen Aspekte. Dies liegt im Trend bisheriger Forschungsergebnisse zur Bedeutung kognitiver Merkmale bei Depressiven. Immerhin war nachzuweisen, daß zumindest prototypische Repräsentationen zur sozialen Unterstützung bei den untersuchten depressiven Patienten weniger geordnet waren. Konzentriert man sich auf die inhaltlichen und evaluativen Aspekte der Kognitionen zu Merkmalen sozialer Netzwerke, die mit Hilfe recht unterschiedlicher Methoden rekonstruiert wurden, so stellt man fest, daß sie in einigen Fällen durchaus mit den herkömmlichen Methoden zur Erhebung dieser (verzerrt) wahrgenommenen Merkmale konkurrieren können. Werden Konstrukte, Ziele und Vorhaben im Umgang mit Merkmalen sozialer Netzwerke erhoben, so spiegeln sie deutlich die sozialen Bedürfnisse und Defizite von Depressiven und auch ihre Mühen wieder, damit zurecht zu kommen. Außerdem wäre es auch voreilig, auf Grund dieser wenigen und teilweise nur auf minimalen Datensätzen beruhenden Studien schon den Schluß zu ziehen, die ausgewählten Methoden seien differential-diagnostisch wertlos.

Selbst wenn der differential-diagnostische Wert der Methoden zur Rekonstruktion von Kognitionen zu Merkmalen sozialer Netzwerke in Frage stehen würde, bliebe festzustellen, daß sie in anderer Hinsicht zu bedeutsamen Erkenntnissen führen. Sie stärken die Vorstellung, wonach Personen keine passiven Mitglieder ihrer sozialen Netzwerke und lethargische Empfänger informeller Hilfen darstellen, sondern reflexive Wesen mit einem differenzierten Verständnis ihrer sozialen Umwelt, das sie letztlich als „naive Sozialanalytiker" auszeichnet. Dieses Verständnis vom Umgang mit Merkmalen sozialer Netzwerke beruht dabei nicht auf den zum Teil wagemutigen Interpretationen, die wir im Zusammenhang mit den vielen Untersuchungen zur Wirkung von Merkmalen sozialer Netzwerke kennengelernt haben. Sie sind vielmehr direkt in den Antworten der Untersuchungsteilnehmer enthalten. Allerdings geht diese Unmittelbarkeit, mit der die Kognitionen zu Merkmalen sozialer Netzwerke erhoben wurden, mehr oder weniger zu Lasten der Objektivität und Ökonomie der Forschungsmethoden. Im Gegensatz von Objektivität und Validität stellen sie aber durchaus vertretbare Kompromisse dar, zumal sie immer wieder an herkömmlichen, objektiveren Methoden validierbar sind.

Die vorgestellten Zugänge zu den Kognitionen von Merkmalen sozialer Netzwerke haben evident werden lassen, welches Wissen eine Rolle spielen könnte, wenn Personen gebeten werden, Merkmale sozialer Netzwerke zu beurteilen und zu bewerten. Wir haben zumindest eine genauere Vorstellung davon erhalten, welche kognitiven Strukturen beteiligt sein dürften, wenn Angaben zu diesen Merkmalen gemacht werden. Dabei wurde an Überlegungen angeknüpft, wonach diese kognitiven Strukturen komplexe Systeme darstellen, die, auf alltäglichen Erfahrungen beruhend, dem Menschen Wissen über soziale Netzwerke bereitstellen. Dieses Wissen faßt Informationen zu strukturellen, relationalen und funktionalen Merkmalen sozialer Netzwerke. Zugleich organisiert es Erfahrungen im Umgang mit sozialen Netzwerken. Als solches wirkt es handlungsregulativ und vermag so auch soziale Netzwerke mitzugestalten, sie als Ressourcen zu nutzen und Ereignisse in ihnen entsprechend zu erklären. Dieses Wissen ist zunächst als subjektives Reservoir von Informationen aufzufassen, das über individuelle Lebensgeschichten und jeweils spezifische Lebensumstände auch über differentiell und auch klinisch-psychologisch bedeutsame Besonderheiten verfügen kann (z. B. Grade der Differenziertheit, Negativismus, etc.). Die Annahme wurde formuliert, daß aus diesen individuellen und subjektiven Wissensbeständen, auch kollektives Wissen rekonstruiert werden kann.

Um die Aufbauprinzipien und Inhalte individueller Wissensbestände zu Merkmalen sozialer Netzwerke rekonstruieren zu können, wurden unterschiedliche Ansätze und Methoden der kognitiven Psychologie vorgeschlagen, um zugleich prozedurale, semantische und erklärende Bausteine dieses Wissens erfassen zu können. Mit der Rekonstruktion personaler Konstrukte oder Projekte, mit der Untersuchung von Merkmalsähnlichkeiten in prototypischen Repräsentationen und mit der Ergründung subjektiver Theorien zur sozialen Unterstützung wurden erst Anfänge gemacht, um den Reichtum der kognitiven Repräsentationen zu Merkmalen sozialer Netzwerke kennenzulernen. Die Vielzahl der Kognitionen zu unterschiedlichen Merkmalen sozialer Netzwerke, der Anteil kollektiv geteilter Bedeutungsgehalte und die Vielfalt der sozialen Handlungen und Handlungsregulationen im Umgang mit diesen Merkmalen wartet darauf, mit den vorgestellten oder auch anderen theoretischen Zugängen und Methoden erkannt zu werden. Zu prüfen bleibt auch, inwiefern die so rekonstruierbaren Wissensbestände zu Merkmalen sozialer Netzwerke handlungsteuernd sind. Nicht zuletzt stellt sich auch mit Duck (1991) die Frage, von welchen weiteren differentiellen Merkmalen und auch von (objektiven) sozialen und physikalischen Bedingungen diese Wissensbestände beeinflußt werden.

9. Konvergenzen und Perspektiven

Im Spannungsfeld zwischen sozio-strukturellen und individualistisch-psychologischen Zugängen zu sozialen Netzwerken wurden viele Wege, vielleicht auch Irrwege gegangen. Wie so oft, sind solche Wege nicht nur beschwerlich, sondern führen auch zu allerhand Überraschungen und Erkenntnisgewinnen. In begrifflich unsicheren Gefilden zwischen verschiedenen Disziplinen und Fachgebieten war für verschiedene Formen der Netzwerkanalyse vor allem kennzeichnend, daß die ursprünglichen meta-theoretischen Bedeutungsgehalte zur Rekonstruktion von sozialen Netzwerken aufgegeben oder vernachlässigt und dann doch wiedergewonnen wurden.

Das schon in den Anfängen der sozial-anthropologischen und soziologischen Forschung heterogene Konzept des sozialen Netzwerks wurde auf vielfältige Art zur psychologisch bedeutsamen Größe gemacht: So gliederte man Netzwerkbegrifflichkeiten in das Variablengefüge von Bedingungen ein, welche sozialpsychologische Phänomene, wie Einstellungen, Einsamkeit, enge soziale Beziehungen, usw. erklären sollten. Merkmale sozialer Netzwerke wurden auch als sozialisatorische Kontexte erkannt und zu Indikatoren für lebenslange Entwicklungsprozesse gemacht. Im Bereich der klinischen Psychologie sah man in ihnen Ursachen für psychische Störungen. Merkmale sozialer Netzwerke wurden zudem in das Wirkgefüge von Stressoren, Bewältigungsfertigkeiten und Persönlichkeitsmerkmalen eingebracht, um so den Umgang mit diversen Arten von Belastungen besser erklären zu können. Man nutzte soziale Netzwerke auch als Ansatzpunkt und Bestandteil von klinisch-psychologischen Interventionen; dabei vielfach nur im Sinne einer Metapher. Persönlichkeitspsychologische Betrachtungen gingen sogar so weit, in subjektiv wahrgenommen Merkmalen sozialer Netzwerke Dispositionen und Indikatoren für interindividuelle Unterschiede zu sehen.

Bei all diesen Bemühungen geriet das *individuelle Moment* zu sehr in den Vordergrund. Transindividuelle und zugleich strukturalistische Sichtweisen von sozialen Netzwerken blieben unreflektiert und verloren ihre Bedeutung. Die Folge war, daß die Erklärungen, wie sich Merkmale im jeweiligen Bedingungsgefüge psychologischer Gegenstandsbereiche bemerkbar machen, relativ beliebig wurden und meist auf Vermutungen beruhen mußten. Dabei gerieten sogar frühe psychologisch-theoretische Positionen in Vergessenheit, welche die Entwicklung der sozialen Netzwerkforschung maßgeblich mit vorangetrieben haben (z. B. Heiders Balancetheorie). Immer wieder wurde dabei postuliert, daß soziale Netzwerke Ressourcen für die Befriedigung der unterschiedlichsten Bedürfnisse sind. Es wurde hervorgehoben, daß sie Handlungsfelder bereitstellen, in denen man sich zu einem entscheidungsfähigen Subjekt entwickelt. Behauptet wurde, daß soziale Netzwerke vielfältige Möglichkeiten böten, sich mit anderen Menschen zu vergleichen. Je nach individeller Neigung und Fähigkeit würde mit diesen Handlungsfeldern auch unterschiedlich umgegangen. Andererseits wurde auch immer wieder angenommen, daß soziale Netzwerke anforderungsreiche und begrenzende Kontexte darstellen, sei es in Form sozial-normativer Einflüsse oder auch als Ort sozialer Belastungen und als Brutstätte psychischer Störungen.

Wegen der theoretischen Beliebigkeit, mit welcher die Effekte von Merkmalen sozialer Netzwerke immer wieder erkärt wurden, geriet nicht nur der sozio-strukturalistische Gehalt in Vergessenheit, letztlich blieb immer wieder die Frage unbeantwortet, welchen individuellen, psychologisch bedeutsamen Sinn diese Merkmale tatsächlich besitzen. Dies war vor allem dadurch bedingt, daß die Merkmale sozialer Netzwerke so erhoben wurden, wie dies bei der Rekonstruktion sozialer Strukturen von informellen Systemen üblich ist, Dabei hat man versäumt, nach den subjektiv bedeutsamen Äqivalenten dieser Merkmale zu fragen. Nach Gutdünken wurden vielmehr sozio-strukturell relevanten Merkmalen sozialer Netzwerke nicht selten post-hoc psychologische Bedeutungsgehalte zugewiesen. Weil man dabei zum Teil auch Versuchungen sozialpolitischer Verführungskünste erlag, ergaben sich insbesondere bei der Entwicklung netzwerkorientierter Interventionen sogar blinde Pragmatismen.

Im wesentlichen gingen damit die ursprünglichen Intentionen verloren, mit Hilfe des Netzwerkkonzepts die Struktur von informellen Beziehungsgefügen zu rekonstruieren, wie sie sich unabhängig von der Sicht einzelner Personen darstellt. Mit Hilfe einer Vielzahl von Merkmalen sozialer Netzwerke wurde diese Realität etwa als Struktur von Präferenzmustern oder als Systeme für den Austausch von Informationen und Ressourcen genau beschrieben. Je nach Art der jeweils interessierenden Beziehungsmuster fanden sich dabei Hintergrundtheorien, welche soziale Netzwerke z. B. als kognitiv stimmige oder utilitaristische Einheiten erscheinen ließen.

Obwohl die ursprünglichen Bedeutungsgehalte des Netzwerkkonzepts bei der Beantwortung von Fragestellungen in verschiedenen Teilgebieten der Psychologie in den Hintergrund gedrängt wurden, haben sich die Bemühungen, Merkmale sozialer Netzwerke in psychologische Fragestellungen einzubeziehen, auf mehrfache Weise gelohnt. So haben sie sich immer wieder als empirisch bedeutsame Größen für individuelles Erleben und Verhalten ausgewiese: Bei der Beantwortung *sozial-psychologischer* Fragestellungen zeigte sich z. B., daß die Homogenität und Stabiliät von Einstellungen von sozial-normativen und unterstützenden Einflüssen aus dem sozialen Netzwerk abhängen kann. Es ließ sich nachweisen, daß enge soziale Beziehungen nicht nur die Folge von gegenseitigen Attraktionsprozessen darstellen, sondern auch durch sie umgebende soziale Netzwerke beeinflußt werden. Im Kontext der *Entwicklungspsychologie* wurde deutlich, daß die soziale, emotionale und kognitive Entwicklung nicht nur von bestimmten Erziehungsformen abhängt, sondern sowohl direkt als auch indirekt, über die unmittelbaren Sozialisationsinstanzen, durch Merkmale sozialer Netzwerke geprägt wird. Insgesamt zeichnete sich ein Bild ab, in dem soziale Netzwerke als unmittelbare und mittelbare Entwicklungsräume auftauchen, die als Kontexte lebenslang durchschritten werden. Dabei verändern sich diese Kontexte in Form und Bedeutung in verschiedenen Lebens- und Entwicklungsphasen. Diese zugleich *umweltpsychologisch* bedeutsamen Befunde werden ergänzt durch solche, die zeigen, daß soziale Netzwerke, als Bestandteile von Umwelt, wahrgenommen bzw. bewertet werden und auch Gegenstand individuellen Verhaltens und Handelns sind. Außerdem werden Umwelteinflüsse auf die Befindlichkeit von einzelnen Personen ganz wesentlich durch soziale Netzwerke mitgestaltet. Eine Vielzahl von Befunden insbesondere zur salutogenen Wirkung sozialer Unterstützung, die im Kontext *klinisch-psychologischer* Fragestellungen gewonnen wurden, zeugt davon. Im Rahmen *persönlichkeitspsychologischer* Zugänge wurde offenkundig, daß Angaben zu Merkmalen sozialer Netzwerke in engem Zusammenhang zu Dispositionen stehen, die mit der Bereitschaft und Fähigkeit zu tun haben, soziale Gefüge wahrzunehmen, zu beeinflussen und ihre Ressourcen zu nutzen.

Neben diesen empirischen Erkenntnisfortschritten, die durch den Einbezug von Merkmalen sozialer Netzwerke in das Variablengefüge verschiedener Teilgebiete der Psychologie möglich wurden, brachten insbesondere Bemühungen weitere Einsichten, welche diesen Merkmalen *eindeutigere psychologische Bedeutung* zugewiesen haben. Dabei konnte die Beliebigkeit der Erklärungsmuster reduziert werden, die man mit der Wirkung sozialer Netzwerke verband. So konnte empirisch nachgewiesen werden, daß informelle Hilfen im Zusammenhang mit der Befriedigung einer Vielzahl von sozialen Bedürfnissen stand. Die Rolle sozialer Unterstützungen im Kontext eines komplexen biopsychologischen Prozesses von Immunfunktionen wurden immer deutlicher. Nachvollziehbar wurde auch, wie sich individuelle Formen der Streßbewältigung in sozial hilfreichen Kontexten zu kollektiven Formen des Umgangs mit Belastungen entwickeln. Die Untersuchung dispositioneller Voraussetzungen für den Umgang mit sozialen Netzwerken hat zumindest in Ansätzen klar gemacht, daß sich diese nicht auf soziale Fertigkeiten reduzieren lassen, die für die Gestaltung von nicht weiter definierten sozialen Beziehungen als notwendig erachtet werden. Vielmehr zeigte es sich, daß diese Fertigkeiten, je nach Art der zu gestaltenden sozialen Beziehung und des Merkmals sozialer Netzwerke, auch in Abhängigkeit von anderen Persönlichkeitseigenschaften, zu spezifizieren sind.

Die Bemühungen, Merkmale sozialer Netzwerke in psychologische Fragestellungen einzubeziehen, haben darüberhinaus zu einer ganz anderen Art von Erkenntnisfortschritt geführt. Auf mehrfache Weise wurde der Weg zurück zu einer *strukturalistischen* und zugleich *kontextuellen* Betrachtung sozialer Netzwerke gefunden. In dem Maße, wie Verbindungen zwischen den psychologischen und sozio-strukturellen Bedeutungsgehalten gesucht wurden, führte man nicht nur die Tradition der frühen Netzwerkforschung fort, sondern man eröffnete zunehmend die Sicht auf transindividuelle Gegenstandsbereiche.

Zunächst fand die Rückkehr zu einer strukturalistischen Betrachtungsweise sozialer Netzwerke bezeichnender Weise gerade dort statt, wo man sich ausschließlich mit dem funktionalen Einfluß sozialer Unterstützungen beschäftigt hatte; einem Merkmal, das viele nicht einmal als Teilbegrifflichkeit des Netzwerkkonzepts angesehen haben. Die vielfältigen definitorischen Bemühungen ließen erkennen, daß es sich beim Begriff der sozialen Unterstützung um ein heterogenes *Meta-Konstrukt* handelt, das nicht nur funktionale, sondern auch strukturelle und relationale Merkmale sozialer Netzwerke in sich birgt. Auch die Versuche, die Wirkung informeller Hilfen nicht nur auf eine Art von passiver Konsumtion zurückzuführen, sondern sie als Ergebnis aktiver Hilfesuchprozesse und als Austausch von Ressourcen in definierten *Beziehungsgefügen* zu begreifen, haben die Erinnerung an den strukturalistischen Gehalt auch dieses Teilkonzepts der Netzwerkforschung wieder wach werden lassen.

Die strukturalistische und zugleich kontextualisierte Sicht von sozialen Netzwerken wurde vor allem auch durch *umweltpsychologische* Fragestellungen vorbereitet. Um soziale Netzwerke als Bestandteile einer vielfältig geordneten Umwelt begreifen zu können, wurden verschiedene Ordnungsprinzipien genutzt. Sie legen nicht nur Über- und Unterordnungen und

Aspekte von Umwelt fest, sondern definieren auch unterschiedliche Transaktionsformen zwischen Umwelt und Individuum bzw. sozialen Gefügen. Dabei konnte sowohl die Vorstellung von einer deterministischen Einflußnahme von Merkmalen sozialer Netzwerke als auch die einer entsprechenden Beeinflussung durch Persönlichkeitsmerkmalen zugunsten von Modellen aufgegeben werden, wie sie im Kontext eines „Constraint Choice Ansatzes" thematisiert wurden. Sie begreifen individuelle und kollektive Veränderungen oder Stabilisierungen von sozialen Netzwerken und auch die Aktivierung sozial unterstützender Potentiale als einen Prozeß, bei dem intentional gehandelt wird, dem aber auch objektive und soziostrukturell bedingte Grenzen gesetzt sind (vgl. Fischer, 1982; Milardo, 1986; Vaux, 1988a).

Besonders wichtig bei den umweltpsychologischen Betrachtungen von sozialen Netzwerken war auch die Unterscheidung einer *objektiven* und *subjektiven* Art von Umwelt. Dabei fanden Merkmale sozialer Netzwerke nicht nur ihren Platz auf der objektiven Seite der Realität, sondern sie wurden dabei zugleich mit anderen Arten von Umwelt, z. B. physikalischen Umweltanteilen, verknüpft. Mit dem Wechsel der Erkenntnisperspektive auf subjektive Formen der Umwelt wurde die Notwendigkeit deutlich, Kognitionen von Merkmalen sozialer Netzwerke zu erheben. Diese Notwendigkeit wurde durch Befunde unterstrichen, die festzustellen wußten, daß subjektiv gewertete Merkmale sozialer Netzwerke für die Vorhersage von individuellem Verhalten und Erleben besonders bedeutsam waren. Diese Befunde aber konnten keine Antwort auf die Frage geben, welches die Grundlagen für entsprechende Bewertungsprozesse sind.

Um die subjektiven Äquivalenten quasi-objektiver Netzwerkmerkmale rekonstruieren zu können, wurden unterschiedliche Theorien der kognitiven Psychologie ausgewählt. Sie unterschieden sich in ihrem Geltungsbereichen, indem sie entweder semantische, oder episodische, oder handlungsorientierte oder explanative Wissensysteme zu Merkmalen sozialer Netzwerke abbilden helfen sollten. Das gemeinsame Moment dieser unterschiedlichen Zugänge bestand aber darin, daß sowohl die Inhalte als auch die Struktur der Kognitionen zu Merkmalen sozialer Netzwerke zu erheben waren. Befunde zu differential-diagnostischen Fragestellungen machten deutlich, daß vor allem die Inhalte der Kognitionen zu Merkmalen sozialer Netzwerke empirisch bedeutsam waren. So zeigte sich die Depressogenität der Vorstellungen von Merkmalen sozialer Netzwerke u.a. in mehr negativ gestimmten Inhalten. Vielfach waren formale Eigenschaften entsprechender Kognitionen, wie z. B. die Komplexität der personalen Konstrukte zum Merkmal „soziale Unterstützung", differential-diagnostisch nicht bedeutsam. Befunde dieser Art bestärken möglicherweise auch symbolisch-interaktionistische Auffassungen, die in der Untersuchung der formalen Eigenschaften von Merkmalen sozialer Netzwerke keinen Erkenntnisgewinn sehen.

Dennoch ist in der Rekonstruktion der kognitiven Architektur von Vorstellungen zu Merkmalen sozialer Netzwerke eine Möglichkeit zu erkennen, soziologische, sozialanthropologische und psychologische Netzwerkforschung miteinander zu verknüpfen. Auf diese Weise werden strukturalistische Betrachtungsweisen des gleichen Gegenstandes aus unterschiedlichen Perspektiven möglich (vgl. Hormuth, 1990). Trotz dieser metasprachlichen Verbindung bleibt aber die Frage, wie sich die unterschiedlichen disziplinären Zugänge zu sozialen Netzwerken verbinden könnten. Erste Lösungen für dieses Problem wurden darin gesucht, Merkmale sozialer Netzwerke nicht nur als individuell bedeutsame Einheit zu erheben, sondern auch als kulturell geteilte Vorstellungen von informellen Zusammenleben, als „kollektive Repräsentationen" im Sinne von Durkheim (1898) oder als „soziale Vorstellung"im Sinne von Moscovici (1981). Dieses subjektiv getragene, „kollektive" Wissen läßt sich wie das individuelle Wissen auf transindividuelle Gemeinsamkeiten, Ordnungen und Strukturen hin untersuchen. Es bietet somit eine völlig neue Datenbasis für die Rekonstruktion sozialer Netzwerke; eine Art von transindividuell gefaßter Sozialstruktur, als Pendant zu den quasi-objektiven Merkmalen sozialer Netzwerke (vgl. Bradley & Roberts, 1989; Krackhardt, 1987). So etwas würde etwa dann deutlich werden, wenn man die Vorstellungen zu einer spezifischen Freundschaft erhebt, die einzelne Person aber auch danach fragt, welche Vorstellungen sie dabei mit anderen teilt oder bei anderen vermutet und wenn man dann im Anschluß daran, diese Daten aggregiert und auch in Relation zu objektiven Merkmalen von Freundschaftsbeziehungen setzt (z. B. beobachtete Kontakthäufigkeiten).

Die Frage, welche Verbindungen und strukturellen Isomorphien zwischen den Datenebenen oder sozialen Realitäten gegeben sind, wenn subjektiv-individuelle, subjektiv-kollektive und quasi-objektiv gefaßte Merkmale sozialer Netzwerke erhoben werden, ist noch nicht zu beantworten (Morgan, 1986). Deutlich ist jedoch, daß es mit einer schlichten Trennung zwischen einem soziologistischen und psychologistischen oder auch holistischen versus individualistischen Zugang, wie sie Berkowitz (1988) vollzog, nicht getan ist (vgl. Haines, 1988). Vielmehr können sich unterschiedliche strukturalistische Betrachtungsweisen verbinden und ergänzen. Dabei reduzieren sie die Gefahr einer zu individualistisch-psychologischen oder gar „idealistisch-synthetischen" Sicht sozialer Phänomene einerseits und die Gefahr einer zu entpsychologisierten Rekonstruktion sozialer Gefüge andererseits (vgl. Bergius, 1976; Felton & Shinn, 1992;

Giddens, 1984; Graumann, 1988; Haines, 1988; Milardo, 1986; Seidman, 1990; Steiner, 1986).

Trotz der Hoffnung auf sich ergänzende Perspektiven der unterschiedlichen strukturalistischen Zugänge zu sozialen Netzwerken bleibt die Frage, ob und wie sich diese individuellen, kollektiv geteilten und zugleich aggregierten Wissensbestände zu Merkmalen sozialer Netzwerke auf individuelles bzw. kollektives Handeln auswirken, wie sie also u.a. auch objektive Netzwerkmerkmale als Teilbestände einer umfassenderen Umwelt mitgestalten. Dabei ist auch ungeklärt, auf welche Weise sich individuelle, handlungsregulative Prozesse mit kollektiven oder sogar systemisch-autoregulativen Prozessen verbinden. Bleibt zu hoffen, daß Antworten auf diese Fragen das Verhältnis von individuellen und kollektiven Sichtweisen von sozialen Phänomenen verständlicher machen.

10. Anhang

10.1. In der Meta-Analyse genutzte Studien

Barnett, P. A. & Gotlib, I. H. (1988). Dysfunctional attitudes and psychosocial stress: The differential prediction of subsequent depression and general psychological distress. *Motivation and Emotion, 12*, 251–270.

Barnett, P. A. & Gotlib, I. H. (1990). Cognitive vulnerability to depressive symptoms among men and women. *Cognitive Therapy and Research, 14*, 47–61.

Barrera, M. (1981). Social support in adjustment of pregnant adolescents: Assessment issues. In B. H. Gottlieb (Ed.), *Social support and social networks* (pp. 69–96). Beverly Hills: Sage.

Bennett, D. E. & Slade, P. (1991). Infants born at risk: Consequences for maternal postpartum adjustment. *British Journal of Medical Psychology, 64*, 159–172.

Billings, A. G. & Moos, R. H. (1984a). Chronic and nonchronic unipolar depression: The differential role of environmental stressors and resources. *The Journal Nervous and Mental Disease, 172*, 65–75.

Billings, A. G. & Moos, R. H. (1984b). Coping, stress, and social resources among adults with unipolar depression. *Journal of Personality and Social Psychology, 46*, 877–891.

Brown, D. R. & Gary, L. E. (1985a). Predictors of depressive symptoms among unemployed black adults. *Journal of Sociology and Social Welfare, 12*, 736–754.

Brown, G. W., Andrews, B., Harris, T. O., Adler, Z. & Bridge, L. (1986). Social support, self-esteem and depression. *Psychological Medicine, 16*, 813–831.

Brown, S. D., Brady, T., Lent, R. W., Wolfert & Hall, S. (1987). Perceived social support among college students: Three studies of the psychometric characteristics and counseling use of the Social Support Inventory. *Journal of Counseling Psychology, 34*, 337–354.

Brugha, T. S., Bebbington, P. E., MacCarthy, B., Sturt, E., Wykes, T. & Potter, J. (1990). Gender, social support and recovery from depressive disorders: A prospective clinical study. *Psychological Medicine, 20*, 147–156.

Cohen, L. H., McGowan, J., Fooskas, S. & Rose, S. (1984). Positive life elements and social support and the relationship between life stress and psychological disorder. *American Journal of Community Psychology, 12*, 567–587.

Cohen, S. & Hoberman, H. M. (1983). Positive life events and social support as buffers of life change stress. *Journal of Applied Social Psychology, 13*, 99–125.

Cohen, S., Mermelstein, R., Karmack, T. & Hoberman, H. M. (1985). Measuring the functional components of social support. In J. G. Sarason & B. R. Sarason (Eds.), *Social support: Theory, research and application* (pp. 73–94). Dordrecht: Martinus Nijhoff.

Compas, B. E., Slavin, L. A., Wagner, B. M. & Vannatta, K. (1986). Relationship of life events and social support with psychological dysfunction among adolescents. *Journal of Youth and Adolescence, 15*, 205–221.
Cutrona, C. E. & Russel, D. W. (1987). The provision of social relationships and adaption to stress. *Advances in Personal Relationships, 1*, 37–67.
Cutrona, C. E. & Troutman, B. R. (1986). Social support, infant temperament, and parenting self-efficacy: A mediational model of postpartum depression. *Child Development, 57*, 1507–1518.
Cutrona, C. E. (1984). Social support and stress in the transition to parenthood. *Journal of Abnormal Psychology, 93*, 378–390.
Cutrona, C. E. (1986). Behavioral manifestations of social support: A microanalytic investigation. *Journal of Personality and Social Psychology, 51*, 201–208.
D'Arcy, C. & Siddique, C. M. (1984). Social support and mental health among mothers of preschool and scholl age children. *Journal of Social Psychiatry, 19*, 155–162.
Dean, A. & Ensel, W. M. (1982). Modelling social support, life events, competence and depression in the context of age and sex. *Journal of Community Psychology, 10*, 392–408.
Dean, A. & Ensel, W. M. (1983a). Socially structured depression in men and women. In J. R. Greenly & R. G. Simmons (Eds.), *Research in community and mental health* (pp. 113–139). Greenwich: JAI Press.
Dean, A. & Ensel, W. M. (1983b). The epidemiology of depression in young adults: The centrality of social support. *Journal of Psychiatric Treatment and Evaluation, 5*, 195–207.
Decker, S. D. & Schulz, R. (1985). Correlates of life satisfaction and depression in middle-aged and elderly spinal cord-injured persons. Special issue: Spinal cord injury. *American Journal of Occupational Therapy, 39*, 740–745.
Dimond, M., Lund, D. A. & Caserta, M. S. (1987). The role of social support in the first two years of bereavement in an elderly sample. *Gerontologist, 27*, 599–604.
Dow, M. G. & Craighead, W. E. (1987). Social inadaquacy and depression: Overt behavior and self evaluation processes. *Journal of Social and Clinical Psychology, 5*, 99–113.
Elliott, T. R. & Gramling, S. E. (1990). Personal assertiveness and the effects of social support among college students. *Journal of Counseling Psychology, 37*, 427–436.
Elliott, T. R., Herrick, S. M., Patti, A. M., Witty, Godshall, F. J. & Spruell, M. (1991). Assertiveness, social support, and psychological adjustment following spinal cord injury. *Behavior Research and Therapy, 29*, 485–493.
Fiore, J., Becker, J. & Coppel, D. B. (1983). Social network interactions: A buffer or a stress? *American Journal of Community Psychology, 11*, 423–439.
Fiore, J., Coppel, D. B., Becker, J. & Cox, G. B. (1986). Social support as a multifaceted concept: Examination of important dimensions for adjustment. *American Journal of Community Psychology, 14* (1), 93–111.
Ford, G. G. & Procidano, M. E. (1990). The relationship of self-actualization to social support, life stress, and adjustment. *Social Behavior and Personality, 18*, 41–51.
Goldberg, E. L., Natta, P. V. & Comstock, G. W. (1985). Depressive symptoms, social networks and social support of elderly women. *American Journal of Epidemiology, 121*, 448–455.
Hall, L. A., Williams, C. A. & Greenberg, R. S. (1985). Supports, stressors, and depressive symptoms in low-income mothers of young children. *American Journal of Public Health, 75*, 518–521.
Henderson, A. S., Byrne, D. G. & Duncan-Jones, P. (1981). *Neurosis and the social environment*. Sidney: Academic Press.

Hobfoll, S. E. & Leiberman, J. R. (1987). Personality and social resources in immediate and continued stress resistance among woman. *Journal of Personality and Social Psychology, 52*, 18–26.

Hobfoll, S. E. & London, P. (1986). The relationship of self-concept and social support to emotional distress among woman during war. *Journal of Social and Clinical Psychology, 4*, 189–203.

Holahan, C. K. & Holahan, C. J. (1987). Self-efficacy, social support, and depression in aging: A longitudinal analysis. *Journal of Gerontology, 42*, 65–68.

Kazarian, S. S. & McCabe, S. B. (1991). Dimensions of social support in the MSPSS: Factorial structure, reliability, and theoretical implications. *Journal of Community Psychology, 19*, 150–160.

Kiecolt-Glaser, J. K., Dyer, C. S. & Shuttleworth, E. C. (1988). Upsetting social interactions and distress among Alzheimer's disease care-givers: A replication and extension. *American Journal of Community Psychology, 16*, 825–837.

Kuiper, N. A., Olinger, L. J. & Swallow, S. R. (1987). Dysfunctional attitudes, mild depression, views of self, self-consciousness, and social perceptions. *Motivation and Emotion, 11*, 379–401.

Lin, N. & Ensel, W. M. (1984). Depression-mobility and its social etiology: The role of life events and social support. *Journal of Health and Social Behavior, 25*, 176–188.

Lin, N., Dean, A. & Ensel, W. M. (1981). Social support scales: A methodological note. *Schizophrenia Bulletin, 7*, 73–89.

Littlefield, C. H., Rodin, G. M., Murray, M. A. & Craven, J. L. (1990). Influence of functional impairment and social support on depressive symptoms in persons with diabetes. *Health Psychology, 9*, 737–749.

Mallinckrodt, B. & Fretz, B. R. (1988). Social support and the impact of job loss on older professionals. *Journal of Counseling Psychology, 35*, 281–286.

Marziali, E. A. (1987). People in your life: Development of a social support measure for predicting psychotherapy outcome. *Journal of Nervous and Mental Disease, 175*, 327–338.

McIvor, G. P., Riklan, M. & Reznikoff, M. (1984). Depression in multiple sclerosis as a function of length and severity of illness, age, remissions, and perceived social support. *Journal of Clinical Psychology, 40*, 1028–1033.

Mercer, R. T. & Ferketich, S. L. (1988). Stress and social support as predictors of anxiety and depression during pregnancy. *Advances in Nursing Science, 10*, 26–39.

Mitchell, R. E. & Hodson, C. A. (1983). Coping with domestic violence: Social support and psychological health among battered woman. *American Journal of Community Psychology, 11*, 629–654.

Moos, R. H. (1990). Depressed outpatients' life contexts, amount of treatment, and treatment outcome. *Journal of Nervous and Mental Disease, 178*, 105–112.

Murphy, E. (1982). Social origins of depression in old age. *British Journal of Psychiatry, 141*, 135–142.

O'Hara, M. W. (1985). Depression and marital adjustment during pregnancy and after delivery. *American Journal of Family Therapy, 13*, 49–55.

Overholser, J. C., Norman, W. H. & Miller, I. W. (1990). Life stress and social supports in depressed inpatients. *Behavioral Medicine, 16*, 125–132.

Reynolds, S. & Gilbert, P. (1991). Psychological impact of unemployment: Interactive effects of vulnerability and protective factors on depression. *Journal of Counseling Psychology, 38*, 76–84.

Rhoads, D. (1983). A longitudinal study of life stress and social support among drug abusers. *The International Journal of the Addictions, 18*, 195–222.

Rideout, E. M. & Littlefield, C. H. (1990). Stress, social support, and symptoms of depression in spouses of the medically ill. *International Journal of Psychiatry in Medicine, 20,* 37–48.

Rivera, P. A., Rose, J. M., Futterman, A., Lovett, S. B. & et al. (1991). Dimensions of perceived social support in clinically depressed and nondepressed female caregivers. *Psychology and Aging, 6,* 232–237.

Roehl, J. E. & Okun, M. A. (1984). Depression symptoms among women reentering college: The role of negative life events and family social support. *Journal of College Student Personnel, 25,* 251–254.

Roos, P. E. & Cohen, L. H. (1987). Sex roles and social support as moderators of life stress adjustment. *Journal of Personality and Social Psychology, 52,* 576–585.

Russell, D. W. & Cutrona, C. E. (1991). Social support, stress, and depressive symptoms among the elderly: Test of a process model. *Psychology and Aging, 6,* 190–201.

Sacco, W. P. & Macleod, V. A. (1990). Interpersonal responses of primary caregivers to pregnant adolescents differing on depression level. *Journal of Clinical Child Psychology, 19,* 265–270.

Sandler, I. N. & Barrera, M. (1984). Toward a multimethod approach to assessing the effects of social support. *American Journal of Community Psychology, 12,* 37–52.

Sarason, B. R., Shearin, E. N., Pierce, G. R. & Sarason, I. G. (1987). Interrelations of social support measures: Theoretical and practical implications. *Journal of Personality and Social Psychology, 52,* 813–832.

Sarason, I. G., Levine, H. M., Basham, R. B. & Sarason, B. R. (1983). Assessing social support: The social support questionnaire. *Journal of Personality and Social Psychology, 44,* 127–139.

Sarason, I. G., Sarason, B. R., Shearin, E. N. & Pierce, G. R. (1987). A brief measure of social support: Practical and theoretical implications. *Journal of Social and Personal Relationships, 4,* 497–510.

Schonfeld, I. S. (1991). Dimensions of functional social support and psychological symptoms. *Psychological Medicine, 21,* 1051–1060.

Slavin, L. A. & Compas, B. E. (1989). The problem of confounding social support and depressive symptoms: A brief report on a college sample. *American Journal of Community Psychology, 17,* 57–66.

Sommer, G. & Fydrich, T. (1989). *Soziale Unterstützung – Diagnostische Verfahren, Konzepte, F-SOZU. Materialie Nr. 22.* Tübingen: DGVT.

Surtees, P. G. (1980). Social support, residual adversity, and depressive outcome. *Social Psychiatry, 15,* 71–80.

Tetzloff, C. E. & Barrera, M. (1987). Divorcing mothers and social support. *American Journal of Community Psycholoy, 15,* 419–434.

Tietjen, A. M. & Bradley, C. F. (1985). Social support and maternal psychosocial adjustment during the transition to parenthood. *Canadian Journal of Behavioral Science, 17,* 109–121.

Turner, R. J. (1981). Social support as a contingency in psychological well-being. *Journal of Health and Social Behavior, 22,* 357–367.

Ullah, P., Banks, M. & Warr, P. (1985). Social support, social pressures and psychological distress during unemployment. *Psychological Medicine, 15,* 283–295.

Vaux, A. & Harrison, D. (1985). Support network characteristics associated with support satisfaction and perceived support. *American Journal of Community Psychology, 13,* 245–268.

Vaux, A., Philipps, J., Holly, L., Thomson, B., Williams, D. & Stewart, D. (1986). The social support appraisals (SS-A) scale: Studies of reliability and validity. *American Journal of Community Psychology, 14,* 195–200.

Vega, W. A., Kolody, B. & Valle, J. R. (1986). The relationship of marital status, confidant support, and depression among Mexican immigrant woman. *Journal of Marriage and the Family, 48,* 597–605.
Veiel, H. O. & Kühner, C. (1990). Relatives and depressive relapse: The critical period after discharge from in-patient treatment. *Psychological Medicine, 20,* 977–984.
Veiel, H. O. (1990). The Mannheim Interview on Social Support: Reliability and validity data from three samples. *Social Psychiatry and Psychiatric Epidemiology, 25,* 250–259.
Winefeld, H. R. (1979). Social support and the social environment of depressed and normal woman. *Australian and New Zealand Journal of Psychiatry, 13,* 335–339.
Wineman, N. M. (1990). Adaptation to multiple sclerosis: The role of social support, functional disability, and perceived uncertainty. *Nursing Research, 39,* 294–299.

10.2. Fragebogen zur Erfassung individueller und sozialer Formen der Bewältigung von Prüfungsstreß

Skalierung:

0	0	0	0
trifft zu	trifft eher zu	trifft eher nicht zu	trifft nicht zu

Skala 1: „Beratung"
01. Kommilitonen oder Repetitor haben mich beraten, wie man sich am besten auf die Prüfung vorbereitet.
02. Durch Gespräche mit Kommilitonen oder Repetitor versuchte ich mir darüber klar zu werden, ob ich die Prüfung bestehen kann.
03. Ich fragte Kommilitonen oder Repetitor, wie man sich am besten auf die Prüfung vorbereitet.

Skala 2: „Sozialer Rückzug"
04. Ich mied alle Personen, die meine Besorgnis hinsichtlich der Prüfung verstärken konnten.
05. Ich habe mich von vielen Leuten zurückgezogen.
06. Ich vermied es über die Prüfung zu reden.

Skala 3: „Soziale Bindung"
07. In der engen Beziehung zu anderen Menschen fand ich Kraft und Zuversicht.
08. Ich hatte das Bedürfnis, die Meinung anderer zu meiner Situation zu hören.
09. Meine Freunde und Bekannten bestärkten mich darin, die Prüfung nicht so wichtig zu nehmen.
10. Bei der Erstellung eines Arbeitsplanes habe ich mir von anderen helfen lassen.
11. Ich arbeitete eng mit anderen zusammen, um nicht ständig an die Möglichkeit des Durchfallens zu denken.
12. In Gesprächen mit anderen wurde mir klar, daß es im Leben noch andere wichtige Dinge gibt.
13. Ich ging zu Leuten, die mir zuhörten und mich aufmunterten.

Skala 4: „Emotionale Bewältigung"
14. Ich bemühte mich die Prüfung auf die leichte Schulter zu nehmen.
15. Ich versuchte Angstgefühle erst gar nicht aufkommen zu lassen.
16. Wenn ich mir wegen der Prüfung Sorgen machte, sagte ich mir, daß ich intelligent genug bin, die Prüfung zu bestehen.
17. Wenn ich mir wegen der Prüfung Sorgen machte, sagte ich mir, daß alles nur halb so schlimm werden wird.

Skala 5: „Informationssuche und Zusammenarbeit"
18. Ich arbeitete eng mit anderen in einer Arbeitsgemeinschaft zusammen.
19. Ich informierte mich aus Büchern und Zeitschriften darüber, was in der Prüfung verlangt wird.
20. Ich arbeitete mit anderen Kommilitonen zusammen, um mir nach dem Motto „Geteiltes Leid ist halbes Leid" die Vorbereitungszeit erträglicher zu machen.
21. Nach Gesprächen mit Kommilitonen oder Repetitor, konnte ich mir ein klareres Bild von der Prüfung machen.

Skala 6: „Arbeitshaltung"
22. Wenn ich mir Sorgen um die Prüfung machte, konzentrierte ich mich schnell auf die Arbeit.
23. Ich habe meinen Tagesablablauf ganz auf die Prüfungsvorbereitungen eingestellt.
24. Ich mobilisierte alle meine Kräfte für die Vorbereitung.

Skala 7: „Ablenkung von negativen Folgen"
25. Wenn ich mir wegen der Prüfung Sorgen machte, dachte ich daran, daß ich ja nicht unbedingt Jurist werden muß.
26. Um abzuschalten, habe ich viel mit Freunden oder Bekannten unternommen.
27. Wenn ich wegen der Prüfung besorgt war, machte ich mir klar, daß die Welt nicht untergeht, wenn ich das Examen nicht bestehe.

Skala 8: „Einzelarbeit"
28. Ich habe den Prüfungsstoff ausschließlich alleine durchgearbeitet.
29. Bei der Vorbereitung verließ ich mich auf mich und meine Fähigkeiten.
30. Ich habe mich in meinem persönlichen Arbeitsstil nicht von anderen beeinflussen lassen.
31. Ich bereitete mich unabhängig von Ratschlägen und Einflüssen anderer vor.
32. Ich sagte mir, daß es am besten ist, so viel wie möglich für sich alleine zu arbeiten.

Skala 9: „Sorge um den Erfolg"
33. Wenn ich mir wegen der Prüfung Sorgen machte, versuchte ich daran zu denken, daß ich schon andere Prüfungen geschafft habe.
34. Andere Personen haben mich in der Ansicht bestärkt, daß ich gute Chancen habe, die Prüfung zu bestehen.
35. Ich überlegte mir, wie ich frühere Prüfungen bewältigt habe.
36. Ich versuchte mein Verhalten unter Kontrolle zu halten.

Skala 10: „Handlungsorientierte Bewältigung"
37. Ich habe viele Übungsklausuren geschrieben, um meine Kenntnisse einschätzen zu können.
38. Ich dachte darüber nach, was ich alles tun kann, um die Prüfung zu bestehen.

39. Ich machte mir klar, daß ich Möglichkeiten habe, die Situation zu bewältigen.
40. Ich fragte meine Kommilitonen, wenn ich etwas nicht verstanden hatte.
41. Ich machte mir selbst einen Arbeitsplan.
42. Es interessierte mich, wie andere sich vorbereiten.
43. Ich bereitete mich planvoll vor und konzentrierte mich auf den jeweils nächsten Schritt.

10.3. Netzwerkorientierungsfragebogen (NOF): Items und Tabellen

10.3.1. Items des Netzwerkorientierungsfragebogen (NOF)

Skalierung:
Diese Aussage   stimmt   stimmt   stimmt   stimmt
                genau   eher   weniger   nicht

Kontaktbereitschaft
2. Ich fühle mich oft als Außenseiter, deshalb ziehe ich mich zurück.
5. Wer etwas auf sich hält, zeigt nicht, wenn es ihm mal innerlich dreckig geht.
9. Es fällt mir leicht, Freunde um Hilfe zu bitten, denn ich habe keine Angst vor Ablehnung.
15. Ich denke, wer jemandem hilft, erwartet auch eine Gegenleistung.
18. Ich finde, manche Freunde nutzen meine Hilfbereitschaft aus.
20. Ich glaube, die meisten Leute fühlen sich in ihrer Familie wohler als ich.
23. Ich finde es nicht gut, wenn sich Freunde für meine persönlichen Angelegenheiten interessieren.
27. Ich glaube, Hilfe gibt es nicht umsonst.
29. Manchmal wünsche ich mir an einem Ort zu leben, wo mich keiner kennt.
33. Wenn ich von jemandem etwas bekommen habe, möchte ich das Doppelte zurückgeben.
34. Ich finde, in kenne genug Menschen, denen ich vertrauen kann und die mir helfen.
35. Ich meine, in meinen derzeitigen Beziehungen erhalte ich seelischen Rückhalt und Hilfe.
50. Wenn ich in Schwierigkeiten stecke, dann mache ich mich auf das Schlimmste gefaßt.
53. Ich frage lieber nicht um Hilfe, weil ich denke, daß nur schwache Menschen um Hilfe fragen.
58. Ich glaube, ich bin im Freundeskreis beliebt.
59. Ich finde, wenn es einem seelisch wirklich schlecht geht, ist es zwecklos mich an andere zu wenden.
67. Ich fühle mich oft hilflos und unfähig selbst meine Probleme zu lösen.
68. Ich würde gerne mehr Menschen kennen, die ich bei Problemen um Rat fragen könnte.
69. Ich habe oft das Gefühl, daß alle etwas an mir auszusetzen haben.

Familienbindung /Orientierung
3. Wenn es nötig ist, lasse ich mir auch mal Aufgaben von Angehörigen abnehmen.
10. Bei seelischen Problemen bitte ich nur meine Familie um Unterstützung.
30. Wenn ich praktische Hilfe brauche, kann ich ohne Zögern Angehörige bitten, Dinge für mich zu erledigen.
32. Ich fände es sehr schade, wenn sich meine Familie von mir zurückziehen würde.
39. Ich denke, daß ich mich in meiner Kindheit oft einsam gefühlt habe, und niemanden hatte, mit dem ich reden konnte.
47. Ich finde meine Angehörigen erfüllen meine Wünsche nach gefühlsmäßiger Unterstützung.
60. Es ist wichtig für mich, von meinen Angehörigen nicht im Stich gelassen zu werden.
62) Ich denke, daß meine Angehörigen gerne meine Ratschläge annehmen, wenn sie Probleme haben.

Anlaßbezogene Hilfesuche
36 Ich finde, es ist am besten keinerlei Verpflichtungen anderen gegenüber einzugehen.
54. Ich würde mir zutrauen, bei außergewöhnlichen Belastungen (z. B. finanzieller Art) Freunde um Hilfe zu bitten.
56. Schwierigkeiten in der Ehe oder in der Partnerschaft würde ich Freunden nie mitteilen.
57. Wenn ich einen Rat brauche, dann ist es mir ab liebsten, wenn ich auf jemanden aus dem Freundeskreis zurückgreifen kann.
63. Von Angehörigen würde ich in einer finanziellen Notlage Geld annehmen, von Freunden nicht.
64. Ich finde es in Ordnung, in einer finanziellen Notlage von Freunden angebotenes Geld anzunehmen.

Integrationsbereitschaft
8. Es ist für mich wichtig, von meinen Freunden anerkannt zu werden.
19. Ich finde es wichtig, von Freunden um Rat gefragt zu werden.
22. Es ist wichtig eine Gruppe von Menschen zu kennen (z. B. Clique....), zu denen man sich zugehörig fühlt.
24. Es ist mir wichtig einen Menschen zu kennen, der auch Schwierigkeiten auf sich nimmt, um mir bei einem Problem zu helfen.
48. Freunde können einem gut bei der Lösung von Problemen helfen.
49. Ich knüpfe gerne neue Kontakte – z. B. auch, weil mich die Lebensanschauungen anderer Menschen interessieren.
70. Ich finde, nach manchen Gesprächen mit Freunden fühle ich mich wirklich schon viel besser.

Allgemeine Hilfesuchbereitschaft
1. Jeder kann einmal in eine Situation kommen, in der er auf die Hilfe anderer angewiesen ist, das ist keine Schande.
4. Wenn man sich auf die Hilfe anderer verläßt, riskiert man, daß man enttäuscht wird.
14. Ich traue mir zu, Hilfsangebote anzunehmen, ohne dadurch in eine Abhängigkeit vom Helfer zu geraten.
16. Ich finde es hilft mir schon, wenn ich mit einer Vertrauensperson über meine Probleme sprechen kann.
17. Manchmal wünsche ich mir Zuwendung und Verständnis von meinen Angehörigen.
28. Es ist wichtig, Freunde zu haben, bei denen man sich aussprechen kann.

37. Ich finde es gut, wenn man sich von seinen Freunden Rat und Hilfe holen kann.
44. Ich habe das Gefühl, daß ich immer weiß, wem ich vertrauen kann.

Unabhängigkeit von Reziprozitätsregeln
31. Ich würde gerne Menschen kennen, die bedingungslos zu mir halten, auch wenn ich Fehler mache.
38. Ich finde es in Ordnung, eine angebotene Unterstützung anzunehmen, ohne gleich an eine Gegenleistung zu denken.
41. Ich finde es ist keine Schande, ein Hilfsangebot anzunehmen.
43. Man kann auch dann eine Hilfe annehmen, wenn man weiß, daß man keine Gegenleistung erbringen kann.
55. Ich wäre bereit, einem Freund in einer Notlage zu helfen, auch wenn ich dadurch Unannehmlichkeiten bekommen könnte.

Selbstöffnung
12. Es würde mir schwer fallen, über ganz persönliche Dinge mit Freunden zu sprechen.
13. Ich denke, es ist mir immer möglich Freunde zu finden, mit denen ich etwas unternehmen kann.
21. Über ganz persönliche Dinge will ich mit niemandem sprechen.
25. Ich möchte zur Zeit keinerlei Kontakt.
40. Ich finde, jeder kann sich selbst am besten helfen.
51. Wenn ich in Schwierigkeiten stecke, dann versuche ich mir gleich Pläne zu machen, wie ich da wieder herauskommen könnte.
65. Ich finde, wenn man Angst zeigt, zeigt man Schwäche.

10.3.2. Tabellen zum Netzwerkorientierungsfragebogen (NOF)

Tabelle 21. Gütekriterien und Itemkennwerte des Netzwerkorientierungsfragebogen (NOF)

Skala/ Item Nr.	Ladung	h^2	r_{it}	p	Varianz- aufklärung**
Kontakt- bereitschaft					12.55%
2	.67	.57	.60	.33	
5*	.41	.54	.45	.45	
9	.55	.45	.29	.13	
15	.47	.46	.39	.20	
18	.55	.49	.44	.18	
20	.56	.60	.56	.31	
23	.47	.47	.58	.37	
27	–.55	.54	–.40	.10	
29	.76	.68	.55	.30	
33	.43	.43	.39	.24	
34	.50	.52	.44	.28	
35	.57	.46	.52	.38	
50	.45	.45	.34	.10	

Tabelle 21. Fortsetzung

Skala/ Item Nr.	Ladung	h^2	r_{it}	p	Varianz- aufklärung**
53	.52	.41	.50	.62	
58	.65	.60	.59	.19	
59	.54	.45	.56	.45	
67	.61	.50	.40	.24	
68	−.56	.42	−.20	.19	
69	.58	.41	.44	.28	
Familien- *bindung/* *-orientierung*					7.08%
3	.58	.47	.30	.20	
10	−.50	.42	.05	.54	
30	.60	.42	.30	.29	
32	.72	.61	.20	.46	
<u>39</u>	.44	.43	.46	.18	
47	.61	.55	.13	.15	
60	.75	.60	.22	.46	
62	.65	.53	.38	.15	
Anlaßbezogene *Hilfesuche*					6.51%
<u>36</u>	.42	.46	.57	.34	
54	.76	.67	.57	.23	
56	.53	.55	.58	.26	
<u>57</u>	.41	.44	.32	.28	
63	.53	.47	.25	.39	
64	.67	.69	.44	.26	
Integrations- *bereitschaft*					5.97%
8	.68	.50	.27	.46	
19	.64	.55	.11	.25	
22	.58	.40	.26	.24	
<u>24</u>	.41	.40	.22	.46	
<u>48</u>	.45	.45	.50	.35	
49	.58	.37	.43	.44	
<u>70</u>	.42	.45	.52	.36	
Allgemeine *Hilfesuch-* *bereitschaft*					5.75%
1	.64	.60	.00	.88	
<u>4</u>	−.44	.49	.41	.08	
<u>14</u>	.44	.46	.26	.36	
<u>16</u>	.47	.46	.20	.59	

Tabelle 21. Fortsetzung

Skala/ Item Nr.	Ladung	h^2	r_{it}	p	Varianz- aufklärung**
17	-.61	.64	.04	.15	
28	.63	.68	.39	.53	
37	.51	.66	.58	.56	
<u>44</u>	-.49	.48	.18	.21	
Unabhängigkeit keit von Rezi- prozitätsregel					5.67%
<u>31</u>	.42	.28	.06	.45	
38	.69	.59	.38	.56	
41	.60	.63	.47	.60	
43	.75	.65	.41	.55	
<u>55</u>	.48	.27	.20	.56	
Selbst- öffnung					4.85%
12	.51	.60	.52	.43	
<u>13</u>	-.44	.43	.32	.33	
21	.50	.60	.57	.50	
<u>25</u>	.46	.50	.50	.72	
40	.54	.37	.28	.19	
<u>51</u>	-.46	.39	-.13	.43	
<u>65</u>	.49	.57	.48	.43	

* Die unterstrichen Items wurden aus Gründen der Interpretierbarkeit beibehalten, obwohl sie nicht wie die übrigen dem Fürntrattpostulat ($a^2/h^2 > .50$) entsprechen.
** Varianzaufklärung ohne zusätzliche Items.

Tabelle 22. Skalenwerte des Netzwerkorientierungsfragebogens(NOF) (N= 80)

Skala	$\bar{X}$	SD	a	Item- zahl	mittl. p	mittl. r_{it}
Kontakt- bereitschaft	2.77	0.52	.86	20	.27	.37
Familien- bindung/ -orientierung	2.78	0.51	.64	8	.30	.26
Anlaßbezogene Hilfesuche	2.84	0.64	.70	6	.29	.46

Tabelle 22. Fortsetzung

Skala	$\bar{X}$	SD	a	Itemzahl	mittl. p	mittl. r_{it}
Integrationsbereitschaft	3.05	0.57	.75	7	.37	.33
Allg. Hilfesuchbereitschaft	2.98	0.38	.29	8	.42	.26
Unabhängigkeit von Reziprozitätsregel	3.32	0.53	.64	5	.55	.30
Selbstöffnung	3.06	0.50	.52	7	.43	.36
Gesamtwert	2.93	0.12	.90	61	.35	.34

Tabelle 23. Korrelationen der Teilskalen des Netzwerkorientierungsfragebogens (NOF) zur Kontakthäufigkeit und -qualität

Skala	Kontakthäufigkeit			Kontaktqualität		
	I + II	I	II	I + II	I	II
Kontaktbereitschaft	.38***	.43**	.03	−.02	.63***	.35*
Familienbindung/-orientierung	.33**	.34*	.26	−.01	.48**	−.02
Anlaßbezogene Hilfesuche	.21	.01	.18	−.21	.25	.07
Integrationsbereitschaft	.12	.11	−.06	−.11	.03	.03
Allgemeine Hilfesuchbereitschaft	.22*	.12	.09	−.20	.08	.30
Unabhängigkeit von Reziprozitätsregel	.26*	.16	.13	−.13	.33*	.13
Selbstöffnung	.09	−.10	.22	−.25*	−.19	.22

*** = $p < .0005$; ** = $p < .005$; * = $p < .05$
I = Gruppe der Strafgefangenen; II = Vergleichsgruppe der Nicht Straffälligen

11. Literatur

Abbey, A., Abramis, D. J. & Caplan, R. D. (1985). Effects of different sources of social support and social conflict on emotional well-being. *Basic and Applied Social Psychology, 6*, 111–129.

Abdel-Halim, A. A. (1982). Social support and managerial affective responses to job stress. *Journal of Occupational Behavior, 3*, 281–295.

Abelson, R. P. (1979). Social clusters and opinion clusters. In P. W. Holland & S. Leinhardt (Eds.), *Perspectives on social network research* (pp. 239–256). New York: Academic Press.

Abernathy, V. D. (1973). Social network and responses to the maternal role. *International Journal of Sociology of the Family, 3*, 86–92.

Ackermann, C. (1963). Affiliations: Structural determinants of differential divorce rates. *American Journal of Sociology, 69*, 13–20.

Adelman, M. B. & Albrecht, T. L. (1987). Intervention strategies for building support. In T. L. Albrecht & M. B. Adelman (Eds.), *Communicating social support* (pp. 255–269). Beverly Hills: Sage.

Ader, R. & Cohen, N. (1985). Behavior and the immune system. In W. D. Gentry (Ed.), *Handbook of behavioral medicine* (pp. 117–173). New York: Guliford.

Ahlbrandt, B. S. & Cunningham, J. V. (1979). *A new policey for neighborhood preservation*. New York: Praeger.

Ainsworth, M. D. S. (1982). Attachment: Retrospect and prospect. In C. M. Parkes & J. Stevenson-Hinde (Eds.), *The place of attachment in human behavior* (pp. 3–30). New York: Basic Books.

Ajzen, I. & Fishbein, M. (1980). *Understanding attitudes and predicting social behavior*. Englewood Cliffs, NJ: Prentice Hall.

Akiyama, H., Antonucci, T. C. & Campbell, R. (1990). Rules of support exange among two generations of Japanese and American women. In J. Sokolovsky (Ed.), *The Cultural Context of Aging: World-wide perspective*.

Albrecht, T. L. & Adelman, M. B. (Eds.) (1987a). *Communicating social support*. Beverly Hills: Sage.

Albrecht, T. L. & Adelman, M. B. (1987b). Communicating social support: A theoretical perspective. In T. L. Albrecht & M. B. Adelman (Eds.), *Communicating social support* (pp. 18–39). Beverly Hills: Sage.

Albrecht, T. L. & Adelman, M. B. (1987c). Communication networks as structures of social support. In T. L. Albrecht & M. B. Adelman (Eds.), *Communicating social support* (pp. 40–63). Beverly Hills: Sage.

Albrecht, T. L. & Adelman, M. B. (1987d). Dilemmas of supportive communications. In T. L. Albrecht & M. B. Adelman (Eds.), *Communicating social support* (pp. 240–254). Beverly Hills: Sage.
Albrecht, T. L. & Adelman, M. B. (1987e). Measurement issues in the study of support. In T. L. Albrecht & M. B. Adelman (Eds.), *Communicating social support* (pp. 64–78). Beverly Hills: Sage.
Alcalay, R. (1983). Health and social support networks: A case for improving interpersonal communication. *Social Networks, 5*, 71–88.
Aldwin, C. M. & Revenson, T. A. (1987). Does coping help? A reexamination of the relation between coping and mental health. *Journal of Personality and Social Psychology, 53*, 337–348.
Allen, L. R. & Britt, D. W. (1983). Social class, mental health, and mental illness: The impact of resources and feedback. In R. O. Felner, L. A. Jason, J. N. Moritsugu & S. S. Farber (Eds.), *Preventive psychology. Theory, research and practice* (pp. 149–161). New York: Pergamon Press.
Alloway, R. & Bebbington, P. (1987). The buffer theory of social support: A review of the literature. *Psychological Medicine, 17*, 91–108.
Alloy, L. B. & Abramson, L. Y. (1988). Depressive realism: Four theoretical perspectives. In L. B. Alloy (Eds.), *Cognitive processes in depression* (pp. 223–266). New York: Guilford.
Altman, J. (1976). Environmental psychology and social psychology. *Personality and Social Psychology, 2*, 96–113.
Amann, G. (1990). Die Zufriedenheit von Depressiven in ihrem Sozialen Netzwerk und ihrer Sozialen Unterstützung. *Zeitschrift für Klinische Psychologie, 19*, 268–274.
Amann, G. (1991a). Die Relevanz der Dauer einer Depression für das soziale Netzwerk und die soziale Unterstützung. *Der Nervenarzt, 62*, 557–567.
Amann, G. (1991b). Social networks and social support of depressed patients: A result of distorted perception? *European Archives of Psychiatry and Clinical Neuroscience, 241*, 49–56.
Amato, P. R. (1990). Personality and social network involvement as predictors of helping behavior in every day life. *Social Psychology Quarterly, 53*, 31–43.
Amato, P. R. & Saunders, J. (1985). The perceived dimensions of help-seeking episodes. *Social Psychology Quarterly, 48*, 130–138.
Amelang, M. & Bartussek, D. (1990). *Differentielle Psychologie und Persönlichkeitsforschung*. Stuttgart: Kohlhammer.
Anderson, C. A. & Arnoult, L. H. (1985a). Attributional style and everyday problems in living: Depression, loneliness, and shyness. *Social Cognition, 3*, 16–35.
Anderson, C. A. & Arnoult, L. H. (1985b). Attributional models of depression, loneliness, and shyness. In J. H. Harvey & G. Weary (Eds.), *Attribution* (pp. 235–279). Orlando: Academic Press:.
Anderson, C. M. (1985). Ein psychopädogogisches Modell zur Familientherapie der Schizophrenie. In H. Stierlin, L. C. Wynne & M. Wirsching (Hrsg.), *Psychotherapie und Sozialtherapie der Schizophrenie. Ein internationaler Überblick* (S. 263–274). Berlin: Springer.
Anderson, C. M., Hogarty, G. E. & Reiss, D. J. (1980). Family treatment of adult schizophrenic patients: A psycho-educational approach. *Schizophrenia Bulletin, 6*, 490–505.
Aneshensel, C. S. (1986). Marital and employment role-strain, social support, and depression among adult woman. In S. E. Hobfoll (Ed.), *Stress, social support, and woman* (pp. 99–114). New York: Hemisphere Publications.

Aneshensel, C. S. & Frerichs, R. R. (1982). Stress, support, and depression: A longitudinal causal model. *Journal of Community Psychology, 10,* 363–376.
Aneshensel, C. S. & Stone, J. D. (1982). Stress and depression: A test of the buffering model of social support. *Archives of General Psychiatry, 39,* 1392–1396.
Angelillo, J., Cimbolic, P., Doster, J. & Chapman, J. (1985). Ordination and cognitive complexity as related to clinical depression. *Journal of Nervous and Mental Disease, 173,* 546–553.
Angermeyer, M. C. (1989). Soziale Netzwerk und Schizophrenie: Eine Übersicht. In M. C. Angermeyer & D. Klusmann (Hrsg.), *Soziales Netzwerk. Ein neues Konzept für die Psychiatrie* (S. 188–206). Berlin: Springer.
Angermeyer, M. C. & Bock, B. (1984). Das soziale Netzwerk Alkoholkranker. *Psychotherapie und medizinische Psychologie, 34,* 1–9.
Angermeyer, M. C. & Klusman, D. (1987). Die Entwicklung des sozialen Netzwerks im Verlauf funktioneller Psychosen. *Zeitschrift für Klinische Psychologie, 16,* 400–406.
Angermeyer, M. C. & Klusmann, D. (1989a). Einführung. In M. C. Angermeyer & D. Klusmann (Hrsg.), *Soziales Netzwerk. Ein neues Konzept für die Psychiatrie* (S. 1–14). Heidelberg: Springer.
Angermeyer, M. C. & Klusmann, D. (Hrsg.) (1989b). *Soziales Netzwerk. Ein neues Konzept für die Psychiatrie.* Berlin: Springer.
Angermeyer, M. C. & Lammers, R. (1986). Das soziale Netzwerk schizophrener Kranker. *Zeitschrift für Klinische Psychologie, Psychopathologie und Psychotherapie, 34,* 100–118.
Anisfeld, E. & Lipper, E. (1983). Early contact, social support, and mother-infant bonding. *Pediatrics, 72,* 79–83.
Antonucci, T. C. (1985a). Personal characteristics, social support, and social behavior. In R. H. Binstock & E. Shanas (Eds.), *Handbook of aging and the social sciences* (pp. 94–128). New York: Van Nostrand Reinhold.
Antonucci, T. C. (1985b). Social support: Theoretical advances, recent findings and pressing issues. In J. G. Sarason & B. R. Sarason (Eds.), *Social support: Theory, research and applications* (pp. 21–38). Dordrecht: Martinus Nijhoff.
Antonucci, T. C. & Akiyama, H. (1987). An examination of sex differences in social support in mid and late life. *Sex Roles, 17,* 737–749.
Antonucci, T. C. & Depner, C. E. (1982). Social support and informal helping relationships. In T. A. Wills (Ed.), *Basic processes in helping relationships* (pp. 233–254). New York: Academic Press.
Antonucci, T. C. & Israel, B. A. (1984). Network issues of veridicality. In R. L. Kahn & T. C. Antonucci (Eds.), *Social support of the elderly: Family, friends, professionals.* Final Report to the National Institute on Aging.
Antonucci, T. C. & Israel, B. A. (1986). Veridicality of social support: A comparison of principal and network members' responses. *Journal of Consulting and Clinical Psychology, 54,* 432–437.
Antonucci, T. C. & Jackson, J. S. (1987). Social support, interpersonal efficacy, and health: A life course perspective. In L. Carstensen & B. A. Edelstein (Eds.), *Handbook of clinical gerontology.* New York: Pergamon Press.
Antonucci, T. C. & Jackson, J. S. (1990). The role of reciprocity in social support. In B. R. Sarason, I. G. Sarason & G. R. Pierce (Eds.), *Social support: An interactional view* (pp. 173–198). New York: Wiley.
Antrobus, J. S., Dobbelaer, R. & Salzinger, S. (1988). Social networks and college success, or grade point average and the friendly connection. In S. Salzinger, J. Antrobus

& M. Hammer (Eds.), *Social networks of children, adolescents, and college students* (pp. 227–246). Hillsdale, NJ.: Lawrence Erlbaum.
Archer, L. R., Keever, R. R., Gordon, R. A. & Archer, R. P. (1991). The relationship between residents' characteristics, their stress experiences, and their psychosocial adjustment at one medical school. *Academic Medicine, 66,* 301–303.
Argyle, M. & Furnham, A. (1982). The ecology of relationships: Choice of situation as a function of relationship. *British Journal of Social Psychology, 21,* 254–262.
Argyle, M. & Furnham, A. (1983). Sources of satisfaction and conflict in long-term relationships. *Journal of Marriage and the Family, 45,* 481–493.
Argyle, M. & Henderson, M. (1984). The rules of friendship. *Journal of Social and Personal Relationships, 1,* 211–237.
Arieti, S. & Bemporad, J. (1983). *Depression: Krankheitsbild, Entstehung, Dynamik und psychotherapeutische Behandlung.* Stuttgart: Klett-Cotta.
Arling, G. (1976). The elderly widow and her family, neighbors and friends. *Journal of Marriage and the Family, 38,* 757–768.
Arling, G. (1987). Strain, social support, and distress in old age. *Journal of Gerontology, 42,* 107–113.
Armbruster, M., Klein, R. & Kunz, R. (1985). *Atomare Kriegsbedrohung als chronische Lebensbelastung.* Unveröffentlichte Diplomarbeit. Rupprecht-Karls-Universität Heidelberg. Psychologisches Institut.
Armbruster, M., Klein, U., Kunz, R. & Röhrle, B. (1987). Atomare Kriegsbedrohung als chronische Belastung, Coping und soziale Unterstützung. In Friedensinitiative Psychologie (Hrsg.), *Umgang mit der Bedrohung durch Umweltzerstörung und Krieg – Subjektive und kollektive Bewältigungsformen. Beiträge zum 4. Friedenkongreß Psychologie – Psychosoziale Berufe* (Bd. II, S. 36–63). Dortmund.
Arndt-Pagé, B., Geiger, E., Koeppen, M. & Künzel, R. (1983). Klassifizierung von Copingverhalten. *Diagnostica, 29,* 183–189.
Arnetz, B. B., Wasserman, J., Petrini, B., Brenner, S. O., Levi, L., Eneroth, P., Salovaara, H., Hjelm, R., Salovaara, L., Theorell, T. & Petterson, I. L. (1987). Immune function in unemployed woman. *Psychosomatic Medicine, 49,* 3–12.
Arntson, P. & Droge, D. (1987). Social support in self-help groups: The role of communication in enabling perceptions of control. In T. L. Albrecht & M. B. Adelman (Eds.), *Communicating social support* (pp. 148–171). Beverly Hills: Sage.
Asher, C. C. (1984). The impact of social support networks on adult health. *Medical Care, 22,* 349–359.
Ashworth, C. M. Blackburn, I. M. & McPherson, F. M. (1982). The performance of depressed and manic patients on some repetory grid measures: A crossectional study. *British Journal of Medical Psychology, 55,* 247–255.
Asser, E. S. (1978). Social class and help-seeking behavior. *American Journal of Community Psychology, 6,* 465–475.
Atkinson, T., Liem, R. & Liem, J. H. (1986). The social costs of unemployment: Implications for social support. *Journal of Health and Social Behavior, 27,* 317–331.
Auslander, G. K. (1988). Social networks and health status of the unemployed. *Health and Social Work, 13,* 191–200.
Auslander, G. K. & Litwin, H. (1990). Social support networks and formal help seeking: Differences between applicants to social services and a nonapplicant sample. *Journal of Gerontology, 45,* 112–119.
Auslander, G. K. & Litwin, H. (1991). Correlates of social worker contact with clients' family networks. *Journal of Social Service Research, 14,* 147–165.

Avery, A. W. & Thiessen, J. D. (1982). Communication skill training for divorces. *Journal of Counseling Psychology, 29*, 203–205.
Axford, S. & Jerrom, D. W. A. (1986). Self-esteem in depression: A controlled repetory grid investigation. *British Journal of Medical Psychology, 59*, 61–68.
Aymanns, P. (1992). Krebserkrankung und Familie. Zur Rolle familiärer Unterstützung im Prozeß der Krankheitsbewältigung. Bern: Huber.

Bachrach, K. & Zautra, A. J. (1985). Coping with a community stressor: The threat of a hazardous event. *Journal of Health and Social Behavior, 26*, 127–141.
Badura, B. (1986). Social networks and the quality of life. In D. Frick (Ed.), *The quality of urban life. Social, psychological, and physical conditions* (pp. 55–60). Berlin: Walter de Gruyter.
Badura, B., Kaufhold, G., Lehmann, H., Pfaff, H., Richter, R., Schott, T. & Waltz, M. (1988). Soziale Unterstützung und Krankheitsbewältigung – Neue Ergebnisse aus der Oldenburger Longitudinalstudie 4 1/2 Jahre nach Erstinfarkt. *Psychotherapie, Psychosomatik, Medizinische Psychologie, 38*, 48–58.
Baker, W. E. & Schumm, L. P. (1992). Introduction to network analysis for managers. *Connections, 15*, 29–48.
Bakke, E. W. (1969). *Citizen without work – A study of the effects of unemployment upon worker's social relations and practices (1940)*. New York: Yale Universty Press.
Balcazar, F. E., Fawcett, S. B. & Seekins, T. (1991). Teaching people with disabilities to recruit help to attain personal goals. *Rehabilitation Psychology, 36,* 31–42.
Baldassare, M. (1977). Residential density, household crowding, and social networks. In C. S. Fischer, R. M. Jackson, C. A. Stueve, K. Gerson, J. L., McAllister & M. Baldassare, (Eds.), *Networks and places. Social relations in the urban setting* (pp. 101–116). New York: The Free Press.
Bandura, A. (1986). *Social foundations of thought and action. A social cognitive theory.* Englewood Cliffs, NJ: Prentice Hall.
Bankoff, E. A. (1983a). Aged parents and their widowed daughters: A supportive relationship. *Journal of Gerontology, 38,* 226–230.
Bankoff, E. A. (1983b). Social support and adaption to widowhood. *Journal of Marriage and the Family, 45,* 827–839.
Bankoff, E. A. (1986). Peer support for widows: Personal and structural characteristics. In S. E. Hobfoll (Ed.), *Stress, social support, and woman* (pp. 207–222). New York: Hemisphere Publications.
Bankoff, E. A. (1987). *The interplay between psychotherapy patient's support system and engagement in the psychotherapeutic process.* Abstracts of the 18 th Annual Meeting of th Society for Psychotherapeutic Reserach, June 16–20. Ulm West Germany.
Barbee, A. P. (1990). Interactive coping: The cheering-up process in close relationships. In S. Duck & R. Cohen Silver (Eds.), *Personal relationships and social support* (pp. 46–65). Newbury Park: Sage.
Barbee, A. P., Gulley, M. R. & Cunningham, M. R. (1990). Support seeking in personal relationships. Special Issue: Predicting, activating and facilitating social support. *Journal of Social and Personal Relationships, 7,* 531–540.
Bargh, J. A. (1984). Automatic and conscious processing of social information. In R. S. Wyer & T. K. Srull (Eds.), *Handbook of social cognition* (Vol. 3, pp. 1–44). Hillsdale, NJ: Lawrence Erlbaum.
Barkas, J. L. (1985). *Friendship.* New York: Garland.
Barker, C. & Lemle, R. (1984). The helping process in couples. *American Journal of Community Psychology, 12,* 321–336.

Barker, R. G. (1968). *Ecological psychology: Concepts and methods for studying the environment of human behavior*. Stanford, CA: Stanford University Press.
Barker, R. G. (1978). Theory of behavior setting. In R. G. Barker et Associates (Eds.), *Habitats, environment, and human behavior. Studies in ecological psychology and eco-behavioral science from the Midwest Psychological Field Station, 1947–1972* (pp. 213–228). San Francisco: Jossey-Bass.
Barnes, J. A. (1954). Class and committees in a Norwegian island parish. *Human Relations, 7,* 39–58.
Barnes, J. A. (1972). *Social networks, Module 26*. Reading, MA: Addison-Wesley.
Barnett, P. A. & Gotlib, I. A. (1988a). Dysfunctional attitudes and psychosocial stress: The differential prediction of subsequent depression and general psychological distress. *Motivation and Emotion, 12,* 251–270.
Barnett, P. A. & Gotlib, I. A. (1988b). Psychosocial functioning and depression: Distinguishing among antecedents, concomitants, and consequences. *Psychological Bulletin, 104,* 97–126.
Barnett, P. A. & Gotlib, I. H. (1990). Cognitive vulnerability to depressive symptoms among men and women. *Cognitive Therapy and Research, 14,* 47–61.
Baron, R. S., Cutrona, C. E., Hicklin, D., Russell, D. W. & Lubaroff, D. M. (1990). Social support and immune function among spouses of cancer patients. *Journal of Personality and Social Psychology, 59,* 344–352.
Barrera, M. (1981). Social support in adjustment of pregnant adolescents: Assessment issues. In B. H. Gottlieb (Ed.), *Social support and social networks* (pp. 69–96). Beverly Hills: Sage.
Barrera, M. (1986). Distinction between social support concepts, measures, and models. *American Journal of Community Psychology, 14,* 413–445.
Barrera, M. (1988). Models of social support and life stress. In L. H. Cohen (Ed.), *Life events and psycological functioning. Theoretical and methodological issues* (pp. 211–236). Beverly Hills: Sage.
Barrera, M. & Ainlay, S. L. (1983). The structure of social support: A conceptual and empirical analysis. *Journal of Community Psychology, 11,* 133–143.
Barrera, M. & Baca, L. M. (1990). Recipient reactions to social support: Contributions of enacted support, conflicted support and network orientation. Special Issue: Predicting, activating and facilitating social support. *Journal of Social and Personal Relationships, 7,* 541–551.
Barrera, M. & Balls, P. (1983). Assessing social support as a prevention resource: An illustrative study. In A. Zautra, K. Bachrach & R. Hess (Eds.), *Strategies for needs assessment in prevention* (pp. 59–74). New York: The Haworth Press.
Barrera, M., Baca, L. M., Christiansen, J. & Stohl, M. (1985). Informant corroboration of social support network data. *Connections, 8,* 9–12.
Barrera, M., Sandler, J. N. & Ramsay, T. B. (1981). Preliminary development of a scale of social support: Studies on college students. *American Journal of Community Psychology, 9,* 435–447.
Barth, R. P. (1988). Social skill and social support among young mothers. *Journal of Community Psychology, 16,* 132–143.
Barth, R. P. & Schinke, S. P. (1983). Coping with daily strain among pregnant and parenting adolsecents. *Journal of Social Service Research, 7,* 51–63.
Bartrop, R. W., Lazarus, L., Luckhurst, E., Kiloh, L. G. & Penny, R. (1977). Depressed lymphcyte function after bereavement. *Lancet, i,* 834–836.
Bastine, R. (1990). *Klinische Psychologie* (Bd. Band 1; 2. Aufl.). Stuttgart: Kohlhammer.

Bates, J. & Bayles, K. (1988). Attachment and the development of behavior problems. In J. Belsky & T. Nezworski (Eds.), *Clinical implications of attachment* (pp. 254–299). Hillsdale, NJ: Lawrence Erlbaum.

Baum, A. (1987). Toxins, technology, and natural disasters. In G. R. Vandenbos & B. K. Bryant (Eds.), *Cataclysms, crisis, and catastrophes: Psychology in action* (pp. 5–54). Washington, DC: American Psychological Association.

Baum, A. & Gatchel, R. J. (1981). Cognitive determinants of reaction to uncontrollable events: Development and reactance and learned helplessness. *Journal of Personality and Social Psychology, 40*, 1078–1089.

Baum, A. & Valins, S. (1977). *Architecture and social behavior*. Hillsdale, NJ: Lawrence Erlbaum.

Baum, A., Gatchel, R. J., Aiello, J. R. & Thompson, D. (1981). Cognitive mediation of environment stress. In J. H. Harvey, (Ed.), *Cognition, social behavior, and environment* (pp. 513–533). Hillsdale, NJ: Lawrence Erlbaum.

Baumann, U. (1987). Zur Konstruktvalidität der Konstrukte Soziales Netzwerk und Soziale Unterstützung. *Zeitschrift für Klinische Psychologie, 16*, 305–310.

Baumann, U., Amann, G., Rambichler, R. & Lexel-Gartner, S. (1987). Zur Frage der Spezifität von Sozialen Netzwerken und Sozialer Unterstützung bei Alkoholikern und Drogenkonsumenten – Eine Pilotstudie. *Zeitschrift für Klinische Psychologie, 16*, 407–413.

Baumann, U., Laireiter, A., Pfingstmann, G. & Schwarzenbacher, K. (1987a). Deutschsprachige Untersuchungsverfahren zum sozialen Netzwerk und zur sozialen Unterstützung: Vorbemerkungen zu den Einzeldarstellungen. *Zeitschrift für Klinische Psychologie, 16*, 420–426.

Baumann, U., Laireiter, A., Pfingstmann, G. & Schwarzenbacher, K. (1987b). Fragebogen zum Sozialen Netzwerk und zur Sozialen Unterstützung (SONET). *Zeitschrift für Klinische Psychologie, 16*, 429–431.

Baumeister, R. F. (1982). A self-presentational view of social phenomena. *Psychological Bulletin, 91*, 3–26.

Bavelas, A. (1950). Communication patterns in task-oriented groups. *Journal of the Acoustical Society of America, 22*, 725–730.

Beck, A. T., Ward, C. H., Mendelson, M., Mock, J. & Erbaugh, J. (1961). An inventory for measuring depression. *Archives of General Psychiatry, 4*, 561–571.

Becker, K., Leitner, N. & Schulz, W. (1986). Soziales Umfeld von Alkoholikern bei Klinik Entlassung und sein Einfluß auf den Behandlungserfolg. *Psychiatrische Praxis, 13*, 121–127.

Becker, U. & Wiedemann, P. M. (1989). Die Nutzen entscheidungsanalytischer Techniken für die Analyse sozialer Unterstützung. In E. v. Kardorff, W. Stark, R. Rohner & P. Wiedemann, (Hrsg.), *Zwischen Netzwerk und Lebenswelt – Soziale Unterstützung im Wandel* (S. 129–144). München: Profil Verlag.

Beckmann, D., Brähler, E. & Richter, H.-E. (1983). *Der Giessen-Test. Ein Test für Individual- und Gruppendiagnostik.* Bern: Huber.

Beehr, T. A. (1976). Perceived situational moderators of the relationship between subjective role ambiguity and role strain. *Journal of Applied Psychology, 61*, 35–40.

Beiser, M. (1988). Influences of time, ethnicity, and attachment on depression in Southeast Asian refugees. *American Journal of Psychiatry, 145*, 46–51.

Bell, P. A. & Greene, T. C. (1982). Thermal stress: Physiological, comfort, performance, and social effects of hot and cold environments. In G. W. Evans (Ed.), *Environmental stress*. Cambridge: Cambridge University Press.

Bell, R. A. (1991). Gender, friendship network density, and loneliness. *Journal of Social Behavior and Personality, 6*, 45–56.

Bell, R. A., LeRoy, J. B. & Stephenson, J. J. (1982). Evaluating the mediating effects of social support upon life events and depressive symptoms. *Journal of Community Psychology, 10*, 325–340.

Belle, D. (1982a). Social ties and social support. In D. Belle (Ed.), *Lives in stress. Women and depression* (pp. 133–145). Beverly Hills: Sage.

Belle, D. (1982b). The stress of caring: Women as providers of social support. In L. Goldberger & S. Breznitz (Eds.), *Handbook of stress. Theoretical and clinical aspects* (pp. 496–505). New York: The Free Press.

Belle, D. (1983). The impact of poverty on social networks and supports. *Marriage and Family Review, 5*, 89–103.

Belle, D. (1989). *Children's social networks and social supports*. New York: Wiley.

Belle, D., Burr, R. & Cooney, J. (1987). Boys and girls as social support theorists. *Sex Roles, 17*, 657–665.

Belle, D., Dill, D. & Burr, R. (1991). Children's network orientations. *Journal of Community Psychology, 19*, 362–372.

Belle, P. A., Fisher, J. D. & Loomis, R. J. (1990). *Environmental psychology* (3rd). Forth Worth: Holt, Rinehart & Winston.

Bem, D. J. & Funder, D. C. (1978). Predicting more of the people more of the time: Assessing the personality in situations. *Psychological Review, 85*, 485–501.

Bem, S. L. (1974). The measurement of psychological androgyny. *Journal of Consulting and Clinical Psychology, 42*, 155–162.

Ben-Sira, Z. (1985). Potency: A stress-buffering link in the coping-stress-disease relationship. *Social Science and Medicine, 21*, 397–406.

Benenson, J. F. (1990). Gender differences in social networks. *Journal of Early Adolescence, 10*, 472–495.

Bensberg-Esslinger, G. (1988). *Subjektive Korrelate objektiver Netzwerkmerkmale bei „Normalen" und „Depressiven"*. Unveröffentlichte Diplomarbeit. Rupprecht-Karls-Universität Heidelberg. Psychologisches Institut.

Berg, H. J. & Clark, M. S. (1986). Differences in social exchange between intimate and other relationships: Gradually evolving or quickly apparent? In V. J. Derlega & B. A. Winstead (Eds.), *Friendship and social interaction* (pp. 101–128). New York: Springer.

Berg, J. H. & McQuinn, R. D. (1989). Loneliness and aspects of social support networks. *Journal of Social and Personal Relationships, 6*, 359–371.

Berg, J. H. & Piner, K. E. (1990). Social relationships and the lack of social relationships. In S. Duck & R. Cohen Silver (Eds.), *Personal relationships and social support* (pp. 140–158). Newbury Park: Sage.

Bergeman, C. S., Plomin, R., Pedersen, N. L., McClearn, G. E. & et al. (1990). Genetic and environmental influences on social support: The Swedish Adoption/Twin Study of Aging. *Journals of Gerontology, 45*, 101–106.

Berger, P. L. & Neuhaus, R. J. (1977). *To empower people. The role of mediating structures in public policy*. Washington, DC: American Enterprise Institute for Public Policy Research.

Bergius, R. (1976). *Sozialpsychologie*. Hamburg: Hoffmann und Campe.

Berkman, L. F. (1984). Assessing the physical health effects of social networks and social support. *Annual Review of Public Health, 5*, 413–432.

Berkman, L. F. (1985). The relationship of social networks and social support to morbidity and mortality. In S. H. Cohen & S. L. Syme (Eds.), *Social support and health* (pp. 241–262). New York: Academic Press.

Berkman, L. F. (1986). Social networks, support, and health: Taking the next step forward. *American Journal of Epidemiology, 123*, 559–562.

Berkman, L. F. & Syme, S. L. (1979). Social networks, host resistance, and mortality. A nine-year follow-up of Alameda County residents. *American Journal of Epidemiology, 109*, 186–204.

Berkowitz, S. D. (1982). *An introduction to structural analysis. The network approach to social research.* Toronto: Butterworth.

Berkowitz, S. D. (1988). Afterword: toward a formal structural sociology. In B. Wellman & S. D. Berkowitz (Eds.), *Social structures: a network approach* (pp. 477–497). Cambridge: Cambridge University Press.

Berle, B. B., Pinsky, R. H., Wolf, S. & Wolf, S. (1952). A clinical guide to prognosis in stress disease. *Journal of the American Medical Association, 149*, 1624–1628.

Bernard, H. R., Johnsen, E. C., Killworth, P. D., McCarty, C. & et al. (1990). Comparing four different methods for measuring personal social networks. *Social Networks, 12,* 179–215.

Bernard, H. R., Killworth, P. D., Kronenfeld, D. & Sailer, L. (1984). The problem of informant accuracy: The validity of retrospective data. *Annual Review of Anthroplogy, 13*, 495–517.

Berndt, T. J. (1983). Social cognition, social behavior, and children's friendship. In E. T. Higgins, D. N. Ruble & W. W. Hartup (Eds.), *Social cognition and social development. A sociocultural perspective* (pp. 158–189). Cambridge: University Press.

Berscheid, E. & Peplau, L. A. (1983). The emerging science of relationships. In H. H. Kelley, E. Berscheid, A. Christensen, J. Harvey, T. Huston, G. Levinger, E. McClintock, L. Peplau & D. Peterson (Eds.), *Close relationships* (pp. 1–19). New York: Freeman.

Biegel, D. E., McCardle, E. & Mendelson, S. (1985). *Social networks and mental health. An annotated bibiography.* Beverly Hills: Sage.

Biegel, D. E., Naparstek, A. J. & Kahn, M. M. (1980). Determinants of social support systems. In R. R. Stough & A. Wandersman (Eds.) *Annual Environmental Design Research Association Conference, 11,* 111–122.

Biegel, D. E., Shore, B. K. & Gordon, E. (1984). *Bulding support networks for the elderly. Theory and application.* Beverly Hills: Sage.

Bien, W. (1980). *Cognitive social network structures. Analyse sozialer Netzwerke* (Arbeitsbericht). TH Aachen: Psychologisches Institut.

Bien, W. (1984). *Strukturelles Studium sozialer Systeme. Eine Übersicht über Ursprünge, Problematik und Lösungsvorschläge zu Verwendung von strukturellen Modellen.* Unveröffentlichtes Manuskript. Wuppertal.

Bien, W. (1986). Strukturelle Analyse, eine Teilantwort auf die Krise in der Sozialpsychologie. *Zeitschrift für Sozialpsychologie, 17,* 2–17.

Bien, W., Marbach, J. & Neyer, F. (1991). Using egocentered networks in survey research. A methodological preview on an application of social network analysis in the area of family research. *Social Networks, 13,* 51–74.

Bienenstock, E. J., Bonacich, P. & Oliver, M. (1990). The effect of network density and homogenity on attitude polarization. *Social Networks, 12,* 153–172.

Bierhoff, H. W. (1984). *Sozialpsychologie.* Stuttgart: Kohlhammer.

Bierhoff, H. W. (1988). Affect, cognition, and prosocial behavior. In K. Fiedler & J. Forgas, (Eds.), *Affect, cognition and behavior. New evidence and integrative attempts* (pp. 167–183). Göttingen: Hogrefe.

Billings, A. G. & Moos, R. H. (1981). The role of coping responses and social resources in attenuating the stress of life events. *Journal of Behavioral Medicine, 4,* 139–157.

Billings, A. G. & Moos, R. H. (1982a). Psychosocial theory and research on depression: An integrative framework and review. *Clinical Psychological Review, 2,* 213–237.

Billings, A. G. & Moos, R. H. (1982b). Social support and functioning among community and clinical groups: A panel model. *Journal of Behavioral Medicine, 5,* 295–311.

Billings, A. G. & Moos, R. H. (1982c). Work stress and the stress-buffering roles of work and family resources. *Journal of Occupational Behavior, 3,* 215–232.
Billings, A. G. & Moos, R. H. (1984a). Chronic and nonchronic unipolar depression: The differential role of environmental stressors and resources. *The Journal Nervous and Mental Disease, 172,* 65–75.
Billings, A. G. & Moos, R. H. (1984b). Coping, stress, and social resources among adults with unipolar depression. *Journal of Personality and Social Psychology, 46,* 877–891.
Billings, A. G. & Moos, R. H. (1984c). Treatment experiences of adults with unipolar depression: The influence of patient and life context factors. *Journal of Consulting and Clinical Psychology, 52,* 119–131.
Billings, A. G. & Moos, R. H. (1985a). Life stressors and social resources affect posttreatment outcomes among depressed patients. *Journal of Abnormal Psychology, 94,* 140–153.
Billings, A. G. & Moos, R. H. (1985b). Psychosocial processes of remission in unipolar depression: Comparing depressed patients with matched community controls. *Journal of Consulting and Clinical Psychology, 53,* 314–325.
Billings, A. G., Cronkite, R. C. & Moos, R. H. (1983). Social-environmental factors in unipolar depression: Comparisons of depressed patients and nondepressed controls. *Journal of Abnormal Psychology, 92,* 119–133.
Birkel, R. C. & Repucci, N. D. (1983). Social networks, information-seeking, and the utilization of services. *American Journal of Community Psychology, 11,* 185–205.
Black, J. B., Galambos, J. A. & Read, S. J. (1984). Comprehending stories and social situations. In R. S. Wyer & T. K. Srull (Eds.), *Handbook of social cognition* (Vol. 3, pp. 45–86). Hillsdale, NJ: Lawrence Erlbaum.
Blaney, N. T., Goodkin, K., Morgan, R. O., Feaster, D. & et al. (1991). A stress-moderator model of distress in early HIV-1 infection: Concurrent analysis of life events, hardiness and social support. *Journal of Psychosomatic Research, 35,* 297–305.
Blaney, P. H. & Ganellen, R. J. (1990). Hardiness and social support. In B. R. Sarason, I. G. Sarason & G. R. Pierce (Eds.), *Social support: An interactional view* (pp. 297–318). New York: Wiley.
Blass, T. (1984). Social psychology and personality: Toward a convergence. *Journal of Personality and Social Psychology, 47,* 1013–1027.
Blau, P. M. (1964). *Exchange and power in social life.* New York: Wiley.
Blazer, D. G. (1983). Impact of late-life depression on the social network. *American Journal of Psychiatry, 140,* 162–166.
Blieszner, R. (1988). Individual development and intimate relationships in middle and late adulthood. In R. M. Milardo (Ed.), *Families and social networks* (pp. 147–167). Newbury Park: Sage.
Block, M. & Zautra, A. (1981). Satisfaction and distress in a community: A test of the effects of life events. *American Journal of Community Psychology, 9,* 165–180.
Blöschl, L. (1987a). Soziales Netzwerk/Soziale Unterstützung, Lebensbelastung und Befindlichkeit. Eine Standortbestimmung aus psychologischer Sicht. *Zeitschrift für Klinische Psychologie, 16,* 311–320.
Blöschl, L. (1987b). The present state of research on social contact and social support in depression: A critical analysis. In J. P. Dauwalder, M. Perrez & V. Hobi (Eds.), *Controversal issues in behavior modification* (pp. 173–178). Amsterdam: Swets & Zeitlinger.
Blöschl, L. (1988). Die sozialen Umweltbeziehungen Depressiver im Spiegel „subjektiver" und „objektiver" Kontaktmaße. *Psychologische Beiträge, 30,* 9–17.
Blöschl, L., Ederer, E. & Rossmann, P. (1987). Dysthyme Persönlichkeitstendenzen und „close confidants": Zur Frage geschlechtsspezifischer Zusammenhänge zwischen Depressivität und selbstberichtetem Sozialkontakt. In E. Raab & G. Schulter (Hrsg.),

Perspektiven psychologischer Forschung. Festschrift zum 65. Geburtstag von Erich Mittenecker (S. 107-118). Wien: Deuticke.

Bloom, J. R. (1982). Social support, accommodation to stress and adjustment to breast cancer. *Social Science and Medicine, 16,* 1329-1338.

Blyth, D. A. & Serafica, F. (1980). Contemporary approaches to friendship and peer relations in early adolescence (Special Issue). *Journal of Early Adolescence, 5.*

Blyth, D. A. & Traeger, C. (1988). Adolescents self-esteem and perceived relationships with parents and peers. In S. Salzinger, J. Antrobus & M. Hammer (Eds.), *Social networks of children, adolescents, and college students* (pp. 171-194). Hillsdale, NJ: Lawrence Erlbaum.

Bodemann, G. & Perrez, M. (1991). Dyadisches Coping – Eine systematische Betrachtungsweise der Belastungsbewältigung in Partnerschaften. *Zeitschrift für Familienforschung, 3,* 4-25.

Boden, H. (1992). *Kognitive Aspekte sozialer Unterstützung bei Depressionen. Eine Repertory-Grid-Studie.* Unveröffentlichte Diplomarbeit. Phillips-Universität Marburg. Fachbereich Psychologie.

Boissevain, J. (1974). *Friends of friends. Networks, manipulations and coalitions.* Oxford: Basil Blackwell.

Boissevain, J. (1989). Networks. In A. Kuper & J. Kuper (Eds.), *The social science encyclopedia* (pp. 557-558). London: Routledge.

Bolton, W. & Oatley, K. (1987). A longitudinal study of social support and depression in unemployed men. *Psychological Medicine, 17,* 453-460.

Bond, C. F. & Titus, L. J. (1983). Social facilitation: A meta-analysis of 241 studies. *Psychological Bulletin, 94,* 265-292.

Bonnes, M. (1986). An ecological approach to urban environment perception. In D. Frick (Ed.), *The quality of urban life. Social, psychological, and physical conditions* (pp. 189-202). Berlin: Walter de Gruyter.

Bootzin, R. R., Shadish, W. R. & McSweeny, A. J. (1989). Longitudinal outcomes of nursing home care for severly mentally ill patients. *Journal of Social Issues, 45,* 31-48.

Bosse, R., Aldwin, C. M., Levenson, M. R., Workman Daniels, K. & et al. (1990). Differences in social support among retirees and workers: Findings from the Normative Aging Study. *Psychology and Aging, 5,* 41-47.

Boster, J. S., Johnson, J. C. & Weller, S. C. (1987). Social position and sheared knowledge: Actors' perception of status, role, and social structure. *Social Networks, 9,* 375-387.

Bott, E. (1955). Urban families: Conjugal roles and social networks. *Human Relations, 8,* 345-384.

Bott, E. (1957). *Family and social network.* London: Tavistock.

Bovard, E. W. (1962). The balance between negative and positive brain system activity. *Perspectives in Biological Medicine, 6,* 116-27.

Bower, G. H., Black, J. B. & Turner, T. J. (1979). Scripts in memory for text. *Cognitive Psychology, 11,* 177-220.

Bowlby, J. (1969). *Attachment and loss, Volume 1: Attachment.* London: Hogarth Press.

Bowlby, J. (1988). Developmental psychiatry comes of age. *American Journal of Psychiatry, 145,* 1-10.

Boyce, W. T. (1985). Social support, family relations, and children. In S. Cohen & S. L. Syme (Eds.), *Social support and health* (pp. 151-174). New York: Academic Press.

Boyce, W. T. & Chesterman, E. (1990). Life events, social support, and cardiovascular reactivity in adolescence. *Journal of Developmental and Behavioral Pediatrics, 11,* 105-111.

Bradley, R. T. & Roberts, N. C. (1989). Network strukture from relational data. *Social Networks, 11*, 89–134.
Brandt, P. A. & Weinert, C. (1981). The PRQ – A social support measure. *Nursing Research, 30*, 277–280.
Braukmann, W. & Filipp, S.-H. (1983). Die „Skala zur Erfassung des Bewältigungsverhaltens" (SEBV): Bericht über Aufbau, Gütezeichen und differentielle Zusammenhänge mit Merkmalen bedeutsamer Lebensereignisse. Forschungsberichte aus dem E. P. E.-Projekt Nr. 27, Universität Trier.
Brehm, S. S. (1985). *Intimate Relationships*. New York: Random House.
Breier, A. & Strauss, J. S. (1984). The role of social realtionships in the recovery from psychotic disorders. *American Journal of Psychiatry, 141*, 949–955.
Brennan, P. L. & Moos, R. H. (1990). Life stressors, social resources, and late-life problem drinking. *Psychology and Aging, 5*, 491–501.
Brenner, G., Norvell, N. K. & Limacher, M. (1989). Supportive and problematic interactions: A social network analysis. *American Journal of Community Psychology, 17*, 831–836.
Brewin, C. R. (1988). *Cognitive foundations of clinical psychology*. Hillsdale, NJ: Lawrence Erlbaum.
Brickman, P., Rabinowitz, V. C., Karuza, J., Coates, D., Cohn, E. & Kidder, L. (1982). Models of helping and coping. *American Psychologist, 37*, 368–384.
Brim, J., Witcoff, C. & Wetzel, R. D. (1982). Social network characteristics of hospitalized depressed patients. *Psychological Reports, 50*, 423–433.
Broadhead, W. E., Kaplan, B. H., James, S. A., Wagner, E., Schoenbach, V. J., Grimson, R., Heyden, S., Tibblin, G. & Gehlbach, S. H. (1983). The epidemiological evidence for a relationship between social support and health. *American Journal of Epidemiology, 117*, 521–537.
Brogan, D. R. & James, L. D. (1980). Physical environmental correlates of psychosocial health among urban residents. *American Journal of Community Psychology, 8*, 507–523.
Bromet, E. J., Hough, L. & Connell, M. (1984). Mental health of children near the Three Mile Island Reactor. *Journal of Preventive Psychiatry, 2*, 275–301.
Bromet, E. J., Schulberg, H. C. & Dunn, L. (1982). Reactions of psychiatric patients to the Three Mile Island Nuclear Accident. *Archives of General Psychiatry, 39*, 725–730.
Bronfenbrenner, U. (1979). *The ecology of human development. Experiments by nature and design*. (Die Ökologie der menschlichen Entwicklung: Natürliche und geplante Experimente. Stuttgart: Klett 1981). Cambridge, Mass.: Harvard University Press.
Bronfenbrenner, U. (1986). Ecology of the family as context for human development: Research perspectives. *Developmental Psychology, 22*, 723–742.
Bronfenbrenner, U. (1990). Ökologische Sozialisationsforschung. In L. Kruse, C. F. Graumann & E. D. Lantermann (Hrsg.), *Ökologische Psychologie. Ein Handbuch in Schlüsselbegriffen* (S. 76–79). München: PVU.
Bronfenbrenner, U. & Crouter, A. D. (1983). The evolution of environmental models in developmental research. In W. Kessen (Ed.), *Handbook of child psychology: History, theory, and methods*. Vol. 1 (pp. 357–414). New York: Wiley.
Bronstein, P. (1988). Father-child interaction. In P. Bronstein & C. P. Cowan (Eds.), *Fatherhood today. Men's changing role in the family* (pp. 107–124). New York: Wiley.
Brown, D. R. & Gary, L. E. (1985a). Predictors of depressive symptoms among unemployed black adults. *Journal of Sociology and Social Welfare, 12*, 736–754.

Brown, D. R. & Gary, L. E. (1985b). Social support network differentials among married and nonmarried black females. *Psychology of Woman Quarterly, 9*, 229–241.

Brown, G. W. (1987). Social factors and the development and course of depressive disorders in woman: A review of a research programme. *British Journal of Social Work, 17*, 615–634.

Brown, G. W. & Bifulco, A. (1985). Social support, life events, and depression. In I. G. Sarason & B. R. Sarason (Eds.), *Social support: Theory, research, and applications* (pp. 349–370). Dordrecht: Martinus Nijhoff.

Brown, G. W. & Harris, T. (1978). *Social origins of depression.* New York: The Free Press.

Brown, G. W., Bhrolchain, M. N. & Harris, T. (1978). Social class and psychiatric disturbance among women in an urban population. *Sociology, 9*, 225–254.

Brown, G. W., Andrews, B., Harris, T. O., Adler, Z. & Bridge, L. (1986). Social support, self-esteem and depression. *Psychological Medicine, 16*, 813–831.

Brown, S. D., Brady, T., Lent, R. W., Wolfert, J. & Hall, S. (1987). Perceived social support among college students: Three studies of the psychometric characteristics and counseling use of the Social Support Inventory. *Journal of Counseling Psychology, 34*, 337–354.

Brownell, A. & Shumaker, S. A. (1984). Social support: An introduction to a complex phenomenon. *Journal of Social Issues, 40*, 1–9.

Bruhn, J. G. & Philips, B. U. (1984). Measuring social support: A synthesis of current approaches. *Journal of Behavioral Medicine, 7*, 151–169.

Bruhn, J. G. & Philips, B. U. (1987). A developmental basis for social support. *Journal of Behavioral Medicine, 10*, 213–229.

Bruhn, J. G., Philips, B. U., Levine, P. L. & Mendes de Leon, C. F. (1987). *Social support and Health. An annotated Bibliography.* New York, London: Garland.

Bryant, B. K. (1985). *The neighborhood walk. Sources of support in middle childhood.* Chicago: University Press of Chicago.

Budson, R. D. & Jolley, R. E. (1978). A crucial factor in community program success: The extended psychosocial kinship system. *Schizophrenia Bulletin, 4*, 609–621.

Burbach, D. J. & Borduin, C. M. (1986). Parent-child relations and the etiology of depression. A review of methods and findings. *Clinical Psychology Review, 6*, 133–153.

Burda, P. C., Vaux, A. & Schill, T. (1984). Social support resources: Variations across sex and sex role. *Personality and Social Psychology Bulletin, 10*, 119–126.

Burgess, J., Nelson, R. H. & Walhaus, R. (1974). Network analysis as a method for evaluation of service delivery systems. *Community Mental Health Journal, 10*, 337–344.

Burke, R. J. & Weir, T. (1978a). Benefits to adolescents of informal helping relationships with their parents and peers. *Psychological Reports, 42*, 1175–1184.

Burke, R. J. & Weir, T. (1978b). Maternal employment status, social support and adolescent's well-being. *Psychological Reports, 42*, 1159–1170.

Burleson, B. R. (1990). Comforting as social support: Relational consequences of supportive behaviors. In S. Duck & R. Cohen Silver (Eds.), *Personal relationships and social support* (pp. 66–82). Newbury Park: Sage.

Burns, G. L. & Farina, A. (1984). Social competence and adjustment. *Journal of Social and Personal Relationships, 1*, 99–113.

Burt, R. S. (1975). „Corporate Society": A time series analysis of network structure. *Social Science Research, 4*, 271–328.

Burt, R. S. (1982). *Toward a structural theory of action: Network analysis of stratification, perception, and action.* New York: Academic Press.

Burt, R. S. & Minor, M. J. (Eds.) (1983). *Applied network analysis*. Berverly Hills: Sage.
Button, E. (1983). Personal construct theory and psychological well-being. *British Journal of Medical Psychology, 56*, 313–321.
Button, E. (1985). Techniques for exploring constructs. In E. Button (Ed.), *Personal Construct Psychology and Mental Health* (pp. 3–56). London: Croom Helm.

Caldwell, R. A., Pearson, J. L. & Chin, R. J. (1987). Stress-moderating effects: Social support in the context of gender and locus of control. *Personality and Social Psychology Bulletin, 13*, 5–17.
Calnan, M. (1983). Social networks and patterns of help-seeking behavior. *Social Science and Medicine, 17*, 25–28.
Campbell, K. E. (1985). *Gender differences in job-related networks*. (Working Draft) Vanderbilt University.
Campbell, K. E., Marsden, P. V. & Hurlbert, J. S. (1986). Social resources and socioeconomic status. *Social Networks, 8*, 97–117.
Campos, J. J., Caplovitz, B. K., Lamb, M. E., Goldsmith, H. H. & Stenberg, C. (1983). Social-emotional development. In M. M. Haith & J. J. Campos (Eds.), *Handbook of child psychology: Infancy and developmental psychobiology* (Vol. 2). New York: Wiley.
Cannon, W. B. (1935). Stresses and strains of homeostasis. *American Journal of Medical Science, 189*, 1–14.
Cantor, N. & Kihlstrom, J. F. (1982). Cognitive and social processes in personality. In G. T. Wilson & C. M. Franks (Eds.), *Contemporary behavior therapy. Conceptual and empirical foundations* (pp. 142–201). New York: The Guilford Press.
Cantor, N. & Kihlstrom, J. F. (1987). *Personality and social intelligence*. Engelwood Cliffs, NJ: Prentice-Hall.
Cantor, N. & Kihlstrom, J. F. (1989). Social intelligence and cognitive assessments of personality. In R. S. Wyer & T. K. Skrull (Eds.), *Advances in social cognition* (Vol. II, pp. 1–60). Hillsdale: Lawrence Erlbaum.
Cantor, N. & Zirkel, S. (1990). Personality, cognition, and purposive behavior. In L. A. Pervin (Ed.), *Handbook of personality theory and research* (pp. 135–164). New York: Guilford.
Cantor, N., Mischel, W. & Schwartz, J. C. (1982). A prototypical analysis of psychological situations. *Cognitive Psychology, 14*, 45–77.
Cantor, N., Norem, J. K., Niedenthal, P. M., Langston, C. A. & Brower, A. M. (1987). Life task, self-concept ideals, and cognitive strategies in a life transition. *Journal of Personality and Social Psychology, 53*, 1178–1191.
Caplan, G. (1974). *Support systems and community mental health: Lectures on concept development*. New York: Behavioral Publications.
Caplan, R. D. (1979). Social support, person-environment fit, and coping. In L. A. Ferman & J. P. Gordus (Eds.), *Mental health and the economy* (pp. 89–137). Kalamazoo, Michigan: W. E. Upjohn Institute for Employment Research.
Carley, K. & Krackhart, D. (1990). *Emergent asymetric behavior: A socio-cognitive examination of asymetric relationships*. Paper presented at the Sunbelt Social Network Conference, San Diego, February.
Carson, R. C. (1989). Personality. *Annual Review of Psychology, 40*, 227–248.
Carstensen, L. L. (1986). Social support among the elderly: Limitations of behavioral interventions. *Behavior Therapist, 9*, 111–113.
Cartwright, D. & Harary, F. (1956). Structural balance: A generalization from Heider's theory. *Psychological Review, 63*, 277–293.

Cartwright, D. & Harary, F. (1979). Balance and clusterability. In P. W. Holland & S. Leinhardt (Eds.), *Perspectives on social network research* (pp. 25–50). New York: Academic Press.
Carveth, W. B. & Gottlieb, B. H. (1979). The measurement of social support and its relation to stress. *Canadian Journal of Behavioral Science, 11*, 179–187.
Caspi, A., Bolger, N. & Eckenrode, J. (1987). Linking person and context in the daily stress process. *Journal of Personality and Social Psychology, 52*, 184–195.
Cassel, J. (1974). An epidemiological perspective of psychosocial factors in disease etiology. *American Journal of Public Health, 64*, 1040–1043.
Catalano, R., Dooley, D. & Rook, K. (1987). A test of reciprocal risk between undesirable economic and noneconomic life events. *American Journal of Community Psychology, 15*, 633–651.
Cattell, R. B., Eber, H. W. & Tatsuoka, M. M. (1970). *Handbook for the Sixteen Personality Factor Questionnaire (16 PF)*. Champaign, IL: IPAT.
Cauce, A. M. (1986). Social networks and social competence: Exploring the effects of early adolescence. *American Journal of Community Psychology, 14*, 607–627.
Cauce, A. M. & Srebnik, D. S. (1990). Returning to social support systems: A morphological analysis of social networks. *American Journal of Community Psychology, 18*, 609–616.
Cauce, A. M., Felner, R. D. & Primavera, J. (1982). Social support in high-risk adolescents: Structural components and adaptive impact. *American Journal of Community Psychology, 10*, 417–428.
Cauce, A. M., Reid, M., Landesman, S. & Gonzales, N. (1990). Social support in young children: Measurement, structure, and behavioral impact. In B. R. Sarason, I. G. Sarason & G. R. Pierce (Eds.), *Social support: An interactional view* (pp. 64–94). New York: Wiley.
Chapman, N. J. & Beaudet, M. (1983). Environmental predictors of well-being for at-risk older adults in a mid-sized city. *Journal of Gerontology, 38*, 237–244.
Chapman, N. J. & Pancoast, D. L. (1985). Working with informal helping networks of the elderly: The experiences of three programms. *Journal of Social Issues, 41*, 47–63.
Chappell, N. L. (1983). Informal support networks among the elderly. *Research on Aging, 5*, 77–99.
Chaselon, F. (1989). *WDO – Gewichtetes DEL höherer Ordnung*. Fachbereich 9, Universität Bremen.
Chavis, D. M., Hogge, J. H., McMitlan, D. W. & Wandersman, A. (1986). Sense of community: Brunswik's lens: A first look. *Journal of Community Psychology, 14*, 24–40.
Chown, S. M. (1981). Frienship in old age. In S. Duck & R. Gilmour (Eds.), *Personal relationships. 2: Developing personal relationships* (pp. 231–246). New York: Academic Press.
Clark, A. W. (1982). Personal and social resources as correlates of coping behavior among the aged. *Psychological Reports, 5*, 577–578.
Clark, A. W. & Clissold, M. P. (1982). Correlates of adaption among unemployed and employed young men. *Psychological Reports, 50*, 887–893.
Clark, M. S. (1988). Interpersonal processes in close relationships. *Annual Review of Psychology, 39*, 609–672.
Clark, M. S. & Reis, H. T. (1988). Interpersonal processes in close relationships. *Annual Review of Psychology, 39*, 609–672.
Cleary, P. D. & Houts, P. S. (1984). The psychological impact of the Three Mile Island accident. *Journal of Human Stress, 10*, 28–34.

Cobb, S. (1976). Social support as a moderator of life stress. *Psychosomatic Medicine, 38*, 300–314.
Cobb, S. (1979). Social support and health through the life course. In M. W. Riley (Ed.), *Aging from birth to death. Interdisciplinary perspectives* (pp. 93–106). Boulder, Col.: Westview Press.
Cobb, S. & Jones, J. M. (1984). Social support, support groups, and marital relationships. In S. Duck (Ed.), *Personal relationships: Repairing personal relationships* (Vol. 5, pp. 47–66). London: Academic Press.
Cochran, M. M. & Brassard, J. A. (1979). Child development and personal social networks. *Child Development, 50*, 601–616.
Cochran, M. M. & Riley, D. (1988). Mother reports of children's personal networks: Antecedents, concomitants, and consequences. In S. Salzinger, J. Antrobus & M. Hammer (Eds.), *Social networks of children, adolescents, and college students* (pp. 113–147). Hillsdale, NJ: Lawrence Erlbaum.
Cochran, M., Larner, M., Riley, D., Gunnarson, L. & Henderson, C. (1990). *Extending families: The social networks of parents and their children*. New York: Camgridge University Press.
Cohen, A. (1969). Political anthropology: The analysis of the symbolism of power relations. *Man: Journal of the Royal Anthropological Institute of Great Briain and Ireland, 4*, 215–235.
Cohen, C. I. & Adler, A. (1984). Network interventions: Do they work? *Gerontologist, 24*, 16–22.
Cohen, C. I. & Sokolovsky, J. (1979a). Clinical use of network analysis for psychiatric and aged populations. *Community Mental Health Journal, 15*, 203–213.
Cohen, C. I. & Sokolovsky, J. (1979b). Health seeking behavior and social network of the aged living in single-room occupancy hotels. *Journal of the American Geriatrics Society, 27*, 270–278.
Cohen, C. I., Teresi, J. & Holmes, D. (1986). Assessment of stress-buffering effects of social networks on psychological symptoms in an inner-city elderly population. *American Journal of Community Psychology, 14*, 75–91.
Cohen, J. (1977). *Statistical power analysis for the behavioral sciences*. New York: Plenum.
Cohen, L. H., McGowan, J., Fooskas, S. & Rose, S. (1984). Positive life elements and social support and the relationship between life stress and psychological disorder. *American Journal of Community Psychology, 12*, 567–587.
Cohen, S. (1988). Psychosocial models of the role of social support in the etiology of physical disease. *Health Psychology, 7*, 269–297.
Cohen, S. & Hoberman, H. M. (1983). Positive life events and social support as buffers of life change stress. *Journal of Applied Social Psychology, 13*, 99–125.
Cohen, S. & McKay, G. (1984). Social support, stress and the buffering hypothesis: A theoretical analysis. In A. Baum, J. E. Singer & S. E. Taylor (Eds.), *Handbook of psychology and health* (Vol. 4, pp. 252–267). Hillsdale, NJ: Lawrence Erlbaum.
Cohen, S. & Syme, S. L. (1985a). Issues in the study and application of social support. In S. Cohen & S. L. Syme (Eds.), *Social support and health* (pp. 3–22). New York: Academic Press.
Cohen, S. & Syme, S. L. (Eds.) (1985b). *Social support and health*. New York: Academic Press.
Cohen, S. & Weinstein, N. (1982). Non auditory effects of noise on behavior and health. In G. W. Evans (Ed.), *Environmental stress* (pp. 45–74). Cambridge: Cambridge University Press.

Cohen, S. & Wills, T. A. (1985). Stress, social support, and the buffering hypothesis. *Psychological Bulletin*, *98*, 310–357.
Cohen, S., Sherrod, D. R. & Clark, M. S. (1986). Social skills and the stress-protective role of social support. *Journal of Personality and Social Psychology*, *50*, 963–973.
Cohen, S., Mermelstein, R., Karmack, T. & Hoberman, H. M. (1985). Measuring the functional components of social support. In J. G. Sarason & B. R. Sarason (Eds.), *Social support: Theory, research and application* (pp. 73–94). Dordrecht: Martinus Nijhoff.
Cohen, S., Lichtenstein, E., Mermelstein, R., Kingsolver, K., Baer, J. S. & Kamarck, T. W. (1988). Social support interventions for smoking cessation. In B. H. Gottlieb (Ed.), *Marshalling social support. Formats, processes, and effects* (pp. 211–240). Newbury Park: Sage.
Cohen Silver, R., Wortman C. B. & Crofton, C. (1990). The role of coping in support provision: The self-presentational dilemma of victims of life crises. In B. R. Sarason, I. G. Sarason & G. R. Pierce (Eds.), *Social support: An interactional view* (pp. 397–426). New York: Wiley.
Coleman, J. S. (1958). Relational analysis. *Human Organization*, *17*, 28–36.
Collani, G. v. (1987). *Zur Stabilität und Veränderung in sozialen Netzwerken. Methoden, Modelle, Anwendungen*. Bern: Huber.
Colletta, N. D. (1981). Social support and the risk of maternal rejection by adolescent mothers. *The Journal of Psychology*, *109*, 191–197.
Colletta, N. D. (1987). Correlates of young mothers' network orientation. *Journal of Community Psychology*, *15*, 149–160.
Colletti, G. & Brownell, K. D. (1982). The physical and emotional benefits of social support: Applications to obesity, smoking, and alcoholism. In M. Hersen, R. M. Eisler & P. M. Miller (Eds.), *Progress in Behavior Modification*, *13*, 109–178.
Collins, W. A. & Gunnar, M. R. (1990). Social and personality development. *Annual Review of Psychology*, *41*, 387–416.
Compas, B. E. (1987a). Coping with stress during childhood and adolescence. *Psychological Bulletin*, *101*, 393–403.
Compas, B. E. (1987b). Stress and life events during childhood and adolescence. *Clinical Psychology Review*, *7*, 275–302.
Compas, B. E., Slavin, L. A., Wagner, B. M. & Vannatta, K. (1986). Relationship of life events and social support with psychological dysfunction among adolescents. *Journal of Youth and Adolescence*, *15*, 205–221.
Connell, C. M. & D'Augelli, A. R. (1990). The contribution of personality characteristics to the relationship between social support and perceived physical health. *Health Psychology*, *9*, 192–207.
Constanza, R. S., Derlega, V. J. & Winstead, B. A. (1988). Positive and negative forms of social support: Effects of conversational topics on coping with stress among same-sex friends. *Journal of Experimental Social Psychology*, *24*, 182–193.
Cook, J. D. & Bickman, L. (1990). Social support and psychological symptomatology following a natural disaster. *Journal of Traumatic Stress*, *3*, 541–556.
Cook, J. R. (1983). Citizens response in a neighborhood under threat. *American Journal of Community Psychology*, *11*, 459–471.
Cook, K. S. (1982). Network structures from exchange perspective. In P. V. Marsden & N. Lin (Eds.), *Social structure and network analysis* (pp. 177–200). Beverly Hills: Sage.
Cooley, C. H. (1902). *Human nature an the social order*. New York: Charles Scribner.
Cooper, B., Jager & Bickel, H. (1989). Soziale Isolation, psychische Erkrankung und Altersverlauf. Eine Epidemiologische Untersuchung. In M. C. Angermeyer & D. Klus-

mann (Hrsg.), *Soziales Netzwerk. Ein neues Konzept für die Psychiatrie* (S. 231–246). Berlin: Springer.

Cooperman, D. (1977). Social research on tall habitats: A critique and proposal for network analysis. In D. J. Dowden (Ed.), *Human response to tall buildings* (pp. 29–38). Stroudsburg: Dowden, Hutchinson & Ross.

Corse, S. J., Schmid, K. & Trickett, P. K. (1990). Social network characteristics of mothers in abusing and nonabusing families and their relationships to parenting beliefs. *Journal of Community Psychology, 18*, 44–59.

Costa, P. T., Zonderman, A. B. & McCrae, R. R. (1985). Longitudinal course of social support among men in the Baltimore longitudinal study of aging. In I. G. Sarason & B. R. Sarason (Eds.), *Social support: Theory, research and applications* (pp. 137–154). Dordrecht: Martinus Nijhoff.

Cottrell, N. B. (1972). Social facilitation. In C. G. McClintock (Ed), *Experiments in Social Psychology*. New York: Holt.

Cox, V. C., Paulus, P. B., McCain, G. & Karlovac, M. (1982). The relationship between crowding and health. In A. Baum & J. E. Singer (Eds.), *Advances in environmental psychology. Environment and health* (Vol. 4, pp. 271–294). Hillsdale: Lawrence Erlbaum.

Coyne, J. C. (1976). Depression and the response of others. *Journal of Abnormal Psychology, 85*, 186–193.

Coyne, J. C. & Bolger, N. (1990). Doing without social support as an explanatory concept. Special Issue: Social support in social and clinical psychology. *Journal of Social and Clinical Psychology, 9*, 148–158.

Coyne, J. C. & Downey, G. (1991). Social factors and psychopathology: Stress, social support, and coping processes. *Annual Review of Psychology, 42*, 401–425.

Coyne, J. C. & DeLongis, A. (1986). Going beyond social support: The role of social relationships in adaption. *Journal of Consulting and Clinical Psychology, 54*, 454–460.

Coyne, J. C. & Gotlib, I. H. (1986). Studying the role of cognitions in depression: Welltrodden paths and cul-de-sacs. *Cognitive Therapy and Research, 10*, 695–705.

Coyne, J. C., Aldwin, C. & Lazarus, R. S. (1981). Depression and coping in stressful episodes. *Journal of Abnormal Psychology, 90*, 439–447.

Coyne, J. C., Ellard, J. H. & Smith, D. A. (1990). Social support, interdependence, and the dilemmas of helping. In B. R. Sarason, I. G. Sarason & G. R. Pierce (Eds.), *Social support: An interactional view* (pp. 129–149). New York: Wiley.

Coyne, J. C., Wortman, C. B. & Lehman, D. R. (1988). The other side of support. Emotional overinvolvement and miscarried helping. In B. H. Gottlieb (Ed.), *Marshalling social support. Formats, processes, and effects* (pp. 305–330). Newbury Park: Sage.

Coyne, J. C., Kessler, R. C., Tal, M., Turnbull, J., Wortman, C. M. & Gregen, J. F. (1987). Living with a depressed person. *Journal of Consulting and Clinical Psychology, 55*, 347–352.

Crandall, J. E. (1984). Social interest as a moderator of life stress. *Journal of Personality and Social Psychology, 47*, 164–174.

Cramer, L. A., Riley, P. J. & Kiger, G. (1991). Support and antagonism in social networks: Effects of community and gender. *Journal of Social Behavior and Personality, 6*, 991–1005.

Creech, J. C. & Babchuk, N. (1985). Affecting and the interweave of social circles: Life course transitions. In W. A. Peterson & J. Quadragno (Eds.), *Social bonds in later life. Aging and interdependence* (pp. 129–142). Beverly Hills: Sage.

Crittenden, P. M. (1985). Social networks, quality of child rearing, and child development. *Child Development, 56,* 1299–1313.
Crnic, K. A., Greenberg, M. T., Ragozin, A. S., Robinson, N. M. & Basham, R. B. (1983). Effects of stress and social support on mothers and premature, and full-term infants. *Child Development, 54,* 209–217.
Crockenberg, S. B. (1981). Infant irridability, mothers responsiveness and social support influences and the security of infant-mother attachment. *Child Development, 52,* 857–865.
Crockenberg, S. B. & McCluskey, K. (1986). Change in maternal behavior during the baby's first year of life. *Child Development, 57,* 746–753.
Crockett, W. H. (1982). Balance, aggreement, and positivity in the cognition of small social structures. *Advances in Experimental Social Psychology, 15,* 2–57.
Croog, S. H., Lipson, A. & Levine, S. (1972). Health patterns in severe illness: The roles of kin network, nonfamily resources, and institutions. *Journal of Marriage and the Family, 2,* 32–41.
Cross, D. G. & Warren, C. E. (1984). Environmental factors associated with continuers and terminators in adult out-patient psychotherapy. *British Journal of Medical Psychology, 57,* 363–369.
Cross, D. G., Sheehan, P. W. & Khan, J. A. (1980). Alternative advice and counsel in psychotherapy. *Journal of Consulting and Clinical Psychology, 48,* 615–625.
Cuffel, B. J. & Akamatsu, T. J. (1989). The structure of loneliness: A factor-analytic investigation. *Cognitive Therapy and Research, 13,* 459–474.
Culbert, L. R., Lachenmeyer, J. R. & Good, J. L. (1988). The social networks of commuting college student. In S. Salzinger, J. Antrobus & M. Hammer (Eds.), *Social networks of children, adolescents, and college students* (pp. 247–260). Hillsdale, NJ.: Lawrence Erlbaum.
Cummins, R. C. (1988). Perceptions of social support, receipt of supportive behaviors, and locus of control as moderators of the effects of chronic stress. *American Journal of Community Psychology, 16,* 685–700.
Cunningham McNett, S. (1987). Social support, threat, and coping responses and effectiveness in the functionally disabled. *Nursing Research, 36,* 98–103.
Curtis, W. R. (1979). *The future use of social networks in mental health.* Boston: Social Matrix Research, Inc.
Cutler, D. L. (1984). Networks. In J. A. Talbott (Ed.), *The chronic mental patient, Five years later* (pp. 253–265). New York: Grune & Stratton.
Cutler, D. L., Tatum, E. & Shore, J. H. (1987). A comparision of schizophrenic patients in different community support treatment approaches. *Community Mental Health Journal, 23,* 103–113.
Cutrona, C. E. (1982). Transition to college: Loneliness and the process of social adjustment. In L. A. Peplau & D. Perlman (Eds.), *Loneliness. A sourcebook of current theory research and therapy* (pp. 291–309). New York: Wiley.
Cutrona, C. E. (1984). Social support and stress in the transition to parenthood. *Journal of Abnormal Psychology, 93,* 378–390.
Cutrona, C. E. (1986a). Behavioral manifestations of social support: A microanalytic investigation. *Journal of Personality and Social Psychology, 51,* 201–208.
Cutrona, C. E. (1986b). Objective determinants of perceived social support. *Journal of Personality and Social Psychology, 50,* 349–355.
Cutrona, C. E. (1990). Stress and social support: In search of optimal matching. Special Issue: Social support in social and clinical psychology. *Journal of Social and Clinical Psychology, 9,* 3–14.

Cutrona, C. E. & Russel, D. W. (1987). The provision of social relationships and adaption to stress. *Advances in Personal Relationships, 1,* 37–67.
Cutrona, C. E. & Russel, D. W. (1990). Type of social support and specific stress: Toward a theory of optimal matching. In I. G. Sarason, B. R. Sarason & G. R. Pierce (Eds.), *Social support: An interactional view* (pp. 319–366). New York: Wiley.
Cutrona, C. E. & Troutman, B. R. (1986). Social support, infant temperament, and parenting self-efficacy: A mediational model of postpartum depression. *Child Development, 57,* 1507–1518.
Cutrona, C. E., Cohen, B. B. & Ingram, S. (1990). Contextual determinants of the perceived supportiveness of helping behaviors. *Journal of Social and Personal Relationships, 7,* 553–562.
Cutrona, C. E., Russell, D. & Rose, J. (1986). Social support and adaption to stress by the elderly. *Journal of Psychology and Aging, 1,* 47–54.
Cutrona, C. E., Suhr, J. A. & MacFarlane, R. (1990). Interpersonal transactions and the psychological sense of support. In S. Duck & R. Cohen Silver (Eds.), *Personal relationships and social support* (pp. 30–45). Newbury Park: Sage.

D'Augelli, A. R. (1983). Social support networks in mental health: An interpretative essay. In J. K. Whitaker & J. Garbarino (Eds.), *Social support networks: Informal helping in the human services* (pp. 73–106). New York: Aldine.
D'Ercole, A. (1988). Single mothers: Stress, Coping, and social support. *Journal of Community Psychology, 16,* 41–54.
Dakof, G. A. & Taylor, S. E. (1990). Victims' perceptions of social support: What is helpful from whom? *Journal of Personality and Social Psychology, 58,* 80–89.
Danish, S. J. & D'Augelli, A. R. (1983). *Helping skills II: Life development intervention. Trainee's work book.* New York: Human Science Press.
Dann, H. D. (1991). Subjektive Theorien zum Wohlbefinden. In A. Abele-Brehm & P. Becker (Hrsg.), *Wohlbefinden: Theorie – Emperie – Diagnostik* (S. 97–118). Weinheim: Juventa.
Davis, J. A. & Leinhardt, S. (1972). The structure of positive interpersonal relations in small groups. In J. Berger, M. Zelditch & B. Anderson (Eds.), *Sociological theories in progress.* (pp. 218–251) New York: Houghton-Mifflin.
De Leon, G. (1984). Program-based evaluation research in therapeutic communities. *National Institute on Drug Abuse: Research Monograph Series, Mono 51,* 69–87.
De Leon Siantz, M. L. (1990). Maternal acceptance/rejection of Mexican migrant mothers. *Psychology of Women Quarterly, 14,* 245–254.
De Soto, C. B. (1960). Learning a social structure. *Journal of Abnormal and Social Psychology, 60,* 417–421.
Dean, A. (1986). Social support in epidemiological perspective. In N. Lin, A. Dean & W. Ensel (Eds.), *Social support, life events and depression* (pp. 3–15). New York: Academic Press.
Dean, A. & Ensel, W. M. (1982). Modelling social support, life events, competence and depression in the context of age and sex. *Journal of Community Psychology, 10,* 392–408.
Dean, A. & Ensel, W. M. (1983a). The epidemiology of depression in young adults: The centrality of social support. *Journal of Psychiatric Treatment and Evaluation, 5,* 195–207.
Dean, A. & Ensel, W. M. (1983b). Socially structured depression in men and women. In J. R. Greenly & R. G. Simmons (Eds.), *Research in community and mental health* (pp. 113–139). Greenwich: JAI Press.

Dean, A. & Lin, N. (1977). The stress-buffering role of social support. Problems and prospects for systematic investigation. *Journal of Nervous and Mental Disease, 165*, 403–417.

Degnore, R., Feldman, R. M., Hilton, W. J., Love, K. D. & Schearer, M. (1980). *Phipps Plaza West: Evaluation of an urban housing option*. New York: City University of New York, Center for Human Environments.

DeLongis, A., Folkman, S. & Lazarus, R. S. (1988). The impact of daily stress on health and mood: Psychological and social resources as mediators. *Journal of Personality and Social Psychology, 54*, 486–495.

Deng, Z. & Bonacich, P. (1991). Some effects of urbanism on black networks. *Social Networks, 13*, 35–50.

Denoff, M. S. (1982). The differentiations of supportive functions among network members: An empirical inquiry. *Journal of Social Service Research, 5*, 45–59.

Denoff, M. S. & Pilkonis, P. A. (1987). The social network of the schizophrenic: Patient and residential determinants. *Journal of Community Psychology, 15*, 228–244.

Denton, T. C. (1990). Bonding and supportive relationships among Black professional women: Rituals of restoration. Special Issue: The career and life experiences of Black professionals. *Journal of Organizational Behavior, 11,* 447–457.

Depner, C., Wethington, E. & Korshaun, S. (1982). *How social support works: Issues in testing the theory*. Paper presented at the 90th Annual Meeting of the APA. Washington, DC.

Derlega, V. J. & Margulis, S. T. (1982). Why loneliness occurs: The interrelationship of social-psychological and privacy concepts. In L. A. Peplau & D. Perlman (Eds.), *Loneliness. A sourcebook of current theory research and therapy* (pp. 152–165). New York: Wiley.

Derlega, V. J. & Winstead, B. A. (Eds.) (1986). *Friendship and social interaction*. New York: Springer.

Derogatis, L. R., Rickels, K. & Rock, A. (1976). The SCL-90 and the MMPI: A step in the validation of a New-Self-Report Scale. *British Journal of Psychiatry, 128*, 280–289.

Dew, M. A., Bromet, E. J. & Schulberg, H. C. (1987). A comparative analysis of two community stressors' long-term mental health effects. *American Journal of Community Psychology, 15*, 167–184.

Diaz, R. M. & Berndt, T. J. (1982). Children's knowledge of a best friend: Fact or fancy. *Developmental Psychology, 18*, 787–794.

Dickens, W. J. & Perlman, D. (1981). Friendship over life-cycle. In St. Duck & R. Gilmour (Eds.), *Personal relationships. Developing personal relationships* (Vol. 2, pp. 91–122). New York: Academic Press.

Diehl, M. (1988). Das soziale Netzwerk älterer Menschen. In A. Kruse, U. Lehr, F. Oswald & C. Rott (Hrsg.), *Gerontologie. Wissenschaftliche Erkenntnisse und Folgerungen für die Praxis. Beiträge zur II. Gerontologischen Woche. Heidelberg, 18.6.-23. 6. 1987. Schriftenreihe „Konzepte für Heute und Morgen"* (S. 268–292). München: Bayerischer Monatsspiegel Verlagsgesellschaft.

Dignam, J. T., Barrera, M. & West, S. G. (1986). Occupational stress, social support, and burnout among correctional officers. *American Journal of Community Psychology, 14*, 177–193.

Dimond, M. L. A. & Caserta, M. S. (1987). The role of social support in the first two years of bereavement in an elderly sample. *Gerontologist, 27*, 599–604.

Dimond, M., Lund, D. A. & Caserta, M. S. (1987). The role of social support in the first two years of bereavement in an elderly sample. *Gerontologist, 27*, 599–604.

Doehrman, S. R. (1984). Stress, strain, and social support during a role transition. In V. L. Allen & E. van de Vliert (Eds.), *Role transitions. Explorations and explanations* (pp. 253–262). New York: Plenum Press.
Dohrenwend, B. P. & Dohrenwend, B. S. (1974). Social and cultural influences on psychopathology. *Annual Review of Psychology, 25,* 417–455.
Dohrenwend, B. S. (1978). Social stress and community psychology. *American Journal of Community Psychology, 6,* 1–14.
Dohrenwend, B. S., Dohrenwend, B. P., Dodson, M. & Shrout, P. E. (1984). Symptoms, hassles, social support, and life events: Problems of confounded measures. *Journal of Abnormal Psychology, 93,* 222–230.
Doolittle, R. J. & MacDonald, D. (1978). Communication and a sense of community in a metropolitan neighborhood. *Communication Quarterly, 26,* 2–7.
Dow, M. G. & Craighead, W. E. (1987). Social inadaquacy and depression: Overt behavior and self evaluation processes. *Journal of Social and Clinical Psychology, 5,* 99–113.
Drinkmann, A. (1990). *Methodenkritische Untersuchung zur Meta-Analyse.* Weinheim: Deutscher Studien Verlag.
Duck, S. (1981). Toward a research map for the study of relationship breakdown. In S. Duck & R. Gilmour (Eds.), *Personal relationships. 3: Personal relationships in disorder* (pp. 1–29). New York: Academic Press.
Duck, S. (1990). Relationships as unfinished business: Out of the frying pan and into the 1990s. *Journal of Personal and Social Relationships, 7,* 5–29.
Duck, S. (1991). *New lamps for old: A new theory of relationships and a fresh look at some old research.* Paper presented to Third Conference of the International Network on Personal Relationships, Normal/Bloomington, IL, May.
Duck, S. (Ed.) (1984). *Personal relationships. Vol. 5: Repairing personal relationships.* New York: Academic Press.
Duck, S. & Cohen Silver, R. (Eds.). (1990). *Personal relationships and social support.* Newbury Park: Sage.
Duck, S., Pond, K. & Leatham, G. (1991). *Remembering as a context for being in relationships: Different perspectives on the same interaction.* Paper presented to Third Conference of the International Network on Personal Relationships, Normal/Bloomington, IL, May.
Duckitt, J. H. (1982). Social interaction and psychological well-being: A study of elderly persons living in the inner city of Pretoria. *Humanitas, 8,* 121–129.
Duckitt, J. H. (1984). Social support, personality, and the prediction of psychological distress: An interactionistic approach. *Journal of Clinical Psychology, 40,* 1199–1205.
Duncan, J. S. (1976). Housing as presentation of self and the structure of social networks. In G. T. Moore & R. G. Golledge (Eds.), *Environmental knowing* (pp. 247–253). Stroudsburg: Dowden, Hutchinson & Ross.
Duncan, J. S. (1985). The house as a symbol of social structure. Notes on the language of objects among collectivistic groups. In J. Altman & C. M. Werner (Eds.), *Home environments* (pp. 133–151). New York: Plenum Press.
Duncan-Jones, P. (1981). The structure of social relationships: Analyses of a survey instrument (Part 2). *Social Psyschiatry, 16,* 143–149.
Dunkel-Schetter C. & Bennett, T. L. (1990). Differentiating the cognitive and behavioral aspects of social support. In B. R. Sarason, I. G. Sarason & G. R. Pierce (Eds.), *Social support: An interactional view* (pp. 267–296). New York: Wiley.
Dunkel Schetter, C. & Skokan, L. A. (1990). Determinants of social support provision in personal relationships. Special Issue: Predicting, activating and facilitating social support. *Journal of Social and Personal Relationships, 7,* 437–450.

Dunkel-Schetter, C. & Wortman, C. (1981). Dilemmas of social support: Parallels between victimization and aging. In S. B. Kiesler, J. N. Morgan & V. K. Oppenheimer (Eds.), *Social change*. New York: Academic Press.
Dunkel-Schetter, C., Folkman, S. & Lazarus, R. S. (1987). Correlates of social support receipt. *Journal of Personality and Social Psychology, 53*, 71–80.
Dunn, O. J. (1961). Multiple comparisons among means. *Journal of the American Statistical Association, 56*, 52–64.
Dunst, C. J., Trivette, C. M., Hamby, D. & Pollock, B. (1990). Family systems correlates of the behavior of young children with handicaps. Special Issue: Families. *Journal of Early Intervention, 14*, 204–218.
Duval, S. & Wicklund, R. A. (1972). *A theory of objective self-awareness*. New York: Academic Press.

Earls, M. & Nelson, G. (1988). The relationship between long-term psychiatric clients' psychological well-being and their perceptions of housing and social support. *American Journal of Community Psychology, 16*, 279–293.
Eckenrode, J. (1983). The mobilization of social support: Some individual constraints. *American Journal of Community Psychology, 11*, 509–528.
Eckenrode, J. & Wethington, E. (1990). The process and outcome of mobilizing social support. In S. Duck & R. Cohen Silver (Eds.), *Personal relationships and social support* (pp. 83–103). Newbury Park: Sage.
Eckensberger, L. H. & Silbereisen, R. K. (1980). Einleitung: Handlungstheoretische Perspektiven für die Entwicklungspsychologie sozialer Kognitionen. In L. H. Eckensberger & R. K. Silbereisen (Hrsg.), *Entwicklung sozialer Kognitionen: Modelle, Theorien, Anwendung* (S. 11–43). Stuttgart: Klett-Cotta.
Eckert, J. K. (1983). Dislocation and relocation of the urban elderly: Social networks as mediators of relocation stress. *Human Organization, 42*, 39–45.
Eckes, T. (1986). Eine Prototypenstudie zur natürlichen Kategorisierung sozialer Situationen. *Zeitschrift für Differentielle und Diagnostische Psychologie, 7*, 145–161.
Eckes, T. & Six, B. (1984). Prototypenforschung: Ein integrativer Ansatz zur Analyse der alltagssprachlichen Kategorisierung von Objekten, Personen und Situationen. *Zeitschrift für Sozialpsychologie, 15*, 2–17.
Eddy, W. B., Paap, S. M. & Glad, D. D. (1970). Solving problems in living: The citizens viewpoint. *Mental Hygiene, 54*, 64–72.
Edelman, R. J. & Hardwick, S. (1986). Test anxiety, past performance and coping strategies. *Personality and Individual Differences, 7*, 255–257.
Edelstein, M. R. & Wandersman, A. (1987). Community dynamics in coping with toxic contamination. In I. Altman & A. Wandersman (Eds.), *Neighborhood and community environments* (pp. 69–112). Beverly Hills: Plenum.
Eder-Debye, R. (1988). *Social Support und medizinische Versorgung. Der Einfluß von Social Support auf Inanspruchnahme medizinischer Dienste und Krankheitsverlauf aus sozialpsychologischer und gesundheitsökonomischer Sicht*. Regensburg: Roderer.
Edmundson, E. D., Bedell, J. R., Archer, R. P. & Gordon, R. E. (1982). Integrating skill building and peer support in mental health treatment: The early intervention and community network development projects. In A. M. Jeger & R. S. Slotnik (Eds.), *Community mental health: A behavioral-ecological perspective* (pp. 127–140). New York: Plenum Press.
Ehmann, T. S., Beninger, R. J., Gawel, M. J. & Riopelle, R. J. (1990). Coping, social support, and depressive symptoms in Parkinson's disease. *Journal of Geriatric Psychiatry and Neurology, 3*, 85–90.

Eisemann, M. (1984a). Contact difficulties and experience of loneliness in depressed patients and nonpsychiatric controls. *Acta Psychiatrica Scandinavica, 70,* 160–165.
Eisemann, M. (1984b). The availibilty of confiding persons for depressed patients. *Acta Psychiatrica Scandinavica, 70,* 166–169.
Eisemann, M. (1984c). The relationship of personality to social network aspects and loneliness in depressed patients. *Acta Psychiatrica Scandinavica, 70,* 337–341.
Ekland-Olson, S. (1982). Deviance, social control and social networks. *Reearch in Law, Deviance and Social Control, 4,* 271–299.
Elbing, E. (1991). *Einsamkeit.* Göttingen: Hogrefe.
Ell, K. (1984). Note on research. Social networks, social support, and health status: A review. *Social Service Review, 16,* 133–149.
Elliott, T. R. & Gramling, S. E. (1990). Personal assertiveness and the effects of social support among college students. *Journal of Counseling Psychology, 37,* 427–436.
Elsas, D. A. (1990). The Scheiblechner model: A loglinear analysis of social interaction data. *Social Networks, 12,* 57–82.
Endo, R. (1984). Use of informal social networks for service-related information. *Psychological Reports, 54,* 354.
Engel, K. (1987). Prognostische Faktoren der Anorexia nervosa – eine empirische Arbeit zur Aufstellung einer hierarchischen Ordnung der bedeutsamen Faktoren. *Zeitschrift für Klinische Psychologie, Psychopathologie und Psychotherapie, 35,* 313–320.
Ensel, W. M. (1982). The role of age in the relationship of gender and marital status of depression. *Journal of Nervous and Mental Disease, 170,* 536–543.
Ensel, W. M. (1986a). Sex, marital status and depression. The role of life events and social support. In N. Lin, A. Dean & W. M. Ensel (Eds.), *Social support, life events and depression.* (pp. 231–248). Orlando: Academic Press.
Ensel, W. M. (1986b). Social class and depressive symptomatology. In N. Lin, A. Dean & W. Ensel (Eds.), *Social support, life events, and depression* (pp. 249–266). New York: Academic Press.
Epstein, Y. M. (1982). Crowding stress and human behavior. In G. W. Evans (Ed.), *Environmental stress* (pp. 133–148). Cambridge: Cambridge University Press.
Erickson, B. H. (1982). Networks, ideologies, and belief systems. In P. V. Marsden & N. Lin (Eds.), *Social structure and network analysis* (pp. 159–172). Beverly Hills: Sage.
Erickson, B. H. (1988). The relational basis of attitudes. In B. Wellman & S. D. Berkowitz (Eds.), *Social structures: a network approach.* Cambridge: Cambridge University Press.
Escolier, J. C. & Reichmann, S. (1990). Analyse des reseaux sociaux des patients psychotiques apres sortie de l'hopital. *Information Psychiatrique, 66,* 357–364.
Etzion, D. (1984). Moderating effect of social support on the stress-burnout relationship. *Journal of Applied Psychology, 69,* 615–622.
Evans, G. W., Jacobs, S. V. & Frager, N. B. (1982). Air pollution and human behavior. In G. W. Evans (Ed.), *Environmental stress* (pp. 237–269). Cambridge: Cambridge University Press.
Evans, G. W., Palsane, M. N., Lepore, S. J. & Martin, J. (1988). Crowding and social support. In H. van Hoogdalem, N. L. Prak, T. J. M. van der Voordt & H. B. R. van Weger (Eds.), *Looking back to the future (IAPS 10)* (pp. 125–131). The Netherlands: Delft University Press.
Everett, M. G. (1985). Role similarity and complexity in social networks. *Social Networks, 7,* 353–363.

Falloon, I. R. H., Boyd, I. L. & Mc Gill, C. W. (1985). Family management in the prevention of morbidity of schizophrenia *Archives of General Psychiatry, 42*, 887–896.
Faltermeier, T. (1984). „Lebensereignisse" – Eine neue Perspektive für Entwicklungspsychologie und Sozialisationsforschung? *Zeitschrift für Sozialisationsforschung und Erziehungssoziologie, 4*, 344–355.
Farber, S. S., Felner, R. D. & Primavera, J. (1985). Parental separation/divorce and adolescents: An examination of factors mediating adaption. *American Journal of Community Psychology, 13*, 171–185.
Favazza, A. R. & Thompson, J. J. (1984). Social networks of alcoholics: Some early findings. *Alcoholism: Clinical and Experimental Research, 8*, 9–15.
Feger, H. (1981). Analysis of social networks. In S. Duck & R. Gilmour (Eds.), *Personal relationships: Studying personal relationships*. Vol. 1. (pp. 91–105). New York: Academic Press.
Feger, H. & Auhagen, A. E. (1987). Unterstützende soziale Netzwerke: Sozialpsychologische Perspektiven. *Zeitschrift für Klinische Psychologie, 16*, 353–367.
Feger, H. & Droge, U. (1984). Repräsentation von Ordinaldaten durch Graphen: Ordinale Netzwerkskalierung. *Kölner Zeitschrift für Soziologie und Sozialpsychologie, 36*, 494–510.
Fehr, B. (1988). Prototype analysis of the concepts of love and commitment. *Journal of Personality and Social Psychology, 55*, 557–579.
Fehr, B. & Russell, J. A. (1984). Concept of emotion viewed from a prototype perspective. *Journal of Experimental Psychology: General, 113*, 464–486.
Feinman, S. & Lewis, M. (1984). Is there social life beyond the dyad. A social-psychological view of social connections in infancy. In M. Lewis (Ed.), *Beyond the dyad* (pp. 13–40). New York: Plenum Press.
Feiring, C. & Lewis, M. (1988). The child's social network from three to six years: The effects of age, sex, and socioeconomic status. In S. Salzinger, J. Antrobus & M. Hammer (Eds.), *Social networks of children, adolescents, and college students* (pp. 93–112). Hillsdale, NJ: Lawrence Erlbaum.
Felton, B. J. & Shinn, M. (1992). Social integration and social support: Moving 'Social Support' beyond individual level. *Journal of Community Psychology, 20*, 103–115.
Fenigstein, A., Scheier, M. F. & Buss, A. H. (1975). Public and private self-consciousness: Assessment and theory. *Journal of Consulting and Clinical Psychology, 43*, 522–527.
Ferber, A., Kligler, D., Zwerling, J. & Mendelsohn, M. (1967). Current family structures: Psychiatric emergencies and patient's fate. *Archives of General Psychiatry, 16*, 659–667.
Festinger, L. (1949). The analysis of sociograms using matrix algebra. *Human Relations, 2*, 153–158.
Festinger, L. (1954). A theory of social comparison processes. *Human Relations, 7*, 117–140.
Festinger, L., Schachter, S. & Back, K. (1950). *Social pressures in informal groups*. New York: Harper & Row.
Fiedler, K. & Forgas, J. (Eds.) (1988). *Affect, cognition and social behavior. New evidence and integrative attempts*. Toronto: Hogrefe.
Filipp, S.-H. (1982). Kritische Lebensereignisse als Brennpunkte einer Angewandten Entwicklungspsychologie des mittleren und höheren Erwachsenenalters. In R. Oerter & L. Montada (Hrsg.), *Entwicklungspsychologie. Ein Lehrbuch* (S. 769–790). München: Urban & Schwarzenberg.

Filipp, S.-H. & Aymanns, P. (1987). Die Bedeutung sozialer und personaler Resourcen in der Auseinandersetzung mit kritischen Lebensereignissen. *Zeitschrift für Klinische Psychologie, 16*, 383–396.

Finch, J. F., Okun, M. A., Barrera, M., Zautra, A. & Reich, J. W. (1989). Positive and negative social ties among older adults: Measurement models and the prediction of psychological distress and well-being. *American Journal of Community Psychology, 17*, 585–593.

Fincham, F. D. & Bradbury, T. N. (1990). Social support in marriage: The role of social cognition. Special Issue: Social support in social and clinical psychology. *Journal of Social and Clinical Psychology, 9*, 31–42.

Fine, G. A. & Kleinman, S. (1983). Network and meaning: An interactionistic approach to structure. *Symbolic Interaction, 6*, 97–110.

Fiore, J., Becker, J. & Coppel, D. B. (1983). Social network interactions: A buffer or a stress? *American Journal of Community Psychology, 11*, 423–439.

Fiore, J., Coppel, D. B., Becker, J. & Cox, G. B. (1986). Social support as a multifaceted concept: Examination of important dimensions for adjustment. *American Journal of Community Psychology, 14*, 93–111.

Fischer, C. S. (1982). *To dwell among friends. Personal networks in town and city*. Chicago: The University of Chicago Press.

Fischer, C. S. & Phillips, S. C. (1982). Who is alone? Social characteristics of people with small networks. In L. A. Peplau & D. Perlman (Eds.), *Loneliness: A social book of current theory, research, and therapy* (pp. 21–39). New York: Wiley.

Fischer, C. S., Jackson, R. M., Stueve, C. A., Gerson, K., McAllister, J. L. & Baldassare, M. (1977). *Network and places. Social relations in the urban setting*. New York: The Free Press.

Fischer, J. L., Sollie, D. L. & Morrow, K. B. (1986). Social networks in male and female adolescents. *Journal of Adolescent Research, 6*, 1–14.

Fisher, J. D., Goff, B. A., Nadler, A. & Chinsky, J. M. (1988). Social psychological influences on help seeking and support from peers. In B. H. Gottlieb (Ed.), *Marshalling social support. Formats, processes, and effects* (pp. 267–304). Newbury Park: Sage.

Fischer, M. & Stephan, E. (1990). Kontrolle und Kontrollverlust. In L. Kruse, C. F. Graumann & E. D. Lantermann (Hrsg.), *Ökologische Psychologie. Ein Handbuch in Schlüsselbegriffen* (S. 166–175). München: PVU.

Fiske, S. T. & Taylor, S. E. (1991). *Social cognition*. New York: McGraw Hill.

Flaherty, J. A. & Richman, J. A. (1986). Effects of childhood relationships on the adult's capacity to form social supports. *American Journal of Psychiatry, 143*, 851–855.

Flannery, R. B. (1990). Social support and psychological trauma: A methodological review. *Journal of Traumatic Stress, 3*, 593–611.

Fleishman, J. A. (1984). Personality characteristics and coping patterns. *Journal of Health and Social Behavior, 25*, 229–244.

Fleming, R., Baum, A. & Singer, J. E. (1985). Social support and the physical environment. In S. Cohen & S. L. Syme (Eds.), *Social support and health* (pp. 327–346). New York: Academic Press.

Fleming, R., Baum, A. & Weiss, L. (1987). Social density and perceived control as mediators of crowding stress in high-density residential neighborhoods. *Journal of Personality and Social Psychology, 52*, 899–906.

Fleming, R., Baum, A., Gisriel, M. M. & Gatchel, R. J. (1982). Mediating influence of social support on stress at Three Mile Island. *Journal of Human Stress, 8*, 14–22.

Fleming, R., Baum, A., Gisriel, M. M. & Gatchel, R. J. (1985). Mediating influences of social support on stress at Three Mile Island. In A. Monat & R. S. Lazarus (Eds.),

Stress and coping. An Anthology (pp. 95-106). New York: Columbia University Press.
Florian, V. & Krulik, T. (1991). Loneliness and social support of mothers of chronically ill children. *Social Science and Medicine, 32,* 1291-1296.
Foa, E. B. & Foa, U. G. (1976). Resource theory of social exchange. In J. W. Thibaut, J. T. Spence & R. C. Carson (Eds.), *Contemporary topics in social psychology* (pp. 99-131). Morristown, NJ: General Learning Press.
Foa, U. G. & Foa, E. B. (1974). *Societal structure of the mind.* Springfield, IL: Charles C. Thomas.
Folkman, S. & Lazarus, R. S. (1980). An analysis of coping in a middle-aged community sample. *Journal of Health and Social Behavior, 21,* 219-239.
Folkman, S. & Lazarus, R. S. (1985). If it changes it must be a process: Study of emotion and coping during three stages of a college examination. *Journal of Personality and Social Psychology, 48,* 150-170.
Folkman, S., Lazarus, R. S., Dunkel-Schetter, C., DeLongis, A. & Gruen, R. J. (1986). Dynamics of a stressful encounter: Cognitive Appraisal, coping, and encounter outcomes. *Journal of Personality and Social Psychology, 50,,* 992-1003.
Fondacaro, M. R. & Heller, K. (1983). Social support factors and drinking among student males. *Journal of Youth and Adolescence, 12,* 285-299.
Fondacaro, M. R. & Moos, R. H. (1987). Social support and coping: A longitudinal analysis. *American Journal of Community Psychology, 15,,* 653-673.
Ford, G. G. & Procidano, M. E. (1990). The relationship of self-actualization to social support, life stress, and adjustment. *Social Behavior and Personality, 18,* 41-51.
Forgas, J. P. (1976). The perception of social episodes: Categorial and dimensional representations in two different social milieus. *Journal of Personality and Social Psychology, 34,* 199-209.
Forgas, J. P. (1979a). Social Episodes: The study of interaction routines. *Academic Press.* New York:.
Forgas, J. P. (1979b). The perception of social episodes: Categorial and dimensional representations in two different social milieus. *Journal of Personality and Social Psychology, 34,* 199-209.
Forgas, J. P. (1982). Episode cognition: Internal representations of interaction routines. *Advances of Experimental Social Psychology, 15,* 59-101.
Forgas, J. P. (1983). What is social about social cognition? *British Journal of Social Psychology, 22,* 129-144.
Franz, H. J. (1986). *Bewältigung gesundheitsgefährdender Belastungen durch soziale Unterstützung in kleinen Netzen* (Dissertation). Konstanz: Hartung-Gorre.
Franz, P. (1986). Der „constrained choice"-Ansatz als gemeinsamer Nenner individualistischer Ansätze in der Soziologie. *Kölner Zeitschrift für Soziologie und Sozialpsychologie, 38,* 32-54.
Fraser, M. & Hawkins, J. D. (1984). Social network analysis and drug misuse. *Social Service Review, 3,* 81-97.
Freeman, L. C. (1979). Centrality in social networks: Conceptual clarification. *Social Networks, 1,* 215-239.
Freeman, L. C. (1990). *A categorial theory of primary group structure.* Paper presented at the Sunbelt Social Network Conference, San Diego, February.
Freeman, L. C. (1991). *A theory of cognitive categories and the structure of social affiliation.* Paper. IRU in Mathematical Behavioral Science University of California, Irvine.
Freeman, L. C. & Romney, A. K. (1987). Words, deed, and social structure: A preliminary study of the reliability of informants. *Human Organization, 46,* 330-334.

Freeman, L. C., Freeman, S. C. & Michaelson, A. G. (1988). On human social intelligence. *Journal of Social and Biological Structures, 11*, 415–425.
Freeman, L. C., Romney, A. K. & White, D. R. (1989) (Eds.). *Research methods in social network analysis*. Virginia: George Mason University Press.
Fricke, R. & Treinies, G. (1985). *Einführung in die Meta-Analyse*. Bern: Huber.
Fried, M. (1963). Grieving for a lost home. In L. J. Duhl (Ed.), *The urban condition* (pp. 151–171). New York: Basic Books.
Friedman, L. (1981). How affiliation affects stress in fear and anxiety situations. *Journal of Personality and Social Psychology, 40*, 1102–1117.
Friedman, M. & Rosenman, R. H. (1974). *Type A behavior and your heart*. Greenwich, Conn.: Fawcett.
Friedrich, S. (1992). *Inhalte subjektiver Theorien zur sozialen Unterstützung bei depressiven und nicht depressiven Personen*. Unveröffentlichte Diplomarbeit. Phillips-Universität Marburg. Fachbereich Psychologie.
Frindte, W. (1990). Psychologische Korrelate globaler Bedrohung. Von der psychologischen Friedensforschung zur Politischen Psychologie. *Bewußtsein für den Frieden, 1*, 1–8.
Fröhlich, D. (1979). *Psychosoziale Folgen der Arbeitslosigkeit*. Köln: ISO-Institut.
Froland, C. (1980). Formal and informal care: Discontinuities in a continuum. *Social Service Review, 54*, 527–587.
Froland, C., Pancoast, D. L., Chapman, N. J. & Kimboko, P. J. (1981). *Helping networks and human services*. Beverly Hills: Sage.
Froland, C., Pancoast, D. L., Chapman, N. J. & Kimboko, P. J. (1981). Linking formal and informal support systems. In B. H. Gottlieb (Ed.), *Social networks and social support* (pp. 259–277). Beverly Hills: Sage.
Fromm-Reichman, F. (1959). Loneliness. *Psychiatry, 22*, 1–15.
Fryer, D. (1988). The experience of unemployment in social context. In S. Fisher & J. Reason (Eds.), *Handbook of life stress, cognition and health* (pp. 211–238). New York: Wiley.
Fryer, D. & Payne, R. L. (1986). Being unemployed: A review of the literature on the psychological experience of unemployment. In C. L. Cooper & I. Robertson (Eds.), *International Review of Industrial and Organisational Psychology 1986* (pp. 235–278). Chichester: Wiley.
Furman, W. & Buhrmester, D. (1985). Children's perceptions of the personal relationships in their social networks. *Developmental Psychology, 21*, 1016–1024.
Fusilier, M. R., Ganster, D. C. & Mayes, B. T. (1987). Effects of social support, role stress, and locus of control on health. *Journal of Management, 13*, 517–528.

Gallo, F. (1983). The effects of social support networks on the health of the elderly. *Social Work Health Care, 8*, 65–74.
Ganellen, P. J. & Blaney, P. H. (1984). Hardiness and social support as moderators to the effects of life stress. *Journal of Personality and Social Psychology, 47*, 156–163.
Gans, H. (1962). Urbanism and suburbanism as ways of life: A reevaluation of definitions. In A. Rose (Ed.), *Human behavior and social processes* (pp. 625–648). Boston, MA: Houghton-Mifflin.
Ganster, D. C. & Victor, B. (1988). The impact of social support on mental and physical health. *British Journal of Medical Psychology, 61*, 17–36.
Ganster, D. C., Fusilier, M. R. & Mayes, B. T. (1986). Role of social support in the experience of stress at work. *Journal of Applied Psychology, 71*, 102–110.
Garbarino, J. (1982). *Children and families in the social environment*. New York: Aldine.

Garbarino, J. (1983). Social support networks: RX for the helping professionals. In J. K. Whittaker & J. Garbarino (Eds.), *Social support networks. Informal helping in the human services* (pp. 3–32). New York: Aldine.
Garbarino, J. & Sherman, D. (1980a). High-risk neighborhoods and high-risk families: The human ecology of child maltreatment. *Child Development, 51*, 188–198.
Garbarino, J. & Sherman, D. (1980b). Identifying high-risk neighborhoods. In J. Garbarino & S. H. Stocking (Eds.), *Protecting children from abuse and neglect* (pp. 94–108). San Francisco: Jossey-Bass.
Garfield, S. L., Research on client variables in psychotherapy, in S. L. Garfield & A. E. Bergin, (Eds.), *Handbook of psychotherapy and behavior change* (pp. 213–256). New York: Wiley.
Gaudin, J. M., Wodarski, J. S., Arkinson, M. K. & Avery, L. S. (1991). Remedying child neglect: Effectiveness of social network interventions. *Journal of Applied Social Sciences, 15*, 97–123.
Geissberger, W. (1985). Das „kleine Netz" als Beispiel einer sinnvollen Zukunft. In M. Opielka (Hrsg.), *Die ökosoziale Frage* (S. 225–234). Frankfurt: Fischer.
Gentry, W. D. & Kobasa, S. C. O. (1985). Social and psychological resources mediating stress-illness relationships in humans. In W. D. Gentry (Ed.), *Handbook of behavioral medicine* (pp. 87–116). New York: Guilford.
Gerson, K., Stueve, C. A. & Fischer, C. S. (1977). Attachment to place. In C. S. Fischer, R. M. Jackson, C. A. Stueve, K. Gerson, et al. (Eds.), *Networks and places. Social relations in the urban setting* (pp. 139–157). New York: The Free Press.
Gerstein, L. H. & Tesser, A. (1987). Antecedents and responses associated with loneliness. *Journal of Social and Personal Relationships, 4*, 329–363.
Gerstel, N., Riessman, C. K. & Rosenfield, S. (1985). Explaining the symptomatology of separated and divorced women and men: The role of marital conditions and social networks. *Social Forces, 64*, 84–101.
Gesten, E. L. & Jason, L. A. (1987). Social and community interventions. *Annual Review of Psychology, 38*, 427–460.
Gibbons, F. X. (1986). Social comparision and depression: Company's effect on misery. *Journal of Personality and Social Psychology, 51*, 140–148.
Giddens, A. (1984). *The constitution of society. Outlines of the theory of structuration*. Cambridge: Polity Press.
Gierschner, H. C., Giesemann, U., Fydrich, T. & Spörkel, H. (1989). Differentielle Kriterien für die Behandlung von chronischen Rückenschmerzen mit EMG-Biofeedback. In A. Laireiter & H. Mackinger (Hrsg.), *Verhaltensmedizin – Gesundheitspsychologie* (S. 92–109). Bergheim: Mackinger.
Gierszewski, S. A. (1983). The relationship of weight loss, locus of control, and social support. *Nursing Research, 32*, 43–47.
Gil, K. M., Keefe, F. J., Crisson, J. E. & Van Dalfsen P. J. (1987). Social support and pain behavior. *Pain, 29*, 209–217.
Gillwald, K. (1983). Psychische und soziale Auswirkungen mäßiger Umweltqualität. *Politik und Zeitgeschichte, 42*, 25–33.
Ginsburg, G. P. (1988). Rules, scripts and prototypes in personal relationships. In S. W. Duck (Ed.), *Handbook of personal relationships* (pp. 23–39). New York: Wiley.
Glynn, T. J. (1981). Psychological sense of community: Measurement and application. *Human Relations, 34*, 780–818.
Goeppinger, J. & Baglioni, A. J. (1985). Community competence: A positive approach to needs assessment. *American Journal of Community Psychology, 13*, 507–523.

Goldberg, E. L., Natta, P. V. & Comstock, G. W. (1985). Depressive symptoms, social networks and social support of elderly woman. *American Journal of Epidemiology, 121,* 448–455.
Goldsmith, D. & Parks, M. R. (1990). Communicative strategies for managing the risks of seeking social support. In S. Duck & R. Cohen Silver (Eds.), *Personal relationships and social support* (pp. 104–121). Newbury Park: Sage.
Gore, S. (1978). The effect of social support in moderating the health consequences of unemployed. *Journal of Health and Social Behavior, 19,* 157–165.
Gore, S. (1981). Stress buffering functions of social supports: An appraisal and clarification of research models. In B. S. Dohrenwend & B. P. Dohrenwend (Eds.), *Stressfull liive events and their contexts* (pp. 202–222). New York: Prodist.
Gore, S. (1985). Social support and styles of coping with stress. In S. Cohen & S. L. Syme (Eds.), *Social support and Health* (pp. 263–280). New York: Academic Press.
Goswick, R. A. & Jones, W. H. (1981). Loneliness, self-concept and adjustment. *Journal of Psychology, 107,* 237–240.
Gotlib, I. H., Mount, J. H., Cordy, N. I. & Whiffen, V. E. (1988). Depression and perceptions of early parenting: A longitudinal investigation. *British Journal of Psychiatry, 152,* 24–27.
Gottlieb, B. H. (1976). Lay influences on the utilization and provision of health services: A review. *Canadian Psychological Review, 17,* 126–136.
Gottlieb, B. H. (1978). The development and application of a classification scheme of informal helping behavior. *Canadian Journal of Behavioral Science, 10,* 105–115.
Gottlieb, B. H. (1980). The role of individual and social support in preventing child maltreatment. In J. Garbarino & S. H. Stocking (Eds.), *Protecting children from abuse and neglect* (pp. 37–60). San Francisco: Jossey-Bass.
Gottlieb, B. H. (1981a). Preventive interventions involving social networks and social support. In B. H. Gottlieb (Ed.), *Social networks and social support* (pp. 201–232). Beverly Hills: Sage.
Gottlieb, B. H. (1981b). Social networks and social support in community mental health. In B. H. Gottlieb (Ed.), *Social networks and social support* (pp. 11–42). Beverly Hills: Sage.
Gottlieb, B. H. (1983a). Social support as a focus for integrative research in psychology. *American Psychologist, 38,* 278–287.
Gottlieb, B. H. (1983b). *Social support strategies. Guidelines for mental health practice.* Beverly Hills: Sage.
Gottlieb, B. H. (1985a). Social support and the study of personal relationships. *Journal of Social and Personal Relationships, 2,* 351–375.
Gottlieb, B. H. (1985b). Social networks and social support: An overview of research, practice, and policy implications. *Health Education Quarterly, 12,* 51–64.
Gottlieb, B. H. (1985c). Social support and community mental health. In S. Cohen & S. L. Syme (Eds.), *Social support and health* (pp. 303–326). New York: Academic Press.
Gottlieb, B. H. (1985d). Theory into practice: Issues that surface in planning interventions which mobilize support. In I. G. Sarason & B. R. Sarason (Eds.), *Social support: Theory, research and applications* (pp. 417–437). Dordrecht: Martinus Nijhoff.
Gottlieb, B. H. (1985e). Combining lay and professional resources to promote human welfare: Prospects and tensions. In J. A. Yoder, J. M. L. Jonker & R. A. B. Leaper (Eds.), *Support networks in a caring community* (pp. 59–78). Dordrecht: Martinus Nijhoff.
Gottlieb, B. H. (1988). Marshalling social support: The state of the art in research and practice. In B. H. Gottlieb (Ed.), *Marshalling social support. Formats, processes, and effects* (pp. 11–51). Newbury Park: Sage.

Gottlieb, B. H. & Coppard, A. (1987). Using social network therapy to create support systems for the chronicallys mentally disabled. *Canadian Journal of Community Mental Health, 6,* 117–131.

Gottlieb, B. H. & Schroter, C. (1978). Collaboration and resource exchanges between professionals and natural support systems. *Professional Psychology, 9,* 614–622.

Goudy, W. J. & Goudeau, J. F. (1981). Social ties and life satisfaction of older persons: An other evaluation. *Journal of Gerontological Social Work, 4,* 35–50.

Gourash, N. (1978). Help-seeking: A review of the literature. *American Journal of Community Psychology, 6,* 413–423.

Gove, W. R. (1972). The relationship between sex roles, marital status and mental illness. *Social Forces, 51,* 34–44.

Gove, W. R., Hughes, M. & Style, C. B. (1983). Does marriage have positive effects on the psychological well-being of the individual? *Journal of Health and Social Behavior, 24,* 122–131.

Grace, G. D. & Schill, T. (1986). Expectancy of personal control and seeking social support in coping style. *Psychological Reports, 58,* 757–758.

Graf, J. & Linkenheil, J. (1985). *Die Bedeutung sozialer Unterstützung für streßmediiernde Kognitionen am beispiel einer akademischen Prüfung.* Unveröffentlichte Diplomarbeit. Rupprecht-Karls-Universität Heidelberg. Psychologisches Institut.

Granovetter, M. (1973). The strength of weak ties. *American Journal of Sociology, 78,* 1360–1380.

Granovetter, M. (1979). The theory-gap in social network analysis. In P. W. Holland & S. Leinhardt (Eds.), *Perspectives on social network research* (pp. 501–518). New York: Academic Press.

Granovetter, M. (1982). The strength of weak ties: A network theory revisited. In P. V. Marsden & N. Lin (Eds.), *Social structure and network analysis* (pp. 105–130). Bevely Hills: Sage.

Granovetter, M. (1990). The myth of social network analysis as a special method in social sciences. *Connections, 12,* 13–16.

Grant, I., Patterson, T. L. & Yager, J. (1988). Social supports in relation to physical health and symptoms of depression in the elderly. *American Journal of Psychiatry, 145,* 1254–1258.

Graumann, C. F. (1969). Sozialpsychologie: Ort, Gegenstand und Aufgabe. In C. F. Graumann, L. Kruse & B. Kroner (Hrsg.), *Sozialpsychologie.* 1. Halbband: Theorien und Methoden. Handbuch der Psychologie in 12 Bänden, 7. Band (S. 3–80). Göttingen: Hogrefe.

Graumann, C. F. (1976). Die ökologische Fragestellung – 50 Jahre nach Hellpachs Psychologie der Umwelt. In G. Kaminski (Hrsg.), *Umweltpsychologie. Perspektiven – Probleme – Praxis* (S. 21–25). Stuttgart: Klett.

Graumann, C. F. (1979). Die Scheu des Psychologen vor der Interaktion. Ein Schisma und seine Geschichte. *Zeitschrift für Sozialpsychologie, 10,* 284–304.

Graumann, C. F. (1988). Der Kognitivismus in der Sozialpsychologie. *Psychologische Rundschau, 39,* 83–90.

Graumann, C. F. (1990a). Der phänomenologische Ansatz in der ökologischen Psychologie. In L. Kruse, C. F. Graumann & E. D. Lantermann (Hrsg.), *Ökologische Psychologie. Ein Handbuch in Schlüsselbegriffen* (S. 97–104). München: PVU.

Graumann, C. F. (1990b). Aneignung. In L. Kruse, C. F. Graumann & E. D. Lantermann (Hrsg.), *Ökologische Psychologie. Ein Handbuch in Schlüsselbegriffen* (S. 124–130). München: PVU.

Gray, D. & Calsyn, R. J. (1989). The relationship of stress and social support to life satisfaction: Age effects. *Journal of Community Psychology, 17,* 214–219.

Greenbaum, S. D. & Greenbaum, P. E. (1985). The ecology of social networks in four urban neighborhoods. *Social Networks, 7*, 47–76.
Greenberg, M. S., Vazquez, C. V. & Alloy, L. B. (1988). Depression versus anxiety: Differences in self- and other-schemata. In L. B. Alloy (Ed.), *Cognitive processes in depression* (pp. 109–143). New York: Guilford.
Greenblatt, M., Becerra, R. M. & Serafitinides, E. A. (1982). Social networks and mental health: An overview. *American Journal of Psychiatry, 139*, 977–984.
Griffith, J. (1985). Social support providers: Who are they? Where are they met? and the relationship of network characteristics to psychological distress. *Basic and Applied Social Psychology, 6*, 41–60.
Groeben, N. (1986). *Handeln, Tun, Verhalten als Einheiten einer verstehend-erklärenden Psychologie*. Tübingen: Francke.
Groeben, N., Wahl, D., Schlee, J. & Scheele, B. (1988). Forschungsprogramm subjektive Theorien. Tübingen: Francke.
Gross, A. E. & McMullen, P. A. (1982). The help-seeking process. In V. J. Derlega & J. Grzelak (Eds.), *Cooperation and helping behavior. Theories and research* (pp. 306–326). New York: Academic Press.
Grunow, D., Breitkopf, H., Dahme, H.J., Engfer, R., Grunow-Letter, V. & Paulus, W. (1983). *Gesundheitsselbsthilfe im Alltag*. Stuttgart: Enke.
Grunow-Lutter, V. & Grunow, D. (1989). Inanspruchnahme von sozialen Netzwerken in der alltäglichen Gesundheitselbsthilfe. Grenzen und Probleme der Aktivierung von sozialen Ressourcen bei der Krankheitsbewältigung. In Kardorff v., E., Stark, W., Rohner, R. & Wiedemann, P. (Hrsg.), *Zwischen Netzwerk und Lebenswelt – Soziale Unterstützung im Wandel* (S. 210–238). München: Profil Verlag.
Gurin, G., Veroff, J. & Feld, S. (1960). *Americans view their mental health: A nationwide survey*. New York: Basic Books.

Habif, V. L. & Lahey, B. B. (1980). Assessment of the life-stress depression relationship: The use of social support as a moderator variable. *Behavioral Assessment, 2*, 167–163.
Haemmerlie, F. M., Montgomery, R. L. & Melchers, J. (1988). Social support, perceptions of attractiveness, weight, and the CPI in socially anxious males and females. *Journal of Clinical Psychology, 44*, 435–441.
Hague, P. & Harary, F. (1983). *Structural models in anthroplogy*. Cambridge: Cambridge University Press.
Haines, V. A. (1988). Social network analysis, structuration theory and the holism-individualism debate. *Social Networks, 10*, 157–182.
Hall, A. & Wellman, B. (1985). Social networks and social support. In S. Cohen & S. L. Syme (Eds.), *Social support and health* (pp. 23–42). New York: Academic Press.
Hamm, B. (1990). Sozialökologie. In L. Kruse, C. F. Graumann & E. D. Lantermann (Hrsg.), *Ökologische Psychologie. Ein Handbuch in Schlüsselbegriffen* (S. 35–38). München: PVU.
Hammen, C. (1988). Depression and cognitions about personal stressful life events. In L. B. Alloy (Ed.), *Cognitive processes in depression* (pp. 77–109). New York: Guilford.
Hammer, M. (1963–1964). Influences of small social networks as factors on mental health admissions. *Human Organization, 22*, 243–251.
Hammer, M. (1973). Psychotherapy and the structure of social networks. In M. Hammer & K. Salzinger (Eds.), *Psychotherapy: Contributions from the social, behavioral and biological sciences* (pp. 91–105). New York: Wiley.
Hammer, M. (1983a). „Core" and „extended" social networks in relation to health and illness. *Social Science and Medicine, 17*, 405–411.

Hammer, M. (1983b). Social networks and the long term patient. In J. Barofsky & R. D. Budson (Eds.), *The chronic psychiatric patient in the community: Principles of treatment* (pp. 49–82). New York: Spectrum.

Hammer, M. (1985). Implications of behavioral and cognitive reciprocity in social network data. *Social Networks, 7,* 189–201.

Hammer, M., Gutwirth, L. & Philips, S. L. (1982). Parenthood and social networks: A preliminary view. *Social Science and Medicine, 16,* 2091–2100.

Hampson, J. (1988). Individual differences in style of language acquisition in relation to social networks. In S. Salzinger, J. Antrobus & M. Hammer (Eds.), *Social networks of children, adolescents, and college students* (pp. 37–59). Hillsdale, NJ.: Lawrence Erlbaum.

Handal, P. J., Barling, P. & Morrissey, W. (1981). Development of perceived and preferred measures of physical and social characteristics of the residential environment and their relationship to satisfaction. *Journal of Community Psychology, 9,* 118–124.

Hansell, S. (1985). Adolescent friendship networks and distress. *Social Forces, 63,* 698–714.

Hansson, L., Berghlund, M. & Ohman, R. (1986). Stability of treatment outcome in short-term psychiatric care: A six -month follow-up of a controlled study of patient involvement. *Acta Psychiatrica Scandinavica, 74,* 360–367.

Hansson, R. O. (1986). Relational competence, relationships, and adjustment in old age. *Journal of Personality and Social Psychology, 50,* 1050–1058.

Hansson, R. O. & Jones, W. H. (1981). Loneliness, cooperation, and conformity among American undergraduates. *Journal of Psychology, 107,* 237–240.

Hansson, R. O., Jones, W. H. & Carpenter, B. N. (1984). Relational competence and social support. *Review of Personality and Social Psychology, 5,* 265–284.

Harary, F., Norman, R. & Cartwright, D. (1965). *Structural models.* New York: Wiley.

Harlow, H. F. (1965). Total social isolation: Effects on Macaque monkey behavior. *Science, 148: whole number.*

Harris, L. M., Gergen, K. J. & Lannamann, J. W. (1987). Aggression rituals. *Communication Monographs, 53,* 252–262.

Hart, K. E. & Hittner, J. B. (1991). Irrational beliefs, perceived availability of social support, and anxiety. *Journal of Clinical Psychology, 47,* 582–587.

Hart, K. E., Hittner, J. B. & Paras, K. C. (1991). Sense of coherence, trait anxiety, and the perceived availability of social support. *Journal of Research in Personality, 25,* 137–145.

Hartog, J., Audy, J. R. & Cohen, Y. A. (Eds.). (1980). *The anatomy of loneliness.* New York: International Universities Press.

Hastie, R., Park, B. & Weber, R. (1984). Social memory. In R. S. Wyer & T. K. Srull (Eds.), *Handbook of social cognition* (Vol. 2, pp. 151–212). Hillsdale, NJ: Lawrence Erlbaum.

Hautzinger, M., Luka, U. & Trautmann, R. D. (1985). Skala dysfunktionaler Einstellungen – Eine deutsche Version der Dysfunctional Attitude Scale. *Diagnostica, 27,* 312–323.

Hawkins, J. D. & Fraser, M. W. (1987). The social networks of drug abusers before and after treatment. *International Journal of Addictions, 22,* 343–355.

Hays, R. B. & Oxley, D. (1986). Social network development and functioning during a life transition. *Journal of Personality and Social Psychology, 50,* 305–313.

Hays, R. B., Catania, J. A., McKusick, L. & Coates, T. J. (1990). Help-seeking for AIDS-related concerns: A comparison of gay men with various HIV diagnoses. *American Journal of Community Psychology, 18,* 743–755.

Hedges, L. V. & Olkin, I. (1985). *Statistical methods for meta-analysis*. New York: Academic Press.
Hedke, J. (1992). *Über die Qualität von Kognitionen sozialer Unterstützung und persönlicher Vorhaben bei Depressiven vs. nicht Depressiven*. Unveröffentlichte Diplomarbeit. Phillips-Universität Marburg. Fachbereich Psychologie
Heider, F. (1958). *The psychology of interpersonal relations*. New York: Wiley.
Heider, F. (1979). On balance and attribution. In P. W. Holland & S. Leinhardt (Eds.), *Perspectives on social network research* (pp. 11–24). New York: Academic Press.
Heigl, A. (1987). *Selbstaufmerksamkeit und Einsamkeit. Eine theoretische und empirische Analyse sozialkognitiver Bedingungsfaktoren und Verlaufsprozesse von Gefühlen der Einsamkeit*. Regensburg: Roderer.
Heijs, W. & Stringer, P. (1988). Research on residential thermal comfort: Some contributions from environmental psychology. *Journal of Environmental Psychology, 8*, 235–248.
Heitzman, C. A. & Kaplan, R. M. (1988). Assessment of methods for measuring social support. *Health Psychology, 7*, 75–109.
Helgeson, V. S., Shaver, P. & Dyer, M. (1987). Prototypes of intimacy and distance in same-sex and opposite-sex relationships. *Journal of Personal and Social Relationships, 4*, 195–233.
Heller, K. (1979). The effects of social support: Prevention and treatment implications. In A. P. Goldstein & F. H. Kanfer (Eds.), *Maximizing treatment gains* (pp. 353–382). New York: Academic Press.
Heller, K. (1990). Social and community intervention. *Annual Review of Psychology, 41*, 141–168.
Heller, K. & Lakey, B. (1985). Perceived support and social interaction among friends and confidants. In I. G. Sarason & B. R. Sarason (Eds.), *Social support: Theory, research and applications* (pp. 287–300). Dordrecht: Martinus Nijhoff.
Heller, K. & Mansbach, W. E. (1984). The multifaceted nature of social support in a community sample of elderly women. *Journal of Social Issues, 40*, 99–112.
Heller, K. & Swindle, R. W. (1983). Social networks, perceived social support, and coping with stress. In R. O. Felner, L. A. Jason, J. N. Moritsugu & St. S. Farber (Eds.), *Preventive psychology. Theory, research and practice* (pp. 87–103). New York: Pergamon Press.
Heller, K., Price, R. H. & Hogg, J. R. (1990). The role of social support in community and clinical interventions. In B. R. Sarason, I. G. Sarason & G. R. Pierce (Eds.), *Social support: An interactional view* (pp. 482–508). New York: Wiley.
Heller, K., Swindle, R. W. & Dusenbury, L. (1986). Component social support processes: Comments and integration. *Journal of Consulting and Clinical Psychology, 54*, 466–470.
Heller, K., Price, R. H., Reinharz, S., Riger, S., Wandersman, A. & D'Aunno, T. A. (1984). *Psychology and community change. Challenge of the future*. Homewood, Il.: The Dorsey Press.
Hellmann, I. (1985). *Psycho-soziale Folgen von Arbeitslosigkeit: Die Bedeutung der sozialen Unterstützung*. Unveröffentlichte Diplomarbeit. Rupprecht-Karls-Universität Heidelberg. Psychologisches Institut.
Hellpach, W. (1924). *Mensch und Volk der Großstadt*. Stuttgart: Enke.
Henderson, A. S., Byrne, D. G. & Duncan-Jones, P. (1981). *Neurosis and the social environment*. Sidney: Academic Press.
Henderson, A. S., Grayson, D. A., Scott, R., Wilson, J., Rickwood, D. & Kay, D. W. K. (1986). Social support, dementia and depression among the elderly living in the Hobart community. *Psychological Medicine, 16*, 379–390.

Herrle, J. & Kimmel, D. (1986). *Arbeitslosigkeit, soziale Unterstützung und Depressivität – ein differentieller Ansatz und seine empirische Umsetzung*. Unveröffentlichte Diplomarbeit. Rupprecht-Karls-Universität Heidelberg. Psychologisches Institut.
Herrle, J. & Röhrle, B. (1988). *Die Bedeutung sozialer Unterstützung und ausgewählter Personmerkmale für den Zusammenhang von Arbeitslosigkeit und Depressivität*. In 6. Symposium für Klinisch-psychologische Forschung. Fachgruppe für Klinische Psychologie. Universität Salzburg. Salzburg, 12. – 14. Mai 1988.
Herrmann, T. (1976). *Die Psychologie und ihre Forschungsprogramme*. Göttingen: Hogrefe.
Hetzer, H. (1926). Der Einfluß der negativen Phase auf soziales Verhalten und literarische Produktion pubertärer Mädchen. *Quellen und Studien zur Jugendkunde, 4*, 1–44.
Hewes, D. E., Graham, M. L. & Doelger, J. (1985). „Second-guessing". Message interpretation in social networks. *Human Communication Research, 11*, 299–334.
Hibbard, J. H. (1985). Social ties and health status: An examination of moderating factors. *Health Education Quarterly, 12*, 23–34.
Higgins, E. T. & Bargh, J. A. (1987). Social Cognition and Social Perception. *Annual Review of Psychology, 38*, 369–425.
Higgins, E. T. (1990). Personality, social psychology, and person-situation relations: Standards and knowledge activation as a common language. In L. A. Pervin (Ed.), *Handbook of personality theory and research* (pp. 303–338). New York: Guilford.
Hildebrand, D. K., Laing, J. D. & Rosenthal, H. (1977) *Prediction analysis of cross classifications*. New York: Wiley.
Hill, C. A. (1987a). Affiliation motivation: People who need people ... but in different ways. *Journal of Personality and Social Psychology, 52,*, 1008–1018.
Hill, C. A. (1987b). Social support and health: The role of affiliative need as moderator. *Journal of Research in Personality, 21*, 127–147.
Hinchliffe, M., Hooper, D. & Roberts, F. J. (1978). *The melancholoy marriage*. New York: Wiley.
Hirsch, B. J. (1979). Psychological dimensions of social networks: A multimethod analysis. *American Journal of Community Psychology, 7*, 263–277.
Hirsch, B. J. (1980). Natural support systems and coping with major life changes. *American Journal of Community Psychology, 8*, 154–172.
Hirsch, B. J. (1985a). Adolescent coping and support across multiple social environments. *American Journal of Community Psychology, 13*, 381–392.
Hirsch, B. J. (1985b). Social networks and the ecology of human development: Theory, research and application. In J. G. Sarason & B. R. Sarason (Eds.), *Social support: Theory, research and application* (pp. 117–136). Dordrecht: Martinus Nijhoff.
Hirsch, B. J. & Jolly, E. A. (1984). Role transitions and social networks: Social support for multiple roles. In V. L. Allen & E. van de Vliert (Eds.), *Role transitions. Explorations and Explanations*. New York: Plenum Press.
Hirsch, B. J. & Rapkin, B. (1986a). Social networks and adult social identities: Profiles and correlates of support and rejection. *American Journal of Community Psychology, 14*, 395–412.
Hirsch, B. J. & Rapkin, B. D. (1986b). Multiple roles, social networks, and women's health. *Journal of Personality and Social Psychology, 51*, 1237–1247.
Hirsch, B. J. & Rapkin, B. D. (1987). The transition to junior high school: A longitudinal study of self-esteem, psychological symptomatology, school life, and social support. *Child Development, 58*, 1235–1243.

Hirsch, B. J., Engel-Levy, A., DuBois, D. L. & Hardesty, P. H. (1990). The role of social environments in social support. In B. R. Sarason, I. G. Sarason & G. R. Pierce (Eds.), *Social support: An interactional view* (pp. 367–394). New York: Wiley.
Hirschberg, W. (1985). Social isolation among schizophrenic out-patients. *Social Psychiatry, 20*, 171–178.
Hirschberg, W. (1988). Soziale Netzwerke bei schizophrenen Störungen: Eine Übersicht. *Psychiatrische Praxis, 15*, 84–89.
Hjortsjö, T. (1984). Suicide in relation to „life events". In R. Welz & J. Möller (Hrsg.), *Bestandsaufnahme der Suizidforschung. Epidemiologie, Prävention und Therapie* (S. 102–108). Regensburg: Roderer.
Hobfoll, S. E. (1985a). Coping and social support among battered woman: An ecological perspective. In S. E. Hobfoll (Ed.), *Stress, social support, and woman* (pp. 3–16). New York: Hemisphere Publications.
Hobfoll, S. E. (1985b). Limitations of social support in the stress process. In I. G. Sarason & B. R. Sarason (Eds.), *Social support: Theory, research and applications* (pp. 391–414). Dordrecht: Martinus Nijhoff.
Hobfoll, S. E. (1985c). Personal and social resources and the ecology of stress resistance. In P. Shaver (Ed.), *Self, situations and social behavior. Review of personality and social psychology* (pp. 263–298). Beverly Hills: Sage.
Hobfoll, S. E. (1985d). Social support: Research, theory, and applications from research on woman. In S. E. Hobfoll (Ed.), *Stress, social support, and woman* (pp. 239–256). New York: Hemisphere Publications.
Hobfoll, S. E. (1986). The ecology of stress and social support among woman. In S. E. Hobfoll (Ed.), *Stress, social support and woman*. Washington: Hemisphere.
Hobfoll, S. E. (Ed.) (1986). *Stress, social support and woman*. Washington: Hemisphere.
Hobfoll, S. E. (1989). Conservation of resources. A new attempt at conceptualizing stress. *American Psychologist, 45*, 513–524.
Hobfoll, S. E. & Freedy, J. R. (1990). The availability and effective use of social support. Special Issue: Social support in social and clinical psychology. *Journal of Social and Clinical Psychology, 9*, 91–103.
Hobfoll, S. E. & Leiberman, J. R. (1987). Personality and social resources in immediate and continued stress resistance among woman. *Journal of Personality and Social Psychology, 52*, 18–26.
Hobfoll, S. E. & London, P. (1986). The relationship of self-concept and social support to emotional distress among woman during war. *Journal of Social and Clinical Psychology, 4*, 189–203.
Hobfoll, S. E. & Stokes, J. P. (1988). The process and mechanics of social support. In S. Duck, W. Ickes & B. M. Montgomery (Eds.), *Handbook of Personal relationships: Theory, research, and interventions* (pp. 497–517). London: Wiley.
Hobfoll, S. E. & Walfish, S. (1984). Coping with threat to life: A longitudinal study of self-concept, social support, and psychological distress. *American Journal of Community Psychology, 12*, 87–100.
Hobfoll, S. E., Nadler, A. & Leiberman, J. (1986). Satisfaction with social support during crisis: Intimacy and self-esteem as critical determinants. *Journal of Personality and Social Psychology, 51*, 296–304.
Hobfoll, S. E., Shoham, S. B. & Ritter, C. (1991). Women's satisfaction with social support and their receipt of aid. *Journal of Personality and Social Psychology, 61*, 332–341.
Hobfoll, S. E., Freedy, J., Lane, C. & Geller, P. (1990). Conservation of social resources: Social support resource theory. *Journal of Social and Personal Relationships, 7*, 465–478.

Hoch, C. & Hemmens, G. C. (1987). Linking informal and formal help: Conflict along the continuum of care. *Social Service Review*, *61*, 432–446.

Hoffman, M. A., Ushpiz, V. & Levy-Shiff, R. (1988). Social support and self-esteem in adolescence. *Journal of Youth and Adolscence*, *17*, 307–316.

Hogg, J. R. & Heller, K. (1990). A measure of relational competence for community-dwelling elderly. *Psychology and Aging*, *5*, 580–588.

Hojat, M. & Crandall, R. (Eds.) (1989). *Loneliness: Theory, research, and applications*. Newburry Park: Sage.

Hokanson, J. E., Rupert, M. P., Welker, R. A., Hollander, G. R. & Hedeen, C. (1989). Interpersonal concomitants and antecedents of depression among college students. *Journal of Abnormal Psychology*, *98*, 209–217.

Holahan, C. J. (1982). *Environmental psychology*. New York: Random House.

Holahan, C. J. (1986). Environmental psychology. *Annual Review of Psychology*, *37*, 381–407.

Holahan, C. J. & Moos, R. H. (1982). Social support and adjustment: Predictive benefits of social climate indices. *American Journal of Communiy Psychology*, *10*, 403–415.

Holahan, C. J. & Moos, R. H. (1985). Life stress and health: Personality, coping, and family support in stress resistance . *Journal of Personality and Social Psychology*, *49*, 739–747.

Holahan, C. J. & Moos, R. H. (1986). Personality, coping, and family resources in stress resistance: A longitudinal analysis. *Journal of Personality and Social Psychology*, *51*, 389–395.

Holahan, C. J. & Moos, R. H. (1987a). Risk, resistance, and psychological distress: A longitudinal analysis with adults and children. *Journal of Abnormal Psychology*, *96*, 3–13.

Holahan, C. J. & Moos, R. H. (1987b). Personal and contextual determinants of coping strategies. *Journal of Personality and Social Psychology*, *52,*, 946–955.

Holahan, C. J. & Moos, R. H. (1991). Life stressors, personal and social resources, and depression: A 4-year structural model. *Journal of Abnormal Psychology*, *100*, 31–38.

Holahan, C. J. & Wandersman, A. (1987). The community psychology perspective in environmental psychology. In D. Stokols & I. Altman (Eds.), *Handbook of environmental psychology* (pp. 827–861). New York: Wiley.

Holahan, C. J. & Wilcox, B. L. (1978). Residential satisfaction and friendship formation in high and low rise student housing: An international analysis. *Journal of Educational Psychology*, *70*, 237–241.

Holahan, C. J., Wilcox, B. L., Burnham, M. A. & Culler, R. E. (1978). Social adjustment as a function of floorlevel in high rise student housing. *Journal of Applied Psychology*, *63*, 527–529.

Holahan, C. K. & Holahan, C. J. (1987). Self-efficacy, social support, and depression in aging: A longitudinal analysis. *Journal of Gerontology*, *42*, 65–68.

Holland, P. W. & Leinhardt, S. (1979). Structural Sociometry. In P. W. Holland & S. Leinhardt (Eds.), *Perspectives on social network research* (pp. 63–84). New York: Academic Press.

Hollon, S. D. & Kendall, P. (1980). Cognitive self-statements in depression: Development of an Automatic Thoughts Questionnaire. *Cognitive Therapy and Research*, *4*, 383–395.

Holloway, S. D. & Machida, S. (1991). Child-rearing effectiveness of divorced mothers: Relationship to coping strategies and social support. Special Issue: Women and divorce/men and divorce: Gender differences in separation, divorce and remarriage. *Journal of Divorce and Remarriage*, *14,* 179–201.

Holyoak, K. & Gordon, P. C. (1984). Information processing and social cognition. In R. S. Wyer & T. K. Srull (Eds.), *Handbook of social cognition* (Vol. 1, pp. 39–70). Hillsdale, NJ: Lawrence Erlbaum.
Homans, G. (1961). *Social behavior: Its elementary forms.* New York: Harcourt, Brace.
Homel, R., Burns, A. & Goodnow, J. (1987). Parental social networks and child development. *Journal of Social and Personal Relationships, 4,* 159–177.
Honzik, M. P. (1984). Life-span development. *Annual Review of Psychology, 35,* 309–331.
Hoover, S., Skuja, A. & Cosper, J. (1979). Correlates of college students' loneliness. *Psychological Reports, 44,* 1116.
Hormuth, S. E. (1990). *The ecology of the self: Relocation and self-concept change.* Cambridge, UK: Cambridge University Press.
Horn, W. F., Ialongo, N., Popovich, S. & Peradotto, D. (1987). Behavioral parent training and cognitive-behavioral self-control therapy with ADD-H children: Comparative and combined effects. *Journal of Clinical Child Psychology, 16,* 57–68.
Horowitz, L. M., French, R. de S. & Anderson C. A. (1982). The prototype of a lonely person. In L. A. Peplau & D. Perlman (Eds.), *Loneliness. A sourcebook of current theory research and therapy* (pp. 185–205). New York: Wiley.
Horowitz, L. M., French, R. de S., Lapid, J. S. & Weckler, D. A. (1982). Symptoms and interpersonal problems: The prototype as integrating concept. In J. C. Anchin & D. J. Kiesler (Eds.), *Handbook of interpersonal psychotherapy* (pp. 168–189). New York: Pergamon.
Horwitz, A. V. (1977). Social networks and pathways to psychiatric treatment. *Social Forces, 56,* 86–105.
Horwitz, A. V. (1978). Family, kin and friend networks in psychiatric help seeking. *Social Sciences and Medicine, 12,* 297–304.
Horwitz, A. V. (1987). Help-seeking processes and mental health services. *New Directions for Mental Health Services, 36,* 33–45.
Horwitz, S. M., Morgenstern, H. & Berkman, L. F. (1985). The impact of social stressors and social networks on pediatric medical care use. *Medical Care, 23,* 946–959.
House, J. S. & Kahn, R. L. (1985). Measures and concepts of social support. In S. Cohen & S. L. Syme (Eds.), *Social support and health* (pp. 83–108). New York: Academic Press.
House, J. S. (1981). *Work stress and social support.* Menlo Park, Cal.: Addison-Wesley.
House, J. S. (1987). Social support and social structure. *Sociological Forum, 2,* 135–146.
House, J. S., Umberson, D. & Landis, K. R. (1988). Structure and processes of social support. *Annual Review of Sociology, 14,* 293–318.
Howes, C. (1983). Patterns of friendship. *Child Development, 54,* 1041–1053.
Hufnagel, H., Steimer-Krause, E. & Krause, R. (1991). Mimisches Verhalten und Erleben bei schizophrenen Patienten und bei Gesunden. *Zeitschrift für Klinische Psychologie, 20,* 356–370.
Hughes, M. & Gove, W. R. (1981). Living alone, social integration, and mental health. *American Journal of Sociology, 87,* 48–74.
Hunter, J. E. & Schmidt, F. L. (1990). *Methods of meta-analysis. Correcting error and bias research findings.* London: Sage.
Hunter, J. E., Schmidt, F. L. & Jackson, G. B. (1982). *Meta-analysis. Cumulating research findings across studies.* Beverly Hills: Sage.
Hurrelmann, K. (1990). Parents, peers, teachers and other significant partners in adolescence. *International Journal of Adolescence and Youth, 2,* 211–236.

Husaini, B. A. & Frank. A. V. (1985). Life events, coping resources, and depression: A longitudinal study of direct, buffering, and reciprocal effects. *Research in Community and Mental Health, 5*, 111-136.
Husaini, B. A. & Neff, J. A. (1981). Social class and depressive symptomatology: The role of life change events and locus of control. *Journal of Nervous and Mental Disease, 169*, 638-647.
Husaini, B. A., Moore, S. T. & Castor, R. S. (1991). Social and psychological well-being of Black elderly living in high-rises for the elderly. *Journal of Gerontological Social Work, 16*, 57-78.
Husaini, B. A., Neff, J. A., Newbrough, J. R. & Moore, M. C. (1982). The stress buffering role of social support and personal competence among the rural married. *Journal of Community Psychology, 10*, 409-426.
Huselid, R. F., Self, E. A. & Gutierres, S. E. (1991). Predictors of successful completion of a halfway-house program for chemically-dependent women. *American Journal of Drug and Alcohol Abuse, 17*, 89-101.
Hyland, M. E. (1987). Control theory interpretation of psychological mechanisms of depression: Comparision and integration of several theories. *Psychological Bulletin, 102*, 109-121.

Iacobucci, D. & Hopkins, N. (1991). The relationship between the Scheiblechner model and the Holland-Leinhardt „p_1" model. *Social Networks, 13*, 187-202.
Ibes, K. & Klusmann, D. (1989). Persönliche Netzwerke und soziale Unterstützung bei Patienten mit chronisch psychotischen Erkrankungen. In M. C. Angermeyer & D. Klusmann (Hrsg.), *Soziales Netzwerk. Ein neues Konzept für die Psychiatrie* (S. 188-206). Berlin: Springer.
Ingersoll-Dayton, B. & Antonucci, T. (1985). *Non-reciprocal social support: Another side of intimate relationships* (Working Draft). Portland State University: University of Michigan.
Ingersoll-Dayton, B. & Antonucci, T. C. (1988). Reciprocal and nonreciprocal social support: Contrasting sides of intimate relationships. *Journal of Gerontology: Social Sciences, 43*, 565-573.
Ingram, R. E. & Kendall, P. C. (1986). Cognitive clinical psychology: Implications of an information processing perspective. In R. E. Ingram (Ed.), *Information processing approaches to clinical psychology* (pp. 4-22). New York: Academic Press.
Ingram, R. E. & Smith, T. W. (1984). Depression and internal versus external focus of attention. *Cognitive Therapy and Research, 8*, 139-152.
Israel, B. A. (1982). Social networks and health status: Linking theory, research, and practice. *Patient Counseling and Health Education, 4*, 65-79.
Israel, B. A. (1985). Social networks and social support: Implications for natural helper and community level interventions. *Health Education Quarterly, 12*, 65-80.
Iversen, L. & Sabroe, S. (1987). *Unemployment, social network, psychological and psychosomatic symptoms.* Paper presented at the 2nd Symposium of Unemployment – Psychological Theory and Practice. Universität Bremen.

Jackson, P. R. (1987). *Personal networks, support mobilization and unemployment.* Working Draft. University of Sheffield.
Jacobson, D. E. (1986). Types and timing of social support. *Journal of Health and Social Behavior, 27*, 250-264.
Jahoda, M., Lazarsfeld, P. F. & Zeisel, H. (1978). *Die Arbeitslosen von Marienthal. Ein soziographischer Versuch über Wirkungen langanhaltender Arbeitslosigkeit. Mit einem Anhang zur Geschichte.* Frankfurt a.M.: Suhrkamp2 (1. Auflage Leipzig 1933).

Janke, W. Erdmann, G. & Kallus, W. (1985). *Streßverarbeitungsfragebogen (SVF)*. Göttingen: Hogrefe.
Jeger, A. M., Slotnick, R. S. & Schure, M. (1982). Toward a „self-help/professional collaborative perspective" in mental health. In D. E. Biegel & A. J. Naparstek (Eds.), *Community support systems and mental health. Practice, policy, and research* (pp. 205–223). New York: Springer.
Jemmott, J. B. & Locke, S. E. (1984). Psychosocial factors, immunologic mediation, and human susceptibility to infectious diseases: How much do we know? *Psychological Bulletin, 95*, 78–108.
Jemmott, J. B. & Magliore, K. (1988). Academic stress, social support, and secretory immunoglobulin A. *Journal of Personality and Social Psychology, 55*, 803–810.
Jenkins, C. D. (1979). Psychosocial modifiers of response to stress. In J. E. Barret (Ed.), *Stress and mental disorder* (pp. 265–278). New York: Raven Press.
Jennings, B. M. (1990). Stress, locus of control, social support, and psychological symptoms among head nurses. *Research in Nursing and Health, 13*, 393–401.
Jennings, K. D., Stagg, V. & Pallay, A. (1988). Assessing support networks: Stability and evidence for convergent and divergent validity. *American Journal of Community Psychology, 16*, 793–809.
Jessor, R. (1981). The perceived environment in the psychological theory and research. In D. Magnusson (Ed.), *Toward a psychology of situations: An interactional perspective* (pp. 297–317). Hillsdale, N. J.: Lawrence Erlenbaum.
Johnsen, E. C. (1986). Structure and process: Agreement models for friendship formation. *Social Networks, 8*, 257–306.
Johnson, C. L. (1988). Relationships among family members and friends in later life. In Milardo, R. M. (Ed.), *Families and social networks* (pp. 168–189). Newbury Park: Sage.
Johnson, J. H. & Sarason, I. G. (1979). Moderator variables in life stress research. In I. G. Sarason & C. D. Spielberger (Eds.), *Stress and anxiety* (Vol. 6, pp. 151–168). New York: Wiley.
Johnson, M. P. & Leslie, L. (1982). Couple involvement and network structure: A test of dyadic withdrawal hypothesis. *Social Psychology Quarterly, 45*, 34–43.
Johnson, M. P. (1982). Social and cognitive features of the commitment to relationships. In S. Duck (Ed.), *Personal relationships. Discovering personal relationships* (Vol. 4, pp. 51–73). New York: Academic Press.
Jones, L. E. & Young, F. W. (1972). Structure of a social environment: Longitudinal individual differences scaling of an intact group. *Journal of Personality and Social Psychology, 74*, 108–121.
Jones, W. H. & Moore, T. L. (1987). Loneliness and social support. *Journal of Social Behavior and Personality, 2*, 145–156.
Jones, W. H. (1981). Loneliness and social contact. *Journal of Personality and Social Psychology, 113*, 295–296.
Jones, W. H., Carpenter, B. N. & Quintanna, D. (1985). Personality and interpersonal predictors of loneliness in two cultures. *Journal of Personality and Social Psychology, 48*, 1503–1511.
Jones, W. H., Freeman, J. A. & Goswick, R. A. (1981). The persistence of loneliness: Self and other determinants. *Journal of Personality, 49*, 27–48.
Jones, W. H., Hobbs, S. A. & Hockenburry, D. (1982). Loneliness and social skill deficits. *Journal of Personality and Social Psychology, 42*, 682–689.
Jones, W. H., Sansone, C. & Helm, B. (1983). Loneliness and interpersonal judgements. *Personality and Social Psychology Bulletin, 9*, 437–441.

Jong-Meyer, de R. (1992). Der Beitrag psychologischer Konzepte zum Verständnis depressiver Erkrankungen. *Zeitschrift für Klinische Psychologie, 21,* 133–155.
Jong-Gierveld, J. de & Raadschelders, J. (1982). Types of loneliness. In L. A. Peplau & D. Perlman (Eds.), *Loneliness. A sourcebook of current theory research and therapy* (pp. 105–122). New York: Wiley.
Jong-Gierveld, J. de. (1987). Developing and testing a model of loneliness. *Journal of Personality and Social Psychology, 53,* 119–128.
Jong-Gierveld, J. de. (1989). Personal relationships, social support, and loneliness. *Journal of Social and Personal Relationships, 6,* 197–221.
Jorgensen, R. S. & Johnson, J. H. (1990). Contributors to the appraisal of major life changes: Gender, perceived controllability, sensation seeking, strain, and social support. *Journal of Applied Social Psychology, 20,* 1123–1138.
Joyce, P. R. (1984). Parental bonding in bipolar affective disorder. *Journal of Affective Disorders, 7,* 319–324.
Julien, D. & Markman, H. J. (1991). Social support and social networks as determinants of individual and marital outcomes. *Journal of Social and Personal Relationships, 8,* 549–568.
Jung, J. (1984). Social support and its relation to health: A critical evaluation. *Basic and Applied Social Psychology, 5,* 143–169.
Jung, J. (1986). Bias in social support attributions. *Journal of Social Behavior and Personality, 1,* 429–438.
Jung, J. (1987). Toward a social psychology of social support. *Basic and Applied Social Psychology, 8* (1&2), 57–83.
Jung, J. (1990). The role of reciprocity in social support. *Basic and Applied Social Psychology, 11,* 243–253.
Justice, B. (1987). *Who gets sick. Thinking and health.* Houston: Peak Press.

Kadushin, C. (1966). The friends and supporters of psychotherapy: On social circles in urban life. *American Sociological Review, 31,* 786–802.
Kadushin, C. (1989). The next ten years. *Connections, 12,* 12–23.
Kahn, R. L. (1979). Aging and social support. In W. Riley (Ed.), *Aging from birth to death. Interdiscliplinary perspectives.* (pp. 77–92). Boulder Colorado: Westview Press.
Kahn, R. L. & Antonucci, T. C. (1980a). Convoys of social support: A life course approach. In I. B. Kiesler, J. N. Morgan & V. K. Oppenheimer (Eds.), *Aging* (pp. 383–405). New York: Academic Press.
Kahn, R. L. & Antonucci, T. L. (1980b). Convoys over the life course: Attachment, roles, and social support. In P. B. Baltes & O. G. Brim (Eds.), *Life span development and behavior* (pp. 253–286). New York: Academic Press.
Kalimo, R. & Vuori, J. (1990). Work and sense of coherence: Resources for competence and life satisfaction. *Behavioral Medicine, 16,* 76–89.
Kaminski, G. (1978). Ökopsychologie und Klinische Psychologie. In U. Baumann, H. Berbalck & G. Seidenstücker (Hrsg.), *Klinische Psychologie. Trends in Forschung und Praxis* (Bd. 1, S. 32–73). Bern: Huber.
Kaminski, G. (1988). Ökologische Perspektiven in psychologischer Diagnostik? *Zeitschrift für Differentielle und Diagnostische Psychologie, 9,* 155–168.
Kaminski, G. (1990). Handlungstheorie. In L. Kruse, C. F. Graumann & E. D. Lantermann (Hrsg.), *Ökologische Psychologie. Ein Handbuch in Schlüsselbegriffen* (S. 112–118). München: PVU.
Kammer, D. (1983). Eine Untersuchung der psychometrischen Eigenschaften des Beck-Depressionsinventars (BDI). *Diagnostika, 29,* 48–60.

Kammeyer, K. C. & Bolton, C. D. (1968). Community and family factors related to the use of a family service agency. *Journal of Marriage and the Family, 30,* 488–498.
Kaniasty, K. Z., Norris, F. H. & Murrell, S. A. (1990). Received and perceived social support following natural disaster. *Journal of Applied Social Psychology, 20,* 85–114.
Kapferer, B. (1969). Norms and the manipulation of relationships in a work context. In J. C. Mitchell (Ed.), *Social networks in urban situations.Analysis of personal relationships in central african towns* (pp. 181–244). New York: University of Manchester Press.
Kaplan, H. B. (1983). Psychological distress in sociological context: Toward a general theory of psychosocial stress. In H. B. Kaplan (Ed.), *Psychosocial stress. Trends in theory and research* (pp. 195–264). New York: Academic Press.
Kaplan, H. B., Cassel, J. C. & Gore, S. (1977). Social support and health. *Medical Care, 15,,* 47–58.
Kaplan, H. B., Robbins, C. & Martin, S. S. (1983a). Antecedents of psychological distress in young adults: Self-rejection, deprivation of social support and life events. *Journal of Health and Social Behavior, 24,* 230–244.
Kaplan, R. M. & Toshima, M. T. (1990). The functional effects of social relationships on chronic illness and disability. In B. R. Sarason, I. G. Sarason & G. R. Pierce (Eds.), *Social support: An interactional view* (pp. 427–453). New York: Wiley.
Kardorff, v. E. (1989). Soziale Netzwerke. Sozialpolitik und Krise der Vergesellschaftung. In E. v. Kardorff, W. Stark, R. Rohner & P. Wiedemann, P. (Hrsg.), *Zwischen Netzwerk und Lebenswelt – Soziale Unterstützung im Wandel* (S. 27–60). München: Profil Verlag.
Kardorff, v. E. & Stark, W. (1987). Zur Verknüpfung professioneller und alltäglicher Hilfenetze. In H. Keupp & B. Röhrle (Hrsg.), *Soziale Netzwerke* (S. 219–244). Frankfurt: Campus.
Kardorff, v. E., Stark, W., Rohner, R. & Wiedeman, P. (Hrsg.) (1989). *Zwischen Netzwerk und Lebenswelt – Soziale Unterstützung im Wandel.* München: Profil Verlag.
Karmarck, T. W., Manuck, S. B. & Jennings, J. R. (1990). Social support reduces cardiovascular reactivity to psychological challenge: A laboratory model. *Psychosomatic Medicine, 52,* 42–58.
Kasl, S. V. (1974). Effects of housing on mental health and physical health. *Man-Environment Systems, 4,* 207–226.
Kasl, S. V. & Wells, J. A. (1985). Social support and health in the middle years: Work and the family. In S. Cohen & S. L. Syme (Eds.), *Social support and health* (pp. 175–198). New York: Academic Press.
Kasl, S. V., Will, J., White, M & Marcuse, P. (1982). Quality of the residential environment and mental health. In A. Baum & J. E. Singer (Eds.), *Advances in environmental psychology: Vol. 4. Environment and health* (pp. 1–30). Hillsdale, NJ: Lawrence Erlbaum.
Kaufman, G. M. & Beehr, T. A. (1986). Interactions between job stressors and social support: Some counterintuitive results. *Journal of Applied Psychology, 71,* 522–526.
Kayser, E., Schwinger, T. & Cohen, R. L. (1984). Laypersons' conceptions of social relationships: A test of contract theory. *Journal of Social and Personal Relationships, 1,* 433–458.
Kelley, H. H. (1983). Epilogue: An essential science. In H. H. Kelley, E. Berscheid, A. Christensen, J. H. Harvey, T. L. Huston, G. Levinger, E. McClintock, L. A. Peplau & D. R. Peterson (Eds.), *Close relationships* (pp. 486–504). New York: Freeman.
Kelley, H. H., Berscheid, E., Christensen, A., Harvey, J. H., Huston, T. L., Levinger, G. McClintock, E., Peplau, L. A. & Peterson, D. R. (Eds.) (1983). *Close relationships.* New York: Freeman.

Kelly, G. A. (1955). *The psychology of personal constructs*. New York: Norton.
Kelly, J. G. (1977). *The ecology of social support systems: Footnotes to a theory*. Paper presented at the symposium „ Toward an understanding of natural helping systems" at the 85th Annual Meeting of the American Psychological Association. San Francisco.
Kelvin, P. & Jarrett, J. E. (1985). *Unemployment. Its social psychological effects*. Cambridge: Cambridge University Press.
Kennedy, L. W. (1984). Residential stability and social contact for saved versus liberated communities. *Journal of Community Psychology, 12*, 3–12.
Kennedy, S., Kiecolt-Glaser, J. K. & Glaser, R. (1988). Immunological consequences of acute and chronic stressors: mediating role of interpersonal relationships. *British Journal of Medical Psychology, 61*, 77–85.
Kennedy, S., Kiecolt-Glaser, J. K. & Glaser, R. (1990). Social support, stress, and the immune system. In B. R. Sarason, I. G. Sarason & G. R. Pierce (Eds.), *Social support: An interactional view* (pp. 251–266). New York: Wiley.
Kerr, K., Albertson, L., Mathes, P. & Sarason, B. R. (1987). *Psychological characteristics of reentry and traditional university women*. Paper presented at the Meeting of the Western Psychological Association, Long Beach, CA. Long Beach.
Kessler, R. C. (1979). Stress, social status, and psychological distress. *Journal of Health and Social Behavior, 20*, 259–272.
Kessler, R. C. (1982). Life events, social support and mental illness. In W. R. Gove (Ed.), *Deviance and mental illness* (pp. 247–271). Beverly Hills: Sage.
Kessler, R. C. & McLeod, J. D. (1985). Social support and mental health in community samples. In S. Cohen & S. L. Syme (Eds.), *Social support and health* (pp. 219–242). New York: Academic Press.
Kessler, R. C., Mcleod, J. D. & Wethington, E. (1985). The costs of caring: A perspective on the relationship between sex and psychological distress. In I. G. Sarason & B. R. Sarason (Eds.), *Social support: Theory, research, and applications* (pp. 491–506). Dordrecht: Martinus Nijhoff.
Kessler, R. C., Price, R. H. & Wortman, C. B. (1985). Social factors in psychopathology: Stress, social support, and coping processes. *Annual Review of Psychology, 36*, 531–572.
Kessler, R. C., Turner, J. B. & House, J. S. (1988). Effects of unemployment on health in a community survey: Main, modifying, and mediating effects. *Journal of Social Issues, 44*, 69–85.
Keul, A. G. (1993). Soziales Netzwerk – System ohne Theorie. In A. Laireiter (Hrsg.), *Soziales Netzwerk und soziale Unterstützung. Konzepte, Methoden und Befunde* (S. 45–54). Bern: Huber.
Keupp, H. (1987). Soziale Netzwerke – Eine Metapher des gesellschaftlichen Umbruchs? In H. Keupp & B. Röhrle (Hrsg.), *Soziale Netzwerke* (S. 11–53). Frankfurt: Campus.
Keupp, H. (1988). Die Last der großen Hoffnungen. Gemeindepsychologische und sozialpolitische Potentiale sozialer Netzwerke. *Blätter der Wohlfahrtspflege, 135*, 257–259.
Keupp, H. (1990). Soziale Netzwerke. In L. Kruse, C. F. Graumann & E. D. Lantermann (Hrsg.), *Ökologische Psychologie. Ein Handbuch in Schlüsselbegriffen* (S. 503–509). München: PVU.
Keupp, H. & Röhrle, B. (Hrsg.) (1987). *Soziale Netzwerke*. Frankfurt: Campus.
Keys, C. B. & Frank, S. (1988). Gemeindepsychologie und die Analyse von Organisationen: Eine wechselseitige Beziehung. *Report Psychologie, 48*, 19–45.
Kiecolt-Glaser, J. K., Fisher, L. D., Ogrocki, P., Sout, J. C., Speicher, C. E. & Glaser, R. (1987). Marital quality, marital disruption, and immune function. *Psychosomatic Medicine, 49*, 13–34.

Kiecolt-Glaser, J. K., Kennedy, S., Malkoff, S., Speicher, C. E. & Glaser, R. (1988). Marital discord and immunity in males. *Psychosomatic Medicine*, *50*, 213–229.
Killworth, P. D., Johnson, E. C., Bernard, H. R., Shelley, G. A. & McCarty, C. (1990). Estimating the size of personal networks. *Social Networks*, *12*, 289–312.
Kim, H. J. & Stiff, J. B. (1991). Social networks and the development of close relationships. *Human Communication Research*, *18*, 70–91.
Kincaid, S. B. & Caldwell, R. A. (1991). Initiator status, family support, and adjustment to marital separation: A test of an interaction hypothesis. *Journal of Community Psychology*. *19*, 79–88.
King, A. C., Winett, R. A. & Lovett, S. B. (1986). Enhancing coping behaviors in at-risk populations: The effects of time-management instructions and social support in woman from dual-earner family *Behavior Therapy*, *17*, 57–66.
Kirmeyer, S. L. & Dougherty, T. W. (1988). Work load, tension and coping: Moderating effects of supervisor support. *Journal of Personal Psychology*, *41*, 125–139.
Kirmeyer, S. L. & Lin T. R. (1987). Social support: Its relationship to observed communication with peers and superiors. *Academy of Management Journal*, *30*, 138–151.
Klauer, T., Ferrig, D., Filipp, S. H. (1989). Zur Spezifität der Bewältigung schwerer körperlicher Erkrankungen: Eine vergleichende Analyse dreier diagnostischer Gruppen. *Zeitschrift für Klinische Psychologie*, *18*, 144–159.
Klein, R. J., Hawkins, E. M. & Newman, I. (1987). The measurement of social suppport:The use of the Social Suppport Questionnaire as a means of examining differences between acute and chronic hospitalized psychiatric patients. *Journal of Group Psychotherapy, Psychodrama and Sociometry*, *40*, 19–32.
Kliman, J. & Trimble, D. (1983). Network therapy. In B. Wolman & G. Stricker (Eds.), *Handbook of family and marital therapy* (pp. 277–314). New York: Plenum.
Klinger, E. (1987). Current concerns and disengagement from incentives. In F. Halisch & J. Kuhl (Eds.), *Motivation, intention, and volition* (pp. 337–347). New York/ Berlin: Springer.
Klinger, E., Barta, S. G. & Maxeiner, M. E. (1981). Current concerns: Assessing therapeutically relevant motivation. In P. C. Kendall & S. D. Hollon (Eds.), *Assessment strategies for cognitive-behavioral interventions* (pp. 161–196). New York: Academic Press
Klusmann, D. (1987). Ein Interviewleitfaden zur Beschreibung sozialer Beziehungen. *Zeitschrift für Klinische Psychologie*, *16*, 437–438.
Klusmann, D. (1989). Methoden zur Untersuchung sozialer Unterstützung und persönlicher Netzwerke. In M. C. Angermeyer & D. Klusmann (Hrsg.), *Soziales Netzwerk. Ein neues Konzept für die Psychiatrie* (S. 17–63). Berlin: Springer.
Knipscher, C. P. M. & Antonucci, T. C. (Eds.). (1990). Social network research. Amsterdam: Sets & Zeitlinger.
Knoke, D. & Kuklinski, J. H. (1982). *Network analysis*. Beverly Hills: Sage.
Knussen, C. & Cunningham, C. C. (1988). Stress, disability and handicap. In S. Fisher & J. Reason (Eds.), *Handbook of life stress, cognition and health* (pp. 335–350). New York: Wiley.
Kobak, R. R. & Sceery, A. (1988). Attachment in late adolescence: Working models, affect regulation, and representations of self and others. *Child Development*, *59*, 135–146.
Kobasa, S. C. (1979). Stressfull life events, personality and health: An inquiry into hardiness. *Journal of Personality and Social Psychology*, *37*, 1–11.
Kobasa, S. C. & Puccetti, M. C. (1983). Personality and social resources in stress resistance. *Journal of Personality and Social Psychology*, *45*, 839–850.
Köhler, A. (1992). *Untersuchung der Zusammenhänge von depressionstypischen Kognitionen und der Wahrnehmung von sozialer Unterstützung mit Hilfe der personalen*

Konstrukte. Unveröffentlichte Diplomarbeit. Phillips-Universität Marburg. Fachbereich Psychologie.

Körner, W. (1988). Zur Kritik systemischer Therapie. In G. Hörmann, W. Körner & F. Buer (Hrsg.), *Familien und Familientherapie. Probleme und Alternativen* (S. 153–184). Opladen: Westdeutscher Verlag.

Koeske, G. F. & Koeske, R. D. (1990). The buffering effect of social support on parental stress. *American Journal of Orthopsychiatry, 60,* 440–451.

Kohlmann, C. W., Schumacher, A. & Streit, R. (1988). Trait anxiety and parental child-rearing behavior: Support as a moderator variable. *Anxiety Research, 1,* 53–64.

Kommer, D. & Röhrle, B. (1981). Handlungstheoretische Perspektiven primärer Prävention. In W. – R. Minsel & R. Scheller (Hrsg.), *Brennpunkte der klinischen Psychologie: Prävention* (S. 89–151). München: Kösel.

Konfuzius (1989): *Der gute Weg. Worte des großen chinesischen Weisheitslehrers.* Bern: Scherz Verlag.

Konieczna, T. (1989). Interventionen am sozialen Netzwerk in der Rehabilitation schizophrener Patienten. In M. C. Angermeyer & D. Klusmann (Hrsg.), *Soziales Netzwerk. Ein neues Konzept für die Psychiatrie* (S. 299–308). Berlin: Springer.

Koomen, W., Kniesmeijer, T., Vos Panhuijsen, A. & Velthuijsen, A. S. (1990). Social support and well-being in heart patients: A longitudinal study of the combined role of need for social support and perceived social support. *Social Behaviour, 5,* 297–306.

Korte, C. (1978). Helpfullness in the urban environment. In A. Baum, J. E. Singer & S. Valins (Eds.), *Advances in environmental psychology: The urban environment* (Vol. 1, pp. 85–109). Hillsdale, NJ: Lawrence Erlbaum.

Kotler, T. & Omodei, M. (1988). Attachment and emotional health: A life span approach. *Human Relations, 41,* 619–640.

Kowalik, D. L. & Gotlib, I. H. (1987). Depression and marital interaction: Concordance between intent and perception of communication. *Journal of Abnormal Psychology, 96,* 127–134.

Krackhardt, D. (1987). Cognitive social structures. *Social Networks, 9,* 109–134.

Krackhardt, D. & Kilduff, M. (1990). Friendship patterns and culture: The control of organizational diversity. *American Anthropologist, 92,* 142–154.

Krackhardt, D. & Porter, L. W. (1985). When friends leave: A structural analysis of the relationship between turnover and stayers' attitudes. *Administrative Science Quarterly, 30,* 242–261.

Krackhardt, D. & Porter, L. W. (1986). The snowball effect: Turnover embedded in communication networks. *Journal of Applied Psychology, 71,* 50–55.

Krantz, B. (1985). The significance of the built environment: How to develop new construction designs that could play a part in creating a more caring society. In J. M. L. Jonker, R. A. B. Leaper & J. A. Yoder (Eds.), *Support networks in a caring community. Research and policy, fact and fiction* (pp. 91–100). Dordrecht: Martinus Nijhoff.

Krantz, D. S., Grunerg, N. E. & Baum, A. (1985). Health psychology. *Annual Review of Psychology, 36,* 349–383.

Krause, N. (1986). Social support, stress, and well-being among older adults. *Journal of Gerontology, 41,* 512–519.

Krause, N. (1987a). Chronic financial strain, social support, and depressive symptoms among older adults. *Psychology and Aging, 2,* 185–192.

Krause, N. (1987b). Life stress, social support and self-esteem in an elderly population. *Psychology and Aging, 2,* 349–356.

Krause, N. (1987c). Satisfaction with social support and self-rated health in older adults. *Gerontologist, 27,* 301–308.

Krause, N. (1987d). Understanding the stress process: Linking social support with locus of control beliefs. *Journal of Gerontology, 42,* 589–593.
Krause, N. & Keith, V. (1989). Gender differences in social support among adults. *Sex Roles, 21,* 609–628.
Krause, N. & Markides, K. S. (1990). Measuring social support among older adults. *International Journal of Aging and Human Development, 30,* 37–53.
Krause, N., Liang, J. & Keith, V. (1990). Personality, social support, and psychological distress in later life. *Psychology and Aging, 5,* 315–326.
Kraut, R. E. & Higgins, E. T. (1984). Communication and social cognition. In R. S. Wyer & T. K. Srull (Eds.), *Handbook of social cognition* (Vol. 3, pp. 87–128). Hillsdale, NJ: Lawrence Erlbaum.
Kristensen, O. S. (1991). The unemployed and adult education: A longitudinal study of unemployed persons in adult basic education. *Scandinavian Journal of Educational Research, 35,* 145–159.
Kruse, L. (1975) Crowding. Dichte und Enge aus sozialpsychologischer Sicht. *Zeitschrift für Sozialpsychologie, 6,* 2–30.
Kruse, L. (1986). Drehbücher für Verhaltensschauplätze oder: Scripts für Settings. In G. Kaminski (Hrsg.), *Ordnung und Variabilität im Alltagsgeschehen* (S. 135–153). Göttingen: Hogrefe.
Kuhl, J. & Helle, P. (1986). Motivational and volitional determinants of depression: The degenerated-intention hypothesis. *Journal of Abnormal Psychology, 95,* 247–251.
Kuiper, N. A. & Derry, P. A. (1982). Depressed and nondepressed content self-reference in mild depressives. *Journal of Personality, 50,* 67–80.
Kuiper, N. A. & Higgins, E. T. (1985). Social cognition and depression: A general integrative perspective. *Social Cognition, 3,* 1–15.
Kuiper, N. A. & McCabe, S. B. (1985). The appropiateness of social topics: Effects of depression and cognitive vulnerability on self and others judgements. *Cognitive Therapy and Research, 9,* 371–379.
Kuiper, N. A., Derry, P. A. & MacDonald, M. R. (1982). Self-reference and person perception in depression: A social cognition perspective. In G. Weary & H. L. Mirels (Eds.), *Integrations of clinical and social psychology* (pp. 79–103). New York: Oxford University Press.
Kuiper, N. A., Olinger, L. J. & MacDonald, M. R. (1988). Vulnerability and episodic cognitions in a self-worth contingency model of depression. In L. B. Alloy (Ed.), *Cognitive processes in depression* (pp. 289–309). New York: Guilford.
Kuiper, N. A., Olinger, L. J. & Swallow, S. R. (1987). Dysfunctional attitudes, mild depression, views of self, self-consciousness, and social perceptions. *Motivation and Emotion, 11,* 379–401.
Kurdek, L. A. & Schmitt, J. P. (1987). Perceived emotional support from family and friends in members of homosexual, married, and heterosexual cohabiting couples. *Journal of Homosexuality, 14,* 57–68.
Kvam, S. H. & Lyons, J. S. (1991). Assessment of coping strategies, social support, and general health status in individuals with diabetes mellitus. *Psychological Reports, 68,* 623–632.

La Gaipa, J. L. (1990). The negative effects of informal support systems. In S. Duck & R. Cohen Silver (Eds.), *Personal relationships and social support* (pp. 122–139). Newbury Park: Sage.
Lachman, R. & Lachman, J. L. (1986). Information processing psychology: Origins and extensions. In R. E. Ingram (Ed.), *Information processing approaches to clinical psychology* (pp. 23–49). New York: Academic Press.

Ladd, G. W., Hart, C. H., Wadsworth, E. M. & Golter, B. S. (1988). Preschoolers' peer networks in nonschool settings: Relationship to family characteristics and scholl adjustment. In S. Salzinger, J. Antrobus & M. Hammer (Eds.), *Social networks of children, adolescents, and college students* (pp. 61–92). Hillsdale, NJ.: Lawrence Erlbaum.
Laireiter, A. (Hrsg.). (1993a). Soziales Netzwerk und soziale Unterstützung. Konzepte, Methoden und Befunde. Bern: Huber.
Laireiter, A. (1993b) Ätiologiebezogen Funktionen Sozialer Netzwerke und Sozialer Unterstützung. In A. Laireiter (Hrsg.), Soziales Netzwerk und soziale Unterstützung. Konzepte, Methoden und Befunde (S. 181–194). Bern: Huber.
Laireiter, A. (1993c). Begriffe und Methoden der Netzwerk- und Unterstützungsforschung. In A. Laireiter (Hrsg.), Soziales Netzwerk und soziale Unterstützung. Konzepte, Methoden und Befunde (S. 15–44). Bern: Huber.
Laireiter, A. & Baumann, U. (1992). Network structures and support functions: Theoretical and empirical analysis. In H. O. F. Veiel & U. Baumann (Eds.), The meaning and measurement of social support (pp. 33–55). Washington: Hemisphere.
Laireiter, A. & Lettner, K. (1993). Belastende Aspekte Sozialer Netzwerke und Sozialer Unterstützung. Ein Überblick über den Phänomenbereich und die Methodik. In A. Laireiter (Hrsg.), Soziales Netzwerk und soziale Unterstützung. Konzepte, Methoden und Befunde (S. 101–111). Bern: Huber.
Lakey, B. & Cassady, P. B. (1990). Cognitive processes in perceived social support. *Journal of Personality and Social Psychology, 59*, 337–343.
Lakey, B. & Heller, K. (1988). Social support from friend, perceived support, and social problem solving. *American Journal of Community Psychology, 16*, 811–824.
Lam, D. H. & Power, M. J. (1991). Social support in a general practice elderly sample. *International Journal of Geriatric Psychiatry, 6,* 89–93.
Lambert, M. J. & Asay, T. P. (1984). Patient characteristics and their relationship to psychotherapy outcome. In M. Hersen & A. S. Bellack (Eds.), *Issues in psychotherapy research* (pp. 313–359). New York: Plenum 1984.
Landfield, A. W. (1977). Interpretive man: The enlarged self image. In A. W. Landfield (Ed.), *Nebraska Symposium on Motivation 1976* (pp. 127–177). Lincoln/London: University of Nebraska Press.
Landfield, A. W. & Epting, F. R. (1987). *Personal construct psychology. Clinical and personality assessment*. New York: Human Science Press.
Landman, J. & Manis, M. (1983). Social cognition: Some historical and theoretical perspectives. *Advances in Experimental Social Psychology, 16*, 49–124.
Langer, N. (1990). Grandparents and adult grandchildren: What do they do for one another? *International Journal of Aging and Human Development, 31,* 101–110.
Langlie, J. K. (1977). Social networks, health beliefs, and preventive health behavior. *Journal of Health and Social Behavior, 18,* 244–260.
Larbig, W. (1980). Ökologische Faktoren. In W. Wittling (Hrsg.), *Handbuch der klinischen Psychologie. Band 3* (S. 368–400). Hamburg: Hoffmann & Campe.
LaRocco, J. M., House, J. S. & French, J. P. R. (1980). Social support, occupational stress, and health. *Journal of Health and Social Behavior, 21,* 202–218.
Larson, R., Zuzanek, J. & Mannell, R. (1985). Being alone versus being with people: Disengagament in the daily experience of older adults. *Journal of Gerontology, 40,* 375–381.
Laucken, U. (1974). *Naive Verhaltenstheorie*. Stuttgart: Klett.
Laudenslager, M. L. (1988). The psychobiology of loss: lessons from humans and non-human primates. *Journal of Social Issues, 44,* 19–36.

Lauman, E. O. (1973). *Bonds of pluralism: The form and substance of urban social networks*. New York: Wiley-Interscience.
Lauth, G. W. (1980). Soziale Streßreduktion, dominierende Bedingungen und Prozesse. *Zeitschrift für Sozialpsychologie, 11*, 85–100.
Lauth, G. W. (1981). Der Einfluß sozialer Kontakte und verbaler Kommunikation in der Streßverarbeitung. *Psychologische Beiträge, 23*, 513–528.
Lauth, G. W. (1984). Familiäre Adaptation an die Behinderung und ihre psychologische Unterstützung. In K. H. Wiedl (Ed.), *Psychologische Rehabilitation* (S. 75–86). Stuttgart: Kohlhammer.
Lauth, G. W. & Viehbahn, P. (1987). *Soziale Isolierung. Ursachen und Interventionsmöglichkeiten*. München: Psychologie Verlags Union.
Lazarus, R. S. & Folkman, S. (1984). *Stress, appraisal, and coping*. New York: Springer.
Leatham, G. & Duck, S. (1990). Conversations with friends and the dynamics of social support. In S. Duck & R. Cohen Silver (Eds.), *Personal relationships and social support* (pp. 1–29). Newbury Park: Sage.
Leavy, R. L. (1983). Social support and psychological disorder: A review. *Journal of Community Psychology, 11*, 3–21.
Lebon, G. (1895). Psychologie der Massen. Deutsch 1950. Stuttgart: Thieme.
Lee, D. L. (1988). The support group training project. In B. H. Gottlieb (Ed.), *Marshalling social support. Formats, processes, and effects* (pp. 135–163). Newbury Park: Sage.
Lee, G. R. (1979). Effects of social networks on the family. In W. R. Burr, R. Hill, F. J. Nye & J. L. Reiss (Eds.), *Contemporary theories about family. Research based theories. Vol. I* (pp. 27–56). New York: The Free Press.
Lee, G. R. & Whitbeck, L. B. (1987). Residential location and social relations among older adults. *Rural Sociology, 52*, 89–97.
Lee, N. H. (1969). *The search for an abortionist*. Chicago: University of Chicago Press.
Lefcourt, H. M. (1985). Intimacy, social support, and locus of control as moderators of stress. In I. G. Sarason & B. R. Sarason (Eds.), *Social support: Theory, research and applications* (pp. 155–171). Dordrecht: Martinus Nijhoff.
Lefcourt, H. M., Martin, R. A. & Saleh, W. E. (1984). Locus of control and social support: Interactive moderators of stress. *Journal of Personality and Social Psychology, 47*, 378–389.
Lehman, D. R. & Hemphill, K. J. (1990). Recipients' perceptions of support attempts and attributions for support attempts that fail. Special Issue: Predicting, activating and facilitating social support. *Journal of Social and Personal Relationships, 7*, 563–574.
Lehman, D. R., Ellard, J. H. & Wortman, C. B. (1986). Social support for the bereaved: Recipients' and providers' perspectives on what is helpful. *Journal of Consulting and Clinical Psychology, 54*, 438–446.
Leibold, S. (1992). *Merkmale personaler Projekte zur sozialen Unterstützung bei Depressiven und einer Vergleichsgruppe*. Unveröffentlichte Diplomarbeit. Phillips-Universität Marburg. Fachbereich Psychologie.
Leighton, A. H. (1959). *My name is legion*. New York: Basic books.
Lenrow, P. B. (1978). Dilemmas of professional helping: Continuities and discontinuities with folk helping relationships. In L. Wispe (Ed.), *Altruism, sympathy and helping* (pp. 263–290). New York: Academic Press.
Lenrow, P. B. & Burch, R. W. (1981). Mutual aid and professional services: Opposing or complementary? In B. H. Gottlieb (Ed.), *Social networks and social support* (pp. 233–258). Beverly Hills: Sage.
Lentjes, S. & Jonker, J. M. L. (1985). Social support networks: A literature study. In J. A. Yoder, J. M. L. Jonker & R. A. B. Leaper (Eds.), *Support networks in a caring community* (pp. 5–40). Dordrecht: Martinus Nijhoff.

Leppin, A. (1985). Social support: A literature review and research integration. In R. Schwarzer (Ed.), *Stress and social support. Research Report 4. Department of Psychology. Educational Psychology* (pp. 83-210). Berlin: Freie Universität.
Leppin, A. (1990). Sozialer Rückhalt und Gesundheit. *Newsletter Klinische Psychologie, 1*, 10-13.
Leppin, A. & Schwarzer, R. (1990). Social support and physical health: An updated meta-analysis. In L. R. Schmidt, P. Schwenkmezger, J. Weinman & S. Maes (Eds.), *Health psychology: Theoretical and applied aspects*. London: Harwood.
Leslie, L. A. & Grady, K. (1985). Change in mother's social networks and social support following divorces. *Journal of Marriage and the Family, 47*, 663-674.
Lévi-Strauss, C. (1969). *Strukturale Anthropologie*. Frankfurt, a.M.: Suhrkamp.
Levin, I. & Stokes, J. P. (1986). An examination of the relation of individual difference variables to loneliness. *Journal of Personality, 54*, 717-733.
Levine, S., Coe, C. & Wiener, S. G. (1989). Psychoendocrinology of stress: A psychobiological perspective. In F. R. Brush (Ed.), *Psychoendocrinology* (pp. 341-377). Harcort Brace Jovanovich.
Levitt, M. J. (1991). Attachment and close relationships: A life-span perspective. In J. L. Gerwitz & W. M. Kurtines (Eds.), *Intersections with attachment* (pp. 183-219). Hillsdale, NJ: Lawrence Erlbaum.
Levitt, M. J., Clark, M. C., Rotton, J. & Finley, G. E. (1987). Social support, perceived control, and well-being. *International Journal of Aging and Human Development, 25*, 246-258.
Levy, L. H. (1979). Processes and activities in groups. In M. A. Lieberman, L. D. Borman & Associates (Eds.), *Self-help groups for coping with crisis. Origins, members, processes and impact* (pp. 194-233). San Francisco: Jossey-Bass.
Levy, S. M., Herberman, R. B., Whiteside, T., Sanzo, K., Lee, J. & Kirkwood, J. (1990). Perceived social support and tumor estrogen/progerstrone receptor status as predictors af natural killer cell activity in breast cancer patients. *Psychosomatic Medicine, 52*, 73-85.
Lewinsohn, P. M. & Rosenbaum, M. (1987). Recall of parental behavior by acute depressives, remitted depressives, and nondepressives. *Journal of Personality and Social Psychology, 52*, 611-619.
Lewinsohn, P. M., Mischel, W., Caplin, W. & Barton, R. (1980). Social competence and depression: The role of illusory self-perceptions. *Journal of Abnormal Psychology, 90*, 213-219.
Lewis, M. (1984). Social influences on development. An overview. In M. Lewis (Ed.), *Beyond the dyad* (pp. 1-12). New York: Plenum Press.
Lewis, M., Feiring, C. & Kotsonis, M. (1984). The social network of the young child: A developmental perspective. In M. Lewis (Ed.), *Beyond the dyad* (pp. 129-160). New York: Plenum Press.
Lichtenstein, E., Glasgow, R. E. & Abrams, D. B. (1986). Social support in smoking cessation: In search of effective interventions. *Behavior Therapy, 17*, 607-619.
Lieberman, G. K. (1978). Children of the elderly as natural helpers: Some demographic differences. *American Journal of Community Psychology, 6*, 489-499.
Lieberman, M. A. (1979). Help seeking and self-help groups. In M.A. Lieberman & L.D. Borman (Eds.), *Self-help groups for coping with crisis: Origins, members, processes, and impact*. San Francisco: Jossey-Bass.
Lieberman, M. A. (1982). The effects of social supports in responses to stress. In L. Goldberger & S. Breznitz (Eds.), *Handbook of stress* (pp. 764-783). New York: The Free Press.

Liem, G. R. & Liem, J. H. (1978). Social class and mental illness reconsidered: The role of economic stress and social support. *Journal of Health and Social behavior, 19*, 139–156.
Lin, N. (1986). Conceptualizing social support. In N. Lin, A. Dean & W. M. Ensel (Eds.), *Social support, life events, and depression* (pp. 17–30). New York: Academic Press.
Lin, N. & Dumin, M. (1986). Access to occupations through social ties. *Social Networks, 8*, 365–385.
Lin, N. & Ensel, W. M. (1984). Depression-mobility and its social etiology: The role of life events and social support. *Journal of Health and Social Behavior, 25*, 176–188.
Lin, N., Dean, A. & Ensel, W. M. (1981). Social support scales: A methodological note. *Schizophrenia Bulletin, 7*, 73–89.
Lin, N., Dean A. & Ensel, W. M. (1986). *Social support, life events and depression.* New York: Academic Press.
Lin, N., Dumin, M. Y. & Woelfel, M. (1986). Measuring community and network support. In N. Lin, A. Dean & W. M. Ensel (Eds.), *Social support, life events and depression* (pp. 3–15). New York: Academic Press.
Lin, N., Woelfel, M. & Light, S. L. (1985). The buffering effect of social support subsequent to an important life event. *Journal of Health and Social Behavior, 26*, 247–263.
Lin, N., Woelfel, M. W. & Light, S. L. (1986). Buffering the impact of the most important life event. In N. Lin, A. Dean & W. M. Ensel (Eds.), *Social support, life events, and depression* (pp. 307–330). New York: Academic Press.
Lin, N., Dean, A., Ensel, W. M. & Tausig, M. (1980). *Social support and depression in the age structure.* Paper presented at the 75th Annual Meeting of the American Sociological Association. New York: Department of Sociology. State University of New York at Albany.
Lin, N., Simeone, R. S., Ensel, W. M. & Kuo, W. (1979). Social support, stressful life events, and illness: A model and a empirical test. *Journal of Health and Social Behavior, 20*, 108–119.
Linn, J. G. & McGranahan, D. A. (1980). Personal disruptions, social integration, subjective well-being, and predisposition toward the use of counseling services. *American Journal of Community Psychology, 8*, 87–100.
Linville, P. W. (1987). Self-complexity as a cognitive buffer against stress-related illness and depression. *Journal of Personality and Social Psychology, 52*, 663–676.
Little, B. R. (1983). Personal projects: A rationale and method for investigation. *Environment and Behavior, 15*, 273–309.
Lloyd, R. (1987). *Explorations in psychoneuroimmunology.* Orlando: Grune & Stratton.
Longo, D. J., Clum, G. A. & Yager, N. J. (1988). Psychosocial treatment for recurrent genital herpes. *Journal of Consulting and Clinical Psychology, 56*, 61–66.
Lopata, H. Z. (1979). *Woman as widows: Support systems.* New York: Elsevier.
Lopata, H. Z. (1988). Support systems of american urban widowhood. *Journal of Social Issues, 44*, 113–128.
Lopata, H. Z., Heinemann, G. D. & Baum, J. (1982). Loneliness: Antecedents and coping strategies in the lives of widows. In L. A. Peplau & D. Perlman (Eds.), *Loneliness; A sourcebook of current theory and therapy* (pp. 310–326). New York: Wiley.
Lowenthal, M. F. & Robinson, B. (1976). Social networks and isolation. In R. H. Binstock & E. Shanas (Eds.), *Handbook of aging and the social sciences* (pp. 432–452). New York: Van Nostrand Reinhold.
Ludwig-Mayerhofer, W. & Greil, W. (1993). Soziales Netzwerk/Soziale Unterstützung – zum Verhältnis persönlicher und sozialer Ressourcen. In A. Laireiter (Hrsg.), *Soziales Netzwerk und soziale Unterstützung. Konzepte, Methoden und Befunde* (S. 78–87). Bern: Huber.

Luicariello, J. & Rifkin, A. (1986). Event representations as the basis for categorial knowledge. In K. Nelson (Ed.), *Event knowledge. Structure and function in development* (pp. 189–204). Hillsdale, NJ: Lawrence Erlbaum.
Lunghi, M. (1977). The stability of mood and social perception measures in a sample of depressive in-patients. *British Journal of Psychiatry, 130*, 598–604.

MacDonald, J. G. (1987). Predictors of treatment outcome for alcoholic woman. *International Journal of the Addictions, 22*, 235–248.
Mackensen, R. (1985). Bemerkungen zur Soziologie sozialer Netzwerke. In B. Röhrle & W. Stark (Hrsg.), *Soziale Netzwerke und Stützsysteme – Perspektiven für die Klinische und Gemeindepsychologische Praxis* (S. 8–17). Tübingen: DGVT.
Madakasira, S. & O'Brien, K. F. (1987). Acute posttraumatic stress disorder in victims of a natural disaster. *Journal of Nervous and Mental Disease, 175*, 286–290.
Maguire, L. (1983). *Understanding social networks.* Beverly Hills: Sage.
Major, B., Cozzarelli, C., Sciacchitano, A. M., Cooper, M. L., Testa, M. & Mueller, P. M. (1990). Perceived social support, self-efficacy, and adjustment to abortion. *Journal of Personality and Social Psychology, 59*, 452–463.
Malkinson, R. (1987). Helping and being helped: The support paradox. *Death Studies, 11*, 205–219.
Mallinckrodt, B. (1989). Social support and the effectiveness of group psychotherapy. *Journal of Consulting and Clinical Psychology, 36*, 170–175.
Manz, R. (1990). Social Support. In H. Schepank (Hrsg.), *Verläufe, seelische Gesundheit und psychogene Erkrankungen* (S. 106–116). Berlin: Springer.
Manz, R. & Schepank, H. (1989). Soziale Unterstützung, belastende Lebensereignisse und psychogene Erkrankung in einer epidemiologischen Stichprobe. In M. C. Angermeyer & D. Klusmann (Hrsg.), *Soziales Netzwerk. Ein neues Konzept für die Psychiatrie* (S. 149–163). Berlin: Springer.
Manz, R., Valentin, E. & Schepank, H. (1987). Soziale Unterstützung und psychogene Erkrankung. Ergebnisse aus einer epidemiologischen Feldstudie. *Zeitschrift für Psychosomatische Medizin und Psychoanalyse, 33*, 162–170.
Marangoni, C. & Ickes, W. (1989). Loneliness: A theoretical review with implications for measurement. *Journal of Social and Personal Relationships, 6*, 93–128.
Marcoux, B. C., Trenkner, L. L. & Rosenstock, I. M. (1990). Social networks and social support in weight loss. *Patient Education and Counseling, 15*, 229–238.
Margulis, S. T., Derlega, V. J. & Winstead, B. A. (1984). Implication of social psychological concepts for a theory of loneliness. In V. J. Derlega (Ed.), *Communication, intimacy, and close relationships* (pp. 133–160). New York: Academic Press.
Markus, H. & Smith, J. (1981). The influence of self-schema on the perception of others. In N. Cantor & J. F. Kihlstrom (Eds.), *Personality, cognition, and social interaction* (pp. 233–262). Hillsdale, NJ: Lawrence Erlbaum.
Marsden, P. V. (1990). Network data and measurement. *Annual Review of Sociology, 16*, 435–463.
Marsden, P. V. & Lin, N. (Eds.) (1982). *Social structure and network analysis.* Beverly Hills: Sage.
Marsella, A. J. (1984). An interactional model of psychopathology. In W. A. O'Connor & B. Lubin (Eds.), *Ecological approaches to clinical and community psychology* (pp. 232–250). New York: Wiley.
Marsella, A. J. & Snyder, K. K. (1981). Stress, social support, and schizophrenic disorders: Toward and interactional model. *Schizophrenia Bulletin, 7*, 152–163.

Martin, B. & Burks, N. (1985). Family and nonfamily components of social support as buffers of stress of college women. *Journal of Applied Social Psychology, 15,* 448–465.
Maslow, A. H. (1954). *Motivation and personality.* New York: Harper & Row.
Maton, K. I. (1988). Social support, organizational characteristics, psychological wellbeing, and group appraisal in three self-help group populations. *American Journal of Community Psychology, 16,* 53–77.
Maton, K. I. & Rappaport, J. (1984). Empowerment in a relious setting: A multivariate investigation. In J. Rappaport, C. Swift & R. Hess (Eds.), *Empowerment: Steps toward understanding and action* (Prevention in Human Services, Vol. 3 (2/3); pp. 37–72). New York: Haworth Press.
Maxwell, G. M., Flett, R. A. & Colhoun, H. C. (1990). Taking the psychosocial pulse: How to measure the psychological health of New Zealanders. *Community Mental Health in New Zealand, 5,* 11–30.
Mayr, U. (1992). *Prototypen sozial unterstützender Episoden bei Depressiven und einer Vergleichsgruppe.* Unveröffentlichte Diplomarbeit. Phillips-Universität-Marburg, Fachbereich Psychologie.
Mayr-Kleffels, V. (1991). *Soziale Netzwerke von Frauen.* Opladen: Leske & Budrich.
McAdams, D. P. (1988). Personal needs and personal relationships. In S. W. Duck (Ed.), *Handbook of personal relationships* (pp. 7–22). New York: Wiley.
McAdams, D. P. & Vaillant, G. E. (1982). Intimacy motivation and psychosocial adjustment: A longitudinal study. *Journal of Personality Assessment, 46,* 586–593.
McCannell, K. (1988). Social networks and the transition to motherhood. In Milardo, R. M. (Ed.), *Families and social networks.* (pp. 83–106). Newbury Park: Sage Publications.
McCormick, I. A., Siegert, R. J. & Walkey, F. H. (1987). Dimensions of social support: A factorial confirmation. *American Journal of Community Psychology, 15,* 73–77.
McCrae, R. R. (1984). Situational determinants of coping responses: Loss, threat and challenge. *Journal of Personality and Social Psychology, 46,* 919–928.
McFarlane, A. H., Norman, G. R. & Streiner, D. L. (1983). The process of social stress: Stable reciprocal, and mediating relationships. *Journal of Health and Social Behavior, 24,* 160–173.
McFarlane, A. H., Norman, G. R., Streiner, D. L. & Roy, R. G. (1984). Characteristics and correlates of effective and ineffective social supports. *Journal of Psychosomatic Research, 28,* 501–510.
McGuire, J. C. & Gottlieb, B. H. (1979). Social support groups among new parents: An experimental study in primary prevention. *Journal of Clinical Child Psychology, 8,* 111–116.
McKinlay, J. B. (1973). Social network, lay consultation and help-seeking behavior. *Social Forces, 51,* 275–292.
McMillan, D. W. & Chavis, D. M. (1986). Sense of community: A definition and theory. *Journal of Community Psychology, 14,* 6–23.
McNaughton, M. E., Smith, L. W., Patterson, T. L. & Grant, I. (1990). Stress, social support, coping resources, and immune status in elderly women. *Journal of Nervous and Mental Disease, 178,* 460–461.
McWhirter, B. T. (1990). Loneliness: A review of current literature, with implications for counseling and research. *Journal of Counseling and Development, 68,* 417–422.
Mead, G. H. (1934). *Mind, self, and the society from the standpoint of a social behaviorist.* Chicago: The University of Chicago Press.
Mechanic, D. (1962). *Students under stress.* New York: The Free Press.
Mehrkens Steblay, N. (1987). Helping behavior in rural and urban environments: A meta-analysis. *Psychological Bulletin, 102,* 346–356.

Melamed, B. G. & Brenner, G. F. (1990). Social support and chronic medical stress: An interaction-based approach. Special Issue: Social support in social and clinical psychology. *Journal of Social and Clinical Psychology, 9*, 104–117.

Melamed, S., Kushnir, T. & Meir, E. I. (1991). Attenuating the impact of job demands: Additive and interactive effects of perceived control and social support. *Journal of Vocational Behavior, 39*, 40–53.

Menaghan, E. G. (1983). Individual coping efforts: Moderators of the realtionship between life stress and mental health outcomes. In H. B. Kaplan (Ed.), *Psychosocial stress. Trends in theory and research* (pp. 155–191). New York: Academic Press.

Menche, C. (1992). *Strukturelle Merkmale in subjektiven Theorien sozialer Unterstützung bei depressiven und nicht depressiven Personen.* Unveröffentlichte Diplomarbeit. Phillips-Universität Marburg. Fachbereich Psychologie

Mermelstein, R., Cohen, S., Lichtenstein, E., Baer, J. S. & Kamarck, T. (1988). Social support and smoking cessation and maintenance. *Journal of Consulting and Clinical Psychology, 54*, 447–453.

Merry, S. E. (1987). Crowding, conflict, and neighborhood regulation. In I. Altman & A. Wandersman (Eds.), *Neighborhood and community environments* (pp. 35–68). New York: Plenum.

Midlarsky, E. (1991). Helping as coping. In M. S. Clark (Ed.), *Prosocial behavior* (pp. 238–264). Newbury Park: Sage.

Miell, D. & Duck, S. (1986). Strategies in developing friendships. In V. J. Derlega & B. A. Winstead (Eds.), *Friendship and social interaction* (pp. 129–144). New York: Springer.

Mikulincer, M. & Segal, J. (1990). A multidimensional analysis of the experience of loneliness. *Journal of Social and Personal Relationships, 7*, 209–230.

Milardo, R. M. (1982). Friendship networks in developing relationships: Convoying and diverging social environments. *Social Psychology Quarterly, 45*, 162–172.

Milardo, R. M. (1983). Social networks and pair relationships: A review of substantive and measurement issues. *Sociology and Social Research, 68*, 1–18.

Milardo, R. M. (1986). Personal choice and social constraint in close relationships: Applications of network analysis. In V. J. Derlega & B. A. Winstead (Eds.), *Friendship and social interaction* (pp. 145–166). New York: Springer.

Milardo, R. M. (1988). Families and social networks: An overview of theory and methodology. In R. M. Milardo (Ed.), *Families and social networks* (pp. 13–47). Newburry Park: Sage.

Milardo, R. M. (1989). Theoretical and methodological issues in the identification of the social networks of spouses. *Journal of Marriage and the Family, 51*, 165–174.

Milardo, R. M. (1992). Comparative methods for delineating social networks. Journal of Social and Personal Relationships, 9, 447–461.

Milgram, S. (1970). The experience of living in cities. *Science, 167*, 1461–1468.

Miller, L. C. & Read, S. J. (1987). Why am I telling you this? Self-disclosure in a goal-based model of personality. In V. Derlega & J. Berg (Eds.), *Self-disclosure: Theory, research and therapy* (pp. 35–58). New York: Plenum.

Miller, R. (1990). Hausformen. In L. Kruse, C. F. Graumann & E. D. Lantermann (Hrsg.), *Ökologische Psychologie. Ein Handbuch in Schlüsselbegriffen* (S. 493–499). München: PVU.

Miller, R. S. & Lefcourt, H. M. (1983). Social intimacy: An important moderator of stressful life events. *American Journal of Community Psychology, 11*, 127–139.

Milroy, L. (1987). *Language and social networks* (2 ed). Oxford: Basil Blackwell.

Miltner, W. (1986). Psychoimmunologie. In W. Miltner, N. Birbaumer & W. – D. Gerber (Hrsg.), *Verhaltensmedizin* (S. 99–112). Berlin: Springer.

Minkler, M. (1985). Social support and health of the elderly. In S. Cohen & S. L. Syme (Eds.), *Social support and health* (pp. 199–218). New York: Academic Press.

Mirowsky, J. & Ross, C. E. (1986). Social patterns of distress. *Annual Review of Sociology, 12*, 23–45.

Mitchell, J. C. (1969). The concept and use of social networks. In J. C. Mitchell (Ed.), *Social networks in urban situations. Analysis of personal relationships in central african towns* (pp. 1–50). Manchester: Manchester University Press.

Mitchell, J. C. (1974). Social networks. *Annual Review of Anthropology, 3*, 279–299.

Mitchell, M. E. (1989). The relationship between network variables and the utilization of mental health services. *Journal of Community Psychology, 17*, 258–266.

Mitchell, R. E. & Hodson, C. A. (1983). Coping with domestic violence: Social support and psychological health among battered woman. *American Journal of Community Psychology, 11*, 629–654.

Mitchell, R. E. & Moos, R. (1984). Deficiencies in social support among depressed patients: Antecedents or consequences of stress. *Journal of Health and Social Behavior, 25*, 438–452.

Mitchell, R. E. & Trickett, E. J. (1980a). Task Force Report: Social networks as mediators of social support. An analysis of the effects and determinants of social networks. *Community Mental Health Journal, 16*, 27–44.

Mitchell, R. E. & Trickett, E. J. (1980b). Social network research and psychosocial adaption: Implications for community mental health practice. In P. H. Insel (Ed.), *Environmental variables and the prevention of mental illness* (pp. 43–68). Lexington, Mass: Lexington Books.

Mitteregger, G., Baumann, U., Pichler, M. & Teske, W. (1990). Zur Validität potentieller Unterstützung. Eine Pilotstudie bei Herzinfarktpatienten. *Zeitschrift für Klinische Psychologie, Psychopathologie und Psychotherapie, 38*, 123–134.

Moehle McCallum, D., McCallum, R. & Gurwitch, R. H. (1987). Dimensions of interpersonal events: Reward value and information value. *Journal of Experimental Social Psychology, 23*, 316–330.

Monroe, S. M. (1988a). Psychosocial factors in anxiety and depression. In J. D. Maser & C. R. Cloninger (Eds.), *Comorbidity in anxiety and mood disorders*. Washington: American Psychiatric Press.

Monroe, S. M. (1988b). The social environment and psychopathology. *Journal of Social and Personal Relationships, 5*, 347–366.

Monroe, S. M. (1989). Stress and social support assessment issues. In N. Schneiderman, S. M. Weiss & P. G. Kaufmann (Eds.), *Handbook of research methods in cardiovascular behavioral medicine* (pp. 511–526). New York: Plenum.

Monroe, S. M. & Steiner, S. C. (1986). Social support and psychopathology: Interrelations with preexisting disorder, stress, and personality. *Journal of Abnormal Psychology, 95*, 29–39.

Monroe, S. M., Bellack, A. S., Hersen, M. & Himmelhoch, J. M. (1983). Life events, symptom course, and treatment outcome in unipolar depressed woman. *Journal of Consulting and Clinical Psychology, 51*, 604–615.

Montada, L. (1981). Kritische Lebensereignisse im Brennpunkt: Eine Entwicklungsaufgabe für die Entwicklungspsychologie? In S.-H. Filipp (Hrsg.), *Kritische Lebensereignisse* (S. 272–292). München: Urban & Schwarzenberg.

Montada, L., Dalbert, C. & Schmitt, M. (1988). Ist prosoziales Handeln im Kontext Familie abhängig von situationalen, personalen oder systemischen Faktoren? In H. W. Bierhoff & L. Montada (Hrsg.), *Altruismus. Bedingungen der Hilfsbereitschaft* (S. 179–205). Göttingen: Hogrefe.

Montemayor, R. & VanKomen, R. (1985). The development of sex differences in friendship patterns and peer group structure during adolescence. *Journal of Early Adolescence*, *5*, 285–294.

Montgomery, R. L. & Haemmerlie, F. M. (1989). *Social support, perceptions of attractiveness, weight, and the CPI in sociallly anxious males and females* (Manuscript). Rolla, Missouri Department of Psychology, University of Missouri-Rolla:.

Moore, G. (1990). Structural determinants of men's and women's personal networks. *American Sociological Review*, *55*, 726–736.

Moos, R. H. (1974). *Evaluating treatment environments. A social ecological approach.* New York: Wiley.

Moos, R. H. (1984). Context and coping: Toward a unifying conceptual frame work. *American Journal of Community Psychology*, *12*, 5–36.

Moos, R. H. (1985). Evaluating social resources in community and health care contexts. In P. Karoly (Ed.), *Measurement strategies in health psychology* (pp. 433–459). New York: Wiley.

Moos, R. H. (1990). Depressed outpatients' life contexts, amount of treatment, and treatment outcome. *Journal of Nervous and Mental Disease*, *178*, 105–112.

Moos, R. H. & Igra, A. (1980). Determinants of the social environments of sheltered care settings. *Journal of Health and Social Behavior*, *21*, 88–98.

Moreno, J. C. (1934). Who shall survive? *Nervous and Mental Disease Monograph*, *58*.

Morgan, D. (1986). Personal relationships as an interface between social network and social cognitions. *Journal of Personal and Social Relationships*, *3*, 403–422.

Morgan, D. L. (1988). Age differences in social network participation. *Journal of Gerontology*, *43*, 129–137.

Morgan, D. L. (1990). Combining the strength of social networks, social support, and personal relationships. In S. Duck & R. Cohen Silver (Eds.), *Personal relationships and social support* (pp. 190–215). Newbury Park: Sage.

Morrisey J. P. (1982). Assessing interorganizational linkages. In R.C. Tessler & H.H. Goldman (Eds.), *The chronically mentally ill: Assessing community support programs* (pp. 159–191). Cambridge: Ballinger.

Moscovici, S. (1961). *La psychoanalyse, son image et son public*. Presses Universitaire de France.

Moscovici, S. (1981). *L' âge des foules*. Paris: Fayard.

Mosher, L. (1984). Schizophrenie: Aktuelle Forschungsrichtungen. In A. M. Freedman, H. J. Kaplan, B. J. Sadock & U. H. Peters (Hrsg.), *Schizophrenie, affektive Erkrankungen, Verlust und Trauer* (S. 259–277). Stuttgart: Thieme.

Mühlich, E., Zinn, E., Kröning, W. & Mühlich-Klinger, J. (1978). *Zusammenhang von gebauter Umwelt und sozialem Verhalten in Wohn- und Wohnumweltbereich*. Schriftenreihe „Städtebauliche Forschung" des Bundesministers für Raumordnung, Bauwesen und Städtebau, Nr. 03.062.

Mueller, D. P. (1980). Social networks: A promising direction for research on the relationship of the social environment to psychiatric disorder. *Social Science and Medicine*, *14 A*, 147–161.

Müller, G. F. & Müller-Andritzky, M. (1987). Alte Menschen. In G. W. Lauth & P. Viehbahn (Hrsg.), *Soziale Isolierung. Ursachen und Interventionsmöglichkeiten* (S. 71–84). München: PVU.

Muhlenkamp, A. F. & Sayles, J. A. (1986). Self-esteem, social support, and positive health practices. *Nursing Research*, *35*, 334–338.

Mullins, L. C., Johnson, D. P. & Anderson, L. (1987). Loneliness of the elderly: The impact of family and friends. Special issue: Loneliness: Theory, research, and applications. *Journal of Social Behavior and Personality, 2*, 225–238.
Mummendey, A., Loeschper, G., Linneweber, V., Olten, S. & Meyberg, J. D. (1985). Der normative Kontext aggressiver Interaktionen. Subjektive Repräsentationen von Unangemessenheit. *Zeitschrift für Soziale Psychology, 16*, 128–138.
Murphy, E. (1985). The impact of depression in old age on close social relationships. *American Journal of Psychiatry, 142*, 323–327.
Murray, H. A. (1938). *Explorations in personality.* New York: Oxford University Press.
Murray Parkes, C. (1982). Attachment and the prevention of mental disorders. In C. Murray Parkes & J. Stevenson-Hinde (Eds.), *The place of attachment in human behavior* (pp. 295–309). New York: Basic books.
Murray Parkes, C. (1991). Attachment, bonding, and psychiatric problems after bereavement in adult life. In C. Murray Parkes, J. Stevenson-Hinde & P. Marris (Eds.), *Attachment across the life cycle* (pp. 268–292). London & New York: Tavistock/Routledge.
Murray Parkes, C. & Stevenson-Hinde, J. (Eds.), (1982). *The place of attachment in human behavior.* New York: Basic Books.
Murray Parkes, C., Stevenson-Hinde, J. & Marris, P. (Eds.). (1991). *Attachment across the life cycle.* London & New York: Tavistock/Routledge.
Murrell, S. A. & Norris, F. H. (1991). Differential social support and life change as contributors to the social class-distress relationship in older adults. *Psychology and Aging, 6*, 223–231.
Musson, R. F. & Alloy, L. B. (1988). Depression and self-directed attention. In L. B. Alloy (Ed.), *Cognitive processes in depression* (pp. 193–222). New York: Guilford.
Mutran, E. (1987). Family social ties and self-meaning in old age: The development of an affective identity. *Journal of Social and Personal Relationships, 4*, 463–480.

Nadler, A. & Fisher, J. D. (1986). The role of threat to self-esteem and perceived control in recipient reaction to help: Theory development and empirical validation. *Advances of Experimental and Social Psychology, 19*, 81–122.
Nadler, A. (1991). Help-seeking behavior: Psychological costs and instrumental benefits. In M. S. Clark (Ed.), *Prosocial behavior* (pp. 290–311). Newbury Park: Sage.
Nagel-Schmitt, U. (1990). *Das Konstrukt Netzwerkorientierung. Entwicklung und Erprobung eines Meßinstrumentes an Strafgefangenen.* Unveröffentlichte Diplomarbeit. Rupprecht-Karls-Universität Heidelberg. Psychologisches Institut.
Nair, D. & Jason, L. A. (1985). An investigation and an analysis of social networks among children. *Special Services in the Schools, 1*, 43–52.
Napier, T. L., Carter, M. V. & Bryant, E. G. (1986). Local perceptions of reservoir im-pacts: A test of vested interests. *American Journal of Community Psychology, 14*, 17–37.
Neighbors, H. W. & Jackson, J. S. (1984). The use of informal and formal help: Four patterns of illness behavior in the black community. *American Journal of Community Psychology, 12*, 629–644.
Neimeyer, G. J. & Neimeyer, R. A. (1983). Personal construct perspective on cognitive assessment. In T. V. Merluzzi, C. R. Glass & M. Genest (Eds.), *Cognitive assessment* (pp. 188–232). New York: Guilford.
Neimeyer, G. J. & Neimeyer, R. A. (1985a). Relational trajectories: A personal construct contribution. *Journal of Social and Personal Relationships, 2*, 325–349.
Neimeyer, R. A. (1985). Personal constructs in depression: Research and clinical implications. In E. Button (Ed.), *Personal construct theory and mental health. Theory, research, and practice* (pp. 82–102). Beckenham, England: Croom Helm.

Neimeyer, R. A. & Neimeyer, G. J. (1985b). Disturbed relationships: A personal construct view. In E. Button (Ed.), *Personal construct theory and mental health* (pp. 195–223). Beckenham: Croom Helm.

Neimeyer, R. A., Klein, M. H., Gurman, A. S. & Griest, J. H. (1983). Cognitive structure and depressive symptomatology. *British Journal of Cognitive Psychotherapy, 1*, 65–73.

Neimeyer, R. A., Neimeyer, G. J. & Landfield, A. W. (1983). Conceptual differentiation, integration and empathic prediction. *Journal of Personality, 51*, 185–191.

Nelson, G. (1990). Woman's life strains, social support, coping, and positive and negative Affekt: Cross-sectional and longitudinal tests of the two-factor theory of emotional well-being. *Journal of Community Psychology, 18*, 239–263.

Nelson, K. & Gruendel, J. (1986). Children's scripts. In K. Nelson (Ed.), *Event knowledge. Structure and function in development* (pp. 21–46). Hillsdale, NJ: Lawrence Erlbaum.

Nestmann, F. (1988). *Die alltäglichen Helfer. Theorien sozialer Unterstützung und eine Untersuchung alltäglicher Helfer aus vier Dienstleistungsberufen.* Berlin: De Gruyter.

Nestmann, F. (1991). Beratung, soziale Netzwerke und soziale Unterstützung. In M. Beck, G. Brückner & H. U. Thiel (Hrsg.), *Psychosoziale Beratung. Klient/inn/en – Helfer/innen – Institutionen* (S. 45–66). Tübingen: DGVT.

Nestmann, F. & Schmerl, C. (1990). Das Geschlechterparadox in der Social Support-Forschung. In C. Schmerl & F. Nestmann (Hrsg.), *Ist geben seliger als Nehmen? Frauen und Social Support* (S. 7–35). Frankfurt: Campus.

Neugarten, B. L. & Datan, N. (1980). Soziologische Betrachtung des Lebenslaufs. In P. B. Baltes & L. H. Eckensberger (Hrsg.), *Entwicklungspsychologie der Lebensspanne.* Stuttgart: Klett-Cotta.

Newcomb, M. D. (1990). Social support by many other names: Towards a unified conceptualization. Special Issue: Predicting, activating and facilitating social support. *Journal of Social and Personal Relationships, 7*, 479–494.

Newcomb, M. D. & Bentler, P. M. (1988). Impact of adolescent drug use and social support on problems of young adults: A longitudinal study. *Journal of Abnormal Psychology, 97*, 64–75.

Newcomb, T. M. (1961). *The acquaitance process.* New York: Holt, Rinehart & Winston.

Nezu, A. M., Nezu, C. M. & Peterson, M. A. (1986). Negative life stress, social support, and depressive symptoms: Sex role as moderator variable. *Journal of Social Behavior and Personality, 1*, 599–609.

Noelle-Neumann, E. & Piel, E. (1983). *Allensbacher Jahrbuch der Demoskopie 1978–1983* (Vol. VIII).

Norbeck, J. S. (1985). Types and sources of social support for managing job stress in critical care nursing. *Nursing Research, 34*, 225–230.

Norris, F. H. & Murrell, S. A. (1984). Protective function of resources related to life events, global stress, and depression in older adults. *Journal of Health and Social Behavior, 25*, 424–437.

Norris, F. H. & Murrell. S. A. (1987). Transitory impact of life-event stress on psychological symptoms in older adults. *Journal of Health and Social Behavior, 28*, 197–211.

Nuckolls, K. B., Cassel, J. & Kaplan, B. H. (1972). Psychosocial assets, life crisis and the prognosis of pregnancy. *American Journal of Epidemiology, 95*, 431–441.

O'Connell, R. A. & Mayo, J. A. (1988). The role of social factors in affective disorder: A review. *Hospital and Community Psychiatry, 39* (8), 842–851.

O'Connor, P. & Brown, G. W. (1984). Supportive relationships: Fact or fancy. *Journal of Social and Personal Relationships, 1*, 159–176.

O'Hara, M. W., Rehm, L. P. & Campbell, S. B. (1983). Postpartum depression: A role for social network and life stress variables. *The Journal of Nervous and Mental Disease, 171*, 336–341.

Oatley, K. (1988). Life events, social cognition and depression. In S. Fisher & J. Reason (Eds.), *Handbook of life stress, cognition and health* (pp. 543–557). New York: Wiley.

Okin, L., Dolnick, J. A. & Pearsall, D. T. (1983). Patient's perspectives on community alternatives to hospitalization: A follow-up study. *American Journal of Psychiatry, 140*, 1460–1464.

Okun, M. A., Melichar, J. F. & Hill, M. D. (1990). Negative daily events, positive and negative social ties, and psychological distress among older adults. *Gerontologist, 30*, 193–199.

Oliver, J. M., Handal, P. J., Finn, T. & Herdy, S. (1987). Depressed and nondepressed students and their siblings in frequent contact with their families: Depression and perception of the family. *Cognitive Therapy and Research, 11*, 501–515.

Oritt, E. J., Behrman, J. & Paul, S. C. (1982). *Social support: Conditions related to satisfaction with perceived support.* Paper presented at the meeting of the American Psychological Association, Washington, DC.

Oritt, E. J., Paul, S. C., Poulton, J. L., Dark, V. J., Morril, W. H. & Schmid, W. W. (1984). *Stress, social support, personal competencies, and adjustment: A longitudinal study.* Paper presented at the annual convention of the APA, Toronto, August 1984.

Orth-Gomer, K. & Unden, A.L. (1987). The measurement of social support in population surveys. *Social Science and Medicine, 24*, 83–94.

Orth-Gomer, K. & Unden, A. L. (1990). Type A behavior, social support, and coronary risk: Interaction and significance for mortality in cardiac patients. *Psychosomatic Medicine, 52*, 59–72.

Ostrom, T. M. (1984). The sovereignty of social cognition. In R. S. Wyer & T. K. Srull (Eds.), *Handbook of social cognition* (Vol. 1, pp. 1–38). Hillsdale, NJ: Lawrence Erlbaum.

Ostrow, E., Paul, S. C., Dark, V. J. & Behrman, J. A. (1986). Adjustment of woman on campus: Effects of stressful life events, social support, and personal competencies. In S. E. Hobfoll (Ed.), *Stress, social support, and woman* (pp. 29–46). New York: Hemisphere Publications.

Ostrow, E., Paul, S. C., Dark, V., Henrie, R., Kochenhour, E., Morril, W., Oritt, E. J. & Poulton, J. L. (1981). *Epidemiology: The roles of stressful life events, social support and personal competencies.* Paper presented at the meeting of the APA, Los Angeles, August 1981.

Oxley, D. K. & Barrera, M. (1984). Undermanning theory and the work place. Implications of setting size for job satisfaction and social support. *Environment and Behavior, 16*, 211–234.

Oxley, D. K., Barrera, M. & Sadalla, E. (1981). Relationships among community size, mediators, and social support variables: A path analytic approach. *American Journal of Community Psychology, 9*, 637–651.

Oxman, T. E. & Berkman, L. F. (1990). Assessment of social relationships in elderly patients. *International Journal of Psychiatry in Medicine, 20*, 65–84.

Oyabu, N. & Garland, T. N. (1987). An investigation of the impact of social support on the outcome of an alcoholism treatment program. *International Journal of the Addictions, 22*, 221–234.

Pagel, M. D. & Becker, J. (1987). Depressive thinking and depression: Relations with personality and social resources. *Journal of Personality and Social Psychology, 52*, 1043–1052.

Pagel, M. D., Erdly, W. W. & Becker, J. (1987). Social networks: We get by with (and in spite of) a little help from our friends. *Journal of Personality and Social Psychology, 53*, 793–804.

Palmonari, A., Pombeni, M. L. & Kirchler, E. (1990). Adolescents and their peer groups: A study on the significance of peers, social categorization processes and coping with developmental tasks. *Social Behaviour, 5,* 33–48.

Palys, T. S. & Little, B. R. (1983). Perceived life satisfaction and the organization of personal project systems. *Journal of Personality and Social Psychology, 44*, 1221–1230.

Pappi, F. U. (1987). *Techniken der empirischen Sozialforschung: Methoden der Netzwerkanalyse.* München: Oldenbourg.

Parekh, H., Manz, R. & Schepank, H. (1988). Life-events, coping, social support: Versuch einer Integration aus psychoanalytischer Sicht. *Zeitschrift für Psychosomatische Medizin und Psychoanalyse, 34*, 226–246.

Park, R. E. & Burgess, E. W. (1925). *The City.* Chicago:.

Parker, G. & Barnett, B. (1988). Perceptions of parenting in childhood and social support in adulthood. *American Journal of Psychiatry, 145*, 479–482.

Parker, G., Tupling, H. & Brown, L. B. (1979). A parental bonding instrument. *British Journal of Medical Psychology, 52*, 1–10.

Parry, G. & Shapiro, D. A. (1986). Social support and life events in working class women: Stress buffering or independent effects. *Archives of General Psychiatry, 43*, 315–323.

Parsons, T. (1937). *The structure of social action.* Cambridge.

Pascoe, J. M. & Earp, J. A. (1984). The effects of mothers' social support and life changes on the stimulation of their children in the home. *American Journal of Public Health, 74*, 358–360.

Paterson, R. J. & Moran, G. (1988). Attachment theory, personality development, and psychopathology. *Clinical Psychology Review, 8*, 611–636.

Pattison, E. M. (1977a). A theoretical-empirical base for social system therapy. In E. F. Foulks, R. M. Wintrob, J. Westermeyer & A. R. Favazzo (Eds.), *Current perspectives in cultural psychiatry* (pp. 217–253). New York: Spectrum.

Pattison, E. M. (1977b). Clinical social systems intervention. *Psychiatry Gigest Publications, 38*, 25–33.

Pattison, E. M. & Hurd, G. S. (1984). The social network paradigm as a basis for social intervention strategies. In W. A. O'Connor & B. Lubin (Eds.), *Ecological approaches to clinical and community psychology* (pp. 145–185). New York: Wiley.

Pattison, E. M. & Llamas, R. (1977). *Clinical applications of social network concepts to mental health.* Paper peresented at the 4th Annual Social Network Colloquium of the Social Science and Linguistics. University of Hawai: Honolulu, December 28.–30. 1977.

Pattison, E. M., Llamas, R. & Hurd, G. (1979). Social network mediation of anxiety. *Psychiatric Annals, 9*, 56–67.

Paul, G. L. (1967). Insight versus desensitization in psychotherapy two years after termination. *Journal of Consulting and Clinical Psychology, 31*, 333–348.

Payne, R. L. (1988). A longitudinal study of the psychological well-being of unemployed men and the mediating effect of neuroticism. *Human Relations, 41*, 119–138.

Payne, R. L. & Jones, G. J. (1987). Measurement and methodological issues in social support. In S. V. Kasl & C. L. Cooper (Eds.), *Stress and health: Issues in research methodology* (pp. 167–205). New York: Wiley.

Pearlin, L. I. (1985). Social structure and processes of social support. In S. Cohen & S. L. Syme (Eds.), *Social support and health* (pp. 43–60). New York: Academic Press.
Pearlin, L. I. & Johnson, J. S. (1977). Marital status, Life-strains and depression. *American Sociological Review, 42*, 704–715.
Pearlin, L. I. & Schooler, C. (1978). The structure of coping. *Journal of Health and Social Behavior, 19*, 2–21.
Pearlin, L. I., Lieberman, M. A., Menaghan, E. G. & Mullan, J. T. (1981). The stress process. *Journal of Health and Social Behavior, 22*, 337–356.
Pearson, R. E. (1990). *Counseling and social support. Perspectives and practice.* London: Sage.
Peplau, L. A. (1985). Loneliness research: Basic concepts and findings. In I. G. Sarason & B. R. Sarason (Eds.), *Social support: Theory, research and applications* (pp. 269–286). Dordrecht: Martinus Nijhoff.
Peplau, L. A. & Perlman, D. (1979). Blueprint for a social psychological theory of loneliness. In M. Cook & G. Wilson (Eds.), *Love and attraction* (pp. 101–110). Oxford: Pergamon.
Peplau, L. A. & Perlman, D. (1982). Perspective on loneliness. In L. A. peplau & D. Perlman (Eds.), *Loneliness: A sourcebook of current theory, research and therapy* (pp. 1–20). New York: Wiley.
Perkonigg, A. (1993). Soziale Unterstützung und Belastungsverarbeitung: Ein Modell zur Verknüpfung der Konzepte und Analyse von Unterstützungsprozesssen. In A. Laireiter (Hrsg.), Soziales Netzwerk und soziale Unterstützung. Konzepte, Methoden und Befunde (S. 115–127). Bern: Huber.
Perkonigg, A., Baumann, U. & Perrez, M. (1993). Soziale Unterstützung und Belastungsverarbeitung: Eine Untersuchung mit computerunterstützter Selbstbeobachtung. In A. Laireiter (Hrsg.), Soziales Netzwerk und soziale Unterstützung. Konzepte, Methoden und Befunde (S. 128–140). Bern: Huber.
Perl, H. I. & Trickett, E. J. (1988). Social network formation of college freshmen: Personal and environmental determinants. *American Journal of Community Psychology, 16*, 207–225.
Perlman, D. (1988). Loneliness: A life-span, family perspective. In R. M. Milardo (Ed.), *Families and social networks* (pp. 190–220). Newbury Park: Sage.
Perlman, D. & Peplau, L. A. (1981). Toward a social psychology of loneliness. In S. W. Duck & R. Gilmour (Eds.), *Personal relationships 3. Personal relationships in disorder.* London: Academic Press.
Perri, M. G., McAdoo, W. G., McAllister, D. A., Lauer, J. B. et al. (1987). Effects of peer support and therapist contact on long-term weight loss. *Journal of Consulting and Clinical Psychology, 55*, 615–617.
Perrucci, R. & Targ, D. B. (1982a). *Mental patients and social networks.* Boston, Mass.: Auburn House.
Perrucci, R. & Targ, D. B. (1982b). Network structure and reactions to primary deviance of mental patients. *Journal of Health and Social Behavior, 23*, 2–17.
Pervin, L. A. (1976). A free-response description approach to the analysis of person-situation interaction. *Journal of Personality and Social Psychology, 34*, 465–474.
Pervin, L. A. (1985). Personality: Current controversies, issues, and directions. *Annual Review of Psychology, 36*, 83–114.
Pettigrew, T. F. (1983). Seeking public assistance: A stigma analysis. In A. Nadler, J. D. Fisher & B. M. DePaulo (Eds.), *New direction in helping. Volume 3. Applied perspectives on help-seeking and -receiving* (pp. 273–293). New York: Academic Press.

Pfingstmann, G. & Baumann, U. (1987). Untersuchungsverfahren zum Sozialen Netzwerk und zur Sozialen Unterstützung: Ein Überblick. *Zeitschrift für Differentielle und Diagnostische Psychologie, 8,* 75–98.

Phifer, J. F. & Murrell, S. A. (1986). Etiologic factors in the onset of depressive symptoms in older adults. *Journal of Abnormal Psychology, 95,* 282–291.

Piaget, J. (1971). *Structuralism.* London: Routledge & Kegan Paul.

Pierce, G. R., Sarason, I. G. & Sarason, B. R. (1988). *Quality of relationships and social support as personality characteristics.* Paper presented at the annual meeting of the American Psychological Association, Atlanta.

Pierce, G. R., Sarason, B. R. & Sarason, I. G. (1989). *Quality of relationships and social support: Empirical and conceptual distinctions.* Paper presented at the annual meeting of the American Psychological Association, New Orleans.

Pierce, G. R., Sarason, I. G. & Sarason, B. R. (1991). General and relationship-based perceptions of social support: Are two constructs better than one? *Journal of Personality and Social Psychology, 61,* 1028–1039.

Pilisuk, M. (1982). Delivery of social support. The social inoculation. *American Journal of Orthopsychiatry, 52,* 20–31.

Pilisuk, M., Boylan, R. & Acredolo, C. (1987). Social support, life stress, and subsequent medical care utilization. *Health Psychology, 6,* 273–288.

Piontkowski, U. (1976). *Psychologie der Interaktion. Grundfragen der Psychologie.* München: Juventa.

Politser, P. E. (1980). Network analysis and the logic of social support. In R. H. Price & P. E. Politser (Eds.), *Evaluation and action in the social environment* (pp. 69–88). New York: Academic Press.

Pool, I. de S. & Kochen, M. (1978). Contacts and influences. *Social Networks, 1,* 5–51.

Powell, D. R. (1979). Family-environment relations and early childrearing: The role of social networks and neighborhoods. *Journal of Research and Development in Education, 13,* 1–11.

Powell, D. R. (1988). Support groups for low income mothers. In B. H. Gottlieb (Ed.), *Marshalling social support. Formats, processes, and effects* (pp. 111–134). Newbury Park: Sage.

Powell, D. R. & Eisenstadt, J. W. (1983). Predictors of help-seeking in an urban setting: The search for child care. *American Journal of Community Psychology, 11,* 401–422.

Power, P. J., Champion, L. A. & Aris, S. J. (1988). The development of a measure of social support: The Significant Others (SOS) Scale. *British Journal of Clinical Psychology, 27,* 349–358.

Pretty, G. M. (1990). Relating psychological sense of community to social climate characteristics. *Journal of Community Psychology, 18,* 60–65.

Procadino, M. E. & Heller, K. (1983). Measures of perceived social support from friends and from family: Three validation studies. *American Journal of Community Psychology, 11,* 1–24.

Prystav, G. (1985). Der Einfluß der Vorhersagbarkeit von Streßereignis auf die Angstbewältigung. In H. W. Krohne (Hrsg.), *Angstbewältigung in Leistungssituationen* (S. 14–45). Weinheim: Edition Psychologie.

Quast, H. H. (1985). Different perspectives in research on social support and stress. In R. Schwarzer (Ed.), *Stress and social support.* *Research Report 4. Department of Psychology, Educational Psychology* (pp. 45–82). Berlin: Freie Universität.

Quisumbing, M. S. (1982). *Life events, social support and personality: The impact of Philipino psychological adjustment*. University of Chicago: Unpublished doctoral dissertation.
Quittner, A. L., Glueckauf, R. L. & Jackson, D. N. (1990). Chronic parenting stress: Moderating versus mediating effects of social support. *Journal of Personality and Social Psychology, 59,* 1266–1278.

Rabkin, J. G. & Struening, E. L. (1976). Life events, stress, and illness. *Science, 194,* 1013–1020.
Radcliffe-Brown, A. R. (1940). On social structure. *Journal of the Royal Anthropological Society of Great Britain and Ireland, 70,* 1–12.
Radloff, L. S. (1975). Sex differences in depression: The effects of occupation and marital status. *Sex Roles, 1,* 249–265.
Radloff, L. S. (1977). The CES-D scale: A self-report depression scale for research in the general population. *Applied Psychological Measurement, 1,* 385–401.
Rapoport, A. (1985). Thinking about home environments. A conceptual framework. In I. Altman & C. M. Werner (Eds.), *Home environments* (pp. 255–286). New York: Plenum.
Ratcliffe, W. D., Zelhart, P. F. & Azim, H. F. A. (1978). *Social networks and psychopathology* (Unpublished Paper). Edmonton, Canada: University of Alberta.
Rauh, H. (1981). Vom Baby zum Schulkind. *Studieneinheit Entwicklungspsychologie.* Tübingen: DIFF, *2,* 52–56.
Raviv, A., Keinan, G., Abazon, Y. & Raviv, A. (1990). Moving as a stressful life event for adolescents. *Journal of Community Psychology, 18,* 130–140.
Reicherts, M. (1993). Wann nützt Soziale Unterstützung? Eine situationsorientierte Analyse ihrer Wirksamkeit bei der Bewältigung von Belastungen. In A. Laireiter (Hrsg.), Soziales Netzwerk und soziale Unterstützung. Konzepte, Methoden und Befunde (S. 141–153). Bern: Huber.
Reinecker, H., Schiepeck, G. & Gunzelmann, T. (1989). Integration von Forschungsergebnissen: Meta-Analysen in der Psychotherapieforschung. *Zeitschrift für Klinische Psychologie, 18,* 101–116.
Reis, H. T. (1984). Social interaction and well-being. In S. Duck (Ed.), *Personal relationships. 5: Repairing personal relationships* (pp. 21–46). New York: Academic Press.
Reis, H. T. (1986). Gender effects in social participation: Intimacy, loneliness and the conduct of social interaction. In R. Gilmour & S. Duck (Eds.), *The emerging field of personal relationships* (pp. 91–105). Hillsdale, NJ: Lawrence Erlbaum.
Reis, H. T. (1990). The role of intimacy in interpersonal relationships. *Journal of Social and Clinical Psychology, 9,* 15–30.
Reis, H. T. & Shaver, P. (1988). Intimacy as an interpersonal process. In S. W. Duck (Ed.), *Handbook of personal relationships* (pp. 367–389). New York: Wiley.
Reiss, S. & Benson, B. A. (1985). Psychosocial correlates of depression in mentally retarded. *American Journal of Mental Deficiency, 89,* 331–337.
Reizenstein, J. E. (1982). Hospital design and human behavior: A review of the recent literature. In A. Baum & J. E. Singer (Eds.), *Advances in environmental psychology Vol. 4. Environment and health* (pp. 137–169). Hillsdale, NJ: Lawrence Erlbaum.
Repetti, R. L. (1987). Individual and common components of the social environment at work and psychological well being. *Journal of Personality and Social Psychology, 52,* 710–720.
Revenson, G. T. A. (1981). Coping with loneliness: The impact of causal attributions. *Personality and Social Psychology Bulletin, 7,* 565–571.

Revenson, G. T. A. & Johnson, J. L. (1984). Social and demographic correlates of loneliness in late life. *American Journal of Community Psychology, 12*, 71–86.
Revenson, T. A. & Majerovitz, S. D. (1990). Spouses' support provision to chronically ill patients. *Journal of Social and Personal Relationships, 7*, 575–586.
Revicki, D. A. & May, H. J. (1985). Occupational stress, social support, and depression. *Health Psychology, 4*, 61–77.
Reynolds, S. & Gilbert, P. (1991). Psychological impact of unemployment: Interactive effects of vulnerability and protective factors on depression. *Journal of Counseling Psychology, 38*, 76–84.
Rexilius, G. (1984). Familientherapie. In H. Zygowski (Hg.), *Erziehungsberatung in der Krise. Analysen und Erfahrungen* (S. 118–136). Tübingen: DGVT.
Rhoads, D. (1983). A longitudinal study of life stress and social support among drug abusers. *The International Journal of the Addictions, 18*, 195–222.
Rice, M. L. & O'Brien, M. (1990). Transitions: Times of change and accommodation. *Topics in Early Childhood Special Education, 9*, 1–14.
Richey, C. A., Lovell, M. L. & Reid, K. (1991). Interpersonal skill training to enhance social support among women at risk for child maltreatment. Special Issue: Child welfare policy and practice. *Children and Youth Services Review, 13*, 41–59.
Richman, J. A. & Flaherty, J. A. (1985). Coping and depression. The relative contributions of internal and external resources during a life cycle transition. *The Journal of Nervous and Mental Disease, 173*, 590–595.
Richman, J. A. & Flaherty, J. A. (1987). Adult psychosocial assets and depressive mood over time: Effects of internalized childhood attachments. *Journal of Nervous and Mental Disease, 175*, 703–712.
Riess-Schmeling, J. (1982). *Kontaktstruktur von Depressiven. Analyse quantitativer und qualitativer Aspekte des sozialen Netzwerks psychogen depressiver Frauen* (Dissertation). Aachen: Technische Hochschule.
Riger, S. & Lavrakas, P. J. (1981). Community ties: Patterns of attachment and social interaction in urban neighborhoods. *American Journal of Community Psychology, 9*, 55–66.
Riger, S., Lebailly, R. K. & Gordon, M. T. (1981). Community ties: Patterns of attachment and social interaction in urban neighborhoods. *American Journal of Community Psychology, 9*, 653–665.
Riggio, R. E. (1986). Assessment of basic social skills. *Journal of Personality and Social Psychology, 51*, 649–660.
Riggio, R. E. & Zimmerman, J. (1991). Social skills and interpersonal relationships: Influneces on social support and support seeking. *Advances in Personal Relationships, 2*, 133–155.
Riley, D. & Eckenrode, J. (1986). Social ties: Subproups differences in costs and benefits. *Journal of Personality and Social Psychology, 51*, 770–778.
Rim, Y. (1986). Dream content and daytime coping styles. *Personality and Individual Differences, 7*, 259–261.
Ring, K. (1967). Experimental social psychology: Some sober questions about some frivolous values. *Journal of Experimental Social Psychology, 3*, 113–123.
Rivlin, L. G. (1987). The neighborhood, personal identity, and group affiliations. In I. Altman & A. Wandersman (Eds.), *Neighborhood and community environments* (pp. 1–34). New York: Plenum.
Robbins, P. R. & Tanck, R. H. (1982). A factor analysis of coping behaviors. *Journal of Clinical Psychology, 34*, 379–380.
Roberts, S. J. (1988). Social support and help seeking: Review of the literature. *Advances in Nursing Science, 10*, 1–11.

Robins, C. L. & Block, P. (1989). Cognitive theories of depression viewed from a diathesis-stress pertspective: Evaluations of the models of Beck and of Abramson, Seligman, and Teasdale. *Cognitive Therapy and Research, 13*, 297–313.
Rock, D. L., Green, K. E., Wise, B. K. & Rock, R. D. (1984). Social support and social network scales: A psychometric review. *Nursing Research and Health, 7*, 325–332.
Rockwell, R. C. & Elder, G. H. (1982). Economic deprivation and problem behavior: Childhood and adolescence in the Great Depression. *Human Development, 25*, 57–64.
Röhrle, B. (1981). *Handlungstheoretische Analyse sozialer Interaktionen beim Problemlösen – Handlungsgrundlagen.* Dissertation, Universität Tübingen.
Röhrle, B. (1985). Zur Ökologie sozialer Stützsysteme. In P. Day, U. Fuhrer & U. Laucken (Hrsg.), *Umwelt und Handeln* (S. 166–188). Tübingen: Attempto.
Röhrle, B. (1986). *Social Support und Umwelt: Bestandsaufnahme und Perspektiven.* Vortrag, 35. Kongreß der Deutschen Gesellschaft für Psychologie, Heidelberg.
Röhrle, B. (1987a). Soziale Netzwerke und Unterstützung im Kontext der Psychologie. In H. Keupp & B. Röhrle (Hrsg.), *Soziales Netzwerk* (S. 54–108). Frankfurt a.M.: Campus.
Röhrle, B. (1987b). *Soziale Netzwerke und Unterstützung – Befunde und Rezeptionsvarianten eines „neuen" Konzepts in der Psychologie* (Diskussionspapier Nr. 54). Heidelberg: Universität Heidelberg, Psychologisches Institut.
Röhrle, B. (1988a). Soziale Netzwerke: Eine Perspektive für die psychosoziale Praxis. *Blätter der Wohlfahrtspflege, 135*, 255–257.
Röhrle, B. (1988b). Ausserstationäre Lebensbedingungen psychiatrischer Patienten. *Psychologie und Gesellschaftskritik, 12*, 19–39.
Röhrle, B. (1988c). *Fragebogen zur verhaltenstherapeutischen Diagnostik depressiver Störungen. Ein Kompendium.* Materialie Nr. 20. Tübingen: DGVT.
Röhrle, B. (1989a). Zur Rezeption des Konzepts der sozialen Netzwerke in der Psychologie. In E. v. Kardorff, W. Stark, R. Rohner & P. Wiedemann, P. (Hrsg.), *Zwischen Netzwerk und Lebenswelt – Soziale Unterstützung im Wandel* (S. 77–94). München: Profil Verlag.
Röhrle, B. (1989b). Soziale Netzwerke: Ansatzpunkte psychiatrischer Hilfen. In M. C. Angermeyer & D. Klusmann (Hrsg.), *Soziales Netzwerk. Ein neues Konzept für die Psychiatrie* (S. 249–270). Berlin: Springer.
Röhrle, B. (1990). Gemeindepsychologie. In L. Kruse, C. F. Graumann & E. D. Lantermann (Hrsg.), *Ökologische Psychologie. Ein Handbuch in Schlüsselbegriffen* (S. 87–93). München: PVU.
Röhrle, B. & Bensberg-Esslinger, G. (1990). *Kognitive Merkmale sozialer Netzwerke bei Depressiven.* Unveröffentlichtes Manuskript, Fachbereich Psychologie Universität Marburg.
Röhrle, B. & Hellmann, I. (1989). Characteristics of social networks and social support among long-term and short-term unemployed teachers. *Journal of Personal and Social Relationships, 6*, 463–473.
Röhrle, B. & Mayr, U. (1992). *Prototypische Episoden sozialer Unterstützung.* Unveröffentlichtes Manuskript, Fachbereich Psychologie Universität Marburg.
Röhrle, B. & Nagel-Schmitt, U. (1990). *Netzwerkorientierungen – Ein Verfahren zur Bereitschaft soziale Unterstützung in Anspruch zu nehmen.* Unveröffentlichtes Manuskript, Fachbereich Psychologie Universität Marburg.
Röhrle, B. & Schmitt, G. (1993). On the Depressivity of Personal Constructs in Socially Supportive Relationships. *International Journal of Personal Construct Psychology,* submitted.
Röhrle, B. & Sommer, G. (1993). Zum Zusammenhang von Sozialer Kompetenz und Sozialer Unterstützung. Eine Meta-Analyse. In J. Hohl & G. Reisbeck (Hrsg.), Individuum, Lebenswelt, gesellschaft. Texte zur Sozialpsychologie und Soziologie. Heiner Keupp zum 50. Geburtstag (S. 295–312). München: Profil.

Röhrle, B. & Sommer, G. (in press). Social support and social competences: Some theoretical and empirical contributions to their relationship. In F. Nestmann & K. Hurrelmann (Eds.), *Social networks and social support in childhood and adolescence.* New York, Berlin: Walter de Gruyter.
Röhrle, B. & Stark, W. (1985). Soziale Stützsysteme und Netzwerke im Kontext klinisch-psychologischer Praxis. In B. Röhrle & W. Stark (Hrsg.), *Soziale Netzwerke und Stützsysteme-Perspektiven für die klinisch-psychologische und gemeindepsychologische Praxis* (S. 29–41). Tübingen: DGVT.
Röhrle, B., Boden H. & Köhler, A. (1992). *Zur Depressivität personaler Konstrukte zur sozialen Unterstützung.* Unveröffentlichtes Manuskript. Fachbereich Psychologie, Universität Marburg.
Röhrle, B., Friedrich, S. & Menche, C. (1992). *Subjektive Theorien zur sozialen Unterstützung.* Unveröffentlichtes Manuskript. Fachbereich Psychologie, Universität Marburg.
Röhrle, B., Hedke, J. & Leibold, S. (im Druck). Personale Projekte zur Herstellung und Pflege sozialer Beziehungen bei depressiven und nicht depressiven Personen. *Zeitschrift für Klinische Psychologie.*
Röhrle, B., Linkenheil, J. & Graf, J. (1990). Soziale Unterstützung und Coping bei verschiedenen Formen von Prüfungsstreß. *Zeitschrift für Differentielle und Diagnostische Psychologie, 11,* 109–117.
Röhrle, B. Sandholz, A. und Schönfeld, B. (1989). Soziale Netzwerke, Unterstützung und Selbsthilfe bei Witwen. *System Familie, 2,* 56–58.
Rogers, E. M. (1987). Progress, problems and prospects for network research: Investigating relationships in the age of electronic communication technologies. *Social Networks, 9,* 285–310.
Rogers, E. M. & Kincaid, D. L. (1981). *Communication networks. Toward a new paradigm for research.* New York: The Free Press.
Rohrmann, B. (1990). Partizipation und Protest. In L. Kruse, C. F. Graumann & E. D. Lantermann (Hrsg.), *Ökologische Psychologie. Ein Handbuch in Schlüsselbegriffen* (S. 645–653). München: PVU.
Romney, A. K. & Faust, K. (1982). Predicting the structure of communications network from recalled data. *Social Networks, 4,* 285–304.
Romney, A. K. & Weller, S. C. (1984). Predicting informant accuracy from recall among individuals. *Social Networks, 6,* 59–78.
Roney, C. J. R. & Sorrentino, R. M. (1988). Uncertainty orientation and person perception: Individual differences in categorization. *Social Cognition, 5,* 369–382.
Rook, K. S. (1984a). Promoting social bonding. Strategies for helping the lonely and socially isolated. *American Psychologist, 39,* 1389–1407.
Rook, K. S. (1984b). Research on social support, loneliness, and social isolation. *Review of Personality and Social Psychology, 5,* 239–264.
Rook, K. S. (1984c). The negative side of social interaction: Impact on psychological well being. *Journal of Personality and Social Psychology, 46,,* 1097–1108.
Rook, K. S. (1985). The functions of social bonds: Perspectives from research on social support, loneliness and social isolation. In I. G. Sarason & B. R. Sarason (Eds.), *Social support: Theory, research and applications* (pp. 243–267). Dordrecht: Martinus Nijhoff.
Rook, K. S. (1987). Social support versus companionship: Effects on life stress. Loneliness, and evaluations by others. *Journal of Personality and Social Psychology, 52,* 1132–1147.
Rook, K. S. (1988). Toward a more differentiated view of loneliness. In S. W. Duck (Ed.), *Handbook of personal relationsips* (pp. 571–589). New York: Wiley.

Rook, K. S. (1990a). Parallels in the study of social support and social strain. Special Issue: Social support in social and clinical psychology. *Journal of Social and Clinical Psychology, 9,* 118–132.

Rook, K. S. (1990b). Social relationships as a source of companionship: Implications for older adults' psychological well-being. In B. R. Sarason, I. G. Sarason & G. R. Pierce (Eds.), *Social support: An interactional view* (pp. 219–250). New York: Wiley.

Rook, K. S. & Dooley, D. (1985). Applying social support research: Theoretical problems and future directions. *Journal of Social Issues, 41,* 5–28.

Roos, P. E. & Cohen, L. H. (1987). Sex roles and social support as moderators of life stress adjustment. *Journal of Personality and Social Psychology, 52,* 576–585.

Roppel, C. E. & Jacobs, M. K. (1988). Multimedia strategies for mental health promotion. In L. A. Bond & B. M. Wagner (Eds.), *Primary prevention of psychopathology. Volume XI: Families in transition. Primary prevention programs that work* (pp. 33–48). Newbury Park: Sage.

Rosario, M., Shinn, M., Morch, H. & Huckabee, C. B. (1988). Gender differences in coping and social supports: Testing socialization and role constraint theories. *Journal of Community Psychology, 16,* 55–69.

Rosch, E. (1973a). Natural categories. *Cognitive Psychology, 4,* 328–350.

Rosch, E. (1973b). On the internal structure of perceptual and semantic categories. In T. E. Moore (Ed.), *Cognitive development and the acquisition of language* (pp. 111–144). New York: Academic Press.

Rosch, E. (1984). *Der Einfluß von Prototypen bei Eindrucks- und Inferenzurteilen über männliche und weibliche Personen.* Pfaffenweiler: Centaurus.

Rosenberg, M. R. & Vaux, A. (1987). *Social support: Mechanism of action and stressor-support specificity.* Unpublished paper. Southern Illinois University at Carbonale.

Rosenthal, R. (1984). *Meta-analytic procedures for social research.* Beverly Hills: Sage.

Rossi, A. S. & Rossi, P. H. (1990). *Of human bonding. Parent-child relations across the life course.* New York: Aldine de Gruyter.

Rowles, G. D. (1983). Geographical dimensions of social support in rural appalachia. In G. D. Rowles & R. J. Ohta (Eds.), *Aging and milieu. Environmental perspectives on growing old* (pp. 111–130). New York: Academic Press.

Rubenstein, C. M. & Shaver, P. (1982). The experience of loneliness. In L. A. Peplau & D. Perlman (Eds.), *Loneliness. A sourcebook of current theory research and therapy* (pp. 206–223). New York: Wiley.

Rubenstein, C., Shaver, P. & Peplau, L. A. (1979). Loneliness. *Human Nature, 2,* 58–65.

Rudy, T. E., Merluzzi, T. V. & Henahan, P. T. (1982). Construal of complex assertion situations: A multidimensional analysis. *Journal of Consulting and Clinical Psychology, 50,* 125–137.

Ruehlman, L. S. & Wolchik, S. A. (1988). Personal goals and interpersonal support and hindrance as factors in psychological distress and well-being. *Journal of Personality and Social Psychology, 55,* 293–301.

Ruehlman, R. S. (1985). Depression and affectiive meaning for current concerns. *Cognitive Therapy and Research, 9,* 553–560.

Rumelhart, D. E. (1984). Schemata and the cognitive system. In R. S. Wyer & T. K. Srull (Eds.), *Handbook of social cognition* (Vol. 1, pp. 161–188). Hillsdale, NJ: Lawrence Erlbaum.

Russell, D. W. & Cutrona, C. E. (1991). Social support, stress, and depressive symptoms among the elderly: Test of a process model. *Psychology and Aging, 6,* 190–201.

Russel, D. W., Peplau, L. A. & Cutrona, C. E. (1980). The revised UCLA Loneliness Scale: Concurrent and discriminant validity evidence. *Journal of Personality and Social Psychology, 39*, 472-480.
Russell, D. W., Cutrona, C. E., Rose, J. & Yurko, K. (1984). Social and emotional loneliness: An examination of Weiss's typology of loneliness. *Journal of Personality and Social Psychology, 46*, 1313-1321.
Rutter, M. (1984). Psychopathology and development, II: Childhood experiences and personality development. *Australia-New Zealand Journal of Psychiatry, 18*, 314-327.
Ryle, A. & Lunghi, M. (1970). The dyadic grid: A modification of repertory grid technique. *British Journal of Psychiatry, 117*, 323-327.

Saegert, S. & Winkel, G. H. (1990). Environmental psychology. *Annual Review of Psychology, 41*, 441-477.
Salloway, J. L. & Dillon, P. B. (1973). A comparision of family networks and friend networks in health care utilization. *Journal of Comparative Family Studies, 4*, 131-142.
Salter Ainsworth, M. D. (1991). Attachments and other affectional bonds across the life cycle. In C. Murray Parkes, J. Stevenson-Hinde & P. Marris (Eds.), *Attachment across the life cycle* (pp. 33-51). London & New York: Tavistock/Routledge.
Salzinger, L. L. (1982). The ties that bind: The effects of clustering on dyadic relationships. *Social Networks, 4*, 117-145.
Salzinger, S. (1982). *Social networks and child rearing.* Paper presented at the New York Academy of Sciences, New York.
Salzinger, S. (1990). Social networks in child rearing and child development. *Annals of the New York Academy of Sciences, 602,* 171-188.
Salzinger, S. (in press). The role of social networks in adaption throughout the life cycle. In M. S. Gibbs, J. R. Lachenmeyer & J. Sigal (Eds.), *Community psychology, 2/e.* New York: Gardner Press.
Salzinger, S. & Hampson, J. (1988). Social networks of mothers and child: An examination of their function in developing speech. In S. Salzinger, J. Antrobus & M. Hammer (Eds.), *Social networks of children, adolescents, and college students* (pp. 19-36). Hillsdale, NJ: Lawrence Erlbaum.
Salzinger, S., Antrobus, J. & Hammer, M. (Eds.) (1988). *Social networks of children, adolescents, and college students.* Hillsdale, NJ: Lawrence Erlbaum.
Salzinger, S., Hammer, M. & Antrobus, J. (1988). From Crib to college: An overview of studies of the social networks of childrend, adolescents, and collge students. In S. Salzinger, J. Antrobus & M. Hammer (Eds.), *Social networks of children, adolescents, and college students* (pp. 1-16). Hillsdale, NJ.: Lawrence Erlbaum.
Salzinger, S., Kaplan, S. & Artemyeff, C. (1983). Mother's personal social networks and child maltreatment. *Journal of Abnormal Psychology, 92*, 68-76.
Sampson, R. & Groves, W. (1989). Community structure and crime: Testing social disorganization theory. *American Journal of Sociology, 94*, 774-802.
Sanders, G. S. (1982). Social comparision and perception of health and illness. In G. Sanders & J. Suls (Eds.), *Social psychology of health and illness* (pp. 129-157). Hillsdale, NJ: Lawrence Erlbaum.
Sandholz, A. & Schönfeld, B. (1984). *Versuch einer empirischen und theoretischen Verknüpfung der „Social-Support" - und der Selbsthilfegruppen-Forschung.* Unveröffentlichte Diplomarbeit. Rupprecht-Karls-Universität Heidelberg. Psychologisches Institut.
Sandler, I. N. (1980). Social support resources, stress, and maladjustment of poor children. *American Journal of Community Psychology, 8*, 41-52.

Sandler, I. N. & Barrera, M. (1984). Toward a multimethod approach to assessing the effects of social support. *American Journal of Community Psychology, 12*, 37–52.

Sandler, I. N. & Lakey, B. (1982). Locus of control as a stress moderator: The role of control perceptions and social support. *American Journal of Community Psychology, 10*, 65–80.

Sandler, I. N., Wolchik, S. & Braver, S. (1985). Social support and children of divorce. In I. G. Sarason & B. R. Sarason (Eds.), *Social support: Theory, research and applications* (pp. 371–389). Dordrecht: Martinus Nijhoff.

Sarason, B. R., Pierce, G. R. & Sarason, I. G. (1990). Social support: The sense of acceptance and the role of relationships. In B. R. Sarason, I. G. Sarason & G. R. Pierce (Eds.), *Social support: An interactional view* (pp. 97–128). New York: Wiley.

Sarason, B. R., Sarason, I. G. & Pierce, G. R. (Eds.) (1990a). *Social support: An interactional view*. New York: Wiley.

Sarason, B. R., Sarason, I. G. & Pierce, G. R. (1990b). Traditional views of social support and their impact on assessment. In B. R. Sarason, I. G. Sarason & G. R. Pierce (Eds.), *Social support: An interactional view* (pp. 9–25). New York: Wiley.

Sarason, B. R., Sarason, I. G. & Pierce, G. R. (1990c). Social support: The search for theory. *Journal of Social and Clinical Psychology, 1*, 133–147.

Sarason, B. R., Sarason, J. G., Hacker, T. A. & Basham, R. B. (1985). Concomitants of social support: Social skills, physical attractiveness, and gender. *Journal of Personality and Social Psychology, 49*, 469–480.

Sarason, B. R., Shearin, E. N., Pierce, G. R. & Sarason, I. G. (1987). Interrelations of social support measures: Theoretical and practical implications. *Journal of Personality and Social Psychology, 52*, 813–832.

Sarason, B. R., Pierce, G. R., Shearin, E. N., Sarason, I. G., Waltz, J. A. & Poppe, L. (1991). Perceived social support and working models of self and actual others. *Journal of Personality and Social Psychology, 60*, 273–284.

Sarason, I. G. (1975). Test anxiety and the self-preoccupation coping model. *Journal of Consulting and Clinical Psychology, 43*, 148–153.

Sarason, I. G. (1981). Test anxiety, stress and social support. *Journal of Personality, 49*, 101–114.

Sarason, I. G. (1988). Anxiety, self-preoccupation and attention. *Anxiety Research, 1*, 3–7.

Sarason, I. G. & Sarason, B. R. (1982). Concomitants of social support: Attitudes, personality characteristics, and life experiences. *Journal of Personality, 50*, 331–344.

Sarason, I. G. & Sarason, B. R. (1986). Experimentally provided social support. *Journal of Personality and Social Psychology, 50*, 1222–1225.

Sarason, I. G. & Sarason, B. R. (Eds.) (1985). *Social support: Theory, research and applications*. Dordrecht: Mertinus Nijhoff.

Sarason, I. G., Pierce, G. R. & Sarason, B. R. (1990). Social support and interactional processes: A triadic hypothesis. Special Issue: Predicting, activating and facilitating social support. *Journal of Social and Personal Relationships, 7*, 495–506.

Sarason, I. G., Sarason, B. R. & Shearin, E. N. (1986). Social support as an individual difference variable: Its stability, origins, and relational aspects. *Journal of Personality and Social Psychology, 50*, 845–855.

Sarason, I. G., Levine, H. M., Basham, R. B. & Sarason, B. R. (1983). Assessing social support: The social support questionnaire. *Journal of Personality and Social Psychology, 44*, 127–139.

Sarason, I. G., Sarason, B. R., Shearin, E. N. & Pierce, G. R. (1987). A brief measure of social support: Practical and theoretical implications. *Journal of Social and Personal Relationships, 4*, 497–510.

Sarason, S. B. (1974). *The psychological sense of community: Prospects for community psychology*. San Francisco: Jossey-Bass.
Sarnoff, I. & Zimbardo, P. G. (1961). Anxiety, fear and social affiliation. *Journal of Abnormal and Social Psychology, 62*, 356–363.
Saup, W. (1986). *Coping im Alter. Ergebnisse und Probleme psychologischer Studien zum Bewältigungsverhalten älterer Menschen* (Augsburger Berichte zur Entwicklungspsychologie und Pädagogischen Psychologie. Nr. 8). Augsburg: Universität, Psychologisches Institut.
Saurer, M. K. & Eisler, R. M. (1990). The role of masculine gender role stress in expressivity and social support network factors. *Sex Roles, 23*, 261–271.
Savery, L. K. (1990). Men and women in the workplace: Evidence of occupational differences. *Leadership and Organization Development Journal, 11*, 13–16.
Schachter, S. (1959). *The psychology of affiliation*. Palo Alto, CA.: Stanford University Press.
Schaefer, C., Coyne, J. C. & Lazarus, R. S. (1981). The health-related functions of social support. *Journal of Behavioral Medicine, 4*, 381–406.
Scheele, B. & Groeben, N. (1984). *Die Heidelberger Struktur-Lege-Technik (SLT). Eine Dialog-Konsens-Methode zur Erhebung subjektiver Theorien mittlerer Reichweite*. Weinheim: Beltz.
Scheele, B. & Groeben, N. (1988). *Dialog – Konsens – Methoden zur Rekonstruktion Subjektiver Theorien*. Tübingen: Francke
Scheiblechner, H. H. (1971). The separation of individual- and system-influences on behavior in social contexts. *Acta Psychologica, 35*, 442–460.
Scheier, M. F., Weintraub, J. K. & Carver, C. S. (1986). Coping with stress: Divergent strategies of optimists and pessimists. *Journal of Personality and Social Psychology, 51*, 1257–1264.
Schenk, M. (1984). *Soziale Netzwerke und Kommunikation*. Tübingen: Mohr.
Schepank, H. (1987). *Psychogene Erkrankungen der Stadtbevölkerung. Eine epidemiologisch-tiefenpsychologische Feldstudie in Mannheim*. Berlin: Springer.
Schepank, H. (Hrsg.) (1990). *Verläufe, seelische Gesundheit und psychogene Erkrankungen*. Berlin: Springer.
Schepank, H., Hilpert, H., Hönmann, H., Janta, B. Parekh, H. Riedel, P., Schiessl, N., Stork, H., Tress, W. & Weinhold-Metzner, M. (1984). Das Mannheimer Kohortenprojekt – Die Prävalenz psychogener Erkrankungen in der Stadt. *Zeitschrift für Psychosomatische Medizin und Psychoanalyse, 30*, 43–61.
Scheurell, R. P. & Rinder, J. D. (1973). Social networks and deviance: A study of lower class incest, wife beating, and nonsupport offenders. *The Wisconsin Sociologist, 10*, 56–73.
Schilling, R. F. & Schinke, S. P. (1983). Social support networks in developmemtal disabilities. In J. K. Whittaker & J. Garbarino (Eds.), *Social support networks. Informal helping in the human services* (pp. 383–404). New York: Aldine.
Schindler, H. (1979). Familie und Arbeitslosigkeit. In T. Kieselbach & H. Offe (Hrsg.), *Arbeitslosigkeit. Individuelle Verarbeitung und gesellschaftlicher Hintergrund* (S. 258–286). Darmstadt: Steinkopff.
Schinke, S. P., Barth, R. P., Gilchrist, L. D. & Maxwell, J. S. (1986). Adolescent mothers, stress, and prevention. *Journal of Human Stress, 12*, 162–167.
Schinke, S. P., Schilling, R. F., Barth, R. P., Gilchrist, L. D. & Maxwell, J. S.. (1986). Stress-management intervention to prevent family violence. *Journal of Family Violence, 1*, 13–26.
Schleifer, S. J., Keller, S. E., Camerino, M., Thornton, J. C. & Stein, M. (1983). Suppression of lymphocyte stimulation following bereavement. *Journal of the American Medical Association, 250*, 374–377.

Schleifer, S. J., Keller, S. E., Meyerson, A. T., Raskin, M. J., Davis, K. L. & Stein, M. (1984). Lymphocyte function in major depressive disorder. *Archives of General Psychiatry, 41,* 484–486.

Schlesinger, M. & Yodfat, Y. (1991). The impact of stressful life events on natural killer cells. *Stress Medicine, 7,* 53–60.

Schmädel, D. (1975). Soziale Normen im Bereich des Krankheitsverhaltens und schichtspezifische Unterschiede im Gesundheits- und Krankheitsverhalten der Bevölkerung der BRD. In D. Ritter-Röhr (Hrsg.), *Der Arzt, sein Patient und die Gesellschaft* (S. 29–51). Frankfurt: Suhrkamp.

Schmidt, D. E., Conn, M. K., Greene, C. D. & Mesirow, K. E. (1982). Social alienation and social support. *Personality and Social Psychology Bulletin, 8,* 515–521.

Schmidt, N. & Sermat, V. (1983). Measuring loneliness in different relationships. *Journal of Personality and Social Psychology, 44,* 1038–1047.

Schmidt-Denter, U. (1984). *Die soziale Umwelt des Kindes.* Berlin: Springer.

Schmitt, A. (1990). *Inhaltliche und strukturelle Merkmale der Konzepte über persönliche Beziehungen bei depressiven Personen.* Unveröffentlichte Diplomarbeit. Rupprecht-Karls-Universität Heidelberg. Psychologisches Institut.

Schmitt, J. P. & Kurdek, L. A. (1985). Age and gender difference in and personality correlates of loneliness in different relationships. *Journal of Personality Assessment, 49,* 485–496.

Schmölder, H. & Schmölder, H. (1985). *Soziale Netzwerke als soziale Umwelt und ihre Bedeutung für psychiatrische Patienten.* Unveröffentlichte Diplomarbeit. Rupprecht-Karls-Universität Heidelberg. Psychologisches Institut.

Schneewind, K., Beckmann, M. & Engfer, A. (1983). *Eltern und Kinder.* Stuttgart: Kohlhammer.

Schneider, G. (1986). Psychological identity of and identification with urban neighborhoods. In D. Frick (Ed.), *The quality of urban life. Social, psychological, and physical conditions* (pp. 203–218). Berlin: Walter de Gruyter.

Schneider, G. (1990). Kognitive Karte und Kartierung: Orientierungsbezogene Umweltrepräsentation. In L. Kruse, C. F. Graumann & E. D. Lantermann (Hrsg.), *Ökologische Psychologie. Ein Handbuch in Schlüsselbegriffen* (S. 268–277). München: PVU.

Schoenfeld, P., Halevy-Martini, J., Hemley-Van der Velden, E. & Ruhf, L. (1985). Network therapy: An outcome study of twelve social networks. *Journal of Community Psychology, 13,* 281–287.

Schönpflug, U., Silbereisen, R. K. & Schulz, J. (1990). Perceived decision-making influence in Turkish migrant workers' and German workers' families: The impact of social support. *Journal of Cross Cultural Psychology, 21,* 261–282.

Schönpflug, W. (1990). Umweltstreß. In L. Kruse, C. F. Graumann & E. D. Lantermann (Hrsg.), *Ökologische Psychologie. Ein Handbuch in Schlüsselbegriffen* (S. 176–180). München: PVU.

Schönpflug, W. & Battman, W. (1988). The costs and benefits of coping. In S. Fisher & J. Reason (Eds.), *Handbook of life stress, cognition and health* (pp. 699–713). New York: Wiley.

Schradle, S. B. & Dougher, M. J. (1985). Social support as a mediator of stress: Theoretical and empirical issues. *Clinical Psychology Review, 5,* 641–661.

Schröder, A. & Schmitt, B. (1988). Soziale Unterstützung. In L. Brüderl (Hrsg.), *Theorien und Methoden der Bewältigungsforschung* (S. 149–159). München: Juventa.

Schubert, H. J. (1990). Wohnsituation und Hilfenetze im Alter. *Zeitschrift für Gerontologie, 23,* 12–22.

Schuch, B. (1990). Zum gegenwärtigen Stand der Social-Support-Forschung. *Gruppendynamik, 21,* 221–234.
Schultz, B. J. & Saklofske, D. H. (1983). Relatonships between social support and selected measures of psychological well-being. *Psychological Reports, 53,* 847–850.
Schulz, R. & Decker, S. (1982). Social support, adjustment, and the elderly spinal cord injured: A social psychological analysis. In G. Weary & H. C. Mirels (Eds.), *Integrations of clinical and social psychology* (pp. 272–286). Oxford: Oxford University Press.
Schulz, R. & Rau, M. T. (1985). Social support through the life course. In S. Cohen & S. L. Syme (Eds.), *Social support and health* (pp. 129–150). New York: Academic Press.
Schuster, T. L., Kessler, R. C. & Aseltine, R. H. (1990). Supportive interactions, negative interactions, and depressed mood. *American Journal of Community Psychology, 18,* 423–438.
Schütz, A. (1974). *Der sinnhafte Aufbau der sozialen Welt. Eine Einleitung in die verstehende Soziologie (Original 1932)*. Frankfurt, a.M.: Suhrkamp.
Schütz, A. & Luckmann, T. (1979). *Strukturen der Lebenswelt.* Band 1. Frankfurt: Suhrkamp.
Schwab, R. (1987). Einsamkeit – neuere Ergebnisse empirisch-psychologischer Forschung. *Zeitschrift für Personenzentrierte Psychologie, 6,* 449–461.
Schwarzenbacher, K. & Baumann, U. (1990). Personennennungen versus Größenangaben: zwei unterschiedliche Daten zur Reliabilitätsbestimmung Sozialer Netzwerke und Sozialer Unterstützung. *Zeitschrift für Differentielle und Diagnostische Psychologie, 11,* 27–36.
Schwarzer, R. (1985). Social support and stress: Causal models. In R. Schwarzer (Ed.), *Stress and social support. *Research Report 4* (pp. 227–283). Berlin: University of Berlin, Department of Psychology.
Schwarzer, R. (1987). *Meta-analysis programs. Statistical software for microcomputers.* Berlin: Freie Universität. Institut für Psychologie.
Schwarzer, R. (1988). Meta-analysis programs. *Behavior Research Methods, Instruments & Computers, 20,* 338.
Schwarzer, R. & Leppin, A. (1989a). *Sozialer Rückhalt und Gesundheit. Eine Metaanalyse.* Göttingen: Hogrefe.
Schwarzer, R. & Leppin, A. (1989b). Social support and health: A meta-analysis. *Psychology and Health: An International Journal, 3,* 1–15.
Schwarzer, R. & Leppin, A. (1989c). *Social support and health behavior* (Manuscript). Institut für Psychologie Freie Universität Berlin:.
Schwarzer, R. & Leppin, A. (1991). Social support and health: A theoretical and empirical overview. *Journal of Social and Personal Relationships, 8,* 99–127.
Schwarzer, R. & Leppin, A. (in Druck). Social support: The many faces of helpful social interaction. *International Journal of Educational Research.*
Schwarzer, R. & Weiner, B. (1990). Die Wirkung von Kontrollierbarkeit und Bewältigungsverhalten auf Emotionen und soziale Unterstützung. *Zeitschrift für Sozialpsychologie, 21,* 118–125.
Schwarzer, R. & Weiner, B. (1991). Stigma controllability and coping as predictors of emotions and social support. *Journal of Social and Personal Relationships, 8,* 133–140.
Schweizer, T. (Hrsg.). (1989). *Netzwerkanalyse: Ethnologische Perspektiven.* Berlin: Reimer.
Scott, J. (1991). *Social network analysis. A handbook.* London: Sage.
Seagull, E. A. (1987). Social support and child maltreatment: A review of the evidence. *Child Abuse and Neglect, 11,* 41–52.

Seeman, M., Seeman, T. & Sayles, M. (1985). Social networks and health status: A longitudinal analysis. *Social Psychology Quarterly, 48*, 237–248.
Seeman, T. E. & Berkman, L. F. (1988). Structural characteristics of social networks and their relationship with social support in the elderly: Who provides support. *Social Science and Medicine, 26*, 737–749.
Segal, Z. V. (1988). Appraisal of the self-schema construct in cognitive model of depression. *Psychological Bulletin, 103*, 147–162.
Seidman, E. (1990). Pursuing the meaning and utility of social regularities for community psychology. In P. Tolan, C. Keys, F. Chertok & L. Jason (Eds.), *Researching community psychology. Issues of theory and methods* (pp. 91–100). Washington, DC: American Psychological Association.
Selye, H. (1946). The general adaption syndrome and the diseases od adaption. *Journal of Clinical Endrocrinology, 6*, 117–230.
Sermat, V. (1980). Some situational and personality correlates of loneliness. In J. Hartog, J. R. Audy & Y. A. Cohen (Eds.), *The anatomy of loneliness* (pp. 305–318). New York: International Universities Press.
Seybold, J., Fritz, J. & MacPhee, D. (1991). Relation of social support to the self-perceptions of mothers with delayed children. *Journal of Community Psychology, 19*, 29–36.
Sharabany, R., Gershoni, R. & Hofman, J. E. (1981). Girlfriend, boyfriend: Age and sex differences in intimate friendship. *Developmental Psychology, 17*, 800–808.
Shaver, P. & Buhrmester, D. (1983). Loneliness, sex-role orientation, and group life: A social need perspective. In P. B. Paulus (Ed.), *Basic group processes* (pp. 259–288). New York: Springer.
Shaver, P. & Hazan, C. (1985). Incompatibility, loneliness, and limerence. In W. Ickes (Ed.), *Compatible and incompatible relationships*. New York: Springer.
Shaver, P., Furman, W. & Buhrmester, D. (1985). Transition to college: Network changes, social skills, and loneliness. In S. Duck & D. Perlman (Eds.), *Understanding personal relationships. An interdisciplinary approach* (pp. 193–220). Beverly Hills: Sage.
Shaver, P., Schwartz, J., Kirson, D. & O'Connor, C. (1988). Emotion knowledge: Further exploration of a prototype approach. *Journal of Personality and Social Psychology, 52*, 1061–1086.
Sherman, S. J., Judd. & Park, C. M. (1989). Social cognition. *Annual Review of Psychology, 40*, 281–326.
Shinn, M., Lehman, S. & Wong, N. W. (1984). Social interaction and social support. *Journal of Social Issues, 40*, 55–76.
Shinn, M., Wong, N. W., Simko, P. A. & Ortiz-Torres, B. (1989). Promoting the wellbeing of working parents: Coping, social support, and flexible job schedules. *American Journal of Community Psychology, 17*, 31–55.
Shulman, N. (1975). Life cycle variations in patterns of close relationships. *Journal of Marriage and the Family, 37*, 813–822.
Shumaker, S. A. & Brownell, A. (1984). Toward a theory of social support: Closing conceptual gaps. *Journal of Social Issues, 40*, 11–36.
Shumaker, S. A. & Hill, D. R. (1991). Gender differences in social support and physical health. Special Issue: Gender and health. *Health Psychology, 10*, 102–111.
Shumaker, S. A. & Taylor, R. B. (1983). Toward a clarification of people-place relationships: A model of attachment to place. In N. R. Feimer & E. S. Geller (Eds.), *Environmental psychology: Directions and perspectives* (pp. 219–251). New York: Praeger.
Siegrist, J. (1984). Krankheitsverhalten. In U. Baumann (Hrsg.), *Mikro-/Makroperspektive* (S. 111–124). Göttingen: Hogrefe.

Siegrist, K. (1987). Soziologische Überlegungen zu sozialem Rückhalt. *Zeitschrift für Klinische Psychologie, 16,* 368–382.
Simmel, G. (1908). *Soziologie.* Berlin:.
Simmel, G. (1950). The metropolis and mental life. In K. H. Wolff (Ed.), *The Sociology of George Simmel* (pp. 409–424). Glencoe, IL: The Free Press.
Singer, J. L. & Kolligian, J. (1987). Personality: Developments in the study of private experience. *Annual Review of Psychology, 38,* 533–574.
Slavin, L. A. & Compas, B. E. (1989). The problem of confounding social support and depressive symptoms: A brief report on a college sample. *American Journal of Community Psychology, 17,* 57–66.
Smith, J. E., Stefan, C., Kovaleski, M. & Johnson, G. (1991). Recidivism and dependency in a psychiatric population: An investigation with Kelly's Dependency Grid. *International Journal of Personal Construct Psychology, 4,* 157–173.
Smith, M. & Knowles, A. D. (1991). Contributions of personality, social network, and cognitive processes to the experience of loneliness in women religious and other mature Australian women. *Journal of Social Psychology, 131,* 355–365.
Smith, M. A. & Houston, B. K. (1987). Hostility, anger expression, cardiovascular responsitivity, and social support. *Biological Psychology, 24,* 39–48.
Smith, R., Smoll, F. L. & Ptacek, J. T. (1990). Conjunctive moderator variables in vulnerability and resiliency research: Life stress, social support and coping skills, and adolescent sport injuries. *Journal of Personality and Social Psychology, 58,* 360–370.
Smith, T. W. & Pope, M. K. (1990). Cynical hostility as a health risk: Current status and future directions. Special Issue: Type A behavior. *Journal of Social Behavior and Personality, 5,* 77–88.
Snyder, B. K., Roghmann, K. J. & Sigal, L. H. (1990). Effect of stress and other biopsychosocial factors on primary antibody response. *Journal of Adolescent Health Care, 11,* 472–479.
Snyder, M. & Cantor, N. (1980). Thinking about ourselves and others: Self-monitoring and social knowledge. *Journal of Personality and Social Psychology, 39,* 222–234.
Snyder, M. & Ickes, W. (1985). Personality and social behavior. In G. Lindzey & E. Aronson (Eds.), *Handbook of social psychology (3rd)* (Vol. 2, pp. 883–947). New York: Random House.
Snyder, M. & Smith, D. (1986). Personality and friendship: The friendship worlds of self-monitoring. In V. J. Derlega & B. A. Winstead (Eds.), *Friendship and social interaction* (pp. 63–80). New York: Springer.
Snyder, M. (1974). The self-monitoring of expressive behavior. *Journal of Personality and Social Psychology, 30,* 526–537.
Sodeur, W. (1986). Social networks in urban neighborhood. In D. Frick (Ed.), *The quality of urban life. Social, psychological, and physical conditions* (pp. 61–72). Berlin: Walter de Gruyter.
Solomon, S. D., Smith, E. M., Robins, L. N. & Fischbach, R. L. (1987). Social involvement as a mediator of disaster-induced stress. *Journal of Applied Social Psychology, 17,* 1092–1112.
Solomon, Z. (1985a). Stress, social support and affective disorders in mothers of preschool children: A test of the stress-buffering effect of social support. *Social Psychiatry, 20,* 100–105.
Solomon, Z. (1985b). Three Mile Island: Social support and affective disorders among mothers. In S. E. Hobfoll (Ed.), *Stress, social support, and woman* (pp. 85–98). New York: Hemisphere Publications.

Solomon, Z. & Mikulincer, M. (1990). Life events and combat-related posttraumatic stress disorder: The intervening role of locus of control and social support. *Military Psychology, 2*, 241–256.
Solomon, Z., Mikulincer, M. & Avitzur, E. (1988). Coping, Locus of control, social support, and combat-related postrtraumatic stress disorder: A prospective study. *Journal of Personality and Social Psychology, 55*, 279–285.
Sommer, G. & Fydrich, T. (1989). *Soziale Unterstützung – Diagnostische Verfahren, Konzepte, F-SOZU. Materialie Nr. 22*. Tübingen: DGVT.
Sommer, G. (1989). *Seminar Soziale Unterstützung*. Manuskript, Materialien. Fachbereich Psychologie, Universität Marburg.
Sosna, U. (1983). *Soziale Isolation und psychische Erkrankung im Alter*. Eine medizinische Felduntersuchung. Frankfurt: Campus.
Space, L. G. & Cromwell, R. L. (1980). Personal constructs among depressed patients. *Journal of Nervous and Mental Disease, 168*, 150–158.
Space, L. G., Dingemans, P. & Cromwell, R. L. (1983). Self-construing and alienation in depressives, schizophrenics and normals. In J. R. Adams-Webber & J. C. Mancuso (Eds.), *Applications of personal construct theory*. Toronto: Academic Press Canada.
Speck, R. V. (1967). Psychotherapy of the social network of a schizophrenic family. *Family Process, 6*, 208–214.
Spitzer, R. L., Endicott, J. & Robins, E. (1978). Research Diagnostic Criteria. *Archives of General Psychiatry, 35*, 773–782.
Starker, J. E. (1990). Psychosocial aspects of geographic relocation: The development of a new social network. *American Journal of Health Promotion, 5*, 52–57.
Steblay, N. M. (1987). Helping behavior in rural and urban environments: A meta-analysis. *Psychological Bulletin, 102*, 346–356.
Stein, L. I. & Test, M. A. (1983). The community as the treatment arena in caring for the chronic psychiatric patient. In I. Barofsky & R. D. Budson, (Eds.), *The chronic psychiatric patient in the community: Principles of treatment* (pp. 431–452). New York: MTP Press.
Steiner, J. D. (1986). Paradigms and groups. *Advances of Experimental and Social Psychology, 19*, 251–289.
Steinglass, P., Weisstub, E. & Kaplan De-Nour, A. (1988). Perceived personal networks as mediators of stress reactions. *American Journal of Psychiatry, 145*, 1259–1264.
Steinmetz, S. K. (Ed.). (1988). *Family and support systems across the life span*. New York: Plenum.
Steketee, G. (1987). *Social support systems as predictors of long-term outcome following individual treatment*. Paper presented at the 18th Annual Meeting of the Society for Psychotherapeutic Research). Ulm, West Germany, 16.-20. June.
Stephenson, K. (1990). *Communication patterns and cognitive maps*. Paper presented at the Sunbelt Social Network Conference, San Diego, February.
Stokes, J. P. (1983). Predicting satisfaction with social support from social network structure. *American Journal of Community Psychology, 11*, 141–152.
Stokes, J. P. (1985). The relation of social network and individual difference variables to loneliness. *Journal of Personality and Social Psychology, 48*, 981–990.
Stokes, J. P. (1987). On the usefulness of phenomenological methods. *Journal of Social Behavior and Personality, 2*, 57–62.
Stokes, J. P. & McKirnan, D. J. (1989). Affect and social environment: The role of social support in depression and anxiety. In P. C. Kendall & D. Watson (Eds.), *Anxiety and depression. Distinctive and overlapping features* (pp. 253–283). New York: Academic Press.

Stokes, J. P. & Wilson, D. G. (1984). The Inventory of Socially Supportive Behaviors: Dimensionality, prediction, and gender differences. *American Journal of Community Psychology, 12*, 53–69.

Stokols, D. (1981). Group x place transactions: Some neglected issues in the psychological research on settings. In D. Magnusson (Ed.), *Toward a psychology of situations* (pp. 393–415). Hillsdale, NJ: Lawrence Erlbaum.

Stokols, D. (1982). Environmental psychology: A coming of age. In A. G. Kraut (Ed.), *The Stanley Hall Lecture Series* (Vol. 2, pp. 155–205). Washington, DC: American Psychological Association.

Stokols, D., Shumaker, S. A. & Martinez, J. (1983). Residential mobility and well-being. *Journal of Environmental Psychology, 3*, 5–19.

Stone, A. A. & Neale, J. M. (1984). New measure of daily coping: Development and preliminary results. *Journal of Personality and Social Psychology, 46*, 892–906.

Stone, A. A., Helder, L. & Schneider, M. S. (1988). Coping with stressful events: Coping dimensions and issues. In L. H. Cohen (Ed.), *Life events and psychological functioning. Theoretical and methodological issues* (pp. 182–236). Newbury Parks: Sage.

Strack, F. (1987). Soziale Informationsverarbeitung. In D. Frey & S. Greif (Hrsg.), *Sozialpsychologie. Ein Handbuch in Schlüsselbegriffen. (2.Auflage)* (S. 306–311). München: Urban & Schwarzenberg.

Strayer, F. (1979). An ethological analysis of preschool social ecology. In W. A. Collins (Ed.), *Minnesota Symposia on Child Psychology* (Vol. 13). Hillsdale, NJ: Lawrence Erlbaum.

Strehmel, P. (1993). Soziale Netzwerke in diskontinuierlichen Erwerbsbiographien – Veränderungen in subjektiv erlebten Belastungen und Unterstützungspotentialen. In A. Laireiter (Hrsg.), Soziales Netzwerk und soziale Unterstützung. Konzepte, Methoden und Befunde (S. 167–178). Bern: Huber.

Strehmel, P. & Degenhart, B. (1987). Arbeitslosigkeit und soziales Netzwerk. In H. Keupp & B. Röhrle (Hrsg.), *Soziales Netzwerk* (S. 139–155). Frankfurt a.M.: Campus.

Stringer, P. & Bannister, D. (Eds.) (1979). *Constructs of sociality and individuality*. London: Academic Press.

Stroebe, M. S. & Stroebe, W. (1985). Social support and the alleviation of loss. In I. G. Sarason & B. R. Sarason (Eds.), *Social support: Theory, research and applications* (pp. 439–462). Dordrecht: Martinus Nijhoff.

Stroebe, W. & Diehl, M. (1981). Conformity and counterattitudinal behavior: The effect of social support on attitude change. *Journal of Personality and Social Psychology, 41*, 876–889.

Stroebe, W. & Diehl, M. (1988). When social support fails: Supporter characteristics in compliance-induced attitude change. *Personality and Social Psychology Bulletin, 14*, 136–144.

Strohmeier, K.-P. (1983). *Quartier und soziale Netzwerke. Grundlagen einer sozialen Ökologie der Familie*. Frankfurt: Campus.

Strube, M. J., Gardner, W. ud Hartmann, D. P. (1985). Limitations, liabilities, and obstacles in reviews of the literature: The current status of meta-analysis. *Clinical Psychology Review, 5*, 63–78.

Strug, D. L. & Hyman, M. M. (1981). Social networks of alcoholics. *Journal of Studies on Alcohol, 42*, 855–884.

Stueve, C. A. & Gerson, K. (1977). Personal relations across the life-cycle. In C. S. Fischer, R. M. Jackson, C. A. Stueve, K. Gerson, L. MacCallister Jones & M. Baldassare (Eds.), Networks and places. Social relations in the urban setting (pp. 79–98). New York: The Free Press.

Sudman, S. (1985). Experiments in the measurement of the size of social networks. *Social Networks*, 7, 127–152.
Sudman, S. (1988). Experiments in measuring neighbor and relative social networks. *Social Networks*, 10, 99–108.
Sullivan, H. S. (1953). *The interpersonal theory of psychiatry*. New York: Norton.
Suls, J. (1982). Social support, interpersonal relations, and health: Benefits and liabilities. In G. S. Sanders & J. Suls (Eds.), *Social psychology of health and illness* (pp. 255–277). Hillsdale, NJ: Lawrence Erlbaum.
Surra, C. A. (1985). Courtship types: Variations in interdependence between partners and social networks. *Journal of Personality and Social Psychology*, 49, 357–375.
Surra, C. A. (1988). The influence of the interactive network on developing relationships. In R. M. Milardo (Ed.), *Families and social networks*. (pp. 48–82). Newbury Park: Sage Publications.
Surtees, P. G. (1980). Social support, residual adversity, and depressive outcome. *Social Psychiatry*, 15, 71–80.
Süß, H.M. (1988). *Evaluation von Alkoholismus-therapie*. Bern: Huber.
Swallow, S. R. & Kuiper, N. A. (1988). Social comparison and negative self-evaluations: An application to depression. *Clinical Psychology Review*, 9, 55–76.
Swann, W. B. & Brown, J. D. (1990). From self to health: Self-verification and identity disruption. In B. R. Sarason, I. G. Sarason & G. R. Pierce (Eds.), *Social support: An interactional view* (pp. 150–172). New York: Wiley.
Swann, W. B. & Predmore, S. C. (1985). Intimates as agents of social support: Sources of consolation or dispair? *Journal of Personality and Social Psychology*, 49, 1609–1617.
Swap, W. C. & Rubin, J. Z. (1983). Measurement of interpersonal orientation. *Journal of Personality and Social Psychology*, 44, 208–219.
Synder, M. & Smith, D. (1986). Personality and friendship: The friendship worlds of self-monitoring. In V. J. Derlega & B. A. Winstead (Eds.), *Friendship and social interaction* (pp. 63–67). New York: Springer.
Syrotuik, J. & D'Arcy, C. (1984). Social support and mental health: Direct, protective and compensatory effect. *Social Science and Medicine*, 18, 229–236.

Tanaka, K., Kojo, K. & Matsuzaki, M. (1990). The effects of experimentally provided social support on task performance and anxiety. *Japanese Journal of Experimental Social Psychology*, 29, 65–69.
Tardy, C. H. (1985). Social support measurement. *American Journal of Community Psychology*, 13, 187–202.
Tausig, M. (1987). Detecting „cracks" in mental health service systems: Application of network analytic techniques. *American Journal of Community Psychology*, 15, 337–352.
Taylor, S. E. (1981). The interface of cognitive and social psychology. In J. H. Harvey (Ed.), *Cognition, social behavior, and the environment* (pp. 189–211). Hillsdale: Erlbaum.
Tazelaar, F. & Sprengers, B. (1987). *Unemployment and social networks*. Paper presented at the 2nd Symposium of Unemployment – Psychological Theory and Practice. Universität Bremen, West Germany.
Tetzloff, C. E. & Barrera, M. (1987). Divorcing mothers and social support. *American Journal of Community Psycholoy*, 15, 419–434.
Theorell, T., Orth Gomer, K. & Eneroth, P. (1990). Slow-reacting immunoglobulin in relation to social support and changes in job strain: A preliminary note. *Psychosomatic Medicine*, 52, 511–516.

Thibaut, J. W. & Kelley, H. H. (1959). *The social psychology of groups.* New York: Wiley.
Thoits, P. A. (1982a). Conceptual, methodological, and theoretical problems in studying social support as a buffer against stress. *Journal of Health and Social Behavior, 23,* 145–159.
Thoits, P. A. (1982b). Life stress, social support, and psychological vulnerability: Epidemiological considerations. *Journal of Community Psychology, 10,* 341–362.
Thoits, P. A. (1983a). Dimensions of life events that influence psychological distress: An evaluation of the literature. In H. B. Kaplan (Ed.), *Psychosocial stress. Trends in theory and research* (pp. 33–103). New York: Academic Press.
Thoits, P. A. (1983b). Multiple identities and psychological well-being: A reformulation and test of the social isolation hypothesis. *American Sociological Review, 48,* 174–187.
Thoits, P. A. (1984a). Coping, social support, and psychological outcomes: The central role of emotion. *Review of Personality and Social Psychology, 5,* 219–238.
Thoits, P. A. (1984b). Explaining distributions of psychological vulnerability: Lack of social support in face of life stress. *Social Forces, 63,* 453–481.
Thoits, P. A. (1985). Social support and psychological well-being: Theoretical possibilities. In I. G. Sarason & B. R. Sarason (Eds.), *Social support: Theory, research and applications* (pp. 51–72). Dordrecht: Martinus Nijhoff.
Thoits, P. A. (1986). Social support as coping assistance. *Journal of Consulting and Clinical Psychology, 54,* 416–423.
Thomas, A. (1984). *Sozial-psychologisch-kognitionspsychologische Ansätze der Erforschung von Einsamkeit.* Vortrag auf dem 34. Kongreß der Deutschen Gesellschaft für Psychologie, Wien.
Thomas, L. F. (1979). Construct, reflect and converse: The conversational reconstruction of social realities. In P. Stringer & D. Bannister (Eds.), *Constructs of sociality and individuality* (pp. 49–72). London: Academic Press.
Thomas, P. D., Goodwin, J. M. & Goodwin, J. S. (1985). Effects of social support on stress-related changes in cholesterol level, uic acid level, and immune function in an elderly sample. *American Journal of Psychiatry, 142,* 735–737.
Thomas, W. & Znaniecki, F. (1920). *The polish peasant in Europe and America.* New York: Alfred A. Knopf.
Thommen, B., Ammann, R. & Cranach, v. M. (1982). *Handlungsregulation durch soziale Repräsentationen* (Forschungsberichte aus dem Psychologischen Insitut Bern).
Thompson, M. G. & Heller, K. (1990). Facets of support related to well-being: Quantitative social isolation and perceived family support in a sample of elderly women. *Psychology and Aging, 5,* 535–544.
Thompson, R. A. & Lamb, M. E. (1984). Infants, mothers, families, and strangers. In M. Lewis (Ed.), *Beyond the dyad* (pp. 195–222). New York: Plenum Press.
Thorbecke, R. (1975). Bewältigung von Krankheitsepisoden in der Familie. In D. Ritter-Röhr (Hrsg.), *Der Arzt, sein Patient und die Gesellschaft* (S. 52–111). Frankfurt: Suhrkamp.
Todd, D. M. (1980). *Social networks, psychosocial adaption, and preventive/developmental interventions: The support development workshop.* Paper presented at a meeting of the American Psychological Association. Montreal: APA.
Tolsdorf, C. C. (1976). Social networks, support, and coping: An exploratory study. *Family Process, 15,* 407–417.
Tolsdorf, C. C. (1981). Social networks and families of divorce: A study of structure-content interaction. *International Journal of Family Therapy, 3,* 275–280.

Toro, P. A., Rappaport, J. & Seidman, E. (1987). Social climate comparison of mutual help and psychotherapy groups. *Journal of Consulting & Clinical Psychology, 55*, 430–431.

Tracey, T .T., Sherry, P. & Keitel, M. (1986). Distress and help-seeking as a function of person-environment fit and self-efficacy: A causal model. *American Journal of Community Psychology, 14*, 657–676.

Trauer, T. (1984). The current status of the therapeutic community. *British Journal of Medical Psychology, 57*, 71–79.

Travers, J. & Milgram, S. (1969). An experimental study of the small world problem. *Sociometry, 32*, 425–443.

Treboux, D. & Busch Rossnagel, N. A. (1990). Social network influences on adolescent sexual attitudes and behaviors. *Journal of Adolescent Research, 5*, 175–189.

Tress, W., Schepank, N., Budke, T. & Kriebel, A. (1988). Zur Epidemiologie von Sexualität, Partnerschaft und Reproduktion. In E. Brähler & A. Meyer (Hrsg.), *Partnerschaft, Sexualität und Fruchtbarkeit. Beiträge aus Forschung und Praxis* (S. 3–22). Berlin: Springer.

Trzebinski, J., McGlynn, R. P., Gray, G. & Tubbs, D. (1985). The role of categories of an actor's goals in organizing inferences about a person. *Journal of Personality and Social Psychology, 48*, 1387–1397.

Turner, R. J. (1981). Social support as a contingency in psychological well-being. *Journal of Health and Social Behavior, 22*, 357–367.

Turner, R. J. (1983). Direct, indirect, and moderating effects of social support on psychological distress and associated conditions. In H. B. Kaplan (Ed.), *Psychosocial stress. Trends in theory and research* (pp. 105–156). New York: Academic Press.

Turner, R. J. & Noh, S. (1983). Class and psychological vulnerability among women: The significance of social support and personal control. *Journal of Health and Social Behavior, 24*, 2–15.

Turner, R. J. & Wood, D. W. (1985). Depression and disability: The stress process in a chronically strained population. *Research in Community and Mental health, 5*, 77–109.

Turner, R. J., Frankel, B. G. & Levin, D. (1983). Social support: Conceptualization, measurement, and implications for mental health. In J. R. Greenley (Ed.), *Research in community and mental health. Volume III* (pp. 67–111). Greenwich: JAI Press.

Tversky, B. & Hemenway, K. (1983). Categories of environmental scenes. *Cognitive Psychology, 15*, 121–149.

Udris, I. (1982). Soziale Unterstützung: Hilfe gegen Streß. *Psychosozial, 5*, 78–91.

Uehara, E. (1990). Dual exchange theory, social networks, and informal social support. *American Journal of Sociology, 96*, 521–557.

Uhlinger-Schantz, C. (1983). Social cognition. In J. H. Flavell & E. M. Markman (Eds.), *Handbook of child psychology: Cognitive development* (Vol. 3.). New York: Wiley.

Ullah, P., Banks, M. & Warr, P. (1985). Social support, social pressures and psychological distress during unemployment. *Psychological Medicine, 15*, 283–295.

Umberson, D. (1987). Family status and health behaviors: Social control as a dimension of social integration. *Journal of Health and Social Behavior, 28*, 306–319.

Unden, A. L., Orth Gomer, K. & Elofsson, S. (1991). Cardiovascular effects of social support in the work place: Twenty-four-hour ECG monitoring of men and women. *Psychosomatic Medicine, 53*, 50–60.

Unger, D. G. & Powell, D. R. (1980). Supporting families under stress: The role of social networks. *Family Relations, 29,* 566–574.

Unger, D. G. & Wandersman, A,. (1985). The importance of neighbors: The social, cognitive, and affective components of neighboring. *American Journal of Community Psychology, 13,* 139–169.

Vachon, M. L. S., Lyall, W. A., Rogers, J., Freedman-Letofsky, K. & Freeman, S. A. (1980). A controlled study of a self-help intervention for widows. *American Journal of Psychiatry, 137,* 1380–1384.

Valdenegro, J. & Barrera, M. (1983). *Social support as a moderator of life stress: A longitudinal study using a multimethod analysis.* Paper presented at the Western Psychological Association meeting in San Francisco.

Vallance, T. R. & D'Augelli, A. R. (1982). The professional as a developer of natural helping systems: Conceptual, organizational, and pragmatic considerations. In D. E. Biegel & A. J. Naparstek (Eds.), *Community support systems and mental health. Practice, policy, and research* (pp. 224–236). New York: Springer.

Vanfossen, B. E. (1986). Sex differences in depression: The role of spouses support. In S. E. Hobfoll (Ed.), *Stress, social support, and woman* (pp. 69–84). New York: Hemisphere Publications.

Vaux, A. (1982). *Measures of three levels of social support: Resources, behaviors, and feelings* (Unpublished Manuscript) Southern Illinois University.

Vaux, A. (1985a). Factore structure of the network orientation scale. *Psychological Reports, 57,* 1181–1182.

Vaux, A. (1985b). Variations in social support associated with gender, ethnicity, and age. *Journal of Social Issues, 41,* 89–110.

Vaux, A. (1988a). *Social support. Theory, research, and intervention.* New York: Praeger.

Vaux, A. (1988b). Social and emotional loneliness: The role of social and personal characteristics. *Personality and Social Psychology Bulletin, 14,* 722–734.

Vaux, A. (1990). An ecological approach to understanding and facilitating social support. Special Issue: Predicting, activating and facilitating social support. *Journal of Social and Personal Relationships, 7,* 507–518.

Vaux, A. & Athanassopoulou, M. (1987). Social support appraisals and network resources. *Journal of Community Psychology, 15,* 537–556.

Vaux, A. & Burda, P. (1981). *Mechanisms of social support* (Paper presented at the Midwestern Eco-Community Psychology Interest Group meeting, Chicago).

Vaux, A. & Harrison, D. (1985). Support network characteristics associated with support satisfaction and perceived support. *American Journal of Community Psychology, 13,* 245–268.

Vaux, A. & Wood, J. (1987). Social support resources, behavior, and appraisals: A path analysis. *Social Behavior and Personality, 15,* 105–109.

Vaux, A., Burda, P. & Stewart, D. (1986). Orientation towards utilizing support resources. *Journal of Community Psychology, 14,* 159–170.

Vaux, A., Riedel, S. & Stewart, D. (1987). Modes of social support: The social support behaviors (SS-B) scale. *American Journal of Community Psychology, 15,* 209–237.

Vaux, A., Philipps, J., Holly, L., Thomson, B., Williams, D. & Stewart, D. (1986). The social support appraisals (SS-A) scale: Studies of reliability and validity . *American Journal of Community Psychology, 14,* 195–200.

Vega, W. A., Kolody, B. & Valle, J. R. (1986). The relationship of marital status, confidant support, and depression among Mexican immigrant woman. *Journal of Marriage and the Family, 48,* 597–605.

Vega, W. A., Kolody, B., Valle, R. & Weir, J. (1991). Social networks, social support, and their relationship to depression among immigrant Mexican women. *Human Organization, 50,* 154–162.
Veiel, H. O. F. (1985). Dimensions of social support: A conceptual framework for research. *Social Psychiatry, 20,* 156–162.
Veiel, H. O. F. (1986). Social support and mental disorders in old age: Overview and appraisal. In H. Häfner, G. Moschel & N. Sartorius (Eds.), *Mental health in the elderly. A review of the present state of research* (pp. 78–87). Berlin: Springer.
Veiel, H. O. F. (1987a). Buffer effects and threshold effects: An alternative interpretation of nonlinearities in the relationship between social support, stress and dep. *American Journal of Community Psychology, 15,* 717–740.
Veiel, H. O. F. (1987b). Soziale Unterstützung gibt es nicht. Zur Strukturierung eines Konzeptes. In M. Amelang (Hrsg.), *Bericht über den 35. Kongreß der DGfP. Heidelberg.* Göttingen: Hogrefe.
Veiel, H. O. F. & Baumann, U. (Eds.). (1992). *The meaning and measurement of social support.* Washington: Hemisphere.
Veiel, H. O. F. & Baumann, U. (1992). The meanings of social support. In H. O. F. Veiel & U. Baumann (Eds.), *The meaning and measurement of social support* (pp. 1–9). Washington: Hemisphere.
Veiel, H. O. F. & Herrle, J. (1991). Geschlechtsspezifische Strukturen sozialer Unterstützungsnetzwerke. *Zeitschrift für Soziologie, 20,* 237–245.
Veiel, H. O. F. & Ihle, W. (1993). Das Copingkonzept und das Unterstützungskonzept: Ein Strukturvergleich. In A. Laireiter (Hrsg.), *Soziales Netzwerk und soziale Unterstützung. Konzepte, Methoden und Befunde* (S. 55–63). Bern: Huber.
Veiel, H. O. F., Brill, G., Häfner, H. & Welz, R. (1988). The social supports of suicide attempters: The different roles of family and friends. *American Journal of Community Psychology, 16,* 839–861.
Veiel, H. O., Crisand, M., Stroszeck Somschor, H. & Herrle, J. (1991). Social support networks of chronically strained couples: Similarity and overlap. *Journal of Social and Personal Relationships. 8,* 279–292.
Vernberg, E. M. (1987). *Friendship development, coping resources and psychological adjustment following relocation during early adolescence. Paper presented at the meeting of the Society of Research in Child Development.* Paper presented at the meeting of the Society of Research in Child Development. Baltimore.
Veroff, J. B., Kulka, R. A. & Douvan, E. (1981). *Mental health in America. Patterns of help-seeking from 1957 to 1976.* New York: Basic Books.
Videka-Sherman, L. & Lieberman, M. (1985). The effects of self-help and psychotherapy intervention on childloss: The limits of recovery. *American Journal of Orthopsychiatry.* New York:, *55,* 70–82.
Vinocur, A. & Caplan, R. D. (1987). Attitudes and social support: Determinants of jobseeking behavior and well-being among the unemployed. *Journal of Applied Social Psychology, 17,* 1007–1024.
Vinokur, A. & Selzer, M. L. (1975). Desirable and undesirable life events: Their relationship to stress and mental disease. *Journal of Personality and Social Psychology, 32,* 329–339.
Vinokur, A., Schul, Y. & Caplan, R. D. (1987). Determinants of perceived social support: Interpersonal transactions, personal outlook, and transient affective states. *Journal of Personality and Social Psychology, 53,* 1137–1145.
Vliet v. W. & Burgers, J. (1987). Communities in transition: from the industrial to the postindustrial era. In I. Altman & A. Wandersman (Eds.), *Neighborhood and community environments* (pp. 257–284). New York: Plenum.

Vondra, J. & Garbarino, J. (1988). Social influences on adolescents behavior problems. In S. Salzinger, J. Antrobus & M. Hammer (Eds.), *Social networks of children, adolescents, and college students* (pp. 195–224). Hillsdale, NJ: Lawrence Erlbaum.
Wagner, B. M., Compas, B. E. & Howell, D. C. (1988). Daily and major life events: A test of an integrative model of psychosocial stress. *American Journal of Community Psychology, 16,* 189–205.
Wahler, R. G. (1990). Some perceptual functions of social networks in coercive mother-child interactions. Special Issue: Social support in social and clinical psychology. *Journal of Social and Clinical Psychology, 9,* 43–53.
Wahler, R. G. & Afton, A. D. (1980). Attentional processes in insular and noninsular mothers: Some differences in their summary reports about child problem behaviors. *Cild Behavior Therapy, 2,* 25–41.
Wahrheit, G., Vega, W., Shimizu, D. & Meinhardt, K. (1982). Interpersonal coping networks and mental health problems among four race-ethnic groups. *Journal of Community Psychology, 10,* 312–324.
Walker, K. N., MacBride, A. & Vachon, M. L. S. (1977). Social support networks and the crisis of bereavement. *Social Science and Medicine, 11,* 35–41.
Wallston, B. S., Alagna, S. W., Devellis, B. M. & Devellis, R. F. (1983). Social support and physical health. *Health Psychology, 2,* 367–391.
Walper, S. & Silbereisen, R. K. (1987). Familiäre Konsequenzen ökonomischer Einbußen und ihre Auswirkungen auf die Bereitschaft zu normverletzendem Verhalten bei Jugendlichen. *Zeitschrift für Entwicklungspsychologie und Pädagogische Psychologie, 19,* 228–248.
Waltz, E. M. (1981). Soziale Faktoren bei der Entstehung und Bewältigung von Krankheit – ein Überblick über die empirische Literatur. In B. Badura (Hrsg.), *Soziale Unterstützung und chronische Krankheit. Zum Stand sozialepidemiologischer Forschung* (S. 40–119). Frankfurt: Suhrkamp.
Wan, T. T. H. (1982). *Stressful life events, social support network and gerontological health. A prospective study.* Lexington, MA: D. C. Heath & Company.
Wan, T. T. H. & Weissert, W. G. (1981). Social support networks, patient status and institutionalization. *Research on Aging, 3,* 240–256.
Wandersman, L., Wandersman, A. & Kahn, S. (1980). Social support in the transition to parenthood. *Journal of Community Psychology, 8,* 332–342.
Ward, J. C. & Reingen, P. H. (1990). Sociocognitive analysis of group decision among consumers. *Journal of Consumer Research, 17,* 245–262.
Ward, R. A. (1985). Informal networks and well-being in later life: A research agenda. *Gerontologist, 25,* 55–61.
Ward, S., Leventhal, H., Easterling, D., Luchterhand, C. & et al. (1991). Social support, self-esteem, and communication in patients receiving chemotherapy. *Journal of Psychosocial Oncology, 9,* 95–116.
Waring, E. M., Tillman, M. P., Frelick, L., Russel, L. & Weisz, G. (1980). Concepts of intimacy in the general population. *Journal of Nervous and Mental Disease, 168,* 471–474.
Warr, P. (1984). Job loss, unemployment and psychological well-being. In V. L. Vallen & E. van de Vliert, (Eds.), *Role transitions. Explorations and explanations* (pp. 263–283). New York: Plenum Press.
Warr, P. (1987). *Work, unemployment and mental health.* Oxford: Oxford University Press.
Warren, D. I. (1971). *Neighborhoods in urban areas.* In The enclopedia of social work (Ed.), New York: National Association of Social Work.

Warren, D. I. (1978). Exploration in neighborhood differentiation. *Sociological Quarterly, 19*, 310–331.
Warren, D. I. (1981). *Helping networks. How people cope with problems in the urban community.* Notre Dame, Indiana: University of Notre Dame Press.
Warren, D. I. & Warren, R. B. (1975). Six types of neighborhoods. *Psychology Today, 9,* 74–79.
Wasserman, S. & Iaccobucci, D. (1990). *Social network analysis: Methods and applications.* New York: Cambridge University Press.
Weber, M. (1922). *Wirtschaft und Gesellschaft. Grundriß der verstehenden Soziologie.* Tübingen.
Wegener, B. (1987). Vom Nutzen entfernter Bekannten. *Kölner Zeitschrift für Soziologie und Sozialpsychologie, 39,* 278–301.
Wegner, D. M. & Vallacher, R. R. (1977). *Implicit psychology. An introduction to social cognition.* New York: Oxford University press.
Weinberger, M., Hiner, S. L. & Tierney, W. M. (1987). Assessing social support in elderly adults. *Social Science and Medicine, 25,* 1049–1055.
Weiss, R. S. (1973). *Loneliness: The experience of emotional and social isolation.* Cambridge, MA: MIT Press.
Weiss, R. S. (1974). The provisions of social relationships. In Z. Rubin (Ed.), *Doing unto others: Joining, molding, conforming, helping, loving* (pp. 17–26). Englewood Cliffs, NJ: Prentice-Hall.
Weiss, R. S. (1987). Reflections on the present state of loneliness research. *Journal of Social Behavior and Personality, 2,* 1–16.
Weiss, R. S. (1991). The attachment bond in childhood and adulthood. In C. Murray Parkes, J. Stevenson-Hinde & P. Marris (Eds.), *Attachment across the life cycle* (pp. 66–76). London: Tavistock:.
Wellman, B. (1982). Studying personal communities. In P. V. Marsden & N. Lin (Eds.), *Social structure and network analysis* (pp. 61–80). Beverly Hills: Sage.
Wellman, B. (1987). *The community question re-evaluated* (Research Report No. 165). Toronto: Center for Urban and Community Studies University of Toronto.
Wellman, B. (1988). Structural analysis: From method and metaphor to theory and substance. In B. Wellman & S. D. Berkowitz, (Eds.), *Social structures* (pp. 19–61). Cambridge: Cambridge University Press.
Wellman, B. & Berkowitz, S. D. (Eds.) (1988). *Social structures. A network approach.* Cambridge: Cambridge University Press.
Wellman, B. & Hall, A. (1986). Social networks and social support: Implications for later life. In V. Marshall (Ed.), *Later Life: The social psychology of aging* (pp. 191–232). Beverly Hills: Sage.
Wellman, B. & Hiscott, R. (1985). From social support to social network. In I. G. Sarason & B. R. Sarason (Eds.), *Social support: Theory, research and applications* (pp. 205–222). Dordrecht: Martinus Nijhoff.
Wellman, B. & Leighton, B. (1979). Networks, neighborhoods and community: Approaches to the study of the community question. *Urban Affairs Quarterly, 14,* 363–390.
Wellman, B. & Wortley, S. (1990). Different strokes from different folks: Community ties and social support. *American Journal of Sociology, 96,* 558–588.
Wellman, B., Carrington, P. J. & Hall, A. (1988). Networks as personal communities. In B. Wellman & S. D. Berkowitz (Eds.), *Social structures: a network approach* (pp. 130–184). Cambridge: Cambridge University Press.
Wellman, B., Frank, O., Espinoza, V., Lundquist, S. & Wilson, C. (1991). Integrating individual, relational and structural analysis. *Social Networks, 13,* 223–250.

Wellman, B., Mosher, C., Rottenberg, C. & Espinosa, V. (1987). *Different strokes from different folks: Which ties provide what kinds of social support.* Working Paper No.457. University of California, Berkeley: Institute of Urban & Regional Development.
Wells, J. S. (1982). Objective job conditions, social support and perceived stress among blue collar workers. *Journal of Occupational Behavior, 3,* 79–94.
Wenger, G. C. (1984). *The supportive network. Coping with old age.* London: Allen & Unwin.
Werner, C. M., Altman, J. & Oxley, D. (1985). Temporal aspects of homes. A transactional perspective. In J. Altman & C. M. Werner (Eds.), *Home Environments* (pp. 1–32). New York: Plenum Press.
Wertlieb, D., Weigel, C. & Feldstein, M. (1987). Stress, social support, and behavior symptoms in middle childhood. *Journal of Clinical Child Psychology, 16,* 204–211.
Wethington, E. & Kessler, R. C. (1986). Perceived support, received support, and adjustment to stressfull life events. *Journal of Health and Social Behavior, 27,* 78–89.
Wheaton, B. (1985). Models for the stress-buffering functions of coping resources. *Journal of Health and Social Behavior, 26,* 352–364.
Wheeler, L., Reis, H. & Nezlek, J. (1983). Loneliness, social interaction, and sex roles. *Journal of Personality and Social Psychology, 45,* 943–953.
White, H., Borman, A. & Breiger, R. L. (1976). Social structure from multiple networks. Blockmodels of role and positions. *American Journal of Sociology, 81,* 730–780.
White, M. J. (1985). Determinants of community satisfaction in Middletown. *American Journal of Community Psychology, 13,* 583–597.
Whittaker, J. K. (1983). Mutual helping in human service practice. In J. K. Whittaker & J. Garbarino (Eds.), *Social support networks. Informal helping in the human services* (pp. 28–67). New York: Aldine.
Whitten, N. E. & Wolfe, A. W. (1974). Network analysis. In J. J. Honigmon (Ed.), *The handbook of social and cultural anthropology* (pp. 717–746). Chicago: Rand McNally.
Wiedemann, P. M. & Becker, U. (1989). An wen kann ich mich um Hilfe wenden? Soziale Unterstützungssysteme als Ergebnis von Entscheidungen. In M. Angermeyer & D. Klusmann (Hrsg.), *Soziale Netzwerke – ein neues Konzept für die Psychiatrie?* (S. 130–146). Heidelberg: Springer.
Wiendeck, G. (1970). Entwicklung einer Skala zur Messung der Lebenszufriedenheit im höheren Alter. *Zeitschrift für Gerontologie, 3,* 136–146.
Wilbert, J. R. & Rupert, P. A. (1986). Dyfunczional attitudes, Loneliness and depression in college students. *Cognitive Therapy and Research, 10,* 71–77.
Wilcox, B. L. (1981). Social support in adjusting to marital diruption: A network analysis. In B. H. Gottlieb (Ed.), *Social networks and social support* (pp. 97–116). Beverly Hills: Sage.
Wilcox, B. L. & Birkel, R. C. (1983). Social networks and the help-seeking process: A stuctural perspective. In A. Nadler, J. D. Fisher & B. M. Depaulo (Eds.), *New directions in helping. Vol. 3: Applied perspectives on help-seeking and -receiving* (pp. 235–254). New York: Academic Press.
Wilcox, B. L. & Vernberg, E. M. (1985). Conceptual and theoretical dilemmas facing social support. In I. G. Sarason & B. R. Sarason (Eds.), *Social support: Theory, research and applications* (pp. 3–20). Dordrecht: Martinus Nijhoff.
Wilder, D. A. (1986). Social categorization: Implications for intervention and reduction of intergroup bias. *Advances of Experimental and Social Psychology, 19,* 291–355.
Willer, D. & Anderson, B. (Eds.) (1981). *Networks, exchange and coercion. The Elemtary Theory and its applications.* New York: Elsevier.

Williams, H. & Carmichael, A. (1985). Depression in mothers in a multi-ethnic urban industrial municipality in Melbourne. Aetiological factors and effects on infants and preschool children. *Journal of Child Psychology and Psychiatry, 26*, 277–288.
Williams, J. G. & Solano, C. H. (1983). The social reality of feeling lonely. Friendship and reciprocation. *Personality and Social Psychology Bulletin, 9*, 237–242.
Williamson, R. C. (1981). Adjustment to the highrise: Variables in a german sample. *Environment and Behavior, 13*, 289–310.
Wills, T. A. (1985). Supportive functions of interpersonal relationships. In S. Cohen & S. L. Syme (Eds.), *Social support and health* (pp. 61–82). New York: Academic Press.
Wills, T. A. (1990). Multiple networks and substance use. Special Issue: Social support in social and clinical psychology. *Journal of Social and Clinical Psychology, 9*, 78–90.
Wills, T. A. (1991). Social support and interpersonal relationships. In M. S. Clark (Ed.), *Prosocial behavior* (pp. 265–290). Newbury Park: Sage.
Wills, T. A. (in press). The helping process in the context of personal relationships. In S. Spacapan & S. Oskamp (Eds.), *Helping and being helped*. London: Sage.
Wills, T. A. & Vaughan, R. (1989). Social support and substance abuse in early adolescence. *Journal of Behavioral Medicine, 12*, 321–339.
Windle, M., Miller Tutzauer, C., Barnes, G. M. & Welte, J. (1991). Adolescent perceptions of help-seeking resources for substance abuse. *Child Development, 62*, 179–189.
Winefeld, H. R. (1979). Social support and the social environment of depressed and normal woman. *Australian and New Zealand Journal of Psychiatry, 13*, 335–339.
Winefeld, H. R. (1987). Psychotherapy and social support: Parallels and differences in the helping process. *Clinical Psychology Review, 7*, 631–644.
Winnebust, J. A. M., Buunk, B. P. & Marcelissen, F. H. G. (1988). Social support and stress: Perspectives and processes. In S. Fisher & J. Reason (Eds.), *Handbook of life stress, cognition and health* (pp. 511–528). New York: Wiley.
Winship, C. & Mandel, M. (1983). Roles and position: A critique of the blockmodeling approach. In S. Leinhardt (Ed.), *Sociological methodology 1983–1984* (pp. 314–344). San Francisco: Jossey-Bass.
Winstead, B. A. (1986). Sex differences in same-sex friendship. In V. J. Derlega & B. A. Winstead (Eds.), *Friendship and social interaction* (pp. 81–100). New York: Springer.
Winstead, B. A. & Derlega, V. J. (1991). Social skills and interpersonal relationships: Influences on social support and support seeking. In W. H. Jones & D. Perlman, (Eds.), *Advances in personal relationships*. London: Kinglsley.
Wippich, W. (1985). *Lehrbuch der angewandten Gedächtnispsychologie* (Bd. 2). Stuttgart: Kohlhammer.
Wirth, L. (1938). Urbanism as a way of life. *American Journal of Sociology, 44*, 1–24.
Wish, M. (1975). Subjects' expectations about their own interpersonal communication: A multidimensional approach. *Personality and Social Psychology Bulletin, 1*, 501–504.
Wish, M., Deutsch, M. & Kaplan, S. J. (1976). Comparisions among multidimensional structures of interpersonal relations. *Journal of Personality and Social Psychology, 33*, 409–420.
Wister, A. (1990). Living arrangements and informal social support among the elderly. Special Issue: Aging in place: The role of housing and social supports. *Journal of Housing for the Elderly, 6*, 33–43.
Wister, A. & Strain, L. (1986). Social support and well-being: A comparison of older widows and widowers. *Canadian Journal on Aging, 5*, 205–219.
Wittchen, H.-U. & Hecht, H. (1987). Social Support und Depression. Modellvorstellungen in der ätiologisch orientierten Forschung. *Zeitschrift für Klinische Psychologie, 16*, 321–338.

Wohlgemuth, E. & Betz, N. E. (1991). Gender as a moderator of the relationships of stress and social support to physical health in college students. *Journal of Counseling Psychology, 38,* 367–374.
Wohlwill, J. F. (1990). Stimuluszentrierter Ansatz. In L. Kruse, C. F. Graumann & E. D. Lantermann (Hrsg.), *Ökologische Psychologie. Ein Handbuch in Schlüsselbegriffen* (S. 131–137). München: PVU.
Wolchik, S. A., Sandler, I. N. & Braver, S. L. (1987). Social support: Its assessment and relation to children's adjustment. In N. Eisenberg (Ed.), *Contemporary topics in developmental psychology.* New York: Wiley.
Wolf, D. (1986). *Einsamkeit Überwinden. Von innerer Leere zu sich und anderen finden.* Mannheim: PAL.
Wolf, T. M., Balson, P. M., Morse, E. V., Simon, P. M. & et al. (1991). Relationship of coping style to affective state and perceived social support in asymptomatic and symptomatic HIV-infected persons: Implications for clinical management. *Journal of Clinical Psychiatry, 52,* 171–173.
Wolfe, A. W. (1970). On structural comparisions of networks. *Canadian Review of Sociology and Anthroplogy, 7,* 226–244.
Wolff, H. G. (1953). *Stress and disease.* Springfield: Thomas.
Wood, V. & Robertson, J. F. (1978). Friendship and kinship interaction: Differential effect on the morale of the elderly. *Journal of Marriage and the Familiy, 40,* 367–375.
Wood, Y. R. (1984). Social support and social networks: Nature and measurement. In P. McReynolds & G. J. Chelune (Eds.), *Advances in psychological Assessment* (Vol. 6, pp. 312–353). San Francisco: Jossey-Bass.
Worell, J. (1988). Women's satisfaction in close relationships. *Clinical Psychology Review, 8,* 477–498.
Wortman, C. B. (1984). Social support and the cancer patient: Conceptual and methodological issues. *Cancer, 53,* 2339–2360.
Wortman, C. B. & Dunkel-Schetter, C. (1987). Conceptual and methodological issues in the study of social support. In A. Baum & J. E. Singer (Eds.), *Handbook of psychology and health. Vol. 5: Stress* (pp. 63–108). Hillsdale, NJ: Erlbaum.
Wortman, C. B. & Lehman, D. R. (1985). Reactions to victims of life crisis: Support attempts that fail. In I. G. Sarason & B. R. Sarason (Eds.), *Social support: Theory, research and applications* (pp. 463–489). Dordrecht: Martinus Nijhoff.
Wu, L. (1983). Local blockmodel algebras for analyzing social networks. In S. Leinhardt (Ed.), *Sociological methodology 1983–1984* (pp. 272–313). San Francisco: Jossey-Bass.
Wyer, R. S. & Gordon, S. E. (1984). The cognitive representation of social information. In R. S. Wyer & T. K. Srull (Eds.), *Handbook of social cognition* (Vol. 2, pp. 73–150). Hillsdale, NJ: Lawrence Erlbaum.
Wyer, R. S. & Srull, T. K. (Eds.) (1984). *Handbook of social cognition.* Hillsdale, NJ: Lawrence Erlbaum.
Wyer, R. S. & Srull, T. K. (1986). Human cognition in its social context. *Psychological Review, 93,* 322–359.
Wyer, R. S. & Srull, T. K. (1990). *Memory and cognition in its social context.* Hillsdale: Erlbaum.

Yancey, W. L. (1971). Architecture, interaction, and social control: The case of a large-scale public housing project. *Environment and Behavior, 3,* 3–18.
Yi, K. E. (1986). Implications of conjugal role segregation for extrafamilial relationships: A network model. *Social Networks, 8,* 119–147.

Yoder, J. A., Jonker, J. M. L. & Leaper, R. A. B. (Eds.) (1985). *Support networks in a caring community.* Dordrecht: Martinus Nijhoff.

Young, J. E. (1982). Loneliness, depression and cognitive therapy: Theory and application. In L. A. Peplau & D. Perlman (Eds.), *Loneliness. A sourcebook of current theory, research and therapy* (pp. 379–405). New York: Wiley.

Young, J. E. (1986). A cognitive-behavioral approach to friendship disorders. In V. J. Derlega & B. A. Winstead (Eds.), *Friendship and social interaction* (pp. 247–276). New York: Springer.

Young, M. & Willmott, P. (1962). *Family and kinship in East London.* Harmondsworth: Penguin.

Zachary, W. W. (1984). Modeling social network processes using constrained flow representations. *Social Networks, 6,* 259–292.

Zajonc, R. B. (1965). Social facilitation. *Science, 149,* 269–274.

Zajonc, R. B. (1980). Compresence. In P. B. Paulus (Ed.), *Psychology of group influence* (pp. 35–60). Hillsdale, NJ: Lawrence Erlbaum.

Zautra, A. J. (1983). Social resources and the quality of life. *American Journal of Community Psychology, 11,* 275–290.

Zich, J. & Temoshok, L. (1987). Perceptions of social support in men with AIDS and ARC: Relationships with distress and hardiness. *Journal of Applied Social Psychology, 17,* 193–215.

Ziegler, R. (1987). Netwerkanalyse: Metapher, Methode oder strukturales Forschungsprogramm für die Sozialwissenschaften. *Zeitschrift für Klinische Psychologie, 16,* 339–352.

Zimring, C. (1982). The built environment as a source of psychological stress: Impacts of buildings and cities on satisfaction and behavior. In G. W. Evans (Ed.), *Environmental stress* (pp. 151–178). Cambridge: Cambridge University Press.

Zimring, C., Weitzer, W. & Knight, R. C. (1982). Opportunity for control and the designed environment: The case of an institution for the developmental disabled. In A. Baum & J. E. Singer (Eds.), *Advances in Environmental Psychology. Vol. 4. Environment and health* (pp. 171–210). Hillsdale, NJ: Lawrence Erlbaum.

Zung, W. W. K. (1965). Self-Rating Depression Scale. *Archives of General Psychiatry, 16,* 543–547.

Qualitative Sozialforschung

■ Eine übersichtliche, gut lesbare und leicht verständliche Einführung in die Denkrichtung und Methoden der Qualitativen Sozialforschung wie Beobachtung, Interview, Inhaltsanalyse, Textinterpretation, Feld- und Handlungsforschung. Die Einführung ist für Studierende aller sozial- und humanwissenschaftlichen Disziplinen geeignet und stellt eine wichtige Ergänzung des traditionellen naturwissenschaftlich-quantitativen Vorgehens dar.

... Seiten. Broschiert.
DM 28,–/Fr 29,30/S 219,–
ISBN 3-621-27178-3

Mayring
Einführung in die qualitative Sozialforschung
2. Auflage

BELTZ
PsychologieVerlagsUnion

Handbuch Qualitative Sozialforschung

Herausgegeben von
Uwe Flick, Ernst v. Kardorff,
Heiner Keupp, Lutz v. Rosenstiel und
Stephan Wolff

Psychologie Verlags Union

■ Dieses Handbuch bietet einen ausführlichen Überblick über die qualitative Forschung, wobei auch Disziplinen wie die Politikwissenschaft, Ethnologie oder Psychoanalyse berücksichtigt werden.
Aus dem Inhalt:
Qualitative Forschung in den Sozialwissenschaften · Disziplinäre Perspektiven · Theoretische Konzeptionen · Klassische Studien · Methoden · Handlungsfelder · Überprüfung und Verallgemeinerung.

527 Seiten. Gebunden.
DM 148,–/Fr 147,–/S 1155,–
ISBN 3-621-27105-8

■ Eine verständliche und umfassende Einführung in die Methodologie qualitativer Sozialforschung.
Band 1 gehört nicht in jede Lehrbuchsammlung und auf den Schreibtisch an Forschung interessierter Studenten, auch etablierte Wissenschaftler qualitativer Provenienz sollten ihre Position anhand Lamneks Ausführungen da und dort überprüfen."
Praxis der Kinderpsychologie und Kinderpsychiatrie

... Seiten. Broschiert.
DM 64,–/Fr 65,70/S 499,–
ISBN 3-621-27176-7

Lamnek
Qualitative Sozialforschung
Band 1
Methodologie
2., überarbeitete Auflage

BELTZ
PsychologieVerlagsUnion

Lamnek
Qualitative Sozialforschung
Band 2
Methoden und Techniken
2., überarbeitete Auflage

BELTZ
PsychologieVerlagsUnion

■ Anschließend an die methodologisch-theoretische Grundlegung (Band 1) werden in Band 2 ausgewählte *Methoden und Techniken* des qualitativen Paradigmas in Erhebung und Auswertung in ihrer praktischen Anwendung beschrieben. Die Darstellung beinhaltet viele Erläuterungen und Beispiele aus allen Disziplinen der Sozialwissenschaften.

456 Seiten. Broschiert.
DM 64,–/Fr 65,70/S 499,–
ISBN 3-621-27177-5

Psychologie Verlags Union
Postfach 100154
69441 Weinheim
Preisänderungen vorbehalten

BELTZ
PsychologieVerlagsUnion

Lehrbücher und Standardwerke

▬▬▬ Entspannungsverfahren gehören zum Standardrepertoire im Rahmen von Prävention, Therapie und Rehabilitation. In diesem aktuellen Handbuch werden die wichtigsten Entspannungsverfahren – Hypnose, Autogenes Training, Progressive Muskelentspannung, Meditation, Biofeedback, Imaginative Verfahren – umfassend dargestellt.

381 Seiten. Gebunden.
DM 78,–/Fr 79,90/S 609,–
ISBN 3-621-27137-6

▬▬▬ In diesem umfangreichen Lehrbuch der psychologischen Diagnostik werden alle historisch relevanten und aktuellen Trends dargestellt, die Voraussetzungen, Implikationen und Randbedingungen des diagnostischen Prozesses ausführlich beschrieben und Praxisbereiche umrissen.

2., veränderte Auflage.
652 Seiten. Gebunden.
DM 148,–/Fr 147,–/S 1155,–
ISBN 3-621-27128-7

▬▬▬ Der Schwerpunkt dieses umfassenden Standardwerkes ist die Praxisvermittlung der Hypnose als ein effizientes und ganzheitliches Therapieverfahren.
»Ein ausgezeichnetes Lehrbuch für Studenten, Ärzte und Psychologen. Ein Buch, an dem niemand vorbeigehen kann, der sich ernsthaft mit den psychotherapeutischen Behandlungsmethoden beschäftigt.«
Arzt und Praxis

2., überarb. und erw.
Aufl. 855 Seiten. Geb.
DM 148,–/Fr 147,–/S 1155,–
ISBN 3-621-27146-5

Vaitl Petermann
Handbuch der Entspannungsverfahren
Band I: Grundlagen und Methoden

BELTZ
PsychologieVerlagsUnion

Jäger Petermann
Psychologische Diagnostik
2. Auflage

BELTZ
Psychologie Verlags Union

Kossak
Lehrbuch Hypnose
2. überarbeitete und erweiterte Auflage

BELTZ
PsychologieVerlagsUnion

Andreasen Black
Lehrbuch Psychiatrie

BELTZ
PsychologieVerlagsUnion

Handbuch Neuropsychiatrie
Herausgegeben von Robert E. Hales und Stuart C. Yudofsky

BELTZ
PsychologieVerlagsUnion

DAVISON/ NEALE KLINISCHE PSYCHOLOGIE
Dritte, neubearbeitete und erweiterte Auflage

Psychologie Verlags Union

▬▬▬ Durch die Fortschritte in den Neurowissenschaften wurde die Diagnose und Therapie der psychischen Störungen auf eine veränderte Grundlage gestellt. Dieses Lehrbuch überzeugt durch die Integration der neuen Ergebnisse der Neurobiologie, der Genetik und der Epidemiologie.

472 Seiten. Gebunden.
DM 98,–/Fr 100,10/S 765,–
ISBN 3-621-27141-4

▬▬▬ Körperliche Erkrankungen haben oft vielfältige Auswirkungen auf das Verhalten und Erleben des Patienten, wobei teilweise auch an psychische Störungen erinnernde Symptomkomplexe auftreten: Neben den Fragen der Diagnostik stehen in diesem Handbuch die Behandlungsmöglichkeiten im Vordergrund.

636 Seiten. Gebunden.
DM 198,–/Fr 197,–/S 1560,–
ISBN 3-621-27123-6

▬▬▬ Die dritte Auflage des bekannten Standardwerkes enthält das aktuelle diagnostische Manual DSM-III-R sowie neueste Ergebnisse auf dem Forschungsgebiet abweichenden Verhaltens. Das Lehrbuch wurde durch ergänzende Beiträge an deutsche Verhältnisse angepaßt.

3., neubearb. und erw.
Aufl. 896 Seiten. Geb.
DM 78,–/Fr 79,90/S 609,–
ISBN 3-621-27030-2

*Psychologie Verlags Union
Postfach 100154
69441 Weinheim*

BELTZ
PsychologieVerlagsUnion